Heuser · Theile
IAS-Handbuch

IAS Handbuch

Einzel- und Konzernabschluss

von

Dr. Paul J. Heuser
Wirtschaftsprüfer und Steuerberater
Düsseldorf und Leipzig

Prof. Dr. Carsten Theile
Professor für Unternehmensrechnung
Bochum

2003

otto
Verlag
Dr. Otto Schmidt
Köln

Zitierempfehlung: *Heuser/Theile*, IAS-Handbuch, 2003, Rz. …

Dr. Paul J. Heuser
Karl Berg GmbH Wirtschaftsprüfungsgesellschaft
Niederrheinstraße 40–42, 40474 Düsseldorf
E-Mail: Paul.J.Heuser@KarlBerg.de

Prof. Dr. Carsten Theile
Professor für Unternehmensrechnung, Fachhochschule Bochum
Postfach 100 741, 44707 Bochum
E-Mail: carsten.theile@fh-bochum.de

Bibliografische Information Der Deutschen Bibliothek

Die Deutsche Bibliothek verzeichnet diese Publikation in der Deutschen Nationalbibliografie; detaillierte bibliografische Daten sind im Internet über <http://dnb.ddb.de> abrufbar.

Verlag Dr. Otto Schmidt KG
Unter den Ulmen 96–98, 50968 Köln
Tel.: 02 21/9 37 38-01, Fax: 02 21/9 37 38-9 21
e-mail: info@otto-schmidt.de
www.otto-schmidt.de

ISBN 3-504-35007-5

Das verwendete Papier ist aus chlorfrei gebleichten Rohstoffen hergestellt, holz- und säurefrei, alterungsbeständig und umweltfreundlich.

Umschlaggestaltung: Jan P. Lichtenford, Mettmann

Satz: ICS Communikations-Service GmbH, Bergisch Gladbach

Druck und Verarbeitung:
Kösel GmbH & Co. KG, Kempten (www.koeselbuch.de)

Printed in Germany

Geleitwort

Als die Autoren mich baten, ein kurzes Geleitwort zu dem vorliegenden Handbuch zu schreiben, habe ich gern zugestimmt. Carsten Theile kenne ich seit 16 Jahren, als er seine Diplom-Arbeit an meinem Lehrstuhl für Betriebswirtschaftslehre an der Ruhr-Universität schrieb. Seitdem sind wir vor allem über Fragen der Konzernrechnungslegung in Kontakt geblieben. Die Verbindung von Dr. Heuser zu mir und zu meinem Lehrstuhl entstand über meinen akademischen Lehrer WP Prof. Dr. Karl Schwantag. Die Zusammenarbeit der beiden Autoren schließlich geht auf meine Empfehlung zurück.

Das IAS-Handbuch erscheint zu einem Zeitpunkt, zu dem aufgrund der EU-Verordnung von 2002 der Konzernabschluss nach IAS für kapitalmarktorientierte Mutterunternehmen ab 2005 zur Pflicht wird. Diejenigen kapitalmarktorientierten Mutterunternehmen, die bislang nicht bereits durch Ausnutzung des Wahlrechtes nach § 292 a HGB einen Konzernabschluss nach IAS aufgestellt haben, werden sich nunmehr auf die IAS-Umstellung vorbereiten müssen. Vermutlich werden Muttergesellschaften auch anderer Konzerne das Recht erhalten, mit befreiender Wirkung nach IAS Rechnung zu legen und dieses Recht auch wahrnehmen.

In welchem Umfang und ab wann darüber hinaus Einzelabschlüsse nach IAS den Jahresabschluss nach bisherigem HGB als Option oder Pflicht ersetzen werden, ist zurzeit nicht zu übersehen. Zunächst muss entschieden werden, ob die Maßgeblichkeit der handelsrechtlichen für die steuerrechtliche Bilanz trotz ihrer inzwischen eingetretenen Durchlöcherung im Prinzip aufrechterhalten oder aufgegeben werden soll sowie ob oder wie die gesellschaftsrechtlichen Implikationen des Jahresabschlusses insbesondere nach dem Aktiengesetz mit der IAS-Bilanzierung vereinbar sind.

Ziemlich sicher erscheint aber, dass die IAS bzw. IFRS nach Verabschiedung der seit Juli 2002 im Entwurf vorliegenden Richtlinie zur Anpassung der 4. und 7. EG-Richtlinie an die IAS und nach ihrer Umsetzung in deutsches Recht die deutschen Rechnungslegungsgrundsätze nachhaltig beeinflussen werden. Das IAS-Handbuch wird zu diesem Anpassungs- und Lernprozess in der Praxis deutscher Unternehmen einen nützlichen Beitrag leisten.

Die Umstellung der Rechnungslegung auf die IAS, sei es für den Konzern oder für die einzelne Gesellschaft, erfordert ein Umdenken in mancherlei Hinsicht. In Deutschland waren wir es bisher gewohnt, dass der Gesetzgeber die Rechnungslegungsvorschriften vor allem im HGB festlegt und diese Vorschriften dann für ein oder zwei Jahrzehnte im Wesentlichen unverändert blieben. Die in anglo-amerikanischen Ländern üblichen Standards für die Rechnungslegung befinden sich dagegen in einem ständigen Entwicklungsprozess. Das gilt auch für die IAS. Sobald sich in der Praxis neue Bilanzierungsfragen stellen, wird vom sogenannten standard setting body, hier also vom IASB, versucht, sie in einem neuen Standard zu regeln. Zu Einzelheiten veröffentlicht das Interpretation Committee (IFRIC) mitunter verbindliche Auslegungen von Zweifelsfragen. Im Vergleich zum deutschen Rechnungslegungsrecht enthalten die Standards und Interpretationen weniger Grundsätze, unter die dann die einzelnen in der Praxis auftretenden Sachverhalte zu subsumieren sind, als Einzelregelungen. Trotz eines vorgeschalteten Frameworks, das zahlreiche Grundregeln postuliert, harmonieren die Einzelregelungen auch nicht immer miteinander. In jüngster Zeit will das IASB den damit verbundenen Nachteilen mit einem principal based accounting entgegenwirken. Das könnte zu einer Annäherung an die uns vertraute Denkweise führen, bleibt aber abzuwarten.

Ich habe die fertige Druckvorlage mit Interesse gelesen. Dabei haben mich der sachlogische Aufbau des Buches nach Problembereichen, nicht nach der Abfolge der Standards, die klare Sprache und didaktisch geschickte Graphiken erfreut. Die den Hauptabschnitten der zentralen Kapitel C. bis E. vorangestellten Einführungen mit dem Titel „Überblick und Wegweiser" erleichtern die Orientierung.

Aufbauend auf einer fundierten wissenschaftlichen Auswertung nicht nur des IAS-Normenwerks, sondern auch der einschlägigen Fachliteratur, bietet das Buch eine Handreichung für die Praxis zur Erstellung von sog. Handelsbilanzen II und schließlich des Konzernabschlusses nach IAS. Für offene Fragen der Rechnungslegung nach IAS werden begründete und praxisorientierte Lösungsvorschläge entwickelt; überdies enthält das Buch viele nützliche Hinweise auf weiterführende Literatur. Das IAS-Handbuch stellt aus meiner Sicht ein Arbeitsmittel im besten Sinne dar.

Bochum, im Dezember 2002 — Walther Busse von Colbe

Vorwort

Aufgrund der EU-Verordnung vom 19. Juli 2002 müssen alle kapitalmarktorientierten Unternehmen mit Sitz in der EU ihren Konzernabschluss ab 2005 nach den IAS aufstellen. Ob der deutsche Gesetzgeber auch nicht kapitalmarktorientierten Unternehmen die Möglichkeit eines IAS-Konzernabschlusses einräumt und ob die IAS-Vorschriften auch für den Einzelabschluss zur Anwendung kommen, ist derzeit noch offen. Die Verordnung jedenfalls wird der bereits seit einigen Jahren feststellbaren Internationalisierung der Rechnungslegung in Deutschland aus zwei Gründen weitere Schubkraft geben:

1. Die zur Umstellung verpflichteten Mutterunternehmen haben dafür Sorge zu tragen, dass alle zu konsolidierenden (HGB-)Einzelabschlüsse in einen IAS-Abschluss (sog. Handelsbilanz II) überzuleiten sind. Sollte die Möglichkeit des IAS-Konzernabschlusses auch für nicht kapitalmarktorientierte Unternehmen eröffnet werden, ist davon auszugehen, dass auch viele mittelständische Konzerne ihren Konzernabschluss mit den entsprechenden Maßnahmen auf IAS umstellen werden.

2. Über diesen unmittelbaren Anwendungsbereich hinaus wird durch die Veränderung des rechtlichen Rahmens der Rechnungslegung die mit § 292 a HGB (befreiende Aufstellung des Konzernabschlusses nach IAS oder US-GAAP statt nach HGB) bereits in 1998 eingeleitete Differenzierung der Rechnungslegung nach Kapitalmarkt-Kriterien verstärkt. Die kapitalmarktorientierte Rechnungslegung wird in der Zukunft eine Vorbildfunktion – ob gewünscht oder nicht – übernehmen, ähnlich wie vor dem Bilanzrichtliniengesetz 1985 die aktienrechtliche Rechnungslegung – zum Teil sogar als Bestandteil der GoB – für Nicht-Aktiengesellschaften Maßstab für eine ordnungsmäßige Rechnungslegung war.

Vor diesem Hintergrund will die vorliegende Veröffentlichung allen Mitarbeitern in Unternehmen und deren Beratern sowie Studierenden Hilfestellung geben beim Einstieg in die „Welt der IAS-Rechnungslegung". Zu diesem Zweck werden auch die wesentlichen Unterschiede zum HGB und zu steuerlichen Regelungen, soweit relevant, herausgestellt, um den Unternehmen den Übergang auf IAS zu erleichtern. Das Handbuch wendet sich auch an den schon IAS-erfahrenen Praktiker, der Lösungen für aus der IAS-Anwendung resultierende Fragen sucht.

Dem Einstieg in die IAS-Welt dient Teil A mit einer deutlichen Vertiefung in Teil B. Spezialfragen zu Ansatz und Bewertung der Bilanzpositionen zur Erstellung der Handelsbilanz II mit den entsprechenden Anhangangaben werden in Teil C erörtert, gefolgt von den notwendigen Konsolidierungsmaßnahmen zur Konzernabschlusserstellung in Teil D. Weitere, nach IAS erforderliche Berichtsinstrumente und Anhangangaben sind Gegenstand von Teil E. Wer vor dem Problem der erstmaligen IAS-Anwendung steht, wird zusätzlich Teil F zu Rate ziehen.

Wir haben uns dazu entschlossen, die Standards zu erläutern, nicht aber zu wiederholen. Stattdessen verweisen wir regelmäßig auf die Originalquellen, so dass ein Zugang zu diesen Texten leicht möglich ist. Der Erläuterung und schnellen Aufnahme der Probleme dienen schließlich zahlreiche Beispiele und Übersichten. Als Autorenteam haben wir dabei unsere jeweiligen Arbeitsschwerpunkte in Theorie und Praxis zusammengeführt und unsere über lange Jahre gewonnene Erfahrung in der Prüfung von IAS-Abschlüssen, in der Beratung bei Umstellungsprozessen und aus Diskussionen mit Teilnehmern unserer Fortbildungsveranstaltungen in den Text und in die Art der Darstellung einfließen lassen.

Das Werk befindet sich auf dem Stand der IAS-Normen per Ende September 2002. Literatur konnte zum Teil noch aus Oktober 2002 eingearbeitet werden. Darüber hinaus haben wir bereits an künftigen, möglichen Entwicklungen berücksichtigt:

- Exposure Draft of Proposed Improvements to International Accounting Standards („Improvement Project", Mai 2002),
- Exposure Draft of Proposed Amendments to IAS 32 and IAS 39 (Juni 2002),
- Exposure Draft ED 1 First-time Application of International Financial Reporting Standards (Juli 2002) und
- erwartete Änderungen durch Business Combinations, Phase I (Exposure Draft lag noch nicht vor).

Ein solches Buch ist ohne fachliche Rückkoppelung nicht zu verfassen. Wir haben mit vielen Kollegen Einzelfragen diskutiert; namentlich bedanken wir uns bei den Herren WP/StB Kai Udo Pawelzik, WP/StB Werner Remme und WP/StB Michael Hingmann aus der uns verbundenen Wirtschaftsprüfungsgesellschaft Karl Berg GmbH für die kritische Durchsicht von Teilen des Manuskripts sowie für ihre vielfältigen Anregungen. Herrn Thomas Konradt danken wir für seine ständige Diskussionsbereitschaft sowie für zahlreiche Vorschläge zur Lösung praktischer Konsolidierungsprobleme aus Anwendersicht. Unser besonderer Dank gilt Herrn WP/StB Helmut Schmekel, der den Abschnitt zu IAS 39 einer kritischen Durchsicht unterzog und uns wertvolle Hinweise und Verbesserungsvorschläge gab.

Düsseldorf und Bochum, im Dezember 2002

Paul J. Heuser — Carsten Theile

Inhaltsübersicht

Inhaltsverzeichnis

Verzeichnis der Abbildungen

Verzeichnis der Tabellen

Abkürzungsverzeichnis

a. A.	anderer Ansicht
Abb.	Abbildung
ABl.	Amtsblatt
ABS	Asset Backed Securities
Abs.	Absatz
Abschn.	Abschnitt
Abt.	Abteilung
a. F.	alte Fassung
abzgl.	abzüglich
AfA	Absetzung für Abnutzung
AG	Aktiengesellschaft
AHK	Anschaffungs- und Herstellungskosten
AktG	Aktiengesetz
APB	Accounting Principles Board
Art.	Artikel
Aufl.	Auflage
BB	Betriebs-Berater (Zeitschrift)
Bd.	Band
BetrAV	Betriebliche Altersversorgung (Zeitschrift)
BFH	Bundesfinanzhof
BFuP	Betriebswirtschaftliche Forschung und Praxis (Zeitschrift)
BGB	Bürgerliches Gesetzbuch
BGBl.	Bundesgesetzblatt
BGH	Bundesgerichtshof
BörsG	Börsengesetz
BörsZulV	Börsenzulassungs-Verordnung
Bsp.	Beispiel
bspw.	beispielsweise
BStBl.	Bundessteuerblatt
Buchst.	Buchstabe
bzw.	beziehungsweise
ca.	circa
CAPM	Capital Asset Pricing Model
CGU	cash generating unit
d. h.	das heißt
DB	Der Betrieb (Zeitschrift)
DBW	Die Betriebswirtschaft (Zeitschrift)

DCF	Discounted Cash Flow
ders.	derselbe
DM	Deutsche Mark
DRS	Deutscher Rechnungslegungsstandard (des DRSC)
DRSC	Deutsches Rechnungslegungs Standards Committee e.V.
DStR	Deutsches Steuerrecht (Zeitschrift)
e. G.	eingetragene Genossenschaft
EAR	European Accounting Review (Zeitschrift)
EBIT	Earnings Before Interest and Tax
EBITDA	Earnings Before Interest, Taxes, Depreciation and Amortization
ED	Exposure Draft
E-DRS	Entwurf Deutscher Rechnungslegungsstandard
EFRAG	European Financial Reporting Advisory Group
EGHGB	Einführungsgesetz zum Handelsgesetzbuch
EG-Richtlinie	Richtlinie der Europäischen Gemeinschaften
EK	Eigenkapital
EStG	Einkommensteuergesetz
et. al.	et alii
etc.	et cetera
EU	Europäische Union
EuGH	Europäischer Gerichtshof
F.	Framework
f./ff.	folgende(r, s)
F+E-Kosten	Forschungs- und Entwicklungskosten
fAHK	fortgeführte Anschaffungs- und Herstellungskosten
FAS	Financial Accounting Standard
FASB	Financial Accounting Standards Board
FAZ	Frankfurter Allgemeine Zeitung
FIFO	First in - first out
Fn.	Fußnote
FN-IDW	IDW-Fachnachrichten
FS	Festschrift
GAAP	Generally Accepted Accounting Principles
GE	Geldeinheiten
gem.	gemäß
GewSt.	Gewerbesteuer
ggf.	gegebenenfalls
GmbH	Gesellschaft mit beschränkter Haftung
GmbHG	Gesetz betreffend die Gesellschaften mit beschränkter Haftung
GmbHR	GmbH-Rundschau (Zeitschrift)

GoB	Grundsätze ordnungsmäßiger Buchführung
GrS	Großer Senat
GuV	Gewinn- und Verlustrechnung
h. M.	herrschende Meinung
HB	Handelsbilanz
HdJ	v. Wysocki/Schulze-Osterloh/Hennrichs (Hrsg.), Handbuch des Jahresabschlusses in Einzeldarstellungen (Loseblattwerk)
HGB	Handelsgesetzbuch
Hrsg.	Herausgeber
i. d. F.	in der Fassung
i. d. R.	in der Regel
i. H. v.	in Höhe von
i. S. d.	im Sinne des/der
IStR	Internationales Steuerrecht (Zeitschrift)
i. V. m.	in Verbindung mit
IAS	International Accounting Standard
IASB	International Accounting Standards Board
IASC	International Accounting Standards Committee
IDW HFA	IDW Hauptfachausschuss
IDW RH HFA	IDW Rechnungslegungshinweise des Hauptfachausschusses
IDW RS HFA	IDW Stellungnahme zur Rechnungslegung
IDW	Institut der Wirtschaftsprüfer in Deutschland e.V.
IFRIC	International Reporting Interpretations Committee
IFRS	International Financial Reporting Standards
IGC	Implementation Guidance Committee
IStR	Internationales Steuerrecht (Zeitschrift)
JoPE	Journal of Political Economy (Zeitschrift)
Kap.	Kapitel
KapCoRiLiG	Kapitalgesellschaften- und Co.-Richtlinie-Gesetz
Kfz	Kraftfahrzeug
KIFO	Konzern in - first out
KoR	Zeitschrift für kapitalmarktorientierte Rechnungslegung
KSt.	Körperschaftsteuer
LIFO	Last in - first out
lt.	laut
m.w.N	mit weiteren Nachweisen
MarkenG	Gesetz über den Schutz von Marken und sonstigen Kennzeichen

Mio.	Million(en)
Mrd.	Milliarde(n)
MU	Mutterunternehmen
n. F.	neue Fassung
Nr.	Nummer(n)
NYSE	New York Stock Exchange
o. g.	oben genannte(-r,-s)
o. O.	ohne Ortsangabe
p. a.	pro anno
PKW	Personenkraftwagen
PoC	Percentage of Completion
Pos.	Position, Posten
PSVaG	Pensionssicherungsverein auf Gegenseitigkeit
PUCM	projected unit credit method
RAP	Rechnungsabgrenzungsposten
resp.	respektive
RHB	Roh-, Hilfs- und Betriebsstoffe
RIW	Recht der Internationalen Wirtschaft (Zeitschrift)
Rz.	Randzahl
s.	siehe
SAC	Standards Advisory Council
SEC	Securities and Exchange Commission
S.	Seite
SFAS	Statement of Financial Accounting Standards
SIC	Standing Interpretations Committee
sog.	so genannte(r, s)
SolZ	Solidaritätszuschlag
SPE	Special Purpose Entity
StuB	Steuern und Bilanzen (Zeitschrift)
Tab.	Tabelle
TDM	Tausend Deutsche Mark
TransPuG	Tranzparenz- und Publizitätsgesetz
Tsd.	Tausend
Tsd. Euro	Tausend Euro
TU	Tochterunternehmen
u. ä.	und ähnliche(-s)
u. a.	unter anderen/anderem; und andere
u. E.	unseres Erachtens

u. U.	unter Umständen
USA	United States of America
US-GAAP	United States Generally Accepted Accounting Principles
usw.	und so weiter
v. H.	vom Hundert
vgl.	vergleiche
v.	von, vom
WP	Wirtschaftsprüfer
WPg	Die Wirtschaftsprüfung (Zeitschrift)
WP-Handbuch	Wirtschaftsprüfer-Handbuch
WpHG	Gesetz über den Wertpapierhandel
z. B.	zum Beispiel
z. T.	zum Teil
ZfB	Zeitschrift für Betriebswirtschaft
ZfbF	Schmalenbachs Zeitschrift für betriebswirtschaftliche Forschung
Ziff.	Ziffer
ZVersWiss	Zeitschrift für die gesamte Versicherungswissenschaft
zzgl.	zuzüglich

Hinweise zur verwendeten Terminologie

Das *International Accounting Standards Committee (IASC)* wurde 1973 als privatwirtschaftliche Vereinigung gegründet und zu Beginn des Jahres 2001 umstrukturiert. War es bisher das IASC selbst, welches die *International Accounting Standards (IAS)* verabschiedete, ist es jetzt der *International Accounting Standards Board (IASB)*. Dachorganisation des Board ist nunmehr die *IASC Foundation (IASCF)*.

Wir verwenden in Abhängigkeit des Zeitbezugs sowohl die historische Bezeichnung IASC als auch den Namen IASB.

Mit der Änderung der Organisation wurde auch eine Änderung in der Bezeichnung der Standards beschlossen. Künftige Standards heißen *International Financial Reporting Standards (IFRS)*; die bisherigen IAS werden aber in ihrer Bezeichnung nicht geändert und behalten weiterhin Gültigkeit.

Ferner ist das bisherige *Standing Interpretations Committee (SIC)*, welches Interpretationen zu einzelnen und offen gebliebenen Fragestellungen der Standards als SIC veröffentlichte, zu Jahresbeginn 2002 in *International Financial Reporting Interpretations Committee (IFRIC)* umfirmiert worden. Die Interpretationen heißen künftig *IFRIC Interpretations*, kurz *IFRIC*.

Den Aussagen in diesem Buch liegen jeweils die englischen Originaltexte der IAS, IFRS, SIC und IFRIC sowie des Frameworks zugrunde. Entwürfe neuer oder überarbeiteter Standards („*Exposure Drafts*") haben wir mit dem Zusatz ED kenntlich gemacht. Wir vermeiden das wörtliche Wiederholen der Standards, geben aber die Fundstellen unserer Aussagen in Form von z. B. „Sollte insoweit eine retrospektive Anpassung nicht möglich sein, ist prospektiv anzupassen (IAS 8.52)" im Text wieder. Hinter der Angabe „IAS" folgt demnach dessen Nummer und danach der Paragraph bzw. die Randziffer, so dass auf die Fundstellen sofort zugegriffen werden kann.

Manche Standards sind im Laufe der Zeit überarbeitet worden; das IASC kennzeichnet solche Standards als z. B. „IAS 28 (revised 2000)". Wir lassen zeitliche Angaben weg, sofern wir uns auf die jeweils aktuelle Fassung beziehen. Werden dagegen Aussagen zu nicht mehr gültigen Standards getroffen, so haben wir das kenntlich gemacht.

A. Internationale Normen statt HGB-Rechnungslegung

I. Konzeption kapitalmarktorientierter Rechnungslegung nach IAS

Das IAS-Rechnungslegungssystem ist geprägt durch die **angelsächsische**[1] **Rechnungslegungsphilosophie**[2], während die deutschen HGB-Rechnungslegungsnormen auf dem **kontinentaleuropäischen Modell** der Rechnungslegung beruhen. Die zurzeit maßgebliche Ausprägung des kontinentaleuropäischen Modells der Rechnungslegung im deutschen HGB geht auf europäisches Bilanzrecht (EU-Bilanzrichtlinien) zurück, das unter starkem deutschen Einfluss entstanden ist.[3] Demgegenüber stand (und steht) das IASC seit seiner Gründung 1973 unter starkem britisch-amerikanischen Einfluss.[4] Zwischen der kontinentaleuropäischen und der angelsächsischen Rechnungslegungsphilosophie besteht eine erhebliche Antinomie. 1

Die IAS-Welt der Rechnungslegung erschließt sich leichter, wenn die **grundsätzlichen Unterschiede** der beiden Modelle der Rechnungslegung in groben Strichen skizziert werden. 2

(1) Das kontinentaleuropäische (römische) Rechtssystem („**Code law**")[5] kommt im Hinblick auf die Bilanzierung in Deutschland zum Ausdruck durch ein **kodifiziertes Bilanzrecht** (vor allem im HGB, aber auch in ergänzenden, einschlägigen aktienrechtlichen Regelungen und Vorschriften im

1 Auch als britisch-amerikanische oder anglo-amerikanische Rechnungslegungsphilosophie bezeichnet.

2 Vgl. *Hermann Clemm*, unveröffentlichtes Manuskript, zitiert nach *Leffson*, Transnationale Einflüsse auf das deutsche Bilanzrecht, in Gross (Hrsg.), FS v. Wysocki, 1985, S. 11, sowie *Haller/Walton*, Unternehmenspublizität im Spannungsfeld nationaler Prägung und internationaler Harmonisierung, in Haller/Raffournier/Walton (Hrsg.), Unternehmenspublizität im internationalen Wettbewerb, 2000, S. 3 (28 f.). Von den grundsätzlichen Einflüssen ist die Detailkritik von amerikanischer Seite am Normenwerk der IAS und die noch immer nicht erfolgte Akzeptanz der IAS durch die amerikanische Börsenaufsichtsbehörde SEC zu trennen.

3 Die Vierte und Siebte EG-Richtlinie beruhen auf Vorschlägen einer Studiengruppe, die unter dem Vorsitz des WP Dr. Elmendorff stand, vgl. *Kaminski*, Vorwort in Schruff, Rechnungslegung und Prüfung der AG und GmbH nach neuem Recht 1978, S. 1.

4 Das IASC ist als angelsächsisches Gegengewicht zur Harmonisierung der Rechnungslegung in der EU zu verstehen, von vornherein mit dem Anspruch einer weltweiten Harmonisierung nach dem angelsächsischen Modell, vgl. *Hopwood*, EAR 1994, 241 (243). Der deutsche Berufsstand der Wirtschaftsprüfer als Gründungsmitglied des IASC hatte *ursprünglich* die Absicht, „wenigstens mit von der Partie – und informiert – zu bleiben, und so gut wie möglich gegenzusteuern", vgl. *Hermann Clemm*, unveröffentlichtes Manuskript, zitiert nach *Leffson*, Transnationale Einflüsse auf das deutsche Bilanzrecht, in Gross (Hrsg.), FS v. Wysocki, 1985, S. 11.

5 Vgl. zu den Ursprüngen der Dokumentation (Rechenschaftslegung) im römischen Recht *Schneider*, Bilanzen im Rechtssinne als Vorläufer dynamischer und „rein betriebswirtschaftlicher" Bilanzen, in Ballwieser u. a. (Hrsg.), FS Moxter, 1994, S. 1149 (1164–1168).

GmbHG), das als **Teil des Gesellschaftsrechts** zu betrachten ist. Diese Gesetze formulieren Obersätze (Prinzipien), die Einzelheiten der Anwendung werden ausgefüllt durch die Grundsätze ordnungsmäßiger Buchführung.[6]

Demgegenüber wird das IAS-Regelwerk – die „Standards" sowie ergänzende Materialien – von einer **privaten Organisation** und ihren Gremien erarbeitet (s. Rz. 55 ff.). Die demokratische Legitimation wird über ein öffentliches Standard-Setting (*due process*, vgl. Rz. 74 ff.) hergestellt, an dem sich jedermann beteiligen kann. Das IAS-Regelwerk ist historisch nicht eingebunden in das Gesellschaftsrecht[7]; in den Standards werden keine Obersätze, sondern jeweils **Einzelfragen** der Rechnungslegung relativ detailliert behandelt. Dieser vom kontinentaleuropäischen und damit auch vom deutschen HGB abweichende IAS-Ansatz entstammt dem angelsächsischen „common law", das durch seine Fallbezogenheit („**case law**") charakterisiert werden kann: Aus der Lösung von Einzelfällen wird versucht, „principles" oder „standards" abzuleiten[8], während umgekehrt nach dem kontinentaleuropäischen Modell ausgehend von kodifizierten Prinzipien durch Subsumtion Einzelfälle gelöst werden.

3 (2) Ein weiterer wesentlicher Unterschied in der Rechnungslegungsphilosophie der beiden Modelle besteht in der unterschiedlichen Fokussierung der jeweiligen **Zielsetzung**, dessen Grund in den unterschiedlichen geschichtlichen, kulturellen und wirtschaftlichen Rahmenbedingungen zu sehen ist.[9]

Das kontinentaleuropäische Modell der Rechnungslegung dient einerseits als Informations- und Kontrollinstrument für **sämtliche Unternehmensbeteiligte** und hat andererseits die Aufgabe, die **Vermögenszuordnung** – Zahlungen – auf Eigen- und Fremdkapitalgeber und mitunter auch auf den Fiskus vorzunehmen. Aufgrund der historischen Dominanz der Bankenfinanzierung stehen die Interessen der Fremdkapitalgeber im Vordergrund, die sich im Hinblick auf Sicherung und Beurteilung ihrer Zahlungsansprüche auf normierte, Rechtsfolgen auslösende Rechnungslegungsdaten stützen können.[10]

---

6 Vgl. *Havermann*, Internationale Entwicklungen in der Rechnungslegung, in Ballwieser u. a. (Hrsg.), FS Moxter, 1994, S. 655 (661).

7 Das schließt nicht aus, dass das Gesellschaftsrecht auf IAS-Normen Bezug nimmt, vgl. bereits *Breker/Naumann/Tielmann*, WPg. 1999, 140 (143); die EU-Verordnung sieht vor, die IAS-Regelungen in das (EU-)Gesellschaftsrecht zu inkorporieren, vgl. hierzu Rz. 30 ff.

8 Vgl. *Haller*, Die Grundlagen der externen Rechnungslegung in den USA, 4. Aufl. 1994, S. 13–16.

9 Vgl. etwa *Kleekämper*, Rechnungslegung aus Sicht des IASC, in Baetge (Hrsg.), Die deutsche Rechnungslegung vor dem Hintergrund internationaler Entwicklungen, 1994, S. 41 (44). Einen Überblick der zahlreichen Forschungsarbeiten zu den Einflüssen der unterschiedlichen Rahmenbedingungen auf die Rechnungslegung bieten *Haller/Walton*, Unternehmenspublizität im Spannungsfeld nationaler Prägung und internationaler Harmonisierung, in Haller/Raffournier/Walton (Hrsg.), Unternehmenspublizität im internationalen Wettbewerb, 2000, S. 3 (51 ff.).

10 Vgl. *Pellens*, Internationale Rechnungslegung, 4. Aufl. 2001, S. 21–28. *Schildbach*, US-GAAP 2000, S. 14–16, weist darauf hin, dass in amerikanischen Kreditverträ-

Einziges Ziel der IAS-Rechnungslegung ist demgegenüber die Vermittlung entscheidungsrelevanter Informationen i. S. d. decision usefulness-Konzepts (F.12) und damit der Schutz der Eigenkapitalgeber.[11] Das IAS-Regelwerk geht zwar davon aus (F.10), dass bei Befriedigung der Informationsbedürfnisse der Investoren zugleich auch jene der meisten anderen Abschluss-Adressaten befriedigt werden[12]; die Information der aktuellen und potenziellen Risikokapitalgeber steht jedoch im Vordergrund (sog. **kapitalmarktorientierte Rechnungslegung**). Dieser Adressaten-Fokus der angelsächsisch geprägten Rechnungslegung ist ebenso wie der davon unterschiedliche Fokus des kontinentaleuropäischen Modells historisch bedingt: Vor allem in den USA ist der Aktienmarkt deutlich weiter entwickelt als in Europa (Deutschland).[13]

(3) Die vorstehend skizzierten unterschiedlichen Zielsetzungen haben zu einer unterschiedlichen, aber prinzipiell jeweils **zielentsprechenden Ausgestaltung** des jeweiligen Rechnungslegungssystems geführt. Drei zentrale Unterschiede lassen sich benennen: 4

(3.1) Die **Begrenzung der Ausschüttung** i. S. d. Kapitalerhaltung und des Gläubigerschutzes ist von höchster Priorität für die Rechnungslegung nach HGB. Ein HGB-Jahresabschluss ist Teil des gesellschaftsrechtlichen Schutzsystems zur (nominellen) Kapitalerhaltung, das dafür sorgt, dass den Gläubigern ein bestimmtes Mindestkapital als Verlustpuffer zur Verfügung steht. Im Hinblick auf den Gläubigerschutz wird der „Objektivierung und Verlässlichkeit" der Rechnungslegung mehr Bedeutung beigemessen als der Relevanz der Informationsvermittlung.[14] Die stärkere Betonung des **Gläubigerschutzes** im Interesse der **Fremdkapitalgeber** verpflichtet die Unternehmen, nach dem Vorsichtsprinzip ihre wirtschaftlichen Verhältnisse auf keinen Fall zu optimistisch zu beurteilen, so dass es nicht zu überhöhten Gewinnentnahmen und der damit verbundenen Reduzierung des Eigenkapitals (Haftungskapitals) kommt.[15] Die **Bildung stiller Reserven** wird im kontinentaleuropäischen Modell im Sinne kaufmännischer Tradition durchaus positiv

gen zum Schutz der Gläubiger häufig Regelungen (sog. „financial covenants") getroffen werden, die den deutschen *normierten* Kapitalerhaltungsvorschriften entsprechen. Den relativ einfachen Kreditverträgen deutschen Zuschnitts stehen daher häufig umfangreiche, komplexe Kreditverträge angelsächsischer Art gegenüber.

11 Vgl. *Ballwieser*, Die Entwicklung der Theorie der Rechnungslegung in den USA, ZfbF-Sonderheft 32/1993, 107 (119). Zu einer empirischen Studie s. jüngst *Marten u. a.*, BB 2002, 2007.

12 Diese Prämisse der IAS-Rechnungslegung wird zwar statuiert, aber nicht begründet.

13 Vgl. *Rost*, Der internationale Harmonisierungsprozess der Rechnungslegung, 1991, S. 94–100 sowie *Küting*, BB 1993, 30 (36).

14 Vgl. *Breker/Naumann/Tielmann*, WPg 1999, 140 (142) sowie *Moxter*, Das System der handelsrechtlichen Grundsätze ordnungsmäßiger Bilanzierung, in Gross (Hrsg.), FS v. Wysocki, 1985, S. 17 (24–26).

15 Vgl. *Leffson*, Grundsätze ordnungsmäßiger Buchführung, in Busse von Colbe/Pellens (Hrsg.), Lexikon des Rechnungswesens, 4. Aufl. 1998, S. 323 (328).

beurteilt[16]; die HGB-Rechnungslegung (das kontinental-europäische Modell) ist geprägt durch den Vorrang des Vorsichtsprinzips i. V. m. dem Realisations- und Imparitätsprinzip.[17]

Demgegenüber rückt die primäre Orientierung an den Bedürfnissen der Eigenkapitalgeber im angelsächsischen Modell das Prinzip der **periodengerechten Gewinnermittlung i. S. d. „matching principle"** als ein dominierendes Rechnungslegungsprinzip in den Vordergrund: Das matching principle (vgl. zu seiner Interpretation und Ausfüllung nach IAS Rz. 116 ff.) *dominiert im Grundsatz* das Vorsichtsprinzip.[18]

5 (3.2) Wegen der vergleichsweise geringeren Bedeutung der Informationsfunktion haben im kontinentaleuropäischen Modell **erläuternde Anhangangaben** sowie die Frage der Anzahl der **Berichtsinstrumente** im Abschluss keine fundamentale Bedeutung.[19] Demgegenüber nehmen im angelsächsischen, kapitalmarktorientierten Modell der Rechnungslegung die qualitativen Bilanzierungsgrundsätze (eigentlich besser: Informationsgrundsätze) eine zentrale Stellung ein. Diese Grundsätze werden flankiert und ausgefüllt durch umfangreiche erläuternde Anhangangaben („**disclosures**")[20] und die Informationsvermittlung über die Kapitalflussrechnung, den Eigenkapitalspiegel und die Segmentberichterstattung. Diese Berichtsinstrumente sind schon lange Abschlussbestandteil[21], während in Deutschland für den Konzernab-

16 Vgl. *Havermann*, Internationale Entwicklungen in der Rechnungslegung, in Ballwieser u. a. (Hrsg.), FS Moxter, 1994, S. 655 (661 f.), sowie unlängst im Tenor auch Deutsche Bundesbank, Monatsbericht Juni 2002, S. 41 ff. Die „vielfach geübte Übertreibung" des Vorsichtsprinzips wird im Ausland kritisiert, vgl. *Busse von Colbe*, Entwicklungstendenzen und Internationalisierung der Rechnungslegung von Konzernen, in Odenthal u. a. (Hrsg.), Wirtschaftswissenschaft und Unternehmenspraxis, 1998, S. 61 (67).

17 Ausführlich zum Realisationsprinzip *Gelhausen*, Das Realisationsprinzip im Handels- und Steuerbilanzrecht, 1985.

18 Vgl. *Havermann*, Internationale Entwicklungen in der Rechnungslegung, in Ballwieser u. a. (Hrsg.), FS Moxter, 1994, S. 655 (663), sowie zur internationalen Bedeutung des matching principles *Strobl*, Matching Principle und deutsches Bilanzrecht, in Ballwieser u. a. (Hrsg.), FS Moxter, 1994, S. 407–432.

19 Vgl. auch *Ballwieser*, KoR 2002, 115: „Informations-GoB führen bis heute ... in Deutschland ein Schattendasein".

20 Vgl. *Wollmert/Achleitner* in Baetge u. a. (Hrsg.), Rechnungslegung nach IAS, 2. Aufl. 2002, Teil A Kap. II Rz. 5 f.

21 Als Beispiel mag die Entwicklung bei Kapitalflussrechnungen dienen: Schon 1963 wurde für US-GAAP durch APB Opinion No. 3 eine Bewegungsbilanz empfohlen und seit 1971 ist ein fund statement durch APB Opinion No. 19 verpflichtend. Das IASC hat bereits 1977 mit IAS 7 einen Standard zur Kapitalflussrechnung vorgelegt. Demgegenüber lösten in Deutschland die ersten Vorschläge zur Kapitalflussrechnung durch Busse von Colbe und Moxter 1966 z. T. heftige Kritik aus, vgl. *Busse von Colbe*, Die Entwicklung des Jahresabschlusses als Informationsinstrument, ZfbF-Sonderheft 32/1993, 11 (12). Das IDW hat erst 1978 mit HFA 1/1978 eine empfehlende Stellungnahme zur Aufstellung von Kapitalflussrechnung veröffentlicht, vgl. *v. Wysocki*, Zur Abgrenzung und Offenlegung des Finanzmittelfonds

schluss bestimmter Unternehmen erst seit 1998 und zuletzt im Hinblick auf den Eigenkapitalspiegel durch das TransPuG entsprechende Vorschriften in das HGB aufgenommen wurden.[22]

(3.3) Schließlich verlangt die **Zahlungsbemessungsfunktion** des handelsrechtlichen Jahresabschlusses eine streng anschaffungskostenorientierte Rechnungslegung. Sie ist mit einer **fair value-Bewertung**, die einen Gewinnausweis bereits erlaubt, wenn dieser nach dem Realisationsprinzip i. S. d. HGB noch nicht möglich ist, nicht vereinbar. 6

Demgegenüber wird von anglo-amerikanischen Standard-Settern in Frage gestellt, ob eine ausschließlich **anschaffungskostenorientierte Rechnungslegung** dem Investor die benötigten entscheidungsrelevanten Informationen liefert.[23] Bei der Abbildung von Finanzinstrumenten im Jahresabschluss wird dies aus IAS-Sicht z. B. verneint und gem. IAS 39 stattdessen die marktorientierte Bewertung zum fair value grundsätzlich verlangt (vgl. Rz. 510 ff.).

Die fair Value-Bewertung und die damit verbundene Möglichkeit des Ausweises von aus HGB-Perspektive noch nicht realisierter Gewinne ist im angelsächsischen Rechnungslegungsmodell möglich, da es die für Deutschland charakteristische Verbindung zwischen Handels- und Steuerbilanz aufgrund des **Maßgeblichkeitsprinzips** nicht gibt.[24] Diese enge Verbindung zwischen Handels- und Steuerbilanz erlaubt es, die Besteuerungsgrundlagen unmittelbar aus der Handelsbilanz abzuleiten und nicht wie in der Welt der IAS-Rechnungslegung eine gesonderte steuerliche Gewinnermittlung „sui generis"[25] vorzuschreiben. Der HGB-Einzelabschluss erfüllt damit – im Gegensatz zum IAS-Abschluss – auf Basis einer vorsichtigen Gewinnermittlung eine Zahlungsbemessungsfunktion sowohl für die Ausschüttung als auch über das Maßgeblichkeitsprinzip für die Besteuerung.[26]

Die konzeptionellen Unterschiede zwischen HGB- und IAS-Rechnungslegung, also zwischen dem kontinentaleuropäischen und dem angelsächsischen Modell, sind beachtlich. Die fortschreitende **Internationalisierung der Geschäftstätigkeit** verlangt jedoch eine **weltweite Harmonisierung und Vereinheitlichung der Rechnungslegung** sowohl für die Unternehmen als auch für die Informationsempfänger, um die gebotene Transparenz (Vergleichbar- 7

in der Kapitalflussrechnung nach internationalen Grundsätzen und nach der Stellungnahme HFA 1/1995, in Lanfermann (Hrsg.), FS Havermann, 1995, S. 813 (815 f.).

22 Vgl. den aktuellen Überblick bei *Busse von Colbe*, ZfbF 2002, 159 (162–165).

23 Der Anstoß zu diesen Überlegungen kam Anfang der 1990er Jahre aus den USA, vgl. *Wiedmann*, Fair Value in der internationalen Rechnungslegung, in Lanfermann (Hrsg.), FS Havermann, 1995, S. 779 (783 ff.).

24 Vgl. *Pellens*, Internationale Rechnungslegung, 4. Aufl. 2001, S. 27 f.

25 Vgl. *Wagner*, DB 1998, 2068 (2074).

26 Daraus resultieren im Falle der nunmehr für alle EU-Staaten rechtlich möglichen Übernahme von IAS im Einzelabschluss eine Fülle komplexer Fragen; s. hierzu Rz. 41 ff.

keit) der Rechnungslegung zu gewährleisten. Ein solches **international akzeptiertes Rechnungslegungssystem** bietet IAS,[27] dessen Bedeutung vor allem in Europa in der Zukunft deutlich zunehmen wird, nachdem aufgrund der EU-Verordnung vom 19. Juli 2002 alle kapitalmarktorientierten Unternehmen mit Sitz in der EU ihren Konzernabschluss ab 2005/2007 nach IAS aufstellen müssen und davon auszugehen ist, dass in Folge der Ausnutzung von Mitgliedstaatenwahlrechten auch *nicht* kapitalmarktorientierte Unternehmen nach diesen Standards bilanzieren werden (vgl. ausführlich Rz. 30 ff.).

8–14 Einstweilen frei

II. Rechtliche Rahmenbedingungen der IAS-Anwendung in Deutschland und Europa

1. Befreiender IAS-Konzernabschluss nach § 292 a HGB

a) Übersicht

15 Die Relevanz der Rechnungslegung nach IAS resultiert in Deutschland derzeit u. a. daraus, dass § 292 a HGB es bestimmten Mutterunternehmen erlaubt, statt eines HGB-Konzernabschlusses einen (befreienden) Konzernabschluss nach IAS aufzustellen, wenn bestimmte gesetzlich definierte Voraussetzungen erfüllt sind. Diese Regelung hat für deutsche Unternehmen den Vorteil, dass Parallelabschlüsse, duale Abschlüsse oder Überleitungsrechnungen entbehrlich sind, wenn beim Konzernabschluss international anerkannten Rechnungslegungsstandards entsprochen werden soll.

16 Die **Tatbestandsmerkmale**, die sich aus **§ 292 a HGB** ergeben und die kumulativ erfüllt sein müssen, damit die Befreiung von der Aufstellungspflicht greift, können wie folgt gelistet werden:

(1) Ein Mutterunternehmen nimmt den *Kapitalmarkt* (selbst oder über ein Tochterunternehmen) in Anspruch (§ 292 a Abs. 1 Satz 1 HGB).

(2) Das Mutterunternehmen und seine Tochterunternehmen werden unbeschadet der §§ 295, 296 HGB in den *befreienden internationalen Konzernabschluss* einbezogen (§ 292 a Abs. 2 Nr. 1 HGB).

(3) Der Konzernabschluss und der Konzernlagebericht werden nach *international anerkannten Rechnungslegungsgrundsätzen* aufgestellt (§ 292 a Abs. 2 Nr. 2 Buchst. a HGB).

(4) Der Konzernabschluss und der Konzernlagebericht stehen im *Einklang* mit den EG-Bilanzrichtlinien (§ 292 a Abs. 2 Nr. 2 Buchst. b HGB).

(5) Der befreiende internationale Konzernabschluss und Konzernlagebericht sind hinsichtlich ihrer Aussagekraft *gleichwertig* dem HGB-Konzernabschluss und Konzernlagebericht (§ 292 Abs. 2 Nr. 3 HGB).

---

27 Die internationale Akzeptanz der IAS wird auch von Kritikern nicht in Frage gestellt, vgl. etwa *Schildbach*, BFuP 2002, 263.

(6) Die geforderten *Anhang-Angaben* liegen vor (§ 292 a Abs. 2 Nr. 4 HGB).

(7) Die befreienden Unterlagen werden ordnungsgemäß *geprüft* (§ 292 a Abs. 2 Nr. 5 HGB).

(8) Konzernabschluss und Konzernlagebericht werden in *deutscher Sprache* und *Euro* offen gelegt (§ 292 a Abs. 1 Satz 1 HGB).

(9) Hinweis bei der *Offenlegung*, dass es sich um einen nicht nach HGB aufgestellten Konzernabschluss und Konzernlagebericht handelt (§ 292 a Abs. 1 Satz 3 HGB).

b) Anwendungsbereich: Inanspruchnahme des Kapitalmarktes

Nicht nur börsennotierte Mutterunternehmen können die Befreiungsmög- 17
lichkeit nach § 292 a HGB beanspruchen. Abgestellt wird für das Mutter- oder eines seiner Tochterunternehmen auf die Inanspruchnahme eines **organisierten Marktes** i. S. d. § 2 Abs. 5 WpHG („Legaldefinition").[28] Hierzu gehören amtlicher Handel, der geregelte Markt, der Neue Markt (nicht jedoch der Freiverkehr). Die Befreiung greift auch, wenn ein **ausländischer Wertpapiermarkt** vom Mutterunternehmen oder einer Tochtergesellschaft in Anspruch genommen wird.[29]

Unter Wertpapieren i. S. d. § 2 Abs. 1 Satz 1 WpHG sind zu verstehen: 18

- Aktien; Zertifikate, die Aktien vertreten; Schuldverschreibungen; Genussscheine; Optionsscheine und
- andere Wertpapiere, die mit Aktien oder Schuldverschreibungen vergleichbar sind, wenn sie an einem Markt gehandelt werden können.[30]

Anteile an Investment-Fonds und Derivate sowie Namensschuldverschreibungen und andere Wertpapiere, die nur durch Abtretung (§ 398 BGB) übertragen werden können und daher nicht an einem Markt gehandelt werden, fallen nicht unter § 2 Abs. 1 Satz 1 WpHG.[31]

c) Anforderungen an den befreienden Konzernabschluss und Konzernlagebericht

Zu (2): Konsolidierungskreis 19

Da IAS kein **Einbeziehungsverbot** entsprechend § 295 HGB kennt, stellt sich die Frage, ob hieraus ein Konflikt entstehen kann, zumal IAS 27.14 (s.

28 *Assmann/Schneider*, Wertpapierhandelsgesetz, 2. Aufl. 1999, § 2 WpHG Rz. 95.

29 Vgl. WP-Handbuch 2000, Bd. I, 12. Aufl. 2000, Abschn. N Rz. 10.

30 Vgl. *Assmann/Schneider*, Wertpapierhandelsgesetz, 2. Aufl. 1999, § 2 WpHG Rz. 9 ff. sowie *Adler/Düring/Schmaltz*, Ergänzungsband zur 6. Aufl., 2001, § 292 a HGB n. F. Rz. 11.

31 Vgl. WP-Handbuch 2000, Bd. I, 12. Aufl. 2000, Abschn. N Rz. 12.

Rz. 814) verlangt, dass ein Tochterunternehmen auch dann in den Konzernabschluss einzubeziehen ist, wenn seine Tätigkeit von der Tätigkeit der anderen Konzernunternehmen abweicht. Da § 295 HGB restriktiv auszulegen ist,[32] kann mit DRS 1.6 davon ausgegangen werden, dass ein IAS-Abschluss, in dem ein Tochterunternehmen mit abweichender Tätigkeit konsolidiert wird, in der Regel die deutschen Konsolidierungsvorschriften erfüllt.

Die **Einbeziehungswahlrechte** nach § 296 Abs. 1 Nr. 1 und Nr. 3 HGB sind nach IAS Einbeziehungsverbote (IAS 27.13, s. Rz. 814). Ferner findet sich das Einbeziehungswahlrecht des § 296 Abs. 1 Nr. 2 HGB *nicht* in IAS; Konflikte entstehen damit nicht, wenn von den HGB-Wahlrechten kein Gebrauch gemacht wird.

Fraglich könnte sein, wie **special purpose entities** (Zweckgesellschaften, s. Rz. 809 ff.), die nach SIC-12 in den Konzernabschluss einzubeziehen sind, zu behandeln sind, sofern sie nicht als Tochterunternehmen i. S. d. § 290 HGB bzw. der Siebten EG-Richtlinie gelten. Wir halten die Einbeziehung in den Konzernabschluss für zulässig, da hierdurch die Aussagefähigkeit des Konzernabschlusses verbessert wird; eine entsprechende Offenlegung im Anhang erscheint jedoch erforderlich.[33]

20 **Zu (3): International anerkannte Rechnungslegungsgrundsätze**

Neben **US-GAAP** sind die **IAS** international anerkannte Rechnungslegungsgrundsätze i.S.v. § 292 a HGB (DRS 1.10).

Die Befreiung von der Aufstellungspflicht eines HGB-Konzernabschlusses verlangt nach § 292 a HGB auch den **Konzernlagebericht**, den wiederum das IAS-Regelwerk mit den Anforderungen gem. § 315 HGB bzw. Art. 36 der Siebten EG-Richtlinie nicht kennt (s. Rz. 106). Da der deutsche Gesetzgeber jedoch einen Konzernlagebericht fordert, müssen Informationen, die einem Lagebericht gem. § 315 HGB gleichwertig sind, in geeigneter Form offen gelegt werden (DRS 1.45). Hierzu gehört auch, dass zwingend auf die Risiken der künftigen Entwicklung des Konzerns einzugehen ist (DRS 1.47).[34]

21 **Zu (4): Einklangserfordernis**

Ein befreiender IAS-Konzernabschluss muss im *Einklang* mit der Vierten und Siebten EG-Richtlinie stehen. Bei der Auslegung dieses Tatbestandsmerkmals sind folgende Aspekte zu beachten:

(a) Das Erfordernis der Einklangvoraussetzung ist in Zweifelsfällen eher weit als eng auszulegen (DRS 1.27). Verlangt wird nur Einklang mit den

32 Vgl. *Heuser/Theile* in GmbH-Handbuch, Rz. II 2069.

33 Vgl. auch WP-Handbuch 2000, Bd. I, 12. Aufl. 2000, Abschn. N Rz. 20 sowie *Hoyos/Lechner* in Beck'scher Bilanz-Kommentar, 4. Aufl. 1999, § 292 a HGB Rz. 17.

34 Vgl. IDW PS 400 sowie *Hoyos/Lechner* in Beck'scher Bilanz-Kommentar, 4. Aufl. 1999, § 292 a HGB Rz. 25.

Richtlinien, nicht „Übereinstimmung mit dem Wortlaut jedes einzelnen Rechtssatzes der Richtlinie" (DRS 1.16).

(b) Bei der Überprüfung der Einklangsvoraussetzung ist nicht auf die deutsche Umsetzung der Vierten und Siebten EG-Richtlinie abzustellen, sondern auf das europäische Verständnis der EG-Richtlinien und ihre praktische Anwendung in der EU (DRS 1.21).

(c) Das **DRSC** problematisiert das *Einklangserfordernis* (DRS 1 besonderer Teil) u. a. in folgenden Fällen:

- Aktivierung steuerlicher Vorteile aus Verlustvorträgen (IAS 12), DRS 1.53,
- Aktivierung von Entwicklungskosten (IAS 38), DRS 1.57,
- Umrechung von Fremdwährungssalden zum Stichtagskurs (IAS 21), DRS 1.63.

In den vorgenannten Fällen sieht das DRSC in den IAS-Regelungen *keine Kollision* mit dem Einklangserfordernis; eine Verletzung des Einklangserfordernisses wird nur in zwei Fällen gesehen:

- Bei Verzicht auf einen dem Art. 15 Abs. 3 der 4. EG-Richtlinien entsprechenden Anlagespiegel (DRS 1.125).
- Bei Nichterfassung einer Restrukturierungsrückstellung (einschl. Abfindungszahlungen) für den Fall, dass erst zwischen dem Bilanzstichtag und dem Tag der Aufstellung des Konzernabschlusses das Risiko bekannt geworden oder für geplante Werksschließungen der Standort konkretisiert worden ist (DRS 1.99).

Die für IAS-Abschlüsse übliche **Bilanz- und GuV-Gliederung** (vgl. Rz. 198, 213), die zum Teil von den strengen Gliederungsvorschriften der Vierten Richtlinie abweicht, ist kein Verstoß gegen das Einklangserfordernis, sofern die nach den EG-Richtlinien auszuweisenden Posten insgesamt im Konzernabschluss (einschließlich Anhang) offen gelegt werden.[35]

Zu (5): Gleichwertigkeit des IAS-Abschlusses 22

Nach DRS 1.33 ist der IAS-Konzernabschluss dem HGB-Konzernabschluss *gleichwertig*.

Zu (6): Anhangangaben 23

Üblicherweise wird in einer Vorbemerkung innerhalb des Konzern-Anhangs darauf hingewiesen, dass der Konzernabschluss nach IAS aufgestellt wurde.

Die vom deutschen Recht abweichenden Bilanzierungs-, Bewertungs- und Konsolidierungsmethoden sind *verbal* zu erläutern (DRS 1.41). Eine Überlei-

---

35 Vgl. *Wollmert/Oser* in Baetge u. a. (Hrsg.), Rechnungslegung nach IAS, 2. Aufl. 2002, Teil A Kap. VI Rz. 37; *Hoyos/Lechner* in Beck'scher Bilanz-Kommentar, 4. Aufl. 2000, § 292a HGB Tz. 23; WP-Handbuch 2000, Bd. I, 12. Aufl. 2000, Abschn. N Rz. 35.

tungsrechnung wird insoweit nicht verlangt.[36] Offenzulegen ist auch, welche Teile des Eigenkapitals im IAS-Abschluss einer Ausschüttungsbeschränkung unterliegen (IAS 1.74).[37] In dem seltenen Ausnahmefall, dass von einer IAS-Vorschrift abgewichen wird, um dem Einklangserfordernis zu entsprechen oder in dem umgekehrten Fall, dass die Anwendung einer IAS-Vorschrift mit den EG-Richtlinien kollidiert, hat eine entsprechende Angabe mit Begründung dieses Sachverhalts im Anhang zu erfolgen.[38]

24 Dem Grundsatz der **Bilanzidentität** nach Art. 31 der Vierten EG-Richtlinie kann im Jahr des Übergangs auf IAS nicht entsprochen werden. Im Hinblick auf das Einklangserfordernis liegt ein Ausnahmefall nach Art. 31 Abs. 2 der Vierten EG-Richtlinie vor mit der Folge, dass im Rahmen einer Überleitungsrechnung das HGB-Konzerneigenkapital auf das IAS-Eigenkapital auf den Beginn des Geschäftsjahres (des Vorjahres) überzuleiten ist.[39] Diese Überleitungsrechnung ist auch im Exposure Draft zur erstmaligen Anwendung von IAS vorgesehen (s. Rz. 1296).

25 **Zu (7): Abschlussprüfung**

Der Konzernabschlussprüfer hat zu bestätigen, dass der IAS-Konzernabschluss und Konzernlagebericht die Voraussetzungen für eine Befreiung der Gesellschaft von der Aufstellung eines HGB-Konzernabschlusses und Konzernlageberichts nach deutschem Recht erfüllen.[40]

26 **Zu (8) und (9): Sprache, Währung und Offenlegung**

Der IAS-Konzernabschluss und Konzernlagebericht sind in deutscher Sprache und in Euro offen zu legen.[41]

Der Verpflichtung nach § 292 a Abs. 1 Satz 3 HGB wird regelmäßig dadurch entsprochen, dass in der **Vorbemerkung zum Anhang** ausgeführt wird, dass der Konzernabschluss nach den International Accounting Standards bzw. International Financial and Reporting Standards (IAS/IFRS) und den Auslegungen des Standing Interpretations Committee bzw. International Financial Reporting Interpretations Committee (SIC/IFRIC) aufgestellt worden ist.

27–29 Einstweilen frei.

---

36 Vgl. *Adler/Düring/Schmaltz*, Ergänzungsband zur 6. Aufl., 2001, § 292 a HGB n. F. Rz. 42.

37 IDW RS HFA 2, Rz. 5.

38 Vgl. auch *Adler/Düring/Schmaltz*, Ergänzungsband zur 6. Aufl., 2001, § 292 a HGB n. F. Rz. 44.

39 Vgl. *Adler/Düring/Schmaltz*, Ergänzungsband zur 6. Aufl., 2001, § 292 a HGB n. F. Rz. 43 sowie *Wollmert/Oser*, DB 2000, 733.

40 Hinsichtlich weiterer Fragen zur Abschlussprüfung wird auf das WP-Handbuch 2000, Bd. I, 12. Aufl. 2000, Abschn. N Rz. 44 und die dort zitierten weiterführenden Quellen verwiesen.

41 Letztmals für das Jahr 2001 konnte der Konzernabschluss noch in DM offen gelegt werden (Art. 42 Abs. 1 EG HGB).

2. EU-Verordnung

a) Übersicht

Der Europäische Rat hat auf seiner Tagung am 23./24. März 2000 in Lissabon die EU-Kommission aufgefordert, das Jahr 2005 als Frist für die Notwendigkeit der Vollendung des Binnenmarktes für Finanzdienstleistungen zu betrachten. Hierzu sollte auch gehören, die Vergleichbarkeit der Abschlüsse kapitalmarktorientierter Unternehmen zu verbessern. Die Kommission hat daraufhin am 13. Juni 2000 in einer Mitteilung an den Rat vorgeschlagen, dass alle kapitalmarktorientierten Gesellschaften in der Gemeinschaft ihre Konzernabschlüsse spätestens ab dem Jahr 2005 nach IAS aufstellen sollen. Ein entsprechender Verordnungsvorschlag vom 13. Februar 2001 hat nach einigen Beratungen am 19. Juli 2002 zu einer endgültigen Verordnung geführt,[42] in der im Kern die *verpflichtende Anwendung der IAS für den Konzernabschluss börsennotierter Muttergesellschaften ab 2005* vorgeschrieben wird. Man schätzt die Zahl der hiervon unmittelbar betroffenen Gesellschaften EU-weit auf ca. 7 000; hinzu kommen die jeweiligen Tochtergesellschaften, die entsprechend eine Handelsbilanz II nach IAS erstellen müssen. 30

Die Verordnung ist am 11. September 2002 im Amtsblatt veröffentlicht worden und am 14. September 2002 in Kraft getreten. Sie ist in allen ihren Teilen verbindlich und gilt unmittelbar in jedem Mitgliedstaat; im Gegensatz zu EU-Richtlinien bedürfen Verordnungen keines nationalen Umsetzungsaktes.[43] Ferner brechen Verordnungen ggf. entgegenstehendes nationales (einfaches) Recht.[44]

Die Verordnung enthält einen für bestimmte Unternehmen verpflichtenden Bereich, eine den Mitgliedstaaten eingeräumte Übergangsvorschrift sowie die Möglichkeit für die Mitgliedstaaten, die verpflichtende oder wahlweise Anwendung der IAS auch für den Konzernabschluss von Gesellschaften, die den Kapitalmarkt nicht in Anspruch nehmen sowie für den Einzelabschluss vorzusehen; s. *Abb. 1: Rechnungslegung in der EU ab 2005/2007.* 31

42 Verordnung (EG) Nr. 1606/2002 des europäischen Parlaments und des Rates vom 19. Juli 2002 betreffend die Anwendung internationaler Rechnungslegungsstandards, in ABl. L 243/1 v. 11.9.2002.

43 Vgl. Art. 249 Abs. 2 EG-Vertrag.

44 Vgl. *Hetmeier* in Lenz, EGV-Kommentar, 2. Aufl. 1999, Art. 249 Rz. 22 ff.

<table>
<tr><th></th><th>Kapitalmarktorientierte Unternehmen</th><th>Übrige Unternehmen</th></tr>
<tr><td>Konzernabschluss</td><td>IAS-Abschluss zwingend (Übergangsvorschrift ab 2007 als Mitgliedstaaten-wahlrecht)</td><td rowspan="2">Mitgliedstaatenwahlrecht: Mitgliedstaaten können darüber hinaus
• IAS zwingend oder
• IAS wahlweise
vorsehen</td></tr>
<tr><td>Einzelabschluss</td><td></td></tr>
</table>

Abb. 1: Rechnungslegung in der EU ab 2005/2007
(In Anlehnung an *Niehus*, WPg 2001, 741)

b) Verpflichtender Bereich und Übergangsbestimmungen

32 Die Anwendung der IAS auf den **Konzernabschluss**[45] ist für Geschäftsjahre, die am oder nach dem **1. Januar 2005** beginnen, für folgende Gesellschaften verpflichtend (Art. 4):

- die Gesellschaft unterliegt dem Recht eines Mitgliedstaates und
- am jeweiligen Bilanzstichtag sind ihre Wertpapiere (Eigenkapital- und/oder Schuldtitel) in einem beliebigen Mitgliedstaat zum Handel in einem geregelten Markt[46] zugelassen.

33 Abweichend von dieser Bestimmung können nach Art. 9 der Verordnung die Mitgliedstaaten die Anwendung der IAS auf den Konzernabschluss erst für Geschäftsjahre, die am oder nach dem **1. Januar 2007** beginnen, für folgende Gesellschaften vorsehen:

a) Von der Gesellschaft sind am jeweiligen Bilanzstichtag lediglich **Schuldtitel** in einem beliebigen Mitgliedstaat zum Handel in einem geregelten Markt zugelassen oder

b) die Wertpapiere sind zum öffentlichen Handel in einem **Nichtmitgliedstaat** zugelassen und die Gesellschaft wendet zu diesem Zweck auf den Konzernabschluss seit einem Geschäftsjahr, das vor dem 11. September 2002 begann, international anerkannte Standards an.

Ob die Ausnahmeregelung angewendet werden kann, steht im Befinden der einzelnen Mitgliedstaaten; es handelt sich *nicht* um ein Unternehmenswahlrecht. Das IDW regt an, nur das Wahlrecht zu b) an die Unternehmen weiterzugeben.[47]

45 Die Verordnung regelt nicht die Pflicht zur Aufstellung des Konzernabschlusses; diese ergibt sich nach wie vor aus der 7. EG-Richtlinie.

46 „Geregelter Markt" i. S. v. Art. 1 Abs. 13 der Wertpapierdienstleistungsrichtlinie (ABl. L 141/27 v. 11.6.1993) entspricht für Deutschland dem organisierten Markt gem. § 2 Abs. 5 WpHG, s. Rz. 17 sowie *Assmann/Schneider*, Wertpapierhandelsgesetz, 2. Aufl. 1999, § 2 WpHG Rz. 95.

47 Vgl. IDW-Stellungnahme v. 22.8.2002, Ziff. 2.1.2 und 2.1.3, WPg 2002, 983 (985).

Betroffen von b) können Gesellschaften sein, die an der New York Stock Exchange gelistet sind und deshalb US-GAAP anwenden. Die Ausnahmeregelung kann jedoch für US-GAAP-Anwender, die *nicht* in den USA gelistet sind, *nicht* in Anspruch genommen werden.

Als internationale Rechnungslegungsstandards i. S. d. Verordnung gelten die IAS/IFRS und die SIC/IFRIC-Interpretationen, spätere Veränderungen der Standards und Interpretationen sowie neue Standards und Interpretationen (zur Normenhierarchie s. Rz. 63 ff.), die vom IASB herausgegeben oder angenommen worden sind (Art. 2). Welche von diesen Normen tatsächlich anzuwenden sind, obliegt jedoch der Entscheidung der EU-Kommission, vertreten durch das Accounting Regulatory Committee (Art. 3, Art. 6). Die Akzeptanz der Normen steht gem. Art 3 Abs. 2 der Verordnung unter dem Vorbehalt, dass sie dem Prinzip der Vermittlung eines den tatsächlichen Verhältnissen entsprechenden Bildes der Vermögens-, Finanz- und Ertragslage der Gesellschaft bzw. des Konzerns nicht zuwiderlaufen sowie dem europäischen öffentlichen Interesse entsprechen. Ferner sollen sie den Kriterien der Verständlichkeit, Erheblichkeit, Verlässlichkeit und Vergleichbarkeit genügen, die Finanzinformationen erfüllen müssen, um wirtschaftliche Entscheidungen und die Bewertung der Leistung einer Unternehmensleitung zu ermöglichen. Es handelt sich hierbei um in hohem Maße auslegungsbedürftige Begriffe, die sich im Übrigen auch in den IAS bzw. im Framework selbst finden (s. Rz. 110 ff.). 34

Technische Unterstützung zur Prüfung der inhaltlichen Qualität der IAS erhält das Accounting Regulatory Committee von der privatrechtlichen „European Financial Reporting Advisory Group (EFRAG)", die der Kommission am 26. Juni 2002 bereits die Übernahme des IAS-Normenwerkes unter Berücksichtigung der aktuellen Diskussion um die Änderungen der 4. und 7. EU-Richtlinie empfohlen hat.

Die 4. und 7. EU-Richtlinie werden durch die Verordnung nicht abgeschafft. Die Beachtung der Richtlinien ist formal nach wie vor originäre Aufgabe (auch) der zur Bilanzierung nach IAS verpflichteten Unternehmen. So wird beispielsweise auch künftig ein Lagebericht aufgestellt werden müssen. 35

Andererseits dienen die Richtlinien, wie in Rz. 34 bereits ausgeführt, hinsichtlich der eigentlichen Rechnungslegungsregeln (zu Ansatz und Bewertung, aber auch Ausweis und Darstellung) als Grundlage zur Freischaltung der IAS durch die Kommission; die Freischaltung erfolgt unter dem Vorbehalt der grundsätzlichen Übereinstimmung mit den Richtlinien. Solange die Kommission die Aufgabe übernimmt, durch Übernahme der IAS in das Gemeinschaftsrecht deren Übereinstimmung mit den Richtlinien grundsätzlich zu bestätigen, dürften sich insoweit die betroffenen Unternehmen darauf berufen können. Bei der dynamischen Entwicklung der IAS setzt diese Vorgehensweise jedoch voraus, dass die Inhalte der Richtlinien in einigen Punkten angepasst werden, um eine Übereinstimmung der Richtlinien mit den Normen der IAS bestätigen zu können. Hierzu ist bereits im vergangenen Jahr die sog. Fair value-Richtlinie[48] verabschiedet worden. Weitere Einzelfragen werden im aktuell vorliegenden Vorschlag zur weiteren Änderung insbesondere der 4. und 7. EU-Richtlinie angesprochen.[49]

Das IDW hat sich in diesem Zusammenhang dafür ausgesprochen, die zur Rechnungslegung nach IAS verpflichteten Unternehmen von der Beachtung derjenigen Richtlinienregelungen zu befreien, die auch in den IAS (aber möglicherweise anders) behandelt werden.[50] Neben der Schaffung formaler Rechtssicherheit für die betroffenen Unternehmen würde dieser Schritt auch den Anpassungsdruck auf die Kommission zur Änderung der Richtlinien nehmen.

c) Umsetzung von Mitgliedstaatenwahlrechten

aa) Regelungsbereiche

36 Nach Art. 5 der Verordnung können die Mitgliedstaaten gestatten oder vorschreiben, dass

(a) kapitalmarktorientierte Gesellschaften gem. Rz. 32 ihre Einzelabschlüsse und/oder

(b) alle übrigen Gesellschaften (im Anwendungsbereich der 4. und 7. EU-Richtlinie) ihre Konzernabschlüsse und/oder ihre Einzelabschlüsse

ebenfalls nach IAS aufstellen können oder müssen. Darüber hinaus steht es dem nationalen Gesetzgeber frei, für Unternehmen, die *nicht* in den Anwendungsbereich der 4. und 7. EU-Richtlinie fallen (nicht haftungsbeschränkte Gesellschaften oder Einzelunternehmen), die Anwendung von IAS vorzuschreiben oder zu gestatten.[51]

Eine Entscheidung des Gesetzgebers ist noch nicht gefallen.[52] Die folgenden Ausführungen beleuchten die Vor- und Nachteile der Alternativen und den Stand der Diskussion.

---

48 Richtlinie 2001/65/EWG, ABl. L 283/28 v. 27.10.2001. Die Richtlinie ist bis Ende 2003 in deutsches Recht zu transformieren.

49 Vorschlag für eine Richtlinie des europäischen Parlaments und des Rates zur Änderung der Richtlinien 78/660/EWG, 83/349/EWG- und 91/674/EWG über den Jahresabschluss und den konsolidierten Abschluss von Gesellschaften bestimmter Rechtsformen sowie Versicherungsunternehmen (KOM(2002) 259/2 endgültig) vom 9.7.2002; s. hierzu *Busse von Colbe*, BB 2002, 1530; *Niehus*, DB 2002, 1385; *Bieker/Schmidt*, KoR 2002, 206.

50 Vgl. IDW-Stellungnahme v. 22.8.2002, Ziff. 1. Damit bliebe es auch bei der Lageberichterstattung und einigen ausgewählten Anhangangaben, ebenda, Ziff. 2.1.1.

51 Zu möglichen verfassungsrechtlichen Problemen s. *Heintzen*, KoR 2001, 150.

52 *Ernst*, WPg 2001, 1440 (1443) befürwortet die sorgfältige Prüfung aller Möglichkeiten.

bb) IAS im Konzernabschluss

Die *Möglichkeit* für nicht den Kapitalmarkt in Anspruch nehmende Konzerne, einen von der Konzernrechnungslegungspflicht nach HGB befreienden *Konzernabschluss* nach IAS aufzustellen, entspräche einer Ausweitung des § 292 a HGB auf eben diese Konzerne. Die Schaffung dieses Wahlrechts ist schon im Zuge der Einfügung des § 292 a HGB durch das Kapitalaufnahmeerleichterungsgesetz in der Literatur gefordert worden.[53] Da dem Konzernabschluss weder Ausschüttungs- noch Steuerbemessungs-, sondern ausschließlich Informationsfunktion zukommt, wäre ein solches Unternehmenswahlrecht gesellschafts- und steuerrechtlich unproblematisch. 37

Legt man (nur) die verpflichtende Regelung der Verordnung zugrunde (s. Rz. 32), wird es ab 2005 zu einem *Nebeneinander* von IAS-Konzernabschlüssen für kapitalmarktorientierte Konzerne und HGB-Konzernabschlüssen für alle übrigen Konzerne kommen. Die Schaffung eines Wahlrechts, IAS-Konzernabschlüsse für nicht den Kapitalmarkt in Anspruch nehmende Konzerne zuzulassen, würde dieses Nebeneinander nicht beseitigen, sondern nur auf eine andere Ebene verlagern: Einige nicht den Kapitalmarkt in Anspruch nehmende Konzerne würden IAS anwenden, andere nicht. Für die betroffenen (mittelständischen) Unternehmen wäre das Wahlrecht von Vorteil, denn wer nach internationalen Maßstäben informieren will, könnte das mit befreiender Wirkung für den HGB-Konzernabschluss tun. Das DRSC begrüßt das Wahlrecht mit der Begründung, es erleichtere den Übergang zur Kapitalmarktorientierung.[54] 38

Das vorbezeichnete Nebeneinander von IAS und HGB in Konzernabschlüssen könnte indes nur beseitigt werden, wenn IAS für *alle* Konzerne verpflichtend vorgesehen wird. Hierfür spricht sich unter grundsätzlicher Beibehaltung der größenabhängigen Befreiung des § 293 HGB das IDW aus.[55] 39

Indes ist der Berichtsumfang der IAS – Berichtsinstrumente und Anhangangaben – zugeschnitten auf die (angenommenen) Bedürfnisse des anonymen Kapitalmarkts; mittelständische Unternehmen wären insoweit gezwungen, Informationen zu liefern, für die sie gar keine Abnehmer haben.[56] Daher werden Erleichterungen im Berichtsumfang diskutiert;[57] allerdings hat der IASB derzeit kein spezielles Projekt für die Belange kleiner und mittlerer Unternehmen auf seiner Agenda (s. Rz. 102).

53 Vgl. *Remme/Theile,* GmbHR 1998, 909 (912) m. w. N.; ferner zur Änderung des § 292 a HGB durch das KapCoRiLiG Eingabe der Centrale für GmbH, GmbHR 1999, 603 f. sowie *Theile,* GmbHR 1999, 1241 (1247 f.).

54 Vgl. Stellungnahme des DRSC v. 21.9.2001, Ziff. 2 a, noch zur neuen Rechnungslegungsstrategie der EU-Kommission.

55 Vgl. IDW-Stellungnahme v. 22.8.2002, Ziff. 2.1.1., WPg 2002, 983 (984 f.).

56 S. hierzu *Theile,* GmbHR 2001, 892 (895).

57 Vgl. *Hüttche,* BB 2002, 1804 mit Hinweisen auf Regelungen in Großbritannien und Kanada.

40 Die EU-Verordnung knüpft für die pflichtgemäße Anwendung der IAS an das Vorhandenseins eines Konzerns an. Folglich sind vom Regelungsbereich nicht jene Unternehmen betroffen, die als *Einzelunternehmen* den *Kapitalmarkt* in Anspruch nehmen, denn sie stellen weiterhin (nur) einen Einzelabschluss nach HGB auf. Wollte man für diese Unternehmen die Vergleichbarkeit des Abschlusses zu den Kapitalmarkt in Anspruch nehmenden Konzernen herstellen, müsste entweder generell IAS für den Einzelabschluss vorgeschrieben werden (hierzu Rz. 41 ff.),[58] oder die vorbezeichneten Einzelunternehmen stellen *zusätzlich* zum HGB-Einzelabschluss einen der Information des anonymen Kapitalmarktes dienenden IAS-Abschluss auf.[59] Eine solche Beschränkung der (zusätzlichen) Anwendung von IAS auf den Einzelabschluss bestimmter Unternehmen dürfte von Art. 5 der Verordnung gedeckt sein und ermöglichte es dem Gesetzgeber im Übrigen, den Einzelabschluss nach HGB unverändert zu lassen.

cc) IAS im Einzelabschluss

41 Art. 5 der Verordnung ermöglicht es dem Gesetzgeber ferner, IAS im Einzelabschluss verpflichtend oder als Unternehmenswahlrecht vorzusehen. Aus der Sicht der ggf. betroffenen Unternehmen ist zunächst zu fragen: Wem nützt IAS im Einzelabschluss?, bevor angesichts der Einbindung des Einzelabschlusses in das Gesellschaft- und Steuerrecht die rechtliche Problematik erörtert wird. Die Erwägungen, die hierzu angestellt werden müssen, sind hochkomplex; wir wollen uns auf einige wichtige Punkte konzentrieren.

42 Ein zweigeteiltes Bilanzrecht – HGB im Einzelabschluss, IAS im Konzernabschluss – ist für die von IAS betroffenen Unternehmen unstrittig aufwändig. Gleichwohl unterwerfen sich die jetzt schon nach IAS oder US-GAAP im Konzern bilanzierenden Unternehmen diesem Aufwand, ohne *öffentlichrechtlich* dazu gezwungen zu sein. Die Gründe sind in ausländischen Börsenzulassungsvoraussetzungen (NYSE), in dem Wunsch, bestimmten Börsenindices anzugehören oder schlicht im faktischen Zwang zu sehen, weil an Kapitalmärkten IAS und US-GAAP einen besseren Ruf besitzen (oder besaßen) als das HGB. Dabei sind – und dies ist als weiterer Vorteil zu werten – im Zuge der Umstellung auf internationale Normen häufig internes und externes Berichtswesen aufeinander abgestimmt worden. Die Konzerneinheiten werden nicht selten auf Basis der jeweiligen Handelsbilanz II geführt, die wegen der Quartalsberichterstattung ohnehin mindestens vierteljährlich benötigt wird; die Handelsbilanz I – der „originäre" Einzelabschluss – wird hieraus einmal im Jahr übergeleitet. Unter den gegebenen Rahmenbedingungen ist dies für die Unternehmen die am wenigsten aufwändige Lösung.

58 Vgl. *Ernst*, WPg 2001, 1440 (1444).
59 So *Theile*, GmbHR 2001, 892 (897 f.).

Aus der Sicht der künftig IAS-pflichtigen Konzerne würde der Aufwand weiter sinken, wenn auch für den *Einzelabschluss IAS* zur Pflicht oder wenigstens wahlweise zugelassen werden würde.[60] Zur Ableitung der Steuerbilanz entfiele immerhin der Zwischenschritt über die HGB-Handelsbilanz I. Einschränkend ist jedoch zu berücksichtigen, dass diese Erleichterung nur für das Mutterunternehmen und seine deutschen Tochterunternehmen wirksam wäre. Ob das Argument auch für Tochterunternehmen in der Europäischen Union einschlägig ist, wird von der jeweiligen Umsetzung des Art. 5 der Verordnung abhängen, und bei Tochterunternehmen außerhalb der Europäischen Union ebenfalls vom jeweiligen nationalen Recht. 43

Die Einführung eines **Wahlrechts** für IAS auch im Einzelabschluss würde immerhin die in Rz. 43 geschilderten – wenn auch geringen – Vorteile bringen, ohne bei anderen Unternehmen Nachteile zu verursachen. Voraussetzung wäre dann, *zusätzlich* zum HGB-Abschluss auch den IAS-Einzelabschluss in das nationale Gesellschaftsrecht (Rechtsfolgen, wie z. B. Ausschüttungsbemessung) zu integrieren. Ferner müsste das Problem der Maßgeblichkeit der Handels- für die Steuerbilanz gelöst werden, um weiterhin die Einheitlichkeit der Besteuerung zu gewährleisten. 44

Wir halten allein bereits vor diesem Hintergrund ein Wahlrecht für IAS im Einzelabschluss weder für wünschenswert noch für wahrscheinlich.[61]

Diskutiert wird derzeit vor allem ein **Ersatz des HGB-Einzelabschlusses** durch den IAS-Abschluss. Doch auch hier gilt, dass der Kreis der hiervon profitierenden Unternehmen nach derzeitigem Stand der Dinge deutlich geringer sein dürfte als jener, der von den zusätzlichen Berichtsanforderungen und Angaben belastet werden würden. Diese zusätzliche Belastung wäre nur dann kein Grund mehr gegen die Anwendung von IAS im Einzelabschluss, wenn für Unternehmen, die den Kapitalmarkt nicht in Anspruch nehmen, Erleichterungen bei den Berichtspflichten geschaffen werden (s. Rz. 39). Diese Position wird in einer langfristigen Perspektive vom IDW vertreten.[62] In der Literatur finden sich unterschiedliche Auffassungen zur Anwendung von IAS im Einzelabschluss.[63] 45

60 So auch *Ernst*, WPg 2001, 1440 (1444).

61 *Busse von Colbe*, ZfbF 2002, 159 (171 f.) weist darauf hin, dass ein Wahlrecht eine wettbewerbskonforme Lösung sei, insoweit, als der Markt entscheiden könne, welches Rechnungslegungssystem sich durchsetzen würde.

62 Vgl. IDW-Stellungnahme v. 22.8.2002, Ziff. 2.2., WPg 2002, 983 (985 ff.).

63 Befürwortend zuletzt etwa *Böcking*, WPg 2002, 925; *Peemöller/Spanier/Weller*, BB 2002, 1799; *Buchholz*, DStR 2002, 1280; Arbeitskreis Externe Unternehmensrechnung der Schmalenbach-Gesellschaft, DB 2001, 160; abwägend *Busse von Colbe*, ZfbF 2002, 159 (169 ff.); kritisch *Zabel*, WPg 2002, 919; *Schildbach*, BFuP 2002, 263; *Theile*, GmbHR 2001, 892 (897 f.).

46 Voraussetzung zur Anwendung von IAS im Einzelabschlusss wäre in rechtlicher Hinsicht die Klärung der Einbindung des Abschlusses in das Gesellschafts- und Steuerrecht. In Bezug auf die Funktion der Ausschüttungsbemessung wird die Einführung von Ausschüttungssperren diskutiert.[64] Weiterreichende gesellschaftsrechtliche Fragen scheinen derzeit noch ungeklärt.[65] Hinsichtlich des Maßgeblichkeitsprinzips wird intensiv die Schaffung eigenständiger Normen für die Steuerbilanz diskutiert[66], aber auch die Anknüpfung der Steuerbilanz an einen IAS-Einzelabschluss wird untersucht.[67] Beim Einsatz von IAS zur Steuerbemessung ist indes der Kritik *Schildbach*s vollumfänglich zuzustimmen, wonach dieser nicht nur im Widerspruch zur Intention der Schöpfer der IAS stünde, sondern auch zur Logik: Eine solche Anknüpfung „liefe letztlich auf das Gegenteil dessen hinaus, was beabsichtigt wurde. Das verachtete, hässliche Modell der steuerlich geprägten handelsrechtlichen Rechnungslegung würde auf die IAS in Deutschland ... übertragen."[68]

47 Solange der vorgenannte Themenkreis nicht in rechtlicher Hinsicht gelöst ist, ist davon auszugehen, dass sich die IAS-Rechnungslegung zunächst und unmittelbar nur auf den *Konzernabschluss* auswirken wird.[69]

48–54 Einstweilen frei.

64 Vgl. nur *Busse von Colbe*, ZfbF 2002, 159 (170).

65 Etwa bei Gewinnabführungsverträgen, Eingliederungen, Vorstandspflichten bei Verlust der Hälfte des Grundkapitals usw.

66 Vgl. *Herzig*, Gefahren der internationalen Rechnungslegung für den Mittelstand? – Problemfelder: Besteuerung und Gewinnausschüttung, in Coenenberg/Pohle (Hrsg.), Internationale Rechnungslegung, 2001, S. 45–61 (58); *Herzig*, WPg 2000, 104; *Herzig/Dautzenberg*, BFuP 1998, 23.

67 S. *Oestreicher/Spengel*, Maßgeblichkeit der International Accounting Standards für die steuerliche Gewinnermittlung?, 1999; *Oestreicher/Spengel*, RIW 2001, 889; ablehnend *Fülbier/Gassen*, DB 1999, 1511; zu den kontroversen Diskussionen bei den Nürnberger Steuergesprächen vom 4.7.2001 s. die Zusammenfassung von *Geiger*, StuB 2001, 914.

68 *Schildbach*, BFuP 2002, 263 (274 ff., Fn. 276).

69 Vgl. hierzu auch *Kleindiek*, Gestaltungsaufgaben der Bilanzrechtsreform, S. 6 sowie *Hommelhoff*, Konzeptionelle Grundfragen einer Bilanzrechtsreform, S. 141 jeweils in Kleindiek/Oehler (Hrsg.), Die Zukunft des deutschen Bilanzrechts, 2000; ferner *Böcking/Orth*, DB 1998, 1873; Zitzelsberger, WPg 1998, 799 und *Herzig*, Die Entzauberung der amerikanischen Rechnungslegungsvorschriften, FAZ v. 11.3.2002, 27.

III. Organisation und Rechnungslegungsnormen des IASC/IASB

1. Organisationsstruktur und Aufgaben

Das *International Accounting Standards Committee (IASC)* wurde 1973 als privatrechtlicher Verein nationaler Verbände von Rechnungslegern und Wirtschaftsprüfern gegründet und zum 1. April 2001 umstrukturiert und umbenannt.[70] Nach der zuletzt am 8. Juli 2002 verabschiedeten überarbeiteten Satzung stellt sich die aktuelle Namensgebung wie folgt dar: 55

Die Organisation heißt nunmehr *International Accounting Standards Committee Foundation („IASC Foundation“)*. Der *standard-setting body* der IASC Foundation ist der *International Accounting Standards Board („IASB“)*.[71]

Die **Zielsetzungen** der IASC Foundation wie auch die des IASB sind:[72] 56

(a) Im Interesse der Öffentlichkeit einheitliche, qualitativ hochwertige, verständliche und durchsetzbare weltweite Rechnungslegungsstandards zu entwickeln, die zu einer qualitativ hochwertigen, transparenten und vergleichbaren Informationsdarstellung in Abschlüssen und anderen Finanzberichten führen, um den Teilnehmern an Kapitalmärkten und anderen Nutzern zu helfen, ökonomische Entscheidungen zu treffen;

(b) die Förderung der Nutzung und konsequenten Anwendung dieser Standards und

(c) die Schaffung von Konvergenz zwischen nationalen Standards und IAS/IFRS im Interesse qualitativ hochwertiger Lösungen.

Die **IASC Foundation** besteht aus 19 Treuhändern (Trustees) unterschiedlicher geographischer und beruflicher Herkunft. Sie wählen und berufen die Mitglieder des Board (s. Rz. 58), des IFRIC (s. Rz. 59) und des Standards Advisory Council (SAC; s. Rz. 60), überwachen deren Aktivitäten und sind verantwortlich für die Finanzierung der Organisation. Sie sind jedoch nicht mit inhaltlichen Fragen der Rechnungslegung betraut.[73] 57

Die nachfolgende Abb. 2 bietet einen Überblick zur derzeitigen Organisationsstruktur.

70 Vgl. IASB, Preface, Rz. 4; zur historischen Entwicklung s. ausführlich *Kleekämper/Kuhlewind/Alvarex* in Baetge u. a. (Hrsg.), Rechnungslegung nach IAS, 2. Aufl. 2002, Teil A I Rz. 20 ff. sowie zum rechtlichen Status Rz. 75.

71 Vgl. IASC Foundation Constitution, Part A Rz. 1.

72 Gleich lautend in IASC Foundation Constitution, Part A Rz. 2 sowie im Preface to International Financial Reporting Standards, Rz. 6.

73 Zu Einzelheiten s. IASC Foundation Constitution, 2002, sowie *Kleekämper/Kuhlewind/Alvarex* in Baetge u. a. (Hrsg.), Rechnungslegung nach IAS, 2. Aufl. 2002, Teil A I Rz. 44 ff.

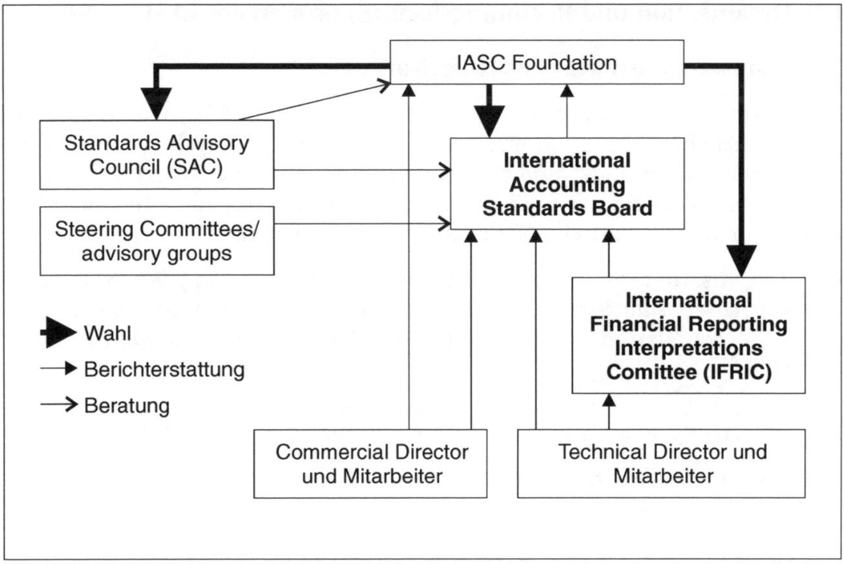

Abb. 2: Organisationsstruktur des IASC

58 Der **International Accounting Standards Board** ist das oberste Gremium zur Verabschiedung von Standardentwürfen (Exposure Drafts), **Standards (IAS bzw. IFRS)**, **Interpretationen** (SIC bzw. IFRIC) und anderer Verlautbarungen. Der Board besteht aus zwölf hauptamtlichen und zwei nebenamtlichen Mitgliedern, die sämtlich von den Trustees für eine Amtszeit von fünf Jahren gewählt werden; eine einmalige Wiederwahl ist möglich. Die Trustees benennen aus den hauptamtlichen Mitgliedern den Chairman, der zugleich Direktor der IASC Foundation ist. Um eine ausgewogene Erfahrung und Sichtweise zu gewährleisten, sollen mindestens fünf Board-Mitglieder als Wirtschaftsprüfer, mindestens jeweils drei als Ersteller und Nutzer (Finanzanalysten) von Abschlüssen und mindestens einer als Wissenschaftler gearbeitet haben.[74]

Standards und ihre Entwürfe sowie die Interpretationen müssen mit einer qualifizierten Mehrheit von acht der 14 Mitglieder des Board verabschiedet werden. Für übrige Verlautbarungen (z. B. Vorentwürfe) ist die einfache Mehrheit der (persönlich oder über Konferenzschaltung) anwesenden Board-Mitglieder ausreichend.[75]

Board-Sitzungen sind üblicherweise öffentlich (Anmeldung ist erforderlich) und finden i. d. R. monatlich und durchaus an unterschiedlichen Orten (nicht nur London, sondern z. B. auch Berlin, Tokyo, New York) statt.

74 Vgl. IASC Foundation Constitution, 2002, Rz. 19 ff.

75 Vgl. IASC Foundation Constitution, 2002, Rz. 31.

Dem **International Financial Reporting Interpretations Committee** (IFRIC; vormals Standing Interpretations Committee, SIC) kommt die Aufgabe zu, **Interpretationen** zu **Anwendungs- und Auslegungsfragen** existierender Standards zu entwickeln. Mehrheitlich vom IFRIC verabschiedete Interpretationen müssen dem Board zur endgültigen Genehmigung vorgelegt werden. Das IFRIC besteht aus zwölf Mitgliedern.[76] 59

Das **Standards Advisory Council** (SAC) ist ein aus Repräsentanten verschiedener Interessengruppen und Organisationen bestehendes **Beratungsgremium** des Board und der Trustees. Es soll sich aus mindestens 30 Mitgliedern zusammensetzen (derzeit 49).[77] 60

Neben den vorgenannten, fest installierten Gremien ist der Board befugt, zur fachlichen Unterstützung bei wichtigen Projekten sog. **Steering Committees** bzw. **advisory groups** zusammenzustellen.[78] Der Board macht von dieser Befugnis Gebrauch und setzt fallweise projektbezogene Arbeitsgruppen mit üblicherweise sechs bis zehn Mitgliedern ein, deren Arbeit von den in London fest angestellten Mitarbeitern des IASC organisatorisch betreut wird.[79] 61

Zur Unterstützung der Facharbeit besteht eine technische und für organisatorische/administrative Aufgaben eine kommerzielle Abteilung. Geschäftsführer der Verwaltung, die etwa 15 hauptberufliche Kräfte umfasst, ist der Chairman des Board.[80] 62

2. Rechnungslegungsnormen des IASB, Verpflichtungsgrad und Auslegung

a) Regelungswerk

Das Regelungswerk des IASC/IASB besteht aus folgenden Elementen: 63

(1) Vorwort (*preface*) zu den *International Financial Reporting Standards*

(2) Rahmenkonzept (*Framework*)

(3) Standards (*International Accounting Standards, IAS* sowie *International Financial Reporting Standards, IFRS*) inklusive ggf. erläuternder Anhänge und ggf. Begründung (*Basis for Conclusions*)

---

76 Zu Einzelheiten vgl. IASC Foundation Constitution, 2002, Rz. 34 ff.

77 Zu Einzelheiten vgl. IASC Foundation Constitution, 2002, Rz. 38 ff. sowie *Kleekämper/Kuhlewind/Alvarex* in Baetge u. a. (Hrsg.), Rechnungslegung nach IAS, 2. Aufl. 2002, Teil A I Rz. 66 ff.

78 Vgl. IASC Foundation Constitution, 2002, Rz. 32(d)(ii).

79 Vgl. *Pellens*, Internationale Rechnungslegung, 4. Aufl. 2001, S. 420 f.

80 Vgl. IASC Foundation Constitution, 2002, Rz. 41 ff. sowie *Kleekämper/Kuhlewind/Alvarex* in Baetge u. a. (Hrsg.), Rechnungslegung nach IAS, 2. Aufl. 2002, Teil A I Rz. 70 ff.

(4) Interpretationen (*SIC und IFRIC*)

(5) Anwendungsleitlinien (*implementation guidance*)

64 **Zu (1): Vorwort**

Das *preface* soll die Ziele und Verfahrensregeln des IASC (nunmehr IASB) darlegen und den Anwendungsbereich sowie die Autorität der IAS bzw. IFRS erläutern. Es wurde ursprünglich 1975 veröffentlicht, 1982 überarbeitet und liegt seit Mai 2002 in einer neuen Fassung als *Preface to International Financial Reporting Standards* vor.

Der Verbindlichkeitscharakter des Vorwortes ist strittig und wird auch durch die neue Fassung nicht eindeutig geklärt. *Wagenhofer* hält das *preface* für einen integralen Bestandteil der IAS, weil zu Beginn eines jeden Standards darauf hingewiesen wird, dass die Ausführungen des Standards in Verbindung mit dem *preface* zu betrachten sind.[81] Demgegenüber wollen *Wollmert/Achleitner* dem *preface* keine Bedeutung für Anwendung und Auslegung der IAS zukommen lassen.[82] Wegen der wenig spezifischen Aussagen im *preface* dürfte diese Frage für den Anwender jedoch kaum praktische Relevanz haben.

Von Bedeutung ist aber die Wiedergabe der IASB-Resolution vom 20. April 2001 im *preface*, wonach die vormaligen International Accounting Standards (IAS) sowie die Interpretationen des ehemaligen Standing Interpretations Committee (SIC) weiterhin gültig sind, solange sie nicht von neuen IFRS bzw. IFRICS ersetzt werden (*preface*, Rz. 5). Ferner regelt das *preface* den *due process*, also das Verfahren des Zustandekommens von Standards und Interpretationen (s. hierzu Rz. 74). Zudem klärt das *preface* in Rz. 14 die Frage (die in der Vergangenheit gelegentlich zu Irritationen geführt hat)[83] über den Verpflichtungsgrad der in den Standards enthaltenen Abschnitte in Fett- und Normaldruck: Beide haben den gleichen Verpflichtungsgrad. Der Unterschied liegt nur darin, dass die Abschnitte in Fettdruck typischerweise die grundlegenden Prinzipien bzw. Aussagen enthalten.[84]

65 **Zu (2): Rahmenkonzept (*Framework*)**

Das im Juli 1989 veröffentlichte „Rahmenkonzept für die Aufstellung und Darstellung von Abschlüssen" (im Folgenden kurz „Rahmenkonzept" oder „Framework", hier zitiert als „F. *Paragraph*") bildet die **theoretische Basis**

81 Vgl. *Wagenhofer*, International Accounting Standards, 3. Aufl. 2001, S. 67.

82 Vgl. *Wollmert/Achleitner*, WPg 1997, 209 ff.; *dieselben* in Baetge u. a. (Hrsg.), Rechnungslegung nach IAS, 2. Aufl. 2002, Teil A II Rz. 7.

83 Vgl. IASC (Hrsg.), International Accounting Standards Explained, 2000, S. IX.

84 Ursprünglich hatte der Board in dem *draft preface* vorgesehen, dass künftige IFRS keine fett gedruckten Absätze mehr enthalten. Diese vorgesehene Änderung wurde aufgrund zahlreicher Proteste zurückgezogen. Tatsächlich bietet die Unterscheidung in Fett- und Normaldruck für den Anwender eine wesentliche Arbeitserleichterung, um die Inhalte der Regelungen schnell zu erfassen.

für die Entwicklung der einzelnen Standards. Ferner dient es als **Bilanzierungs-Richtschnur** für die Unternehmen, falls diese sich Sachverhalten gegenüber sehen, deren Behandlung noch nicht von einem Standard abgedeckt worden sind (IAS 1.22 b). Allerdings stellt das Rahmenkonzept selbst keinen Standard dar und geht auch keinem Standard vor (F. 2) Die wesentlichen Inhalte des Rahmenkonzepts finden sich in IAS 1 wieder (s. hierzu Rz. 100 ff.).

Zu (3): Standards 66

Nach der Umbenennung werden neu verabschiedete Standards den Namen *International Financial Reporting Standards* (IFRS) tragen. Derzeit liegt noch kein IFRS vor.

Die einzelnen *International Accounting Standards* (IAS, Zitierweise in diesem Buch: „IAS *Nr. Paragraph*") behandeln jeweils eine oder mehrere **Rechnungslegungs-** und **Darstellungsfragen**. Die Anwendung der gültigen Standards ist für eine Bestätigung der Übereinstimmung des Abschlusses mit den IAS verpflichtend (s. Rz. 115). Im Vorspann zu jedem Standard wird ausgeführt, dass die entsprechenden Regelungen nur auf wesentliche Sachverhalte anzuwenden sind (s. hierzu Rz. 123).

Die Standards werden vom IASC bzw. IASB der zeitlichen Reihenfolge ihrer Verabschiedung nach durchnummeriert. Überarbeitungen bereits existierender Standards werden mit dem Zusatz „revised *Jahresangabe*" versehen, also z. B. IAS 7 (revised 1992). Das Normenwerk reicht derzeit bis IAS 41, wobei wegen des zwischenzeitlichen Außerkraftsetzens einige Nummern nicht belegt sind. Die Standards und Interpretationen erscheinen jedes Frühjahr in einem gebundenen Band; wir beziehen uns in diesem Buch, soweit nicht anders vermerkt, auf die aktuelle englischsprachige Ausgabe 2002 und lassen in unserer Zitierweise entsprechend den Zusatz „revised" weg. Ferner erscheint im Herbst jeden Jahres eine vom IASB autorisierte deutsche Übersetzung. Die Standards werden künftig als Kommissionsverordnung vollständig in allen Amtssprachen der EU im Amtsblatt der Europäischen Gemeinschaften veröffentlicht.[85]

Häufig wird den Standards eine knappe Einführung mit Hintergrundinformationen zur historischen Entwicklung sowie Hinweisen zu den letzten Änderungen vorangestellt. Gegenüber der Vorauflage geänderte Textstellen sind i. d. R. grau unterlegt. Ferner enthält die Einführung Hinweise, ob und welche SIC sich auf den vorliegenden Standard beziehen. 67

Der **typische Standardaufbau** ist wie folgt: 68

Zielsetzung: Was ist Gegenstand dessen, was mit den Regelungen erreicht werden soll?

Anwendungsbereich: Auf welche Unternehmen und/oder Sachverhalte ist der Standard anzuwenden?

85 Vgl. Art. 3 Abs. 4 Verordnung v. 19.7.2002.

Definitionen: Die in den einzelnen Standards wiedergegebenen *Definitionen* gelten prinzipiell nur für den jeweiligen Standard. Dadurch wird das Regelungswerk schon optisch umfangreicher, als es etwa das geschriebene deutsche Rechnungslegungsrecht ist.

Regelungsbereich: Der eigentliche Regelungsbereich nimmt den größten Raum in Anspruch. Je nach Gegenstand des Standards werden hier beispielsweise Bilanzierungs- oder Zuordnungsfragen geklärt. Die Regelungen sind detaillierter als die Vorschriften im Dritten Buch des HGB, wenngleich ihnen noch kein „Kochbuch"-Charakter zukommt. Gelegentlich werden unterschiedliche Bilanzierungs- oder Bewertungsmethoden in Form eines *benchmark treatment* und eines *allowed alternative treatment* angeboten. Es handelt sich hierbei um Wahlrechte,[86] die sachlich und zeitlich stetig anzuwenden sind (SIC-18.3 f.; s. auch Rz. 129 ff.).

Angaben: Da die Zielsetzung des gesamten Regelungswerks darin besteht, dass in Abschlüssen entscheidungsrelevante Informationen transportiert werden sollen, nehmen die Vorschriften zu den Angaben in den einzelnen Berichtsinstrumenten (Bilanz, GuV, Kapitalflussrechnung usw.), vor allem aber im Anhang des Abschlusses (*notes*), einen breiten Raum ein.

Inkrafttreten und Übergangsvorschriften: Die erstmalige Anwendung eines Standards wird regelmäßig in der Form formuliert, dass er auf Berichtsperioden anzuwenden sei, die am oder nach einem bestimmten angegebenen Datum beginnen. Häufig wird auch die frühere Anwendung empfohlen. Gelegentlich enthalten die Standards auch Übergangsvorschriften (s. hierzu im Einzelnen Rz. 135).

Anhänge: Manche Standards enthalten Anhänge. In der Regel enthalten diese Anhänge erläuternde Angaben; ob der Anhang integraler Bestandteil eines Standards ist (i. d. R.: Nein), ist jeweils zu Beginn des Anhangs vermerkt. Gelegentlich finden sich in den Anhängen auch die *Basis for conclusions*, also die Begründungen des Board für die Regelungen. Es zeigt sich, dass deren Wahrnehmung für das Verständnis der Regelungen oft von großer Bedeutung ist. In der deutschen Übersetzung der Standards 2001 fehlen i. d. R. die nicht verpflichtenden Anhänge sowie die Begründungen.

Die fett- und normalgedruckten Absätze in den Standards haben denselben Verpflichtungsgrad (s. hierzu Rz. 64).

69 **Zu (4): Interpretationen**

In der Vergangenheit war zu beobachten, dass die Regelungen in den Standards von den Unternehmen zum Teil unterschiedlich ausgelegt wurden. Um dem entgegenzutreten, hatte das IASC ein „Standing Interpretation Committee" eingerichtet, das sich in seinen Interpretationen (SIC, zitiert als „SIC-*Nr. Paragraph*") solchen Auslegungsfragen und auch offen gebliebenen

86 Vgl. auch *preface*, Rz. 12.

Problemen widmet. Die ersten Interpretationen traten zum 1.1.1998 in Kraft. Ihre **Anwendung** ist, wie die der Standards selbst, **verpflichtend**.

Aufgrund der Umbenennung werden künftige Interpretationen den Namen *IFRIC* tragen.

Zu (5): Anwendungsleitlinien 70

Aufgrund der großen Schwierigkeiten in der Einführung und Anwendung von *IAS 39 Finanzinstrumente* hat der Board erstmals eine Arbeitsgruppe, ein *Implementation Guidance Committee (IGC)* eingesetzt, welche in Form von Fragen und Antworten entsprechende Auslegungshilfen bereitgestellt hat. Diese Anwendungsleitlinien haben **keinen Standardrang**. Andererseits sind die Unternehmen gehalten, bei der Auswahl der Bilanzierungsmethoden nach IAS 1.20–22 (s. hierzu Rz. 71 ff.) auch die Ausführungen der Anwendungsleitlinien zu beachten.[87]

Anwendungsleitlinien sollen auch im Zusammenhang mit dem – derzeit im Entwurfsstadium befindlichen – Standard zur erstmaligen Anwendung von IAS bereitgestellt werden (s. ausführlich Rz. 1275).

b) Verpflichtungsgrad und Auslegung

Für die Abschlusserstellung sind unter Berücksichtigung des Wesentlichkeits- 71
vorbehalts alle gültigen IAS/IFRS und SIC/IFRIC heranzuziehen (IAS 1.20). Standards und Interpretationen, die sich erst im Entwurfsstadium befinden (*Exposure Draft*), dürfen grundsätzlich nicht berücksichtigt werden.[88]

Nach den vorgesehenen Änderungen des Regelwerks durch das Improvement-Projekt soll gem. ED IAS 8.4 künftig bei der Auswahl der Bilanzierungs- und Bewertungsmethoden auf einen Sachverhalt das Regelungswerk in folgender **Reihenfolge** berücksichtigt werden:

(a) Der zu betrachtende Standard einschließlich seiner integralen Bestandteile;

(b) Interpretationen zu diesem Standard;

(c) Standard-Anhänge, die keinen integralen Bestandteil darstellen, und

(d) Anwendungsleitlinien zu diesem Standard.

Es bleibt aber dabei, dass nur die Positionen (a) und (b) für den Anwender verpflichtend sind. Mit anderen Worten: Die Beachtung der Standards und Interpretationen reicht auch künftig aus, um das Testat der Übereinstimmung mit den IAS/IFRS zu erhalten (ED IAS 1.11; s. auch Rz. 115).

87 Vgl. IAS 39 Implementation Guidance, Introduction.
88 Vgl. *Wollmert/Achleitner* in Baetge u. a. (Hrsg.), Rechnungslegung nach IAS, 2. Aufl. 2002, Teil A II Rz. 22.

72 Fehlen spezielle Vorschriften (wie z. B. zu stock options), hat das Management nach IAS 1.20 solche Bilanzierungs- und Bewertungsmethoden anzuwenden, die

(a) entscheidungsnützliche Informationen liefern und

(b) verlässlich sind, also einen true and fair view unter Berücksichtigung von substance over form ermöglichen, ferner frei von verzerrenden Einflüssen, vorsichtig und vollständig sind.

Bei der Suche nach solchen Methoden soll zunächst auf andere IAS zurückgegriffen werden, die ggf. ähnliche oder vergleichbare Sachverhalte regeln. Fehlen diese, ist auf die Grundsätze des Rahmenkonzepts abzustellen. Es kann schließlich auch auf andere Standardsetter – also z. B. das nationale HGB – und anerkannte Branchenpraktiken zurückgegriffen werden, sofern diese im Einklang mit den Standards und dem Rahmenkonzept stehen (IAS 1.22). Nach ED IAS 8.6c soll künftig auch Fachliteratur insoweit berücksichtigt werden dürfen.

73 Vorgenannte Erwägungen sind u. E. auch auf **Auslegungsfragen** anzuwenden. So eröffnen etwa die Kriterien zur Abgrenzung von Finanzierungs- oder Operating-Leasing nach IAS 17 hohe Beurteilungsspielräume. Unter Bezugnahme auf Regelungen der US-GAAP *(= andere Standardsetter)* wird hier gelegentlich in der Praxis versucht, das Anliegen der IAS – Zuordnung nach dem wirtschaftlichen Gehalt der Vereinbarung – zu operationalisieren (s. zu diesem Beispiel Rz. 356 ff.).

3. Due process

74 Die Herstellung der Öffentlichkeit und die Berücksichtigung kritischer Hinweise beim Zustandekommen von Standards und Interpretationen (*due process*) ist für ein privates Gremium ohne demokratische Legitimation die notwendige Voraussetzung, um überhaupt allgemein akzeptiert zu werden. Die einzelnen Schritte dieses Prozesses sind im *preface*, Ziff. 18 (zu Standards) und 19 (zu Interpretationen) dargelegt und werden im Folgenden skizziert.

75 Die Anregung, sich mit bestimmten Bilanzierungsfragen auseinander zu setzen, kann von nationalen Interessengruppen und Standardsettern sowie dem SAC an den Board herangetragen werden. Mit dem SAC wird dann beraten, ob das Problem auf die Agenda gesetzt werden soll. Bejahendenfalls wird üblicherweise eine Projektgruppe eingesetzt, deren Ergebnisse in einem Diskussionspapier zusammengefasst werden. Dieses **Diskussionspapier** wird mit dem Zweck, öffentliche Stellungnahmen zu erhalten, publiziert.

76 Nach Auswertung der Stellungnahmen wird ein Standardentwurf (*exposure draft*) mit 8/14-Mehrheit im Board verabschiedet und inklusive der Begründungen (*basis for conclusions*) und ggf. abweichender Stellungnahmen von

Board-Mitgliedern (*dissenting opinions*) ebenfalls der Öffentlichkeit zur Kommentierung zur Verfügung gestellt. Die Kommentierungsfrist beträgt drei Monate. Im Zuge der Auswertung der Stellungnahmen kann auch über die Notwendigkeit öffentlicher Hearings oder Durchführung von Feldstudien beraten werden; ggf. werden solche Maßnahmen durchgeführt.

Schließlich wird, ebenfalls mit einer Mehrheit von 8/14 Stimmen, der end- 77
gültige Standard verabschiedet. Neuerdings ist die Veröffentlichung ggf. abweichender Meinungen von Board-Mitgliedern sowohl beim exposure draft als auch beim endgültigen Standard verpflichtend vorgesehen.

Das Zustandekommen der **Interpretationen** unterliegt einem kürzeren Ver- 78
fahren. Nach Beratungen im Committee wird ein Interpretationsentwurf (*draft interpretation*) veröffentlicht, wenn nicht mehr als drei IFRIC-Mitglieder gegen den Entwurf stimmen. Eingegangene Kommentierungen zum Entwurf werden beraten und eine endgültige Interpretation formuliert und im IFRIC beschlossen, wenn nicht mehr als drei Mitglieder dagegen stimmen. Sodann ist die Interpretation dem Board vorzulegen, der die Interpretation mit 8/14-Mehrheit verabschieden kann.

Diskussionspapiere, Standard- und Interpretationsentwürfe sind kostenlos 79
auf der Homepage des Board (www.iasb.org.uk) abrufbar. Endgültige, also verabschiedete Standards sind kostenpflichtig (jedenfalls bis zur Veröffentlichung im Amtsblatt der EU).

Einstweilen frei. 80–99

B. Grundlagen der Rechnungslegung nach IAS/IFRS

In Deutschland ist man gewohnt, im Bilanzrecht in **Prinzipien** zu denken, die in allgemeinen Vorschriften enthalten sind, und ausgehend vom Grundsätzlichen die Regelung von Detailproblemen in Spezialvorschriften unterzubringen. Dieser Grundidee folgt auch das Dritte Buch des HGB.[1] 100

Für die IAS gilt dies nur bedingt.[2] Wichtige Grundprinzipien finden sich zwar im den Standards vorgelagerten **Rahmenkonzept (Framework)**, doch gerade dieses soll formal für die Anwendung nur von *nachrangiger* Bedeutung sein. Deshalb ergeben sich Wiederholungen zahlreicher Grundsätze in IAS 1. Weitere wichtige Grundsätze, wie etwa das Realisationsprinzip, finden sich zum Teil verstreut in mehreren Standards. Die Standards selbst folgen in ihrer Nummerierung keinem sachlogischen Aufbau, sondern sind entsprechend ihrer zeitlichen Entstehung durchnummeriert.

Im Interesse des **IAS-Anwenders**, der sich schnell mit dem **Rechnungslegungssystem** vertraut machen muss, erläutern wir dieses zunächst in diesem Teil des Buches, der sowohl für die Erstellung des Einzelabschlusses einschließlich der sog. Handelsbilanz II als auch für den eigentlichen Konzernabschluss einschlägig ist. Kapitel I (Rz. 101 ff.) nennt die Bestandteile eines IAS-Einzel- und Konzernabschlusses. Es folgen die detaillierte Darstellung und Erläuterung der Bilanzierungsgrundsätze (Rz. 110 ff.), die aus nationaler Perspektive mitunter ungewohnt erscheinen, da der Fokus der Grundsätze auf den (einzigen) Zweck der Informationsvermittlung an Jahresabschlussadressaten, insbesondere Kapitalmarktteilnehmer, gerichtet ist. Kapitel III (Rz. 155 ff.) illustriert die allgemeinen Aktivierungs- und Passivierungskriterien sowie das Realisationsprinzip, und Kapitel IV (Rz. 190 ff.) die Gliederung von Bilanz und Gewinn- und Verlustrechnung. Wichtige Grundsätze der Bewertung einschließlich der Umrechnung von Fremdwährungspositionen werden in Kapitel V (Rz. 230 ff.) angesprochen. Diese Ausführungen haben wir an dieser Stelle bewusst knapp gehalten, weil sich in der Regel in den einzelnen Standards zur Bewertung spezieller Sachverhalte zahlreiche Erläuterungen finden, die wir daher auch erst in Teil C (Rz. 280 ff.) erläutern.

I. Bestandteile des Einzel- und Konzernabschlusses

Da die IAS/IFRS möglichst weltweit und damit in unterschiedlichen Rechtskreisen Geltung erlangen sollen, setzen die Standards hinsichtlich der Frage, 101

1 Zum Konzept des deutschen Bilanzrichtlinien-Gesetzes vgl. *Helmrich* in Knobbe-Keuk/Klein/Moxter (Hrsg.), FS für Georg Döllerer, 1988, S. 219 sowie *Hommelhoff* in Kleindiek/Oehler (Hrsg.) Die Zukunft des deutschen Bilanzrechts, 2000, S. 141 (S. 146).

2 Für US-GAAP („cookbook-accounting") gilt dies definitiv nicht, wie z. B. die Rechnungslegungsvorschriften zur Behandlung von Derivaten und sog. special purpose vehicles belegen. Dementsprechend fördert auch die Europäische Kommission eine Strategie, die auf einer Weiterentwicklung des IAS-Regelwerkes auf der Grundlage von Prinzipien und weniger auf detaillierten Vorschriften beruht.

wer zu bilanzieren hat, nicht auf nationales Gesellschaftsrecht auf. Weder wird nach unterschiedlichen Rechtsformen, noch nach der Haftungsbegrenzung oder der Frage, ob es sich bei der rechnungslegenden Einheit um eine profit- oder non-profit-Organisation handelt,[3] differenziert. Bis auf wenige sachlogisch notwendige Ausnahmen macht das IAS-System in der Anwendung der Normen keinen Unterschied, ob ein Einzel- oder Konzernabschluss aufgestellt wird. Insoweit richten sich die Normen unspezifisch an ein „**Unternehmen**".

102 Es existieren derzeit auch **keine größenabhängigen Erleichterungen**. Ein Unternehmen hat, um das Einklangerfordernis mit den IAS/IFRS und den Interpretationen zu erreichen, unter dem Vorbehalt der Wesentlichkeit das gesamte Normenwerk anzuwenden (s. Rz. 71). Insbesondere gegenüber kleinen und mittleren Unternehmen besteht hier das Problem einer möglichen Überfrachtung und Überforderung. Das Standards Advisory Council vertritt die Auffassung, dass solche Unternehmen zwar auch sämtliche Bilanzierungsregeln anzuwenden hätten, über Offenlegungserleichterungen – also die Reduktion von Anhangangaben – müsse jedoch nachgedacht werden. Ferner wird angeregt, in künftigen Exposure Drafts spezielle Fragestellungen hinsichtlich kleiner und mittlerer Unternehmen aufzunehmen.[4] Ein spezielles Projekt für kleine und mittlere Unternehmen wird vom Board in seiner Zeitplanung bis 2004 jedoch derzeit nicht verfolgt.[5]

103 **Branchenspezifische Bilanzierungs- und Ausweisregelungen** bestehen bislang für Kreditinstitute (IAS 30) sowie für landwirtschaftliche Tätigkeiten (IAS 41, anzuwenden für Berichtsperioden, die nach dem 31.12.2002 beginnen). Für das erste Quartal 2003 ist ein Exposure Draft für die Bilanzierung von Versicherungsverträgen angekündigt.[6] In diesem Buch wird *nicht* auf branchenspezifische Besonderheiten eingegangen.

104 Ein **vollständiger IAS/IFRS-Abschluss (Einzel- und/oder Konzernabschluss)** besteht aus:

(a) Bilanz,

(b) Gewinn- und Verlustrechnung,

(c) Eigenkapitalspiegel (Eigenkapitalveränderungsrechnung),

(d) Kapitalflussrechnung und

(e) Darstellung der Bilanzierungs- und Bewertungsmethoden sowie erläuternde Anhangangaben (IAS 1.7).

Ferner haben Gesellschaften, deren Aktien oder schuldrechtliche Wertpapiere öffentlich gehandelt werden oder die einen Handel in die Wege geleitet

3 Nach Proposed Improvements to International Accounting Standards, 2002, S. 11, soll dies künftig durch den Begriff "entity" statt "enterprise" besser zum Ausdruck kommen.

4 Vgl. IASB Insight, January 2002, S. 6.

5 Vgl. IASB Insight, January 2002, S. 4.

6 Vgl. IASB Insight, July 2002, S. 3.

haben, ihren Abschluss um eine **Segmentberichterstattung** nach IAS 14 zu erweitern. Falls nur der Stammaktienhandel öffentlich erfolgt oder in die Wege geleitet worden ist, muss zusätzlich das **Ergebnis je Aktie** nach IAS 33 angegeben werden. Auch bei jeweils nichtöffentlichem Handel wird die Anwendung von IAS 14 und IAS 33 empfohlen.

Die vorstehend genannten Abschlussbestandteile sind **eindeutig zu bezeichnen** (IAS 1.46), und insgesamt muss der Abschluss von anderen Informationen des Geschäftsberichts unterschieden werden können (IAS 1.44). Neben dem Namen des berichtenden Unternehmens ist gem. IAS 1.46 anzugeben, ob es sich um den Einzel- oder Konzernabschluss handelt. Anzugeben sind ferner Bilanzstichtag bzw. Berichtsperiode sowie die Berichtswährung in ihrem jeweiligen Präzisionsgrad (z. B. Mio. Euro oder T Euro).

Bis zum **Tag der Freigabe des Abschlusses zur Veröffentlichung** sind sog. wert- 105
aufhellende Tatsachen (siehe Rz. 145) zu berücksichtigen (IAS 10.17). Darüber hinaus sind wichtige wertbeeinflussende Tatsachen, die sich nach dem Bilanzstichtag ereignet haben (z. B. ein Unternehmenszusammenschluss oder die Zerstörung von Produktionsstätten; zu weiteren Beispielen siehe IAS 10.21), im Anhang anzugeben. Daher fordert IAS 10.16 die Angabe des Tages der Freigabe des Abschlusses zur Veröffentlichung. Unter Berücksichtigung der Beispiele in IAS 10.4 f. ist in der Literatur vorgeschlagen worden, hierunter den Zeitpunkt der Weiterleitung des Abschlusses an den Aufsichtsrat (§ 337 Abs. 1 Satz 1 AktG) bzw. zur Vorlage an die Gesellschafter (§ 42 a Abs. 4 GmbHG) zu verstehen.[7] Dann entstünde jedoch das praktische Problem, dass die Datumsangabe nicht Teil des testierten Anhangs sein kann, da der Abschlussprüfer *vor* entsprechender Weiterleitung testiert haben muss.

Für den Abschlussadressaten liegt der Sinn der Datumsangabe nach IAS 10.16 darin, über den Wertaufhellungszeitraum und über den Zeitraum der möglichen Anhangangaben zu wertbeeinflussenden Tatsachen zu informieren. Da der Abschluss *nach* Erteilung des Bestätigungsvermerks grundsätzlich nicht mehr geändert werden kann,[8] ist u. E. das **Datum der Erteilung des Bestätigungsvermerks** gem. § 323 Abs. 5 HGB maßgeblich.[9]

---

7 Vgl. *Bischof/Doleczik* in Baetge u. a. (Hrsg.), Rechnungslegung nach IAS, 2. Aufl. 2002, IAS 10 Rz. 12. Zur Diskussion um den Wertaufhellungszeitraum nach deutschem Verständnis siehe *Kaiser*, Berichtigung und Änderung des handelsrechtlichen Jahresabschlusses, 2000, S. 92–147.

8 Eine nachfolgende Änderung würde eine Nachtragsprüfung auslösen, die auch zur entsprechenden Änderung des Bestätigungsvermerks führt, vgl. *Adler/Düring/Schmaltz*, Rechnungslegung und Prüfung der Unternehmen, 6. Aufl. 2000, § 316 HGB Rz. 64.

9 So auch IDW RS HFA 2, Rz. 105. Das Datum der (in Anlehnung an die Feststellung des Einzelabschlusses durch das TransPuG eingeführten) Billigung des Konzernabschlusses ist vor dem Hintergrund der Beispiele in IAS 10.4 f. nicht in Betracht zu ziehen; zum TransPuG und zur Billigung des Konzernabschlusses siehe *Theile*, GmbHR 2002, 231 (234 f.) sowie *Busse von Colbe*, BB 2002, 1583.

106 Neben dem Einzel- bzw. Konzernabschluss müssen deutsche Kapitalgesellschaften einen Lagebericht gem. § 289 HGB bzw. einen **Konzernlagebericht** gem. § 315 HGB erstellen. Ein Lagebericht ist nicht Pflichtbestandteil der Rechnungslegung nach IAS. Die befreiende Umstellung der Konzernrechnungslegung auf IAS/IFRS gem. § 292 a HGB enthebt aber nicht von der Pflicht, einen Konzernlagebericht zu erstellen, der in seiner Aussagefähigkeit den Anforderungen des § 315 HGB gleichwertig sein muss.[10] Dabei wird verlangt, dass die Informationsinhalte, die für einen deutschen Konzernlagebericht vorgeschrieben sind, in einer geschlossenen Darstellung in den Abschlussunterlagen enthalten sind.[11] Es ist dementsprechend in Deutschland gängige Praxis bei der Rechnungslegung nach IAS, in den Geschäftsberichten einen als solchen bezeichneten Lagebericht zu veröffentlichen.

Auch bei freiwilliger Aufstellung eines Konzernabschlusses nach IAS empfehlen wir die Aufstellung eines gesonderten Konzernlageberichts gem. § 315 HGB.[12] Die Lageberichterstattung ist den IAS durchaus nicht fremd. Nach IAS 1.8 wird den Unternehmen ausdrücklich empfohlen, außerhalb des Abschlusses einen Bericht über die Unternehmenslage durch die Unternehmensleitung zu veröffentlichen, der die wesentlichen Merkmale der Vermögens-, Finanz- und Ertragslage des Unternehmens sowie die wichtigsten Unsicherheiten beschreibt und erläutert, denen sich das Unternehmen gegenübersieht.[13]

107–109 Einstweilen frei.

II. Bilanzierungsgrundsätze

1. Überblick und Wegweiser

110 Bereits das Rahmenkonzept enthält eine **Hierarchie der Bilanzierungsgrundsätze**. Demgemäß ist die Lieferung entscheidungsrelevanter Informationen (decision usefulness) durch eine den tatsächlichen Verhältnissen entsprechende Darstellung der Vermögens-, Finanz- und Ertragslage sowie der Mittelzu- und -abflüsse eines Unternehmens das Ziel der Rechnungslegung (F.12 ff., vgl. Rz. 3). Die beiden wichtigsten Annahmen, die zu diesem Ziel hinführen sollen, sind die der **Periodenabgrenzung** und **Unternehmensfortführung** (F.22 f.). Damit die Informationen im Jahresabschluss für den Adressaten auch wirklich nützlich sind, müssen die vier wichtigsten qualitativen

10 Vgl. WP-Handbuch 2000, Bd. I, 12. Aufl. 2000, Abschn. N Rz. 26 sowie *Küting/Hütten*, WPg 1999, 12 (16 ff.).

11 Vgl. DRS 1 – Allgemeiner Teil – Rz. 46.

12 Zu den Inhalten des Konzernlageberichts nach § 315 HGB vgl. *Heuser/Theile* in GmbH-Handbuch Rz. II 2443 ff.

13 Die Empfehlung wird nach ED IAS 1.7–9 künftig aufgehoben und auf eine Feststellung, dass eine solche Berichterstattung in der Praxis üblich sei, reduziert. Klargestellt wird, dass sich die IFRS nicht auf die Lageberichterstattung beziehen.

Anforderungen **Verständlichkeit, Relevanz, Verlässlichkeit und Vergleichbarkeit** erfüllt werden. Diese vier Anforderungen werden zum Teil konkretisiert durch weitere Grundsätze.

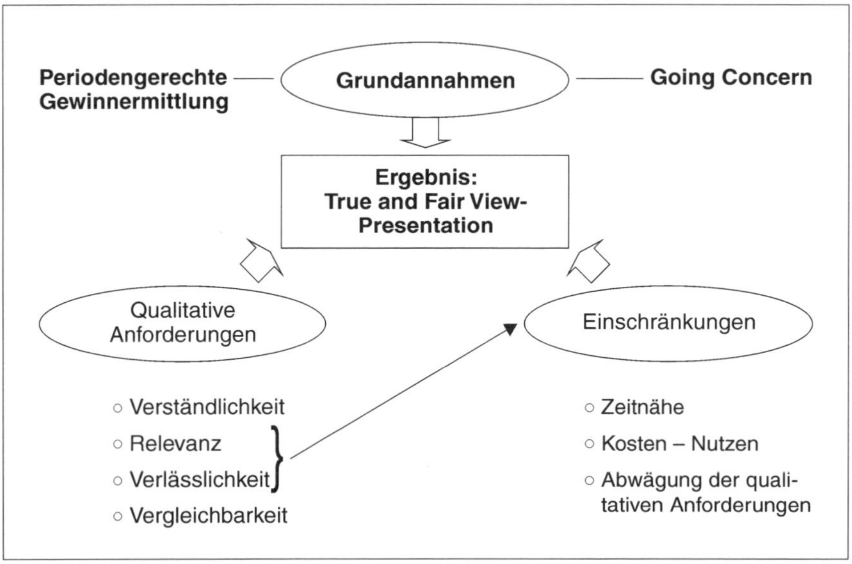

Abb. 3: Übersicht Bilanzierungsgrundsätze

Das Rahmenkonzept ist zwar für Unternehmen nicht verbindlich, dient aber als Grundlage, um Lücken schließen zu können, die die einzelnen Standards noch lassen. Dies gilt in besonderer Weise sowohl für die Definitionsmerkmale von Vermögenswerten und Schulden als auch für die allgemeinen Bilanzierungsgrundsätze, von denen allerdings die wichtigsten in IAS 1 übernommen wurden. Nachfolgend eine **Übersicht der Grundsätze**, die sich an der Gliederung des Rahmenkonzepts orientiert. Als Rechtsquellen werden das Rahmenkonzept sowie ggf. der verbindliche IAS-Standard genannt. Es erfolgt eine Gegenüberstellung zum HGB. 111

Tab. 1: Übersicht der Bilanzierungsgrundsätze nach IAS

Lfd. Nr.	Grundsatz und Erläuterung	IAS	HGB
1	**Generalnorm** (true and fair view/fair presentation)	F.12 ff., F.46, 1.10	§§ 264 Abs. 2, 297 Abs. 2 Satz 2 u. 3
2	**Periodengerechte Aufwands- und Ertragszuordnung** (accrual basis, matching principle)	F.22, 1.25 f.	§ 252 Abs. 1 Nr. 5

Lfd. Nr.	Grundsatz und Erläuterung	IAS	HGB
3	**Unternehmensfortführung** (going concern),	F.23, 1.23 f.	§ 252 Abs. 1 Nr. 2
4	**Verständlichkeit** (understandability): Die Informationen sind so darzulegen, dass sie mit angemessenem Sachverstand gelesen werden können.	F.25	§ 238 Abs. 1 Satz 2; § 243 Abs. 2
5	**Relevanz** (relevance): Der Jahresabschluss hat (nur) entscheidungsrelevante Informationen zu enthalten. Konkretisiert und relativiert durch **Wesentlichkeit** (materiality),	F.26 ff. 1.29 ff.; Vorwort jedes IAS	nicht kodifiziert nicht kodifiziert, aber GoB[14]
6	**Verlässlichkeit** (reliability): Fehlerfreiheit und objektive Darstellung, die immer dann erreicht wird, wenn die Anforderungen der einzelnen IAS befolgt werden. Bestehen Lücken, sind diese unter Beachtung der Verlässlichkeit zu schließen. Konkretisiert durch: **Glaubwürdigkeit** (faithful representation); **Wirtschaftliche Betrachtungsweise** (substance over form); **Willkürfreiheit** (neutrality); **Vorsicht** (prudence) **Vollständigkeit** (completeness)	F.31 f. 1.20 (b) F.33.f. F.35 F.36 F.37 F.38	§ 239 Abs. 2: Richtigkeit nicht kodifiziert nicht kodifiziert nicht kodifiziert, aber GoB[15] nicht vergleichbar mit § 252 Abs. 1 Nr. 4; § 246 Abs. 1 Satz 1
7	**Vergleichbarkeit** (comparability): Der Abschluss muss einen stetigen Zeitvergleich ermöglichen	F.39 ff., 8.42, 1.27	§ 252 Abs. 1 Nr. 6; § 265 Abs. 1 und Abs. 2.

14 Vgl. Stichwort „Wesentlichkeit" in *Busse von Colbe/Pellens* (Hrsg.), Lexikon des Rechnungswesens, 4. Aufl. 1998, S. 752 sowie *Leffson*, Die Grundsätze ordnungsmäßiger Buchführung, 7. Aufl. 1987, S. 180–186.

15 Vgl. *Leffson*, Grundsätze ordnungsmäßiger Buchführung, in Busse von Colbe/Pellens (Hrsg.), Lexikon des Rechnungswesens, 4. Aufl. 1998, S. 324.

Lfd. Nr.	Grundsatz und Erläuterung	IAS	HGB
8	Nebenbedingungen und Einschränkungen: **Zeitnahe Berichterstattung (timeliness)**, damit die Informationen ihre Relevanz behalten; **Kosten-Nutzen-Vergleich (Balance between benefit and cost)**: Der Nutzen einer Information muss höher sein als die Kosten für die Bereitstellung der Information; **Ausgewogene Darstellung** (Balance between qualitative characteristics) der oben unter lfd. Nr. 4–7 genannten Grundsätze	F.43 F.44 F.45	§ 243 Abs. 3 nicht kodifiziert, aber GoB[16] nicht kodifiziert

2. Inhalt und Bedeutung der Generalnorm

Abschlüsse haben die Vermögens-, Finanz- und Ertragslage sowie die Mittelzu- und -abflüsse eines Unternehmens den tatsächlichen Verhältnissen entsprechend darzustellen („true and fair view-Grundsatz"). Es wird davon ausgegangen, dass die korrekte Anwendung der IAS, gegebenenfalls ergänzt um zusätzliche Angaben, in nahezu allen Fällen zu Abschlüssen führt, die ein den tatsächlichen Verhältnissen entsprechendes Bild vermitteln (IAS 1.10). 112

Im angelsächsischen Rechtskreis hat dieses **Prinzip des true and fair view** lange Tradition,[17] umstritten ist jedoch dessen Bedeutung und Tragweite. So ist das Prinzip nach vorherrschender Meinung in Großbritannien als **overriding principle** zu interpretieren, das einzelne Rechnungslegungsgrundsätze brechen kann.[18] 113

Auch in den USA kann der Grundsatz der fair presentation verlangen, dass im Einzelfall von den US-GAAP abgewichen werden muss.[19] Solche *seltenen* Abweichungen seien dann erlaubt, „wenn gezeigt werden kann, dass der Jahresabschluss unter Befolgung der GAAP irreführend wäre."[20] Ob hieraus abzuleiten ist, dass der Fair Presentation-Grundsatz als Overriding Principle zu qualifizie-

16 Vgl. *Baetge/Apelt*, Bedeutung und Ermittlung der Grundsätze ordnungsmäßiger Buchführung (GoB), in v. Wysocki/Schulze-Osterloh (Hrsg.), HdJ, Abt. I/2 (1992) Rz. 72.

17 In Großbritannien wurde der „true and fair"-Grundsatz durch den Companies Act 1948 eingeführt, vgl. *Lewis/Pendrill*, Advanced Financial Accounting, 6. Aufl. 2000, S. 25.

18 Vgl. *Walton*, Grossbritannien, in Haller/Raffournier/Walton, Unternehmenspublizität im internationalen Wettbewerb, 2000, S. 224 f.

19 Vgl. *Niehus*, Perspektiven der deutschen Rechnungslegung, in Kleindiek/Oehler (Hrsg.), Die Zukunft des deutschen Bilanzrechts, 2000, S. 13 (16) sowie *Pellens*, Internationale Rechnungslegung, 4. Aufl. 2001, S. 161 f. m. w. N.

20 *Meek*, Vereinigte Staaten von Amerika, in Haller/Raffournier/Walton, Unternehmenspublizität im internationalen Wettbewerb, 2000, S. 166.

ren ist, ist jedoch umstritten.[21] Demgegenüber ist die deutsche Generalnorm (§ 264 Abs. 2 Satz 1 HGB) nicht als „overriding principle" zu verstehen.[22]

114 Hinsichtlich des true and fair-Grundsatzes nach IAS hat sich in der Literatur ein Meinungswechsel vollzogen bei der Frage, ob der fair presentation-Grundsatz als overriding principle zu verstehen ist. *Pellens* weist in der 3. Auflage[23] seines Werkes noch darauf hin, dass im Rahmen der Überarbeitung von IAS 1 die Einführung der fair presentation als overriding principle kontrovers diskutiert wurde, die Befürworter eines overriding principles sich aber nicht durchsetzen konnten. In der 4. Auflage[24] seiner Veröffentlichung führt er demgegenüber aus, dass der fair presentation-Grundsatz den Stellenwert eines overriding principles einnehme; diese Auffassung wird auch im WP-Handbuch vertreten.[25]

115 Die (Rechts-)Lage nach IAS stellt sich derzeit wie folgt dar: Gem. IAS 1.10 dominiert die **Vermutung**, dass ein Abschluss bei korrekter Anwendung der IAS auch dem true and fair view entspricht. Im IAS-Abschluss ist anzugeben, dass dieser mit den **IAS im Einklang** steht. Ein Abschluss darf umgekehrt nicht als mit den IAS übereinstimmend bezeichnet werden, solange er nicht sämtliche Anforderungen jedes einzelnen Standards und jeder anzuwendenden Interpretation des Standing Interpretations Committee bzw. künftig des IFRIC erfüllt (IAS 1.11). Auch diese Aussage steht unter dem **Vorbehalt der Wesentlichkeit**; bei unwesentlichen Auswirkungen darf demnach von den IAS abgewichen werden, ohne dass dies ein Verstoß gegen die IAS bedeuten würde.

Mit dieser Vorschrift will das IASC die Qualität der nach den IAS aufgestellten Abschlüsse für jeden Adressaten überprüfbar sicherstellen. Irreführende Angaben, die eine Übereinstimmung mit den IAS nur behaupten, soll es nicht geben (IAS 1.14).

Allerdings ist *(in seltenen Fällen)* ein **Abweichen von einzelnen Regeln** in den IAS dann *notwendig* (IAS 1.13), wenn die Befolgung einer Anforderung in einem Standard dazu führt, *nicht* ein den tatsächlichen Verhältnissen entsprechendes Bild zu vermitteln.[26] Dann ist **zwingend** Folgendes **anzugeben**:

---

21 Zur Diskussion vgl. *Pellens*, Internationale Rechnungslegung, 4. Aufl. 2001, S. 161 f.

22 Vgl. *Wiedmann*, Bilanzrecht 1999, § 264 HGB Rz. 20; *Marks*, WPg 1989, 124; *Adler/Düring/Schmaltz*, Rechnungslegung und Prüfung der Unternehmen, 6. Aufl. 1997, § 264 HGB Rz. 52 ff.; *Baetge/Commandeur* in Küting/Weber, Handbuch der Rechnungslegung, Band I a, 4. Aufl. 1995, § 264 HGB Rz. 10 und 32.

23 Vgl. *Pellens*, Internationale Rechnungslegung, 3. Aufl. 1999, S. 417.

24 Vgl. *Pellens*, Internationale Rechnungslegung, 4. Aufl. 2001, S. 441.

25 Vgl. WP-Handbuch 2000, Bd. I, 12. Aufl. 2000, Abschn. N Rz. 612.

26 IAS 1 gibt keine Hinweise für Sachverhalte, die zu einer Abweichung berechtigen. In der Literatur wird in den Angaben zur Abbildung von Sicherungszusammenhängen bei Kreditinstituten ein möglicher Anwendungsfall gesehen, s. hierzu *Bellavite-Hövermann/Barckow* in Baetge u. a. (Hrsg.), Rechnungslegung nach IAS, 2. Aufl. 2002, IAS 39, Rz. 187.

(a) dass die Unternehmensleitung zu dem Schluss gekommen ist, dass der Abschluss die Vermögens-, Finanz- und Ertragslage sowie Mittelzu- und -abflüsse des Unternehmens den tatsächlichen Verhältnissen entsprechend darstellt,

(b) dass es in allen wesentlichen Punkten den anzuwendenden IAS nachgekommen ist, mit der Ausnahme, dass von einem Standard abgewichen wurde, um ein den tatsächlichen Verhältnissen entsprechendes Bild zu vermitteln,

(c) der Standard, von dem das Unternehmen abgewichen ist, die Art der Abweichung einschließlich der Bilanzierungsweise, die der Standard fordern würde, den Grund, warum diese Bilanzierungsweise unter den gegebenen Umständen irreführend wäre, und die Bilanzierungsweise, die angewandt wurde, sowie

(d) die finanzielle Auswirkung der Abweichung auf das Periodenergebnis, die Vermögenswerte, die Schulden, das Eigenkapital sowie die Mittelzu- und -abflüsse des Unternehmens für jede dargestellte Periode (IAS 1.13).

Zu beachten ist, dass eine Abweichung von den IAS nicht allein damit begründet werden kann, dass mit angewandten anderen Bilanzierungsverfahren ebenfalls ein den tatsächlichen Verhältnissen entsprechendes Bild vermittelt würde (IAS 1.16). Die Voraussetzungen, unter denen ein Abweichen von den Standards als zulässig angesehen wird, sind jedoch, wie vorstehend erläutert und im Schrifttum ausgeführt, sehr eng, so dass in praktischer Hinsicht im Hinblick auf die Generalnorm mit *Förschle/Kroner* nur von einem **„sehr restriktiven overriding principle"** gesprochen werden kann.[27] Diese Sichtweise wird auch vom Board durch Klarstellungen in ED IAS 1.10 bis 1.16 unterstrichen: Noch häufiger als bisher wird betont, dass nur unter *„extremely rare circumstances"* ein Abweichen von den Normen erlaubt sei. Die Umsetzung von ED IAS 1 wird insoweit nicht zu einer Neuinterpretation des fair presentation-Grundsatzes als eines sehr restriktiven „overriding principle" führen, wie sie in diesem Buch vertreten wird.

3. Basisannahmen

a) Periodengerechte Aufwands- und Ertragszuordnung

Die Aufwands- und Ertragsperiodisierung (accrual basis) hat in einem IAS-Abschluss fundamentale Bedeutung. Dabei werden die Aufwendungen auf der Grundlage eines direkten Zusammenhangs mit den entsprechenden Erträgen erfasst (**matching principle**),[28] allerdings unter dem bedeutsamen und 116

27 Vgl. *Förschle/Kroner* in Beck'scher Bilanz-Kommentar, 4. Aufl. 1999, § 264 HGB Rz. 107 f.

28 Zur internationalen Bedeutung des matching principle vgl. *Strobl*, Matching Principle und deutsches Bilanzrecht, in Ballwieser u. a. (Hrsg.), FS für Moxter, 1994, S. 407–432.

das Prinzip relativierenden Vorbehalt, dass keine Posten in der Bilanz angesetzt werden, die den Ansatzkriterien nicht genügen, IAS 1.25 f.[29]

117 Entscheidend für die Aufwandsverrechnung ist somit jene Periode, in der die zuzuordnenden Erträge realisiert werden.[30] Vorschriften zum **Zeitpunkt der Ertragsrealisation** finden sich in den IAS jedoch nicht als Grundsatz, sondern in den Einzelstandards, insbesondere in IAS 18 (s. Rz. 175 ff.), hinsichtlich der Auftragsfertigung in IAS 11 (s. Rz. 485 ff.) und bezüglich Finanzinstrumente in IAS 39 (s. Rz. 533, 548). Im Gegensatz zum deutschen Recht wird jedoch die den Gewinnausweis bestimmende Wirkung des (übergeordneten) Realisationsprinzips im IAS Regelwerk begrenzt bzw. gänzlich aufgehoben bei der bilanziellen Behandlung der Auftragsfertigung und der Finanzinstrumente. Hier werden nach IAS in der Terminologie des HGB unrealisierte Gewinne ausgewiesen. Die Perioden des Gewinnausweises sind dann mit dem zugehörigen Aufwand zu belasten.

118 Das matching principle führt auch zu einer Aktivierung von Ausgaben, sofern die Ansatzkriterien eines Vermögenswertes erfüllt werden, insbesondere der künftige Nutzenzufluss – also künftige Erträge – als hinreichend wahrscheinlich angesehen werden kann. Diese Sichtweise wird beispielsweise deutlich in der **Aktivierung von Entwicklungskosten**, die im Wege der Abschreibung zu einer periodengerechten Zuordnung der Aufwendungen zu den Erträgen führt, wie die Abb. 4 veranschaulicht. Nach HGB besteht ein Aktivierungsverbot für Entwicklungskosten, worin ein aus dem Grundsatz vorsichtiger Vermögensdarstellung abgeleitetes Objektivierungserfordernis zu sehen ist,[31] welches den Periodisierungsgrundsatz überlagert. Auch die IAS anerkennen das Objektivierungsproblem im Bereich der Entwicklungskosten und versuchen dieses durch spezielle Ansatzvoraussetzungen zu lösen (zu Einzelheiten s. Rz. 294).

29 Zu begrüßen ist, dass künftig in ED IAS 1.21 klarstellend hinzugefügt werden soll, dass es sich um die Ansatzkriterien des Frameworks handelt. Auf diese Weise erhalten die fundamentalen Ansatzkriterien des Framework Standardrang, obgleich das Framework selbst keinen Standard darstellt.

30 *Kieso/Weygandt/Warfield*, Intermediate Accounting, 10. Aufl. 2001, S. 46, nennen das griffig „let the expense follow the revenues".

31 Vgl. *Moxter*, Bilanzrechtsprechung, 5. Aufl. 1999, S. 29; *Coenenberg*, Jahresabschluss und Jahresabschlussanalyse, 17. Aufl. 2000, S. 154 f.

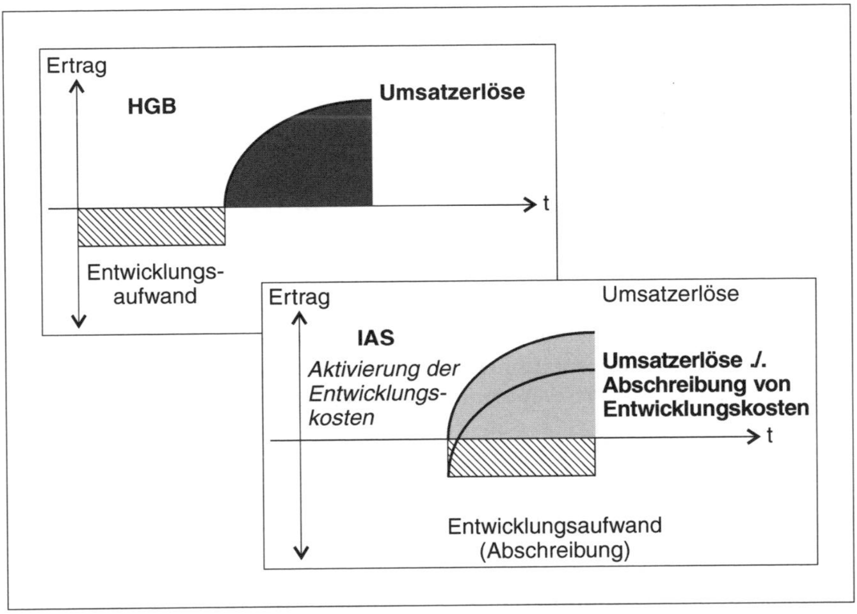

Abb. 4: Wirkungsweise des matching principle

Sollten die allgemeinen und ggf. auch speziellen Ansatzkriterien für Vermögenswerte (und Schulden) nicht erfüllt sein, kommt ein Ansatz nicht in Betracht (F.95). Dementsprechend ist ein Aufwand erfolgswirksam zu erfassen, wenn eine Ausgabe keinen künftigen Nutzen bewirkt (F.97).

b) Unternehmensfortführung

Ein Abschluss ist so lange auf der Grundlage der Annahme der Unterneh- 119
mensfortführung (**going concern**) aufzustellen, bis die Unternehmensleitung entweder beabsichtigt, das Unternehmen aufzulösen, das Geschäft einzustellen oder eine realistische Fortführungsmöglichkeit nicht mehr besteht (IAS 1.23). Bei der Einschätzung der Annahme hierüber ist ein Zeitraum von mindestens zwölf Monaten nach dem Bilanzstichtag zugrunde zu legen (IAS 1.24). Klarstellend weist IAS 10.14 f. darauf hin, dass auch sachverhaltsbegründende Ereignisse während der Bilanzaufstellungsphase (z. B. eine dramatische Verschlechterung der Vermögens-, Finanz- und Ertragslage) gegen die Annahme der Unternehmensfortführung beim gerade zu erstellenden Abschluss sprechen können.

Wird ein Abschluss *nicht* auf der Grundlage der Annahme der Unterneh- 120
mensfortführung aufgestellt, ist diese Tatsache gemeinsam mit den Grundlagen anzugeben, auf denen die Abschlüsse basieren, und der Grund, warum von einer Fortführung des Unternehmens nicht ausgegangen wird (IAS 1.23).

Sollen wesentliche Unternehmensteile eingestellt oder verkauft werden, ergeben sich umfangreiche Erläuterungspflichten nach IAS 35 (s. Rz. 1130 ff.).

Die Going-Concern-Prämisse entspricht § 252 Abs. 1 Nr. 2 HGB, die gem. § 298 Abs. 1 HGB auch auf den Konzernabschluss anzuwenden ist. Über bestandsgefährdende Risiken ist im (Konzern-)Lagebericht zu berichten.[32]

4. Qualitative Anforderungen

a) Verständlichkeit

121 Dem Informationszweck des Abschlusses würde es zuwiderlaufen, wenn die Informationen nicht verständlich (**not understandable**) wären. Daher fordert F.25, dass Abschlussinformationen für einen fachkundigen Adressaten leicht verständlich dargebracht werden müssen. Wichtige Informationen dürfen aber nicht deswegen weggelassen werden, wenn vermutet wird, dass sie für bestimmte Adressaten zu schwer verständlich sein könnten.

b) Relevanz und Wesentlichkeit

122 Der Grundsatz der Relevanz (**relevance**), wonach der Abschluss (nur) **entscheidungsrelevante Informationen** zu enthalten hat, findet keine Entsprechung im deutschen Recht. Eine Information ist entscheidungsrelevant, wenn sie wirtschaftliche Entscheidungen des Adressaten beeinflussen kann. Daher sind Informationen zur Beurteilung der vergangenen, derzeitigen und vor allem künftigen Lage des Unternehmens zu vermitteln. Konkrete Prognoserechnungen werden hierzu nicht gefordert, aber es wird als nützlich angesehen, wenn beispielsweise in der Gewinn- und Verlustrechnung außergewöhnliche und seltene Aufwendungen und Erträge separat angegeben werden (F.28; s. auch Rz. 223). Im Übrigen obliegt die Entscheidung über die Ausfüllung des Grundsatzes im konkreten Einzelfall dem Bilanzersteller.

123 Vor jedem Standard wird explizit darauf hingewiesen, dass er nur auf **wesentliche Sachverhalte (materiality)** anzuwenden ist. Dabei geht es nicht um das Weglassen bestimmter Sachverhalte, denn dann würde sich die Frage der Ordnungsmäßigkeit der Buchführung stellen,[33] sondern um die Art der Darstellung im Abschluss.

Jeder wesentliche Posten ist in den Abschlüssen gesondert darzustellen. Unwesentliche Beträge sind mit Beträgen ähnlicher Natur oder Funktion zusammenzufassen und brauchen nicht gesondert dargestellt zu werden (IAS 1.29). Dies gilt nicht nur für Bilanz und Gewinn- und Verlustrechnung, sondern auch für die übrigen Berichtsinstrumente.

---

32 Vgl. *Heuser/Theile* in GmbH-Handbuch, Rz. II 2449 und 946.

33 Vgl. *Leffson*, Die Grundsätze ordnungsmäßiger Buchführung, 7. Aufl. 1987, S. 158 ff.; *Achleitner/Wollmert/van Hulle*, in Baetge u. a. (Hrsg.), Rechnungslegung nach IAS, 1997, A III Rz. 10.

Wesentlich ist eine Information dann, wenn ihre Angabe oder ihr Weglassen die wirtschaftlichen Entscheidungen der Abschlussadressaten beeinflussen kann (IAS 1.31).[34] Die Beurteilung soll sich insbesondere an der Größe des Postens orientieren (F.30), wobei jedoch quantitative Grenzwerte nicht vorgegeben werden.

c) Verlässlichkeit

Abschlüsse, deren einziger Zweck die Informationsvermittlung ist, können diesen Zweck gegenüber den Abschlussadressaten nur dann erreichen, wenn die Informationen verlässlich sind, wenn also auf die **Richtigkeit der Information** vertraut werden kann. Die Verwendung eines Rechnungslegungssystems – gleichgültig, ob HGB, IAS oder US-GAAP – kann nicht verhindern, dass mit krimineller Energie Bilanzfälschung betrieben wird,[35] geltende Normen demnach wider besseren Wissens nicht beachtet werden. In den 90er Jahren, vor allem auch in diesem Jahrzehnt, sind zahlreiche Fälle von Bilanzmanipulationen bekannt geworden. Die Forderung nach Manipulationsfreiheit ist als Grundlage jeden Verständnisses über die Verlässlichkeit einer Information nicht besonders kodifiziert. 124

Der **Grundsatz der Verlässlichkeit (reliability)** nach F.31 ff. zielt daher ab auf den vernünftigen Umgang mit dem Normengefüge: Abschlussadressaten sollen sich darauf verlassen können, dass etwa Abschlussposten auch zum Inhalt haben, was sie vorgeben darzustellen oder was vernünftigerweise von ihrem Inhalt erwartet werden kann (**faithful representation**). Dies betrifft ausdrücklich sowohl Ansatz- als auch Bewertungsfragen und damit vor allem die zuverlässige und bestmögliche Verwendung von Schätzgrößen. 125

(Nur) in diesem Zusammenhang ist auch das **Vorsichtsprinzip** zu sehen. Nach F.37 bedeutet Vorsicht (**prudence**) vor allem die **Sorgfalt der Ermessensausübung** im Falle erforderlicher Schätzungen, so dass Vermögenswerte oder Erträge nicht zu hoch und Schulden oder Aufwendungen nicht zu niedrig angesetzt werden. Eine in diesem Sinne vorsichtige Bewertung gestattet jedoch nicht, stille Reserven zu legen. Insoweit entspricht dies einer auch nach HGB geforderten sorgfältigen und vorsichtigen Bewertung; der *Grundsatz* einer imparitätischen Erfassung von Aufwendungen und Erträgen findet sich in den IAS allerdings nicht.

Ferner dient auch der Grundsatz der **wirtschaftlichen Betrachtungsweise (substance over form)** der Konkretisierung des Grundsatzes der Verlässlichkeit. Es soll nicht nach formalrechtlichen, sondern nach wirtschaftlichen 126

34 Diese Interpretation stimmt mit jener für den im HGB nicht kodifizierten GoB überein, vgl. *Heuser/Theile* in GmbH-Handbuch, Rz. II 2108 ff.

35 *Börsig*, BB 2002, Heft 14, I: „Kein Rechnungslegungssystem der Welt (wird) die kriminelle Energie Einzelner stoppen können", vgl. zum Problemfeld *Ludewig*, Ein Appell – nicht nur an die Wirtschaftsprüfer, WPg 2002, 613 ff.

Kriterien bilanziert werden, wie dies beispielsweise in den Regelungen hinsichtlich der Zuordnung wirtschaftlichen Eigentums bei Leasingverhältnissen zum Ausdruck kommt.[36]

127 Schließlich gebietet das Rahmenkonzept in F.89 und F.91 nicht nur die vollständige Erfassung der Vermögenswerte und Schulden, sondern postuliert allgemeiner und darüber hinaus, dass die im Abschluss enthaltenen Informationen nur dann verlässlich sind, wenn sie in den Grenzen der Wesentlichkeit und Kosten vollständig sind (F.38). Damit geht der Aspekt der **Vollständigkeit (completeness)** über die Funktion als reines Ansatzkriterium gem. HGB hinaus und schließt die **Bewertung** sowie die **Art der Darstellung** mit ein.[37]

128 Endlich sind sämtliche Informationen **neutral**, also willkür- und verzerrungsfrei darzustellen. Das Management soll durch Auswahl und Darstellung der Informationen nicht bestimmte, möglicherweise gewünschte Handlungsweisen der Abschlussadressaten zu beeinflussen trachten (F.36).

d) Vergleichbarkeit und Stetigkeitsgrundsatz

aa) Allgemeines

129 Kapitalmarktinformationen sind für Investoren nur dann nützlich, wenn sie hinsichtlich *eines* Unternehmens einen Zeitvergleich und darüber hinaus einen Vergleich der wirtschaftlichen Lage zwischen *verschiedenen* Unternehmen ermöglichen (**comparability**). Wahlrechtsfreie Rechnungslegungsnormen würden den Vergleich zwischen verschiedenen Unternehmen vereinfachen, aber im Hinblick auf notwendige Ermessens- und Beurteilungsspielräume des Managements nicht notwendigerweise zur gleichen bilanziellen Abbildung vergleichbarer Sachverhalte führen.

Da das IAS-System nicht wahlrechtsfrei ist und sich an die Veränderung der Ausübung von Wahlrechten andere bilanzielle Konsequenzen anschließen als an die Veränderung von Ermessenseinschätzungen, ist **sorgfältig zu trennen zwischen**

36 Insoweit unterscheidet sich das Regelwerk US-GAAP von IAS: Die kochbuchartig angelegten Regeln nach US-GAAP behandeln stärker den Einzelfall, während IAS dazu tendiert, die Rechnungslegung mehr im Grundsätzlichen („substance over form") zu regeln. Der FASB hält im (dem Framework des IASC vergleichbaren) Statement of Concepts 2.160 den Grundsatz „substance over form" im Hinblick auf „quality of reliability" und „representational faithfulness" für redundant (kritisch hierzu *Schildbach*, US-GAAP, 2000, S. 45). Tatsächlich laden Einzelfallregeln mit einem starken Detaillierungsgrad dazu ein, sie mit Hilfe formalrechtlicher Gestaltungen zu umgehen, vgl. hierzu auch *Müller/Pfitzer*, Neue Rahmenbedingungen für die Wirtschaftsprüfung, FAZ v. 29.4.2002, 25.

37 Vgl. auch *Förschle/Kroner* in Beck'scher Bilanz-Kommentar, 4. Aufl. 1999, § 246 HGB Rz. 200.

- der Anwendung von Bilanzierungs-(Ansatz-) und Bewertungsmethoden (Rz. 133 ff.) und
- der Ausfüllung notwendiger Ermessens- und Beurteilungsspielräume (Rz. 141).

Abschlussadressaten müssen über die Verwendung der **Bilanzierungs- und Bewertungsmethoden**, ihre Änderungen und die Auswirkungen der Änderungen im **Anhang informiert** werden, F.40. Neben dieser Generalnorm zu Angaben im Zusammenhang mit Bilanzierungs- und Bewertungsmethoden sehen zahlreiche Standards Angabepflichten über die Art der Ausnutzung von **Ermessens- und Beurteilungsspielräumen** vor (zu Einzelheiten s. die jeweiligen Abschnitte in Teil C, Rz. 280 ff.).

Ferner wird Vergleichbarkeit erleichtert, wenn einmal gewählte Methoden stetig angewendet werden. Daher gilt hinsichtlich Ansatz, Bewertung und Darstellung ein umfangreiches **Stetigkeitsgebot**. Eine Änderung einer **Bilanzierungs- oder Bewertungsmethode** ist nur dann vorzunehmen, wenn dies 130

(a) von einer Satzung oder

(b) einem Standardsetter verlangt wird oder

(c) wenn diese Änderung zu einer besseren Darstellung von Ereignissen oder Geschäftsvorfällen in den Abschlüssen des Unternehmens führt (IAS 8.42).[38]

Die Vorschrift entspricht dem § 252 Abs. 1 Nr. 6 HGB (**materielle Bilanzkontinuität**);[39] der Zusammenhang von Vergleichbarkeit und Stetigkeit ist Bestandteil deutschen GoB-Verständnisses.[40] Da die Durchbrechung der Stetigkeit nach IAS möglich ist, wenn eine angemessenere Darstellung erreicht wird – was soviel heißt wie eine bessere Darstellung der tatsächlichen Verhältnisse entsprechend der Generalnorm –, ist der Stetigkeitsgrundsatz nach IAS u. E. nicht anders zu interpretieren als nach HGB.[41]

Die **Darstellung** und der **Ausweis von Posten** im Abschluss sind von einer Periode zur nächsten **beizubehalten**, solange nicht 131

(a) eine wesentliche Änderung des Tätigkeitsfeldes des Unternehmens oder eine Überprüfung der Darstellung seines Abschlusses zeigt, dass eine Änderung zu einer angemesseneren Darstellungsweise von Ereignissen und Geschäftsvorfällen führt, oder

---

38 Gem. ED IAS 8.9 soll (a) künftig gestrichen werden, und bei (b) wird es „Standard" bzw. „Interpretation" lauten.

39 Vgl. *Heuser/Theile* in GmbH-Handbuch, Rz. II 637 ff.

40 Vgl. *Leffson*, Die Grundsätze ordnungsmäßiger Buchführung, 7. Aufl. 1987, S. 186.

41 Zu Beispielen zur Durchbrechung des Stetigkeitsgrundsatzes nach HGB aufgrund veränderter Sachverhalte vgl. *Heuser/Theile* in GmbH-Handbuch, II Rz. 646 f.; a. A. *Budde/Geißler* in Beck'scher Bilanz-Kommentar, 4. Aufl. 1999, § 252 HGB Rz. 100.

(b) eine Änderung der Darstellungsweise von einem IAS oder einer Interpretation des SIC/ IFRIC verlangt wird (IAS 1.27).

Eine **wesentliche Änderung des Tätigkeitsfeldes** von Konzernen kann sich z. B. durch bedeutende Erwerbe oder Veräußerungen ergeben. Sollen IAS-Abschlüsse auch nationalen Vorschriften dienen und verlangen diese Vorschriften aufgrund einer Gesetzesänderung eine veränderte Darstellungsweise, so ist auch dies eine zulässige Änderung nach IAS, sofern die neue Darstellung im Einklang mit IAS 1 steht (IAS 1.28).[42] Wird die Stetigkeit durchbrochen, sind Art, Betrag und Grund für die Änderung anzugeben und die **Vorjahreszahlen** im Abschluss anzupassen. Ist die Anpassung ausnahmsweise nicht praktikabel, sind die Gründe für die unterlassene Anpassung und die Art der Änderung anzugeben, die vorgenommen worden wären, hätte man die Beträge umgegliedert (IAS 1.40).

132 Für alle quantitativen Daten sind die **Vergleichswerte aus dem Vorjahr** anzugeben, sofern ein Standard nicht etwas anderes vorschreibt. Vergleichswerte aus dem Vorjahr sind (derzeit noch) beim Anlagespiegel *nicht* erforderlich (IAS 16.60, 38.107, 22.88).[43] Bei Strukturveränderungen in der Berichtsperiode sind Anpassungen der Vorjahres-Vergleichswerte vorzunehmen und, falls diese nicht möglich sind, Angaben im Anhang zu machen (IAS 1.38, 1.40).

bb) Änderungen von Bilanzierungs- und Bewertungsmethoden

133 Eine Änderung der angewendeten Bilanzierungs- und Bewertungsmethoden kann die Vergleichbarkeit der Jahresabschlussinformationen im Zeitablauf beeinträchtigen. Daher ist die Durchbrechung der Stetigkeit nur unter den oben in Rz. 130 genannten Voraussetzungen zulässig. IAS 8.41 ff. regelt derzeit, wie bei Änderungen der Bilanzierungs- und Bewertungsmethoden zu verfahren ist. Die Durchführung solcher Änderungen setzt die Existenz expliziter oder impliziter **Methodenwahlrechte** in den Standards voraus (s. Tab. 2, Rz. 140).

134 Eine Durchbrechung des Stetigkeitsgrundsatzes liegt daher *nicht* vor, wenn eine (andere) Bilanzierungs- oder Bewertungsmethode gewählt wird, die sich auf veränderte Ereignisse oder Geschäftsvorfälle bezieht (IAS 8.44a). Die Veränderung des Abschreibungsplans einer Maschine, die aufgrund erheblicher Beanspruchung bislang degressiv abgeschrieben wurde und nunmehr wegen geringerer Beanspruchung künftig linear abgeschrieben werden soll, ist keine Änderung der Bewertungsmethode, sondern als „Änderung einer Schätzung" zu behandeln (IAS 16.52; zu Schätzungen s. unten Rz. 141). Ferner sind die Vorschriften über die Abbildung von Änderungen der Bilanzierungs- und Bewertungsmethoden (IAS 8) *nicht* anzuwenden,

42 Dieser Passus soll nach ED IAS 1.23 aufgehoben werden.

43 Nach dem Improvement-Projekt sind Vergleichsangaben des Vorjahres vorgesehen; zum Anlagespiegel s. Rz. 446 ff.

- wenn auf neue oder bislang unwesentliche Sachverhalte erstmals IAS-konforme Bilanzierungs- und Bewertungsmethoden angewendet werden und
- bei erstmaliger Wahl der Neubewertungsmethode für immaterielle Vermögenswerte oder Sachanlagen (IAS 8.44).

Bestehen Zweifel, ob eine Bilanzierungs- oder Bewertungsmethode oder eine „Schätzung" verändert wird, ist die Änderung als Schätzung zu behandeln (IAS 8.25).

Eine Änderung einer Bewertungsmethode liegt z. B. vor, wenn Fremdkapital- 135
kosten für sog. qualifying assets bisher als Aufwand erfasst wurden, künftig aber aktiviert werden sollen (zum Wahlrecht der bilanziellen Behandlung vgl. IAS 8.45, s. hierzu Rz. 471; zu weiteren Beispielen s. unten Tab. 2, Rz. 140). Werden **neue oder überarbeitete Standards** erstmals angewendet, ergibt sich aus dem jeweiligen Abschnitt „**Übergangsvorschriften**", wie zu verfahren ist.[44] Fehlen solche Übergangsvorschriften, ist die erstmalige Anwendung entsprechend einer Änderung der Bilanzierungs- und Bewertungsmethoden nach IAS 8 darzustellen (IAS 8.46).[45] Wird das IAS/IFRS-**Normenwerk** überhaupt **zum ersten Mal angewendet**, greift SIC-8;[46] s. hierzu ausführlich Teil F, Rz. 1250.

Für die Darstellung der Änderung von Bilanzierungs- und Bewertungsmetho- 136
den lässt IAS 8 selbst derzeit noch ein Wahlrecht zu. Nach der **Benchmark-Methode** ist die Änderung **retrospektiv** vorzunehmen, also so, als sei die nunmehr neu angewandte Methode schon immer angewendet worden. Die kumulierten Effekte aus im aktuellen Abschluss nicht mehr dargestellten Perioden sind mit dem Eröffnungsbilanzwert der Gewinnrücklagen der frühesten, im aktuellen Abschluss dargestellten Berichtsperiode zu verrechnen (IAS 8.49); das ist, da Vergleichszahlen des Vorjahres anzugeben sind, der Vorjahres-Eröffnungsbilanzwert. Ergebniswirksam werden damit nur solche Änderungen, die die aktuelle und die Vorjahres-Periode betreffen.

Bei der retrospektiven Änderung nach der Benchmark-Methode geht die **formelle Bilanzkontinuität** verloren: Wird im Jahr 02 eine Änderung durchgeführt, so sind die Gewinnrücklagen zum 1.1.01 anzupassen. Dieser Wert entspricht dann nicht mehr jenem, der im Abschluss 00 publiziert worden ist. Die Anwendung dieser Methode widerspricht Art. 31 Abs. 1 Buchst. f der 4. EG-Richtlinie[47] (gleichlautend § 252 Abs. 1 Nr. 1 HGB); von dem Grundsatz der formellen Bilanzkontinuität darf aber gem. Art. 31 Abs. 2 der 4. EG-Richt-

44 Darüber hinaus sollen nach ED IAS 8.15 künftig allgemeine Angaben bei der erstmaligen Anwendung neuer oder überarbeiteter Standards erforderlich werden.

45 Dies behält auch der vorliegende Standardentwurf bei (ED IAS 8.14).

46 SIC-8 soll durch IFRS 1 ersetzt werden, zu dem seit Juli 2002 ein Exposure Draft vorliegt.

47 Art. 31 der 4. EG-Richtlinie ist wegen Art. 29 Abs. 1 der 7. EG-Richtlinie auch auf den Konzernabschluss anzuwenden.

linie (§ 252 Abs. 2 HGB) nur in Ausnahmefällen abgewichen werden. Eine Änderung der Bilanzierungs- und Bewertungsmethoden wird vom Hauptfachausschuss des IDW *nicht* als ein solcher Ausnahmefall gewertet,[48] so dass aus dieser Perspektive die retrospektive Änderung nach der Benchmark-Methode im Widerspruch zum Einklangerfordernis des § 292a Abs. 2 Nr. 2 Buchst. b HGB steht.[49]

137 IAS 8.55 räumt für diesen Fall ein, dass es nationale Rechtsrahmen geben könnte, in denen die formelle Bilanzkontinuität wegen einer Bilanzierungs- oder Bewertungsänderung nicht durchbrochen werden dürfe. In diesem Fall ist die **alternativ zulässige Methode** heranzuziehen, wonach zwar auch die neue Bilanzierungs- und Bewertungsmethode **retrospektiv** anzuwenden ist, die kumulierten Effekte aber im **Ergebnis der Berichtsperiode** zu erfassen sind (IAS 8.54). Dies steht im Einklang mit EU-Recht. Auch DRS 15 verlangt, dass die kumulierten Anpassungseffekte aus Vorjahren in der GuV des Jahres der Änderung in einem gesonderten Posten „Auswirkungen aus der Änderung der angewandten Bilanzierungsgrundsätze" *nach* dem Ergebnis der gewöhnlichen Geschäftstätigkeit auszuweisen sind.[50] Die das laufende Geschäftsjahr betreffenden Effekte sind in den zutreffenden Posten der GuV zu erfassen.[51]

Nach dem im Mai 2002 veröffentlichten Exposure Draft IAS 8 soll diese Methode jedoch abgeschafft werden und nur noch die Benchmark-Methode zulässig sein (ED IAS 8.20). Sollte es sich dabei als zu aufwändig erweisen, im dargestellten Abschluss das Vorjahr anzupassen, so ist der kumulierte Effekt der Änderungen mit dem Eröffnungsbilanzwert der Gewinnrücklagen der Berichtsperiode zu verrechnen (ED IAS 8.21).

138 Eine retrospektive Anpassung ist freilich nur möglich, wenn der Anpassungsbetrag früherer Perioden überhaupt vernünftig bestimmt werden kann, was wesentlich vom verwendeten Informationssystem und damit vom Einzelfall abhängig ist.[52] Sollte insoweit eine retrospektive Anpassung nicht möglich sein, ist **prospektiv** anzupassen (IAS 8.56; für die Benchmark-Methode gleichlautend IAS 8.52). In diesem Fall werden die Sachverhalte nicht

48 Vgl. Stellungnahme IDW RS HFA 2, Rz. 12 Satz 1, die sich insoweit zwar auf den dualen Konzernabschluss bezieht, HGB und 4. EG-Richtlinie sind aber in der Vorschrift zur formellen Bilanzkontinuität deckungsgleich.

49 Von dieser Problematik ist die Frage der Wahrung des Bilanzzusammenhangs im Zeitpunkt der erstmaligen Anwendung von IAS zu trennen, s. hierzu Teil F, Rz. 1250. Der DSR weist darauf hin, dass retrospektive Anpassung verlangt, die Effekte der Änderung so zu ermitteln, als ob die geänderte Methode schon immer angewandt worden wäre. Retrospektive Anpassung bedeutet aber nicht, dass **Vorjahresabschlüsse** auch anzupassen sind (E-DRS 15, Anhang B 4).

50 E-DRS 15.14

51 E-DRS 15.13

52 Vgl. *Biener* in Baetge u. a. (Hrsg.), Rechnungslegung nach IAS, 1997, IAS 8 Rz. 78, der insbesondere im Bereich des Vorratsvermögens Probleme vermutet.

rückwirkend geändert; der Anpassungsbetrag betrifft nur Änderungen neuer Sachverhalte ab dem Änderungszeitpunkt und damit nur die aktuelle Periode. Das Ergebnis der Berichtsperiode bleibt von kumulierten Vorjahreseffekten unberührt.[53]

Anzugeben sind die **Gründe** für die Änderung und der **erfolgswirksam erfasste Anpassungsbetrag** der Berichtsperiode. Im Falle einer retrospektiven Anpassung sind Anpassungsbeträge für alle Perioden, für die zusätzliche oder ergänzende Informationen gegeben werden (z. B. Zeitreihen), anzugeben. Falls dies nicht möglich oder wirtschaftlich vertretbar ist, ist diese Tatsache offen zu legen (IAS 8.57). 139

Die nachfolgende Tabelle 2 enthält ex- und implizite Ansatz- und Bewertungswahlrechte im Rahmen der Erstellung der Handelsbilanz II, die, wird ihre Anwendung verändert, zu Darstellungen über die Änderungen der Bilanzierungs- und Bewertungsmethoden führen können: 140

Tab. 2: Ansatz- und Bewertungswahlrechte im Rahmen der Erstellung einer Handelsbilanz II

Wahlrecht	IAS	Verweis Rz.
investment property: Wechsel von der Anschaffungskosten- zur fair-value-Methode (bei einem umgekehrten Wechsel wird es als **un**wahrscheinlich angesehen, dass eine sachgerechtere Darstellung erreicht wird); stetig für alle investment properties	40.24 f.	381
qualifying assets: Erfassung von Fremdkapitalkosten als Aufwand oder als Bestandteil der Anschaffungs- oder Herstellungskosten; stetig anzuwenden für alle qualifying assets	23.7, 23.11, SIC-2	471
Vorratsvermögen: FIFO, Durchschnittsmethode oder LIFO;[54] stetig anzuwenden für voneinander sachlich unterscheidbare Vorräte	2.21, 2.23	472
finanzielle Vermögenswerte: Bestimmung des Zu- bzw. Abgangszeitpunktes: Handels- oder Erfüllungstag, stetig anzuwenden für jede Kategorie finanzieller Vermögenswerte	39.30	530
finanzielle Vermögenswerte: zur Veräußerung verfügbare Finanzinstrumente, Wechsel von erfolgsneutraler zur erfolgswirksamen Erfassung von Wertänderungen[55]	39.104 f.	533
Leasing, Vertragskosten beim Leasinggeber: Sofortaufwand oder Abgrenzung über die Laufzeit[56]	17.33, 17.44	365

53 Vergleichswerte sind auch künftig nicht anzupassen, wenn dies zu unverhältnismäßig hohem Anpassungsaufwand führen würde, s. ED IAS 8.21.
54 Die Zulässigkeit des LIFO-Verfahrens soll nach ED IAS 2 aufgehoben werden.
55 Das Wahlrecht soll nach ED IAS 39 aufgehoben werden.
56 Das Wahlrecht soll nach ED IAS 17.29A abgeschafft werden.

cc) Änderung von Schätzungen

141 Für viele Bilanzpositionen sind Schätzungen (**Ausfüllung von Beurteilungs- und Ermessensspielräumen**) erforderlich; im Bereich der Nutzungsdauer von Anlagevermögen, bei der Einschätzung von Forderungsausfällen oder bei Rückstellungen liegt das auf der Hand. Schätzungen sind aber auch vorzunehmen, wenn es um die Aktivierung selbst erstellter immaterieller Vermögenswerte des Anlagevermögens (s. Rz. 294) oder die Feststellung erzielbarer Beträge im Rahmen eines Wertminderungstests (s. Rz. 401 ff.) geht. **Zahlreiche Einzelstandards** sehen Angabepflichten über die Ausfüllung von Beurteilungsspielräumen vor; s. im Einzelnen jeweils Teil C, Rz. 280.

Dem Management neu zugegangene Informationen können zu veränderten Schätzungen führen. Deren Auswirkungen sind periodengerecht in der Berichtsperiode oder, soweit die Schätzung auch künftige Perioden betrifft (Nutzungsdauer, Rückstellungen), in eben diesen künftigen Perioden ergebniswirksam innerhalb denselben GuV-Positionen zu erfassen, für die die Schätzung ursprünglich erfolgt ist (IAS 8.26; 8.28). **Art und Betrag** der **Änderung** einer Schätzung ein und desselben Sachverhaltes sind ausdrücklich nur bei **Wesentlichkeit** anzugeben; sollte dann die Quantifizierung des Betrages nicht möglich oder wirtschaftlich nicht vertretbar sein, ist diese Tatsache anzugeben (IAS 8.30).

Sonderregelungen für die Behandlung bei Änderungen von Schätzungen bestehen bei **leistungsorientierten Pensionsplänen**, s. Rz. 657 ff.

dd) Abbildung entdeckter grundlegender Fehler

142 Werden während der Aufstellung des Abschlusses „**übliche**" **Fehler** (Rechenfehler, Fehlbeurteilung von Sachverhalten) entdeckt, die die laufende Periode oder frühere Berichtsperioden betreffen, so sind diese im aktuellen Abschluss ergebniswirksam zu korrigieren (IAS 8.31). Hat ein Fehler – IAS 8.32 weist ausdrücklich darauf hin, dass dies nur die seltene Ausnahme sein wird – eine solche Bedeutung, dass die Abschlüsse als nicht mehr verlässlich bezeichnet werden können, so wird von einem **grundlegenden Fehler** gesprochen. Dieser ist retrospektiv zu beseitigen, und zwar in der Periode, in der er gemacht wurde. Nach der **Benchmark-Methode** sind dann zurückliegende kumulierte Effekte mit dem Eröffnungsbilanzwert der Gewinnrücklagen der frühesten im Abschluss dargestellten Periode zu verrechnen (IAS 8.34 f.); dies entspricht der Vorgehensweise der Benchmark-Methode, die bei Änderungen der Bilanzierungs- und Bewertungsmethoden anzuwenden ist (Rz. 136). Analog hierzu gilt, dass nach der **alternativ zulässigen Methode** der Fehler auch erfolgswirksam in der Berichtsperiode korrigiert werden kann (IAS 8.38 f.). Auch die erforderlichen Angaben (IAS 8.40) entsprechen denen zu Änderungen der Bilanzierungs- und Bewertungsmethoden (s. Rz. 139).

Die **Unterscheidung** zwischen üblichen und fundamentalen Fehlern **soll** nach ED IAS 8 **aufgehoben werden**. Als Fehler werden künftig solche Sachverhalte definiert, die in der Nichtberücksichtigung grundsätzlich vorhandener Informationen früherer Perioden liegen und die eigentlich hätten verarbeitet werden müssen (ED IAS 8.3). Ob daraus materielle Konsequenzen resultieren werden, ist schwer zu beurteilen. In der Begründung zum Standardentwurf wird immerhin hervorgehoben, dass künftig nur *wesentliche Fehler* (material errors) so behandelt werden sollen wie jetzt schon fundamentale Fehler.[57] Ferner soll die alternativ zulässige Methode künftig abgeschafft werden.

143 Der derzeitige IAS 8.32 nennt als Beispiel für einen grundlegenden Fehler einen betrügerischen Vertrag, auf dessen Grundlage die Produktion stattgefunden und wesentliche Beträge unfertiger Leistungen oder Forderungen (z. B. bei Auftragsfertigung) bilanziert worden sind. Man wird aber darunter auch betrügerisches Vorgehen im bilanzierenden Unternehmen verstehen müssen, das nach nationalem Verständnis zur Nichtigkeit des Jahresabschlusses gem. § 256 Abs. 5 AktG führen kann.[58] Zwar sind für den Konzernabschluss nach HGB und nach IAS die aktienrechtlichen Vorschriften der Nichtigkeit weder unmittelbar noch analog anzuwenden,[59] doch können die Sachverhalte, die zur Nichtigkeit eines Einzelabschlusses führen, **Beispiele für grundlegende Fehler nach IAS** sein. Da die Beseitigung der Nichtigkeit häufig retrospektiv vorzunehmen ist,[60] wird man bei Vorliegen eines grundlegenden Fehlers nach IAS auch die Benchmark-Methode als *zulässig* im Sinne des Einklangerfordernisses nach § 292 a HGB ansehen müssen.[61]

144 Änderungen der Bilanzwerte aufgrund **steuerlicher Betriebsprüfungen** schlagen nicht auf einen IAS-Konzernabschluss durch. Sie können aber Konsequenzen für die Berechnung latenter Steuern haben, werden häufig als Änderungen von Schätzungen (vgl. Rz. 141) oder als „übliche" Fehler (vgl. Rz. 142) zu qualifizieren sein und somit regelmäßig im laufenden Berichtsergebnis berücksichtigt.

e) Einschränkungen der qualitativen Anforderungen Relevanz und Verlässlichkeit

145 Das Rahmenkonzept beschreibt in F.43 ff. **Zielkonflikte**, die bei Erfüllung der Grundsätze der Relevanz und Verlässlichkeit auftreten können. Einer dieser Zielkonflikte besteht in zeitlicher Hinsicht: Je schneller ein Abschluss mit entscheidungsrelevanten Daten erstellt wird, desto unzuverlässiger können die enthaltenen Daten insbesondere im Hinblick auf notwendige Schätzungen sein. Das Management ist aufgefordert, im Interesse der Abschlussadres-

57 Vgl. ED IAS 8, Appendix, Basis for Conclusions, A13.
58 Zur Auslegung des § 256 Abs. 5 AktG vgl. WP-Handbuch 2000, Bd. I, 12. Aufl. 2000, Abschn. U Rz. 196 ff.
59 Vgl. auch WP-Handbuch 2000, Bd. I, 12. Aufl. 2000, Abschn. U Rz. 160.
60 Vgl. WP-Handbuch 2000, Bd. I, 12. Aufl. 2000, Abschn. U Rz. 223.
61 Auch Änderungen von Jahresabschlüssen können Änderungen „nachgeordneter" Konzernabschlüsse nach HGB nach sich ziehen, vgl. IDW HFA 2/1991, V.

saten den Zielkonflikt zu lösen. Hieraus ist aber gerade nicht abzuleiten, sich bei der Abschlusserstellung unangemessen lange Zeit zu lassen; gefordert wird eine gewisse **Zeitnähe** der Bereitstellung der Informationen (Abschlussveröffentlichung spätestens sechs Monate nach Stichtag, IAS 1.52). Der Zielkonflikt wird außerdem entschärft, da auch nach IAS **Ereignisse** nach dem Bilanzstichtag, soweit sie sich per Bilanzstichtag als **wertaufhellend** darstellen, wie nach handelsrechtlichem Verständnis[62] zu berücksichtigen sind (IAS 10.7; zu Beispielen s. IAS 10.8).

146 Ein weiterer Zielkonflikt ergibt sich aus der Überlegung, dass sorgfältige Abschlusserstellung Aufwand verursacht, der zulasten des finanziellen Interesses der Investoren zu erfassen ist. Daher ist aus theoretischer Perspektive die in F.44 vorzufindende Forderung vernünftig, dass die Kosten der Informationsbereitstellung den Nutzen bei den Informationsempfängern nicht überschreiten sollen. Allerdings wird auch eingeräumt, dass eine solche **Abwägung von Nutzen und Kosten** schwierig sei; Bilanzersteller und -adressaten sollten sich immerhin dieses Problems bewusst sein. U. E. wird eine solche Abwägung implizit dann vorgenommen, wenn der – allerdings ähnlich unbestimmte – Wesentlichkeitsgrundsatz beachtet wird.

147 Schließlich wird für die Praxis generell ein **Abwägen aller qualitativen Anforderungen** angemahnt (F.45). Offensichtlich kann nicht ausgeschlossen werden, dass weitere, nicht genannte Zielkonflikte zur Erreichung eines true and fair view bestehen können, die unter fachkundiger Beurteilung (professional judgment, im deutschen Sprachgebrauch eher „**vernünftige kaufmännische Beurteilung**") zu lösen sind.

5. Weitere Grundsätze

a) Saldierungsverbot

148 Vermögenswerte und Schulden, Aufwendungen und Erträge dürfen nicht miteinander verrechnet werden, es sei denn, es wird von einem IAS *gefordert* oder *erlaubt*.[63] So sind z. B. Aufwands- und Ertragspositionen dann miteinander zu verrechnen, wenn sie durch gleiche oder ähnliche Geschäftsvorfälle entstanden und zugleich einzeln nicht wesentlich sind (IAS 1.33 f.).[64] Ferner sind **Saldierungen zulässig**, wenn durch sie der wirtschaftliche Gehalt des Geschäftsvorfalls am besten wiedergegeben wird (IAS 1.35 f.).

Hierzu werden folgende Beispiele in IAS 1.36 genannt:

(a) Beim Abgang von **Vermögenswerten des Anlagevermögens** wird nur der Gewinn oder Verlust als Ertrag oder Aufwand gezeigt; dies entspricht der

62 Vgl. *Heuser/Theile* in GmbH-Handbuch, Rz. II 660 f.

63 Nach ED IAS 1.28 wird eine Saldierung nur noch zugelassen, wenn sie von einem anderen Standard *gefordert* wird.

64 Dieser Passus soll nach ED IAS 1.29 gestrichen werden.

deutschen Auffassung.[65] Entstehen aus der Veräußerung sowohl Gewinne als auch Verluste, ist entgegen handelsrechtlicher Sichtweise außerdem noch deren Saldierung möglich (IAS 1.37).

(b) **Auslagenersatz** (auch teilweise) aufgrund von Verträgen mit Dritten kann mit zugehörigen Aufwendungen verrechnet werden.

(c) **Außerordentliche Posten** können mit den auf sie entfallenden Steuern und Minderheitenanteilen verrechnet werden, wenn die Bruttobeträge im Anhang genannt werden.[66]

Bei einer Wertaufholung von **Vorräten** *gebietet* IAS 2.31 die Verrechnung mit 149
dem Aufwandsposten, der üblicherweise die Bestandsminderung reflektiert (also Bestandsveränderungen bei unfertigen und fertigen Erzeugnissen sowie Materialaufwand im Falle von Roh-, Hilfs- und Betriebsstoffen beim Gesamtkostenverfahren bzw. Umsatzkosten beim Umsatzkostenverfahren).[67]

Finanzielle Vermögenswerte und Schulden *sind* zu saldieren, wenn ein Rechtsanspruch auf Aufrechnung besteht *und* ein Ausgleich auf Nettobasis beabsichtigt ist bzw. zugleich mit der Verwertung des Vermögenswertes die Schuld abgelöst werden soll (IAS 32.33).[68] Vergleichbare Regelungen gelten auch für Vermögenswerte und Schulden bei **Altersversorgungsplänen** (IAS 19.116 f., s. Rz. 663) und für tatsächliche bzw. latente **Steuererstattungsansprüche und -schulden** (IAS 12.71 ff. und 12.74 ff.; s. Rz. 779 f.).

In der Bilanz dürfen **sonstige Rückstellungen *nicht*** mit **Erstattungsansprüchen** saldiert werden (IAS 37.53), die zugehörigen Aufwendungen und Erträge *dürfen* demgegenüber miteinander verrechnet werden (IAS 37.54).[69]

b) Einzelbewertung

Einen ausdrücklichen Einzelbewertungsgrundsatz entsprechend § 252 Abs. 1 150
Nr. 3 HGB enthalten die IAS nicht. Allerdings lässt er sich aus dem Rahmenkonzept sowie verschiedenen Formulierungen in einer Vielzahl einzelner Standards ableiten.[70]

Einstweilen frei. 151–154

---

65 Vgl. *Heuser/Theile* in GmbH-Handbuch, Rz. II 561.

66 Da künftig außerordentliche Posten abgeschafft werden (s. Rz. 223), entfällt nach ED IAS 1.31 der Buchst. c).

67 Die deutsche Übersetzung mit dem Terminus „Materialaufwand" ist u. E. problematisch.

68 Vgl. zu den Aufrechnungserfordernissen nach § 387 BGB entsprechend GoB *Heuser/Theile* in GmbH-Handbuch, Rz. II 558.

69 Obwohl im Rahmen des Improvements eine Abschaffung des IAS 37.54 nicht vorgesehen ist, dürfte dieser Paragraph bei Verabschiedung des ED IAS 1.28 gegenstandslos sein, weil die Saldierung nach IAS 37.54 nur *erlaubt* ist.

70 Vgl. *Achleitner/Wollmert/van Hulle* in Baetge u. a. (Hrsg.), Rechnungslegung nach IAS, 1997, A III Rz. 104 mit Nennung der einzelnen Standards. Der Einzelbewertungsgrundsatz lässt sich u. E. aber nicht aus IAS 1.29 ableiten (so aber *Budde/Geißler* in Beck'scher Bilanz-Kommentar, 4. Aufl. 1999, § 252 HGB Rz. 94).

III. Bilanzansatz und Gewinnrealisation

155 Die Bilanzierungsfähigkeit ist grundlegend im Rahmenkonzept niedergelegt und folgt einem zweistufigen Aufbau.[71] Für die **abstrakte Bilanzierungsfähigkeit** müssen zunächst die definitorischen Voraussetzungen eines Bilanzpostens vorliegen. Dies sind, solange in den Standards nichts anderes geregelt ist, abschließend Vermögenswerte, Schulden und Eigenkapital, wobei sich Letzteres als Residualgröße ergibt. Um die **konkrete Bilanzierungsfähigkeit** und damit die Bilanzansatzpflicht zu bejahen, müssen für Vermögenswerte und Schulden dann die **speziellen Ansatzkriterien** des Rahmenkonzepts bzw. der einzelnen Standards geprüft werden.

Diese Vorgehensweise ist insoweit nicht ganz unproblematisch, als das Rahmenkonzept selbst kein Standard ist und auch keinem Standard vorgeht (F.2, vgl. Rz. 65). Dennoch ist man gezwungen, beispielsweise auf die **Definitionsmerkmale** eines Vermögenswertes im **Rahmenkonzept** zurückzugreifen, weil sich im Übrigen nur im IAS 38, immaterielle Vermögenswerte, eine solche Definition findet. Der IASB hat sich mittlerweile klarstellend des Problems angenommen: Im ED IAS 1.21 wird hinsichtlich der Ansatzvorschriften ausdrücklich auf das Rahmenkonzept verwiesen.

Auf der anderen Seite können, wenn es ein Standard vorschreibt oder erlaubt, auch dann Bilanzpositionen anzusetzen sein, selbst wenn diese die Anforderungen an einen Vermögenswert oder an eine Schuld gemäß Rahmenkonzept nicht erfüllen. Dies gilt für passivisch abgegrenzte Investitionszuschüsse (s. Rz. 332) und bestimmte Gewinne und Verluste aus sale and lease back-Geschäften[72] (s. Rz. 373 ff.).

1. Aktivierung

156 Ein **Vermögenswert (asset)** ist eine in der Verfügungsmacht des Unternehmens stehende Ressource, die ein Ergebnis von Ereignissen der Vergangenheit darstellt, und von der erwartet wird, dass dem Unternehmen aus ihr ein künftiger wirtschaftlicher Nutzen zufließt (F.49a). Werden alle Kriterien bejaht, liegt **abstrakte Bilanzierungsfähigkeit** für einen Vermögenswert vor.

157 Der Begriff der **Verfügungsmacht** entspricht dem des wirtschaftlichen Eigentums[73] im deutschen Bilanzrechtsverständnis (F.57): Verfügungsmacht ist gegeben, wenn sich das Unternehmen den künftigen wirtschaftlichen Nutzen aus der zugrunde liegenden Ressource verschaffen und den Zugriff Dritter

71 So auch KPMG 1999, S. 28; WP-Handbuch, Bd. I, 12. Aufl. 2000, Abschn. N Rz. 617; *Achleitner/Wollmert/van Hulle* in Baetge u. a. (Hrsg.), Rechnungslegung nach IAS, 1997, A III Rz. 16.

72 Vgl. *Achleitner/Wollmert/van Hulle* in Baetge u. a. (Hrsg.), Rechnungslegung nach IAS, 1997, A III Rz. 56.

73 Vgl. grundlegend *Knobbe-Keuk*, Bilanz- und Unternehmenssteuerrecht, 9. Aufl. 1993, S. 69 ff.

auf diesen Nutzen beschränken[74] kann (IAS 38.13). Juristische Kriterien wie etwa Verfügungs*rechte* und *zivilrechtliches Eigentum* können hier zwar wertvolle Hinweise geben, allein ausschlaggebend ist aber die **wirtschaftliche Betrachtungsweise**. Dementsprechend sind unter Eigentumsvorbehalt gelieferte Gegenstände – wenn die sonstigen Voraussetzungen vorliegen – genauso beim Empfänger zu bilanzieren wie als Finanzierungsleasing klassifizierte Sachverhalte beim Leasingnehmer.

Das Abstellen auf Ergebnisse von **Ereignissen der Vergangenheit** soll noch einmal verdeutlichen, dass die bloße Absicht, Gegenstände zu erwerben, noch keinen Vermögenswert erzeugt (F.58). Insoweit werden schwebende Geschäfte, für die die Ausgeglichenheitsvermutung greift, nicht bilanziert. Eine Abweichung besteht für Finanzinstrumente; diese sind bei **Vertragsunterzeichnung** zu erfassen (s. Rz. 529). Außerdem soll künftig durch ED IAS 39 beim Hedge von sog. firm commitments der Grundsatz der Nichtbilanzierung schwebender Geschäfte durchbrochen werden (s. Rz. 601). 158

Der **künftige wirtschaftliche Nutzen** schließlich ist das zentrale Element der Definition. Mit ihm soll das Potential zum Ausdruck kommen, das die Ressource direkt oder indirekt zum Zufluss von Zahlungsmitteln und Zahlungsmitteläquivalenten beizutragen vermag (F.53). Hierin kommt die anglo-amerikanische Betrachtungsweise zum Ausdruck, wonach es beim Bilanzinhalt auf der Aktivseite eher nicht auf die derzeitigen Eigenschaften eines Sachverhalts, sondern auf dessen *künftige* Auswirkungen ankommt.[75] 159

Die Tätigung einer Ausgabe ist nicht notwendiger Bestandteil eines Vermögenswertes, so dass auch **Schenkungen** die Begriffsmerkmale erfüllen (F.59). 160

In vielen praxisrelevanten Fällen entsprechen sich der handelsrechtliche Begriff des Vermögens*gegenstand*s und der des Vermögens*werts*. Allerdings schließt der IAS-Begriff des Vermögenswertes die aktiven Rechnungsabgrenzungsposten mit ein, da bei Ausgaben vor dem Bilanzstichtag nicht zwischen zeitbestimmtem Aufwand (= aktive Rechnungsabgrenzung nach HGB) und zeitunbestimmtem Aufwand (= ggf. geleistete Anzahlung, Forderung nach HGB) nach dem Bilanzstichtag unterschieden wird.[76] So ist die vom Unternehmen für das nächste Geschäftsjahr vorausbezahlte Miete ein Ereignis der Vergangenheit, mit der wirtschaftliche Verfügungsmacht erworben wird, die einen (indirekten) Nutzenzufluss verspricht.[77] Außerdem geht der 161

74 „Beschränken" (restrict) ist u. E. als „verhindern" zu interpretieren.

75 Vgl. *Achleitner/Wollmert/van Hulle* in Baetge u. a. (Hrsg.), Rechnungslegung nach IAS, 1997, A III Rz. 18.

76 Vgl. *Herrmann/Heuer/Raupach*, EStG/KStG, § 5 EStG Rz. 1916.

77 Demgegenüber wird im deutschen Handelsrecht überwiegend die Auffassung vertreten, aktive Rechnungsabgrenzungsposten seien keine Vermögensgegenstände. *Moxter*, Bilanzrechtsprechung, 5. Aufl. 1999, S. 70 f., bezeichnet unter Verweis auf § 242 Abs. 1 Satz 1 HGB aktive Rechnungsabgrenzungsposten u. E. zutreffend als „Vermögensgegenstände besonderer Art".

Begriff des Vermögenswertes in gewisser Weise über den des Vermögensgegenstandes hinaus, weil die **Einzelveräußerbarkeit** – abweichend vom deutschen Verständnis – kein Definitionsmerkmal des Vermögenswertes darstellt. Daher kann beim derivativen Goodwill aus der IAS-Perspektive durchaus von einem Vermögenswert gesprochen werden.[78] Ferner wird durch das Fehlen des Kriteriums der Einzelveräußerbarkeit erst der sog. „component approach", wie er bei Sachanlagen (s. Rz. 328) und bei finanziellen Vermögenswerten (s. Rz. 570, 573 ff.) zum Ausdruck kommt, ermöglicht.

162 **Konkrete Bilanzierungsfähigkeit** ist für einen Vermögenswert gegeben, wenn

(a) es wahrscheinlich ist, dass ein mit dem Posten verknüpfter künftiger wirtschaftlicher Nutzen dem Unternehmen zufließen wird *und*

(b) die Anschaffungs- oder Herstellungskosten bzw. der Wert des Postens verlässlich ermittelt werden können (F.83).

163 Bereits zur positiven Beurteilung der **abstrakten** Bilanzierungsfähigkeit musste ein Nutzenzufluss erwartet werden. Im Rahmen der **konkreten** Bilanzierungsfähigkeit muss dieser **Nutzenzufluss** nunmehr **wahrscheinlich** sein, wobei Wahrscheinlichkeitsgrenzen nicht angegeben werden.[79] Mit dem Begriff der Wahrscheinlichkeit soll eher zum Ausdruck kommen, dass die künftige Entwicklung natürlich von Unsicherheiten geprägt ist, gleichwohl auf Basis der am Bilanzstichtag zur Verfügung stehenden Informationen eine Beurteilung erfolgen muss. Als Beispiel nennt das Rahmenkonzept die Position der Forderungen, die anzusetzen sind, wenn das Unternehmen ihren Eingang erwartet. Ist umgekehrt ein Forderungsausfall wahrscheinlich, muss dieser als Aufwand erfasst werden (F.85).

164 Die zweite konkrete Aktivierungsvoraussetzung, die **verlässliche Ermittlung der Anschaffungs- oder Herstellungskosten**, weist keine Besonderheiten gegenüber einer Bilanzierung nach HGB auf. Der Umfang der Anschaffungs- und Herstellungskosten wird in den einzelnen Standards geklärt.

165 Zu einer Aktivierung kommt es aber selbst bei Bejahung der konkreten Bilanzierungsfähigkeit erst, wenn ggf. weitere, in den Standards genannte Aktivierungsvoraussetzungen erfüllt sind und Bilanzierungsverbote nicht vorliegen. Diese zusätzlichen Prüfschritte sind derzeit z. B. bei **immateriellen Vermögenswerten** des Anlagevermögens zu beachten (s. Rz. 294, 297).

---

78 Im deutschen Schrifttum ist umstritten, ob der derivative Firmenwert als **Vermögensgegenstand** zu qualifizieren ist; steuerrechtlich zählt er als Wirtschaftsgut (§ 7 Abs. 1 Satz 3 EStG), vgl. hierzu *Ballwieser*, Geschäftswert in Busse von Colbe/Pellens (Hrsg.), Lexikon des Rechnungswesens, 4. Aufl. 1998, S. 283 (284).

79 In der Literatur wird als grobe Richtschnur ein Wahrscheinlichkeitswert von mindestens 50 % angegeben, vgl. *Wagenhofer*, International Accounting Standards, 3. Aufl. 2001, S. 96; siehe anschließend *Pellens*, Internationale Rechnungslegung, 4. Aufl. 2001, S. 445.

Ferner ist nicht ausgeschlossen, dass abseits der Aktivierungskriterien des Rahmenkonzepts von einem Standard eine Aktivierung verlangt wird, wenn dort genannte Kriterien erfüllt werden. Dies hängt damit zusammen, dass Standards dem Rahmenkonzept vorgehen. Bis auf bestimmte Verluste aus sale and lease back-Geschäften (s. Rz. 375) lässt sich derzeit kein Sachverhalt beobachten, wonach eine Aktivierung erforderlich wäre, ohne dass die Ansatzkriterien des Rahmenkonzepts erfüllt wären.[80]

Die nachfolgende Abbildung bietet eine Zusammenfassung der Aktivierungsvoraussetzungen und Prüfschritte. 166

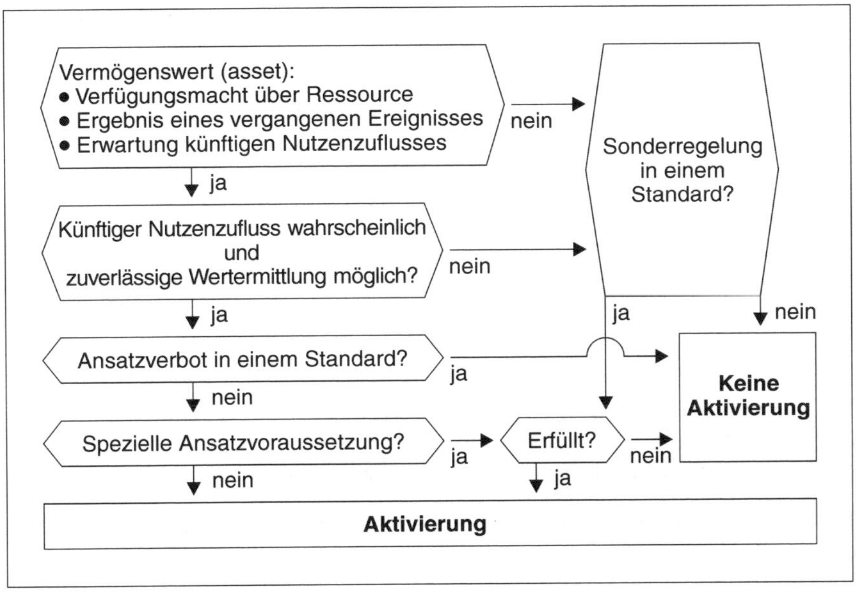

Abb. 5: Prüfschema Aktivierung

2. Passivierung

Auch hinsichtlich der Passivierung sind **abstrakte** und **konkrete Bilanzierungsfähigkeit** zu prüfen. Nach IAS wird auf der Ebene des Bilanzansatzes nicht zwischen Verbindlichkeiten, Rückstellungen und passiven Rechnungsabgrenzungsposten unterschieden; zu passivieren sind, wenn die Voraussetzungen des Rahmenkonzepts vorliegen, **Schulden**. Erst beim **Bilanzausweis** ist zu trennen zwischen Rückstellungen, Verbindlichkeiten und ggf. Rechnungsabgrenzungsposten. 167

80 Auch nach der liability method ermittelte aktive latente Steuern erfüllen die asset-Definition, vgl. zur internationalen Sichtweise *Epstein/Mirza*, IAS 2001, S. 612 sowie analog bei US-GAAP *Schmidt* in Ballwieser, US-amerikanische Rechnungslegung, 4. Aufl. 2000, S. 246.

168 Eine **Schuld** ist definiert als **gegenwärtige Verpflichtung** des Unternehmens aus **vergangenen Ereignissen**, von deren Erfüllung erwartet wird, dass aus dem Unternehmen Ressourcen abfließen, die wirtschaftlichen Nutzen verkörpern (F.49b).

Damit umfasst – wie nach HGB-Verständnis – der Schuldbegriff ausschließlich **Außenverpflichtungen** des Unternehmens, die rechtlich begründet sein oder in einem faktischen Leistungszwang bestehen müssen. Auf Basis des Rahmenkonzepts kommt daher ein Ansatz von **Aufwandsrückstellungen** nicht in Betracht.

169 Sachverhalte, die nach HGB als **passive Rechnungsabgrenzungsposten** qualifiziert werden, sind nach IAS unter den Schuldbegriff zu subsumieren, weil sich aus der bereits erhaltenen Zahlung eine Leistungsverpflichtung ergibt, die zu künftigen Ressourcenabflüssen führt. Insoweit wird bei Einnahmen vor dem Bilanzstichtag nicht zwischen zeitbestimmten und zeitunbestimmten Erträgen nach dem Bilanzstichtag unterschieden (s. analog Rz. 161). Darüber hinaus ist auch für andere Sachverhalte ein Unterschied zum bilanzrechtlichen Schuldbegriff des HGB nicht erkennbar.[81]

170 Spiegelbildlich zu den Vermögenswerten *ist* eine Schuld in der Bilanz *anzusetzen*, wenn es (zusätzlich) *wahrscheinlich* ist, dass mit dem Posten ein künftiger wirtschaftlicher Nutzen vom Unternehmen abfließen wird (Abfluss von Ressourcen) *und* der Wert des Postens verlässlich ermittelt werden kann (F.83).

Die verlässliche Ermittlung schließt die Verwendung von **Schätzungen** nicht aus (F.86). Gerade im Rückstellungsbereich enthalten die einzelnen Standards objektivierende Hinweise zur Verwendung von Schätzungen.

171 Ebenfalls wie bei der Aktivierung ist auch bei der Passivierung zu prüfen, ob die Standards besondere Ansatzvoraussetzungen enthalten; dies betrifft etwa **Restrukturierungsrückstellungen** (s. Rz. 728). Ferner kann die Konzeption des Rahmenkonzepts durch einzelne Standards außer Kraft gesetzt werden, so dass es durch Sonderregelungen doch zur Passivierung kommt. Wir haben oben schon auf abgegrenzte **Investitionszuschüsse** sowie auf bestimmte **Gewinne aus sale and lease back-Geschäften** hingewiesen. Die nachfolgende Abb. 6: Passivierung fasst die Passivierungsvoraussetzungen und Prüfschritte zusammen.

81 Vgl. ausführlich zum handelsrechtlichen Schuldbegriff *Clemm/Erle* in Beck'scher Bilanzkommentar, 4. Aufl. 1999, § 247 HGB Rz. 201 ff.; anders *Achleitner/Wollmert/van Hulle* in Baetge u. a. (Hrsg.), Rechnungslegung nach IAS 1997, A III Rz. 28.

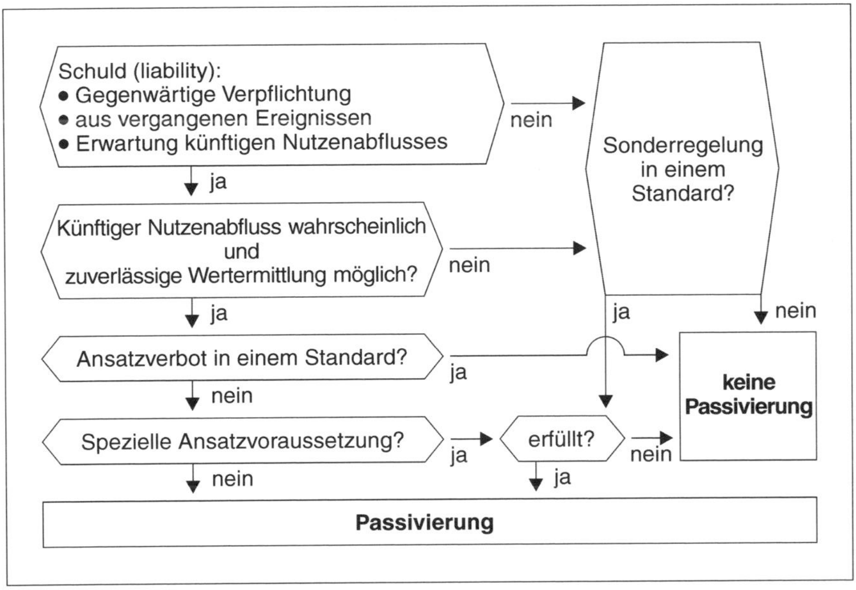

Abb. 6: Prüfschema Passivierung

Durch die Passivierungskriterien und das Fehlen von Sondervorschriften für steuerliche Posten wird auch deutlich, dass ein **Sonderposten mit Rücklageanteil** nicht in einen IAS-Abschluss übernommen werden kann. Der Sonderposten mit Rücklageanteil im HGB-Abschluss enthält zwei Komponenten: 172

- Die sog. unversteuerten (steuerfreien) Rücklagen (z. B. die § 6b EStG-Rücklage) und
- die Wertberichtigungen nach Steuerrecht gem. § 281 Abs. 1 HGB, also die steuerliche Mehrabschreibung aufgrund von steuerlichen Sondervorschriften (z. B. nach § 4 Fördergebietsgesetz).[82]

Bei der Überleitung ist der Sonderposten mit Rücklageanteil im IAS-Abschluss aufzulösen, und zwar in den sog. Eigen- und Fremdkapitalanteil. Der **Fremdkapitalanteil** entspricht der (zukünftigen) latenten Steuerbelastung, die als Schuldposten im IAS-Abschluss zu erfassen ist. Wird der Betrag der latenten Steuerbelastung vom Gesamtbetrag des Sonderpostens mit Rücklageanteil abgezogen, so errechnet sich der sog. **Eigenkapitalanteil**, der als zusätzliches Reinvermögen die **Gewinnrücklagen** im IAS-Abschluss erhöht.

3. Aufwendungen, Erträge und Realisationsprinzip

Entsprechend der Definition von Vermögenswerten und Schulden stellen korrespondierend Erträge eine Zunahme und Aufwendungen eine Abnahme 173

82 Siehe hierzu im Einzelnen *Heuser/Theile* in GmbH-Handbuch, Rz. II 753 ff.

wirtschaftlichen Nutzens in der Berichtsperiode dar. Die Veränderung wirtschaftlichen Nutzens kann dabei in Form von Zu- und Abflüssen von Vermögenswerten und Schulden, aber auch durch Wertschwankungen vorhandenen Vermögens oder Schulden zu beobachten sein. **In Wertveränderungen am ruhenden Vermögen**[83] ist nach IAS-Auffassung demnach bereits eine Zunahme bzw. Abnahme wirtschaftlichen Nutzens zu sehen. Klar ist, dass Einlagen und Entnahmen keine Erfolgskomponenten sind (F.70).

174 Aus der oben zitierten Definition ist hervorzuheben, dass sie die **erfolgswirksame Erfassung** von im Sinne des HGB **unrealisierten Gewinnen und Verlusten** *grundsätzlich* umfasst. Unter dem Gesichtspunkt der Verlässlichkeit von Informationen (s. Rz. 125) setzt die praktische Umsetzung aber voraus, dass Marktwerte am Bilanzstichtag tatsächlich erhältlich sind. Für viele Vermögenswerte und Schulden ist das nicht der Fall, so dass die erfolgswirksame Erfassung solcher Gewinne und Verluste eine Ausnahme darstellt und derzeit nur bei Finanzinstrumenten der Kategorie „held for trading" (s. Rz. 516) zwingend erforderlich und bei Investment Property (s. Rz. 381) möglich ist.

Einzelheiten zur Aufwands- und Ertragserfassung enthalten jeweils die einzelnen IAS im Zusammenhang mit den Vorschriften zur Bilanzierung und Bewertung der Bilanzpositionen (beispielsweise bei der Zurechnung von Leasinggegenständen oder der Abbildung langfristiger Auftragsfertigung); diese werden im Teil C erörtert.

175 Daneben enthält IAS 18, Erträge, die Regelungen zum **Realisationszeitpunkt** von

(a) Lieferungen,

(b) Leistungen sowie

(c) Zinsen, Nutzungsentgelten und Dividenden (IAS 18.1).

Lieferungen, Leistungen und ggf. Nutzungsentgelte werden wie nach § 277 Abs. 1 HGB unter den Umsatzerlösen ausgewiesen.[84]

Der Realisationszeitpunkt beim Verkauf von für die gewöhnliche Geschäftstätigkeit des Unternehmens typischen Erzeugnissen und Waren *abseits von Auftragsfertigung* entspricht nach IAS grundsätzlich dem des handelsrechtlichen Verständnisses vom **Übergang von Besitz, Gefahr, Nutzen und Lasten**

83 In der Bilanztheorie werden Wertveränderungen am ruhenden Vermögen (Ansatz der Vermögenswerte zum „Ersatzwert [= Marktwert] des Bilanztages", S. 124) erstmals von *Fritz Schmidt* beschrieben, vgl. *Schmidt*, Die organische Bilanz im Rahmen der Wirtschaft, 1921.

84 Die Definition in § 277 Abs. 1 HGB ist weiter und umfasst z. B. auch Erträge aus Auftragsfertigung, deren Realisationszeitpunkt in IAS 11 (anders als nach HGB) geregelt ist. *Nach* jeweiliger Bestimmung des Realisationszeitpunktes werden Erträge aus Auftragsfertigung sowohl nach HGB als auch nach IAS als Umsatzerlöse *ausgewiesen*. Zur Abgrenzung der Umsatzerlöse nach HGB s. *Heuser/Theile* in GmbH-Handbuch, Rz. II 440 ff.

(IAS 18.14a, b).[85] Beim Verkäufer verbleibende „geschäftsübliche Gewährleistungsrisiken" („unmaßgebliche Eigentumsrisiken" nach IAS 18.17) verhindern die Ertragserfassung nicht, wohl aber, wenn sie über das geschäftsübliche Maß hinausgehen; hier besteht **Interpretationsspielraum**. Sicherungseigentum an den verkauften Produkten und Sicherungsabtretungen der Forderungen aus Lieferungen und Leistungen führen regelmäßig nur zu unmaßgeblichen Eigentumsrisiken des Verkäufers, also zum Übergang des wirtschaftlichen Eigentums nach HGB-Verständnis. Das gilt auch für den Fall des Rücktrittsrechts des Käufers, wenn dies geschäftsüblich ist wie im Einzelhandel (IAS 18.17). Kann die Wahrscheinlichkeit des Rücktritts vom Verkäufer verlässlich geschätzt werden – z. B. auf Basis früherer Erfahrungen –, ist der Ertrag realisiert, ggf. ist jedoch eine Rückstellung für das Risiko der Rücknahme zu passivieren (IAS 18.16 f.). Demgegenüber wird die Berücksichtigung statistischer Rücksendequoten im deutschen Bilanzrecht überwiegend abgelehnt.[86]

Ist ein Rücktrittsrecht des Käufers jedoch individuell im Kaufvertrag unter besonderen Bedingungen vereinbart (vgl. IAS 18.16 d) und die Wahrscheinlichkeit eines Rücktritts *nicht* abschätzbar, so liegt *kein* Verkauf vor.

Ein Ertrag ist erst dann zu erfassen, soweit die Zahlung hinreichend wahrscheinlich ist und außerdem – hier kommt das **matching principle** zum Ausdruck – die mit dem Verkauf angefallenen oder noch anfallenden Aufwendungen sowie die Erlöse verlässlich bestimmt werden können (IAS 18.14 c, d, e), was im Allgemeinen keine Probleme bereitet. Sollte demnach der Zahlungszugang schon im Zeitpunkt der Lieferung sehr unsicher sein (z. B. kann nicht eingeschätzt werden, ob eine ausländische Behörde eine etwaig erforderliche Zahlungsgenehmigung erteilt), unterbleibt von vornherein die Ertragserfassung. Wurde ein Ertrag erfasst und stellt sich die vorbezeichnete Unsicherheit erst später ein, ist die entsprechende Forderung abzuschreiben (IAS 18.18).[87] 176

Gerade beim Verkauf von Gütern werden Kunden gelegentlich sehr lange **Zahlungsziele** gewährt oder **Teilzahlungskäufe** vereinbart; im Consumer-Bereich ist dies etwa in der Automobilindustrie zu beobachten. Hier liegen **zugleich** ein **Absatz-** und ein **Finanzierungsgeschäft** vor, die getrennt zu behandeln sind (IAS 18.11). 177

85 Vgl. *Ordelheide/Böckem* in Baetge u. a. (Hrsg.), Rechnungslegung nach IAS, 1997, IAS 18 Rz. 22; *Moxter*, Bilanzrechtsprechung, 5. Aufl. 1999, S. 48 f.

86 Vgl. *Ordelheide/Böckem* in Baetge u. a. (Hrsg.), Rechnungslegung nach IAS, 1997, IAS 18 Rz. 23 m. w. N.

87 Eine Pauschalwertberichtigung wird außerhalb des Bankenbereichs als unzulässig angesehen, vgl. *Scharpf*, Rechnungslegung von Financial Instruments nach IAS 39, 2001, S. 168 sowie *Hayn/Graf Waldersee*, IAS/US-GAAP/HGB im Vergleich, 3. Aufl. 2002, S. 143. Allerdings kann gem. IAS 39.112 das Portfolio der Kundenforderungen nach Mahnstufen untergliedert und entsprechend können „pauschalierte Einzelwertberichtigungen" vorgenommen werden, vgl. *Lüdenbach*, International Accounting Standards, 2001, S. 109.

Beispiel:

Ein Automobilhändler räumt dem Kunden zwei Zahlungsmöglichkeiten ein: Entweder bei Lieferung des Fahrzeugs in t_0 einen Barzahlungspreis von 30 000 Euro oder nach zwei Jahren in t_2 einen Betrag von 34 000 Euro. Entscheidet sich der Kunde für die zweite Variante, vereinnahmt der Händler bei Lieferung das **Barpreisäquivalent** von 34 000 Euro als Ertrag.

Zur Ermittlung des Barpreisäquivalents kann nach IAS 18.11 entweder (a) der Marktzinssatz für vergleichbare Finanzierungsgeschäfte und Bonität des Schuldners oder (b) der interne Zinssatz verwendet werden, je nachdem, welcher von beiden verlässlicher bestimmt werden kann, was freilich kein geeignetes Kriterium zur Entscheidungsfindung darstellt.

Nimmt man an, der Marktzinssatz sei 8 %, dann sind die 34 000 Euro über 2 Jahre mit 8 % zu diskontieren; es ergibt sich ein Barwert von 29 148 Euro. Wendet man dagegen den internen Zinsfuß an (dieser beträgt 6,458 %), dann ergibt sich der Barzahlungspreis als Barwert (= 30 000 Euro) und wäre als Ertrag zu erfassen. Die jeweilige Differenz zu 34 000 Euro ist in den beiden Folgeperioden als **Zinsertrag** zu erfassen. Bei der Variante (a) wären das 2 331 Euro in t_1 und 2 521 Euro in t_2, und bei Variante (b) 1 937 Euro in t_1 und 2 063 Euro in t_2.

Werden Kunden gegenüber zur Absatzfinanzierung *stark* unter Marktpreis liegende verzinsliche Kredite angeboten, ist für die Diskontierung der künftigen Zuflüsse nicht der interne Zinsfuß (effektiver Zinssatz des Finanzierungsgeschäfts), sondern der Marktzinssatz anzuwenden (IAS 39.67).

178 Im Gegensatz zum Verkauf von fertigen Erzeugnissen und Handelswaren erfolgt die Ertragserfassung bei **Dienstleistungsgeschäften** nach der **percentage of completion**-Methode: Nach Maßgabe des Fertigstellungsgrades am Bilanzstichtag wird ein prozentualer Anteil am erwarteten Gesamtumsatz als Ertrag ausgewiesen. Auch die Aufwandserfassung folgt grundsätzlich dem Fertigstellungsgrad. Dementsprechend muss eine Methode zur Ermittlung des Fertigstellungsgrades bestimmt werden – häufig ist das die cost-to-cost-Methode[88] –, um diesen verlässlich ermitteln zu können. Ferner müssen die erwarteten Gesamtumsätze und -aufwendungen verlässlich bestimmt werden können, und die erwarteten Zuflüsse müssen hinreichend wahrscheinlich (quasi-sicher) sein (IAS 18.20). Sollte eine dieser Anforderungen nicht erfüllt werden können, sind Umsätze nur in Höhe der tatsächlich abrechenbaren Aufwendungen zu erfassen, eine prozentuale Gewinnzurechnung vor Abschluss des Geschäfts erfolgt dann nicht (IAS 18.26).

Auch bei der Gewinnermittlung im Falle der **Auftragsfertigung** ist die percentage of completion-Methode anzuwenden. Hier liegt mit IAS 11 ein eige-

88 Zur Erläuterung dieser und anderer Methoden s. Rz. 498.

ner Standard vor, dessen Grundsätze auch auf die Gewinnrealisation bei Dienstleistungen anzuwenden sind (IAS 18.21); wir verweisen daher auf Einzelheiten und Beispiele in Rz. 485 ff.

Aufgrund der unterschiedlichen Methoden der Gewinnrealisation einerseits beim Güterverkauf und andererseits bei Dienstleistungsgeschäften stellt sich die Frage, wie zu verfahren ist, wenn im Zuge eines Güterverkaufs auch die Erbringung wesentlicher Serviceleistungen vereinbart worden ist (sog. „**Systemgeschäfte**"). Sollte der Verkaufspreis inklusive des Preises für nachfolgende Dienstleistungen schon vereinnahmt worden sein, ist das Geschäft intern aufzuteilen und der Dienstleistungsanteil passivisch als Schuld abzugrenzen, die über den Zeitraum der tatsächlichen Erbringung der Dienstleistung nach der percentage of completion-Methode ertragswirksam aufzulösen ist (IAS 18.13). Man wird sicherlich den erwarteten Gesamterfolg aus dem Geschäft nicht nur dem Güterverkauf zurechnen können; gleichwohl bestehen in der Aufteilung **Beurteilungsspielräume**, die in gewissem Umfang eine frühere oder, wenn bilanzpolitisch gewünscht, auch spätere Gewinnrealisation ermöglichen. 179

Schließlich regelt IAS 18 auch die Ertragserfassung von Zinsen, Nutzungsentgelten und Dividenden. Grundvoraussetzung der Ertragserfassung ist erneut die hinreichende Wahrscheinlichkeit des Zuflusses wirtschaftlichen Nutzens und der verlässlichen Bestimmung der Ertragshöhe (IAS 18.29). Die **Zinsrealisation** erfolgt zeitproportional nach der Effektivzinsmethode unter Berücksichtigung aller Unterschiede zwischen Auszahlungs- und Rückzahlungsbetrag (vgl. zur Effektivzinsmethode Rz. 535, 544 ff.). **Nutzungsentgelte** werden periodengerecht auf Basis der Bestimmungen des jeweils zugrunde liegenden Vertrages als Ertrag erfasst. In der Regel werden bei solchen Dauerschuldverhältnissen periodische Zahlungen vereinbart; es kommt aber im Ergebnis nicht auf die Zahlungsmodalitäten an. 180

Beispiel: 181

Das forschungsintensive Unternehmen A räumt dem Unternehmen B an einem Patent ein nicht ausschließliches Nutzungsrecht (Lizenz) über zehn Jahre ein. B hat die Wahl, dem A

(1) jährlich 1 Mio Euro oder

(2) bei Vertragsabschluss einmalig 6,71 Mio Euro

zu zahlen. Die Variante (2) ist der Barwert des Zahlungsstroms aus (1), diskontiert mit 8 %.

Aufgrund der Einräumung des Nutzungsrechts hat kein Verkauf stattgefunden, B hat über die Lizenz nicht das wirtschaftliche Eigentum erworben. Unabhängig von der Zahlungsart ist die Vereinbarung bis zur jeweiligen (periodischen, also jährlichen) Erfüllung als **schwebendes Geschäft** zu charakterisieren, das auch nach IAS grundsätzlich nicht bilanziert wird (F.91). Aber es ergeben sich Abgrenzungen im Hinblick auf die Zahlungszeitpunkte. Im Fall (1) erfasst A jährlich 1 Mio. Euro als Ertrag; gerät B in Zahlungsverzug, ist entsprechend eine Forderung zu aktivieren. Im Fall (2) hat B eine Vorauszahlung geleistet, die bei A zum Ausweis einer Schuld (erhaltene Anzahlung)[89] und bei B zu einem sonstigen Vermögenswert führt. A löst die Schuld in den kommenden zehn Jahren linear ertragswirksam auf. Das **ökonomische Ergebnis** ist aus Sicht von A in beiden Fällen gleich, denn bei Variante (2) kommen zu den Erträgen aus dem Grundgeschäft noch die 8 % Verzinsung der Vorauszahlung hinzu. Analog schreibt B im Fall (2) den sonstigen Vermögenswert über 10 Jahre linear ab, und zum tatsächlich erfassten Nutzungsaufwand ist der Zinsaufwand aus der Vorwegzahlung hinzuzuaddieren.

182 Gelegentlich, etwa bei **Filmlizenzen**, werden auch erfolgsabhängige Vergütungen vereinbart. Dann erfolgt die Ertragserfassung bei Eintritt des Erfolgsfalles (IAS 18, Anhang Ziff. 20), der wiederum vom Zahlungszeitpunkt abweichen kann.

183 Es ist zu beobachten, beispielsweise bei **Softwarelizenzen** und ebenfalls bei Filmlizenzen,[90] dass nicht mehr nur ein Dauerschuldverhältnis vorliegt, sondern der tatsächliche Übergang des wirtschaftlichen Eigentums über die Lizenz erfolgt ist. Hierzu bedarf es einer unkündbaren Absprache, die dem Lizenznehmer unbeschränkte Nutzung gewährt und keine verbleibenden Verpflichtungen des Lizenzgebers enthält (IAS 18, Anhang Ziff. 20). Es liegt ein Veräußerungsgeschäft vor, das zu einer Ertragserfassung im Zeitpunkt des Verkaufs führt. Falls, wie im Beispiel Rz. 181 Variante (1), die Zahlungen später erfolgen, ist mit dem Marktzinssatz der Barwert zu ermitteln.

184 Als letzte nach IAS 18 zu erfassende Ertragskomponente sind schließlich **Dividenden** mit der Entstehung des Rechtsanspruchs auf Zahlung zu erfassen. Wann ein Rechtsanspruch entsteht, ist nicht in den IAS geregelt, sondern lässt sich nur vor dem Hintergrund nationalen Zivilrechts klären. Im Bereich der Kapitalgesellschaften ist das in Deutschland der Tag des Hauptversammlungs- bzw. Gesellschafterbeschlusses über die Ausschüttung. Eine **phasengleiche Gewinnvereinnahmung** im IAS-Einzelabschluss im Falle von Mehrheitsbeteiligungen oder im IAS-Konzernabschluss bei (trotz Mehrheits-

89 Es handelt sich hierbei *nicht* um ein Finanzinstrument nach IAS 39, weil die Gegenleistung nicht im Austausch von Finanzmitteln, sondern in der Erfüllung des Dauerschuldverhältnisses durch Übertragung von Gütern oder durch Erbringen von Dienstleistungen liegt, s. Rz. 512.

90 Zur praktischen Bedeutung der Bilanzierung von Filmrechten bei Film- und Medienunternehmen des Neuen Marktes vgl. *Küting/Zwirner*, Finanz Betrieb, Beilage 3/2001.

beteiligung) nicht vollkonsolidierten Tochterunternehmen wäre demnach nicht möglich.

Für die **ausschüttende Gesellschaft** gilt **korrespondierend** IAS 10.11: eine *nach* dem Bilanzstichtag beschlossene Dividende darf zum Bilanzstichtag nicht bereits als Schuld erfasst werden.

Indes kollidiert das Abstellen auf einen formalen Rechtsanspruch mit dem Grundsatz der substance over form. Das IDW hält daher in den genannten Fällen und bei Beachtung der vom BGH im Urteil vom 12. Januar 1998[91] aufgestellten Kriterien auch eine phasengleiche Gewinnvereinnahmung mit IAS für kompatibel.[92]

Mit Beschluss vom 7.8.2000 hat der Große Senat des Bundesfinanzhofs[93] die Möglichkeit der phasengleichen Gewinnvereinnahmung in der **Steuerbilanz** praktisch aufgehoben. Es entspricht der wörtlich engen Auslegung des IAS 18.30c, dem in einem IAS-Abschluss zu folgen.

Zur Veranschaulichung der Bestimmungen zur **Ertragsrealisation** enthält 185 **IAS 18** einen vergleichsweise umfangreichen *Anhang* mit zahlreichen Beispielfällen, auf den an dieser Stelle verwiesen werden kann.

Einstweilen frei. 186–189

IV. Gliederung von Bilanz und Gewinn- und Verlustrechnung

1. Bilanz

Eine detaillierte Vorschrift wie § 266 HGB zur Gliederung der Bilanz enthal- 190 ten die IAS nicht. Stattdessen haben Unternehmen nach IAS 1.53 das Wahlrecht, **kurz-** und **langfristige Vermögenswerte** und **Schulden**

- als **getrennte Gliederungsgruppen** in der Bilanz darzustellen (Variante 1) *oder*
- diese Positionen „grob nach ihrer **Liquiditätsnähe**" anzuordnen (Variante 2).

Die Bilanz kann in Konto- oder Staffelform aufgestellt werden.

Mit der Variante 2 ist eine Untergliederung möglich, wie sie die amerikanische Börsenaufsichtsbehörde SEC in der Regulation S-X vorsieht.[94] Da eine solche Untergliederung nicht mit Art. 9, Art. 10 und Art. 15 der 4. EG-Richtlinie vereinbar ist,[95] wird sie hier nicht weiter verfolgt. Im ED IAS 1.49 wird

---

91 BGH, Urt. v. 12.1.1998 – II ZR 82/93, WPg 1998, 427 f.

92 Vgl. IDW RS HFA 2 Rz. 22.

93 GrS v. 7.8.2000, BStBl. II 2000, 632. Kritisch hierzu *Baum/Kessler*, StuB 2000, 1233 ff. Zum Anstoß der jüngsten Diskussion um die phasengleiche Gewinnvereinnahmung durch die Tomberger-Entscheidung des EuGH vgl. *Theile*, IStR 1996, 395.

94 Vgl. *Pellens*, Internationale Rechnungslegung, 4. Aufl. 2001, S. 83–86.

95 Vgl. auch DRS 1, Rz. 118.

ohnehin die Variante 1 empfohlen und die Variante 2 nur noch dann zugelassen, wenn hierdurch bessere Informationen vermittelbar sind, wie es beispielsweise bei Kreditinstituten der Fall ist (ED IAS 1.52).

191 Bei der Einteilung des Anlage- und Umlaufvermögens nach EG-Recht ist die Zweckbestimmung maßgebend, wonach das Anlagevermögen jene Vermögensgegenstände umfasst, die dazu bestimmt sind, dauernd dem Geschäftsbetrieb zu dienen (Art. 15 Abs. 2 der 4. EG-Richtlinie; § 247 Abs. 2 HGB). IAS 1 geht umgekehrt vor und definiert bei einer Gliederung gemäß Variante 1 kurzfristige Vermögenswerte und Schulden; alle anderen Vermögenswerte und Schulden sind als langfristig zu klassifizieren. Die Abgrenzungskriterien enthält Tab. 3. Für Vermögenswerte können, wie in der kontinentaleuropäischen Praxis üblich, auch die Bezeichnungen **Anlagevermögen** für langfristige und **Umlaufvermögen** für kurzfristige Vermögenswerte gewählt werden (IAS 1.58, IAS 1.68 b).

Tab. 3: Kurzfristige Vermögenswerte und Schulden

	Kurzfristige Vermögenswerte (IAS 1.57)	**Kurzfristige Schulden (IAS 1.60)**
a	Realisation, Verkauf, Verbrauch innerhalb des normalen Geschäftszyklus, oder	Tilgung innerhalb des normalen Geschäftszyklus
b	Gehalten primär für Handelszwecke *oder für einen kurzen Zeitraum*;[96] Realisation wird in den 12 Monaten nach dem Bilanzstichtag erwartet, oder	Tilgung innerhalb von 12 Monaten nach dem Bilanzstichtag
c	Zahlungsmittel/ Zahlungsmitteläquivalente[97] ohne Verwendungsbeschränkung	

Als **Geschäftszyklus** gilt der Zeitraum vom Erwerb von Materialien über den Leistungserstellungsprozess bis zur Realisation von Zahlungsmitteln oder Entstehung von leicht in Zahlungsmittel umwandelbare Forderungen (IAS 1.59). Das kann ein Zeitraum sein, der deutlich kürzer, aber auch deutlich länger als ein Geschäftsjahr (Zeitraum zwölf Monate) ist.

192 Bei den geschäftsüblichen **Debitoren** und **Vorräten** handelt es sich folglich um kurzfristige Vermögenswerte (Umlaufvermögen), unabhängig von der Zwölf-Monats-Regel. Bei allen anderen Vermögenswerten, die nicht aus dem normalen Geschäftszyklus resultieren, ist für die Qualifizierung kurz- oder langfristig die Zwölf-Monats-Regel entscheidend. Auch für die Abgrenzung

96 Kursiv gesetzte Worte sollen nach ED IAS 1.54 entfallen

97 Zahlungsmittel sind Bargeld und Sichteinlagen, Zahlungsmitteläquivalente äußerst liquide Finanzinstrumente mit Restlaufzeiten seit Erwerbszeitpunkt von i. d. R. bis zu 3 Monaten, die nur geringen Wertschwankungsrisiken unterworfen sind (IAS 7.6 f.).

der Schulden, soweit sie aus dem normalen Geschäftszyklus resultieren, gilt die Regelung, dass **Verbindlichkeiten**, die **aus operativen Kosten** stammen, grundsätzlich kurzfristig sind (Verbindlichkeiten aus Lieferungen und Leistungen, Rückstellungen für Gewährleistungen, Verbindlichkeiten für Urlaub etc.). Bei den übrigen Verbindlichkeiten (vor allem reinen Finanzschulden) ist eine Aufteilung dahin gehend vorzunehmen, welcher Tilgungsanteil innerhalb der nächsten zwölf Monate nach dem Bilanzstichtag (kurzfristige Schulden) oder danach anfällt (langfristige Verbindlichkeiten). Zur Spezialregelung im Revolvierungsfall vgl. Rz. 196.

Unternehmen, die im Bereich (langfristiger) Auftragsfertigung tätig sind, haben zur Ertragsrealisation grundsätzlich die percentage of completion-Methode anzuwenden, die zur Teilgewinnrealisation führt (s. Rz. 486). Der **Geschäftszyklus i. S. d. IAS 1.59** wird hierbei aber nicht durch die Zeitpunkte der vorgezogenen Ertragsrealisation begrenzt, sondern reicht u. E. bis zum Zeitpunkt der Endabrechnung des Fertigungsauftrags, da erst dann die entstandenen Forderungen leicht in Zahlungsmittel umwandelbar sind. 193

Fraglich könnte in diesem Zusammenhang sein, wie in Konzernen, die in unterschiedlichen Branchen oder Sparten tätig sind, die Abgrenzung in kurz- und langfristige Vermögenswerte durchzuführen ist. Wir meinen, dass die Abgrenzung in kurz- und langfristig für jede betriebliche Einheit erfolgen sollte, so dass die Aggregation auf Konzernebene die tatsächlichen Verhältnisse in der Unternehmensgruppe reflektiert.

Die Einteilung von Vermögenswerten in lang- und kurzfristig bzw. in Anlage- und Umlaufvermögen ist grundsätzlich nach der erwarteten Verwendung beim erstmaligen Ansatz vorzunehmen und entspricht damit der nationalen Sichtweise über die Unterscheidung von Anlage- und Umlaufvermögen nach der Zweckbestimmung. Eine solche Zweckbestimmung kann sich jedoch auch ändern, etwa, wenn eine Produktionsmaschine, die bislang im Anlagevermögen ausgewiesen ist, innerhalb der nächsten zwölf Monate verkauft werden soll. In der Literatur wird in einem solchen Fall eine **Umgliederung** in das Umlaufvermögen gefordert.[98] Wir halten dies regelmäßig wegen des Wesentlichkeitsgrundsatzes nicht für erforderlich.[99] Zweifelhaft ist im Übrigen, ob diese Umgliederung von IAS gefordert wird, denn IAS 16.66 c) empfiehlt 194

98 Vgl. *Wagenhofer*, International Accounting Standards, 3. Aufl. 2001, S. 380; *PriceWaterhouseCoopers*, Understanding IAS, 2. Aufl. 1998, Rz. 1–68, dort jedoch mit offensichtlich relativierendem Hinweis auf die Abbildung von Bereichseinstellungen.

99 Anders jedoch z. B. Schmalbach-Lubeca, Geschäftsbericht 2000, S. 37: „Nicht mehr betrieblich genutztes Anlagevermögen wird im Anlagespiegel als Abgang gezeigt und bis zum Verkauf in den Vorräten ausgewiesen". Im Anlagespiegel findet sich der entsprechende Betrag von 975 Tsd. Euro der historischen Anschaffungs- und Herstellungskosten als Saldo der Umbuchungsspalte erläutert; die gesamten Sachanlagen betragen über 2,2 Mrd. Euro historische Anschaffungs- und Herstellungskosten, Buchwerte noch über 1,1 Mrd. Euro.

die *Angabe* des Buchwerts von *Sachanlagen*, die nicht mehr genutzt werden und zur Veräußerung vorgesehen sind.

Sollte demgegenüber der Plan bestehen, **ganze Bereiche einzustellen**, dann sind eine Fülle zusätzlicher Angaben erforderlich; s. hierzu Rz. 1141 ff.

195 Zu Umgliederungen zwischen Anlage- und Umlaufvermögen wird es allerdings regelmäßig bei **Finanzinstrumenten** kommen. So wird bei Wertpapieren, die als „bis zur Endfälligkeit zu halten" qualifiziert worden sind, eine Zuordnung zum **Anlagevermögen** in Betracht kommen, wenn die Restlaufzeit den normalen Geschäftszyklus überschreitet. Eine Umgliederung in das **Umlaufvermögen** (oder, bei Neuerwerb kurzfristiger Papiere, auch der sofortige Ausweis als Umlaufvermögen) erfolgt, wenn der Realisationszeitpunkt innerhalb dieses Zyklus oder innerhalb der nächsten zwölf Monate liegt. Schließlich sind Wertpapiere des Umlaufvermögens als flüssige **Mittel** auszuweisen, wenn sie keinem wesentlichen Wertänderungsrisiko unterliegen und die Restlaufzeit vom **Erwerbszeitpunkt** an weniger als drei Monate beträgt (IAS 7.7).[100]

196 Sollte eine ursprünglich langfristige verzinsliche Verbindlichkeit, die zur Tilgung innerhalb der nächsten zwölf Monate ansteht, unter den Voraussetzungen des IAS 1.63 (u. a.: Prolongationsvereinbarung ist bis *Bilanzaufstellungstag* [s. Rz. 106] getroffen) **prolongiert** werden, ist diese Verbindlichkeit daher weiterhin bei einer Restlaufzeit von länger als einem Jahr auszuweisen. ED IAS 1.60 sieht demgegenüber künftig einen Ausweis unter kurzfristige Verbindlichkeiten vor, es sei denn, die Prolongationsvereinbarung ist vor dem *Bilanzstichtag* getroffen worden.

197 IAS 1.66 enthält eine Liste jener Posten, die unmittelbar in die Bilanz aufzunehmen sind. Dabei werden weder Reihenfolge noch Struktur vorgegeben, so dass auch eine Darstellung in **Staffelform** möglich ist. Die verwendeten Bezeichnungen können geändert werden, wenn es für das Gesamtverständnis der Vermögens- und Finanzlage des Unternehmens erforderlich ist. Dasselbe gilt für zusätzliche Posten, Überschriften und Zwischensummen, die hinzugefügt werden können oder, wenn dies ein Standard verlangt, hinzugefügt werden müssen.

198 In der nachfolgenden Tabelle stellen wir im Hinblick auf die Anforderungen von IAS 1.66 und unter Berücksichtigung des Gliederungsschemas des § 266 HGB ein Gliederungsschema für die Bilanz eines IAS-Abschlusses vor. In dieses (stetig fortzuführende, s. Rz. 131) **IAS-Gliederungsschema** können die Bilanzposten gem. § 266 HGB problemlos eingeordnet werden.[101]

100 Vgl. z. B. den Ausweis bei der Merck-Gruppe, Geschäftsbericht 2001, S. 64.
101 Vgl. auch *Lüdenbach*, International Accounting Standards, 2001, S. 49 f.

Tab. 4: Bilanzgliederung nach IAS
Konzernbilanz der xy-Gesellschaft zum 31.12.2002

Aktiva	Anhang	31.12.02	31.12.01	**Passiva**	Anhang	31.12.02	31.12.01
Anlagevermögen				**Eigenkapital**			
Immaterielle Vermögenswerte				Gezeichnetes Kapital			
Sachanlagen				Kapitalrücklage			
At equity bewertete Beteiligungen				Gewinnrücklagen			
Übrige Finanzanlagen				Bilanzgewinn			
Summe Anlagevermögen				***Zwischensumme***			
				Anteile anderer Gesellschafter (Minderheiten)			
Umlaufvermögen				***Summe Eigenkapital***			
Vorräte							
Forderungen aus Lieferungen und Leistungen				**Langfristige Schulden**			
Andere Forderungen und sonstige Vermögenswerte				Finanzschulden			
Wertpapiere				Übrige langfristige Verbindlichkeiten			
Flüssige Mittel				Pensionsverpflichtungen			
Summe Umlaufvermögen				Übrige langfristige Rückstellungen			
Latente Steuern				***Summe langfristige Schulden***			
				Kurzfristige Schulden			
				Finanzschulden			
				Verbindlichkeiten aus Lieferungen und Leistungen			
				Sonstige kurzfristige Verbindlichkeiten			
				Kurzfristige Rückstellungen			
				Summe kurzfristige Schulden			
				Latente Steuern			
Bilanzsumme:				**Bilanzsumme:**			

IAS 1.66d verlangt in der Bilanz den gesonderten Ausweis für „nach der Equity-Methode bilanzierte Finanzanlagen". In der Praxis wird im Hinblick auf IAS 1.32 (Wesentlichkeit) häufig kein separater Ausweis vorgenommen, vielmehr erfolgt diese Offenlegung unter der Darstellung der Finanzanlagen im *Anhang*.[102] 199

102 Vgl. z. B. die IAS-Abschlüsse der Merck-Gruppe sowie Bayer, jeweils für das Geschäftsjahr 2001.

200 Hinsichtlich des Ausweises von Verbindlichkeiten wird in der Praxis regelmäßig nicht zwischen kurz- und langfristigen Schulden im Rahmen **gesonderter Bilanzpositionen** unterschieden, wie es etwa im Beispiel im Anhang zu IAS 1 vorgeschlagen wird und dementsprechend auch in unserem Gliederungsvorschlag vorgesehen ist. Stattdessen erfolgt üblicherweise eine Aufgliederung in Anlehnung an § 266 Abs. 3 Pos. C. HGB, wobei im Anhang bei den Rückstellungen und sämtlichen Verbindlichkeiten jeweils offen gelegt wird, welcher Anteil eine Restlaufzeit bis ein Jahr und darüber hat.

201 Bei **Forderungen aus Lieferungen und Leistungen**, die grundsätzlich im Umlaufvermögen ausgewiesen werden, sind häufig Beträge enthalten, die außerhalb eines Zeitraums von zwölf Monaten nach dem Bilanzstichtag realisiert werden. Entsprechend IAS 1.54 sind solche Beträge gesondert anzugeben. Diese Angaben erfolgen regelmäßig im Anhang, indem auch die Forderungen und sonstigen Vermögenswerte mit den Teilbeträgen „Restlaufzeit bis 1 Jahr" und „Restlaufzeit über 1 Jahr" (bzw. alternativ: „davon Restlaufzeit über 1 Jahr") aufgeteilt werden.

202 Die Angabe von **Verbindlichkeiten mit einer Restlaufzeit von mehr als fünf Jahren**, wie es nach Artikel 43 Abs. 1 Nr. 6 der Vierten EG-Richtlinie und § 285 Nr. 1 Buchst. a HGB obligatorisch ist, ist *nicht* erforderlich. Die Angabepflichten für finanzielle Vermögenswerte und Verbindlichkeiten sowie Eigenkapitalinstrumente gehen gem. IAS 32.47 i. V. m. IAS 39.167 weit über das HGB hinaus (s. Rz. 606 ff.), so dass das Einklangerfordernis nach § 292 a HGB gewahrt ist.

203 Tatsächliche und latente **Steuererstattungsansprüche** sind jeweils getrennt von anderen Vermögenswerten auszuweisen. Latente Steueransprüche dürfen nicht im Umlaufvermögen ausgewiesen werden (IAS 12.69 f.), sie werden daher im Gliederungsschema auch gesondert erfasst. Entsprechendes gilt für tatsächliche und latente **Steuerschulden**. Sie sind jeweils getrennt von anderen Schulden auszuweisen; latente Steuerschulden dürfen nicht als kurzfristige Schulden ausgewiesen werden (IAS 12.69 f.). Während die Abgrenzungen für latente Steuern in der Bilanz gesondert erfasst werden, erfolgt der Ausweis der tatsächlichen Steuerschulden und Steueransprüche üblicherweise unter Rückstellungen bzw. sonstigen Vermögenswerten, wobei jedoch im **Anhang** eine entsprechende Offenlegung vorzunehmen ist (zu Einzelheiten s. Rz. 778 ff.).

204 IAS 1.72 f. fordert eine tiefere Untergliederung der Bilanzpositionen, die entweder in der Bilanz oder im Anhang darzustellen ist. Von den dort genannten Vorschlägen, die bereits im wesentlichen der Untergliederung nach § 266 HGB entsprechen (z. B. hinsichtlich der Aufgliederung der Vorräte), kann aber abgewichen werden. Dies betrifft **geleistete Anzahlungen**, die nach dem Vorschlag in IAS 1.73b) unter Forderungen auszuweisen sind, u. E. aber auch wie nach HGB sachlich unter immaterielle Vermögenswerte, Sachanlagen und Vorräte ausgewiesen werden können. Sollten Teilbereiche des **Sachanla-**

gevermögens nach unterschiedlichen Bewertungskategorien bilanziert werden (z. B. fortgeführte Anschaffungs- und Herstellungskosten, Neubewertungsmethode, erfolgswirksame fair-value-Bewertung von investment property), dann geht die Differenzierung in der Anhangdarstellung bzw. im Anlagespiegel noch über jene nach HGB hinaus. IAS 1.71 empfiehlt, die nach jeweils unterschiedlichen Bewertungskategorien bilanzierten Sachanlagen in eigenen Obergruppen bilanziell darzustellen (beispielsweise in der Bilanz auszuweisen „Sachanlagen, fortgeführte Anschaffungskostenmethode" und „Sachanlagen, Neubewertungsmethode"). Wir halten eine entsprechende Darstellung im Anlagespiegel für ausreichend nach IAS 1.71.[103]

Auch der nach HGB geforderte Ausweis von Forderungen gegen **verbundene Unternehmen**, Forderungen gegen Unternehmen, mit denen ein **Beteiligungsverhältnis** besteht, Verbindlichkeiten gegenüber verbundenen Unternehmen sowie Verbindlichkeiten gegenüber Unternehmen, mit denen ein Beteiligungsverhältnis besteht, erfolgen entsprechend IAS 1.73 im *Anhang*. 205

Die in IAS 1.73 vorgeschlagenen und in der Bilanz oder im Anhang vorzunehmenden Untergliederungen der **Vorräte** und **Rückstellungen** entsprechen jenen nach HGB. **Abgegrenzte Schulden** (accruals) – das sind Verbindlichkeiten, die dem *Grunde* nach eindeutig feststehen, bei denen jedoch hinsichtlich Höhe und Zeitpunkt der Fälligkeit noch *un*wesentliche Restunsicherheiten bestehen (beispielsweise Kosten der Abschlussprüfung, erhaltene Lieferung ohne Rechnung, Beiträge zur Berufsgenossenschaft) – sollen nach IAS 37.11 abweichend zur deutschen Praxis *nicht* unter Rückstellungen, sondern unter Verbindlichkeiten ausgewiesen werden (zu Einzelheiten s. Rz. 713). 206

Das **Eigenkapital** kann entsprechend § 266 HGB untergliedert werden (IAS 1.73e). Die Entwicklung der **Gesamtleistung** (in der Terminologie der US-GAAP: „comprehensive income")[104] wird in die **Eigenkapitalveränderungsrechnung** (Eigenkapitalspiegel) integriert (IAS 1.86b, Appendix). 207

Die Gesamtleistung beinhaltet alle Änderungen des Eigenkapitals (Reinvermögens) während einer Berichtsperiode, die nicht auf Einzahlungen von und Ausschüttungen an Anteilseigner zurückzuführen sind und wird weiter unterteilt in das Jahresergebnis und in das so genannte „other comprehensive income". Das „other comprehensive income" wiederum beinhaltet sämtliche Änderungen des Eigenkapitals, die nicht unmittelbar in der Gewinn- und Verlustrechnung erfasst werden, also z. B.

- Unterschiedsbetrag aus der Währungsumrechnung von Tochterunternehmen, die nach der Stichtagskursmethode umgerechnet werden und
- erfolgsneutrale Marktbewertungen von Vermögenswerten (z. B. Finanzinstrumente der Kategorie available-for-sale).

---

103 ED IAS 1.65 fordert aber künftig eine gesonderte bilanzielle Angabe von investment property ungeachtet des für diese verwendeten Bewertungsverfahrens.

104 Vgl. WP-Handbuch 2000, Bd. I, 12. Aufl. 2000, Abschn. N Rz. 414 ff.

In der Eigenkapitalveränderungsrechnung wird das „other comprehensive income" entweder unmittelbar gesondert oder als Teil der Gewinnrücklagen gesondert ausgewiesen (vgl. zu den Einzelheiten Rz. 1006 ff.).

208 **Minderheitenanteile** sind in der Konzernbilanz getrennt vom Fremdkapital und Eigenkapital, *das auf die Anteilseigner des Mutterunternehmens entfällt*, anzugeben (IAS 27.26 sowie IAS 1.66 und IAS 1.75).[105] Ein gesonderter Posten *zwischen* Eigen- und Fremdkapital wird nicht gefordert; nach IAS-Perspektive ist das auf die Anteile anderer Gesellschafter entfallende Eigenkapital dem Konzerneigenkapital zuzurechnen. Weil insbesondere IAS 27.26 in der Vergangenheit zu Fehlinterpretationen geführt hat,[106] erfolgt in ED IAS 27.26 eine deutliche Klarstellung des Wortlauts. Entsprechend schon der bisherigen Vorschrift ist es daher in der Praxis nicht unüblich, in der Bilanz die Überschrift „Eigenkapital/Anteile anderer Gesellschafter" oder „Konzerneigenkapital und Anteile anderer Gesellschafter" zu verwenden, so dass unter diesem Passivposten das

- Eigenkapital der Gesellschafter des Mutterunternehmens,
- ggf. zuzüglich verdienter Rücklagen der Tochtergesellschaften seit Konzernzugehörigkeit,
- diverse Anpassungen („other comprehensive income") und
- abzüglich eigener Anteile[107] und schließlich
- gesondert das „Eigenkapital der konzernfremden Gesellschafter" (Minderheiten)

ausgewiesen wird. Bei dieser Aufteilung kann dann auch in der Eigenkapitalveränderungsrechnung die Entwicklung des Eigenkapitalanteils der anderen Gesellschafter dargelegt werden.

209 Wird *nach* dem Bilanzstichtag, aber *vor* Aufstellung des Abschlusses bereits ein Beschluss über die Ergebnisverwendung derart getroffen, dass ein bestimmter Teil des Jahresergebnisses an die Gesellschafter ausgeschüttet werden soll, ist dieser Betrag *nicht* als Verbindlichkeit auszuweisen, d.h. in diesem Fall kommt die Aufstellung der Bilanz unter Berücksichtigung der **vollständigen Ergebnisverwendung** (vgl. § 270 Abs. 2 HGB) *nicht* in Betracht (IAS 10.11 f.). Der Betrag der vorgesehenen Ausschüttung ist nach ED

105 So auch DRS 7.7; vgl. *Schwab*, DB 2001, 880 (881).

106 In der Literatur wird häufig die Auffassung vertreten, es sei – was zutreffend ist – ein gesonderter Ausweis des Minderheitenanteils erforderlich, der – und das sehen IAS *nicht* vor – außerhalb des *Konzerneigenkapitals* erfolgen müsse („gesonderter Posten zwischen Eigen- und Fremdkapital"), s. *Hanft/Kretschmer*, BB 2001, 2047 (2049 m. w. N.); *Küting/Harth/Leinen*, WPg 2001, 681 (685); *Küting/Müller/Pilhofer*, WPg 2000, 257 (265); *Hayn/Graf Waldersee*, IAS/US-GAAP/HGB im Vergleich, 3. Aufl., Stuttgart 2002, S. 27.

107 Anders als nach HGB kommt der Ausweis eigener Anteile auf der Aktivseite nicht in Betracht.

IAS 10.11 künftig *zwingend* im Anhang anzugeben (bislang im Anhang oder in der Bilanz als Angabe *zulässig*).

Zum Eigenkapital sind umfangreiche Erläuterungen vorgesehen (IAS 1.74), die zweckmäßigerweise im *Anhang* erfolgen sollten, s. hierzu Rz. 1003 ff. 210

2. Gewinn- und Verlustrechnung

Die Gewinn- und Verlustrechnung kann nach dem Gesamtkosten- oder dem Umsatzkostenverfahren aufgestellt werden. Ob neben der Staffelform auch eine Kontodarstellung zulässig ist, lassen die IAS offen. Üblich ist allein die **Staffelform.** IAS 1.75 enthält eine Aufstellung jener Posten, die *mindestens* in der Gewinn- und Verlustrechnung darzustellen sind. 211

Darüber hinaus sind zusätzliche Posten, Überschriften und Zwischensummen einzufügen, falls ein IAS dies erfordert oder falls eine solche Darstellung notwendig ist, um die Ertragslage den tatsächlichen Verhältnissen entsprechend darzustellen. Außerdem ist eine Aufschlüsselung der (Produktions-) Aufwendungen, die sich bis zum **Betriebsergebnis** ergeben, unter Hinzufügung der Position „sonstige betriebliche Erträge" nach dem Gesamt- oder dem Umsatzkostenverfahren vorzunehmen. Empfohlen wird, diese Aufschlüsselung in der Gewinn- und Verlustrechnung unmittelbar vorzunehmen. Eine Änderung gegenüber § 275 Abs. 2 und 3 HGB ergäbe sich insoweit nur dann, wenn die Angaben zulässigerweise im Anhang erfolgen (IAS 1.77 f.). 212

Ausgehend von den Minimumerfordernissen nach IAS 1.75 und unter Berücksichtigung der Gliederungsschemata nach § 275 Abs. 2 und 3 HGB können folgende **IAS-GuV-Gliederungsvorschläge** nach dem Gesamtkostenverfahren (Tab. 5) und dem Umsatzkostenverfahren (vgl. Tab. 6) entwickelt werden, die dann stetig fortzuführen sind (Rz. 131). 213

Tab. 5: Gliederung der GuV nach dem Gesamtkostenverfahren

Gewinn- und Verlustrechnung der xy-Gesellschaft für die Zeit vom 1. Januar bis 31. Dezember 2002			
	Anhang	2002	2001
Umsatzerlöse			
Bestandsveränderungen fertiger und unfertiger Erzeugnisse			
Andere aktivierte Eigenleistungen			
Sonstige betriebliche Erträge			
Materialaufwand			
Personalaufwand			
Abschreibungen			

Gewinn- und Verlustrechnung der xy-Gesellschaft für die Zeit vom 1. Januar bis 31. Dezember 2002			
	Anhang	2002	2001
Sonstige betriebliche Aufwendungen			
Betriebsergebnis (operatives Ergebnis)			
Ergebnis aus at equity bewerteten Beteiligungen			
Übriges Finanzergebnis			
Finanzergebnis			
Ergebnis vor Ertragsteuern			
Ertragsteuern			
Jahresergebnis (Ergebnis nach Steuern)			
Anderen Gesellschaftern zustehendes Ergebnis			
Konzernergebnis			

Tab. 6: Gliederung der GuV nach dem Umsatzkostenverfahren

Gewinn- und Verlustrechnung der xy-Gesellschaft für die Zeit vom 1. Januar bis 31. Dezember 2002			
	Anhang	2002	2001
Umsatzerlöse			
Umsatzkosten			
Bruttoergebnis			
Vertriebskosten			
Verwaltungskosten			
Sonstige betriebliche Erträge			
Sonstige betriebliche Aufwendungen			
Betriebsergebnis (operatives Ergebnis)			
Ergebnis aus at equity bewerteten Beteiligungen			
Übriges Finanzergebnis			
Finanzergebnis			
Ergebnis vor Ertragsteuern			
Ertragsteuern			
Jahresergebnis (Ergebnis nach Steuern)			
Anderen Gesellschaftern zustehendes Ergebnis			
Konzernergebnis			

Die **Umsatzerlöse** enthalten Erträge aus Lieferungen und Leistungen, Nutzungsentgelte (soweit zur üblichen Geschäftstätigkeit gehörend) und Auftragsfertigung, s. oben Rz. 175. 214

Bei der Anwendung des **Umsatzkostenverfahrens** haben die Unternehmen *zusätzliche* Informationen über die **Art der Aufwendungen**, einschließlich des Aufwandes für planmäßige Abschreibungen sowie Personalaufwand, anzugeben (IAS 1.83).[108] Diese Anforderung weicht von jener nach § 285 Nr. 8 HGB ab, wonach nur eine Angabe des Material- und Personalaufwandes im Anhang des Einzelabschlusses gefordert wird. Eine entsprechende Vorschrift für den **Konzernanhang** nach HGB fehlt ganz. Allerdings sind die Abschreibungen des Geschäftsjahres sowohl im Einzel- als auch im Konzernabschluss nach HGB aus dem Anlagespiegel (§ 268 Abs. 2 HGB) ersichtlich. 215

Abgrenzungshinweise für die **Aufteilung der Aufwendungen** nach ihrer **funktionalen Zugehörigkeit** enthalten die IAS nicht.

Andere aktivierte Eigenleistungen sind beim **Gesamtkostenverfahren** nur dann gesondert auszuweisen, wenn sie wesentlich sind (IAS 1.29 und F.29). 216

Nach IAS 19.119 ist es dem Unternehmen überlassen, den aus der **Altersversorgung** resultierenden Aufwand (laufenden Dienstzeitaufwand, Zinsaufwand, Verzinsung des Planvermögens usw.) zusammengefasst in einem GuV-Posten (Personalaufwand) oder unter mehreren GuV-Posten auszuweisen. Es erscheint sachgerecht, die Aufzinsung der Pensionsverpflichtung unter Zinsaufwand (nach Berücksichtigung etwaiger Erträge aus Planvermögen) im übrigen Finanzergebnis und die Summe der übrigen Komponenten des Altersversorgungsaufwandes als Personalaufwand auszuweisen. 217

„Abschreibungen auf Finanzanlagen und auf Wertpapiere des Umlaufvermögens" (nach HGB GuV-Posten Nr. 12 nach dem Gesamtkostenverfahren und GuV-Posten Nr. 11 nach dem Umsatzkostenverfahren) werden im **Finanzergebnis** erfasst. Entsprechendes gilt für die „Erträge aus anderen Wertpapieren und Ausleihungen des Finanzanlagevermögens" (nach HGB GuV-Posten Nr. 10 nach Gesamtkostenverfahren und GuV-Posten Nr. 9 nach Umsatzkostenverfahren). 218

Nach IAS 1.75d sind – analog zu den entsprechenden Bilanzwerten – die Ergebnisbeiträge der at equity bewerteten **Beteiligungen** gesondert in der Gewinn- und Verlustrechnung auszuweisen. Dieser Ausweis erfolgt häufig dergestalt, dass diese Ergebnisbeiträge in einem **Beteiligungsergebnis** unter entsprechender Offenlegung im Anhang dargestellt werden. Auch Erträge 219

108 Diese Informationen sind nach unserem Verständnis nach dem Konzept des Gesamtkostenverfahrens zu ermitteln, vgl. z. B. die Angabe des Materialaufwands und Personalaufwands als „Gesamtperiodenaufwand" im Geschäftsbericht 2001 der Volkswagen AG, S. 124.

von zu Anschaffungskosten bewerteten Beteiligungen können im Beteiligungsergebnis erfasst und im Anhang erläutert werden.[109]

220 In dem GuV-Gliederungsschema wird das Ergebnis aus at equity bewerteten Beteiligungen bzw. das Beteiligungsergebnis außerhalb des Ergebnisses der betrieblichen Tätigkeit (**operatives Ergebnis**) ausgewiesen. Diese Reihenfolge entspricht der Aufzählung der Komponenten einer Gewinn- und Verlustrechung in IAS 1.75, fraglich ist jedoch, ob eine solche Reihenfolge zwingend ist. So ist es durchaus vorstellbar, dass auch Ergebnisse von assoziierten Unternehmen als Maßstab für die operative Unternehmensleistung des Mutterunternehmens betrachtet werden, so dass sie aus sachlichen Gründen dem Ergebnis der betrieblichen Tätigkeit zugerechnet werden können.[110] In einer solchen Situation ist es daher zulässig, das Beteiligungsergebnis (Ergebnis der assoziierten Unternehmen) in das Ergebnis der betrieblichen Tätigkeit einzubeziehen. Dies dürfte auch F.73 entsprechen, wonach bei der Zusammenstellung von GuV-Komponenten verschiedene Möglichkeiten zur Darstellung der Unternehmensleistungen bestehen. In der Mindestgliederung nach dem neuen Entwurf ED IAS 1.76 ist die Zwischensumme „operatives Ergebnis" ohnehin nicht mehr vorhanden, da der Board verzichtet hat, die Elemente dieser Zwischensumme zu definieren.[111] Gleichwohl ist auch weiterhin zulässig, diese Zwischensumme zusätzlich aufzunehmen. In Übereinstimmung mit F.73 wird auch gelegentlich vor dem „Ergebnis vor Ertragsteuern" noch ein „Ergebnis vor Zinsen und Steuern" (EBIT) als Zwischensumme ausgewiesen.

221 Nach IAS 1.75g ist die Angabe von **außerordentlichen Posten** Bestandteil der GuV. Beispiele für außerordentliche Posten sind seltene Ereignisse wie Enteignungen von Vermögenswerten, Erdbeben oder andere Naturkatastrophen (IAS 8.14).[112] **Außerplanmäßige Abschreibungen** (impairment losses) sind den Funktionsbereichen bzw. dem Finanzbereich innerhalb des Ergebnisses der gewöhnlichen Tätigkeit zuzuordnen (IAS 8.18); sie gehören nur im Zusammenhang mit vorbezeichneten seltenen Ereignissen zu den außerordentlichen Posten. Nach ED IAS 1.78 f. soll der **Ausweis des außerordentlichen Ergebnisses** bzw. außerordentlicher Posten sowohl in der GuV als auch im Anhang **untersagt** werden. Die **Abgrenzungen** zwischen ordentlichen und außerordentlichen Geschäftsvorfällen werden gestrichen.

---

109 Vgl. auch *Förschle/Kroner* in Beck'scher Bilanz-Kommentar, 4. Aufl. 1999, § 275 HGB Rz. 337.

110 Die Zuordnung von at equity bewerteten Beteiligungen zu operativen Segmenten ist in der Segmentberichterstattung ausdrücklich vorgesehen (IAS 14.64), s. hierzu Rz. 1072.

111 Vgl. Proposed Improvements to International Accounting Standards 2002, ED IAS 1, Summary of Main Changes (p. 19).

112 Es sei denn, es handelt sich um ein Versicherungsunternehmen, welches solche Schäden reguliert.

Da in der Praxis auch bisher außerordentliche Posten selten vorkamen, haben wir in unseren Vorschlägen für die GuV-Gliederung ebenfalls darauf verzichtet. Bei Wegfall des außerordentlichen Ergebnisses wird das nach IAS 1.75 f. vorgesehene **Ergebnis der gewöhnlichen Tätigkeit** häufig als Jahresergebnis (Periodenergebnis) bzw. Ergebnis nach Steuern ausgewiesen. Dieses teilt sich auf in Ergebnisanteile anderer Gesellschafter und in den den Gesellschaftern des Mutterunternehmens zustehenden Anteil, der häufig als Konzernergebnis oder Konzerngewinn bezeichnet wird. 222

Zu beachten ist daher, dass

- das Ergebnis der **gewöhnlichen Geschäftstätigkeit**, sofern es ausgewiesen wird, und
- das **außerordentliche Ergebnis** (sofern vorhanden)

jeweils als Nachsteuer-Ergebnis zu verstehen und auszuweisen sind.[113] Demgegenüber ist das Ergebnis aus dem Abgang von Vermögenswerten und Schulden aus einzustellenden Bereichen (s. Rz. 1149) gesondert als Vor-Steuern-Ergebnis in der GuV zu zeigen (IAS 35.39).[114] Darüber hinaus wird empfohlen, die Höhe der Erlöse, Aufwendungen und des Ergebnisses vor Steuern sowie des entsprechenden Ertragsteueraufwands des einzustellenden Bereiches gesondert in der GuV zu zeigen; die Angabe kann aber auch im Anhang erfolgen (IAS 35.40 i. V. m. IAS 35.27 f.).

Gelegentlich wird – u. E. nicht ganz zutreffend – in Anlehnung an § 275 HGB das Ergebnis *vor* Steuern als „Ergebnis der gewöhnlichen Geschäftstätigkeit“ ausgewiesen.

Aufwendungen und Erträge von besonderer Bedeutung **im Rahmen der gewöhnlichen Tätigkeit** sind dann **gesondert in der GuV anzugeben**, falls zu vermuten ist, dass ihre Angabe relevant für die Erklärung der Ertragskraft des Unternehmens sein wird. Die Beispiele, die zu dieser Generalklausel (IAS 8.16) in IAS 8.18 aufgelistet sind[115], führen häufig – freilich unter Beachtung des Wesentlichkeitsgrundsatzes – schon nach anderen Standards zu **gesonderten Angaben im Anhang**, wie nachfolgende Gegenüberstellung zeigt. Da insoweit keine Informationen verloren gehen, ist u. E. die jeweilige Anhangangabe ausreichend, falls diese nicht ohnehin schon obligatorisch ist. 223

113 Vgl. auch *Förschle/Kroner* in Beck'scher Bilanz-Kommentar, 4. Aufl. 1999, § 275 HGB Rz. 342.

114 Siehe auch ED IAS 1.76d.

115 Nach den Exposure Drafts ED IAS 1 und ED IAS 8 werden IAS 8.16–18 entfernt und als IAS 1.80-82 unverändert eingefügt.

Tab. 7: Besondere Angaben in GuV bzw. Anhang

Nr.	Angabe nach Beispiel IAS 8.18 in GuV	Angabe nach speziellem Standard im Anhang
a	Betrag der außerplanmäßigen Abschreibung auf – Vorräte – Sachanlagen Betrag der Zuschreibungen auf – Vorräte – Sachanlagen	 – keine – IAS 16.60e v im Anlagespiegel, s. Rz. 446 – IAS 2.34d, s. Rz. 480 – IAS 16.60 e vi im Anlagespiegel, s. Rz. 446
b	– Restrukturierungsaufwand – Auflösung Restrukturierungsrückstellung	– Zuführung zur Rückstellung für Restrukturierung, wenn als gesonderte Gruppe ausgewiesen, IAS 37.84b, s. Rz. 745 – wenn als gesonderte Gruppe ausgewiesen, IAS 37.84d, s. Rz. 745
c	Aufwand/Ertrag aus Abgang von Sachanlagevermögen	keine
d	Aufwand/Ertrag aus Abgang langfristiger Finanzinvestitionen	Investitionen in Tochtergesellschaften werden aus Konzernsicht bei Vollkonsolidierung als asset deal behandelt; analog erfolgt die Desinvestition. Zu prüfen ist aber, ob die Kriterien für die Einstellung von Bereichen vorliegen, s. unten e. Der Veräußerungserfolg lässt sich außerdem aus den Angaben nach IAS 7.40 ermitteln. Beim Abgang von assoziierten Unternehmen sind keine besonderen Angaben vorgesehen, und bei Angabepflichten für den Abgang übriger Finanzinvestitionen gem. IAS 39 (s. Rz. 608) wird grundsätzlich nicht nach der Fristigkeit unterschieden.
e	Aufwendungen/Erträge aus der Einstellung von Bereichen[116]	Umfangreiche Angaben für jeden einzustellenden Bereich nach IAS 35.27 ff., s. Rz. 1141 ff., Rz. 1149.
f	Aufwendungen/Erträge aus der Beendigung von Rechtsstreitigkeiten	keine; sollten Rückstellungen für Rechtsstreitigkeiten gebildet und speziell ausgewiesen worden sein, ergeben sich Inanspruchnahmen, Zuführungen und Auflösungen aus dem Rückstellungsspiegel, IAS 37.84, s. Rz. 745.
g	Erträge aus der Auflösung von Rückstellungen	ergeben sich, nach Gruppen für Rückstellungen differenziert, aus dem Rückstellungsspiegel, IAS 37.84d, s. Rz. 745.

116 Künftig als Vorsteuerergebnis gesondert in der GuV anzugeben (ED IAS 1.76 d).

In der Gewinn- und Verlustrechnung oder im Anhang ist ferner die beschlossene oder vorgeschlagene **Dividende je Aktie** anzugeben (IAS 1.85). 224

Einstweilen frei. 225–229

V. Bewertung

1. Erst- und Folgebewertung

a) Vermögenswerte

Nachdem die Frage des Bilanzansatzes (recognition) geklärt ist, folgen die einzelnen, sich mit Bewertungsfragen bei Vermögenswerten beschäftigenden Standards durchgängig dem Schema, zuerst die erstmalige Bewertung (initial measurement) und alsdann die Folgebewertung (measurement subsequent to initial recognition) zu erläutern. Erstmalige Bewertung ist der Zeitpunkt der Aufnahme einer Position in der Bilanz, die Folgebewertung der darauf folgende Stichtag eines Jahres- oder Zwischenabschlusses. 230

Vermögenswerte sind bei **erstmaliger Bewertung** regelmäßig zu **Anschaffungs- und Herstellungskosten** anzusetzen. Abweichungen gelten für Objekte, die im Rahmen von Finanzierungsleasing dem Leasingnehmer zuzurechnen sind (s. Rz. 364), und für Sachanlagen sowie immaterielle Vermögenswerte, die durch Tausch erworben wurden (s. Rz. 333). 231

Die Einheitlichkeit der Bewertung endet aber bei der **Folgebewertung.** Das im HGB fest verankerte **Anschaffungskostenprinzip** (als Folge des strengen Realisationsprinzips), wonach die Anschaffungs- oder Herstellungskosten nicht überschritten werden dürfen, **existiert nicht**. Stattdessen eröffnen die Standards für unterschiedliche Sachverhalte (Bilanzpositionen) insgesamt **drei voneinander zu unterscheidende Bewertungsverfahren**: 232

- Fortgeführte Anschaffungs- und Herstellungskosten,
- Erfolgsneutrale Bewertung zum fair value (Neubewertungsmethode) und
- Erfolgswirksame Bewertung zum fair value.

Die Abb. 7 zeigt, welche Positionen nach welchen Verfahren bewertet werden können oder müssen.

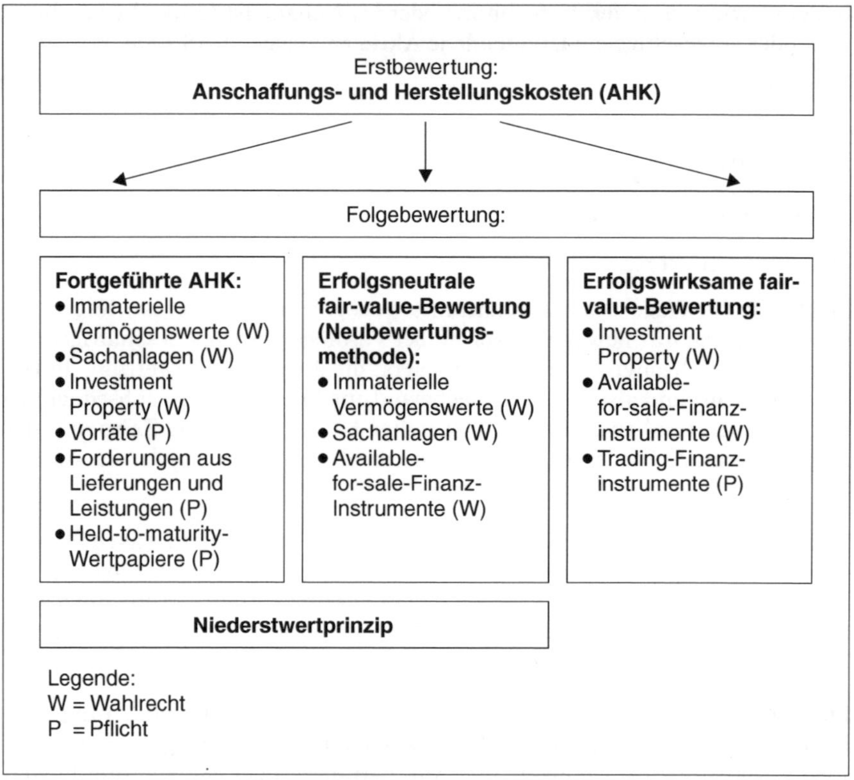

Abb. 7: Erst- und Folgebewertung von Vermögenswerten

233 Eine Bewertung zu fortgeführten Anschaffungs- und Herstellungskosten unterscheidet sich grundsätzlich nicht vom entsprechenden handelsrechtlichen Verständnis. Unterschiede hinsichtlich der Detailprobleme (z. B. Nutzungsdauer, Abschreibungsmethoden) werden zusammen mit Problemen beim Wechsel zwischen den Bewertungsverfahren in den einzelnen Kapiteln in Teil C erläutert.

234 Aus handelsrechtlicher Sicht neu und ungewohnt ist die Bewertung zum **fair value**, dem **beizulegenden Zeitwert**. Dieser ist definiert als Betrag, zu dem ein Vermögenswert zwischen sachverständigen, vertragswilligen und voneinander unabhängigen Geschäftspartnern getauscht werden könnte („in an arm's length transaction“; die Definition findet sich in zahlreichen Standards, z. B. IAS 16.6). Damit sind Wertansätze möglich, die die Anschaffungs- und Herstellungskosten unter-, aber auch überschreiten können.

235 Bei **erfolgsneutraler fair-value-Bewertung** wird die Wertänderung im Vergleich zu den fortgeführten Anschaffungs- und Herstellungskosten unmittel-

bar im Eigenkapital in einer Neubewertungsrücklage (als Teil des „other comprehensive income") gebucht. Dies gilt ohne Einschränkungen bei Wertsteigerungen. Sinkt der Wert aber unter die fortgeführten Anschaffungs- und Herstellungskosten, so ist ggf. zu prüfen, ob eine Wertminderung vorliegt. Bejahendenfalls sind auch bei dieser Methode **erfolgswirksame außerplanmäßige Abschreibungen** vorzunehmen. Ein aktueller fair value kann andererseits unter die fortgeführten Anschaffungs- und Herstellungskosten sinken, *ohne* dass eine Wertminderung vorliegt. Ein Beispiel hierzu ist der infolge einer Zinssatzsteigerung gesunkene Kurswert (= fair value) eines festverzinslichen Wertpapiers: Eine Wertminderung liegt deshalb nicht vor, weil die mit dem Wertpapier verbundenen Zahlungen in ursprünglich erwarteter Höhe auch weiterhin dem Unternehmen zufließen werden, unabhängig von der aktuellen Zinsentwicklung. Da das Wertpapier annahmegemäß aber (erfolgsneutral) zum fair value angesetzt wird, kann es insoweit zum Ausweis einer negativen Neubewertungsrücklage kommen.

Eine Prüfung auf Wertminderung entfällt, wenn Vermögenswerte von vornherein **erfolgswirksam** zum **fair value** bewertet werden. Hier wird unmittelbar jede Wertänderung in der Gewinn- und Verlustrechnung erfasst. Dieses Bewertungsverfahren kann somit – nach geltendem HGB-Verständnis – zum Ausweis **unrealisierter Gewinne** führen.

b) Schulden

Sonstige Rückstellungen sind im Rahmen bestmöglicher Schätzung zum **Erfüllungsbetrag** anzusetzen. In der Ausfüllung des unbestimmten Begriffs Erfüllungsbetrag ergeben sich jedoch bedeutende Unterschiede zum Handelsrecht: Es ist auf die voraussichtlichen Verhältnisse zum Erfüllungszeitpunkt abzustellen, und langfristige Rückstellungen sind abzuzinsen. Zu diesen Unterschieden und weiteren Details s. Rz. 733 ff. 236

Pensionsrückstellungen dürfen nicht nach dem Teilwertverfahren (z. B. § 6 a EStG), sondern müssen nach der projected unit credit-Methode (**Anwartschaftsbarwertverfahren**) bewertet werden. Hiernach sind die gesamten künftigen Pensionsleistungen, welche den zurückliegenden Dienstjahren zuzurechnen sind, mit dem versicherungsmathematischen Barwert zu bewerten. Erwartete künftige Gehaltssteigerungen und andere Leistungsanpassungen sind zu berücksichtigen. Als Diskontierungssatz ist die laufzeitäquivalente Rendite für erstrangige, festverzinsliche Industrieanleihen heranzuziehen (s. ausführlich Rz. 643 ff.). 237

Kurzfristige **Verbindlichkeiten** sind zum Rückzahlungsbetrag und langfristige zum Barwert („fortgeführte Anschaffungskosten") anzusetzen. Sonderregelungen bestehen für zu Handelszwecken gehaltene Verbindlichkeiten (einschließlich Derivate), die zum fair value anzusetzen sind, s. insoweit Rz. 566 ff. 238

2. Wichtige Wertbegriffe

a) Anschaffungs- und Herstellungskosten

239 Die Standards verfolgen das Ziel, den Zugang eines Vermögenswertes unabhängig vom Durchführungsweg – Anschaffung oder Herstellung – erfolgsneutral abzubilden, so dass Entscheidungen über Fremdbezug oder Selbsterstellung durch die bilanzielle Darstellung möglichst nicht verzerrt werden. Daher gilt einerseits für Herstellungskosten der **Vollkostenansatz** mit der Zuschlüsselung produktionsnaher fixer und variabler Gemeinkosten. Andererseits gehören zu den Anschaffungskosten – wie auch nach HGB - nur einzeln zurechenbare Kosten, so dass es hier im Vergleich zu den Herstellungskosten doch zu Unterschieden kommen kann. Im Übrigen aber besteht nur in der Aktivierung von **Fremdkapitalkosten** für sog. qualifying assets (s. Rz. 471) ein Wahlrecht, wobei kein Unterschied zwischen Anschaffung oder Herstellung gemacht wird. Entscheidet sich ein Unternehmen für die Aktivierung, dann sind die Fremdkapitalkosten für alle qualifying assets zu aktivieren, unabhängig davon, ob sie angeschafft oder selbst erstellt worden sind.

Eine ähnliche Regelung besteht für **nachträgliche Anschaffungs- und Herstellungskosten**, die zu aktivieren sind, unabhängig davon, ob es sich zuvor um einen Anschaffungs- oder Herstellungsvorgang gehandelt hat.

240 Definitionen, Beschreibungen und Beispiele zu Bestandteilen von Anschaffungs- und Herstellungskosten bei unterschiedlichen Sachverhalten im Detail finden sich einerseits verstreut über mehrere Standards, andererseits bei Anschaffungskosten komprimiert in IAS 16 (Sachanlagen) und bei Herstellungskosten in IAS 2 (Vorräte). Verschiedene IAS verweisen auch auf diese beiden Standards. Wir sind diesem Aufbau entsprechend seiner praktischen Bedeutung gefolgt. Die wesentlichen Ausführungen zu Anschaffungskosten finden sich daher in Kap. C II, Rz. 325 ff. und zu Herstellungskosten in Kap. C V, Rz. 468 ff.

b) Beizulegender Zeitwert (fair value)

241 Wie oben schon genannt, ist der beizulegende Zeitwert der Betrag, zu dem ein Vermögenswert zwischen sachverständigen, vertragswilligen und voneinander unabhängigen Geschäftspartnern getauscht oder eine Schuld beglichen werden könnte. Diese Definition findet sich in zahlreichen Standards (z. B. IAS 16.6, 18.7, 39.8). Der fair value ist damit als **Marktwert** oder Verkehrswert zu begreifen.[117]

242 Die **verpflichtende** und **erfolgswirksame fair value-Bilanzierung** ist derzeit nur für Finanzinstrumente der Kategorie held for trading vorgesehen; ferner

117 Vgl. *Achleitner/Wollmert/van Hulle* in Baetge u. a. (Hrsg.), Rechnungslegung nach IAS, 1997, A III Rz. 122; sich anschließend WP-Handbuch 2000, Bd. I, 12. Aufl. 2000, Abschn. N, Rz. 643.

sind Finanzinstrumente der Kategorie available-for-sale entweder erfolgswirksam oder erfolgsneutral[118] zum fair value anzusetzen, s. Abb. 7.

Bedeutender Grund für die bisherige Konzentration der Überlegungen auf den fair value-Ansatz von **Finanzinstrumenten** ist darin zu sehen, dass man erwartet, für Finanzinstrumente bei entsprechend liquiden Kapitalmärkten tatsächlich in objektiv nachprüfbarer Form Marktwerte im Sinne des beizulegenden Zeitwertes ermitteln zu können. Die entsprechenden Vorschriften enthält IAS 39, anzuwenden für Geschäftsjahre ab 2001. IAS 39 ist aber nicht als ein endgültiger Standard, sondern nur als Zwischenschritt zu einer umfassenden und international gleichartigen Bilanzierung aller Finanzinstrumente zum fair value zu verstehen. An diesem Projekt arbeitet eine international besetzte „Joint Working Group of Standard Setters", die bereits einen Standardentwurf zur Diskussion gestellt hat.[119]

Unsicherheiten bestehen dagegen (noch) für andere Bilanzpositionen, so dass für die Bewertung von **Finanzinvestitionen in Immobilien** (Investment Property) ein Wahlrecht eingeräumt worden ist: Hier kann entweder eine erfolgswirksame Bewertung zum fair value vorgenommen werden oder es werden die fortgeführten Anschaffungs- und Herstellungskosten angesetzt. Schließlich ist auch bei **Sachanlagen** und unter stark einschränkenden Bedingungen bei **immateriellen Vermögenswerten** des Anlagevermögens die – dann allerdings erfolgsneutrale – Bewertung zum fair value möglich.

Die Probleme, die sich bei der Ermittlung beizulegender Zeitwerte ergeben können, sind aus ertragsteuerlicher Perspektive in Deutschland nicht unbekannt. 243
So basiert der **Teilwert** auf dem Gedanken eines fiktiven Verkaufs des gesamten Unternehmens unter der going-concern-Prämisse und nachfolgender Aufteilung des Gesamtkaufpreises auf die einzelnen Wirtschaftsgüter.[120] Indes ist „die Idee des klassischen Teilwertbegriffs gescheitert", weil „eine Beziehung der Einzelwerte zu dem ertragsbezogenen Gesamtwert nicht hergestellt werden kann"[121]. An die Stelle des Teilwertes sind Teilwertvermutungen getreten.

Der fair value-Ansatz *aller* Vermögenswerte und Schulden ist nach IAS im 244
Konzernabschluss bei der Erstkonsolidierung nach der Methode der vollständigen Neubewertung erforderlich. In diesem Fall liegt immerhin nicht ein fiktiver, sondern ein tatsächlicher Gesamtkaufpreis vor. Doch im Gegensatz zum Teilwertgedanken sollen die einzelnen Vermögenswerte und Schulden nicht unter Einschluss ihrer (gedachten) jeweiligen Ertragswertanteile aus

118 Gem. ED IAS 39 künftig nur erfolgsneutral, s. Rz. 533.

119 Vgl. IASC, Joint Working Group of Standard Setters, Draft Standard and Basis for Conclusions Financial Instruments and Similar Items, Dezember 2000. Zur Entwicklung vgl. *Pape/Breker*, WPg 1999, 1; *Breker/Gebhardt/Pape*, WPg 2000, 729; *Pape*, WPg 2001, 1458.

120 Vgl. § 6 Abs. 1 Nr. 1 Satz 3 EStG, § 10 Sätze 2, 3 BewG.

121 *Knobbe-Keuk*, Bilanz- und Unternehmenssteuerrecht, 9. Aufl. 1993, S. 176, s. dort auch zum Folgenden m. w. N.

Sicht des Konzerns bewertet werden. Der fair value ist vielmehr der **Tauschpreis** eines einzelnen Gutes ungeachtet seiner Einbindung in ein Gesamtunternehmen, und zwar auch dann, wenn ein ganzes Unternehmen erworben wird. Gleichwohl besteht bei einem Unternehmenserwerb das Problem der Aufteilung des Gesamtkaufpreises auf die einzelnen Vermögenswerte und Schulden, was im Zweifel, ähnlich der Teilwertvermutungen, nach IAS durch fair value-Vermutungen gelöst wird.

245 Der (theoretische) Unterschied zwischen dem Teilwert und dem beizulegenden Zeitwert besteht demnach darin, dass beim fair value *nicht* auf einen fiktiven Gesamtkaufpreis abzustellen ist. Dadurch verschwinden freilich nicht die Aufteilungs- und Ermittlungsprobleme für den Fall eines Unternehmenserwerbs: Man steht vor der Aufgabe, Einzelwerte unter der Bedingung einer „**in an arm's length transaction**" zu ermitteln.

Bei einer vollständigen Bewertung aller Vermögenswerte und Schulden (unter Nichtberücksichtigung des Goodwills) zum fair value ergibt sich so ein Unternehmenswert aus der Summe von **Einzelveräußerungswerten** unter Marktbedingungen. Der jeweilige Einzelveräußerungswert (beizulegender Zeitwert) ist insoweit der maximale Preis, den ein (ggf. fiktiver) Erwerber *eines* Vermögenswertes (und nicht ein fiktiver Erwerber des Gesamtunternehmens) zu zahlen bereit wäre. Sofern es nicht zu einem Tausch, also einer Veräußerung eines Vermögenswertes kommt, misst das bewertende Unternehmen dem Vermögenswert demnach einen höheren Wert bei (ansonsten wäre die rationale Managemententscheidung die der Veräußerung des Vermögenswertes). Dieser höhere Wert (Ertragswert) fließt bei einem Unternehmenserwerb in den dann aktivierungspflichtigen Goodwill ein und wird im Übrigen, bei einem originären Goodwill, nicht angesetzt.

Abseits eines Unternehmenserwerbs würde eine vollständige fair value-Bewertung demnach nicht den Marktwert des gesamten Unternehmens, sondern nur den *Marktwert der Summe der einzelnen Vermögenswerte und Schulden* repräsentieren. Eine solche Bewertung entspräche u. E. nur dann dem Grundsatz der **faithful representation** (s. Rz. 125), wenn die beiden folgenden Bedingungen kumulativ erfüllt wären:

- Für die Vermögenswerte und Schulden sind tatsächlich Marktwerte existent, d. h. ein Tausch wäre tatsächlich jederzeit möglich und zugleich
- die Marktwerte sind für das bilanzierende Unternehmen leicht feststellbar.

Beide Voraussetzungen liegen aber in der Realität nicht vor. Darüber hinaus ist bereits jetzt kritisch zu sehen, dass nach IAS 39 die Simulation von Marktbedingungen zur Wertfindung des beizulegenden Zeitwertes, beispielsweise über Optionspreismodelle, möglich ist. Dies eröffnet hohe Beurteilungs- und Ermessensspielräume.[122]

122 Vgl. *Lüdenbach/Hoffmann*, DB 2002, 1169 (1172 ff.) zum Enron-Fall nach US-GAAP; die US-Regelungen sind mit IAS 39 vergleichbar.

Dies soll als Skizze des theoretischen Unterbaus und der Schwierigkeiten bei fair value-Bewertungen genügen. Generell gilt, dass **Basis für die Ermittlung des beizulegenden Zeitwertes** eines Vermögenswertes oder einer Schuld sein Marktwert ist. Da aber häufig keine Marktwerte existieren, andererseits im Rahmen von der Kapitalkonsolidierung nach der Erwerbsmethode die Vermögenswerte und Schulden vollständig oder beteiligungsproportional zum fair value anzusetzen sind, finden sich in verschiedenen Standards, hauptsächlich aber in IAS 22 betreffend Unternehmenszusammenschlüsse, die oben genannten (s. Rz. 242) **fair value-Vermutungen**. Wir haben diese im Interesse einer praxisorientierten Anwendung in folgender Tabelle zusammengefasst. Wegen der hohen praktischen Bedeutung der fair value-Ermittlungen im Zusammenhang mit Finanzinstrumenten verweisen wir auf Rz. 537 ff. 246

Tab. 8: Fair value-Vermutungen

Nr.	Sachverhalt/ Bilanzposition	Fair value-Basis bzw. Vermutung	Fundstelle
1	immaterielle Vermögenswerte	aktiver Markt, falls vorhanden; Schätzung über Multiplikatoren oder Diskontierung künftiger Zahlungszuflüsse	IAS 38.28 IAS 38.30
2	Grundstücke oder Gebäude	Marktwert; Sachverständigengutachten	IAS 16.30
3	Investment Property	wie 2; ggf. Diskontierung künftiger Zahlungszuflüsse	IAS 40.39 f.
4	technische Anlagen, Maschinen	durch Schätzungen ermittelter Marktwert; falls keine Anhaltspunkte (z. B. bei Spezialmaschinen): fortgeführte Wiederbeschaffungskosten	IAS 16.31
5	Fertigerzeugnisse, Handelswaren	Verkaufspreis abzüglich Veräußerungskosten und Gewinnspanne	IAS 22.39d i
6	unfertige Erzeugnisse	Verkaufspreis abzüglich noch anfallender Kosten, Veräußerungskosten und Gewinnspanne	IAS 22.39d ii
7	Rohstoffe	aktuelle Wiederbeschaffungskosten	IAS 22.39d iii
8	Forderungen	Nominalwert wenn kurzfristig, sonst Barwert; Abzüge für Uneinbringlichkeit und Eintreibungskosten	IAS 22.39c
9	börsengängige Wertpapiere	aktuelle Börsenkurse	IAS 22.39a
10	nicht börsengängige Wertpapiere	geschätzte Werte unter Berücksichtigung von KGV, Dividendenrenditen, erwartete Wachstumsraten vergleichbarer Unternehmen	IAS 22.39b

Nr.	**Sachverhalt/ Bilanzposition**	**Fair value-Basis bzw. Vermutung**	**Fundstelle**
11	Pensions-rückstellungen	Barwert	IAS 19.108
12	sonstige Rück-stellungen	Nominalwert, wenn kurzfristig, sonst: Barwert unter Berücksichtigung aktueller Marktzinsen	IAS 22.39j, IAS 22.39k
13	Verbindlichkeiten	wie 12	IAS 22.39j
14	sonstige Finanz-instrumente	Marktwerte, Schätzverfahren	IAS 39.95 ff.
15	latente Steuern	gem. IAS 12	IAS 22.39i

c) Niederstwertbestimmungen

247 Für Vermögenswerte, die zu fortgeführten Anschaffungs- und Herstellungskosten oder erfolgsneutral zum fair value bewertet werden, greift das strenge Niederstwertprinzip. Im Gegensatz zum HGB kommt es nicht auf die Dauer der Wertminderung an. Ferner besteht Zuschreibungspflicht, wenn der Grund für die Wertminderung weggefallen ist.

248 Unterschiede ergeben sich jedoch im Detail: Während bei **Vorräten** auf den niedrigeren **Nettoveräußerungswert** (net realisable value) abzuschreiben ist, ist bei **immateriellen Vermögenswerten, Sachanlagen und anderen Vermögenswerten** der **erzielbare Betrag** (recoverable amount) maßgeblich. Der erzielbare Betrag (IAS 36.5) wiederum ist der höhere der beiden Beträge aus **Nettoveräußerungspreis** (net selling price) und **Nutzungswert** (value in use).

249 Damit stellt sich die Frage, ob zwischen **net realisable value** (Nettoveräußerungs*wert*) und **net selling price** (Nettoveräußerungs*preis*) ein Unterschied besteht. Dies ist *nicht* der Fall. Die Begriffe rekurrieren auf unterschiedliche Bewertungsgegenstände[123], sie können daher auch übereinstimmend mit **Nettoveräußerungswert** übersetzt werden. Der net realisable value ist der voraussichtliche Verkaufserlös (= fair value) der fertigen Erzeugnisse abzüglich der geschätzten Kosten bis zur Fertigstellung und abzüglich der notwendigen Vertriebskosten; er ist demnach retrograd vom Absatzmarkt her zu bestimmen (zu Einzelheiten s. Rz. 476 ff.). Entsprechend ist der net selling price (Nettoveräußerungspreis) der fair value des Vermögenswertes abzüglich noch anfallender direkter Veräußerungskosten (s. Rz. 401 ff.). Während also der Begriff „net realisable value" (Nettoveräußerungswert) im Zusammenhang mit der Bewertung von Vorräten Anwendung findet (IAS 2.4 und IAS 2.7), findet sich der Terminus „net selling price" im Zusammenhang mit

123 Vgl. WP-Handbuch 2000, Bd. I, 12. Aufl. 2000, Abschn. N Rz. 643.

der Bewertung von immateriellen Vermögenswerten, Sachanlagen sowie Finanzinvestitionen in assoziierte Unternehmen (IAS 36.2).

Schließlich bestimmt sich der **Nutzungswert** aus der Diskontierung künftiger Einzahlungsüberschüsse, die der Vermögenswert oder eine Gruppe von Vermögenswerten voraussichtlich erwirtschaften wird (vgl. hierzu im Einzelnen Rz. 404 ff.).

3. Währungsumrechnung im Einzelabschluss

Fremdwährungspositionen sind bei **erstmaliger Erfassung** mit dem **Kassakurs** (Devisenmittelkurs)[124] zum Zeitpunkt des Geschäftsvorfalls umzurechnen (IAS 21.9). Bei nicht stark schwankenden Kursen kann zur Vereinfachung auch ein Näherungskurs festgelegt werden, der dann für alle Geschäftsvorfälle der kommenden Woche oder des kommenden Monats heranzuziehen ist (IAS 21.10). 250

In der Folgebewertung ist zu unterscheiden: 251

(a) **Monetäre Posten** (Geldmittel und Vermögenswerte und Schulden, für die das Unternehmen zu einem festen oder bestimmbaren Betrag Geld erhält oder bezahlen muss, z. B. Forderungen aus Lieferungen und Leistungen, Verbindlichkeiten, i. d. R. Rückstellungen, latente Steuern)[125] sind zum jeweiligen Stichtagskurs umzurechnen,

(b) **nicht monetäre Posten**, die **zu fortgeführten Anschaffungs- und Herstellungskosten** bewertet werden, sind weiterhin zum ursprünglichen Einbuchungskurs (historischer Kurs) umzurechnen und

(c) **nicht monetäre Posten**, die zum **beizulegenden Zeitwert** bewertet werden (z. B. investment property in den USA), sind mit dem Kurs zum Bewertungszeitpunkt umzurechnen (IAS 21.11).

Umrechnungsdifferenzen zu (a) sind mit drei Ausnahmen grundsätzlich *erfolgswirksam* zu erfassen (IAS 21.15). Die **erste Ausnahme** betrifft Forderungen oder Verbindlichkeiten gegenüber zum Stichtagskurs umgerechneter konsolidierter Tochterunternehmen, wenn diese Forderungen oder Verbindlichkeiten ihrem wirtschaftlichen Gehalt nach eine Erhöhung oder Minderung der Kapitaleinlage darstellen. Hierbei handelt es sich um *langfristige* Posten (z. B. unbefristet ausgereichte Darlehen), nicht jedoch um Posten aus dem kurzfristigen Liefer- und Leistungsverkehr (IAS 21.18). In diesem Fall wird die Umrechnungsdifferenz erfolgsneutral im Eigenkapital erfasst und erst bei Abgang des Tochterunternehmens erfolgswirksam realisiert (IAS 21.37). 252

124 Vgl. *Oechsle/Müller/Wildburger* in Baetge u. a. (Hrsg.), Rechnungslegung nach IAS, 1997, IAS 21 Rz. 20.

125 Vgl. zur Abgrenzung monetärer von nicht monetären Positionen jetzt ED IAS 21.14.

253 Die **zweite Ausnahme** – mit denselben Konsequenzen – betrifft Fremdwährungsverbindlichkeiten, die der Absicherung des Währungsrisikos (hedging) aus solchen Beteiligungsgesellschaften dienen (IAS 21.19). Hier sind ggf. zusätzlich die Anforderungen an hedge accounting in IAS 39 zu beachten, s. insoweit Rz. 605.

254 Die **dritte Ausnahme** ist als alternativ zulässige Methode ein (bedingtes) **Wahlrecht**: Falls die Verbindlichkeit aus einem in Fremdwährung angeschafften Vermögenswert nicht gesichert sowie nicht sofort beglichen werden konnte und es innerhalb von 12 Monaten seit Erwerb (SIC-11.6) zu einer *erheblichen Abwertung* der Fremdwährung gekommen ist, dann darf die Umrechnungsdifferenz (Währungsverlust) dem Vermögenswert zugeschrieben werden. Sie nimmt damit den Charakter nachträglicher Anschaffungskosten an; es kommt zu einer erfolgsneutralen Behandlung der Umrechnungsdifferenz. Der Buchwert des Vermögenswertes darf jedoch den niedrigeren Wert aus Wiederbeschaffungskosten und des aufgrund der betrieblichen Verwendung beizulegenden Wertes nicht übersteigen (IAS 21.21). Dieses Wahlrecht ist eng auszulegen; insbesondere hat das Unternehmen die Nachweispflicht darüber, dass ein Sicherungsgeschäft oder die Begleichung der Verbindlichkeit nicht möglich war (SIC-11.4).

Nach ED IAS 21 soll diese dritte Ausnahme aufgehoben werden.

255 IAS 21 enthält bislang keine Regelungen dafür, mit welchem Kurs umzurechnen ist, wenn bei Buchst. b (vgl. Rz. 251) eine **Niederstwertvorschrift** greift, Vorräte oder Sachanlagen auf Basis der Fremdwährung also mit dem niedrigeren Nettoveräußerungspreis oder erzielbaren Betrag anzusetzen sind. Diese Lücke soll durch ED IAS 21.23 geschlossen werden, wonach der niedrigere umgerechnete Betrag aus einem Vergleich von fortgeführten Anschaffungs- und Herstellungskosten multipliziert mit dem historischen Kurs und Nettoveräußerungspreis bzw. erzielbarer Betrag multipliziert mit dem Tageskurs anzusetzen ist. Dies entspricht einer Umrechnung nach dem Zeitbezug (s. hierzu bereits IAS 21.28).

Beispiel:

In einem Auslieferungslager außerhalb des Euro-Raumes lagern Vorräte mit AK von 100 LW (LW = Landeswährung); zum Zeitpunkt der Einbuchung betrug der Kurs 1 Euro = 0,5 LW. Am Bilanzstichtag beträgt der Nettoveräußerungspreis der Vorräte nur noch 90 LW, aber der Kurs hat sich auf 1 Euro = 0,3 LW verändert. Die Vorräte sind anzusetzen mit

min {100 LW × 1/0,5 Euro/LW = 200 Euro;
90 LW × 1/0,3 Euro/LW = 300 Euro} = 200 Euro.

Ein Ansatz zu 300 Euro würde zu unrealisierten Gewinnen führen, die außerhalb monetärer Posten nicht zulässig sind. Insoweit bleibt es bei einem Ansatz von 200 Euro, stille Reserven werden gelegt.

Ebenso fehlt bislang, wie zu verfahren ist, wenn Gewinne oder Verluste aus einer Bewertung zum beizulegenden Zeitwert gem. Buchst. c (Rz. 251) entstehen. Hier klärt ED IAS 21.28, dass die Währungsgewinne oder -verluste das Schicksal der betroffenen Bilanzposition teilen: Bei Anwendung der **Neubewertungsmethode bei Sachanlagen** (s. Rz. 343 ff.) oder immateriellen Vermögenswerten des Anlagevermögens (s. Rz. 304) ist die Wertänderung erfolgsneutral, bei Anwendung der erfolgswirksamen fair value-Bewertung bei **investment property** (s. Rz. 381) entsprechend erfolgswirksam zu erfassen. 256

Neben den schon in der Eigenkapital-Veränderungsrechnung erfassten Differenzen sind gem. IAS 21.42 weitere **Angaben** erforderlich: 257

- Betrag der in der Gewinn- und Verlustrechnung erfassten Umrechnungsdifferenzen und
- Betrag der nachträglichen Anschaffungskosten gem. Rz. 254.

IAS 21 enthält keine Vorschriften über den Ort des Ausweises der Umrechnungsdifferenzen in der GuV. In der Praxis finden sich drei Vorgehensweisen:

- Vollständige Erfassung im Betriebsergebnis,
- vollständige Erfassung im Finanzergebnis und
- differenzierte Erfassung; Währungsdifferenzen auf operative Sachverhalte im Betriebsergebnis, im Übrigen im Finanzergebnis.

Aus sachlogischer Perspektive ist die letzte Variante zu empfehlen.

Zur Umrechnung von Tochter- und Gemeinschaftsunternehmen sowie at equity bewerteten Beteiligungen im Konzern s. Rz. 845. 258

Einstweilen frei. 259–279

C. Ansatz und Bewertung der Bilanzpositionen sowie Angabepflichten

In diesem Teil des Buches erläutern wir die **Erstellung der sog. Handelsbilanz II** nach IAS, wie sie für das Mutterunternehmen und alle voll konsolidierten Unternehmen sowie nach der Quotenkonsolidierung einbezogene Gemeinschaftsunternehmen erforderlich ist. Auch bei assoziierten Unternehmen soll grundsätzlich der Beteiligungsansatz auf Basis eines IAS-Abschlusses ermittelt werden (s. hierzu Kap. D II, Rz. 836, 839). 280

Die Reihenfolge der Kapitel orientiert sich grob am international üblichen Gliederungsschema nach IAS, s. Rz. 198. Da von IAS 39 Forderungen, Wertpapiere, nicht voll konsolidierte Tochterunternehmen, Verbindlichkeiten und Derivate betroffen sind, haben wir uns zu einer Gesamtdarstellung der Finanzinstrumente in Kapitel VI (Rz. 510 ff.) entschlossen, in deren Verlauf wir jeweils Hinweise zur Gliederung der einzelnen, von IAS 39 erfassten Sachverhalte geben.

Eine Bilanzierung nach IAS führt zu zahlreichen Unterschieden zur **Steuerbilanz**, die in der Regel den Ansatz latenter Steuern erforderlich machen. Wir weisen bei besonders praxisrelevanten Stellen in den einzelnen Kapiteln darauf hin. Die Details zur Bilanzierung latenter Steuern finden sich zusammengefasst in Kapitel IX (Rz. 755).

Schließlich geben wir an verschiedenen Stellen bereits Hinweise auf nachfolgende Konsolidierungsprobleme, die sich bei Ausübung des einen oder anderen Bilanzierungswahlrechtes ergeben können, so dass solche Probleme schon im Vorfeld berücksichtigt werden können.

I. Immaterielle Vermögenswerte des Anlagevermögens

1. Überblick und Wegweiser

IAS 38 enthält Regelungen zu Ansatz, Bewertung bei erstmaliger Erfassung, planmäßiger Folgebewertung und Ausweis immaterieller Vermögenswerte des Anlagevermögens, und zwar unabhängig davon, ob es sich um **selbstgeschaffene** oder **erworbene** Vermögenswerte handelt. Zusammen mit den anderen Vermögenswerten des Anlagevermögens wird der Ausweis in Kapitel IV (Rz. 445 ff.) behandelt. Ferner unterliegen immaterielle Vermögenswerte den Vorschriften zu außerplanmäßigen Abschreibungen in IAS 36; diese werden in Kapitel III (Rz. 390 ff.) erläutert. 281

Im Rahmen des Improvement-Projekts sind einige Anpassungen des IAS 38 vorgesehen; diese sind als „ED IAS 38" kenntlich gemacht.

Nach der **Definition in IAS 38.7** ist ein immaterieller Vermögenswert ein 282

1. „identifizierbarer, nicht monetärer Vermögenswert ohne physische Substanz, der"

2. „für die Herstellung von Erzeugnissen oder die Erbringung von Dienstleistungen, die Vermietung an Dritte oder Zwecke der eigenen Verwaltung genutzt wird."

Diese Definition zielt ausschließlich auf das **Anlagevermögen**. Daher hat die negative Abgrenzung in IAS 38.2 a, nach der „immaterielle Vermögenswerte" des Umlaufvermögens vom Anwendungsbereich des IAS 38 ausgeschlossen werden, nur klarstellenden Charakter.

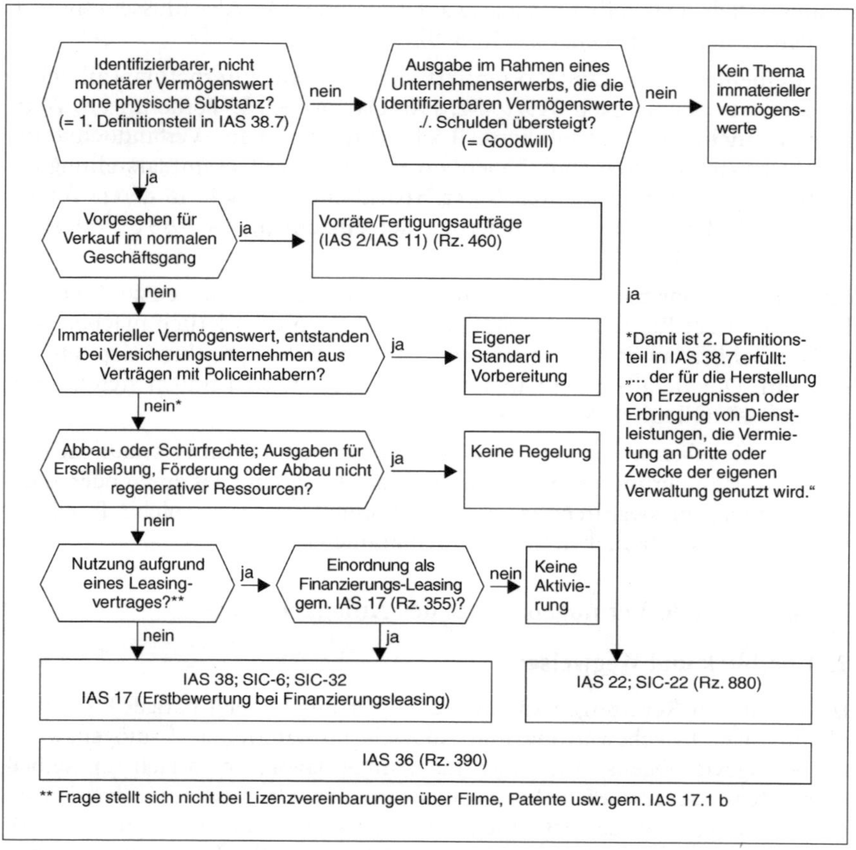

Abb. 8: Standards zur Bilanzierung immaterieller Vermögenswerte

283 Immaterielle Vermögenswerte könnten vorgesehen sein für den Verkauf im normalen Geschäftsgang, man denke etwa an Softwareprogramme. Für deren Bilanzierung gibt es *keine besonderen Vorschriften*, so dass IAS 2 (Vorräte) bzw. IAS 11 (Fertigungsaufträge) einschlägig sind (s. Rz. 460 ff.).

Vom Anwendungsbereich IAS 38 ausgeschlossen sind ferner Abbau- oder Schürfrechte sowie immaterielle Vermögenswerte, die bei Versicherungsunternehmen aus Verträgen mit Policeinhabern entstehen. Für beide Bereiche glaubte das IASC bei der Entstehung von IAS 38[1] spezielle branchenspezifische Lösungen entwickeln zu müssen.[2] Seither ist die Entwicklung ins Stocken geraten; immerhin ist zur Bilanzierung von Versicherungsverträgen für das erste Quartal 2003 der Entwurf eines Standards angekündigt worden.[3]

Ist auch der zweite Teil der Definitionsmerkmale in IAS 38.7 erfüllt, ist nur 284
noch das **wirtschaftliche Eigentum** im Hinblick auf das Vorliegen eines **Leasingverhältnisses** zu prüfen. Ist der immaterielle Vermögenswert dem Unternehmen im Rahmen eines Finanzierungs-Leasings zuzuordnen, richtet sich die Erstbewertung nach IAS 17, die Folgebewertung nach IAS 38 (IAS 38.5). Die Frage der Zurechnung des wirtschaftlichen Eigentums beim Nutzenden ist jedoch bei bestimmten Lizenzvereinbarungen – z. B. bei Patenten und Filmen (IAS 17.1b) – erst gar nicht nach IAS 17 zu prüfen. In diesen Fällen richtet sich die Erst- und Folgebewertung beim **Lizenzgeber** nach IAS 38, und der Lizenznehmer erwirbt anlässlich des Leasingverhältnisses von vornherein kein wirtschaftliches Eigentum.

Handelt es sich demgegenüber um ein zu prüfendes Leasingverhältnis, das als **Operating-Leasing** eingestuft wird, muss aus Sicht des Leasingnehmers die Eigenschaft als Vermögenswert verneint werden, denn es liegt keine Ressource vor, die in der Verfügungsmacht des Unternehmens steht; von einer Aktivierung ist abzusehen. Wir haben – der praktischen Bedeutung entsprechend – Leasingverhältnisse im Zusammenhang mit Sachanlagen in Rz. 355 ff. behandelt.

2. Definitionsmerkmale immaterieller Vermögenswerte und Abgrenzung zu Überlassungsverhältnissen

Die Definition des Vermögenswertes als Voraussetzung der abstrakten Bilan- 285
zierungsfähigkeit unterscheidet sich nicht von jener des Frameworks; es handelt sich um eine Ressource in der **Verfügungsmacht** des Unternehmens, und der **Zufluss künftigen Nutzens** wird erwartet (vgl. Rz. 156 ff.). Dennoch erfolgt eine Abgrenzung einerseits zum Sachanlagevermögen, andererseits vor allem zum Goodwill, denn ein **immaterieller Vermögenswert des Anlagevermögens** ist **gem. IAS 38.7**

- ein **identifizierbarer, nicht monetärer** Gegenstand **ohne physische Substanz** (= 1. Definitionsteil „immaterieller Vermögenswert"),
- der für die Herstellung oder Lieferung von Erzeugnissen, die Erbringung von Dienstleistungen, die Vermietung oder zu Verwaltungszwecken genutzt wird (= 2. Definitionsteil „**Anlagevermögen**").

---

1 Zur Entstehungsgeschichte vgl. IAS 38, Basis for Conclusions, Rz. 4 ff.

2 Vgl. auch *Baetge/von Keitz* in Baetge u. a. (Hrsg.), Rechnungslegung nach IAS, 1997, E 50 Rz. 12.

3 Vgl. IASB Insight, July 2002, S. 3. Zu einem früheren „Issues Paper" und speziell zum Problem der Aktivierung von Aufwendungen des Abschlusses von Versicherungsverträgen sowie der Passivierung von Schwankungsrückstellungen vgl. *Großer*, ZVersWiss 2000, 301.

286 **Identifizierbar** ist ein immaterieller Vermögenswert, wenn er sich klar von einem Geschäfts- oder Firmenwert unterscheiden lässt (IAS 38.10). Im Ergebnis entspricht das Kriterium der Identifizierbarkeit dem der **Greifbarkeit** im deutschen Bilanzrechtsverständnis.

Identifizierbarkeit liegt vor, wenn sich der betrachtete Vermögenswert selbständig verwerten lässt (Separierbarkeit vom Geschäftswert), die Vermietung oder Veräußerung demnach möglich wäre (IAS 38.11). Aufwendungen für die Ingangsetzung des Geschäftsbetriebes, die Mitarbeiterschulung und Werbung sind genauso wie positive Synergieeffekte aus einem Unternehmenserwerb insoweit von vornherein keine immateriellen Vermögenswerte, die der obigen Definition genügten.

Allerdings ist diese denkbare Trennung, die **Separierbarkeit** vom übrigen Geschäftsbetrieb, **keine notwendige Voraussetzung** für Identifizierbarkeit (IAS 38.12), wie etwa durch die Aktivierungspflicht bestimmter Aufwendungen für den eigenen Internet-Auftritt offensichtlich wird: Obwohl eine Einzelverwertung nicht in Betracht kommt, wird der künftige Nutzenzufluss nicht generell in Frage gestellt, vgl. SIC-32.8.[4] Allerdings räumt der Board ein, dass es im Einzelfall schwierig sein kann, Identifizierbarkeit nachzuweisen, ohne dass eine Einzelverwertbarkeit (Separierbarkeit) vorliegt.[5]

Tab. 9: Ansatz immaterieller Vermögenswerte des Anlagevermögens[6]

	Identifizierbar: einzelne Verwertbarkeit, zurechenbarer Nutzenzufluss	**Nicht identifizierbar:** nur mit dem Unternehmen als Ganzes verbunden
isoliert entgeltlich erworben	Aktivierungspflicht	*entfällt*
mit anderen Vermögenswerten oder einem ganzen Unternehmen entgeltlich erworben	Aktivierungspflicht	Aktivierungspflicht (Geschäfts- oder Firmenwert, Goodwill) als Restgröße
selbst erstellt	Aktivierungspflicht (der Aufwendungen der Entwicklungsphase) bei Erfüllung besonderer Kriterien (siehe Rz. 294)	Aktivierungsverbot

4 Dasselbe gilt hinsichtlich des Vergleichs von erworbener zu selbst erstellter Software: Erworbene Software ist aufgrund des Kaufs „separierbar“, selbst erstellte möglicherweise nicht. Es soll aber kein Unterschied gemacht werden können zwischen erworbener und selbst erstellter Software, solange die abstrakten und konkreten Ansatzkriterien erfüllt sind, vgl. IAS 38, Basis for Conclusions, 28(d).

5 Vgl. IAS 38, Basis for Conclusions, 29(b).

6 In konzeptioneller Anlehnung an *Schildbach*, Ansatz und Bewertung immaterieller Anlagewerte in Ballwieser (Hrsg.), US-amerikanische Rechnungslegung, 4. Aufl. 2000, S. 99–113 (102).

Hinsichtlich des Vorhandenseins **physischer Substanz** ist wie auch nach HGB eine Beurteilung der Wesentlichkeit vonnöten (IAS 38.3). So ist Anwendungssoftware insgesamt ein immaterieller Vermögenswert, weil beispielsweise eine Diskette oder CD-ROM als physisches Trägermedium unwesentlich ist. Systemsoftware zählt demgegenüber zu den Kosten der physischen Hardware.[7] 287

Der zweite Definitionsteil „**Anlagevermögen**" wird in IAS 38 überhaupt nicht näher spezifiziert und dürfte auch völlig unproblematisch sein. Es ist lediglich eine Abgrenzung zu immateriellen Vermögenswerten des Umlaufvermögens beabsichtigt. 288

In IAS 38 werden ferner die Begriffsmerkmale eines Vermögenswertes selbst außerordentlich betont; tatsächlich ist IAS 38 der einzige *Standard*, in dem sich überhaupt eine Definition des Vermögenswertes findet. Besonderer Wert wird auf das Vorhandensein von **Verfügungsmacht** über die Ressource gelegt (IAS 38.13 bis 38.16), die regelmäßig dann gegeben ist, wenn rechtlich durchsetzbare Ansprüche vorliegen. Diese sind aber keine notwendige Voraussetzung für Verfügungsmacht; ausreichend und ausschlaggebend ist vielmehr, dass das Unternehmen Dritte faktisch von der Nutzung ausschließen kann, was etwa bei geheim gehaltenem technischem Wissen eben wegen der Geheimhaltung zu bejahen ist (F.57).[8] Allgemeines Mitarbeiter-Know-How liegt umgekehrt nicht in der Verfügungsmacht des Unternehmens und ist daher nicht als asset anzusetzen, da Mitarbeiter jederzeit kündigen können (IAS 38.15).[9] 289

Überlassungsverhältnisse (Lizenzvereinbarungen) bei Patenten, Filmrechten usw. (s. IAS 17.1 b) werden im Hinblick auf die Frage der Zurechnung wirtschaftlichen Eigentums nicht nach IAS 17, sondern nach den allgemeinen Ansatzkriterien beurteilt. Hat der Lizenzgeber in wirtschaftlicher Betrachtungsweise „entäußert", so dass sämtliche wesentlichen Nutzungsrechte und die Verfügungsmacht auf den Lizenznehmer übergegangen sind, aktiviert Letzterer den immateriellen Vermögenswert (s. auch IAS 18, Anhang Ziff. 20). 290

Es finden sich jedoch auch Vertragsgestaltungen, bei denen der Lizenznehmer beispielsweise eine Einmalzahlung für einen bestimmten Zeitraum der Nutzung leistet, ohne dass aus wirtschaftlicher Perspektive von einer Veräu-

7 Vgl. *Küting/Pilhofer/Kirchhof*, WPg 2002, 73 (75).

8 Vgl. auch *von Keitz*, Immaterielle Güter in der internationalen Rechnungslegung, 1997, S. 198.

9 Kritisch zu diesem „Verflüchtigungsargument" *Streim/Bieker/Leippe*, Anmerkungen zur theoretischen Fundierung der Rechnungslegung nach International Accounting Standards, in Schmidt/Ketzel/Prigge (Hrsg.), Moderne Konzepte für Finanzmärkte, Beschäftigung und Wirtschaftsverfassung – Gedenkschrift für Stützel, 2000, S. 177–206 (193): auch Nutzenpotentiale, deren Träger materielle Güter sind, können sich (z. B. bei Marktveränderungen) verflüchtigen; die Korrektur erfolgt dann über eine außerplanmäßige Abschreibung, also einer Bewertungsvorschrift; „Weshalb sollte für immaterielle Güter nicht dieselbe Regelung gelten?".

ßerung gesprochen werden kann. In diesen Fällen hat der Lizenznehmer gem. des matching principles die Ausgabe als sonstigen Vermögenswert zu aktivieren (= geleistete Anzahlung auf Nutzungsüberlassung) und linear über die Nutzungsdauer abzuschreiben (zur Bewertung s. Beispiel in Rz. 181). Ein solcher Vermögenswert unterliegt auch den Vorschriften über Wertminderungen gem. IAS 36; sollte eine Nutzung nicht mehr beabsichtigt sein, das Recht auf Nutzung aber noch bestehen, käme insoweit eine außerplanmäßige Abschreibung in Betracht.

Bei der Überlassung eines immateriellen Vermögenswertes (z. B. Software), die *nicht* als Recht aus einer Lizenzvereinbarung ausgestaltet ist und damit *nicht* unter IAS 17.1b fällt, ist daher nach IAS 17 zu prüfen, wer wirtschaftlicher Eigentümer ist (IAS 38.5). Ist dies der Lizenznehmer, führt dies dazu, dass – unabhängig von den Zahlungszeitpunkten, also z. B. auch bei monatlicher Zahlung – der immaterielle Vermögenswert beim Lizenznehmer zu aktivieren ist, sofern die Voraussetzungen nach IAS 17 vorliegen. Anschließend richtet sich die Behandlung im Rahmen der Folgebewertung dann wieder nach IAS 38.[10]

3. Ansatz

291 Eine Ressource ist als immaterieller Vermögenswert des Anlagevermögens **zu aktivieren**, wenn

- die **Definitionsmerkmale** eines immateriellen Vermögenswertes gegeben sind (= abstrakte Bilanzierungsfähigkeit, s. oben Rz. 285),
- es wahrscheinlich ist, dass ein **dem Posten zuordenbarer künftiger wirtschaftlicher Nutzen** dem Unternehmen zufließen wird *und*
- die **Anschaffungs- und Herstellungskosten zuverlässig ermittelt** werden können (IAS 38.19).

292 Von den konkreten Aktivierungsvoraussetzungen des Rahmenkonzepts (s. Rz. 162 ff.) unterscheidet sich der **wahrscheinliche Nutzenzufluss** nach IAS 38 durch die Forderung, dass der künftige wirtschaftliche Nutzen *genau dem betrachteten immateriellen Vermögenswert zuordenbar* sein soll. Dies deutet einerseits auf eine restriktivere Aktivierungsvoraussetzung als bei materiellen Gütern hin;[11] andererseits unterbleibt eine Aktivierung *nicht*, wenn der immaterielle Vermögenswert nur zusammen mit anderen Vermögenswerten Nutzenzuflüsse i. S. v. Cashflows generieren kann (IAS 38.48). Im Ergebnis dürften daher keine Unterschiede im Vergleich zu den Aktivierungsvoraussetzungen des Rahmenkonzepts vorliegen.[12]

---

10 Abweichend wohl WP-Handbuch 2000, Bd. I, 12. Aufl. 2000, Abschn. N Rz. 657 (Fn. 250) und *Wagenhofer*, International Accounting Standards, 3. Aufl. 2001, S. 149, die jeweils ausführen, Leasinggegenstände seien grundsätzlich vom Anwendungsbereich des IAS 38 ausgenommen.

11 Vgl. *Wagenhofer*, International Accounting Standards, 2001, S. 150.

12 Vgl. auch *Küting/Pilhofer/Kirchhof*, WPg 2002, 73 (75).

Im Unterschied zu § 248 Abs. 2 HGB sind nach IAS auch **selbst geschaffene immaterielle Vermögenswerte** prinzipiell **ansatzpflichtig**. Für *alle* selbst erstellten immateriellen Vermögenswerte gelten jedoch **zusätzliche Aktivierungsvoraussetzungen** (IAS 38.39), die nachfolgend erläutert werden. 293

Zunächst ist zwischen einer Forschungs- und Entwicklungsphase zu unterscheiden. Für **Forschungsausgaben** besteht ein **Aktivierungsverbot** (IAS 38.42). Nach IAS 38.7 ist Forschung die eigenständige und planmäßige Suche mit der Aussicht, zu neuen wissenschaftlichen oder technischen Erkenntnissen zu gelangen. Dazu gehören etwa die Grundlagen- und angewandte Forschung sowie die Suche nach Produkt- und Prozessalternativen (IAS 38.44).

Demgegenüber ist **Entwicklung** die Anwendung von Forschungsergebnissen oder von anderem Wissen auf einen Plan oder Entwurf für die Produktion von neuen oder beträchtlich verbesserten Materialien, Vorrichtungen, Produkten, Verfahren, Systemen oder Dienstleistungen. Die Entwicklung findet dabei vor Aufnahme der kommerziellen Produktion oder Nutzung statt (IAS 38.7). Dazu zählen etwa der Entwurf und die Konstruktion von Prototypen und Modellen, Werkzeugen, Formen, das Testen neuer Materialien und Produkte usw. (IAS 38.47). Entwicklungsausgaben sind genau dann zu aktivieren, wenn folgende **Voraussetzungen** *kumulativ nachgewiesen* werden: 294

a) die **technische Machbarkeit** der Fertigstellung eines immateriellen Vermögenswertes, damit er verwendbar oder veräußerbar wird;

b) die **Absicht**, dies zu tun;

c) die **Fähigkeit**, ihn dann auch tatsächlich zu verwenden oder zu veräußern;

d) die Art, wie der immaterielle Vermögenswert künftigen **wirtschaftlichen Nutzen** stiften wird. Dazu gehört der Nachweis eines Marktes für den Vermögenswert selbst oder die mit ihm zu erstellenden Leistungen bzw. seine allgemeine Nützlichkeit bei unternehmensinterner Verwendung;

e) die **Verfügbarkeit** entsprechender technischer, finanzieller und sonstiger **Ressourcen**, um die Entwicklung zum Abschluss und zur Einsatzbereitschaft zu bringen und

f) die **zuverlässige Bestimmung der Herstellungskosten** während der Entwicklungszeit (IAS 38.45).

Werden diese Voraussetzungen kumulativ nachgewiesen, beginnt ab dem Zeitpunkt des Nachweises (also auch unterjährig) der Herstellungszeitraum mit **aktivierungspflichtigen Herstellungs-(Entwicklungs-)kosten**. Vor diesem Zeitpunkt angefallene Entwicklungsausgaben sind als Aufwand zu erfassen und können nicht nachaktiviert werden (IAS 38.59). Der jeweilige Nachweis der Voraussetzungen dürfte insbesondere dann unproblematisch sein, wenn Beginn und Ende der Fertigung (Entwicklung) des immateriellen Vermögenswertes in dieselbe Abrechnungsperiode fallen.

Bei periodenübergreifender Fertigung (Entwicklung) wird umgekehrt der Nachweis der **technischen Machbarkeit** (a) gerade in der besonders forschungs- und entwicklungsintensiven chemischen und pharmazeutischen Industrie einschließlich der Biotechnologie nur schwer zu erbringen sein. So sind in der chemischen Industrie Fälle bekannt, dass ein innovativer Wirkstoff sehr wohl in einer kleinen Versuchsanlage erfolgreich hergestellt werden kann, ohne dass damit die Realisierbarkeit in einer großtechnischen Anlage gewährleistet wäre. Im Gesundheitsbereich sind vor der Markteinführung eines neuen Produkts noch umfangreiche Tests sowie Genehmigungsverfahren zu durchlaufen, so dass vor Abschluss dieser Maßnahmen eine positive Beurteilung der technischen Machbarkeit praktisch nicht möglich ist.[13]

Die Kriterien (b) bis (e) sind demgegenüber vergleichsweise leicht zu erfüllen und können im Wesentlichen über **Unternehmens- oder Finanzpläne** (IAS 38.49) nachgewiesen werden. Die zuverlässige Ermittlung der Entwicklungsausgaben (f) schließlich unterscheidet sich nicht von der sonst üblichen Herstellungskostenermittlung.

295 Die (bedingte) Aktivierungspflicht für selbst erstellte immaterielle Vermögenswerte des Anlagevermögens ist mit § 248 Abs. 2 HGB nicht vereinbar. Allerdings sind die genannten Aktivierungsvoraussetzungen durchaus als streng zu bezeichnen; wird nur eine nicht erfüllt oder lassen sich die Forschungs- und Entwicklungsphase nicht hinreichend genau voneinander trennen, kommt eine Aktivierung nicht in Betracht (IAS 38.41). Wegen der bestehenden Möglichkeiten der Sachverhaltsgestaltung und der erheblichen Ermessensspielräume kann man insoweit in der Praxis von einem **faktischen Wahlrecht** sprechen.[14]

296 Der Ansatz des **derivativen Firmenwertes** richtet sich nach IAS 22. Da die IAS prinzipiell keinen Unterschied zwischen Einzel- und Konzernabschluss machen, wird auch nicht – anders als nach HGB – zwischen einem Firmenwert unterschieden, der nach Erwerb des Reinvermögens gem. § 255 Abs. 4 Satz 1 HGB („asset deal") oder nach Erwerb einer Beteiligung („share deal"), die erst nach durchgeführter Kapitalkonsolidierung zu einem Firmenwert gem. § 301 Abs. 3 Satz 1 HGB führt, entsteht (IAS 22.4). In jedem Fall besteht **Ansatzpflicht** (IAS 22.41). Zu Einzelheiten der Bilanzierung des Goodwill siehe Rz. 909 f.

297 **ABC der Aktivierung immaterieller Sachverhalte**

Anlaufkosten für die Aufnahme neuer Tätigkeiten oder Einführung neuer Produkte und Verfahren: Aktivierungsverbot (IAS 38.57a).

---

13 Vgl. *Menn* in Baetge u. a. (Hrsg.), Rechnungslegung nach IAS, IAS 9 Rz. 51 ff.; zu Einzelheiten bei Biotechnologieunternehmen vgl. *Fülbier/Honold/Klar*, RIW 2000, 833 (837 f.).

14 Vgl. ausführlich *von Keitz*, Immaterielle Güter in der internationalen Rechnungslegung, 1997, S. 190–193.

Aus- und Weiterbildungskosten: Aktivierungsverbot (IAS 38.57b).

Betriebssystem eines Computers: Ist integraler Bestandteil der Hardware und wird zusammen mit dieser als Sachanlage bilanziert (IAS 38.3).

Domain s. Internet-Domain.

Drucktitel, selbst geschaffene: Aktivierungsverbot (IAS 38.51).

Eigenkapital, Aufwendungen für Beschaffung des –: Extern angefallene Aufwendungen sind erfolgsneutral im Eigenkapital zu verrechnen (SIC-17.5 f.). Intern angefallene Aufwendungen (Verwaltungskosten, Gehälter) werden erfolgswirksam erfasst; zu Einzelheiten Hinweis auf Rz. 1005.

Entwicklungskosten: sind die *Herstellungskosten* eines selbst erstellten immateriellen Vermögenswertes; *Aktivierungspflicht bei Erfüllung der Voraussetzungen* (IAS 38.45–38.55, s. Rz. 294).

Erfindungen, geheim gehaltene: Wegen der Geheimhaltung wird der Zugriff Dritter auf die Erfindung beschränkt (IAS 38.13), so dass die Entwicklungskosten zu aktivieren sind, wenn ein künftiger Nutzenzufluss wahrscheinlich ist.[15]

Forschungskosten: Aktivierungsverbot (IAS 38.42). Dies gilt für alle Aufwendungen, die der Forschungsphase zuzurechnen sind, also etwa auch Ausgaben für die Anschaffung materieller und immaterieller Vermögenswerte,[16] da ein künftiger Nutzenzufluss aus Forschungsaktivitäten noch zu unbestimmt ist.

Gebrauchsmusterrecht s. Patentrecht.

Geschäfts- oder Firmenwert, derivativer: Aktivierungspflicht (IAS 22.41).

Geschäfts- oder Firmenwert, originärer: Aktivierungsverbot (IAS 38.36).

Geschmacksmusterrecht s. Patentrecht.

Gewerbliche Schutzrechte, wie Gebrauchsmusterrecht, Geschmacksmusterrecht, Markennamen, s. Patentrecht.

Gründungskosten: Aktivierungsverbot (IAS 38.57a).

Ingangsetzungs- und Erweiterungsaufwand: Aktivierungsverbot (IAS 38.57a).

Internetauftritt: Aufwendungen für die Erstellung des eigenen Internetauftritts sind als Anschaffungs- oder Herstellungskosten (Entwicklungsaufwand) zu aktivieren, wenn der künftige Nutzenzufluss wahrscheinlich ist (SIC-32.8).[17] Dies ist gegeben, wenn der Internetauftritt beispielsweise als (neuer oder einziger) Distributionskanal verwendet wird. Da für das Vorlie-

---

15 S. hierzu auch *von Keitz*, Immaterielle Güter in der internationalen Rechnungslegung, 1997, S. 213 f.

16 Vgl. *Küting/Pilhofer/Kirchhof*, WPg 2002, 73 (75).

17 Vgl. *Fischer/Vielmeyer*, BB 2001, 1294 (1297 f.), die die Bedingung des Nutzenzuflusses allerdings nicht problematisieren.

gen von Nutzenzuflüssen Kosteneinsparungen ausreichend sind (IAS 38.17), wird ferner bereits ein Investor-Relations-Auftritt nutzenstiftend sein, da er die Distributionskosten für Kapitalmarktinformationen senkt. Ob allerdings ein Internetauftritt ausschließlich zur Imagepflege den (nicht zu aktivierenden) Werbemaßnahmen oder der Verkaufsförderung zuzuordnen ist, wird auch durch SIC-32 nicht geklärt. Bei der Bewertung ist zwischen einer Forschungs-(Planungs-)Phase und der Entwicklungsphase zu unterscheiden. Machbarkeitsstudien, Hardwareauswahl und die Auswahl verschiedener Produkte und Anbieter gehören zur nicht aktivierungsfähigen Planungsphase. Sollten die Aktivierungskriterien erfüllt sein, dann sind die Kosten etwa für den Erwerb der Domain, die Softwareentwicklung und die tatsächliche Einrichtung der Seite zu aktivieren. Die Pflege des Internet-Auftritts sowie Schulungskosten sind laufender Periodenaufwand.

Internet-Domain: Der Name wird entweder unmittelbar bei der DENIC e.G. oder von einem Dritten erworben.[18] Wird er für den eigenen Internet-Auftritt verwendet, ist er zusammen mit diesem ggf. zu aktivieren, s. Stichwort Internetauftritt. Ist eine Vermietung der Internet-Domain beabsichtigt, ist zweifelsfrei Aktivierungspflicht nach IAS 38 gegeben. Tritt das Unternehmen dagegen als Domain-Händler für den allgemeinen Markt auf, sind im Bestand befindliche Domains als Vorräte (IAS 2) zu bilanzieren.

Konzessionen: Aktivierungspflicht, wenn Nutzung möglich und beabsichtigt ist und künftiger Nutzenzufluss wahrscheinlich ist.[19]

Kundenlisten: Aktivierungsverbot für selbst geschaffene Kundenlisten, (IAS 38.51). Auch für erworbene Kundenlisten fehlt es in der Regel an der Aktivierungsvoraussetzung der Kontrolle (kein rechtlicher Schutz der Kundenbeziehung), um sie als immateriellen Vermögenswert des Anlagevermögens anzusetzen (IAS 38.16). Etwas anderes gilt für beabsichtigten Handel mit Kundenlisten: Erworbene Kundenlisten sind in diesem Fall dem Umlaufvermögen zuzuordnen und mit Anschaffungskosten anzusetzen (IAS 38.2a).

Lizenzen: Erworbene Lizenzen (z. B. Softwarelizenz) sind zu Anschaffungskosten anzusetzen, sofern der künftige Nutzenzufluss wahrscheinlich ist.[20] Handelt es sich demgegenüber um ein Dauerschuldverhältnis, wird wirtschaftliches Eigentum nicht erworben; die Lizenzgebühren sind Aufwand (IAS 17.1b, IAS 18 Anhang Ziff. 20).

Markennamen und -rechte, selbst geschaffen: Aktivierungsverbot (IAS 38.51). Im Falle eines entgeltlichen Erwerbs (z. B. im Zusammenhang mit dem Er-

18 Zur Begriffsbestimmung siehe etwa *Schmittmann*, StuB 2002, 105 f.

19 Vgl. auch *von Keitz*, Immaterielle Güter in der internationalen Rechnungslegung, 1997, S. 207 f.

20 Vgl. auch *Küting/Pilhofer/Kirchhof*, WPg 2002, 73 (75).

werb eines ganzen Unternehmens)[21] Aktivierungspflicht, wenn dem Markennamen künftiger wirtschaftlicher Nutzen zuzurechnen ist (IAS 38.12).

Marktanteile: s. Kundenlisten.

Mitarbeiter-Know-How: Aktivierungsverbot (IAS 38.15).

Patentrechte: Aktivierungspflicht, wenn Ansatzkriterien erfüllt. Selbst erstellte Patente sind mit ihren Entwicklungskosten zuzüglich der Nebenkosten (Patentanwalt, Anmeldegebühren) zu aktivieren.

Reorganisation, Ausgaben für –: Aktivierungsverbot (IAS 38.57[d]).

Schulungskosten: Aktivierungsverbot (IAS 38.55[c] und 38.57[b]).

Software, dauerhafte Eigennutzung: In der Regel wird das Nutzungsrecht durch eine Lizenz erworben; handelt es sich um Spezialsoftware, die integraler Bestandteil des Computers oder einer Maschine ist, dann liegen mit der Software Anschaffungsnebenkosten bzw. Herstellungskosten der Sachanlage vor, ansonsten ein immaterieller Vermögenswert. Selbst erstellte Software oder die Abstimmung und Einrichtung neu erworbener Software an betriebsindividuelle Bedürfnisse (z. B. SAP R 3) ist nach den Kriterien für selbst erstellte immaterielle Vermögenswerte zu beurteilen und ggf. mit den Entwicklungskosten zu aktivieren; für dabei anfallende Schulungskosten besteht allerdings ein Aktivierungsverbot.

Software, Fertigungsauftrag: Ist das Unternehmen beauftragt worden, für einen Dritten Software zu entwickeln, richtet sich die Bilanzierung nach IAS 11 (s. Rz. 485).

Software, Quellprogramm und Massenfertigung: Wird Software für den anonymen Markt entwickelt, sind, wenn die Voraussetzungen vorliegen, die Entwicklungskosten des Quellprogramms als Herstellungskosten zu aktivieren. Die davon gezogenen Kopien allerdings unterliegen nicht mehr IAS 38, sondern werden als Vorräte gem. IAS 2 bilanziert.

Software, Kosten der Anpassung für vorhandene: Anpassungsmaßnahmen können erforderlich sein, um S. an beispielsweise neue rechtliche Rahmenbedingungen anzupassen; solche Maßnahmen sind Erhaltungsaufwand (SIC-6.4).

Urheber- und Leistungsschutzrechte s. Patentrechte.

Verlegung des Unternehmens, Ausgaben für –: Aktivierungsverbot (IAS 38.57d).

Versicherungsvertrag: Aufwendungen für den Abschluss von Versicherungsverträgen beim Versicherungsnehmer erfüllen nicht die Aktivierungsvoraussetzung des wahrscheinlichen künftigen wirtschaftlichen Nutzenzuflusses und sind – auch in Übereinstimmung mit § 248 Abs. 3 HGB – nicht

21 Einzelübertragung durch neues europäisches (EG-Richtlinie 89/104 v. 21.12.1988, ABl. L 40, 1) Markenrecht (MarkenG v. 25.10.1994, BGBl I 3082) ist gem. § 27 MarkenG möglich.

anzusetzen. Auch der Vertrag selbst ist nicht zu aktivieren.[22] Zur Bilanzierung von Versicherungsverträgen insbesondere beim Versicherer ist ein Standard in Vorbereitung. Nach den jetzt anzuwendenden allgemeinen Ansatzkriterien erfüllen Versicherungsverträge den asset-Begriff und sind mit ihren Herstellungskosten zu bewerten.[23]

Warenzeichen s. Markenname.

Web-Pages s. Internetauftritt.

Werbung: Aktivierungsverbot (IAS 38.57c).

Zeitungs- und Verlagstitel, selbst geschaffene s. Drucktitel.

4. Bewertung bei erstmaliger Erfassung

298 Immaterielle Vermögenswerte sind mit **Anschaffungs- bzw. Herstellungskosten** anzusetzen (IAS 38.22).

299 Die Zusammensetzung der Anschaffungskosten für **einzeln erworbene immaterielle Vermögenswerte** unterscheidet sich nicht von jener für das Sachanlagevermögen;[24] insoweit wird auf die Erläuterung in Rz. 325 analog verwiesen.[25]

300 Bei einem **Unternehmenserwerb** ist zu prüfen, ob aus Sicht des Erwerbers immaterielle Vermögenswerte identifiziert werden können, und zwar unabhängig davon, ob sie beim erworbenen Unternehmen schon angesetzt waren oder nicht. Da die übernommenen Vermögenswerte und Schulden jeweils zum beizulegenden Zeitwert anzusetzen sind, gilt dies auch für identifizierte immaterielle Vermögenswerte, die solchermaßen von der Restgröße Goodwill getrennt werden. Allerdings dürfen identifizierte immaterielle Vermögenswerte, für die *kein* aktiver Markt besteht, nur in Höhe des Betrages angesetzt werden, durch den ein passiver Unterschiedsbetrag aus Kapitalkonsolidierung weder entstehen noch sich erhöhen würde (IAS 38.32). Zur Prüfung, ob ein passiver Unterschiedsbetrag vorliegt, ist dementsprechend wie folgt vorzugehen: Es sind alle Vermögenswerte bis auf immaterielle, für die kein aktiver Markt besteht, sowie alle Schulden zum beizulegenden Zeitwert zu bewerten. Sodann ist die Differenz mit den Anschaffungskosten der Beteiligung zu vergleichen. Ergibt sich hier (schon) ein passiver Unterschiedbetrag, können keine weiteren immateriellen Vermögenswerte (jene, für die kein aktiver Markt besteht) angesetzt werden, obwohl sie identifiziert worden sind.

22 Vgl. *Förschle* in Beck'scher Bilanz-Kommentar, § 248 HGB Rz. 36.

23 So auch *Förschle* in Beck'scher Bilanz-Kommentar, § 248 HGB Rz. 37.

24 ED IAS 38.24B enthält die Klarstellung, dass anfallende Aufwendungen nach Erlangung der Betriebsbereitschaft nicht aktiviert werden dürfen.

25 Allerdings benennt IAS 38 nicht die Aktivierung möglicher, als Rückstellung passivierter Entsorgungsverpflichtungen; wohl, weil diese wegen mangelnder physischer Substanz des immateriellen Vermögenswertes kaum in Betracht kommen.

Gelegentlich werden immaterielle Vermögenswerte durch **Zuwendungen der öffentlichen Hand** zur Verfügung gestellt, wie dies in einigen Ländern etwa mit UMTS-Lizenzen geschehen ist. In diesem Fall besteht das Wahlrecht, entweder den Vermögenswert mit seinem fair value zu aktivieren und (nach Abzug von Anschaffungsnebenkosten bzw. nachträglichen Anschaffungskosten) in prinzipiell gleicher Höhe eine passivische Abgrenzung vorzunehmen oder beide Werte saldiert auszuweisen (IAS 38.33 i. V. m. IAS 20.24). 301

Die **Anschaffungskosten beim Tausch** (IAS 38.34 f.) entsprechen jenen für Sachanlagen, siehe Rz. 333.[26] 302

Auch die Bestandteile der **Herstellungskosten** für selbst erstellte immaterielle Vermögenswerte in der Entwicklungsphase (IAS 38.53 ff.)[27] sind analog zu denen bei Sachanlagen zu bestimmen, s. Rz. 334.[28] 303

5. Folgebewertung

Alle immateriellen Vermögenswerte des Anlagevermögens sind nach der Benchmark-Methode zu **fortgeführten Anschaffungs- und Herstellungskosten** zu bewerten (IAS 38.63). Für Vermögenswerte, *für die ein aktiver Markt besteht*, ist alternativ auch die **Neubewertungsmethode** zulässig (IAS 38.64). 304

Die – im Vergleich zu Sachanlagen – *zusätzliche* Anwendungsvoraussetzung der Existenz aktiver Märkte für die Neubewertungsmethode schränkt deren Bedeutung für die Praxis drastisch ein. IAS 38.67 betont, dass für immaterielle Vermögenswerte normalerweise keine aktiven Märkte bestehen; Ausnahmen seien etwa bei frei übertragbaren Taxi- und Fischereilizenzen oder Produktionsquoten zu beobachten, und man wird sicherlich auch die in den USA handelbaren Verschmutzungszertifikate dazu rechnen müssen. Wegen ihrer praktischen Irrelevanz haben wir auf die Erläuterung der Neubewertungsmethode bei immateriellen Vermögenswerten des Sachanlagevermögens verzichtet. Die folgenden Ausführungen beziehen sich daher nur auf die Benchmark-Methode.

Immaterielle Vermögenswerte sind **planmäßig über die Nutzungsdauer** abzuschreiben, wobei die widerlegbare Vermutung besteht, dass die Nutzungsdauer 20 Jahre nicht übersteigt (IAS 38.79). Häufig wird eine kürzere Nutzungsdauer angebracht sein (IAS 38.81); ein Überschreiten der 20 Jahre ist besonders zu begründen (IAS 38.83). Ist der immaterielle Vermögenswert mit einem Rechtsschutz versehen (z. B. Patent), so ist höchstens über die Lauf- 305

26 Dies gilt auch nach Umsetzung der Änderungen des improvement Projekts, vgl. ED IAS 38.34 ff.

27 ED IAS 38.24C enthält die Klarstellung, dass nur jene Aufwendungen als Entwicklungskosten aktiviert werden können, die zur Erlangung der Betriebsbereitschaft entsprechend der vorgesehenen Verwendung anfallen.

28 Dies gilt auch im Hinblick auf das vorgesehene Verbot der Aktivierung von Verwaltungsgemeinkosten durch Streichung von ED IAS 38.54 d.

zeit des Rechtsschutzes abzuschreiben, es sei denn, eine Erneuerung des Schutzes ist so gut wie sicher (IAS 38.85). Die Abschreibung beginnt mit der Nutzung des Vermögenswertes (IAS 38.79), so dass während des Herstellungsprozesses noch keine planmäßige Abschreibung anfallen kann.

306 Es ist die **Abschreibungsmethode** heranzuziehen, die der Abnutzung am besten entspricht. Kann diese nicht verlässlich geschätzt werden, ist linear abzuschreiben (IAS 38.88). Der **Restwert** ist regelmäßig mit dem Wert null anzunehmen, es sei denn, ein Dritter hat sich bereits verpflichtet, den Vermögenswert am Ende der Nutzungsdauer zu erwerben oder es besteht am Ende der Nutzungsdauer voraussichtlich noch ein aktiver Markt (IAS 38.91). Mindestens zu jedem Geschäftsjahresende sind Nutzungsdauer und Abschreibungsmethode zu überprüfen. Ergeben sich wesentliche Abweichungen zu den früheren Annahmen, sind Anpassungen entsprechend IAS 8 vorzunehmen (IAS 38.94). Es handelt sich in diesem Fall um eine Änderung von Schätzungen (s. Rz. 141).

307 Es bestehen derzeit keine praktisch relevanten Unterschiede in der Bewertung eines **Goodwills** (aktivischer Firmenwert) im Vergleich zu anderen immateriellen Vermögenswerten (IAS 22.44 ff.), so dass auch hier die widerlegbare Nutzungsdauer von 20 Jahren einschlägig ist. Bei der Abschreibungsmethode wird noch stärker auf die lineare Methode verwiesen; diese soll ausdrücklich verwendet werden, es sei denn, eine andere Methode stellt die tatsächlichen Verhältnisse besser dar. Der Board hat allerdings bereits angekündigt, die Neuregelung nach US-GAAP[29] – Wegfall der planmäßigen Goodwillabschreibung – grundsätzlich zu übernehmen.[30] Hierzu ist für das Jahr 2002 der Entwurf eines Standards „Business Combinations, Phase I" angekündigt worden;[31] zu Einzelheiten s. Rz. 881.

308 Immaterielle Vermögenswerte unterliegen den Regeln zu **außerplanmäßigen Abschreibungen** und **Zuschreibungen** nach IAS 36, s. hierzu Rz. 390. Ein **jährlicher Wertminderungstest** ist erforderlich für

- Vermögenswerte mit Nutzungsdauern jenseits 20 Jahre und
- für solche Vermögenswerte, die noch nicht genutzt werden. Dazu gehören auch die sich noch im Herstellungsprozess befindlichen immateriellen Vermögenswerte (IAS 38.99).

309 Die Regelungen bei der Behandlung von Abgängen entsprechen jenen zu Sachanlagen, s. Rz. 353.

310–319 Einstweilen frei.

29 Vgl. hierzu statt vieler nur *Busse von Colbe*, BB 2001, I „Die erste Seite"; *ders.*, DB 2001, 877 sowie *Pellens/Sellhorn*, DB 2001, 1681.
30 Vgl. bereits IASB Update, Dezember 2001, S. 1.
31 Vgl. IASB Insight, Juli 2002, S. 3.

II. Sachanlagen

1. Überblick und Wegweiser

Regelungen zur Bilanzierung von Sachanlagen finden sich in IAS 16 (Sachanlagen [i. e. S.]), IAS 17 (Leasing) und IAS 40 (Investment Property). 320

Der wesentliche Standard zur Bilanzierung von Sachanlagen ist **IAS 16**. IAS 16 regelt **Ansatz und Folgebewertung** des gesamten **Sachanlagevermögens**, das dem bilanzierenden Unternehmen unmittelbar nach den allgemeinen Ansatzkriterien (s. Rz. 156, Rz. 162) zuzuordnen und nicht als Investment Property einzustufen ist.

Ein weiterer Prüfschritt für das Sachanlagevermögen ist durch **IAS 40 „Investment Property"** – anzuwenden für Geschäftsjahre, die am oder nach dem 1. Januar 2001 beginnen – eingefügt worden. Investment Property sind im Eigentum befindliche oder beim Leasingnehmer im Wege des Finanzierungsleasing aktivierte **Grundstücke oder Gebäude(teile)**, die zur **Erzielung von Miet- und Pachterträgen oder zur Wertsteigerung** gehalten werden und nicht der Produktion oder Verwaltung oder dem Handel dienen (IAS 40.4). Wichtigster Anwendungsbereich dürfte sich für **Immobilien-Gesellschaften** ergeben.

Investment Property haben aus Sicht der IAS eine mit den Finanzinstrumenten vergleichbare Qualität. IAS 40 gewährt für diese Vermögenswerte ein **Wahlrecht**: Sie können wie gewöhnliche Sachanlagen zu fortgeführten Anschaffungs- und Herstellungskosten gem. IAS 16 bilanziert werden (= cost model), oder sie werden *erfolgswirksam* zum fair value angesetzt (= fair value model); zu Einzelheiten s. Rz. 378 ff.

IAS 16 ist darüber hinaus in der **Folgebewertung** immer dann anzuwenden, wenn ein materieller Vermögenswert im Rahmen des **Finanzierungsleasing** nach IAS 17 dem bilanzierenden Unternehmen zuzuordnen ist – es sei denn, es handelt sich um Grundstücke und Gebäude(teile), die unter den Anwendungsbereich von IAS 40 fallen und das Cost-Modell wird nicht gewählt. Die Einzelheiten zum Finanzierungsleasing finden sich zusammengefasst im Abschnitt 3, Rz. 355 ff.

Allerdings sind die Regelungen des IAS 16 nicht auf biologische Vermögenswerte in der Landwirtschaft – hier ist IAS 41 einschlägig – und auf Abbaurechte sowie die Exploration und Gewinnung von Mineralien, Öl und Naturgas und ähnliche nicht-regenerative Ressourcen anzuwenden, es sei denn, mit diesen Tätigkeiten ist der Einsatz von Sachanlagen verbunden (IAS 16.2).

Auch die IAS kennen das **Niederstwertprinzip** für das Anlagevermögen. Einzelheiten hierzu finden sich in IAS 36 und werden im nächsten Kapitel behandelt (s. Rz. 390 ff.).

Die Erläuterungen der Angabepflichten zum Sachanlagevermögen und zum Anlagespiegel finden sich in Kapitel IV (Rz. 445 ff.).

Den Zusammenhang für die Einordnung des Sachanlagevermögens zeigt folgende Abbildung:

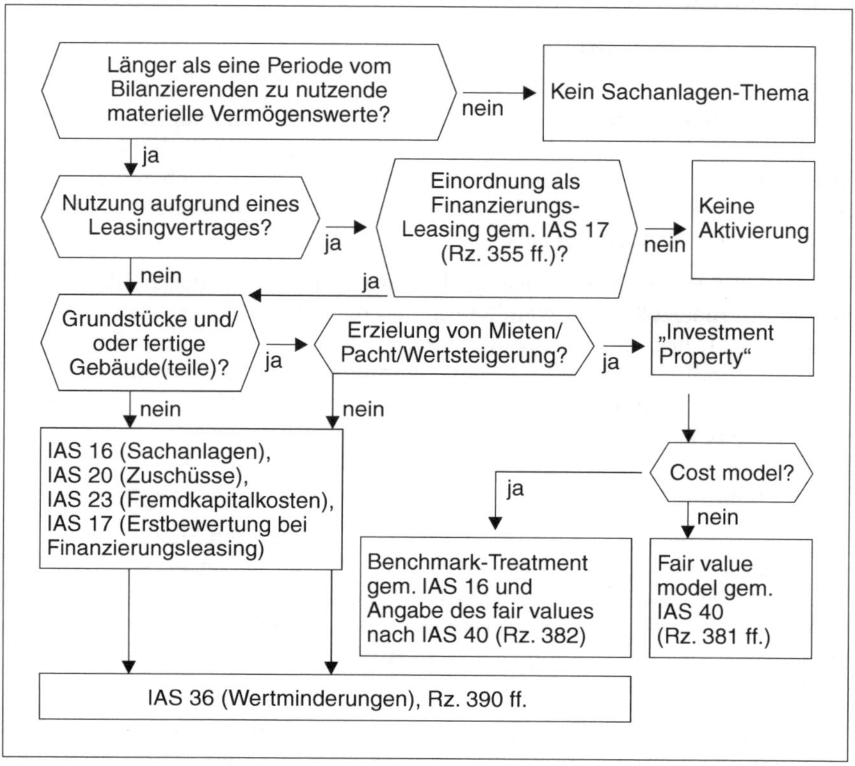

Abb. 9: Standards zur Bilanzierung von Sachanlagen

Im Rahmen des Improvement-Projekts werden IAS 16, IAS 17 und IAS 40 überarbeitet. Wir haben auf bevorstehende materielle Änderungen im Text oder in den Fußnoten mit der Zitierweise „ED“ hingewiesen.

2. Sachanlagen gemäß IAS 16

a) Ansatz

321 Sachanlagen sind materielle Vermögenswerte, die ein Unternehmen für Zwecke der Herstellung oder der Lieferung von Gütern und Dienstleistungen, zur Vermietung an Dritte oder für Verwaltungszwecke besitzt und die erwartungsgemäß länger als eine Periode genutzt werden (IAS 16.6). Durch die Neuerungen infolge von IAS 40 gehören zur Vermietung an Dritte genutzte Grundstücke und Gebäude(teile) nicht mehr unter den unmittelbaren Anwendungsbereich von IAS 16, und zwar auch dann nicht, wenn die Vermietung der wesentliche Geschäftszweck sein sollte. Auch als Finanzierungsleasing qualifizierte Grund-

stücke oder Gebäude(teile), die der Leasingnehmer als wirtschaftlicher Eigentümer an Dritte vermietet, werden von IAS 40 erfasst (zu IAS 40 s. Rz. 378 ff.).

Sachanlagen sind zu aktivieren, wenn sie die **allgemeinen Aktivierungsvoraussetzungen** erfüllen, s. Rz. 156 und Rz. 162. Besondere Aktivierungsvoraussetzungen, wie es sie etwa bei den immateriellen Vermögenswerten gibt, fehlen. 322

Der Nichtansatz von Vermögenswerten mit Anschaffungskosten unter 50 Euro ist wegen des Wesentlichkeitsgrundsatzes unproblematisch („*expensed as purchased*"). Eine explizite Regelung zu **geringwertigen Wirtschaftsgütern** (< 410 Euro) fehlt nach IAS. Hier ist ebenfalls eine zum deutschen Recht analoge Behandlung wegen des Wesentlichkeitsgrundsatzes zu vertreten.[32] 323

Besteht ein Vermögenswert aus Teilen mit unterschiedlichen Nutzungsdauern (Flugzeug, Turbine, Bordküche), so sind diese Teile gesondert zu aktivieren und abzuschreiben (IAS 16.12). Dies wird auch bei einem HGB-Abschluss für zulässig erachtet.[33]

b) Bewertung bei erstmaliger Erfassung

Bei der erstmaligen Erfassung sind Sachanlagen mit den **Anschaffungs- und Herstellungskosten** zu bewerten (IAS 16.14); ein prinzipieller Unterschied zum deutschen Recht besteht insoweit nicht. 324

Die **Anschaffungskosten** setzen sich gem. IAS 16.15 ff. zusammen aus: 325

(1) **Anschaffungspreis** einschließlich Einfuhrzölle und nicht abzugsfähiger Vorsteuer,

(2) **Anschaffungspreisminderungen** wie Rabatte, Skonti und Boni sind abzusetzen,

(3) alle **direkt zurechenbaren Kosten**, die anfallen, um den Vermögenswert in den betriebsbereiten Zustand für seine vorgesehene Verwendung zu bringen (**Anschaffungsnebenkosten**), beispielsweise Kosten der Standortvorbereitung, Installationskosten, Honorar für Architekten usw. Verwaltungs- und andere allgemeine Gemeinkosten zählen nur dann zu den Anschaffungskosten, wenn sie direkt dem Erwerb des Vermögenswertes oder seiner Verset-

---

32 Vgl. *Wagenhofer*, International Accounting Standards, 3. Aufl. 2001, S. 143; *Ballwieser* in Baetge u. a. (Hrsg.), Rechnungslegung nach IAS, 2. Aufl. 2002, IAS 16 Rz. 61.

33 *Ballwieser* in Baetge u. a. (Hrsg.), Rechnungslegung nach IAS, 2. Aufl. 2002, IAS 16 Rz. 15, meint unter Hinweis auf *Jüttner*, GoB-System, Einzelbewertungsgrundsatz und Imparitätsprinzip, Frankfurt 1993, S. 126–129, die Vorgehensweise entspräche im Allgemeinen der Bilanzierung nach dem HGB; nach *Adler/Düring/Schmaltz*, Rechnungslegung und Prüfung der Unternehmen, 6. Aufl. 1995, § 253 HGB Rz. 381 erscheint es z. T. abweichend von der steuerrechtlichen Kasuistik (hierzu *Hoyos/Schramm/Ring* in Beck'scher Bilanz-Kommentar, 4. Aufl. 1999, § 253 HGB Rz. 350 ff.) häufig geboten, wichtige Komponenten getrennt nach ihrer Nutzungsdauer abzuschreiben.

zung in den betriebsbereiten Zustand zugerechnet werden können (IAS 16.17 Satz 1), was die zur Bestimmung der Einzelkosten ggf. erforderlichen Mengen- und Zeitschlüsselungen nach h. M. nicht behindert.[34] Unklar nach dem Wortlaut von ED IAS 16.17d ist, ob Verwaltungskosten künftig generell nicht mehr aktiviert werden dürfen. U. E. wäre eine Normänderung inkonsistent: Ausdrücklich folgt die Ermittlung der Herstellungskosten auch künftig der der Anschaffungskosten, stellt dabei im Detail auf die Herstellungskosten für Vorräte nach IAS 2 ab (IAS 16.18); hier sind aber nach wie vor produktionsnahe Verwaltungskosten zu aktivieren.

(4) **Nachträgliche Anschaffungskosten** s. Rz. 327,

(5) **als Rückstellung passivierte Entsorgungsverpflichtungen** s. Rz. 329 ff.

(6) Zur Behandlung von **Fremdkapitalzinsen** s. Rz. 471.

326 Wenn die Zahlung für einen Gegenstand des Sachanlagevermögens die üblichen Zahlungsfristen überschreitet, sind seine Anschaffungskosten das **Barpreisäquivalent** (IAS 16.16). Wird von der nach IAS zulässigen Alternative einer Aktivierung der Differenz als Fremdkapitalkosten gem. IAS 23 (s. Rz. 471) kein Gebrauch gemacht, entspricht dies der deutschen Bilanzierungspraxis.[35] In Analogie zu IAS 23.13 wird als Diskontierungsfaktor jener Zinssatz heranzuziehen sein, der für die Aufnahme von Fremdmitteln zur sofortigen Bezahlung der Sachanlage bei Erwerb angefallen wäre.

327 Ausgaben für einen schon angesetzten Gegenstand des Sachanlagevermögens sind als **nachträgliche Anschaffungs- oder Herstellungskosten** zu aktivieren, wenn es wahrscheinlich ist, dass über den ursprünglich bemessenen Leistungsgrad des vorhandenen Vermögenswertes hinaus dem Unternehmen zusätzlicher künftiger wirtschaftlicher Nutzen zufließen wird (IAS 16.23). Dies lässt sich mit der **wesentlichen Verbesserung** im deutschen Bilanzrecht durchaus vereinbaren. Eine Hinzuaktivierung ist ferner auch dann vorzunehmen, wenn schon beim Erwerb eines Vermögenswertes offensichtlich ist, dass nach dem Erwerb künftige Aufwendungen zu tätigen sind, um den Vermögenswert überhaupt betrieblich nutzen zu können (IAS 16.26); auch dies entspricht handelsrechtlicher Auffassung.[36] Die nach deutschem Recht für erforderlich gehaltene Trennung zwischen nachträglichen Anschaffungs- und nachträglichen Herstellungskosten[37] ist demgegenüber nach IAS entbehrlich, weil Anschaffungs- und Herstellungskosten denselben Grundsätzen folgen.

328 Alle anderen *gewöhnlichen* nachträglichen Ausgaben – also der **Erhaltungsaufwand** – sind in der Periode, in der sie anfallen, als Aufwand zu erfassen

34 Vgl. *Ballwieser* in Baetge u. a. (Hrsg.), Rechnungslegung nach IAS, 2. Aufl. 2002, IAS 16 Rz. 17; *Ellrott/Schmidt-Wendt* in Beck'scher Bilanz-Kommentar, 4. Aufl. 1999, § 255 HGB Rz. 571.

35 Vgl. *Clemm/Erle* in Beck'scher Bilanz-Kommentar, 4. Aufl. 1999, § 253 HGB Rz. 66.

36 Vgl. *Ordelheide* in Beck'sches Handbuch der Rechnungslegung, B 162 Rz. 275.

37 Vgl. *Ordelheide* in Beck'sches Handbuch der Rechnungslegung, B 162 Rz. 262 f.

(IAS 16.23). Hiervon zu trennen sind allerdings die Kosten für **planmäßige Generalüberholungen**: Können bei Inbetriebnahme einer Sachanlage die voraussichtlichen Kosten der nächsten planmäßigen Generalüberholung geschätzt werden, dann sind diese Kosten als eigener Vermögenswert gesondert zu aktivieren und über den Zeitraum bis zur nächsten Generalüberholung abzuschreiben (SIC-23.10). Die Kosten für die Generalüberholung sind dann anschließend zu aktivieren.[38] Werden ferner Vermögenswerte z. B. mit von vornherein kürzerer Nutzungsdauer (Turbinen) als der übergeordnete Vermögenswert (Flugzeug) ersetzt, so ist diese Ersatzmaßnahme erneut als eigenständiger Vermögenswert zu aktivieren (SIC-23.5 und IAS 16.27).[39]

Als Rückstellungen passivierte **Entsorgungsverpflichtungen** gem. IAS 37 sind den Anschaffungs- oder Herstellungskosten hinzuzurechnen (IAS 16.15e). Auf diese Weise ergibt sich im Zeitpunkt der Bildung der Rückstellung keine Auswirkung auf das Jahresergebnis. Die Norm findet *keine* Entsprechung zum HGB. Wegen des höheren Abschreibungspotentials des Vermögenswertes wirkt die Regelung jedoch wie eine **Ansammlungsrückstellung** nach deutschem Verständnis. 329

Beispiel:

Ein stromproduzierendes Unternehmen nimmt zum 1.1.2001 ein neues Kernkraftwerk in Betrieb. Die Herstellungskosten betrugen 2,5 Mrd. Euro, es wird eine Nutzungsdauer von 30 Jahren erwartet. Aufgrund atomgesetzlicher Bestimmungen besteht eine Entsorgungsverpflichtung nach Ende der Nutzung. Der Barwert der Verpflichtung wird zum 1.1.2001 mit 0,5 Mrd. Euro angegeben; mit diesem Wert werden die Herstellungskosten erhöht und zugleich eine Rückstellung angesetzt. Das Abschreibungspotential beträgt somit 3 Mrd. Euro. Anlass zu einer Wertminderungsprüfung (außerplanmäßige Abschreibung) des Kernkraftwerkes besteht nicht, denn das Unternehmen wird in Kenntnis seiner Entsorgungsverpflichtung die Stromtarife kalkulieren. Insoweit verkörpert auch der Wert der Entsorgungsverpflichtung ein Nutzenpotential.

Da solche Rückstellungen nur langfristigen Charakter haben können, sind sie zum *Barwert* anzusetzen und in gleicher Höhe zu aktivieren. Spätere Erhöhungen der Rückstellung infolge des Zinseffektes sind als *Zinsaufwand* zu erfassen, berühren also den Vermögenswert nicht.[40] Werden wegen besserer Schätzungen im Laufe der Zeit Anpassungen der Rückstellung erforder- 330

38 Nach HGB würde eine Aufwandsrückstellung gem. § 249 Abs. 2 HGB angesetzt werden können.

39 Sog. „**component approach**", der künftig unmittelbar in ED IAS 16.22A-22D übernommen werden soll; SIC-23 wird dann gestrichen.

40 Vgl. auch IDW RS HFA 2 Rz. 115.

lich, sind solche Anpassungen gem. IAS 37.59 zu erfassen und als Änderung von Schätzungen zu behandeln (s. Rz. 141). Dies führt analog zu einer Veränderung des Buchwerts des Vermögenswertes zu Beginn der Periode, die im Anlagespiegel als Zu- bzw. Abgang auszuweisen ist.[41]

331 Fraglich ist, ob eine **nachträgliche Hinzuaktivierung** einer solchen Rückstellung für Entsorgung in Betracht kommt, wenn sich eine Entsorgungsverpflichtung erst im Laufe der Nutzung der Sachanlage herausstellt – und nicht bereits schon bei erstmaliger Erfassung. IAS 16 enthält hierzu explizit keinen Hinweis. Für eine Hinzuaktivierung spricht, dass dann der Aufwand der Rückstellung über die Zeit der Nutzung der Sachanlage gleichmäßig im Wege der höheren Abschreibung auf die künftigen Perioden verteilt wird und zugleich der Gesamtbetrag der Verpflichtung für den Bilanzadressaten offensichtlich ist, wie es auch der Fall wäre, wenn die Entsorgungsverpflichtung schon zu Beginn der Nutzung bestanden hätte. Dies erfordert in der Praxis eine Veränderung des Abschreibungsplans. Allerdings muss die Hinzuaktivierung als nachträgliche Anschaffungs- und Herstellungskosten qualifiziert werden, was voraussetzt, dass dem Unternehmen auch in entsprechender Höhe (ggf. zusätzlicher) wirtschaftlicher Nutzen zufließen wird.

Beispiel (Abwandlung):

Entgegen des Ausgangsfalls (Rz. 329) hat es bei Inbetriebnahme des Kraftwerks noch keine Entsorgungsverpflichtung gegeben, so dass auch keine Rückstellung gebildet worden ist. Nach zehn Jahren der Nutzung – der Buchwert des Kraftwerks beträgt 1,66 Mrd. Euro – erlässt die Regierung ein Gesetz, das die Betreiber von Kernkraftwerken zur Entsorgung verpflichtet. Der Barwert der Entsorgungsverpflichtung betrage zu diesem Zeitpunkt 0,9 Mrd. Euro.

Wird der Barwert der Entsorgungsverpflichtung passiviert und erfolgt in gleicher Höhe eine Hinzuaktivierung zum Kraftwerk, erhöht sich dessen Buchwert auf 2,56 Mrd. Euro. Dies müsste zugleich das Nutzenpotential sein, welches im Wege der Abschreibung auf die 20 Jahre der Restnutzungsdauer zu verteilen ist. Daher muss geprüft werden, ob die künftig zu erzielenden Einnahmen aus Stromverkauf die Werterhöhung des Kraftwerks rechtfertigen. Ist dies nicht der Fall, wäre eine außerplanmäßige Abschreibung des Kraftwerks gem. IAS 36 zu prüfen und dann vorzunehmen, wenn die auf das Unternehmen zukommende Belastung infolge der Gesetzesänderung offensichtlich nicht (in voller Höhe) an den Markt weitergegeben werden kann.

Die im Beispiel skizzierte Vorgehensweise erscheint kompliziert und vor allem ungewohnt, berücksichtigt aber konsistent das IAS-Regelwerk. Sollte

41 Vgl. IDW RS HFA 2 Rz. 117 und Rz. 119.

demgegenüber das Problem im Wege der Bilanzierung einer **Ansammlungsrückstellung** nach deutschem Verständnis gelöst werden,[42] wird die bereits bestehende Verpflichtung während der Nutzungszeit zu niedrig ausgewiesen. Daher sollte in diesem Fall zusätzlich im Anhang der Barwert der künftigen Verpflichtung angegeben werden, denn unabhängig von der fortgesetzten Nutzung des Vermögenswertes kann sich der Bilanzierende der Verpflichtung nicht mehr entziehen; diese Information darf dem Bilanzleser jedoch nicht vorenthalten werden.

Die bislang bestehende Regelungslücke bei **nachträglich auftretenden Entsorgungsverpflichtungen** soll entsprechend der hier im Beispiel vorgeschlagenen Lösung durch ED IAS 16.20A geschlossen werden.

Investitionszuschüsse für Vermögenswerte sind in der Bilanz entweder als 332
passivische Abgrenzung darzustellen oder bei der Feststellung des Buchwertes des Vermögenswertes abzusetzen (IAS 20.24). Die Absetzung von den Anschaffungs- und Herstellungskosten entspricht dem Wahlrecht in R 34 Abs. 2 EStR.

Werden Sachanlagen im Rahmen eines **Tauschs** erworben, ist hinsichtlich 333
des Ansatzes des erworbenen Vermögenswertes nach Art und Wert des hingegebenen Vermögenswertes zu differenzieren (s. Abb. 10). Der Tausch mit einem **unähnlichen Vermögenswert** führt immer zum Ansatz der erworbenen Sachanlage mit dem **beizulegenden Zeitwert** des hingegebenen Vermögenswertes. Ergibt sich hier eine Differenz zum Buchwert, ist der Tauschvorgang in Höhe der Differenz erfolgswirksam zu behandeln. Dies entspricht der grundsätzlichen Vorgehensweise nach Handels- und Steuerrecht, wonach die Anschaffungskosten des erworbenen Wirtschaftsguts durch die Höhe des gemeinen Werts des hingegebenen Wirtschaftsguts bestimmt werden.[43] Stimmen beizulegender Zeitwert und gemeiner Wert überein, ergeben sich hier keine Ansatzpunkte für den Ansatz latenter Steuern.

---

42 So geht RWE im IAS-Abschluss vor, s. Geschäftsbericht 2001, S. 144: „Die Rückstellungen für die Stilllegung von Kernkraftwerksanlagen werden über 25 Jahre linear angesammelt."

43 Nunmehr auch beim Tausch von Anteilen an Kapitalgesellschaften, s. R 32 a EStR.

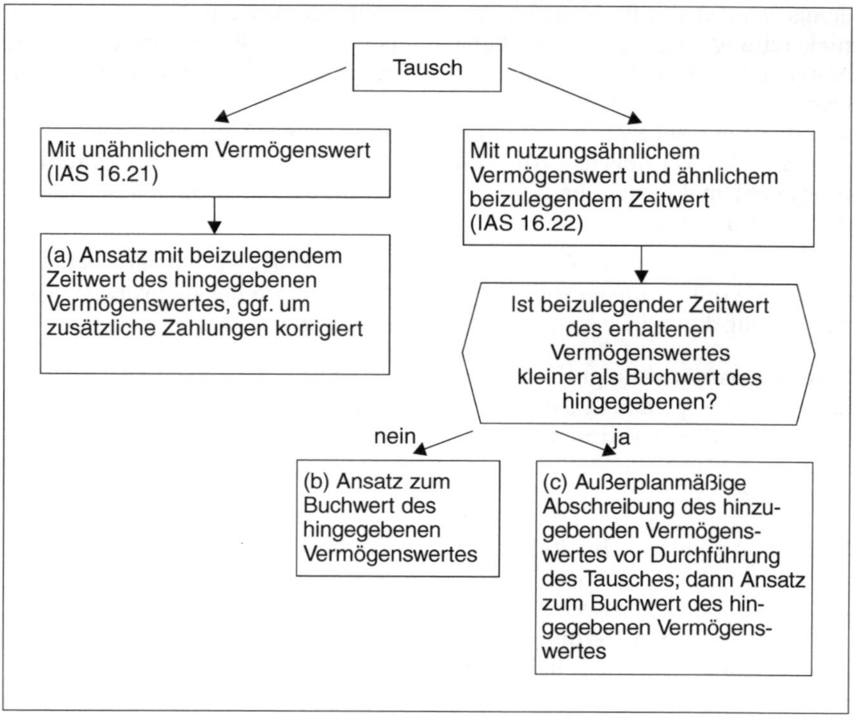

Abb. 10: Anschaffungskosten beim Tausch

Werden zwei **nutzungsähnliche Vermögenswerte** getauscht, erfolgt der Ansatz zum *Buchwert* des hingegebenen Vermögenswertes; der Tauschvorgang ist insoweit *erfolgsneutral*. Sollte der beizulegende Zeitwert des erhaltenen Vermögenswertes niedriger sein als der Buchwert des hinzugebenden, ist dies ein Hinweis auf eine Wertminderung des hinzugebenden Vermögenswertes, so dass vor Durchführung des Tauschs eine *außerplanmäßige Abschreibung* vorzunehmen ist.

Die Bilanzierung von Tauschvorgängen soll künftig vereinfacht werden. Nach ED IAS 16.21 sind die Anschaffungskosten des erworbenen Vermögenswertes immer der fair value des hingegebenen, es sei denn, der fair value des erworbenen wäre besser zu bestimmen. Sollte keiner der beiden fair values bestimmt werden können, ist der Buchwert fortzuführen (ED IAS 16.21A).

334 Die Ermittlung der **Herstellungskosten** folgt denselben Grundsätzen wie die Ermittlung der **Anschaffungskosten** (IAS 16.18) und bestimmt sich im Übrigen nach IAS 2 „Vorräte", s. hierzu Rz. 468 ff. Einzubeziehen sind daher auch nachträgliche Herstellungskosten sowie als Rückstellung passivierte Entsorgungsverpflichtungen. Ferner sind Entwicklungs- und Weiterentwicklungs-

kosten zu aktivieren, wenn sie die Anforderungen in IAS 38.45 erfüllen (s. Rz. 294).[44]

c) Folgebewertung

Sachanlagen sind nach der Benchmark-Methode zu **fortgeführten Anschaffungs- und Herstellungskosten** zu bewerten (IAS 16.14, 16.28). Erlaubt ist nach der alternativen Methode in der Folgebewertung auch die sog. **Neubewertung** (IAS 16.29), die zu einem Ansatz über den Anschaffungs- und Herstellungskosten führen kann (Aufdeckung stiller Reserven). Die Neubewertungsmethode ist mit dem HGB nicht vereinbar, verstößt aber nicht gegen die 4. EU-Richtlinie[45] und kann daher auch in einem befreienden Konzernabschluss nach § 292 a HGB angewandt werden. 335

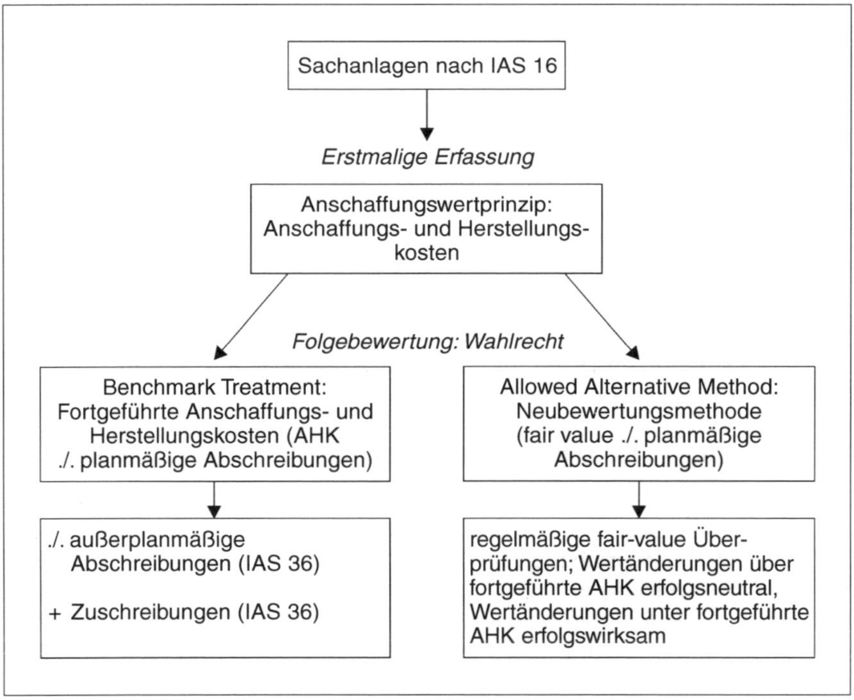

Abb. 11: Methoden der Folgebewertung für Sachanlagen nach IAS 16

Das **Wahlrecht** für die Folgebewertung bezieht sich jedoch nicht auf einzelne Vermögenswerte, sondern gem. IAS 16.34 auf ganze **Gruppen von Sachanla-** 336

44 Vgl. *Streich*, Bilanzierung des Vorratsvermögens nach HGB und IAS, 2001, S. 41 f. m. w. N.

45 Vgl. Art. 33 Abs. 1 Buchst. c 4. EU-Richtlinie.

gen. Hierdurch soll vermieden werden, dass es innerhalb der betreffenden Bilanzpositionen zu einer Vermischung von fortgeführten Anschaffungs- oder Herstellungskosten und fortgeführten Neubewertungsbeträgen kommt. Der **Einzelbewertungsgrundsatz** wird dadurch freilich nicht ausgehebelt; es ist jede einzelne Sachanlage, die zu einer solchen neubewerteten Gruppe gehört, neu zu bewerten. Derartige Gruppen sind z. B. unbebaute Grundstücke, bebaute Grundstücke und Gebäude, Betriebsausstattung, Geschäftsausstattung, Maschinen und technische Anlagen usw. (IAS 16.35).

337 Ob und inwieweit und gegebenenfalls unter welchen Bedingungen ein **Wechsel zwischen** den beiden zulässigen **Bewertungsmethoden** möglich ist, wird durch IAS 16 nicht unmittelbar angesprochen. Ein willkürlicher Wechsel jedenfalls ist nicht zulässig, da dieser gegen die qualitative Anforderung der Vergleichbarkeit und somit gegen den **Grundsatz der Stetigkeit** verstoßen würde (s. Rz. 129 ff.).[46]

Andererseits ist es prinzipiell möglich, die einmal getroffene Entscheidung zugunsten einer Methode zu revidieren, und zwar dann, wenn es durch den **Methodenwechsel** gelingt, externen Bilanzadressaten einen verbesserten Einblick in die Vermögens-, Finanz- und Ertragslage zu vermitteln (IAS 8.42 f.).

Zu beachten ist, dass es sich bei der **erstmaligen Wahl der Neubewertungsmethode** für eine Gruppe von Sachanlagen zwar um eine Änderung der Bewertungsmethode handelt, diese ist jedoch nicht nach den Vorschriften des IAS 8, sondern ausschließlich nach IAS 16 zu behandeln (IAS 8.44). Eine rückwirkende Anpassung der Bilanzwerte kommt bei erstmaliger Anwendung der Neubewertungsmethode daher nicht in Betracht.

Im Folgenden wird zunächst die Benchmark-Methode und anschließend die Neubewertungsmethode erläutert.

aa) Bewertung zu fortgeführten Anschaffungs- und Herstellungskosten

338 Das **Abschreibungsvolumen** eines Gegenstandes des Sachanlagevermögens ist auf systematischer Grundlage über dessen Nutzungsdauer zu verteilen. Dabei hat die Abschreibungsmethode dem Verbrauch des wirtschaftlichen Nutzens des Vermögenswertes durch das Unternehmen zu entsprechen (IAS 16.41).[47] Wird ein wesentlicher Restwert geschätzt, mindert dieser das Abschreibungsvolumen (IAS 16.46).[48] Dies entspricht handelsrechtlichen Grundsätzen.

---

46 Vgl. zu den Diskussionen um diese Frage bei der Entwicklung des Standards *Ballwieser* in Baetge u. a. (Hrsg.), Rechnungslegung nach IAS, 2. Aufl. 2002, IAS 16 Rz. 67.

47 Zu den theoretischen Grundlagen und praktischen Schwierigkeiten der Schätzung der wirtschaftlichen Nutzungsdauer vgl. *Döring* in Küting/Weber (Hrsg.), Handbuch der Rechnungslegung Bd. I a, 4. Aufl. 1995, § 253 HGB Rz. 117 ff.

48 Falls ein wesentlicher Restwert anzunehmen ist, soll dieser künftig zu jedem Bilanzstichtag überprüft werden.

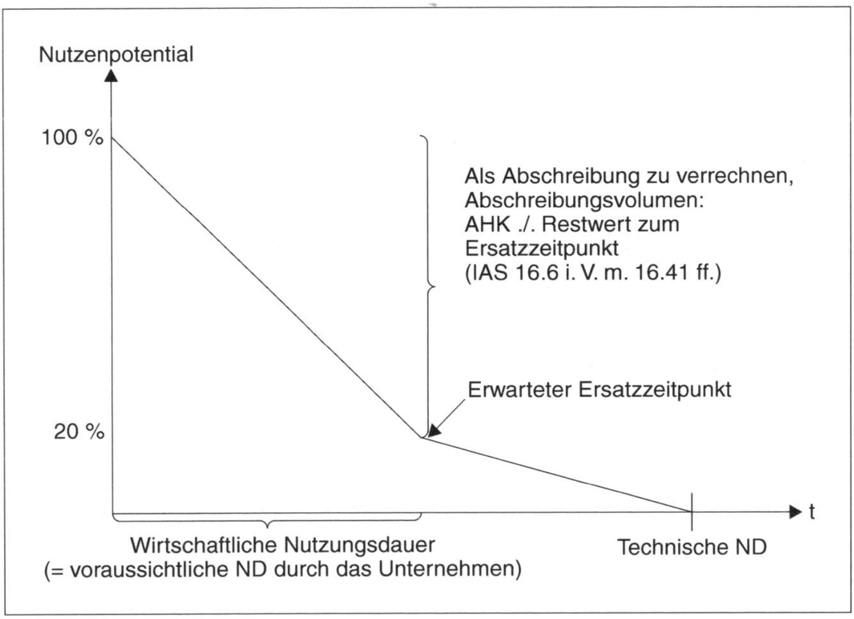

Abb. 12: Nutzungsdauer und Abschreibungsvolumen

Als **Abschreibungsmethoden** werden beispielhaft die lineare, die degressive und die leistungsabhängige Abschreibungsmethode genannt. Da es sich nur um eine beispielhafte Aufzählung handelt, kommen auch andere Methoden in Betracht. Die Abschreibungsmethode ist nach dem *erwarteten wirtschaftlichen Nutzenverlauf* auszuwählen und so lange stetig beizubehalten, bis ein Wechsel im erwarteten Nutzenverlauf eintritt (IAS 16.47). In diesem Fall ist die Methode anzupassen, um den geänderten Nutzenverlauf widerzuspiegeln (IAS 16.52). Dabei handelt es sich um die Änderung einer *Schätzung* (s. Rz. 141). 339

Einmal gewählte **Nutzungsdauern** von Sachanlagen sind regelmäßig zu überprüfen (IAS 16.49).[49] Stellt sich heraus, dass eine Anlage wesentlich länger genutzt werden kann als ursprünglich erwartet – z. B. auch infolge besonders sorgfältiger Wartung –, ist die Abschreibungsdauer als Änderung einer **Schätzung** (s. Rz. 141) in der Berichtsperiode und für die Folgeperioden anzupassen. 340

Die Anwendung **steuerlicher Abschreibungen** (Methoden und Nutzungsdauern) des deutschen Rechts sind nur dann als zulässig anzusehen, wenn sie auch dem Nutzenverlauf entsprechen.[50]

49 Künftig: In jedem Geschäftsjahr (nicht: Zwischenabschluss).

50 Vgl. *Ballwieser* in Baetge u. a. (Hrsg.), Rechnungslegung nach IAS, 2. Aufl. 2002, IAS 16 Rz. 40.

Die **Nutzungsdauern** für Sachanlagen sind **betriebsindividuell** festzulegen. Sie können auch nach den in 2001 vorgenommenen Änderungen in den steuerlichen AfA-Tabellen deren Nutzungsdauern übersteigen, so dass der Abschreibungsaufwand nach IAS über einen längeren Zeitraum zu verteilen ist und insbesondere in den Jahren nach erstmaliger Anwendung von IAS im Zeitvergleich signifikant sinken wird. Zu einem Beispiel unter Einschluss latenter Steuern s. Rz. 772.

341 Zum **Beginn der Abschreibung** bei unterjähriger Anschaffung oder Herstellung enthalten die IAS keine explizite Regelung. Der Grundsatz, wonach die Abschreibung den Verbrauch des wirtschaftlichen Nutzens einer Sachanlage im Unternehmen widerspiegeln soll, deutet auf den Beginn der Abschreibung zum **Zeitpunkt der Inbetriebnahme** hin und damit grundsätzlich auf eine pro-rata-temporis-Behandlung. Ein weiteres Indiz für die Bedeutung des Beginns der Nutzenabgabe für den Beginn der planmäßigen Abschreibung ist, dass nicht mehr genutzte Sachanlagen nicht mehr planmäßig abzuschreiben sind, sondern nur noch regelmäßig einem Wertminderungstest für außerplanmäßige Abschreibungen zu unterziehen sind (IAS 16.59).[51] Andererseits anerkennen die IAS neben dem Nutzenverschleiß auch andere Abschreibungsursachen – wie etwa den physischen Verschleiß in Stillstandszeiten (zu Beispielen s. IAS 16.43). Die Abschreibungsursachen sind bei der Schätzung der Nutzungsdauer zu berücksichtigen. Insoweit könnte im Einzelfall und mit bestimmten Begründungen einer Abnutzung mit der Abschreibung bereits im Zugangszeitpunkt/Zeitpunkt der Betriebsbereitschaft der Sachanlage begonnen werden. Unter Beachtung der allgemeinen Bilanzierungsgrundsätze (insbesondere Wesentlichkeitsgrundsatz) wird auch die Vereinfachungsregelung nach R 44 Abs. 2 EStR als zulässig angesehen.[52] Dies dürfte auch für den Festwertansatz gem. § 240 Abs. 3 HGB gelten, da dieser nach deutschem Recht nur dann in Betracht kommt, wenn der Gesamtwert für das Unternehmen von nachrangiger Bedeutung ist[53], was in der Regel dem Wesentlichkeitsgrundsatz nach IAS entsprechen wird.

342 Zu **außerplanmäßigen Abschreibungen** und **Zuschreibungen** s. Rz. 390 ff.

---

51 Allerdings sollen nach ED IAS 16.59 Sachanlagen in Stillstandszeiten künftig weiterhin planmäßig abgeschrieben werden, was die nachfolgende Argumentation weiter stützt.

52 Vgl. *Ballwieser* in Baetge u. a. (Hrsg.), Rechnungslegung nach IAS, 2. Aufl. 2002, IAS 16 Rz. 60. Diese Vereinfachungsregel soll zukünftig entfallen, vgl. Steuervergünstigungsabbaugesetz, Regierungsentwurf v. 20.11.2003, § 7 Abs. 1 Satz 3 EStG.

53 So *Wagenhofer*, International Accounting Standards, 2001, S. 142; sich anschließend *Ballwieser* in Baetge u. a. (Hrsg.), Rechnungslegung nach IAS, 2. Aufl. 2002, IAS 16 Rz. 66; a. A. *Busse von Colbe/Seeberg* (Hrsg.): Empfehlung des Arbeitskreises „Externe Unternehmensrechnung" der Schmalenbach-Gesellschaft, 2. Aufl. 1999, ZfbF-Sonderheft 43, S. 65.

bb) Neubewertungsmethode

Wird für eine Gruppe von Sachanlagen wahlweise die Neubewertungsmethode angewandt, ist *jede* einzelne Sachanlage der Gruppe mit ihrem **beizulegenden Zeitwert** (fair value) zum Zeitpunkt der Neubewertung anzusetzen. In den auf die Neubewertung folgenden Perioden ist der Neubewertungsbetrag abnutzbarer Sachanlagen um **planmäßige Abschreibungen** zu vermindern. Unabhängig von ihrer Abnutzbarkeit ist bei Sachanlagen der (fortgeführte) Neubewertungsbetrag gegebenenfalls um **Wertminderungsaufwendungen** (außerplanmäßige Abschreibungen) zu vermindern (IAS 16.29) und um Zuschreibungen zu erhöhen (IAS 36.104). Das Abschreibungsvolumen für planmäßige Abschreibungen bestimmt sich nach dem Neubewertungsbetrag abzüglich des Restwertes (wenn wesentlich), der bei dieser Methode jedoch (schon jetzt) zu jedem Neubewertungszeitpunkt neu zu schätzen ist (IAS 16.46). 343

Die Bestimmung solcher **Gruppen von Sachanlagen** sowie eine Anzahl an Beispielen beinhaltet IAS 16.35. Hiernach werden solche Sachanlagen zu einer Gruppe zusammengefasst, die sich in ihrer Art ähneln und letztlich einem ähnlichen Verwendungszweck dienen. Als Beispiele werden u. a. Grundstücke und Gebäude, Maschinen, Betriebsausstattungen und Flugzeuge angeführt. Bei einem Vergleich dieser Beispiele mit dem entsprechenden Ausschnitt aus dem Gliederungsschema des § 266 Abs. 2 HGB wird deutlich, dass man sich bei der notwendigen Gruppenbildung durchaus an diesem Gliederungsschema orientieren kann. Die Gruppierung kann jedoch auch auf einem weniger hohen Aggregationsgrad verwirklicht werden. Insoweit bestehen hier Ermessensspielräume. 344

Beispiel:

Ein Unternehmen verfügt in seinem Fuhrpark über LKW und PKW. Die Neubewertungsmethode kann für den gesamten Fuhrpark oder auch nur für LKW (PKW) angewandt werden.

Die Kriterien, die der Bildung einer solchen Gruppe zugrunde liegen, sollen intersubjektiv nachvollziehbar sein.[54] Die Verpflichtung nach IAS 16.64, wonach für neubewertete Sachanlagen zusätzliche Informationen anzugeben sind, wird in der Praxis einer „Atomisierung" der Gruppenbildung entgegen stehen.[55]

54 Vgl. *PriceWaterhouseCoopers*, Understanding IAS, 2. Aufl. 1998, S. 16–11.

55 Gleichwohl lassen sich in der Praxis auch – aus unserer Sicht kaum als Gruppe des Sachanlagevermögens zu rechtfertigende – Einteilungen finden. So wendet die Saltus Technology AG (Geschäftsbericht 2000/2001) für eine (!) Immobilie die Neubewertungsmethode an (erforderliche Zuschreibung: 388 TDM), bei einem Immobilienwert gem. Anlagespiegel von Anschaffungs- und Herstellungskosten 10 404 TDM, Buchwert 9 720 TDM.

345 Bei **erstmaliger Anwendung der Neubewertungsmethode** ist die gesamte Gruppe grundsätzlich zum selben Zeitpunkt neu zu bewerten; vereinfachend ist nach IAS 16.36 auch eine rollierende Neubewertung innerhalb einer kurzen Zeitspanne zulässig. Daran anschließend hat die Neubewertung gemäß IAS 16.29 mit *hinreichender Regelmäßigkeit* zu erfolgen. Hinreichend regelmäßig sind Neubewertungen dann, wenn gewährleistet ist, dass der Buchwert des Vermögenswertes (fortgeführter Neubewertungsbetrag) nicht wesentlich vom beizulegenden Zeitwert am Bilanzstichtag abweicht. IAS 16.32 erläutert hierzu näher, dass die Häufigkeit von Neubewertungen von der Volatilität des beizulegenden Zeitwertes abhängt. Unterliegt der fair value im Zeitablauf nur marginalen Schwankungen, so ist es ausreichend, lediglich alle drei bis fünf Jahre eine Neubewertung vorzunehmen. Bei starken Schwankungen ist indes jährlich neu zu bewerten. In jedem Fall muss eine Neubewertung vorgenommen werden, wenn der Buchwert des Vermögenswertes und sein beizulegender Zeitwert wesentlich voneinander abweichen. Dabei ist grundsätzlich auf die Wertänderung bei jedem einzelnen Vermögenswert abzustellen. Bei **Quartals- und Halbjahresabschlüssen** braucht allerdings keine Überprüfung der fair values vorgenommen zu werden (IAS 34.C7).

Beispiel:

Ein Konzern verfügt weltweit über mehrere Produktionsstätten. Für die zur Produktion genutzten Grundstücke wird die Neubewertungsmethode angewandt. Es stellt sich heraus, dass die fair values der Grundstücke in Südamerika starken Schwankungen ausgesetzt sind, wohingegen sich die beizulegenden Zeitwerte der Grundstücke in Europa kaum verändern. Sind die Grundstücke in Südamerika von wesentlicher Bedeutung, ist hier eine jährliche Neubewertung vorzunehmen, wohingegen in Europa die Neubewertung nur alle drei bis fünf Jahre zu überprüfen ist.

346 Für die **Ermittlung des beizulegenden Zeitwertes** eröffnet IAS 16.33 ein Wahlrecht zwischen einer indirekten und einer direkten Ermittlungsmethode.

Bei der **indirekten Methode** (IAS 16.33a) werden die bis zum Neubewertungszeitpunkt angefallenen Abschreibungen proportional zur Änderung des Bruttobuchwertes angepasst. Verrechnet man anschließend die angepassten Abschreibungen mit dem veränderten Bruttobuchwert, so ergibt sich der Neubewertungsbetrag (fair value).

Die indirekte Methode wird häufig dann verwendet, wenn die fair values als fortgeführte Wiederbeschaffungskosten von gebrauchten Gegenständen bestimmt und auf der Grundlage der Wiederbeschaffungskosten neuer Gegenstände ermittelt werden können. Dabei können sich die Wiederbeschaffungskosten des neuen Gegenstandes beispielsweise unter Zuhilfenahme eines Indexes ergeben.

Beispiel:

Die Anschaffungskosten einer Maschine, deren Nutzungsdauer 10 Jahre beträgt und die linear abgeschrieben wird, belaufen sich auf 250 000 Euro. Nach vier Jahren – der Buchwert der Maschine beträgt 150 000 Euro – entscheidet sich das Unternehmen zur Anwendung der Neubewertungsmethode. Die Wiederbeschaffungskosten einer neuen funktionsgleichen Maschine betragen in diesem Zeitpunkt 330 000 Euro.

Die prozentuale Veränderung des Bruttobuchwertes einer neuen Maschine beträgt somit 32 %. Die kumulierten Abschreibungen (4 × 25 000 Euro = 100 000 Euro) sind proportional zu dieser Preisänderung anzupassen. Sie betragen demnach 132 000 Euro. Die fortgeführten Wiederbeschaffungskosten, die dem fair value entsprechen, belaufen sich folglich auf 198 000 Euro (330 000 Euro – 132 000 Euro), so dass sich ein Aufwertungsbedarf von 48 000 Euro (198 000 Euro – 150 000 Euro) ergibt.

Bei der **direkten Methode** (IAS 16.33b) werden die kumulierten Abschreibungen unangepasst mit dem Bruttobuchwert verrechnet und der sich so ergebende Nettobuchwert wird neu bewertet. Der Neubewertungsbetrag ergibt sich hierbei direkt beispielsweise aus einem Gutachten. Daher findet diese Methode häufig bei der Neubewertung von Grundstücken und Gebäuden Anwendung.

Ergibt sich im Rahmen der **erstmaligen Ermittlung** des beizulegenden Zeitwertes, dass dieser unterhalb der fortgeführten Anschaffungs- oder Herstellungskosten liegt, so ist stets eine erfolgswirksame Abwertung des Vermögenswertes vorzunehmen (IAS 16.38). Außerdem ist unter bestimmten Bedingungen nach IAS 36.4 zusätzlich ein Wertminderungstest durchzuführen (s. hierzu Rz. 412 ff.). Eine Saldierung dieser Aufwendungen mit Aufwertungsbeträgen von Vermögenswerten derselben neu bewerteten Gruppe kommt wegen des unveränderten Einzelbewertungsgrundsatzes nicht in Betracht. 347

Im Regelfall wird jedoch festzustellen sein, dass der beizulegende Zeitwert *über* den fortgeführten Anschaffungs- oder Herstellungskosten liegt. In diesem Fall ist der Vermögenswert in Höhe der Differenz zwischen diesen beiden Größen aufzuwerten und der Unterschiedsbetrag *erfolgsneutral* unter Berücksichtigung ebenfalls erfolgsneutral angesetzter **passiver latenter Steuern** innerhalb des Eigenkapitals in eine **Neubewertungsrücklage** einzustellen.

Beispiel:

Die Mobitec GmbH verfügt über drei PKW, die den drei Geschäftsführern zur Verfügung stehen. Die PKW sind am 2.1.2000 zu je 60 000 Euro erworben worden und haben eine Nutzungsdauer von sechs Jahren. Die Fahrzeuge werden linear abgeschrieben; zum 31.12.2002 beträgt der Buchwert auf Basis der fortgeführten Anschaffungskosten somit je 30 000 Euro.

Um einen möglichst hohen Vermögensausweis zu realisieren, sollen u. a. auch die drei PKW zum 31.12.2002 erstmals neu bewertet werden. Der von der Mobitec GmbH beauftragte Kfz-Sachverständige taxiert in seinem Gutachten den Verkehrswert der Fahrzeuge auf je 36 000 Euro. Gleichzeitig ist jedoch auch bekannt, dass sich die Preise vergleichbarer PKW in den letzten drei Jahren um 2 % jährlich erhöht haben.

Der gegenwärtige und künftige **Ertragsteuersatz** der Mobitec GmbH beträgt 40 %.

- *Ermittlung des beizulegenden Zeitwertes*

Bei Anwendung der **indirekten Methode** betragen die kumulierten Abschreibungen nach erfolgter Anpassung 31 836 Euro (30 000 Euro $\times$ $1{,}02^3$). Verrechnet man die so angepassten kumulierten Abschreibungen mit dem veränderten Bruttobuchwert, so ergibt sich ein beizulegender Zeitwert von 31 836 Euro (60 000 Euro $\times$ $1{,}02^3 - 31\,836$).

Legt man indes das Gutachten des Sachverständigen zugrunde (**direkte Methode**), so ergibt sich unmittelbar ein beizulegender Zeitwert von 36 000 Euro pro Fahrzeug. In Abhängigkeit von der gewählten Ermittlungsmethode erhält man folglich unterschiedlich hohe Aufwertungsbeträge. Da die Mobitec GmbH einen möglichst hohen Vermögensausweis anstrebt, nutzt sie den sich darbietenden **bilanzpolitischen Spielraum**[56] und wertet die Fahrzeuge nach der direkten Methode um je 6 000 Euro auf.

- *Aufteilen des Unterschiedsbetrags*

Der Neubewertungsrücklage sind 18 000 Euro $\times$ (1 – 0,4) = 10 800 Euro und den passiven latenten Steuern 18 000 Euro $\times$ 0,4 = 7 200 Euro zuzuführen.

Buchungssatz: Fuhrpark 18 000	an Neubewertungsrücklage	10 800
	passive latente Steuern	7 200

348 In der Folgebewertung ist der Buchwert (Neubewertungsbetrag) um **planmäßige** und ggf. außerplanmäßige **Abschreibungen** zu verringern und um ggf. Zuschreibungen zu erhöhen. Die planmäßige Abschreibung soll auch hier die Nutzenabgabe widerspiegeln.

Hinsichtlich der **Behandlung der Neubewertungsrücklage** enthält IAS 16.39 dem Wortlaut nach *vermeintlich* ein Wahlrecht: Die Neubewertungsrücklage kann direkt – also *erfolgsneutral*[57] – den Gewinnrücklagen zugeführt werden („may be transferred directly"), sofern sie realisiert ist – oder eben,

56 *Mujkanovic*, Fair Value 2002, S. 138 befürwortet generell die direkte Methode und betrachtet die indirekte nur als „hilfsweise Näherungslösung".

57 Ein Wahlrecht zwischen erfolgsneutraler und erfolgswirksamer Auflösung glaubt *Federmann*, Bilanzierung nach Handelsrecht und Steuerrecht, 11. Aufl. 2000, S. 312, zu erkennen.

und dies wäre die Alternative, sie bleibt bestehen.[58] Eine endgültige Realisation ergibt sich bei Stilllegung (Vollabschreibung) oder Veräußerung der Sachanlage. Eine Teilrealisation kommt bei abnutzbaren Sachanlagen über den Abschreibungszeitraum in Höhe der Differenz zu den Abschreibungen auf Basis historischer Anschaffungs- und Herstellungskosten in Betracht.

Das **„Stehenlassen" der Neubewertungsrücklage** etwa bei der Veräußerung einer zuvor neu bewerteten Sachanlage – also bei endgültiger Realisation – bedeutete aber für den Bilanzadressaten eine Fehlinformation, denn es würde suggeriert, es seien noch neu bewertete Vermögenswerte im Bestand. Zudem ist auf Basis einer zu fortgeführten Anschaffungskosten aufgestellten Handelsbilanz I der Erfolg ebenfalls realisiert und im Jahresergebnis zum Ausdruck gekommen. Im Gewinnfall – vollständige Thesaurierung vorausgesetzt – erhöhen sich dann die Gewinnrücklagen, also das den Anteilseignern prinzipiell zur Verfügung stehende Kapital.[59] Dies muss auch in der Handelsbilanz II zum Ausdruck kommen. Daher *sind* die Neubewertungsrücklage und die mit ihr verbundenen latenten Steuern aufzulösen, sofern sich die Rücklage *endgültig* realisiert hat. Das Wahlrecht der Auflösung der Neubewertungsrücklage besteht daher dem Wortlaut nach nur für den Fall, dass der Vermögenswert noch im Bestand und noch nicht vollständig abgeschrieben ist.[60] Wir meinen jedoch (und begründen weiter unten, s. Rz. 351), dass bereits im Fall der Teilrealisierung eine erfolgsneutrale Umbuchung der Neubewertungsrücklage in die Gewinnrücklage *geboten* ist.

Beispiel (Fortsetzung aus Rz. 347, Geschäftsjahr 2003):

(1) Aufgrund von durchgeführten Rationalisierungsmaßnahmen zur Senkung der Overhead-Kosten wird bei der Mobitec GmbH auch der Posten eines Geschäftsführers eingespart. Der zugehörige PKW A konnte am 1.7.2003 überraschend für 40 000 Euro verkauft werden.

(2) Ein weiterer Geschäftsführer wurde Ende Dezember 2003 in einen Autounfall verwickelt. Der PKW B erlitt dabei einen wirtschaftlichen Totalschaden.

(3) Für das verbliebene dritte Fahrzeug C wurden die Verantwortlichen im Rechnungswesen angewiesen, die Neubewertungsrücklage auch für den Fall der nur teilweisen Realisierung durch Nutzung im Unternehmen aufzulösen.

---

58 So auch in IAS 12.64.

59 Vgl. *Baetge/Beermann*, StuB 1999, 341 (346).

60 *Wagenhofer*, International Accounting Standards, 3. Aufl. 2001, S. 304, spricht von einem „wohl nicht sehr systematische(n)" Wahlrecht.

zu (1):

Exemplarisch sollen an dieser Stelle die Zusammenhänge zwischen Handelsbilanz I und Handelsbilanz II in aller Ausführlichkeit dargestellt werden:

In der **Handelsbilanz I** (Buchung mit * markiert) ist bis zur Veräußerung des PKW A die Abschreibung von 5 000 Euro zu buchen; es ergibt sich ein Veräußerungserfolg von 15 000 Euro.

1*)	Abschreibung		an	PKW	5 000
2*)	Bank	40 000	an	PKW	25 000
				sonstige betriebliche Erträge	15 000

In der **Handelsbilanz II** wird zunächst der Saldovortrag zum 1.1.2003 eingebucht; dies erfolgt für jeden der drei PKW:

1)	PKW	6 000	an	Neubewertungsrücklage	3 600
				passive latente Steuern	2 400

Anschließend sind die auf Basis der Neubewertung im Vergleich zur Handelsbilanz I höheren Abschreibungen (= 2 000 Euro p.a.) bis zum 30.6.2003 zu verrechnen (= 1 000 Euro); zudem wird die Neubewertungsrücklage unter Berücksichtigung latenter Steuern anteilig aufgelöst:

2)	Abschreibung	an	PKW	1 000
3)	passive latente Steuern	an	Steueraufwand	400
4)	Neubewertungsrücklage	an	Gewinnrücklage	600

Der Buchwert des neu bewerteten PKW A beträgt unmittelbar vor Veräußerung 30 000 Euro. Demnach kann sich der sonstige betriebliche Ertrag nach IAS nur auf 10 000 Euro belaufen; bei der Überleitung von der Handelsbilanz I zur Handelsbilanz II sind also weitere Korrekturbuchungen erforderlich. Zudem ist nun der Rest der Neubewertungsrücklage aufzulösen:

5)	sonstige betriebliche Erträge	an	PKW	5 000
6)	passive latente Steuern	an	Steueraufwand	2 000
7)	Neubewertungsrücklage	an	Gewinnrücklage	3 000

Während in der Handelsbilanz I damit ein Veräußerungsgewinn von 15 000 Euro ausgewiesen wird, errechnet sich nach IAS in der Handelsbilanz II ein Veräußerungsgewinn von 10 000 Euro. Folglich wird auch die Neubewertungsrücklage ohne Berührung der GuV in die Gewinnrücklage umgebucht (IAS 16.39), während sich 2 000 Euro als latenter Steuerertrag ergebniswirksam niederschlagen.

zu (2):

Der PKW B wird in der Handelsbilanz I planmäßig in Höhe von 10 000 Euro und außerplanmäßig in Höhe von 20 000 Euro abgeschrieben; diese Buchungen werden in die Handelsbilanz II übernommen. Außerdem ist der Saldovortrag in der Handelsbilanz II einzubuchen, d. h. zu Beginn der Periode ist der Buchwert des PKW B um 6 000 Euro höher (Buchungssatz 1). Davon sind

2 000 Euro erfolgswirksam abzuschreiben, und die restlichen 4 000 Euro sind als Neubewertungsabnahme gegen die Neubewertungsrücklage und passiven latenten Steuern zu verrechnen (IAS 36.59):

2)	Abschreibung	an	PKW	2 000
3)	passive latente Steuern	an	Steueraufwand	800
4)	Neubewertungsrücklage	an	Gewinnrücklage	1 200
5)	Neubewertungsrücklage 2 400 passive latente Steuern 1 600	an	PKW	4 000

zu (3):

Im Vergleich zur Handelsbilanz I ist die planmäßige Abschreibung des PKW C in der Handelsbilanz II um 2 000 Euro höher. Die darauf entfallenden passiven latenten Steuern (800 Euro) *sind* aufzulösen; die anteilige Neubewertungsrücklage (1 200 Euro) *kann* (und wird hier im Beispiel wegen der Zielsetzung) schon jetzt ohne Berührung der GuV auf Gewinnrücklagen umgebucht werden. Es handelt sich um dieselben Buchungen wie vorstehend 2) bis 4).

In den einer erstmaligen Neubewertung folgenden Perioden ist der fortgeführte Neubewertungsbetrag regelmäßig daraufhin zu überprüfen, ob er noch dem fair value entspricht. So kann im o. a. Beispiel die unterjährige Veräußerung des PKW A zu 40 000 Euro schon ein Indiz sein, dass zum nächsten Abschlussstichtag wieder eine Neubewertung erforderlich ist. 349

Wird bei nachfolgenden Neubewertungen festgestellt, dass der beizulegende Zeitwert kleiner ist als der Buchwert (fortgeführter Neubewertungsbetrag) des betreffenden Vermögenswertes, so ist eine **Abwertung** gem. IAS 16.38 vorzunehmen und der Vermögenswert in Höhe der Differenz zwischen Buchwert und beizulegendem Zeitwert abzuwerten. In der Höhe, in der eine früher vorgenommene erfolgsneutrale Werterhöhung korrigiert wird, ist die Abwertung ebenfalls *erfolgsneutral* vorzunehmen. Der entsprechende Anteil der Neubewertungsrücklage sowie die hierauf entfallenden passiven latenten Steuern sind folglich gegen die relevante Vermögensposition aufzulösen. Verbleibt darüber hinaus noch ein Abwertungsbedarf, so ist dieser erfolgswirksam in der GuV zu erfassen. Wird diese Abwertung auch in der Handelsbilanz I vollzogen, ergibt sich für diesen Teilbetrag in der Handelsbilanz II insoweit kein Korrekturbedarf mehr.

Andererseits kann auch die Situation eintreten, dass bei nachfolgenden Neubewertungen ein beizulegender Zeitwert ermittelt wird, der *über* dem Buchwert des betreffenden Vermögenswertes liegt. In diesem Fall ist der sich ergebende **Aufwertungsbedarf** (Saldo zwischen fair value und Buchwert) erst *dann* erfolgsneutral der Neubewertungsrücklage sowie den passiven latenten Steuern zuzuführen, wenn vormals vorgenommene *erfolgswirksame* Abwer- 350 tungen rückgängig gemacht wurden (IAS 16.37). Allerdings muss in diesem Zusammenhang beachtet werden, dass die erfolgswirksame Rückgängigmachung früherer erfolgswirksamer Abwertungen nach der hier vorgenommenen Interpretation der IAS 16.37 f. durch die fortgeführten Anschaffungs- oder Herstellungskosten begrenzt wird. Sowohl für die Aufwertung als auch für die Abwertung von Sachanlagen bleibt also festzuhalten, dass die fortgeführten Anschaffungs- oder Herstellungskosten einen **Grenzwert** darstellen. Oberhalb dieses Grenzwertes sind Auf- und Abwertungen stets erfolgsneutral zu berücksichtigen. Nur dann, wenn Auf- und Abwertungen unterhalb der **fortgeführten Anschaffungs- oder Herstellungskosten** vorgenommen werden, sind sie erfolgswirksam zu behandeln.

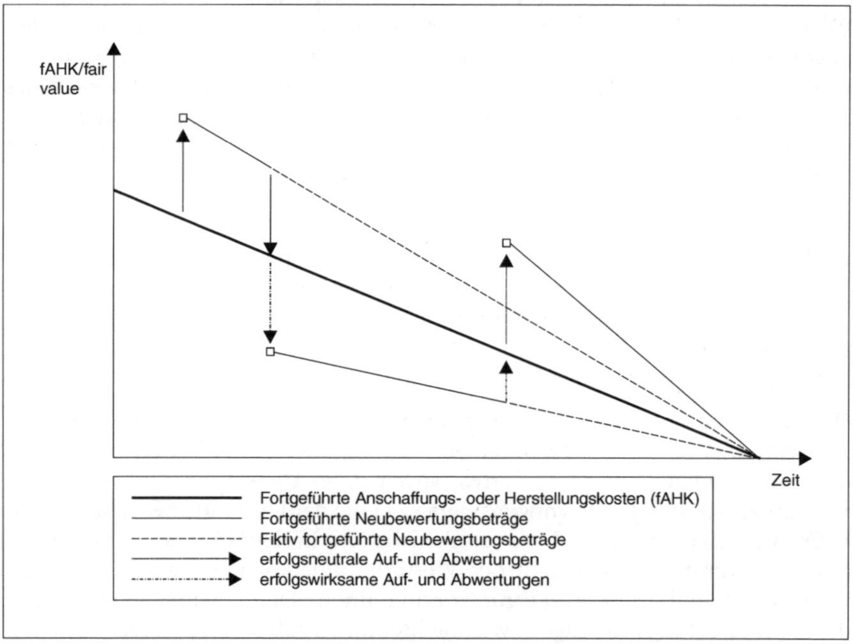

Abb. 13: Behandlung von Unterschiedsbeträgen bei Anwendung der Neubewertungsmethode

351 Das vorstehend beschriebene Ergebnis – die Betrachtung der fortgeführten Anschaffungs- und Herstellungskosten als Grenzwert – lässt sich jedoch nur dann realisieren, wenn im Fall abnutzbarer Vermögenswerte die Neubewertungsrücklage *auch bei anteiliger Realisierung* in die Gewinnrücklage umgebucht wird. Das in IAS 16.39 genannte Auflösungswahlrecht für die Neubewertungsrücklage wird bei dieser Sichtweise zu einer **Auflösungspflicht**, da andernfalls, also im Fall seiner wörtlichen Beibehaltung als Wahlrecht, auch unterhalb der fortgeführten Anschaffungs- oder Herstellungskosten Wertminderungen erfolgsneutral erfasst werden können. Darüber hinaus ist es

auch nicht ersichtlich, warum im Fall der Teilrealisierung anders verfahren werden sollte als bei Vollrealisierung der Rücklage.

Beispiel (Fortsetzung aus Rz. 348, Geschäftsjahr 2004):

Durch die Markteinführung eines neuen, technisch wesentlich verbesserten Modells ist der beizulegende Zeitwert des noch vorhandenen PKW C zum 31.12.04 auf 8 500 Euro gesunken.[61]

Zunächst ist bei der Überleitung auf die Handelsbilanz II der Saldovortrag zum 1.1.2004 einzubuchen:

1)	PKW	4 000	an	Neubewertungsrücklage	2 400
				passive latente Steuern	1 600

Wie schon zum 31.12.03 ist der PKW auch im Jahr 2004 planmäßig abzuschreiben, und die Neubewertungsrücklage sowie die passiven latenten Steuern werden entsprechend aufgelöst.

2)	Abschreibung	an	PKW	2 000
3)	passive latente Steuern	an	Steueraufwand	800
4)	Neubewertungsrücklage	an	Gewinnrücklage	1 200

In der Handelsbilanz I beträgt der Buchwert für den PKW noch 10 000 Euro und in der Handelsbilanz II noch 12 000 Euro. Es soll im Folgenden offen bleiben, ob auch in der Handelsbilanz I eine außerplanmäßige Abschreibung auf 8 500 Euro vorgenommen wird; in der Handelsbilanz II jedenfalls ist für den PKW der Neubewertungsbetrag von nunmehr 8 500 Euro anzusetzen. Die noch vorhandene Neubewertungsrücklage (1 200 Euro) und die passiven latenten Steuern (800 Euro) sind *erfolgsneutral* gegen den PKW aufzulösen. Der darüber hinausgehende Betrag von 1 500 Euro ist erfolgswirksam (ggf. unter Beachtung latenter Steuern, wenn in der Handelsbilanz I die Abschreibung nicht vollzogen wird) zu erfassen.

Will man indes annehmen, die Geschäftsführung der Mobitec GmbH hätte die Verantwortlichen im Rechnungswesen unter Bezugnahme auf eine wörtliche Interpretation des IAS 16.39 angewiesen, die Neubewertungsrücklage in den Geschäftsjahren 2003 und 2004 *nicht* anteilig in die Gewinnrücklagen umzubuchen, dann müsste als Saldovortrag zum 1.1.2004 eingebucht werden:

1)	PKW	4 000			
	Gewinnrücklagen	1 200	an	Neubewertungsrücklage	3 600
				passive latente Steuern	1 600

Die planmäßige Abschreibung zum 31.12.2004 führt zu folgenden Buchungen:

2)	Abschreibung	an	PKW	2 000
3)	passive latente Steuern	an	Steueraufwand	800

61 Der beizulegende Zeitwert sei hier identisch mit dem erzielbaren Betrag im Sinne von IAS 36.

Nach diesen Buchungen weist die Neubewertungsrücklage am 31.12.2004 einen unveränderten Betrag von 3 600 Euro und die passiven latenten Steuern einen Betrag von 800 Euro auf. Bei der nun noch erforderlichen Abwertung des PKW auf den Handelsbilanz I-Wert sind die Buchungen 2) und 3) zu wiederholen. Da bei dieser Vorgehensweise noch eine Neubewertungsrücklage besteht, ist diese bei der folgenden außerplanmäßigen Abschreibung von 1 500 Euro gem. IAS 16.38 erfolgsneutral zu erfassen. Insoweit würde eine Wertminderung, die zu einem Wertansatz unterhalb der fortgeführten Anschaffungs- und Herstellungskosten führt, erfolgsneutral behandelt. Wir meinen daher, dass IAS 16.39 zwingend so zu verstehen ist, dass auch bei teilweiser Realisierung eine Umbuchung der Neubewertungsrücklage in die Gewinnrücklagen *geboten ist.*[62]

352 Die **praktische Bedeutung** der Neubewertungsmethode ist bislang eher gering. Neubewertungen abnutzbaren Anlagevermögens sind, wie die Beispiele gezeigt haben, im Handling nicht unproblematisch. Vor allem aber führen die im Vergleich zu fortgeführten Anschaffungs- und Herstellungskosten höheren Abschreibungsbeträge zu Ergebnisbelastungen künftiger Perioden, und eben dies ist häufig nicht erwünscht. So werden etwa Rentabilitätskennziffern gleich doppelt gemindert, und zwar durch den höheren Nettovermögensausweis und das geringere Ergebnis.

Andererseits kann aber ein höherer Nettovermögensausweis für sich genommen bereits ein Ziel sein. Sollen zusätzlich künftige Perioden nicht mit höheren Abschreibungen belastet werden, kann die Neubewertungsmethode bei zu Produktions- und Verwaltungszwecken genutzten **Grundstücken** eine durchaus erwägenswerte Alternative darstellen.

Zu beachten ist in diesem Zusammenhang jedoch, dass bei einer späteren Veräußerung dieser Vermögenswerte zum fair value ein Gewinn nicht mehr ausgewiesen wird. Die Neubewertungsrücklage *ist* in die Gewinnrücklagen umzubuchen. Das unterscheidet die Neubewertungsmethode nach IAS 16 von der Neubewertung finanzieller Vermögenswerte der Kategorie available-for-sale (s. Rz. 548).

Gleichwohl kann auch dies ein bilanzpolitisches Ziel sein: Die Durchführung einer Neubewertung mit anschließender Veräußerung der Vermögenswerte *verhindert* den Gewinnausweis,[63] führt aber zu einem Mittelzufluss, der in der Kapitalflussrechnung auszuweisen ist.

62 Im Ergebnis ebenso WP-Handbuch 2000, Bd. I, 12. Aufl. 2000, Abschn. N Rz. 676.

63 So ist beispielsweise die Deutsche Post vorgegangen: Vor dem Börsengang wurde umfangreicher Wohnimmobilienbesitz mit erheblichen stillen Reserven zunächst neu bewertet und anschließend veräußert, so dass kein Veräußerungsgewinn ausgewiesen werden musste, zu Einzelheiten vgl. Geschäftsbericht 1999, S. 120.

d) Stilllegungen und Abgänge

Der Veräußerungserfolg aus dem Abgang von Sachanlagen bemisst sich als Differenz von Nettoveräußerungserlös abzüglich Buchwert (IAS 16.56). Bei Anwendung der Neubewertungsmethode ist der Betrag einer ggf. noch vorhandenen Neubewertungsrücklage ohne Berührung der GuV in die Gewinnrücklage umzubuchen. Sachanlagen, die nicht mehr betrieblich genutzt werden, gleichwohl aber veräußert werden sollen, unterliegen nur noch dem Wertminderungstest gem. IAS 36; sie werden nicht mehr planmäßig abgeschrieben (IAS 16.59).[64] Sollte eine Sachanlage stillgelegt und künftiger Nutzen nicht mehr zu erwarten sein, ist sie auszubuchen (IAS 16.55). 353

Einstweilen frei. 354

3. Finanzierungs-Leasing

a) Zurechnung von Leasinggegenständen

Die bilanzielle Abbildung von Leasingverträgen sowohl beim Leasingnehmer 355
als auch beim Leasinggeber wird durch IAS 17 geregelt. Entscheidend für die bilanzielle Behandlung des Leasinggegenstandes ist, ob im Wesentlichen alle Chancen und Risiken, die mit dem Eigentum verbunden sind, auf den *Leasingnehmer* übertragen wurden (IAS 17.6) – und zwar unabhängig vom tatsächlichen zivilrechtlichen Übergang des Eigentums. In diesem Fall handelt es sich um **Finanzierungsleasing** mit der Folge der Zurechnung des Leasinggegenstands beim Leasingnehmer, eben weil dieser *wirtschaftlicher Eigentümer* geworden ist. In allen anderen Fällen handelt es sich um **Operating-Leasing**, und der Leasinggegenstand ist dem Leasinggeber zuzuordnen. Die Zusammenhänge und Definitionen veranschaulicht Abb. 14: Definition von Leasing.

64 In der Neufassung nach ED IAS 16.59 soll die planmäßige Abschreibung (neben dem weiterhin zwingenden Impairment-Test) fortgeführt werden. Für immaterielle Vermögenswerte des Anlagevermögens fehlt allerdings eine entsprechende Anpassung des IAS 38.106.

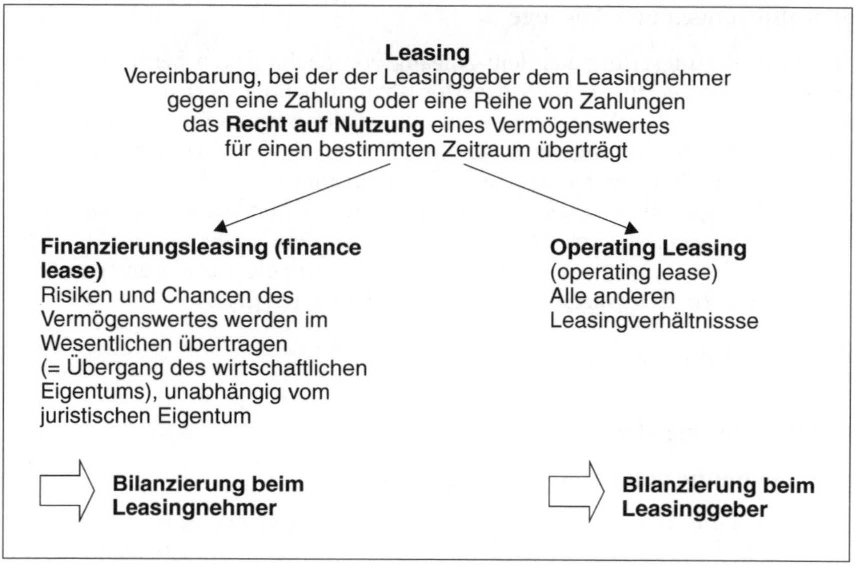

Abb. 14: Definition von Leasing

Leasinggegenstände können **materielle** und **immaterielle Vermögenswerte** sein. Allerdings erstreckt sich IAS 17 *nicht* auf Leasingvereinbarungen in Bezug auf die Entdeckung und Verarbeitung von natürlichen Ressourcen sowie auf Lizenzvereinbarungen (IAS 17.1).[65] Für Erstere besteht insoweit noch eine Regelungslücke und Rechte aus Lizenzvereinbarungen (wie über Patente, Filme – s. IAS 38.5) fallen als immaterielle Vermögenswerte unter IAS 38 (s. hierzu Rz. 290). Außerdem ist IAS 17 für Zwecke der Bewertung nicht auf Investment Property anzuwenden, wenn es dem Leasingnehmer im Rahmen eines Finanzierungsleasing zuzurechnen ist oder das Leasing-Objekt beim Leasinggeber bilanziert wird und im Wege des Operating-Leasing verleast worden ist. In beiden Fällen greift für Ansatz und Bewertung der Immobilie IAS 40, wobei zur Beurteilung, ob Finanzierungs- oder Operating-Leasing vorliegt, wieder auf IAS 17 zurückgegriffen wird (IAS 40.2a). Immobilien-Gesellschaften jedenfalls werden für den Grossteil ihres Geschäfts IAS 40 anwenden müssen.

Positiv formuliert kommen als Vermögenswerte, die Gegenstand einer Leasingvereinbarung sind und auf die IAS 17 anzuwenden ist, Sachanlagen wie Maschinen und Fahrzeuge und zum Teil auch Grundstücke und Gebäude[66] sowie immaterielle Vermögenswerte in Betracht.

---

65 Vgl. IAS 18 Anhang Ziff. 20 zur Frage der Entäußerung und zur Zurechnung des wirtschaftlichen Eigentums bei Lizenzvereinbarungen.

66 Hinsichtlich Grundstücken und Gebäuden präzisiert ED IAS 17.11A, dass künftig zwischen Grundstück und Gebäude unterschieden werden soll: Grundstücke wer-

Bei der **Einordnung der Leasingvereinbarungen** als Finanzierungs- oder Operating-Leasing kommt es in besonderem Maße auf den wirtschaftlichen Gehalt der Vereinbarung entsprechend dem Grundsatz „**substance over form**" an (IAS 17.8). Die Einordnung ist zu Beginn des Leasingverhältnisses vorzunehmen; spätere Vertragsänderungen, die zu einer anderen Zuordnung geführt hätten, falls sie von Beginn an getroffen worden wären, sind als neue Vereinbarung zu betrachten (IAS 17.10). 356

Die **Kriterien**, die in IAS 17.8 f. genannt werden und Anhaltspunkte für eine **Klassifikation** als Finanzierungsleasing bieten, sind – entgegen etwa den Leasing-Erlassen der Finanzverwaltung – vergleichsweise offen formuliert und eröffnen einen nicht unbeträchtlichen **Interpretationsspielraum**. Obgleich das Ziel einer einheitlichen Zuordnung beim Leasinggeber bzw. -nehmer besteht, räumt IAS 17.7 daher selbst ein, dass manchmal derselbe Gegenstand sowohl beim Leasinggeber als auch beim Leasingnehmer zugeordnet werden könnte. Die Kriterien, die in der folgenden Abbildung aufgelistet werden, sind für alle beweglichen Wirtschaftsgüter und Gebäude einschlägig und geben Hinweise für das wirtschaftliche Eigentum; Grund und Boden verbleiben beim Leasinggeber (es sei denn, es handelt sich um einen Mietkauf, IAS 17.11).

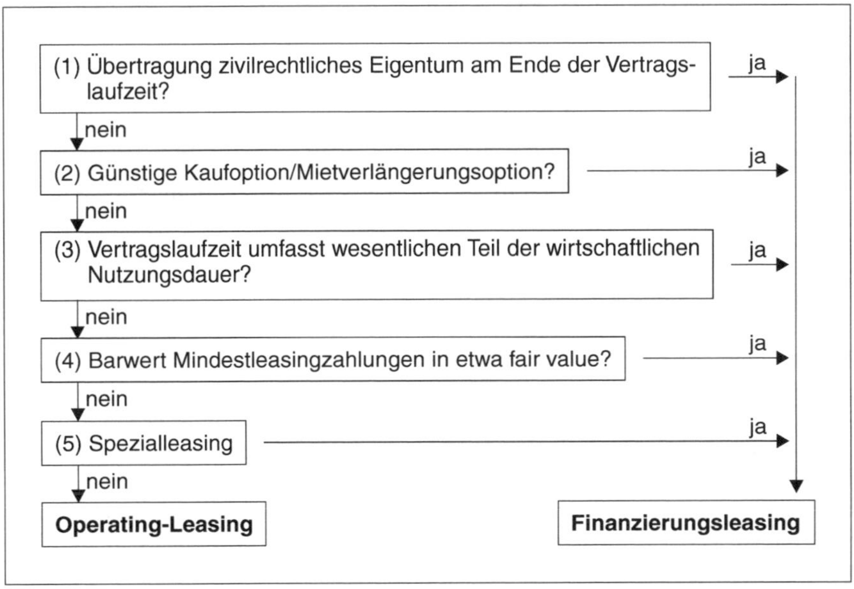

Abb. 15: Zuordnungskriterien für Leasinggegenstände

---

den immer als Operating-Leasing und Gebäude nach den üblichen Kriterien als Operating- oder Finanzierungsleasing klassifiziert. Die Aufteilung der Mindestleasingraten soll nach dem relativen Anteil der fair values erfolgen (ED IAS 17.11B).

357 Folgende Sachverhalte – die jeweils im Vergleich zur deutschen Regelung diskutiert werden – sind nach IAS normalerweise als **Finanzierungsleasing** zu klassifizieren, mit der Folge, dass der betrachtete Vermögenswert *beim Leasingnehmer* zu bilanzieren ist:

358 (1) Das zivilrechtliche Eigentum geht am Ende der Laufzeit auf den Leasingnehmer über (**transfer of ownership test**). Diese Vertragsgestaltung entspricht einem **Raten- bzw. Mietkaufvertrag** und weist in der bilanziellen Zurechnung keine Abweichung zum handelsrechtlichen Verständnis auf.[67]

359 (2) Der Leasingnehmer hat die **Kaufoption**, den Vermögenswert zu einem Preis zu erwerben, der erwartungsgemäß deutlich niedriger als der zum möglichen Optionsausübungszeitpunkt **beizulegende Zeitwert** des Vermögenswertes ist, so dass zu Beginn des Leasingverhältnisses hinreichend sicher ist, dass die Option ausgeübt wird (**bargain purchase option test**). Die Schwierigkeit liegt hier in der Schätzung eines in der Zukunft liegenden fair values. Nach den Leasing-Erlassen der Finanzverwaltung erfolgt demgegenüber eine Zurechnung beim Leasingnehmer, wenn der bei Ausübung der Option vorgesehene Kaufpreis niedriger ist als der unter Anwendung der linearen AfA-Tabelle ermittelte Buchwert oder der niedrigere gemeine Wert im Zeitpunkt der Veräußerung. Eine Abweichung zu den Leasing-Erlassen kann sich demnach dann ergeben, wenn der vereinbarte Kaufpreis leicht und der **geschätzte fair value** deutlich über dem nach den Leasing-Erlassen ermittelten Grenzwert liegt; hier ergäbe sich nach IAS eine Zurechnung zum Leasingnehmer, wohingegen es nach deutschem Verständnis beim Operating-Leasing bliebe.

Eine ähnliche Überlegung greift für die günstige **Mietverlängerungsoption**: eine wesentlich niedrigere als die marktübliche Miete führt nach IAS zum Finanzierungsleasing (IAS 17.9 c).

360 (3) Die Laufzeit des Leasingverhältnisses umfasst den *überwiegenden Teil* der wirtschaftlichen Nutzungsdauer des Vermögenswertes, auch wenn das Eigentumsrecht nicht übertragen wird (**economic life test**). Nach den Leasing-Erlassen liegt hier eine quantitative Anforderung vor, wonach die Grundmietzeit 90 v. H. der betriebsgewöhnlichen Nutzungsdauer überschreiten muss. Da die betriebsgewöhnliche Nutzungsdauer nach den steuerlichen AfA-Tabellen bemessen wird,[68] ist diese in der Regel kürzer als die nach IAS zugrunde zu legende wirtschaftliche Nutzungsdauer. In der Praxis sind häufig Verträge anzutreffen, die bei diesem Kriterium nach den steuerlichen Leasing-Erlassen gerade noch zu einer Zuordnung zum Leasinggeber führen, etwa durch einen Prozentsatz von 80 % oder 85 %. Auf Basis der typischerweise längeren wirtschaftlichen Nutzungsdauer ergäbe sich nach IAS dann möglicherweise ein Prozentsatz von 60 % oder 70 %. Daher steht die

67 Vgl. *Küting/Hellen/Brakensiek*, DStR 1999, 39 (42).

68 Allerdings kann diese Vermutung im Einzelfall vom Steuerpflichtigen widerlegt werden, vgl. *Mellwig/Weinstock*, DB 1996, 2345 (2352).

Frage im Raum, was nach IAS mit dem „überwiegenden Teil" gemeint sein könnte. Im Interesse der Erzielung einer Übereinstimmung mit den US-GAAP läge die Übernahme des in FAS 13.7d genannten Wertes von 75 %.[69] Andererseits könnte selbst diese Grenze noch zu hoch sein, weil sie zu einer ungleichen Behandlung vergleichbarer Sachverhalte im IAS-Regelwerk führen kann: **SIC-12** sieht die Einbeziehungspflicht von **Zweckgesellschaften** in den Konzernabschluss desjenigen Unternehmens vor, das die *Mehrheit des Nutzens* aus der Zweckgesellschaft ziehen kann, und zwar unabhängig von der Stimmrechtsmehrheit (s. hierzu auch Rz. 809 ff.). Wenn nun diese Zweckgesellschaft eine Leasing-Objektgesellschaft wäre und beispielsweise dem Mutterunternehmen mit einer Laufzeit von 60 % der wirtschaftlichen Nutzungsdauer einen Vermögensgegenstand verleast, dann führte das 75 %-Kriterium zu einer Qualifizierung als Operating Leasing und damit zu einer Bilanzierung bei der Objektgesellschaft und nicht beim Leasingnehmer. Andererseits wäre diese in den **Konzernabschluss** des Leasingnehmers einzubeziehen, so dass dort der Leasinggegenstand wieder erschiene.[70] In diesem Fall würden Einzel- und Konzernabschluss der Muttergesellschaft hinsichtlich des Leasinggegenstandes ungleich behandelt, was vor allem deshalb befremdlich anmutet, da IAS grundsätzlich nicht zwischen Einzel- und Konzernabschluss unterscheiden. Daher ist auch vorgeschlagen worden, den „überwiegenden Teil" als 50 % + 1 auszulegen.[71] Ungeachtet dieser Überlegung bleibt in der Praxis für den – hier letztlich relevanten – Konzernabschluss festzuhalten, dass es durch SIC-12 häufig zur Konsolidierung von Zweckgesellschaften kommen wird und insoweit Vermögenswerte trotz Operating-Leasing wieder im Konzernabschluss erscheinen.

(4) Zu Beginn des Leasingverhältnisses entspricht der Barwert der **Mindest-** 361
leasingzahlungen im Wesentlichen mindestens dem beizulegenden Zeitwert des Leasinggegenstandes (**recovery of investment test**). Dieses Kriterium hat keine Entsprechung im deutschen Recht und eröffnet erneut – wie das zuvor genannte Kriterium – hohen Interpretationsspielraum.

Die Mindestleasingzahlungen des Leasingnehmers setzen sich gem. IAS 17.3 aus den vereinbarten Leasingraten, Leasingsonderzahlungen und Vertragsstrafen sowie den von ihm oder einer ihm nahe stehenden Partei (related party)[72]

69 Nach *Kirsch* in Baetge u. a. (Hrsg.), Rechnungslegung nach IAS, 2. Aufl. 2002, IAS 17 Rz. 27, kann bei Erreichen dieser Marke grundsätzlich von Finanzierungsleasing ausgegangen werden. *Epstein/Mirza*, IAS 2001, S. 564, gehen von 80 % bis 90 % aus.

70 Besondere Auswirkungen ergeben sich hieraus bei sale and lease back-Transaktionen, vgl. unten Rz. 369.

71 So *Helmschrott*, WPg 2000, 426; sich anschließend *Alvarez/Wotschofsky/Miethig*, WPg 2001, 933 (937).

72 Related Parties sind gem. IAS 24.5 Unternehmen und Personen, auf die ein beherrschender oder maßgeblicher Einfluss ausgeübt werden kann, also – für die Praxis wichtig – Tochterunternehmen, joint ventures und assoziierte Unternehmen.

garantierten Restwerten zusammen.[73] Besteht eine günstige Kaufoption, ist der Kaufpreis noch hinzuzurechnen. Nicht erwähnt wird dagegen die günstige Mietverlängerungsoption. Da aber diese ebenso wie die günstige Kaufoption schon für sich genommen Kriterien für das Vorliegen eines Finanzierungsleasing darstellen, wäre es konsistent, auch künftige günstige Mietzahlungen hinzuzurechnen, wenn die Mietverlängerungsoption so günstig ist, dass mit hoher Sicherheit von der Ausübung der Option ausgegangen werden kann. Nicht zu den Mindestleasingzahlungen gehören allerdings bedingte Zahlungen (etwa Umsatz- oder intensitätsabhängige Zahlungen), Zahlungen für Wartung und Instandhaltung sowie erstattete Steuern.[74] Aus der Sicht des Leasinggebers sind noch die von unabhängigen Dritten garantierten Zahlungen für den Restwert hinzuzurechnen, so dass schon die jeweils undiskontierte Summe der Mindestleasingzahlungen aus Sicht des Leasingnehmers und des Leasinggebers differieren kann.

Hinzu tritt bei Vorliegen eines gerade *nicht* garantierten Restwertes ein weiterer Unterschied bei der Ermittlung des Abzinsungssatzes: Der *Leasinggeber* ermittelt den Barwert der Mindestleasingzahlungen durch Abzinsung mit dem dem Leasingverhältnis zugrunde liegenden **internen Zinssatz**. Der interne Zinssatz bestimmt sich dabei durch Auflösung folgender Formel:

$$\sum_{t=1}^{n} MLZ_t \cdot (1+i)^{-t} + ngR \cdot (1+i)^{-n} = FW$$

mit: MLZ = Mindestleasingzahlungen (laufende Zahlungen, garantierter Restwert und Ausübungspreis der günstigen Kaufoption/Mietverlängerungsoption)

ngR = nicht garantierter Restwert (Realisation noch unsicher)

FW = fair value des Vermögenswertes

i = gesuchter interner Zinssatz

Sollte der *Leasingnehmer* diesen Zinssatz kennen, hat er ihn ebenfalls zu verwenden. Das wird aber in der Regel nicht der Fall sein, so dass der **Grenzfremdkapitalzinssatz** des Leasingnehmers heranzuziehen ist. Das ist derjenige Zinssatz eines vergleichbaren Leasingverhältnisses bzw. derjenige Zinssatz, der im Falle des Kaufs des Vermögenswertes für einen Kredit gleicher Dauer und Sicherheit entrichtet werden müsste. Mit diesem Zins ist der Barwert der Mindestleasingzahlungen des Leasingnehmers zu berechnen. Sollte dieser Zins vom internen Zinssatz nicht unerheblich abweichen, liegt ein

73 Ein garantierter Restwert kann sich auch aus einer Kapitalbeteiligung an einer Zweckgesellschaft ergeben (die im Übrigen so konstruiert ist, dass sie vom Leasingnehmer nicht konsolidiert werden muss) und somit das angestrebte Ergebnis eines Operating-Leasing zunichte machen, s. IDW RS HFA 2, Entwurf Fortsetzung 4 v. 1.7.2002, Rz. 168 Bsp. 1.

74 Vgl. auch *Alvarez/Wotschofsky/Miethig*, WPg 2001, 933 (938) sowie *Kirsch* in Baetge u. a. (Hrsg.), Rechnungslegung nach IAS, 2. Aufl. 2002, IAS 17 Rz. 11.

weiterer Grund vor, warum nach diesem Kriterium Leasingeber und Leasingnehmer zu unterschiedlichen Zuordnungsergebnissen kommen können.

Durch einen hohen nicht garantierten Restwert liegt der Barwert der Mindestleasingzahlungen regelmäßig unter dem fair value des Leasingobjekts, was nach diesem Kriterium zur Zuordnung als Operating Leasing führen wird.[75]

Eine weitere Schwierigkeit liegt in der **Interpretation der Formulierung**, dass der Barwert der Mindestleasingzahlungen „**im Wesentlichen mindestens**" dem beizulegenden Zeitwert zu entsprechen habe, damit Finanzierungsleasing vorliege. Nach FAS 13.7d werden 90 % verlangt,[76] während die Literatur zu IAS 17 annähernd 100 % vorschlägt.[77] Das Prüfkriterium wird gerade wegen dieser Schwierigkeiten und der damit verbundenen Möglichkeiten einer subjektiven Färbung des Ergebnisses überwiegend kritisiert und abgelehnt.[78]

(5) Die Leasinggegenstände haben eine spezielle Beschaffenheit, so dass sie nur der Leasingnehmer nutzen kann, ohne dass wesentliche Veränderungen vorgenommen werden. Dies entspricht dem **Spezial-Leasing**, wonach auch nach den Leasing-Erlassen die Zurechnung beim Leasingnehmer erfolgt. 362

Neben den hier diskutierten nennt IAS 17.9a und b zwei weitere Kriterien, die für sich genommen oder mit anderen ebenfalls als Finanzierungsleasing eingestuft werden können. So können (a) **kündbare Leasingverhältnisse** dann als Finanzierungsleasing gelten, wenn Verluste des Leasinggebers in Verbindung mit der Auflösung des Vertrages vom Leasinggeber getragen werden. Da es sich hierbei um eine Garantie des Leasingnehmers handelt, könnte dieses Kriterium eigentlich dem Barwerttest unter Nr. 4 zugeordnet werden.[79] Schließlich gelten (b) **Gewinne und Verluste aufgrund von Veränderungen des beizulegenden Restzeitwertes**, die dem Leasingnehmer vertragsgemäß zugerechnet werden, ebenfalls als Anzeichen für das Vorliegen eines Finanzierungsleasing. Hier wird in besonderem Maße deutlich, dass der Leasingnehmer das Investitionsrisiko trägt.[80] Beide – ergänzende – Kriterien können zu unterschiedlichen Zuordnungen im Vergleich zu den Leasing-Erlassen führen. 363

Ein Kriterium, wonach auch bei einer Grundmietzeit von unter 40 % der betriebsgewöhnlichen Nutzungsdauer der Leasinggegenstand ohne weitere Prüfung regelmäßig beim Leasingnehmer zu bilanzieren ist, kennt IAS 17 allerdings nicht.

---

75 Vgl. *Hassler/Kerschbaumer*, Praxisleitfaden zur internationalen Rechnungslegung, 2001, S. 38.

76 Allerdings auf eine um ggf. erhaltene Steuervorteile beim Leasinggeber verminderte Bezugsgröße, vgl. FAS 13.5 k.

77 Vgl. *Epstein/Mirza*, IAS 2001, S. 564.

78 Vgl. *Mellwig/Weinstock*, DB 1996, 2345 (2352); *Küting/Hellen/Brakensiek*, DStR 1999, 39 (42); *Alvarez/Wotschofsky/Miethig*, WPg 2001, 933 (939).

79 Darauf weisen *Alvarez/Wotschofsky/Miethig*, WPg 2001, 933 (939) hin.

80 Vgl. *Mellwig*, DB 1998, 7.

b) Bewertung bei erstmaliger Erfassung

364 *Leasingnehmer* haben **Finanzierungs-Leasingverhältnisse** als Vermögenswerte und Schulden in gleicher Höhe in ihrer Bilanz anzusetzen, und zwar in Höhe des zu Beginn des Leasingverhältnisses beizulegenden *Zeitwertes des Leasingobjekts*, oder mit dem *Barwert der Mindestleasingzahlungen*, sofern dieser Wert niedriger ist. Bei der Berechnung des Barwertes der Mindestleasingzahlungen dient der dem Leasingverhältnis zugrunde liegende interne Zinssatz als Abzinsungsfaktor, sofern er in praktikabler Weise ermittelt werden kann – also dem Leasingnehmer bekannt ist. Ist dies nicht der Fall, ist der Grenzfremdkapitalzinssatz des Leasingnehmers anzuwenden (IAS 17.12). Anschaffungsnebenkosten (z. B. Abschlussgebühren) sind zu aktivieren (IAS 17.16).

365 Der *Leasinggeber* bilanziert bei einem Finanzierungsleasing nicht den Leasinggegenstand, sondern eine **Forderung** in Höhe des **Nettoinvestitionswertes aus dem Leasingverhältnis** (IAS 17.28). Das ist gemäß IAS 17.3 die sog. Bruttoinvestition abzüglich des noch nicht realisierten Finanzertrags. Aufgelöst ergibt sich wiederum der Barwert der Mindestleasingzahlungen zuzüglich des Barwertes des nicht garantierten Restwertes aus Sicht des Leasinggebers; dieser **Wert entspricht dem fair value** des Leasinggegenstands (s. oben Rz. 361):

$$\sum_{t=1}^{n} MLZ_t + ngR - \left[\sum_{t=1}^{n} MLZ_t + ngR - \left(\sum_{t=1}^{n} MLZ_t \cdot (1+i)^{-t} + ngR \cdot (1+i)^{-n}\right)\right]$$

$$= \sum_{t=1}^{n} MLZ_t \cdot (1+i)^{-t} + ngR \cdot (1+i)^{-n} = \text{Nettoinvestitionswert}$$

Je niedriger der (interne) Zins ist, desto höher ist der Ertrag bei Einbuchung der Forderung und überschreitet so auch leicht die Anschaffungskosten, die der Leasinggeber selbst für den Vermögenswert gehabt hat. Daher sehen IAS 17.34 ff. bei künstlich niedrigen Zinsen im Falle des **Hersteller- oder Händler-Leasings**[81] vor, die Höhe des Verkaufsgewinns auf einen Betrag zu begrenzen, der sich bei Verwendung eines marktüblichen Zinssatzes ergeben hätte.

Für mit dem Vertragsabschluss direkt im Zusammenhang stehende **Kosten** (Kosten je Neuvertrag, z. B. Provisionen, Gebühren) besteht ein *Wahlrecht*: Sie können sofort als Aufwand erfasst oder über Laufzeit des Vertrages verteilt werden.[82] Technisch erfolgt die Verteilung nach IAS 17.33 dergestalt, dass in der Periode, in der die Aufwendungen erfasst werden, auch die Erfas-

81 Hersteller oder Händler sind in diesem Zusammenhang nicht nur auf Leasing spezialisierte Unternehmen, sondern solche, die die Vermögenswerte auch unmittelbar veräußern. Die Abgrenzung, über die sich IAS 17.34 f. nicht weiter auslassen, ist vor allem wegen der unterschiedlichen Behandlung der Vertragskosten von praktischer Bedeutung.

82 Das Wahlrecht der sofortigen Aufwandserfassung soll gem. ED IAS 17.29A abgeschafft werden.

sung von Finanzerträgen in derselben Höhe vorzunehmen ist (also eine Aktivierung als Erhöhung des Nettoinvestitionswertes), so dass sich die Finanzerträge in den künftigen Perioden entsprechend mindern. Die Ausnutzung des Wahlrechts führt zu einem höheren Vermögensausweis im Vergleich zum HGB,[83] wonach solche Vertragskosten sofort als Aufwand zu berücksichtigen sind. Im Fall des Hersteller- oder Händler-Leasings sind allerdings auch nach IAS diese Kosten sofort zu erfassen, da sie in erster Linie mit dem Verkaufsgewinn in Zusammenhang zu sehen sind (IAS 17.38).

c) Folgebewertung

Die Folgebewertung des beim *Leasingnehmer* bilanzierten Leasinggegenstands entspricht der seines sonstigen Anlagevermögens, für materielle Vermögenswerte ist also IAS 16 und für immaterielle IAS 38 anzuwenden. Es sind auch Wertminderungsprüfungen vorzunehmen (s. hierzu Rz. 390 ff.). Auch die Anwendung der Neubewertungsmethode ist nicht ausgeschlossen.[84] Sollte der zivilrechtliche Eigentumsübergang zu Beginn des Leasingverhältnisses unsicher sein, ist der Vermögenswert über den kürzeren der beiden Zeiträume, Laufzeit des Leasingverhältnisses oder Nutzungsdauer, vollständig abzuschreiben (IAS 17.19). 366

Die zu zahlenden Leasingraten sind in einen Zins-(Finanzierungskosten-) und Tilgungsanteil aufzuteilen. Die Zinsanteile der Leasingraten sind so über die Laufzeit des Leasingverhältnisses zu verteilen, dass auf den jeweiligen Restbuchwert der Verbindlichkeit ein konstanter Zinssatz entfällt. Zur Vereinfachung können Näherungsverfahren angewendet werden (IAS 17.17 f.), also etwa die **Zinsstaffelmethode**.

Spiegelbildlich sind beim *Leasinggeber* die Finanzerträge so zu erfassen, dass sich eine konstante Verzinsung der in den Folgeperioden noch ausstehenden Forderung ergibt (IAS 17.30). 367

Die Schätzungen der Höhe des nicht garantierten **Restwertes** sind regelmäßig zu überprüfen (IAS 17.32). Da es hierbei nicht um die Bonität des Leasingnehmers, sondern um das Nutzenpotential des Leasinggegenstandes nach Ablauf der Vertragslaufzeit geht, sollten dieselben Kriterien und Prüfintervalle wie bei außerplanmäßigen Abschreibungen zugrunde gelegt werden, vgl. insoweit Rz. 394 ff. Wertminderungen sind unmittelbar zu erfassen und die künftige Ertragsverteilung ist zu berichtigen.

d) Sale and lease back

Auch die Bilanzierung von sale and lease back-**Transaktionen** fällt ausschließlich unter den Anwendungsbereich von IAS 17 (IAS 40.2e) und richtet 368

---

83 Die GRENKELEASING AG, Geschäftsbericht 2000, S. 3, bezeichnet dies als den für eine Leasinggesellschaft gravierendsten Unterschied zum HGB.

84 So auch *Cairns*, Applying International Accounting, 2. Aufl. 1999, S. 367.

sich ebenfalls danach, ob es sich um Finanzierungs- oder Operating-Leasing handelt. Ist der Leasinggegenstand eine Immobilie und der Vorgang als Operating-Leasing qualifiziert worden, so hat der *Leasinggeber* im Anschluss an die Transaktion allerdings IAS 40 anzuwenden; Entsprechendes gilt für den *Leasingnehmer*, falls Finanzierungsleasing vorliegt.

369 Im Falle eines **Finanzierungsleasing** ist ein ggf. entstehender Verkaufsgewinn (Veräußerungserlös ⁒ Buchwert) beim **Leasingnehmer** abzugrenzen und über die Vertragslaufzeit aufzulösen (IAS 17.50), da aus ökonomischer Perspektive kein Verkauf, sondern ein Finanzierungsvorgang stattgefunden hat. Aus deutscher Perspektive käme ein Ausweis als **passive Rechnungsabgrenzung** in Betracht.[85]

Im **Konzernabschluss** ergeben sich im Falle von sale and lease back-Transaktionen aufgrund der wirtschaftlichen Betrachtungsweise (substance over form) weitere Besonderheiten: Handelt es sich bei dem Leasinggeber um eine Zweckgesellschaft im Sinne von SIC-12 (Special purpose entity) und folgt hieraus eine Aufnahme des Leasinggebers in den Konzernabschluss, handelt es sich insoweit aus Konzernsicht *nicht* um einen Verkauf des Leasingobjektes mit der Folge, dass sich ein passivischer Abgrenzungsposten – im Gegensatz zum Einzelabschluss – erübrigt. Die unterschiedliche bilanzielle Behandlung im **HGB-Einzelabschluss** (nicht jedoch im IAS-Einzelabschluss, der insoweit einen passivischen Abgrenzungsposten erfordert) und im Konzernabschluss kann für interessante steuerliche Gestaltungen eingesetzt werden: Die Realisierung eines Veräußerungsgewinns aufgrund einer Vermögensübertragung führt im HGB-Einzelabschluss zu einem steuerpflichtigen Ergebnis, das gegen bestehende Verlustvorträge aufrechenbar ist;[86] der durch die Vermögensübertragung ausgelöste erhöhte Abschreibungsaufwand mindert die zukünftigen steuerlichen Einkommen; im Konzernabschluss werden diese Vorgänge zurückgedreht, konzernergebniserhöhend wirkt sich jedoch die tatsächlich eintretende jährliche Ertragsteuerminderung aus. Entsteht rein rechnerisch ein Veräußerungsverlust, wird der Buchwert nur reduziert, wenn eine Wertminderung nach IAS 36 vorliegt (IAS 17.55).

370 Hinsichtlich des **GuV-Ausweises** der abgegrenzten Erträge eröffnet IAS 17.50 f. Interpretationsspielraum. Nahe liegend wäre der Ausweis als sonstiger betrieblicher Ertrag. Da aber die Leasingzahlungen und der Verkaufspreis, wie IAS 17.49 betont, normalerweise in einem Zusammenhang stehen, würde es u. E. nicht gegen das Saldierungsverbot in IAS 1.34 verstoßen, die abgegrenzten

85 Der Abgrenzungsposten erfüllt nach h. M. nicht die Framework-Ansatzkriterien einer Schuld, ist aber gleichwohl anzusetzen, da die Regelung eines Standards dem Framework vorgeht. Daher wird der Ausweis einer Schuld als zulässig angesehen, vgl. etwa *Wagenhofer*, International Accounting Standards, 3. Aufl. 2001, S. 109.

86 Diese Gestaltung ist notwendig, wenn die zukünftigen Gewinne nicht in der Gesellschaft anfallen, die über Verlustvorträge verfügt und kein Organkreis, aus welchen Gründen auch immer, vorliegt.

Erträge gegen die künftigen Finanzierungskosten zu verrechnen und damit nur saldiert auszuweisen. Dies käme dem wirtschaftlichen Charakter des Vorgangs am nächsten.

Zur Ertragsrealisation bei sale and lease back-Transaktionen, die als Operating-Leasing beurteilt wurden, s. Rz. 373 ff.

4. Exkurs: Operating-Leasing

Da beim Operating-Leasing das wirtschaftliche Eigentum über den Vermögenswert beim Leasinggeber verbleibt, ist dies eigentlich kein Thema des Sachanlagevermögens. Eine Erläuterung im Anschluss an die Diskussion des Finanzierungsleasings ist jedoch sinnvoll, und auch in den Abschlüssen der Leasingnehmer selbst finden sich häufig die Erläuterungen zum Finanzierungs- als auch zum Operating-Leasing beim Sachanlagevermögen. 371

Beim Operating-Leasing hat der *Leasingnehmer* lediglich die Leasingzahlungen – unabhängig von den tatsächlichen Zahlungszeitpunkten – als Aufwand linear über die Laufzeit des Leasingvertrages zu verteilen, es sei denn, dem zeitlichen Verlauf des Nutzens für den Leasingnehmer entspricht eine andere Verteilung besser (IAS 17.25). Vom Leasinggeber gewährte *Anreize* (z. B. Übernahme von Umzugskosten, Mietfreiheitsjahre) mindern die Gesamtsumme der Mietzahlungen und sind insoweit ebenfalls linear bzw. entsprechend dem Nutzenverlauf zu verteilen (SIC-15.5).

Die Erfassung der Erträge beim *Leasinggeber* erfolgt hierzu spiegelbildlich analog (IAS 17.42). Wählen sowohl Leasingnehmer als auch Leasinggeber eine lineare Verteilung, ergibt sich sogar während der Vertragslaufzeit in jeder Periode eine Übereinstimmung der Aufwendungen und Erträge zwischen den beiden Vertragsparteien. 372

Die Bewertung des Leasinggegenstandes selbst folgt beim Leasinggeber den allgemeinen Bestimmungen und richtet sich vor allem danach, ob es sich um Investment Property – dann ist IAS 40 einschlägig – oder Sachanlagen (IAS 16) bzw. immaterielle Vermögenswerte (IAS 38) handelt.

Bei **sale and lease back-Transaktionen**, die als Operating-Leasing qualifiziert werden, sieht IAS 17.52 ff. eine Reihe von Sonderregelungen zur Ertragsrealisation vor, wenn der Veräußerungspreis und die künftigen Leasingzahlungen von den beiden Parteien *nicht zu sonst üblichen Marktbedingungen* festgelegt werden. Als Marktbedingung gilt, wenn die Veräußerung zum beizulegenden Zeitwert getätigt wird; dann sind Gewinne oder Verluste vom (künftigen) *Leasingnehmer* sofort zu erfassen. 373

Abweichend hiervon kann aber auch ein besonders hoher, den beizulegenden Zeitwert **übersteigender Verkaufspreis** festgelegt worden sein (s. Abb. 16). In einem solchen Fall wird der Leasinggeber besonders hohe zukünftige Mieten 374 verlangen, so dass ein wirklicher Gewinn in Höhe des den fair value übersteigenden Betrages beim Leasingnehmer gar nicht entstanden ist. Dieser Teilbetrag ist **passivisch abzugrenzen** und über den Zeitraum der voraussichtlichen Nutzungsdauer des Vermögenswertes – was bei einem Operating-Leasing der Vertragslaufzeit entspricht – ertragswirksam aufzulösen, womit im Ergebnis die höheren Leasingzahlungen kompensiert werden.

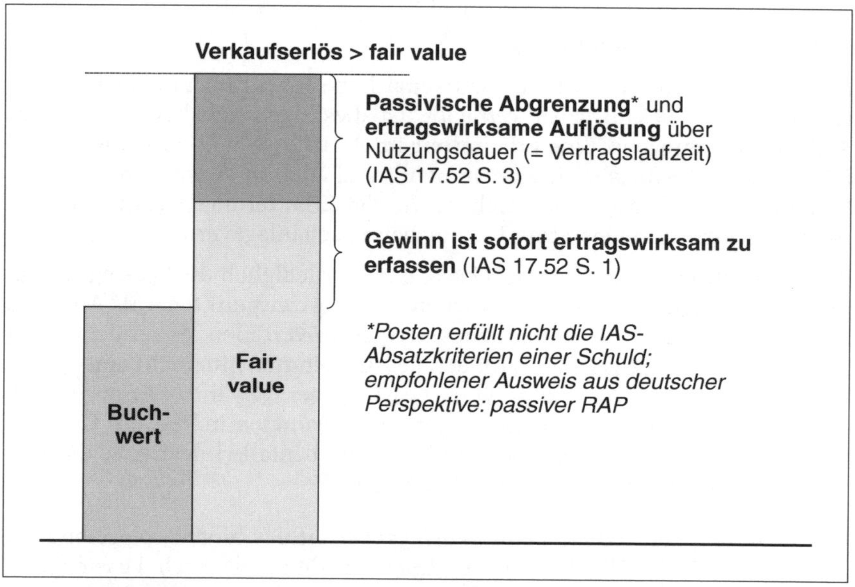

Abb. 16: Gewinnerfassung bei sale and lease back als Operating lease: Verkauf über fair value

Der *Leasinggeber* bilanziert den Vermögenswert mit den Anschaffungskosten. Eine außerplanmäßige Abschreibung auf den fair value ist nicht vorzunehmen,[87] sofern die künftigen Leasingzahlungen den Nutzungswert widerspiegeln und der Leasingnehmer von unzweifelhafter Bonität ist.

375 Umgekehrt kann auch ein den **fair value unterschreitender Verkaufspreis** vereinbart werden (s. Abb. 17). Sollte der Verkaufspreis noch über dem Buchwert liegen, ist ein Gewinn sofort zu erfassen, obwohl auch hier denkbar wäre, dass die künftigen Leasingzahlungen nicht marktgerecht sind. Liegt der Verkaufspreis unter dem Buchwert, ist eine Fallunterscheidung nötig: Sind marktübliche Leasingraten vereinbart worden, handelt es sich um einen „echten" Verlust, der sofort zu berücksichtigen ist. Möglich ist aber auch, dass die künftigen Leasingzahlungen die übliche Marktmiete unterschreiten. Dann ist der Verlust entsprechend des **Matching Principles** abzugrenzen.

87 A.A. *Alvarez/Wotschofsky/Miethig*, WPg 2001, 933 (945).

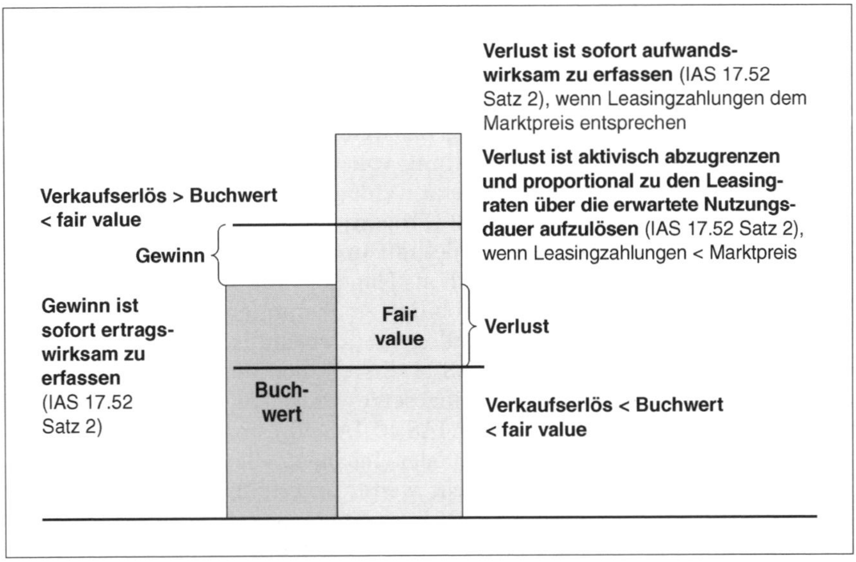

Abb. 17: Gewinn- und Verlusterfassung bei sale and lease back als Operating lease: Verkauf unter fair value

376 Klarstellenden Charakter schließlich hat IAS 17.54, wonach der *Leasingnehmer* eine **außerplanmäßige Abschreibung** auf den fair value vorzunehmen hat, wenn unmittelbar vor der Transaktion der Buchwert den beizulegenden Zeitwert überschreitet. Der Verlust ist sofort ergebniswirksam zu erfassen (IAS 17.54); im Falle der Anwendung der Neubewertungsmethode ist zunächst eine ggf. noch vorhandene Neubewertungsrücklage zu mindern (s. Rz. 349).

377 Für den *Leasinggeber* bestehen hinsichtlich der sale and lease back-Transaktionen keine besonderen Vorschriften. Da solche Transaktionen aber häufig Immobilien betreffen, ist, wenn es sich um Operating-Leasing handelt, IAS 40 Investment Property zu beachten.

5. Investment Property

a) Ansatz

378 Investment Property („als Finanzinvestition gehaltene Immobilien") sind Grund und Boden, Gebäude oder Gebäudeteile oder beides, die vom zivilrechtlichen Eigentümer oder vom Leasingnehmer im Rahmen eines Finanzierungsleasing gehalten werden, um

- Miet- oder Pachterträge (also auch Leasingerträge) oder
- Wertsteigerungen oder
- beides

zu erzielen (IAS 40.4). Es handelt sich demnach um **Finanzanlagen in Immobilien**, für die IAS 40 einschlägig ist. Der Hauptanwendungsfall von IAS 40 wird daher bei **Immobilien-Gesellschaften** zu beobachten sein, die Immobilien vermieten bzw. verpachten. Diese Gesellschaften haben in besonderer Weise darauf zu achten, welche Verwendung für welche Immobilie vorgesehen ist. Denn wenn Immobilien zur Erstellung von Gütern und Dienstleistungen oder für Verwaltungszwecke eingesetzt werden, fallen sie nicht unter die Definitionsmerkmale von Investment Property, sondern sind entsprechend IAS 16 zu bilanzieren. Für den Handel mit Immobilen ist IAS 2 einschlägig; Immobilien-Gesellschaften, die auch als Händler tätig sind, haben daher die beabsichtigte Verwendung der Immobilien zu überprüfen.[88] Werden Gebäude hergestellt, die veräußert werden sollen, greift ebenfalls IAS 2 oder, im Falle von Auftragsfertigung für Dritte, IAS 11. Erstellt der Bilanzierende Gebäude, die später als Investment Property eingesetzt werden sollen, ist bis zur Fertigstellung IAS 16 anzuwenden, danach IAS 40 (IAS 40.7 und IAS 40.51 e). Bei gemischt genutztem Grund und Boden oder Gebäuden, die nach dem Kriterium der Einzelveräußerbarkeit nicht mehr weiter unterteilt werden können, ist die Immobilie nur dann unter IAS 40 einzuordnen, wenn der Nutzenanteil in der Produktion/Verwaltung von nur untergeordneter Bedeutung ist (IAS 40.8). Falls bei einem Grundstück dessen künftige Nutzung noch unklar ist, ist es im Zweifel ein Investment Property (IAS 40.6 b).

Industrieunternehmen treten gegenüber ihren Mitarbeitern gelegentlich als Vermieter von Wohnraum auf. Solche Immobilien sind als eigentümergenutzt zu qualifizieren, werden also nach IAS 16 bilanziert (IAS 40.7c). Auch kommt es bei Vermietungen vor, dass noch zusätzliche Leistungen angeboten werden. Die Übernahme eines Wachdienstes im Zusammenhang mit einer Vermietung führt noch zur Einordnung als Investment Property, währenddessen das Betreiben eines Hotels auf eigene Rechnung angesichts des angebotenen Dienstleistungsbündels entsprechend IAS 16 zu behandeln ist (IAS 40.9 ff.). Häufig ist nur eine einzelfallbezogene Betrachtung möglich (IAS 40.12), und bei schwierigen Einordnungsentscheidungen sind die Abgrenzungskriterien offen zu legen (IAS 40.66 a). Angesichts dieser Abgrenzungsfragen empfiehlt sich eine **Festlegung der Zuordnungskriterien** innerhalb der konzerneinheitlichen Dokumentation (**Konzernrichtlinie**).

379 Es bestehen keine besonderen Ansatzkriterien; deutlich wird aber Wert auf den Grad der Wahrscheinlichkeit gelegt, mit dem zukünftiger wirtschaftlicher Nutzen aus der als Finanzanlage gehaltenen Immobilie erzielt werden kann (IAS 40.15 f.).

b) Bewertung bei erstmaliger Erfassung

380 Der erstmalige Ansatz von Grund und Boden, der als Finanzanlage gehalten werden soll, erfolgt zu Anschaffungskosten. Gebäude sind zu Anschaffungs-

88 Vgl. *Helmschrott*, DB 2001, 2457.

oder Herstellungskosten zu bewerten (IAS 40.17 ff.). Besonderheiten im Vergleich zur erstmaligen Bewertung von sonstigen Sachanlagen (s. oben Rz. 324 ff.) inklusive der Behandlung nachträglicher Anschaffungs- und Herstellungskosten bestehen nicht. Da es sich bei Investment Property auch um qualifying assets handeln kann, kommt eine Aktivierung von Fremdkapitalzinsen bei Anschaffung oder Herstellung in Betracht (IAS 40.21 i. V. m. IAS 23.6).

c) Folgebewertung

381 IAS 40 eröffnet ein Wahlrecht für Investment Property zur **erfolgswirksamen Bewertung zum fair value** (fair value model) oder zu **fortgeführten Anschaffungs- bzw. Herstellungskosten** (cost model), das *einheitlich* für alle Vermögenswerte, die als Investment Property eingestuft worden sind, auszuüben ist. Bei Wahl des cost model folgt die Bilanzierung den Regelungen des IAS 16 und IAS 36. Die Abb. 18 verdeutlicht die Unterschiede bei diesem Bewertungswahlrecht.

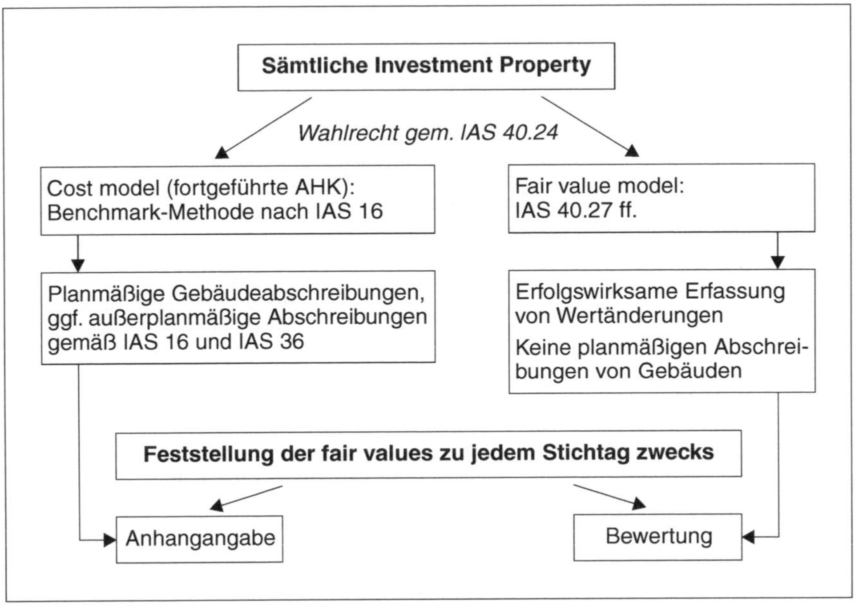

Abb. 18: Bewertungswahlrecht für Investment Property

382 Unter dem fair value model nach IAS 40 wird damit erstmals eine **erfolgswirksame Behandlung** (aus HGB-Perspektive) **nicht realisierter Gewinne** außerhalb von Finanzinstrumenten gem. IAS 39 ermöglicht. Zu beachten ist, dass beim fair value model **keine planmäßigen Gebäudeabschreibungen** zu verrechnen sind. Das unterscheidet das fair value model bei Investment Pro-

perty von der alternativ zulässigen Neubewertungsmethode beim Sachanlagevermögen, s. Rz. 343.

Bei einer Bilanzierung nach dem cost model sind die fair values von investment property im **Anhang** anzugeben (IAS 40.69 e). Auf diese Weise kann der Bilanzadressat auch bei Wahl des cost-models durch das Management die **stillen Reserven** erkennen.

Damit steht, unabhängig von der Wahl des Bewertungsverfahrens, jeder Bilanzierende vor dem Problem, für Investment Property **fair values bestimmen** zu müssen. Die Bewertung hat die aktuelle Marktlage und die Umstände zum Bilanzstichtag widerzuspiegeln (IAS 40.31). Zur Wertfindung ist wie folgt vorzugehen (s. Abb. 19):

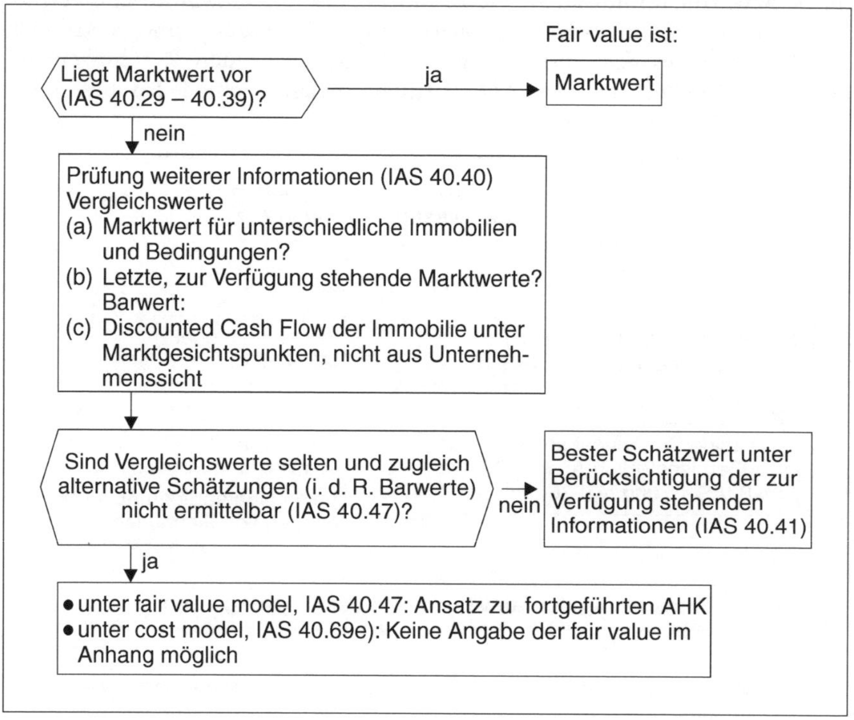

Abb. 19: Fair value-Ermittlung für Investment Property

383 Da der fair value definiert ist als Betrag, zu dem der Vermögenswert zwischen sachverständigen, vertragswilligen und voneinander unabhängigen Geschäftspartnern getauscht werden könnte, liegt die beste Annahme für den fair value zweifelsfrei vor, wenn ein aktiver Markt für die zu bewertende Immobilie existiert. Anzusetzen bzw. anzugeben ist dann der **Marktpreis am Bilanzstichtag** (IAS 40.29, 40.31, 40.39).

Wenn jedoch – wie in der Praxis durchaus häufig – ein aktiver Markt nicht vorliegt,[89] sollen mehrere Informationen genutzt werden, um eine **Näherungslösung** für den Marktpreis zu erhalten. So kann Ausgangspunkt der Wertfindung der Preis für andere Immobilien sein, die aber möglichst mit der zu bewertenden noch vergleichbar sind, wobei dann ggf. Wertanpassungen erforderlich sind. Auch kann auf vergangene Preise sehr vergleichbarer Immobilien abgestellt werden, was Anpassungen im Hinblick auf die seit der Transaktion veränderten ökonomischen Bedingungen nach sich zieht. Ergänzt wird die Wertfindung durch die Ermittlung des **Barwert**es künftiger Cashflows, also der Anwendung der Discounted Cash Flow Methode. Die Cashflow Prognosen sollen nicht nur die subjektive Unternehmenssicht, sondern auch vergleichbare, von anderen Immobilien zu erzielende Cashflows berücksichtigen. Damit wird deutlich, dass es sich hier *nicht* um einen Nutzungswert, einen „value in use" handeln soll (s. hierzu nächstes Kapitel, Rz. 404 ff.).[90] Beispiele für den Unterschied zwischen Nutzungswert und beizulegendem Zeitwert benennt IAS 40.43. Der Zinssatz schließlich soll die (Markt-)Annahmen in Bezug auf die Unsicherheit und den zeitlichen Anfall der Cashflows widerspiegeln (IAS 40.40 c).

Die Ermittlung der fair values in der Praxis erfolgt häufig durch Gutachter.

Sollte bei Wahl des **fair value model**s im Ausnahmefall für eine einzelne Immobilie der *fair value nicht bestimmbar* sein, ist wie folgt zu differenzieren: 384

(1) Wird die Immobilie *erstmals* als Investment Property qualifiziert, ist sie unverändert zu fortgeführten Anschaffungs- und Herstellungskosten nach der Benchmark-Methode gem. IAS 16 zu bewerten – und zwar auch dann, falls später wieder fair values ermittelbar wären (IAS 40.47).

(2) Wurde die Immobilie *vormals* bereits zu ihrem fair value *bewertet* und können in späteren Perioden jeweils aktuelle beizulegende Zeitwerte *nicht* ermittelt werden, so kann die Immobilie offensichtlich nur mit dem *letzten* zur Verfügung stehenden fair value bewertet werden (IAS 40.49).

Wurde als Bewertungsverfahren hingegen das **cost model** gewählt und sind wie vorstehend fair values zur Erfüllung der Angabepflichten nicht ermittelbar, entfällt die Angabe des fair values zu (1) für diese eine Immobilie (IAS 40.69e), wobei offen bleibt, ob die Angabepflicht wieder auflebt, wenn in späteren Perioden doch fair values ermittelbar sind. Eine entsprechende eindeutige Regelung hinsichtlich der **Angabepflicht** fehlt bei (2). Sachgerecht ist, hier ebenfalls den letzten zur Verfügung stehenden fair value anzugeben.

---

89 Dies war auch eine der Einwendungen im Entwurfsstadium von IAS 40, die den Board dazu bewogen haben, als Wahlrecht die Bewertung zu fortgeführten Anschaffungs- und Herstellungskosten zuzulassen, s. IAS 40.B46 a und IAS 40.B47 f.; vgl. auch *Baetge/Zülch*, BFuP 2001, 543 (556).

90 Vgl. *Epstein/Mirza*, IAS 2001, S. 437; *Ballwieser* in Rechnungslegung nach IAS, 2. Aufl. 2002, IAS 40 Rz. 32.

Unabhängig vom gewählten Bewertungsverfahren sind für Immobilien, für die keine fair values ermittelbar sind, wenn möglich die Bandbreiten anzugeben, innerhalb deren der fair value höchstwahrscheinlich liegt (IAS 40.68 c, IAS 40.69 e iii).

d) Erfolgsrealisation bei Veräußerung und Nutzenänderung

385 Bei einer **Veräußerung** von Investment Property ist die Differenz zwischen dem Buchwert – unabhängig davon, ob zuvor das cost oder fair value model angewandt wurde – und dem Nettoveräußerungspreis erfolgswirksam zu erfassen. Im Falle eines sale and lease back sind allerdings die hierfür einschlägigen und unter Rz. 373 ff. erläuterten Vorschriften zu beachten (IAS 40.62).

386 **Umgliederungen** von und nach Investment Property sind bei **Nutzenänderungen** erforderlich und können, je nach gewähltem Bewertungsverfahren, zum Ausweis nicht realisierter Gewinne führen. Die Tabelle 10 zeigt die Konsequenzen:

Tab. 10: Umgliederung von Investment Property

Fall (IAS 40.51)	bisherige Nutzung	künftige Nutzung	Bewertung und Realisation	
(a)	Investment Property	eigengenutztes Grundstück/ Gebäude	Buchwertfortführung	
(b)	Investment Property	Vorrats-vermögen	Buchwertfortführung	
			cost-model	**fair value-model**
(c)	eigengenutztes Grundstück/ Gebäude	Investment Property	Buchwertfortführung	erfolgsneutrale Bewertungsanpassung (IAS 40.55 f.)
(d)	Vorratsvermögen	Investment Property	Buchwertfortführung	erfolgswirksame Bewertungsanpassung (IAS 40.57)
(e)	Beendigung des Herstellungsvorgangs eines Gebäudes	Investment Property	Buchwertfortführung	erfolgswirksame Bewertungsanpassung (IAS 40.59)

Im Fall (b) kommt eine Umgliederung in das Vorratsvermögen nur dann in Betracht, wenn einerseits Veräußerungsabsicht besteht, andererseits aber noch Aufwendungen geleistet werden müssen, um das Grundstück oder Gebäude überhaupt veräußern zu können. Sollte eine Veräußerung jedoch unmittelbar möglich und gewollt sein, ist auch unmittelbar aus der Kategorie Investment Property zu veräußern.

Eine Umgliederung gemäß Zeile (d) kommt z. B. in Betracht, wenn der Vermögenswert künftig vermietet wird. Denkbar wäre aber auch, dass eine aktuelle Verkaufsabsicht für ein Grundstück nicht besteht und es aufgrund erhoffter Wertsteigerungen langfristig gehalten werden soll.

Eine Beibehaltung des bisherigen Wertansatzes ergibt sich immer in den Fällen (a) und (b) – unabhängig davon, ob das fair value model oder das cost model zuvor gewählt worden war – sowie bei Wahl des cost-models in den Fällen (c) bis (e). Sollte demgegenüber für Investment Property das fair value model gewählt worden sein, so ist im Fall (c) eine **erfolgsneutrale Bewertungsanpassung** entsprechend der Neubewertungsmethode nach IAS 16 erforderlich (s. Rz. 343 ff.). In dieser Position sind die höchsten stillen Reserven zu erwarten, so dass es hier bei einer Umgliederung nicht zu Umgliederungsinduzierten Ergebnisschwankungen kommt. **Künftige Wertänderungen** sind allerdings **erfolgswirksam** zu behandeln. In den Fällen (d) und (e) schließlich sind bereits die Bewertungsanpassungen infolge der Nutzenänderung erfolgswirksam zu behandeln, wobei hier jedoch signifikante stille Reserven regelmäßig *nicht* zu erwarten sind.

Einstweilen frei. 387–389

III. Erfassung von Wertminderungen

1. Überblick und Wegweiser

In der Bilanzierungsphilosophie der IAS sollen mit dem Ansatz von Vermö- 390
genswerten (künftige) Nutzenpotentiale zum Ausdruck kommen. Soweit es sich um abnutzbare Vermögenswerte handelt, soll die planmäßige Abschreibung den zeitlichen Verlauf der Nutzenabgabe widerspiegeln. Wenn durch unvorhergesehene Ereignisse der Wert der künftigen Nutzenabgabe unter den Buchwert sinkt, ist es daher nur folgerichtig, dass der Buchwert angepasst wird: Die festgestellte Wertminderung ist zu erfassen.

Die entsprechenden Normen hierzu enthält IAS 36, der gem. IAS 36.1 auf *alle Vermögenswerte* anzuwenden ist außer auf Vorräte (IAS 2), Vermögenswerte, die aus Fertigungsaufträgen resultieren (IAS 11), latente Steueransprüche (IAS 12), Vermögenswerte in Verbindung mit der Altersversorgung (IAS 19), Finanzinstrumente (IAS 32, IAS 39), investment property, bewertet zum fair value (IAS 40) sowie biologische Vermögenswerte, bewertet zum fair value (IAS 41). Deutlicher wird der Anwendungsbereich bei einer Positivabgrenzung. So ist IAS 36 auf alle bei der Folgebewertung nach IAS 38 (immaterielle Vermögenswerte des Anlagevermögens) und IAS 16 (Sachanlagen) bilanzierte Vermögenswerte – auch dann, wenn die Neubewertungsmethode gewählt worden ist – sowie auf den bei der Kapitalkonsolidierung nach der

Erwerbsmethode entstandenen Goodwill anzuwenden. In den Anwendungsbereich gehören demnach auch Investment Property, falls für diese das cost model angewendet wird, sowie Leasing-Objekte, die im Rahmen des Finanzierungs-Leasings dem Unternehmen zugeordnet worden sind, und sonstige Vermögenswerte, für die keine Spezialregelung vorliegt. IAS 36 hat seinen Fokus ganz deutlich auf das **Anlagevermögen**.

391 IAS 36.3 nennt ferner als Anwendungsbereich Investitionen in Tochter- (IAS 27) und Gemeinschaftsunternehmen (IAS 31) sowie in assoziierte Unternehmen (IAS 28). Hier ist aber sauber zu differenzieren: Wird ein **Konzernabschluss** aufgestellt und geht es um voll- bzw. quotal konsolidierte Unternehmen, ist die Anwendung von IAS 36 auf den Beteiligungsbuchwert gegenstandslos, aber natürlich nicht hinsichtlich der übernommenen und im Konzernabschluss abgebildeten Vermögenswerte (wie z. B. der Goodwill aus Kapitalkonsolidierung). Bei assoziierten und Gemeinschaftsunternehmen, die im Konzernabschluss at equity bewertet werden, ist allerdings auf den Equity-Ansatz IAS 36 anzuwenden (IAS 28.23 f.). Liegt dagegen für Tochter- und Gemeinschaftsunternehmen sowie für assoziierte Unternehmen ein Konsolidierungsverbot vor oder wird auf die Konsolidierung wegen Unwesentlichkeit verzichtet, dann sind die Investitionen nach IAS 39 zu bilanzieren. Die Anwendung von IAS 36 kommt dann nicht in Betracht, da IAS 39 eigene Vorschriften zur Wertminderung enthält.

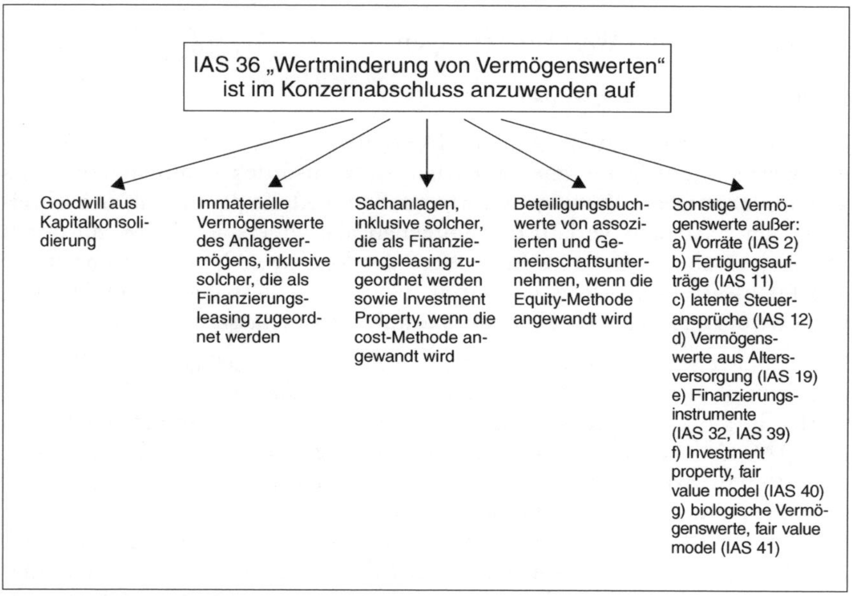

Abb. 20: Anwendungsbereich von IAS 36 im Konzernabschluss

Im **Einzelabschluss** eines Mutterunternehmens ist IAS 36 immer dann auf die Beteiligungsbuchwerte gegenüber Tochter- und Gemeinschaftsunternehmen sowie assoziierte Unternehmen anzuwenden, wenn diese Buchwerte nicht nach IAS 39, sondern in Ausnutzung von Wahlrechten zu Anschaffungskosten oder at equity bilanziert werden (IAS 27.29; IAS 31.42; IAS 28.12, 28.14).[91]

Hinsichtlich der Konzeption unterscheidet sich die Erfassung von Wertmin- 392
derungen nach IAS 36 erheblich von den außerplanmäßigen Abschreibungen nach HGB. Im Gegensatz zum HGB, wonach eine Pflicht zur außerplanmäßigen Abschreibung immaterieller Vermögensgegenstände des Anlagevermögens und Sachanlagen nur bei dauerhafter Wertminderung besteht, wird nach IAS nicht zwischen dauernder und vorübergehender Wertminderung unterschieden: Die Erfassung einer Wertminderung ist immer dann erforderlich, wenn nach durchgeführtem **Impairment-Test** der erzielbare Betrag (recoverable amount) unter dem Buchwert liegt. Ferner wird in der Praxis die Wertminderung nach IAS eher selten auf einzelne Vermögenswerte, sondern auf so genannte **zahlungsmittelgenerierende Einheiten (cash generating units, CGU)** zu beziehen sein. Zur Bestimmung des erzielbaren Betrages wird dabei – von wenigen Ausnahmen abgesehen – regelmäßig das aus der Unternehmensbewertung bekannte **Discounted Cash Flow (DCF)** Verfahren angewendet; IAS 36 schafft insoweit eine Verbindung von Rechnungslegung und Unternehmensbewertung.

Als Sekundärwert, mit dem zum Abschlussstichtag der jeweilige Buchwert 393
verglichen wird, verwendet IAS 36 den so genannten **erzielbaren Betrag** (recoverable amount). Der erzielbare Betrag ist in IAS 36.5 definiert als der höhere Wert aus einem Vergleich des **Nettoveräußerungspreises** (net selling price) mit dem **Nutzungswert** (value in use) des Vermögenswertes. Das Erfordernis der Erfassung eines Wertminderungsaufwands ergibt sich nur dann, wenn der erzielbare Betrag kleiner als der Buchwert ist (IAS 36.58).

Beispiel:

Eine zu fortgeführten Anschaffungskosten bilanzierte Sachanlage hat zum 31.12.02 nach erfolgter planmäßiger Abschreibung noch einen Buchwert von 80 000 Euro. Im Rahmen eines durchgeführten Impairment-Tests ergibt sich, dass der Nettoveräußerungspreis des betreffenden Vermögenswertes lediglich 69 000 Euro und sein Nutzungswert 72 000 Euro beträgt.

Es ist auf den erzielbaren Betrag – das ist hier der Nutzungswert von 72 000 Euro – außerplanmäßig abzuschreiben.

91 Im Rahmen des Improvement-Projekts soll das Wahlrecht der Bilanzierung at equity entfallen; im Einzelabschluss soll der Beteiligungsbuchwert daher künftig zu Anschaffungskosten oder unter Anwendung von IAS 39 angesetzt werden (ED IAS 27.29).

2. Anhaltspunkte für Wertminderungen und grundlegende Funktionsweise

394 Zu jedem Bilanzstichtag ist zu **prüfen**, ob **Anhaltspunkte** dafür vorliegen, dass

- einzelne Vermögenswerte oder
- Gruppen von Vermögenswerten (cash generating units, CGU)

wertgemindert sein könnten (IAS 36.8 i. V. m. IAS 36.6). Bei diesen Indikatoren kann es sich nach IAS 36.9 um gesunkene Marktwerte, gestiegene Zinssätze, physische Schäden usw. handeln – die dort genannten Punkte sind keine abschließende Aufzählung.[92] Nur wenn derartige Tatsachen vorliegen, ist grundsätzlich der Impairment-Test durchzuführen – also *nicht* zu jedem Bilanzstichtag. Auch in anderen Standards finden sich Hinweise auf Indikatoren für mögliche Wertminderungen; die nachfolgende Checkliste fasst diese zusammen:

Tab. 11: Checkliste der Indikatoren für einen Impairment-Test

Nr.	Indikator	IAS
1	Einer der genannten Indikatoren liegt im Hinblick auf einen Vermögenswert, eine zahlungsmittelgenerierende Einheit oder das Gesamtunternehmen vor	36.9
2	Mittelzuflüsse nach einem Unternehmenserwerb sind niedriger als erwartet	22.53
3	Ein Geschäftsbereich soll veräußert werden (s. Rz. 1137 f.)	35.22, 37.79
4	Es werden künftige betriebliche Verluste erwartet	37.65
5	Es werden drohende Verluste aus schwebenden Geschäften erwartet (s. hierzu Rz. 727)	37.69
6	Für einen neu bewerteten immateriellen Vermögenswert des Anlagevermögens besteht kein aktiver Markt mehr	38.74

Umgekehrt ist der Ausweis positiver Jahresergebnisse in der externen Berichterstattung für sich genommen noch kein Indikator, dass eine Wertminderung *nicht* vorliegt, da der Nutzungswert auf Basis der diskontierten Netto-Cashflows ermittelt wird.[93]

395 Unabhängig vom Vorliegen eines Wertminderungsindikators ist ein **jährlicher Impairment-Test** u. a. vorgesehen für immaterielle Vermögenswerte des Anlagevermögens, die noch nicht genutzt werden – z. B. UMTS-Lizenzen –

92 *Beyhs*, Impairment of Assets, 2002, S. 82 f., schlägt als weitere Indikatoren den Verlust wichtigen Personals und (in Anlehnung an FAS 121.5d) die ursprüngliche Kostenplanung übersteigende Herstellungskosten bei selbst erstellten Vermögenswerten des Anlagevermögens, die sich noch in der Herstellungsphase befinden, vor.

93 Vgl. *Beyhs*, Impairment of assets, 2002, S. 84.

sowie für solche, die über einen Zeitraum von mehr als 20 Jahren abgeschrieben werden (IAS 38.99), was derzeit für Goodwills auch nach IAS möglich ist. Die nachfolgende Checkliste fasst diese und andere Sachverhalte, die unabhängig vom Vorliegen eines Indikators zur Durchführung eines Impairment-Tests zwingen, zusammen:

Tab. 12: Checkliste für Sachverhalte, die unabhängig von Wertminderungsindikatoren einen Impairment-Test erzwingen

Nr.	Sachverhalt	IAS
7	Immaterieller Vermögenswert des Anlagevermögens wird noch nicht genutzt	38.99 a
8	Immaterieller Vermögenswert des Anlagevermögens wird über mehr als 20 Jahre planmäßig abgeschrieben	38.99 b, 22.56
9	Immaterieller Vermögenswert des Anlagevermögens wird nicht mehr genutzt und ist zur Veräußerung vorgesehen	38.106
10	Sachanlage wird nicht mehr genutzt und ist zur Veräußerung vorgesehen	16.59
11	Nach einem Unternehmenserwerb werden nachträglich Schulden bis zur Höhe des (dann zu ermittelnden) erzielbaren Betrages des Goodwills angesetzt (s. Rz. 912)	22.71, SIC-22

Falls ein oder mehrere Anhaltspunkte für eine Wertminderung vorliegen 396
(Rz. 394 Nr. 1–6), kann vor Durchführung des komplexen Impairment-Tests ausdrücklich noch geprüft werden, ob die Ausprägung des veränderten Indikators selbst wesentlich ist bzw. im Ergebnis zu einer **wesentlichen Wertminderung** führen würde (IAS 36.12 f.). Folglich sind auch Fälle denkbar, bei denen am Bilanzstichtag zwar ein Wertminderungsindikator vorliegt, aber dennoch auf die Vornahme eines Impairment-Tests (z. B. auch aufgrund entsprechender Berechnungen in der jüngeren Vergangenheit) verzichtet wird. Wir meinen, dass diese Überlegungen analog auch auf Rz. 395 Nr. 7–10 anzuwenden sind: Das Wesentlichkeitsargument wird häufig bei Nr. 9 und Nr. 10 greifen, und wenn sich seit des letzten Impairment-Tests bei Nr. 7 und 8 die wirtschaftlichen Verhältnisse nicht signifikant verändert haben, so kann entsprechend auf eine Neuberechnung verzichtet werden.

Sollte ein Indikator vorliegen, jedoch wegen vorstehend erläuterter **Unwe-** 397
sentlichkeit ein Wertminderungstest nicht durchgeführt werden, dann sind gegebenenfalls die **Restnutzungsdauer**, die **Abschreibungsmethode** und/oder der Restwert des Vermögenswertes gemäß den Vorschriften des jeweils zu beachtenden Standards anzupassen (IAS 36.14). Auch ohne IAS 36 kann es insoweit bei Betrachtung einzelner Vermögenswerte zu einer über die ursprüngliche planmäßige Abschreibung hinausreichenden Abschreibung kommen. Zur Beurteilung der Wesentlichkeit ist der allgemeine Grundsatz heranzuziehen, wonach eine Information nur dann als wesentlich gilt, wenn sie Entscheidungen des Abschlussadressaten zu beeinflussen vermag.

Beispiel:

In einem Unternehmen wird bei einem Notebook ein physischer Totalschaden festgestellt. Die Tatsache selbst dürfte für den Bilanzadressaten unwesentlich sein, so dass IAS 36 nicht angewendet werden muss. Gleichwohl ist der Abschreibungsplan wegen der neuen Restnutzungsdauer von „null" anzupassen, und die Abschreibung auf null ist nach IAS 16 zu erfassen. Wegen der Totalabschreibung besteht kein Unterschied in der Aufwandserfassung dem Grunde und der Höhe nach. Ferner ist sowohl eine Abschreibung nach IAS 16 als auch nach IAS 36 im ordentlichen Betriebsergebnis zu erfassen.[94] Freilich ist bei wesentlichen Positionen IAS 36 anzuwenden, da wegen umfangreicher Angabepflichten dem Bilanzadressaten eine wichtige Informationsquelle geboten wird.

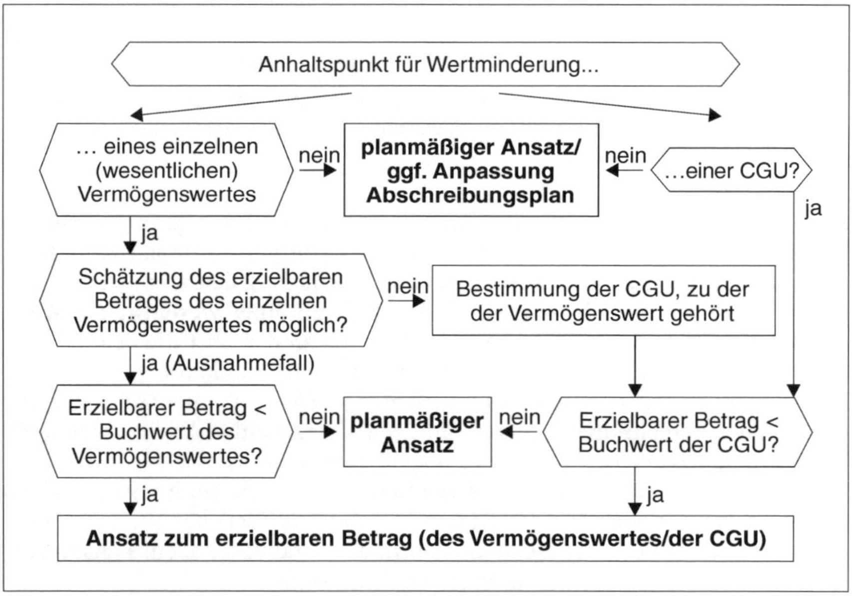

Abb. 21: Ablaufschema Wertminderungsprüfung

398 Wie vorstehend erläutert, ist bei Vorliegen eines Indikators die Vornahme eines Impairment-Tests bei **einzelnen Vermögenswerten** grundsätzlich nur dann erforderlich, wenn diese Vermögenswerte *wesentlich* sind (s. Abb. 21). Ob der Impairment-Test für einen einzelnen Vermögenswert überhaupt möglich ist, hängt davon ab, ob der erzielbare Betrag – der Nettoveräußerungspreis *und* der Nutzungswert – bestimmt werden kann (IAS 36.65).

94 Zwar lässt IAS 36 den Ort der Aufwandserfassung offen, aber gem. IAS 8.18 sind außerplanmäßige Abschreibungen im ordentlichen Betriebsergebnis auszuweisen.

Zur Komplexitätsreduktion bei der Ermittlung des erzielbaren Betrages empfiehlt es sich, mit der Ermittlung des **Nettoveräußerungspreises** zu beginnen, *falls* dieser relativ einfach feststellbar ist. Die (zusätzliche) Ermittlung des Nutzungswertes ist jeweils dann *nicht* erforderlich, wenn

- der Vermögenswert zur baldigen Veräußerung bestimmt ist (IAS 36.18) und/oder
- der Nettoveräußerungspreis bereits den Buchwert übersteigt, da dann definitionsgemäß keine Wertminderung vorliegen kann (IAS 36.16).

Sollte keiner der beiden genannten Punkte vorliegen, so ist neben dem Nettoveräußerungspreis zusätzlich der **Nutzungswert** zu bestimmen. Dies ist der Barwert künftiger Zahlungsüberschüsse, die der Vermögenswert aus fortgesetzter Nutzung weitestgehend *unabhängig* von anderen Vermögenswerten voraussichtlich erwirtschaften wird. Gerade diese Voraussetzung wird aber für *einzelne* Vermögenswerte eher selten zu beobachten sein,[95] so dass der erzielbare Betrag eines **einzelnen Vermögenswertes** regelmäßig **unbestimmbar** ist.

Im praxisrelevanten Regelfall ist daher die Einzelwertbetrachtung aufzugeben und der erzielbare Betrag für die nächste **CGU (= zahlungsmittelgenerierende Einheit)**, die den betreffenden Vermögenswert umfasst, zu ermitteln (s. Abb. 21). Die zahlungsmittelgenerierende Einheit ist dabei definiert als kleinste identifizierbare Gruppe von Vermögenswerten, die Mittelzuflüsse aus der fortgesetzten Nutzung erzeugt, die weitestgehend unabhängig von den Mittelzuflüssen anderer Vermögenswerte sind (IAS 36.5).

Wichtig ist, dass für einzelne betrieblich genutzte Sachanlagen oder immaterielle Vermögenswerte des Anlagevermögens wegen des in Rz. 396 f. genannten Wesentlichkeitsgrundsatzes die Bildung einer CGU häufig entbehrlich sein wird.

Andererseits sind die in Rz. 394 genannten Indikatoren auch *von vornherein* auf **zahlungsmittelgenerierende Einheiten** anzuwenden (s. Abb. 21). Der Konzern ist insoweit in einzelne CGU zu zerlegen. Es kann sich hierbei um einzelne Produktlinien, Werke oder erworbene Tochterunternehmen (IAS 22.53) usw. handeln. Bei Betrachtung einer CGU wird man den Wesentlichkeitsgrundsatz kaum heranziehen können, so dass, wenn entsprechende Indikatoren vorliegen, hinsichtlich der CGU *zwingend* ein **Wertminderungstest** durchzuführen ist. 399

Bei der Bildung von zahlungsmittelgenerierenden Einheiten sind den entsprechenden CGU jene Vermögenswerte des Konzerns ggf. anteilig zuzuordnen, die keinen eigenständigen Beitrag zum Zahlungsmittelzufluss leisten (zu Einzelheiten s. unten, Rz. 426). Hierzu gehören vor allem die Hauptverwaltung und, nach Unternehmenserwerben, der aktivierte Goodwill. Der

95 Denkbar etwa für investment property, für die das cost-model angewandt wird.

Hauptanwendungsfall des IAS 36 wird daher in der Überprüfung der **Werthaltigkeit** eines aktivierten **Goodwills** liegen; dieser ist, da er keine eigenen Zahlungszuflüsse generiert und auch nicht selbständig veräußert werden kann, zwingend einer oder mehreren zahlungsmittelgenerierenden Einheiten zuzuordnen.

400 Diese Durchbrechung des Einzelbewertungsgrundsatzes bei der **Feststellung** einer Wertminderung (nicht aber bei ihrer *Erfassung*) im Anlagevermögen stellt einen wesentlichen Unterschied zum HGB dar. Bei einer ausschließlichen Einzelwertbetrachtung können Vermögenswerte beispielsweise nach traditioneller (deutscher) Auffassung als wertgemindert bezeichnet werden, obwohl die Fähigkeit zur Erzeugung von Cashflows bei Betrachtung größerer Einheiten oder des Gesamtunternehmens unvermindert bestehen geblieben ist.

Zudem verfolgt IAS 36 konzeptionell den Ansatz, rationales Managementverhalten abzubilden:[96] Sollte der Nettoveräußerungspreis zwar kleiner, aber der Nutzungswert höher als der Buchwert sein, dann wird der Vermögenswert nicht veräußert, und eine Wertminderung ist auch nicht eingetreten. Nach HGB könnte in diesem Fall ggf. bereits eine außerplanmäßige Abschreibung erfolgen.

Ist demgegenüber der Nutzungswert kleiner als der Buchwert und der Nettoveräußerungspreis höher, dann ist die rationale Entscheidung, den Vermögenswert tatsächlich zu veräußern. Allerdings wird ein Wertminderungsaufwand auch dann *nicht* erfasst, wenn das Management den Vermögenswert *nicht* veräußert (IAS 36, Appendix B 34).

Die beiden Wertmaßstäbe innerhalb des erzielbaren Betrages unterscheiden sich schließlich nur hinsichtlich der gewählten Perspektive. Während der Nettoveräußerungspreis die Erwartungen des Marktes (und damit die Grenzpreisüberlegungen, also die diskontierten künftigen Cashflows aus dem Vermögenswert *aus der Sicht des gedachten Erwerbers*) repräsentiert, wird der Nutzungswert *aus dem Blickwinkel des Unternehmens selbst* ermittelt. Unterschiede dieser beiden Größen resultieren somit nur aus einer ungleichen Auffassung mindestens zweier Akteure über die Existenz und Höhe der zur Ermittlung der jeweiligen Grenzpreise notwendigen Parameter.

Ohnehin vermeidet das IASC durch die gewählte Definition des erzielbaren Betrags, die Erwartungen des Marktes oder die des Unternehmens selbst zu bevorzugen. Begründet wird diese neutrale Einstellung damit, dass ex ante nicht beurteilt werden kann, wessen Annahmen und Schätzungen der Wahrheit (ex post) am nächsten kommen (IAS 36, Appendix B 35). Gleichwohl bestehen, wie noch zu zeigen sein wird, in der Ermittlung des erzielbaren Betrages **erhebliche Ermessensspielräume**.

96 So schon *Schmidt*, WPg 1998, 808 (811).

3. Einzelheiten zur Bestimmung des erzielbaren Betrages eines Vermögenswertes/einer CGU

a) Ermittlung des Nettoveräußerungspreises

Der Nettoveräußerungspreis ist derjenige Betrag, den ein Unternehmen erzielen könnte, wenn es den Vermögenswert oder die CGU an einen Dritten unter **Marktbedingungen** („in an arm's length transaction", s. Rz. 241) veräußern würde; es handelt sich um den fair value abzüglich direkt zurechenbarer Veräußerungskosten.[97] 401

Liegt ein **verbindlicher Verkaufsvertrag** vor, der unter den genannten Rahmenbedingungen zustande gekommen ist, ergibt sich hieraus unter Berücksichtigung der Veräußerungskosten unmittelbar der Nettoveräußerungspreis (IAS 36.21, s. Abb. 22). Bei einer zahlungsmittelgenerierenden Einheit dürfte ein Anwendungsfall in der Einstellung von Bereichen zu sehen sein (IAS 35.22 ff., s. Rz. 1137 f.). 402

Von diesem Ausnahmefall abgesehen ist zu prüfen, ob für den betreffenden Vermögenswert ein **aktiver Markt**[98] besteht, an dem dieser gehandelt wird (IAS 36.22). Auch dies dürfte etwa für Produktionsmaschinen, Werkhallen und viele immaterielle Vermögenswerte eher selten der Fall und für CGU insgesamt von vornherein ausgeschlossen sein. Daher ist im Regelfall der Nettoveräußerungspreis auf Basis derjenigen Informationen zu schätzen, die eine bestmögliche Annäherung an den Betrag ermöglichen, den ein Unternehmen erzielen könnte, wenn es den Vermögenswert bzw. die CGU tatsächlich zu Marktbedingungen verkaufen würde. So kann etwa auf die jüngste vergleichbare Transaktion abgestellt werden, wobei Anpassungen an die bisher eingetretenen Entwicklungen nicht ausgeschlossen sind. Die erforderlichen Informationen können dabei auch von anderen Unternehmen derselben Branche stammen (IAS 36.23). Eine bedeutende Veränderung der wirtschaftlichen Verhältnisse seit der letzten Transaktion kann allerdings die Schätzung des Nettoveräußerungspreises auf dieser Grundlage verunmöglichen. 403

Sollte es daher nicht möglich sein, sich dem Nettoveräußerungspreis bestmöglich anzunähern, ist vorgeschlagen worden zu prüfen, ob ein einzelner Vermögenswert einen wesentlichen Schrottwert aufweist.[99] Dies wäre sozusagen ein recht sicherer Mindestwert; indes sieht IAS 36 diesen Prüfschritt

97 Veräußerungskosten sind beispielsweise wesentliche Gerichts- und Anwaltskosten, Beseitigungsaufwand, Herrichtungsaufwand. Ausgenommen vom Abzug sind die Finanzierungskosten, der Ertragssteueraufwand sowie Veräußerungskosten, die bereits als Schulden passiviert sind (IAS 36.5 und IAS 36.24).

98 Ein aktiver Markt liegt dann vor, wenn auf diesem Markt (a) homogene Produkte gehandelt werden und (b) vertragswillige Parteien i. d. R. gefunden werden können sowie (c) die auf diesem Markt geltenden Preise öffentlich sind (IAS 36.5).

99 Vgl. *Telkamp/Bruns*, Finanz Betrieb, Beilage 1/2000, 24 (27).

nicht vor: Wenn es gar nicht möglich ist, den Nettoveräußerungspreis als Marktpreis zuverlässig zu schätzen, dann entspricht der **erzielbare Betrag** dem **Nutzungswert** des Vermögenswertes (IAS 36.17), falls dieser bestimmbar ist.

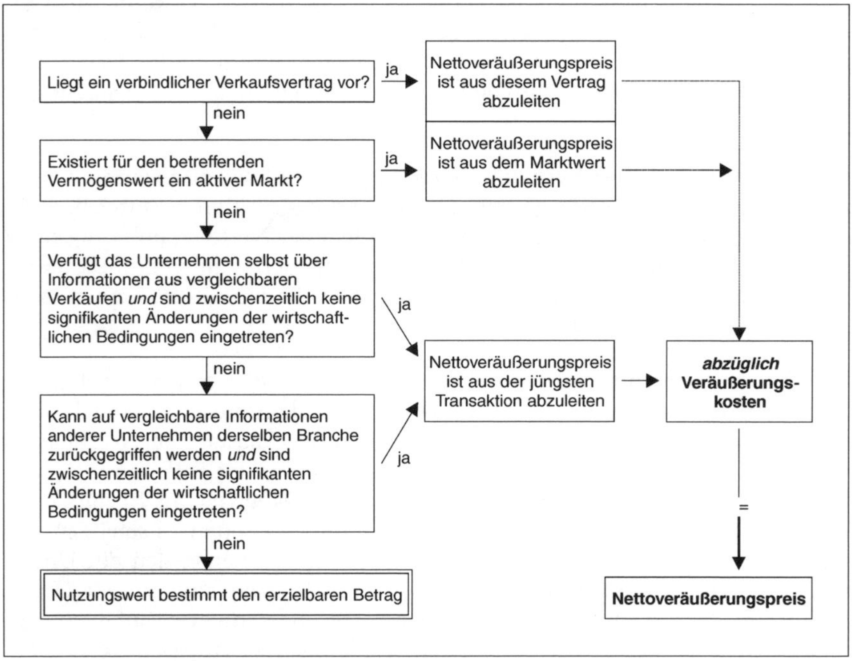

Abb. 22: Schema zur Bestimmung des Nettoveräußerungspreises

b) Ermittlung des Nutzungswertes

404 Der Nutzungswert eines Vermögenswertes bzw. einer CGU ist der **Barwert** der geschätzten künftigen **Einzahlungsüberschüsse**, die einem Unternehmen aus der fortgesetzten Nutzung des Vermögenswertes bzw. der CGU sowie aus seinem/ihrem Abgang am Ende der voraussichtlichen Nutzungsdauer schätzungsweise zufließen werden (IAS 36.5).

Die Ermittlung des Nutzungswertes entspricht der bei der Unternehmensbewertung eingesetzten **DCF-Methode** und erfordert wie diese eine zweistufige Vorgehensweise. Zunächst sind die künftigen jährlichen Netto-Cashflows, die der Vermögenswert (bzw. die CGU) aus seiner Nutzung erwirtschaften wird, zu schätzen; anschließend sind diese mit einem angemessenen Diskontierungssatz auf den Bilanzstichtag hin abzuzinsen.

aa) Schätzungsumfeld und Bestandteile künftiger Cashflows

Da der Nutzungswert einen verdichteten Ausdruck bewerteter Zukunftserwartungen darstellt, bestehen hier **erhebliche Ermessensspielräume**. Diese sollen durch die Vorgabe von Rahmenbedingungen, innerhalb derer die künftigen Cashflows zu schätzen sind, eingeengt werden. Die Rahmenbedingungen sind insoweit als **Objektivierungsbemühungen** zu verstehen. 405

So soll das Management überwiegend **externe Annahmen** über künftige wirtschaftliche Entwicklungen berücksichtigen (IAS 36.27 a),[100] damit die vom Management getroffenen Annahmen über das künftige ökonomische Umfeld eines Vermögenswertes plausibel und intersubjektiv nachvollziehbar sind.

Ein weiteres Objektivierungsbemühen ist in der zeitlichen Beschränkung der den Cashflow-Prognosen zugrunde liegenden **Finanzpläne** zu sehen, die (widerlegbar) vermutlich nur für einen **Zeitraum von fünf Jahren** zuverlässig aufzustellen sind (IAS 36.27 b).

Sofern die (Rest-)Nutzungsdauer eines Vermögenswertes bzw. einer CGU diesen Zeitraum überschreitet, sind die Cashflows mittels einer **geeigneten Wachstumsrate** bis zum Ende der jeweiligen Nutzungsdauer zu extrapolieren. Es besteht die widerlegbare Vermutung, dass eine steigende Wachstumsrate nicht gerechtfertigt werden kann, so dass die verwendete Wachstumsrate i. d. R. gleich bleibend oder rückläufig sein wird – was die Berücksichtigung eines Null- oder Negativwachstums nicht ausschließt – und zudem eine vergleichbare langfristige Durchschnittswachstumsrate, wie sie etwa für den entsprechenden Markt anzunehmen ist, nicht übersteigen wird (IAS 36.27 c).

Praxishinweis: Für die Cashflows ist der zuverlässigste Wert anzusetzen. In Prognoserechnungen wird gelegentlich eine Bandbreite zwischen best- und worst-case ermittelt. Es besteht ein **Ermessensspielraum**, ob dann der Erwartungswert oder der wahrscheinlichste Wert zugrunde gelegt wird (IAS 36, Appendix B, B 53 f.).

Der Cashflow setzt sich in jeder Periode prinzipiell aus den Mittelzuflüssen der jeweiligen Periode abzüglich der im selben Zeitraum erfolgten Mittelabflüsse zusammen. Es handelt sich dabei um **Zahlungsmittel** oder **Zahlungsmitteläquivalente** (IAS 36.68). Nur unter einer Ausnahme wird auf beobachtbare Zahlungen verzichtet, und zwar wenn nach IAS 36.69 die mit den Vermögenswerten produzierten Güter und Leistungen nur intern verwendet werden, aufgrund der Existenz eines aktiven Marktes aber auch extern veräußert werden *könnten*. Unternehmensintern ist hier zu beziehen auf alle in den Konzernabschluss einbezogene Unternehmen und genauso selbstverständlich kommt es im Übrigen nur auf die Zahlungsströme von externen Dritten an. 406

100 Hier können bspw. Stellungnahmen von Wirtschaftsforschungsinstituten, Unternehmensberatungen, Branchenverbänden etc. genannt werden.

Die Mittelzuflüsse müssen dabei dem betrachteten Vermögenswert bzw. der CGU eindeutig zuzuordnen sein, so dass sie weitestgehend unabhängig von denen anderer Vermögenswerte sind. Die Mittelabflüsse sind nur insofern zu berücksichtigen, als sie in einem kausalen Zusammenhang zu den generierten Mittelzuflüssen stehen, was die Investitionsausgaben einschließlich der Auszahlungen zur Herstellung der Betriebsbereitschaft (bspw. Montage- oder Fundamentierungskosten einer Sachanlage) sowie die Berücksichtigung von Gemeinkosten – sofern sie sinnvoll zugeordnet werden können – ausdrücklich mit einbezieht (IAS 36.32b sowie IAS 36.34). Die anteilige Zuordnung solcher Mittelabflüsse ist dabei stetig vorzunehmen.

407 Scheidet ein Vermögenswert aus dem Unternehmen aus, so sind zudem die mit diesem Abgang verbundenen Netto-Cashflows zu schätzen. Aufgesetzt wird auf aktuelle Preise, die derzeit für den Abgang vergleichbarer Vermögenswerte erzielt werden; eine Inflationsanpassung ist nach IAS 36.46 b dann möglich, wenn deren Wirkung noch nicht im Diskontierungssatz berücksichtigt wurde.

408 Neben den Einbeziehungsverboten für **kalkulatorische Kosten** und **zahlungsunwirksame Aufwendungen und Erträge** finden sich in IAS 36 weitere **Einbeziehungsverbote**, die der Vergleichbarkeit und der Vermeidung von Doppelerfassungen dienen. Hierzu gehören:

- Mittelabflüsse im Zusammenhang mit bereits passivierten Verpflichtungen (IAS 36.36),
- Mittelzu- oder –abflüsse aus Finanzierungstätigkeiten sowie solche aus Ertragsteuern (IAS 36.43) und
- erwartete inflationäre Preissteigerungen, sofern der Diskontierungssatz ein realer Zins ist (IAS 36.33).

Wichtig ist, die künftigen Cashflows auf Basis des **aktuellen Zustands** des Vermögenswertes bzw. der CGU zu schätzen. Es ist nicht abzustellen auf den ursprünglichen historischen Zustand der Vermögenswerte zum Zeitpunkt der erstmaligen Erfassung (IAS 36 Appendix B, B 55 ff.). Ferner: Künftige (aktivierungspflichtige) Erweiterungs- bzw. Rationalisierungsinvestitionen oder auch Restrukturierungsmaßnahmen sind *nicht* zu berücksichtigen, wohl aber Erhaltungsinvestitionen (IAS 36.37).

409 Werden Cashflows in **Fremdwährung** erzielt, sind diese auch zunächst in Fremdwährung zu schätzen, anschließend mit einem für diese Währung angemessenen Zinssatz abzuzinsen und erst dann ist der ermittelte Barwert zum Stichtagskurs umzurechnen (IAS 36.47). Die Umrechnung zum Stichtagskurs ist auch gegenüber nicht frei konvertiblen Währungen erforderlich, da nicht anzunehmen sei, dass das Unternehmen über bessere Schätzungen verfüge (IAS 36 Appendix B, B 62).

bb) Diskontierungssatz

410 Zur Zinssatzbestimmung schlägt IAS 36.51 vor, auf durchschnittliche Kapitalkosten des Unternehmens – in der Praxis wird hierbei regelmäßig das **Capital Asset Pricing Model** (CAPM)[101] zugrunde gelegt – , auf den Zinssatz für Neukredite oder auf andere marktübliche Zinssätze aufzusetzen. Berücksichtigen die prognostizierten Cashflows schon sämtliche vermögenswertspezifischen Risiken, soll der verwendete Zinsfuß lediglich den Zeitwert des Geldes und somit einen risikolosen Zinssatz widerspiegeln. Zu verwenden ist ein Zinssatz *vor* Steuern (IAS 36.48).

411 Der Unsicherheit prognostizierter Cashflows kann andererseits auch insofern Rechnung getragen werden, als der Diskontierungssatz um eine angemessene **Risikoprämie** erhöht wird, so dass der Zinssatz sowohl den Zeitwert des Geldes als auch das vermögenswertspezifische Risiko ausdrückt. Der zu verwendende Zinsfuß hat dann derjenigen Rendite zu entsprechen, die Investoren von einer Alternativinvestition verlangen würden, die bezüglich ihrer Risikostruktur, der Höhe sowie der zeitlichen Verteilung ihrer Cashflows mit dem betrachteten Vermögenswert vergleichbar ist (IAS 36.49).

4. Wertminderung von neu bewerteten Vermögenswerten

412 Wird für immaterielle Vermögenswerte des Anlagevermögens und/oder Sachanlagen die **Neubewertungsmethode** angewandt, sind diese Vermögenswerte zum beizulegenden Zeitwert anzusetzen. Dieser Wert kann, muss aber nicht gleich dem Nettoveräußerungspreis sein. Daher ist auch für neubewertete Vermögenswerte *grundsätzlich* IAS 36 einschlägig, und bei Anhaltspunkten für eine Wertminderung ist zu prüfen, ob und inwieweit sich fair value und erzielbarer Betrag unterscheiden und unter welchen Bedingungen welcher Wert anzusetzen ist (IAS 36.4).

413 Wird der beizulegende Zeitwert auf der Basis von **Marktwerten** bestimmt, dann unterscheiden sich fair value und Nettoveräußerungspreis nur durch die Veräußerungskosten, die lediglich beim Nettoveräußerungspreis zu berücksichtigen sind. Unter der Annahme unwesentlicher Veräußerungskosten sind beide Werte (nahezu) identisch, so dass der erzielbare Betrag mindestens gleich dem fair value ist. Die Anwendung von IAS 36 ist dann obsolet, so dass der Vermögenswert weiterhin mit seinem beizulegender Zeitwert bilanziert wird.

Bei wesentlichen Veräußerungskosten hingegen ist der Nettoveräußerungspreis um die Veräußerungskosten kleiner als der beizulegende Zeitwert. Der Ansatz des Vermögenswertes ist dann abhängig von der Höhe des Nutzungs-

101 S. hierzu z. B. *Brüggerhoff*, Capital Asset Pricing Model, in Busse von Colbe/Pellens (Hrsg.), Lexikon des Rechnungswesens, 4. Aufl. 1998, S. 157–159 m. w. N.; ausführlich auch *Beyhs*, Impairment of assets, 2002, S. 132–153.

wertes. Dabei ist wie folgt zu differenzieren: Liegt der Nutzungswert über dem beizulegenden Zeitwert (fair value), wird der fair value angesetzt. Unterschreitet der Nutzungswert den fair value und den Nettoveräußerungspreis, kommt der Nettoveräußerungspreis zum Ansatz. Liegt der Nutzungswert zwischen Nettoveräußerungspreis und fair value, ist der Nutzungswert anzusetzen.

414 Wird der beizulegende Zeitwert hingegen nicht auf der Basis von Marktwerten – weil diese nicht ermittelbar sind –, sondern auf der Grundlage **fortgeführter Wiederbeschaffungskosten** ermittelt (bei Sachanlagen z. B. gem. IAS 16.31), dann lässt sich offensichtlich ein Nettoveräußerungspreis gar nicht ermitteln. Da in diesem Fall der erzielbare Betrag dem Nutzungswert entspricht, kommt es nur auf einen Vergleich dieses Wertes mit dem fair value auf Basis der fortgeführten Wiederbeschaffungskosten an.

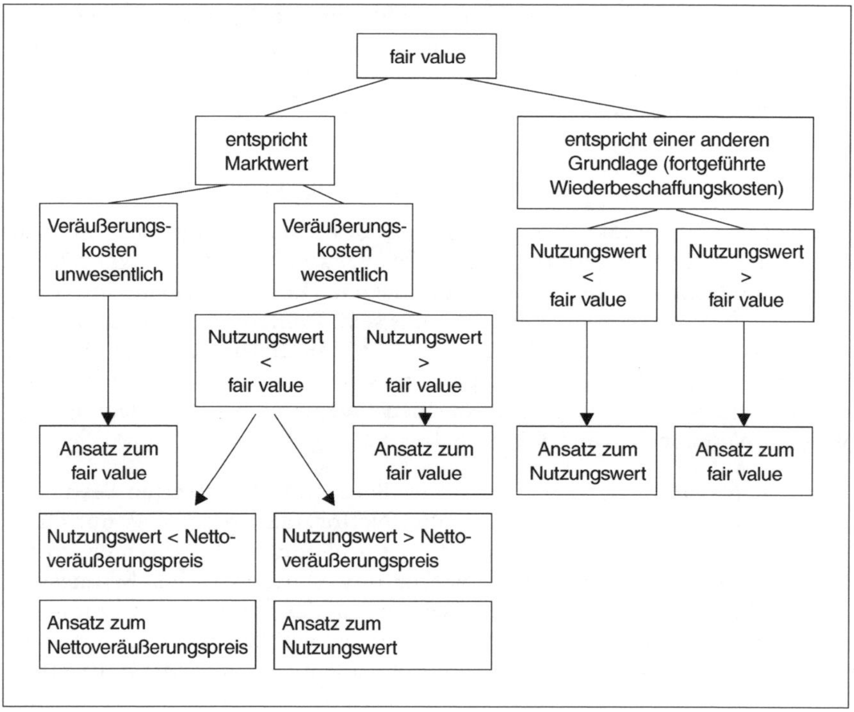

Abb. 23: Wertansätze bei Anwendung der Neubewertungsmethode

415 Sollte sich nach vorgenommener Prüfung tatsächlich eine Wertminderung ergeben, so ist ein Aufwand nur insoweit zu erfassen, als keine Neubewertungsrücklage mehr vorhanden ist (Ausweis als Entnahme aus Neubewertungsrücklage gem. IAS 36.59; zu einem Beispiel s. Rz. 351 sowie unten Rz. 422).

5. Abgrenzung von zahlungsmittelgenerierenden Einheiten

Zur Prüfung, ob eine Wertminderung bei einem **einzelnen Vermögenswert** vorliegt, der zudem weiter genutzt werden soll, ist regelmäßig die Bestimmung seines Nutzungswertes erforderlich, es sei denn, der Nettoveräußerungspreis ist ermittelbar und übersteigt den Buchwert, s. Rz. 398. Es ist oben schon darauf hingewiesen worden, dass eben diese Bestimmung häufig nicht möglich ist, da einzelnen Vermögenswerten selten Cashflows zugerechnet werden können. In diesem Fall ist die Prüfung auf die *kleinste* Gruppe jener Vermögenswerte auszudehnen, der unabhängig von anderen Vermögenswerten Cashflows zugerechnet werden können und die den fraglichen Vermögenswert umfasst. Hierbei handelt es sich um eine zahlungsmittelgenerierende Einheit (CGU). 416

Ferner stellen viele der in IAS 36.9 genannten Anzeichen (s. Rz. 394) *von vornherein* auf größere Einheiten, also zahlungsmittelgenerierende Einheiten, ab – etwa, wenn für bestimmte Geschäftsfelder der Markt einbricht (IAS 36.9b). In der Betrachtung von CGU ist der **Hauptanwendungsfall** des IAS 36 zu sehen.

Für die Zusammenfassung von Vermögenswerten zu CGU sind ihre technischen und rechtlichen Abhängigkeiten hinsichtlich der Erzeugung von Cashflows zu analysieren. Da es hier sehr auf die Einzelfälle der Praxis ankommt,[102] enthält IAS 36 nur wenige Abgrenzungshinweise. Für vorgenommene Abgrenzungen gilt allerdings das **Stetigkeitsgebot**, sofern sich die Umfeldbedingungen nicht verändert haben (IAS 36.71). 417

Nach IAS 36.69 kann eine Gruppe von Vermögenswerten als CGU qualifiziert werden, wenn durch diese Vermögenswerte ein Output erzeugt wird, der prinzipiell auf einem aktiven Markt veräußerbar ist. Ob dabei derartige Veräußerungsvorgänge tatsächlich stattfinden oder der Output lediglich intern verwendet wird, ist unerheblich. Die Option, den erzeugten Output extern zu verwerten, ist ausreichend. 418

Beispiel:

Werden im Rahmen eines n-stufigen Produktionsprozesses Zwischenprodukte durch die Werke $W_1 \ldots W_{n-1}$ hergestellt, die dann an die jeweils nachgelagerte Produktionsstufe zu einem internen Verrechnungspreis verkauft werden, so ist *jedes einzelne Werk* regelmäßig dann als zahlungsmittelgenerierende Einheit zu identifizieren, wenn für die Zwischenprodukte jeweils ein aktiver Markt besteht, auf dem diese veräußert werden könnten. Den Cashflow-Prognosen sind jedoch grundsätzlich nicht die internen Verrechnungspreise, sondern die Marktpreise zugrunde zu legen (IAS 36.70).

102 Zu Beispielen in der Energiewirtschaft vgl. *Telkamp/Bruns*, Finanz Betrieb, Beilage 1/2000, 24 (26).

Existieren für die Zwischenprodukte hingegen keine aktiven Märkte und deutet ein Anhaltspunkt auf eine Wertminderung beim Werk W_t hin (mit $1 \leq t < n$), dann sind die Mittelzuflüsse von W_t letztlich abhängig von der Nachfrage nach den Produkten der letzten Produktions- bzw. der Vertriebsstufe W_n. Da die Mittelzuflüsse von W_t folglich nicht als weitgehend unabhängig bezeichnet werden können, sind die Werke $W_t...W_n$ regelmäßig als zahlungsmittelgenerierende Einheit zusammenzufassen.[103]

419 Die Existenz aktiver Märkte stellt jedoch nicht grundsätzlich ein hinreichendes Abgrenzungskriterium dar.

Beispiel:

Hängt die Auslastung zweier Werke davon ab, wie ihnen eine übergeordnete Einheit Produktionsmengen zuordnet und können die beiden Werke diese Entscheidungen nicht beeinflussen, dann lassen sich die Mittelzuflüsse nicht einzeln bestimmen. Unabhängig vom Bestehen aktiver Märkte bilden die beiden Werke zusammen eine zahlungsmittelgenerierende Einheit.[104]

420 Ferner kann ein Unternehmen auch aus der Analyse seines Kundenstamms Entscheidungshilfen gewinnen. So kann die Filiale eines **Einzelhandelsgeschäfts**, welches aufgrund regionaler Unterschiede über einen separierbaren und eigenständigen Kundenstamm verfügt, als zahlungsmittelgenerierende Einheit qualifiziert werden. Hinzu kommt das allgemein gültige Erfordernis, dass das **interne Berichtswesen** so organisiert sein muss, dass es Informationen über die Ertragskraft der einzelnen Einheiten bereitstellen kann.[105] Für die Feststellung von Kriterien zur Abgrenzung von CGU kann auch berücksichtigt werden, wie Entscheidungen über die Fortsetzung oder die Einstellung der unternehmerischen Tätigkeit getroffen werden, da sich hieraus mögliche Abhängigkeitsverhältnisse herleiten lassen. Auch können aus vorgenommenen Segmentierungen Anhaltspunkte zur Abgrenzung zahlungsmittelgenerierender Einheiten gewonnen werden (IAS 36.68). In aller Regel werden hochaggregierte **Segmente** gem. IAS 14 zugleich – allerdings ebenfalls hochaggregierte – zahlungsmittelgenerierende Einheiten sein, für die, wenn entsprechende Anhaltspunkte vorliegen,[106] eine Wertminderungsprüfung vorzunehmen ist.

103 Für den Fall eines zweistufigen Produktionsprozesses vgl. IAS 36 Anhang A, Beispiel 1b.

104 Vgl. IAS 36 Anhang A, Beispiel 1 c, A13.

105 Vgl. IAS 36 Anhang A, Beispiel 1 a, A 2 a.

106 Sollte nicht das Segment selbst ggf. von einer Wertminderung betroffen sein, fordert *Beyhs*, Impairment of assets 2002, S. 109-113, eine niedrigere Aggregationsstufe.

6. Berücksichtigung von Wertminderungsaufwendungen im Jahresabschluss

a) Erfassen von Wertminderungen bei Einzelwertbetrachtung

Kann der erzielbare Betrag für den einzelnen Vermögenswert ermittelt wer- 421
den, so ist der Impairment-Test für diesen Vermögenswert individuell durchzuführen und, sofern der erzielbare Betrag den Buchwert des Vermögenswertes unterschreitet, die festgestellte Wertminderung **erfolgswirksam** zu erfassen (IAS 36.59). Die uneingeschränkte erfolgswirksame Behandlung ist jedoch nur insofern zulässig, als der Vermögenswert in der Vergangenheit auf Basis der fortgeführten Anschaffungs- oder Herstellungskosten bewertet wurde. Sollte der erzielbare Betrag negativ sein, ist der Vermögenswert mit Null anzusetzen und gem. IAS 36.61 zu prüfen, ob für den überschießenden Betrag eine Verpflichtung passiviert werden muss.

Wird dagegen die Neubewertungsmethode angewandt und der Vermögens- 422
wert mit seinem fair value bilanziert, so ist zunächst in der Höhe, in der eine früher vorgenommene erfolgsneutrale Werterhöhung korrigiert wird, ebenfalls eine **erfolgsneutrale** Abwertung vorzunehmen. Der entsprechende Anteil der Neubewertungsrücklage sowie die hierauf entfallenden latenten Steuern sind daher gegen die relevante Vermögensposition aufzulösen. Verbleibt darüber hinaus noch ein Abwertungsbedarf, ist dieser wiederum erfolgswirksam in der GuV zu erfassen. Allerdings ist in diesem Zusammenhang anzumerken, dass die erfolgsneutrale Abwertung nach unserem Verständnis durch die fortgeführten Anschaffungs- oder Herstellungskosten begrenzt wird.[107] Lediglich die Differenz zwischen diesem Grenzwert und dem niedrigeren erzielbaren Betrag ist als Aufwand der GuV zuzuführen (s. auch Rz. 351).

Wegen der unterschiedlichen Bestimmungsgründe der Erfassung von Wert- 423
minderungen kann es zu Unterschieden im Vergleich zur Vornahme außerplanmäßiger Abschreibungen in der Handelsbilanz I und von (zur Handelsbilanz I regelmäßig gleich hohen) Teilwertabschreibungen nach deutschem Bilanzsteuerrecht kommen. Es kann Fälle geben, in denen nach deutschem Recht außerplanmäßig abzuschreiben ist (z. B. bei einem verunreinigten Grundstück), die aber, da der Nutzungswert für das Unternehmen nicht beeinträchtigt wird, nicht zu einer Wertminderung nach IAS führen. Da der Steuerwert des Vermögenswertes in einem solchen Fall niedriger ist als sein IAS-Ansatz, ist der Ansatz **passiver latenter Steuern** zu prüfen.

Der umgekehrte Fall – ein niedrigerer IAS-Ansatz – kann dann zu beobachten sein, wenn der Nettoveräußerungspreis der erzielbare Betrag und dieser niedriger ist als der Buchwert, die Wertminderung aber voraussichtlich nicht dauerhaft ist. Hier wäre der Ansatz **aktiver latenter Steuern** zu prüfen.

---

107 Vgl. IAS 16.38 sowie IAS 38.77.

b) Erfassen von Wertminderungen bei zahlungsmittelgenerierenden Einheiten

424 Ausgangspunkt für die Buchwertbestimmung der CGU ist die **Summe der Bilanzwerte** derjenigen Vermögenswerte, die einer zahlungsmittelgenerierenden Einheit vernünftig und stetig zugeordnet wurden (IAS 36.74 f.).

Hieran anschließend ist – wie auch bei der Einzelwertbetrachtung – zu prüfen, ob **passivierte Verpflichtungen** in einem Zusammenhang mit der betrachteten zahlungsmittelgenerierenden Einheit stehen, so dass gegebenenfalls die Summe der Bilanzwerte um den Buchwert dieser Verpflichtungen zu kürzen ist (IAS 36.77).[108]

425 Schließlich ist zu verifizieren, ob der zahlungsmittelgenerierenden Einheit **gemeinschaftliche Vermögenswerte** (corporate assets) und/oder ein **derivativer Firmenwert** anteilig zuzuordnen sind. Zu den gemeinschaftlichen Vermögenswerten, deren Merkmale das nicht gesonderte Erzielen von Mittelzuflüssen sowie die Nutzung durch mehrere CGU sind, gehören etwa die Hauptverwaltung, Forschungszentren oder die EDV-Anlage (IAS 36.84 f.).

Hinsichtlich der **anteiligen Zuordnung** dieser Vermögenswerte ist gemäß IAS 36.80 und IAS 36.86 eine Fallunterscheidung vorzunehmen. Sofern es gelingt, den Goodwill und die corporate assets auf einer vernünftigen und stetigen Basis der zahlungsmittelgenerierenden Einheit zuzuordnen[109] (Fall A), ist der Buchwert der CGU um diese Anteile zu erhöhen. Durch den sich anschließenden Vergleich mit dem erzielbaren Betrag wird dann eine Wertminderung identifiziert, wenn der **angepasste** Buchwert den erzielbaren Betrag überschreitet (**Bottom-up-Test**). Ein gegebenenfalls zu erfassender Wertminderungsaufwand ist dann zunächst soweit als möglich dem zugeordneten Goodwill anzulasten und erst in einem zweiten Schritt den corporate assets sowie den übrigen Vermögenswerten der zahlungsmittelgenerierenden Einheit (IAS 36.88).

426 Bei der **Verteilung des Wertminderungsaufwands** darf der Buchwert des einzelnen Vermögenswertes einer CGU *nach Abwertung* nicht kleiner sein als

108 Denkbar wären hier bspw. Abbruch- oder Rekultivierungsverpflichtungen. Eine Buchwertkorrektur hat allerdings regelmäßig nur dann zu erfolgen, wenn der Nettoveräußerungspreis die passivierte Verpflichtung aufgrund der Grenzpreisüberlegungen des (gedachten) Käufers eskomptiert. Aus Gründen der Vergleichbarkeit verlangt IAS 36.77 dann neben der Buchwertkorrektur auch eine Anpassung des Nutzungswerts. Übernimmt der (fiktive) Käufer die passivierte Verpflichtung nicht (z. B. bei einer Restrukturierungsrückstellung) oder ist der Nettoveräußerungspreis nicht bestimmbar, so sind folglich auch keine Korrekturen erforderlich.

109 In IAS 36 Anhang A, A 73 und A 78 werden die Buchwertanteile, gewichtet mit den Restnutzungsdauern der Vermögenswerte, als Basis für eine vernünftige Zuordnung der corporate assets angesehen. Im Falle einer Hauptverwaltung könnte auch nach Mengengerüsten geschlüsselt werden, etwa nach der Flächen-Inanspruchnahme durch verschiedene CGU.

der Höchste aus Nettoveräußerungspreis und Nutzungswert (sofern jeweils bestimmbar) oder null (IAS 36.89).[110] So ist denkbar, dass der Nettoveräußerungspreis eines einzelnen Vermögenswertes innerhalb einer wertgeminderten zahlungsmittelgenerierenden Einheit seinem Buchwert entspricht. Dieser Vermögenswert ist dann nicht im Wert zu vermindern, so dass der rechnerische Anteil des auf ihn entfallenden Wertminderungsaufwands auf die anderen Vermögenswerte der Einheit zu verteilen ist.

Damit wird deutlich, dass *nicht nur* der erzielbare Betrag einer zahlungsmittelgenerierenden Einheit – also ihr Nettoveräußerungspreis und/oder ihr Nutzungswert – ermittelt werden muss, sondern **zusätzlich** auch der Nettoveräußerungspreis (und ggf. auch die Nutzungswerte) der *einzelnen Vermögenswerte.*

Gelingt es hingegen nicht, den derivativen Goodwill und/oder die corporate assets einer zahlungsmittelgenerierenden Einheit vernünftig und stetig zuzuordnen (Fall B), dann ist zunächst für diese CGU (*ohne* Goodwill und corporate assets) nach der eben beschriebenen Vorgehensweise der Bottom-up-Test durchzuführen und eine festgestellte Wertminderung zu erfassen. *Zudem* verpflichtet IAS 36.80/IAS 36.86 nun zur Durchführung eines **Top-down-Tests**. Hierzu ist eine weitere zahlungsmittelgenerierende Einheit zu bestimmen, die einerseits die zu prüfende CGU umfasst und der andererseits der Goodwill und die corporate assets vernünftig und stetig zuzuordnen sind. Diese „größere" zahlungsmittelgenerierende Einheit kann beispielsweise das Werk, ein Segment oder das Unternehmen als Ganzes darstellen. 427

Während im Rahmen des Bottom-up-Tests eventuelle Wertminderungen bei den Vermögenswerten der kleineren zahlungsmittelgenerierenden Einheit erfasst werden, dient der Top-down-Test ausschließlich dazu, Wertminderungen beim **nicht zurechenbaren Goodwill** bzw. bei den **nicht zurechenbaren corporate assets** zu berücksichtigen. Wird daher auf dieser Stufe noch eine Wertminderung identifiziert, so ist lediglich beim Goodwill und den corporate assets eine Abwertung gemäß IAS 36.88 vorzunehmen.

Impairment-Tests werden eher gegenüber zahlungsmittelgenerierenden Einheiten als gegenüber einzelnen Vermögenswerten durchzuführen sein; zugleich ist die Ermittlung des erzielbaren Betrages dann aber auch sehr kom- 428

110 Auch der Nutzungswert eines einzelnen Vermögenswertes innerhalb einer zahlungsmittelgenerierenden Einheit kann u. U. bestimmt werden, und dennoch wird eine CGU gebildet; Beispiel: Immobilien-Leasing-Gesellschaft (die das cost model nach IAS 40 anwendet): Für alle Objekte bis auf die Hauptverwaltung sind i. d. R. erzielbare Beträge ermittelbar. Wenn aber ein Anhaltspunkt für die Wertminderung der Hauptverwaltung besteht, ist eine zahlungsmittelgenerierende Einheit zu bilden, die aus dem Gesamtunternehmen besteht. Damit tatsächlich ggf. auch nur die Hauptverwaltung abgeschrieben wird, ist die IAS-Regelung konsistent; a. A. *Wagenhofer*, International Accounting Standards, 3. Aufl. 2001, S. 126 sowie *PriceWaterhouseCoopers*, Understanding IAS, 2. Aufl. 1998, Rz. 36.44.

plex. Das nachfolgende, ausführliche Beispiel verdeutlicht die Vorgehensweise beim Bottom-up- und Top-down-Test *exemplarisch*. Im Vordergrund steht dabei die für die Praxis wichtige Frage der Überprüfung der Werthaltigkeit **bilanzierter Geschäftswerte**; es wird erörtert, wie der Abwertungsbedarf ermittelt und verteilt wird. Durch gesetzte Annahmen sollen die – im Einzelfall völlig unterschiedlichen – *Anwendungsprobleme* des IAS 36 aufgezeigt werden:

Beispiel:

Der mittelständische Konzern K erwirbt Anfang 2000 das im Premiumsegment tätige Textilunternehmen U, um seine Marktposition weiter zu festigen. U besteht aus zwei cash-generating units (CGU_A: Anzüge und CGUB: Blusen) sowie einer Hauptverwaltung (HV). Die CGU_A selbst umfasst drei Maschinen ($VW_1 \ldots VW_3$). Der Kaufpreis überstieg die Differenz der im Rahmen der Erstkonsolidierung zum beizulegenden Zeitwert angesetzten Vermögenswerte und Schulden, so dass ein Goodwill (GoF) anzusetzen ist. Der hohe Kaufpreis wurde mit den guten Ertragsaussichten von U begründet, die ihrerseits vor allem auf dem Bekanntheitsgrad in der Zielgruppe der über 60-jährigen, konservativ gekleideten Rentner beruhen.

Im Geschäftsjahr 2002 erfährt das Management, dass eine weltweit sehr erfolgreiche, bisher aber nicht auf dem deutschen Markt tätige Firmengruppe aus England den deutschen Markt im Premium-Textilbereich – vor allem bei Anzügen – erobern wolle. Schon in der Vergangenheit hatte U beim direkten Aufeinandertreffen mit dem Konkurrenten auf diversen Auslandsmärkten empfindliche Einbußen hinnehmen müssen, und erste Erfolge der Konkurrenz im Weihnachtsgeschäft 2002 in neu eröffneten Filialen sprechen für sich. Das Management befürchtet nachteilige Konsequenzen für den Absatz der Produkte und sieht sich veranlasst, die CGU_A auf eine eventuelle Wertminderung hin zu überprüfen (IAS 36.9 b). Da außerdem der Goodwill keiner der beiden CGU auf eine stetige und vernünftige Weise zuordenbar ist, ist zusätzlich zum Bottom-up-Test der Top-down-Test durchzuführen und insoweit der erzielbare Betrag von U insgesamt zu schätzen.[111] Die Daten wurden schon in Tab. 1 eingetragen:

111 Hier ist darauf hinzuweisen, dass IAS 36 keine besonderen Anforderungen stellt hinsichtlich der Bedeutung einer „stetigen und vernünftigen Zuordnung" des Geschäftswerts. Angesichts des insoweit bestehenden Freiheitsgrades wird in der Praxis eine Zuordnung des Goodwills häufig möglich und der Top-down-Test daher entbehrlich sein.

Tab. 1

Ausgangsdaten zum 31.12.02	CGU_A	CGU_B	HV	GoF	Zwischen-summen	Sanierungs-verpflich-tung	U
Buchwert lt. Bilanz	450	600	160	180	1 390	– 40	1 350
Nettoveräuße-rungspreis	394	–	150	–	544	–	–
Nutzungswert	380	830	–	–	1 210	–	1 210
erzielbarer Betrag	394	830	–	–	1 224	–	1 210
Restnutzungs-dauer	10	20	30	17	–	–	–

Für die einzelnen Vermögenswerte von CGU_A sowie für CGU_B insgesamt konnte kein Nettoveräußerungspreis bestimmt werden. Daraus ist freilich nicht notwendigerweise abzuleiten, dass – wie aber hier unterstellt – auch für U insgesamt kein Nettoveräußerungspreis ermittelt bzw. geschätzt werden kann.

Ferner ist zu beachten, dass der erzielbare Betrag von U *nicht* durch die Summe der erzielbaren Beträge der Einheiten A und B (= 1 224 GE) bestimmt wird, weil sich die Summe aus dem *Nettoveräußerungspreis* von CGU_A und dem *Nutzungswert* von CGU_B zusammensetzt. Eine solche Addition wäre nur in Abwesenheit von corporate assets (hier: HV) möglich, weil dann tatsächlich Einheit A veräußert und Einheit B weitergeführt werden könnte. Im vorliegenden Fall ergibt sich der erzielbare Betrag für U demnach aus seinem Nutzungswert, der sich aus den Nutzungswerten der beiden CGU zusammensetzt.

Für die HV kann mangels eigener Zuflüsse kein erzielbarer Betrag, wohl aber ein Nettoveräußerungspreis ermittelt werden. Würde man im weiteren Verlauf feststellen, dass die Summe der Buchwerte der CGU und des Gesamtunternehmens jeweils unter den erzielbaren Beträgen läge, unterbliebe auch bei der HV eine Wertminderung, *obwohl* ihr Nettoveräußerungspreis unter ihrem Buchwert liegt. Die Angabe des Nettoveräußerungspreises der HV wird aber im Beispiel später, bei der Zurechnung der Wertminderung, noch benötigt.

Die in der Bilanz ausgewiesene Rückstellung bezieht sich auf ein Grundstück (VW_1) der CGU_A. Die mit dem Grundstück verbundene Sanierungsverpflichtung spiegelt sich sowohl im Einzel-Nettoveräußerungspreis des Grundstücks als auch im Nettoveräußerungspreis der CGU_A wider, d. h. ein Erwerber der Einheit wird in Kenntnis der Übernahme der Verpflichtung nur 394 GE bezahlen.

Hinsichtlich der Hauptverwaltung hat das Management im ersten Schritt des **Bottom-up-Tests** zu prüfen, inwiefern es möglich ist, sie den cash-generating units auf einer vernünftigen und stetigen Basis zuzuordnen (IAS 36.86). Als vernünftig ist ein Zuordnungskriterium dann zu beurteilen, wenn es geeignet ist, die unterschiedliche Inanspruchnahme des corporate assets durch die CGU bestmöglich widerzuspiegeln.

Im vorliegenden Fallbeispiel entschied sich das Management für eine Zuordnung der Hauptverwaltung auf die cash-generating units A und B auf der Grundlage ihrer Buchwerte, wobei der unterschiedlichen Inanspruchnahme dadurch Rechnung getragen wurde, dass die Restnutzungsdauern der CGU als Gewichtungsfaktor verwendet wurden.

Tab. 2

		CGU_A	CGU_B	Gesamt
1	Buchwert lt. Bilanz (s. Tabelle 1)	450	600	1 050
2	Gewichtung basierend auf Restnutzungsdauer	10	20	
3	Buchwert nach Gewichtung	450	1 200	1 650
4	relativer Anteil am gewichteten Gesamtbuchwert	450/1 650 = 0,27	1 200/1 650 = 0,73	1
5	(Anteil am) Buchwert der HV	44	116	160
6	Buchwert nach Zuordnung der HV (1 + 5)	494	716	1 210

Diese Vorgehensweise, die sich auch im Anhang A zu IAS 36 findet (Beispiel 8), kann jedoch in der Praxis Probleme aufwerfen. Grundsätzlich ist die Restnutzungsdauer einer CGU analog zu der eines einzelnen Vermögenswertes zu bestimmen, d. h. es ist individuell zu schätzen, wie lange die CGU voraussichtlich im Unternehmen eingesetzt wird (IAS 36.5). Handelt es sich etwa um eine Produktionslinie oder um die Flugzeuge einer Fluggesellschaft, so ergeben sich kaum spezifische Anwendungsprobleme. Vielfach werden jedoch ganze Werke, Filialen oder das Gesamtunternehmen als CGU abzugrenzen sein. Die darin enthaltenen, einzelnen Vermögenswerte haben unterschiedliche Nutzungsdauern, und sollte es sich um Grundstücke handeln, ist die Nutzungsdauer sogar unendlich. Nun ist der Impairment-Test jedoch auf der Basis des gegenwärtigen Zustands der Vermögenswerte resp. der CGU vorzunehmen (IAS 36.37). Man könnte sich nun für die Nutzungsdauer der CGU an jener des derzeit noch am längsten zu nutzenden abnutzbaren Vermögenswertes orientieren und alle in der Zwischenzeit vorzunehmenden Ersatzinvestitionen als Erhaltungsinvestitionen der CGU auffassen. Möglich scheint auch eine Mittelung, oder man orientiert sich an für die Produktion besonders wichtigen Vermögenswerten mit hohem Buchwert. Mangels einer Vorgabe ist hier nicht unerheblicher **bilanzpolitischer Spielraum** gegeben, denn längere Nutzungsdauern werden in aller Regel auch zu höheren Nutzungswerten (die Restnutzungsdauer markiert das Ende des Prognosezeitraums!)[112] und damit zu einer **Verringerung des Abwertungsbedarfs** führen.

112 *Beyhs*, Impairment of assets 2002, S. 117, hält unter bestimmten Bedingungen die Annahme einer unendlichen Nutzungsdauer für zulässig.

Neben der Prüfung, inwieweit eine sinnvolle Zuordnung der gemeinschaftlichen Vermögenswerte auf die cash-generating units gelingt, hat das Management ebenfalls im Rahmen des Bottom-up-Tests zu verifizieren, ob eine solche Zuordnung auch für den derivativen Goodwill möglich ist (IAS 36.80a). Im vorliegenden Fall soll entsprechend der Ausgangsdaten eine solche Zuordnung nicht möglich sein.

Tab. 3

	CGU_A	CGU_B	HV	GoF	Sanierungsverpflichtung	U
Buchwert lt. Bilanz (s. Tabelle 1)	450	600	160	180	– 40	1 350
Anteil am Buchwert der HV lt. Tabelle 2 (IAS 36.86 a)	44	116 ←				
Buchwert nach Zuordnung der HV	*494*	*716*				
Der CGU zurechenbare Verpflichtungen (IAS 36.77)	– 40 ←					
Angepasster Buchwert	*454*	*716*		*180*		*1 350*

Um die Vergleichbarkeit von erzielbarem Betrag und Buchwert einer zahlungsmittelgenerierenden Einheit zu gewährleisten, verlangt IAS 36.74, dass beide Größen übereinstimmend zu ermitteln sind. Während der Buchwert der CGU_A anteilig um den Buchwert der HV erhöht und um die Sanierungsverpflichtung vermindert wird (vgl. Tabelle 3), spiegelt der erzielbare Betrag von CGU_A lediglich den Nettoveräußerungspreis dieser Einheit inklusive der Sanierungsverpflichtung, aber noch ohne Berücksichtigung der HV wider. Nach Maßgabe des IAS 36.74 ist daher der erzielbare Betrag von CGU_A ebenfalls um den auf sie entfallenden Anteil am Nettoveräußerungspreis der HV zu erhöhen.[113] Hierzu wird wiederum auf die in Tabelle 2 ermittelte Schlüsselungsgröße von 0,27 zurückgegriffen.

Da der erzielbare Betrag von CGU_B durch ihren Nutzungswert bestimmt wird und die HV keine zusätzlichen Cashflows erzeugt, sind derartige Anpassungen für diese Einheit nicht erforderlich.

113 Diese Zuordnung kann leicht übersehen werden. Unterbliebe sie aber und wird auf Ebene der CGU ein Wertminderungsbedarf festgestellt, so sind Situationen denkbar, dass keine Vermögenswerte vorliegen, denen die Wertminderungen gem. IAS 36.89 zugerechnet werden können.

Tab. 4

	CGU_A	CGU_B
erzielbarer Betrag lt. Tabelle 1	394	830
Anteil an Nettoveräußerungspreis der HV (s. Tabelle 1 + 2)	0,27 × 150 = **41**	–
Korrigierter erzielbarer Betrag (IAS 36.74)	*435*	*830*

Tab. 5

	CGU_A	CGU_B
Angepasster Buchwert (s. Tabelle 3)	454	716
Korrigierter erzielbarer Betrag (s. Tabelle 4)	435	830
festgestellter Wertminderungsbedarf aufgrund des Bottom-up-Tests	*19*	–

In Tabelle 5 wird der **Bottom-up-Test** durch Gegenüberstellung von angepasstem Buchwert zum korrigierten erzielbaren Betrag durchgeführt; es wird eine Wertminderung bei der CGU_A von 19 GE identifiziert. Nunmehr ist der festgestellte Wertminderungsbedarf unter Berücksichtigung der in IAS 36.89 genannten Wertuntergrenzen auf die jeweils betroffenen Vermögenswerte entsprechend ihrem Buchwertanteil zu verteilen (IAS 36.88). Hierzu sind die in der Tabelle 6 zusammengefassten Daten zu verwenden. Die Zeile 3 gibt Auskunft über die den einzelnen Vermögenswerten maximal zurechenbaren Wertminderungen.

Tab. 6

		VW_1 – Sanierungs-verpflichtung	VW_2	VW_3	anteilige HV	CGU_A
1	(angepasster) Buchwert	210	120	80	44	454
2	Nettoveräußerungspreis	200	130	64	41	435
3	max. zurechenbare Wert-minderung (1 – 2)	10	–	16	3	19

Da die Nettoveräußerungspreise der HV sowie der $VW_1 \ldots VW_3$ bestimmbar sind, darf eine Abwertung dieser Vermögenswerte höchstens jeweils bis zu diesem Wertmaßstab erfolgen. In der Summe ergibt sich eine maximal zurechenbare Wertminderung von 29, obwohl die CGU selbst nur um 19 im Wert zu mindern ist. Die jeweilige Begrenzung der Wertminderung hinsichtlich der einzelnen Vermögenswerte kann jedoch auch in diesem Fall relevant sein, so dass ggf. noch verbleibender Abwertungsbedarf, der aufgrund der beschriebenen Wertuntergrenze bei einem einzelnen Vermögenswert nicht verrechnet werden kann, ebenfalls buchwertproportional auf die verbleibenden Vermögenswerte zu verteilen ist. Dies führt zu den in Tabelle 7 aufgeführten Umverteilungen I und II.

Tab. 7

	Buchwert vor Bottom-up-Test (s. Tabelle 6)	rechnerischer Anteil an Wertminderung	max. zurechenbar (s. Tabelle 6)	Umverteilungen I (IAS 36.89)	Umverteilungen II (IAS 36.89)	Wertminderungsaufwand	Buchwert nach Bottom-up-Test
VW_1	210	19 × 210/ 454 = **9**	10	5 × 210/ 334 = **3**	**–2**	10	200
VW_2	120	19 × 120/ 454 = **5**	0	**–5**	–	0	120
VW_3	80	19 × 80/ 454 = **3**	16	5 × 80/ 334 = **1**	2 × 80/ 80 = **2**	6	74
HV anteilig	44	19 × 44/ 454 = **2**	3	5 × 44/ 334 = **1**	–	3	41

Da es im Verlaufe des Bottom-up-Tests nicht gelungen ist, den Goodwill sinnvoll den beiden cash-generating units zuzuordnen, verlangt IAS 36.80 b neben der Durchführung des Bottom-up-Tests auch die Vornahme eines **Top-down-Tests**. Durch diesen zusätzlichen Test soll geprüft werden, ob der vorliegende Wertminderungsindikator – das auf den Markt drängende englische Konkurrenzunternehmen – nicht auch zu einem Wertverlust beim nicht zurechenbaren Goodwill bzw. bei den ggf. nicht zurechenbaren corporate assets führt. Wird daher auf dieser höheren Ebene ein Wertminderungsaufwand identifiziert, so ist dieser im vorliegenden Fall mit dem aktivierten Goodwill zu verrechnen. Die für die Zwecke des Top-down-Tests zu bildende „größere" CGU, die den Goodwill enthält, ist U als Ganzes. Der Top-down-Test, der unmittelbar an den Bottom-up-Test anknüpft, ist wie folgt durchzuführen:

Tab. 8

	CGU_A	CGU_B	HV	GoF	Sanierungs-verpflichtung	U
Buchwert vor Bottom-up-Test (vgl. Tabelle 1)	450	600	160	180	– 40	1 350
Gem. Tabelle 7 verteilter Wertminderungsaufwand	16	–	3	–	–	19
Buchwert nach Bottom-up-Test	*434*	*600*	*157*	*180*	*– 40*	*1 331*
Erzielbarer Betrag der „größeren" CGU gem. IAS 36.80 b (s. Tabelle 1)						1 210
Wertminderungsaufwand aufgrund des Top-down-Tests				121		121
Buchwert nach Top-down-Test	*434*	*600*	*157*	*59*	*– 40*	*1 210*

Ein Wertminderungsbedarf, der über den Buchwert zuvor nicht den CGU zugeordneter Goodwills oder corporate assets hinausgeht, kann im Rahmen eines Bottom-up-Tests nicht mehr auftreten, da im vorhinein schon der Top-down-Test bereits zu einer Wertminderung kleinerer CGU führt.

Das Beispiel hat Verfahrensweise und zugleich Komplexität der Erfassung von Wertminderungen bei CGU veranschaulicht. Dennoch darf nicht verschwiegen werden, dass vom Erfassungs- und Berechnungsaufwand zur Bestimmung der Nettoveräußerungspreise und Nutzungswerte notwendigerweise abstrahiert werden musste. Gerade die Ermittlung des Nutzungswertes (z. B. für ein Produktsegment oder ein Werk) wirft vielfältige praktische Probleme auf. Diese müssen in der Praxis durch vereinfachende Annahmen gelöst werden.

7. Wertaufholung

429 In den auf die Erfassung eines Wertminderungsaufwands folgenden Perioden ist **an jedem Bilanzstichtag** zu prüfen, ob ein **Anhaltspunkt** dafür vorliegt, dass in der Zwischenzeit signifikante Änderungen der den erzielbaren Betrag bestimmenden Einflussgrößen eingetreten sind, so dass dem Vermögenswert ein erhöhtes Leistungspotenzial beizumessen ist (IAS 36.95). Zu diesem Zweck führt IAS 36.96 wiederum einige Indikatoren beispielhaft an, wobei es sich im Wesentlichen um die Umkehrung jener Indikatoren handelt, die zur Wertminderungsprüfung veranlasst hatten. Liegt am Bilanzstichtag ein solcher Anhaltspunkt vor, so ist unter erneuter Beachtung des **Wesentlichkeitsgrundsatzes** der erzielbare Betrag zu schätzen. Auf die Nachhaltigkeit

der festgestellten Änderung kommt es dabei nicht an, was insbesondere bei gestiegenen Nettoveräußerungspreisen von Belang sein dürfte.

Wird infolge der Überprüfung des erzielbaren Betrags ein Wertaufholungsbedarf festgestellt, so ist der Buchwert des betreffenden Vermögenswertes oder der zahlungsmittelgenerierenden Einheit entsprechend zu erhöhen.

Bei der Wertaufholung eines Vermögenswertes (der auch Teil einer zahlungsmittelgenerierenden Einheit sein kann) darf der an das erhöhte Leistungspotenzial angepasste Buchwert weder den fortgeführten Buchwert (fortgeführte Anschaffungs- oder Herstellungskosten oder fortgeführter Neubewertungsbetrag), der sich ergeben hätte, wenn in der Vergangenheit kein Wertminderungsaufwand erfasst worden wäre, noch seinen erzielbaren Betrag übersteigen, wobei der niedrigere dieser beiden Größen die zulässige Wertobergrenze definiert (IAS 36.102 und IAS 36.108). Dabei richtet sich die Behandlung der zu erfassenden Wertaufholung wiederum danach, nach welcher Methode der Vermögenswert in der Vergangenheit bewertet wurde. Bei der Bewertung auf Basis der fortgeführten Anschaffungs- oder Herstellungskosten ist die Wertaufholung stets **erfolgswirksam** vorzunehmen. Bei neu bewerteten Vermögenswerten hingegen sind Wertaufholungen lediglich bis zur Höhe der fortgeführten Anschaffungs- oder Herstellungskosten erfolgswirksam und darüber hinaus erfolgsneutral vorzunehmen (IAS 36.105). 430

Die Berücksichtigung von Wertaufholungen bei zahlungsmittelgenerierenden Einheiten erfolgt in umgekehrter Reihenfolge zur Erfassung eines Wertminderungsaufwands. Zunächst ist der Buchwert der Vermögenswerte entsprechend ihrem Buchwertanteil zu erhöhen. Sofern die zuvor beschriebene Wertobergrenze erreicht ist, ist ein gegebenenfalls noch verbleibender Aufwertungsbedarf analog auf die anderen Vermögenswerte zu verteilen (IAS 36.108). 431

Hieran anschließend kann dann unter bestimmten restriktiven Bedingungen eine Zuschreibung beim zurechenbaren Goodwill erfolgen. Ursächlich für die beschränkte Zuschreibungsfähigkeit des Goodwills ist der Umstand, dass spätere Werterhöhungen häufig auf Anstrengungen des Unternehmens selbst zurückzuführen sind und daher regelmäßig originären Charakter aufweisen. Da ein originärer Goodwill nach den Bestimmungen des IAS 38 nicht bilanzierungsfähig ist, darf eine Zuschreibung beim Goodwill prinzipiell nur dann erfolgen, wenn die Werterhöhung auf Umstände zurückzuführen ist, die nicht durch das Unternehmen beeinflusst worden sind (IAS 36.109 ff.).

Beispiel (Fortsetzung Rz. 428): 432

Das englische Konkurrenzunternehmen hatte in den Winter- und Sommerkollektionen 2003/2004 offensichtlich den Geschmack der Kundschaft nicht getroffen, und auch im Service scheint es zu hapern, so dass – die Spatzen pfeifen es von den Dächern – wohl künftig einige Filialen wieder geschlossen werden. Zugleich hatte U mit eigenen Marktanstrengungen reagiert und in 2004 eine erfolgreiche Werbekampagne gestartet. Schließlich wurden auch Produktionsprozesse optimiert, so dass das Management durchaus von einer verbesserten Wettbewerbsfähigkeit ausgeht. Aufgrund dieser Umfeldveränderungen (IAS 36.96 b und e) sieht sich das Management veranlasst, erneut den erzielbaren Betrag von CGU_A zu schätzen. Der Nutzungswert der Einheit kann zum 31.12.2004 mit 432 GE beziffert werden.

Eine neuerliche Schätzung des erzielbaren Betrags von CGU_B ist nicht erforderlich, da vormals keine Wertminderung festgestellt wurde. Auch kann auf die Ermittlung des erzielbaren Betrags der „größeren" CGU – also U als Ganzes – verzichtet werden, weil nach IAS 36.109 eine Zuschreibung des nicht zuordnungsfähigen Goodwills unzulässig ist: Es liegt kein „spezielles" externes Ereignis vor, und zudem ist die Verbesserung der Wettbewerbsfähigkeit auf in der Zwischenzeit durchgeführte eigene Anstrengungen zurückzuführen (originärer Goodwill).

Die nachstehende Tabelle 1 zeigt die Buchwertentwicklung (gerundet) der Vermögenswerte bei Anwendung der linearen Abschreibungsmethode:

Tab. 1

	Buchwert zum 31.12.02	Abschreibungen 2003 und 2004	Buchwert zum 31.12.04
VW_1	240	–	240
VW_2	120	24	96
VW_3	74	30	44
CGU_A	434	54	380
HV	157	10	147
anteilige HV	41	3	38

Eine Information über den Buchwert der Sanierungsverpflichtung bei VW_1 ist nun irrelevant, da der erzielbare Betrag einzig auf Basis des Nutzungswertes geschätzt wird. Dann ist die Durchbrechung des Grundsatzes der Nichtberücksichtigung bereits passivierter Verpflichtungen (IAS 36.36b) zu Vergleichszwecken (IAS 36.77) irrelevant. Daher beträgt der Buchwert 240 GE.

Um einen möglichen Wertaufholungsbedarf bei der CGU_A festzustellen, gilt es gleichwohl, zunächst wiederum den angepassten Buchwert zu ermitteln. Bei der Wertminderungsprüfung ist die HV der CGU_A auf einer vernünftigen und stetigen Basis zugeordnet worden. Sofern keine Umstände eintreten, die an einer solchen Zuordnung etwas verändern, bleibt diese entsprechend auch bei der Werterhöhungsprüfung bestehen: Der Einheit A wird der anteilige Buchwert der HV (= 38 GE) zugeordnet. IAS 36 lässt allerdings offen, wie zu verfahren ist, *wenn* sich an den Umständen etwas geändert haben sollte, beispielsweise die Einheit A ab dem Jahr 2004 die HV nicht mehr beansprucht. Wir schlagen vor, in diesem Fall auf das aktuelle Mengengerüst im Jahr 2004 abzustellen (also ohne HV) und dieses Mengengerüst retrospektiv auch der zuvor durchgeführten Wertminderungsprüfung fiktiv zugrunde zu legen.

Der angepasste Buchwert ist anschließend dem erzielbaren Betrag gegenüberzustellen:

Tab. 2

	CGU_A
Buchwert lt. Bilanz (vgl. Tabelle 1)	380
Anteil an Buchwert der HV	38
Angepasster Buchwert	*418*
Erzielter Betrag	432
festgestellter maximaler Wertaufholungsbedarf	14

Der festgestellte maximale Wertaufholungsbedarf bei CGU_A in Höhe von 14 GE ist nun soweit als möglich auf die betreffenden Vermögenswerte entsprechend ihrem Buchwertanteil zu verteilen (IAS 36.107). Zu beachten sind hierbei jedoch die in IAS 36.108 genannten Wertobergrenzen, die bei der Verteilung des festgestellten Wertaufholungsbedarfs nicht überschritten werden dürfen. Über die bei der Verteilung zu beachtenden Wertobergrenzen – das sind die fiktiv fortgeführten ursprünglichen Buchwerte, die sich *ohne* Wertminderung ergeben hätten –, informiert Tabelle 3:

Tab. 3

	VW_1	VW_2	VW_3	anteilige HV
fortgeführter historischer Buchwert zum 31.12.2002	250	120	80	44
fiktive Abschreibungen 2003 und 2004	–	24	32	3
fortgeführter historischer Buchwert zum 31.12.2004 = Wertobergrenze	250	96	48	41
IST-Buchwerte (vgl. Tabelle 1)	240	96	44	38
maximal zurechenbare Wertaufholung	*10*	*0*	*4*	*3*

In Kenntnis der fixierten Wertobergrenzen kann nun die Verteilung des Wertaufholungspotenzials auf die betroffenen Vermögenswerte erfolgen:

Tab. 4

	Buchwert vor Wertaufholung	rechnerischer Anteil an Werterhöhung	max. zurechenbar (vgl. Tab. 3)	Umverteilung I	Umverteilung II	Wertaufholung	Buchwert nach Wertaufholung
VW_1	240	14 × 240/ 418 = 8	10	3,2 × 240/ 322 = 2,4	−0,4	10	250
VW_2	96	14 × 96/ 418 = 3,2	0	−3,2		0	96
VW_3	44	14 × 44/ 418 = 1,5	4	3,2 × 44/ 322 = 0,4	0,4 × 44/ 82 = 0,2	2,1	46,1
anteilige HV	38	14 × 38/ 418 = 1,3	3	3,2 × 38/ 322 = 0,4	0,4 × 38/ 82 = 0,2	1,9	39,9
Summen	*418*	*14*	*17*			*14*	*432*

Abschließend ergibt sich das folgende Gesamtbild:

Tab. 5

	CGU_A	HV
Buchwert zum 31.12.04 vor Wertaufholung (s. Tabelle 1)	380	147
Gemäß Tabelle 4 zugewiesene Zuschreibungsbeträge	12,1	1,9
Buchwert zum 31.12.04 nach Wertaufholung	*392,1*	*148,9*

8. Beurteilung und Ausblick

433 Im Vergleich zum HGB erscheinen die Regelungen in IAS 36 wegen der Detailfülle äußerst komplex, obwohl das investitionstheoretische Grundprinzip, den beizulegenden Wert nach § 253 HGB als **Ertragswert** zu definieren, auch dem HGB nicht fremd ist.[114] Da aber insbesondere beim Sachanlagevermögen die Aufgabe der Zurechnung künftiger Cashflows auf den einzelnen Vermögenswert praktisch nicht lösbar ist, basiert nach HGB die Ermittlung des beizulegenden Wertes auf dem **Wiederbeschaffungszeitwert** als Wertgrenze nach **oben** und dem **Einzelveräußerungswert** als Wertgrenze nach **unten**.

114 Vgl. *Heuser/Theile* in GmbH-Handbuch, Rz. II 689.1, sowie *Adler/Düring/Schmaltz*, Rechnungslegung und Prüfung der Unternehmen, 6. Aufl. 1995, § 253 HGB Rz. 464.

Wesentliche Ergebnisunterschiede zwischen IAS und HGB werden dann zu Tage treten, wenn ein sinkender Wiederbeschaffungszeitwert zu einer außerplanmäßigen Abschreibung nach HGB führt, gleichzeitig jedoch die Nutzungswerte (Ertragswerte) hiervon nicht berührt werden. Insoweit schlagen Veränderungen der Beschaffungsmärkte auf den Wertansatz durch, wohingegen die Ermittlung des Nutzungswertes nach **IAS absatzmarktorientiert** ist. 434

In der Definition des erzielbaren Betrages nach IAS kommt die Vorstellung zum Ausdruck, wonach entsprechend eines aus Unternehmenssicht rational handelnden Managements bilanziert werden soll. Folglich repräsentiert der erzielbare Betrag denjenigen Betrag, den ein Unternehmen bei bestmöglicher Verwendung des Vermögenswertes erzielen kann.[115] Allerdings kann der Investor diese Information nur dann dem Jahresabschluss entnehmen, wenn der bei bestmöglicher Verwendung erzielbare Betrag kleiner oder gleich dem Buchwert des Vermögenswertes ist. Über den Buchwert hinausgehende Zukunftschancen und somit zusätzliche entscheidungsrelevante Informationen werden nur dann vermittelt, falls eine fair value-Bewertung Platz greift.[116] 435

Ausgelöst durch Veränderungen bei den US-GAAP ist auch eine Änderung von IAS 36 zu erwarten: Mit der Verabschiedung von SFAS 141 „Business Combinations" und SFAS 142 „Goodwill and Other Intangible Assets" am 29. Juni 2001 ist die planmäßige Abschreibung des bei der Erstkonsolidierung nach der Erwerbsmethode ggf. entstehenden Goodwills nach US-GAAP nach dem 30. Juni 2001 untersagt worden. Der – nach Aufteilung auf identifizierbare immaterielle Vermögenswerte verbleibende – Goodwill gilt nunmehr als immaterieller Vermögenswert ohne spezifische Nutzungsdauer und wird nur noch dem Impairment-Test unterworfen, d. h. es wird geprüft, ob eine außerplanmäßige Abschreibung erforderlich ist. Die Abkehr von der planmäßigen Goodwill-Abschreibung war offensichtlich der politische Preis für die Abschaffung der Pooling-of-Interests-Methode.[117] 436

Der IASB steckt nun in einem Dilemma: Erst 1998 wurde in IAS 22 die planmäßige Abschreibung des Goodwills mit einer widerlegbaren Nutzungsdauer von 20 Jahren und ferner verbunden mit einem Impairment-Test nach IAS 36 festgeschrieben. Erfolgt nun eine Kehrtwendung hin zu US-GAAP aufgrund der vom IASB angestrebten Akzeptanz seiner Standards vor der amerikanischen Börsenaufsichtsbehörde SEC, dann läge diese sicherlich im Interesse einer weltweiten Harmonisierung der Rechnungslegung; zugleich stellt sich

115 Vgl. *Wagenhofer*, International Accounting Standards, 3. Aufl. 2001, S. 121.

116 Zu diesem „inkonsistenten Rückschritt" zur vorsichtigen Bewertung von Vermögenswerten vgl. *Streim/Bieker/Leippe*, Anmerkungen zur theoretischen Fundierung der Rechnungslegung nach International Accounting Standards, in Schmidt u. a. (Hrsg.), Wolfgang Stützel – Moderne Konzepte für Finanzmärkte, Beschäftigung und Wirtschaftsverfassung, 2001, S. 202.

117 So argwöhnt bereits *Busse von Colbe*, BB 2001, I „Die erste Seite"; vgl. auch *Pellens/Sellhorn*, DB 2001, 1681.

aber auch die Frage der Existenzberechtigung eines zweiten Standard-Setters neben dem FASB.[118]

437 Der Board hat in seinem Projekt „Business Combinations, Phase I" bereits verlauten lassen, sich grundsätzlich der Vorgehensweise nach US-GAAP anzuschließen. Angedacht ist demnach, dass – wie bisher – die nach einem Unternehmenserwerb identifizierbaren immateriellen Vermögenswerte angesetzt und über ihre Nutzungsdauer planmäßig abgeschrieben werden sollen. Ein verbleibender Goodwill soll demgegenüber künftig nicht mehr über 20 Jahre abzuschreiben sein, sondern jährlich einem Wertminderungstest unterworfen und ggf. außerplanmäßig abgeschrieben werden.[119] Der Board hat dabei auch geprüft, das Verfahren der Ermittlung eines „impliziten" Goodwill wie nach US-GAAP zu übernehmen.[120] Um aber die Konsistenz zum bisherigen IAS 36 zu wahren, ist diese Variante verworfen worden. Nach dem derzeitigen Diskussionsstand wird es zu zahlreichen punktuellen Veränderungen an IAS 36 kommen, ohne die bisherige Grundkonzeption der Bildung zahlungsmittelgenerierender Einheiten in Frage zu stellen.[121]

438 Diese neuere, internationale Entwicklung wird im deutschen Schrifttum überwiegend kritisch kommentiert. Vor allem ist bereits herausgearbeitet worden, dass die US-GAAP-Regelung gewissermaßen unterlaufen werden kann. Eine Saldierung/Vermischung zwischen originärem und derivativem Goodwill dürfte künftig eher die Regel als die Ausnahme sein;[122] da aber bislang erworbene Goodwills planmäßig abzuschreiben waren, wog dieser Punkt weniger schwer. Wenn sich jedoch künftig herausstellt, dass Wertminderungsaufwendungen hinsichtlich des Goodwill kaum mehr festzustellen sind und die Ergebnisbelastung entfällt, dann wird durch diese Bilanzierungsregel externes Wachstum massiv belohnt[123] und, das ist die Folge, Wettbewerb eingeschränkt. Umgekehrt ist auch denkbar, dass die außerplanmäßige Abschreibung des Goodwill zu hoher Volatilität im Jahresergebnis führt.

439–444 Einstweilen frei.

IV. Angaben zum Anlagevermögen

1. Übersicht

445 Das Anlagevermögen setzt sich aus immateriellen Vermögenswerten, Sachanlagen, at equity bewerteten Beteiligungen und übrigen Finanzanlagen zu-

118 Vgl. *Busse von Colbe*, DB 2001, 877.
119 Vgl. IASB Update, September 2001, S. 2.
120 Vgl. hierzu *Pellens/Sellhorn*, DB 2001, 1681 (1683) sowie *Küting/Weber/Wirth*, KoR 2001, 185.
121 Vgl. IASB, Business Combinations (Phase I), Project Summary, Juli 2002, Rz. 45 ff.
122 Vgl. *Busse von Colbe*, DB 2001, 877; *Pellens/Sellhorn*, DB 2001, 1681 (1685); *Hommel*, BB 2001, 1943 (1947 f.); *Küting/Weber/Wirth*, KoR 2001, 185 (192).
123 Vgl. *Pellens/Sellhorn*, DB 2001, 1681 (1685).

sammen (s. Tab 4, Rz. 198). Entsprechend sind die hierzu angabepflichtigen Informationen über mehrere Standards verteilt. Die nachfolgende Abb. 24 vermittelt eine geordnete Übersicht der Vorschriften, auf denen die nachfolgenden Erläuterungen beruhen. Um den Lesefluss nicht zu stören, haben wir wegen der Fülle häufig gleichlautender Normen weitestgehend auf Quellenverweise der Standards im Text verzichtet.

<table>
<tr><th></th><th>Immaterielle Vermögenswerte</th><th>Sachanlagen</th><th>At equity bewertete Beteiligungen</th><th>Übrige Finanzanlagen</th></tr>
<tr><td rowspan="4">Vorschrift IAS</td><td>38.107 ff. diverse immaterielle Vermögenswerte</td><td>16.60 ff. diverse Sachanlagen</td><td>28.27 f.</td><td>39.166 ff.</td></tr>
<tr><td>22.88 ff. Goodwill</td><td>40.65 ff. investment properties</td><td></td><td></td></tr>
<tr><td colspan="2">17.23 Finanzierungsleasing beim Leasingnehmer</td><td></td><td></td></tr>
<tr><td colspan="3">36.113 ff. Wertminderung und Wertaufholung*</td><td></td></tr>
<tr><td>Anlagespiegel</td><td colspan="2">erforderlich</td><td colspan="2">nicht erforderlich</td></tr>
</table>

*Anwendung von IAS 36 für investment properties nur erforderlich, wenn diese nach der cost-Methode bilanziert werden

Abb. 24: Übersicht der Vorschriften angabepflichtiger Informationen

Auffällig ist, dass ein Anlagespiegel für die Entwicklung des Finanzanlagevermögens nicht erforderlich ist. Allerdings wird in der Praxis das Finanzanlagevermögen in den Anlagespiegel integriert, um das Einklangerfordernis gem. § 292a HGB zu wahren.[124]

Für investment properties sind die Vorschriften zu Wertminderungen (IAS 36, s. Rz. 390) nur zu beachten, soweit das cost model gewählt worden ist (s. Rz. 381).

2. Anlagespiegel

Während nach HGB die Bewegungen im Anlagespiegel zu Anschaffungs- und Herstellungskosten (AHK) ausgewiesen werden (direkte Bruttomethode), soll der Ausweis nach IAS zu Buchwerten erfolgen (direkte Nettomethode). Die deutsche Praxis weicht hiervon ab, indem zusätzlich zu den Bewegungen der Anschaffungs- und Herstellungskosten auch die der kumulierten Abschreibungen – dies auch häufig bei HGB-Abschlüssen – aufgelöst werden.[125] Aus 446

124 Vgl. DRS 1.125.
125 Vgl. *Heuser/Theile*, GmbH-Handbuch, Rz. II 296.

diesen Informationen lässt sich die nach IAS geforderte Buchwertentwicklung ersehen, so dass keine geforderten Informationen verloren gehen.[126] Die folgende Abbildung enthält eine Gegenüberstellung.

IAS-Anlagespiegel originär	**IAS-Anlagespiegel in deutscher Praxis**
Bruttobuchwerte (AHK 1.1.)	**AHK (1.1.)**
– **kumulierte Abschreibungen (1.1.)**	+ Zugänge durch Änderung Konsolidierungskreis
= **Buchwerte (1.1.)**	+ übrige Zugänge
+ Zugänge durch Änderung Konsolidierungskreis	– Abgänge
+ übrige Zugänge	+/– Währungsdifferenzen
– Abgänge	+/– Umbuchungen
– planmäßige Abschreibungen	= **AHK (31.12.)**
– außerplanmäßige Abschreibungen	
+ Zuschreibungen	**Kumulierte Abschreibungen (1.1.)**
+/– Währungsdifferenzen	+ planmäßige Abschreibungen
+/– Umbuchungen	+ außerplanmäßige Abschreibungen
= **Buchwerte (31.12.)**	– Zuschreibungen
+ **kumulierte Abschreibungen (31.12.)**	– Abgänge
= **Bruttobuchwerte (AHK 31.12.)**	+/– Währungsdifferenzen
	+/– Umbuchungen
	= **kumulierte Abschreibungen (31.12.)**
	Buchwert (31.12.)
	Buchwert (1.1.)

Abb. 25: Anlagespiegel

447 Der originäre IAS-Anlagespiegel ist um **Veränderungen des beizulegenden Zeitwertes** zu erweitern, wenn immaterielle Vermögenswerte bzw. Sachanlagen nach der Neubewertungsmethode bzw. investment properties nach dem fair value model bewertet werden. Um dies problemlos zu ermöglichen, werden nach IAS die Ausgangswerte nicht als Anschaffungs- oder Herstellungskosten, sondern neutral als „Bruttobuchwert" bezeichnet.

Die Darstellung der fair value-Bewertung ist im Anlagespiegel nach deutscher IAS-Praxis problematisch, insoweit die Bezeichnung „Anschaffungs- und Herstellungskosten" verwandt wird. Daher findet sich schon vereinzelt die

126 Vgl. *Lüdenbach*, International Accounting Standards, 2001, S. 91 f.

Bezeichnung „Bruttowert".[127] Allerdings werden immaterielle Vermögenswerte, Sachanlagen und investment properties in der deutschen Praxis regelmäßig zu fortgeführten Anschaffungs- bzw. Herstellungskosten bewertet.

Häufig wird in den Anlagespiegel auch die (nach IAS nicht geforderte) Entwicklung des Finanzanlagevermögens integriert. Hier aber sind z.T. fair value-Bewertungen zwingend erforderlich. Das Problem wird über ergänzende Fußnotenangaben gelöst,[128] oder es erfolgt von vornherein eine Trennung der beiden Spiegel.[129]

Im originären Anlagespiegel nach IAS wird die Angabe der **Buchwertzugänge** von Vermögenswerten aus Unternehmenserwerben verlangt. In der Praxis werden gelegentlich aus abrechnungstechnischen Gründen in einer Spalte „**Veränderungen des Konsolidierungskreises**" die Anschaffungs- und Herstellungskosten und in einer zusätzlichen Spalte die kumulierten Abschreibungen jeweils gesondert als Zugang (statt des Nettobuchwertes) gezeigt. Auch werden Zu- und Abgänge bei Veränderungen des Konsolidierungskreises saldiert ausgewiesen. Das ist u. E. wegen IAS 1.37 zulässig (s. Rz. 148).

In sachlicher Hinsicht sind die **wichtigsten Positionen zu Gruppen** zusammenzufassen. Hier hat sich eine Gliederung in Anlehnung an § 266 Abs. 2 A HGB bewährt. Gesondert auszuweisen sind auf jeden Fall Goodwill, aktivierte Entwicklungskosten, investment properties und Anlagen in Bau. Wird für bestimmte Gruppen von Sachanlagen oder immateriellen Vermögenswerten die Neubewertungsmethode in Anspruch genommen, so sind die jeweiligen Gruppen gesondert darzustellen. 448

Derzeit sind **Vergleichsinformationen** für die Vorperiode nicht erforderlich. Das soll im Rahmen des Improvement-Projekts geändert werden, so dass künftig der Anlagespiegel über **zwei Perioden** darzustellen ist. 449

3. Erläuterungen

a) Allgemeine Angaben

In den allgemeinen Angaben zum Anlagevermögen sind die **Bewertungsmethode** (fortgeführte Anschaffungs- und Herstellungskosten, Neubewertungsmethode, fair value oder cost model bei investment property) sowie die **Abschreibungsmethoden** und **Nutzungsdauern** zu nennen. Werden Goodwills oder andere immaterielle Vermögenswerte über mehr als 20 Jahre abgeschrieben, so ist das gesondert zu begründen. In diesem Fall ist außerdem ein jährlicher Impairment-test zwingend (s. Rz. 395). Sollte der erzielbare Betrag über dem Buchwert liegen, ist eine Angabe nicht erforderlich, wird aber häufig freiwillig vorgenommen. 450

---

127 So z. B. *Bayer*, Geschäftsbericht 2001, S. 76, obwohl keine Bewertung zum fair value erfolgt.

128 Vgl. RWE, Geschäftsbericht 2001, S. 104.

129 Vgl. Bayer, Geschäftsbericht 2001, S. 77.

Beispiel Metro AG, Geschäftsbericht 2001, S. 75:

„Geschäfts- oder Firmenwerte aus der Kapitalkonsolidierung werden in Übereinstimmung mit IAS 22 (Business Combinations) aktiviert und linear über eine Nutzungsdauer von 15 bis 20 Jahren abgeschrieben. Geschäftswerte, die aus dem Erwerb von Gesellschaften im Cash & Carry-Bereich und von schweizerischen Dienstleistungsgesellschaften resultieren, werden über 25 Jahre abgeschrieben. Die über Jahrzehnte in ihren Grundzügen unveränderten, erfolgreichen Konzepte rechtfertigen die 25-jährige Nutzungsdauer. Die Bestimmung der Nutzungsdauer der Geschäfts- oder Firmenwerte erfolgt insbesondere unter Berücksichtigung der konzernstrategischen Bedeutung der jeweiligen Akquisition und der Möglichkeit zur Erzielung von Synergieeffekten. Die Werthaltigkeit der Geschäfts- oder Firmenwerte wird regelmäßig überprüft."

451 Über das Vorhandensein und die Beträge von **Beschränkungen von Verfügungsrechten** sowie als Sicherheiten für Schulden **verpfändete Vermögenswerte** und der Betrag für **Verpflichtungen für den Erwerb** von Vermögenswerten ist zu berichten.

452 Die Höhe der **Aufwendungen für Forschung und Entwicklung** ist in einer Summe anzugeben. Darin sind die aktivierten Entwicklungskosten nicht enthalten.

453 Im Fall von **außerplanmäßigen Abschreibungen** oder **Zuschreibungen** sind die Beträge für jede Gruppe von Vermögenswerten anzugeben; dies erfolgt im Anlagespiegel. Ferner ist anzugeben, wo sich diese Beträge in der Gewinn- und Verlustrechnung wiederfinden. Dies sind regelmäßig die Positionen „Abschreibungen" und „sonstige betriebliche Erträge".

Liegen außergewöhnlich hohe Wertminderungen oder Wertaufholungen vor, sind zusätzliche Angaben gem. IAS 36.117 f. erforderlich.

b) Besondere Angaben zu Investment Property

454 In der deutschen Praxis werden investment properties regelmäßig nach dem **cost model** bewertet. In diesem Fall ist eine Integration in den Anlagespiegel unter Verwendung der Bezeichnung Anschaffungs- und Herstellungskosten (s. Rz. 447) problemlos möglich. Auch sind die allgemeinen Angaben nach Rz. 450 ff. erforderlich. Dies entbindet jedoch nicht davon, die **beizulegenden Zeitwerte** zu ermitteln und im Anhang anzugeben. Sollte in Ausnahmefällen der beizulegende Zeitwert nicht ermittelbar sein, ist dies zu begründen und die entsprechenden investment properties zu beschreiben. Außerdem ist, soweit möglich, die Bandbreite anzugeben, in der der beizulegende Zeitwert höchstwahrscheinlich liegt.

Unabhängig von der Verwendung des cost- oder fair value-Modells sind Angaben gem. IAS 40.66 erforderlich, auf die hier verwiesen wird.

c) Besondere Angaben zum Finanzierungs-Leasing beim Leasingnehmer

Vermögenswerte aus als Finanzierungs-Leasing klassifizierten Verträgen 455
sind dem Leasingnehmer zuzurechnen und teilen in den Angabepflichten das Schicksal „originär" erfasster Vermögenswerte. Darüber hinaus sind nach IAS 17.23 zusätzliche Angaben erforderlich, von denen die zeitliche Aufteilung der Summe der passivierten Mindestleasingzahlungen gem. IAS 17.23b hier besonders hervorgehoben werden soll. Die Aufteilung kann in einen Verbindlichkeitenspiegel integriert werden.

d) Exkurs: Angaben zum Operating-Leasing beim Leasingnehmer

Bei Operating-Leasingverhältnissen werden die geleasten Vermögenswerte 456
nicht in die Bilanz des Leasingnehmers aufgenommen. Bei den künftigen Mindestleasingzahlungen auf Grund von unkündbaren Leasingverhältnissen handelt es sich daher um nicht zu passivierende Eventualverbindlichkeiten. Die erwarteten Auszahlungen sind gem. IAS 17.27a nach Fälligkeit anzugeben. Darüber hinaus sind die sonstigen Angabepflichten nach IAS 17.27 zu beachten.

Einstweilen frei. 457–459

V. Vorräte und Fertigungsaufträge

1. Überblick und Wegweiser

Geht man vom Gliederungsschema des § 266 Abs. 2 Pos. B I HGB aus, so 460
können für den Ansatz der Vorräte gleich vier Standards in Betracht kommen: IAS 2 (Vorräte), IAS 11 (Fertigungsaufträge), IAS 18 (Erträge) sowie die – hier nicht behandelten – branchenspezifischen Regelungen zur Landwirtschaft in IAS 41.[130]

Die Zuordnung der Sachverhalte zu einem der Standards hat materielle Bedeutung: Handelt es sich um **Fertigungs-** bzw. **Dienstleistungsaufträge**, so ist, *wenn bestimmte Bedingungen erfüllt sind*, die **Gewinnrealisation nach der Percentage of Completion-Methode** vorgesehen. Sollten die Bedingungen jedoch nicht erfüllt sein, erfolgt der Ansatz unfertiger Erzeugnisse bzw. unfertiger Leistungen aus Fertigungs- und Dienstleistungsaufträgen – wie auch nach HGB – zu Herstellungskosten unter Beachtung des Niederstwertprinzips.

Die **übrigen Vorräte** sind nach IAS 2 von vornherein zu **Anschaffungs- oder Herstellungskosten** unter Beachtung des **Niederstwertprinzips** anzusetzen.

Unterschiede zum HGB bestehen im Umfang und den Ermittlungsmethoden der Anschaffungs- und Herstellungskosten sowie im Verfahren zur Bestim-

130 IAS 41 ist anzuwenden bei *landwirtschaftlicher Tätigkeit* und sieht für biologische Vermögenswerte (Tiere und Pflanzen) sowie deren unmittelbare Frucht die erfolgswirksame Bewertung zum fair value vor. Der Standard ist erstmals anzuwenden für das Geschäftsjahr, das am oder nach dem 1. Januar 2003 beginnt.

mung des (niedrigeren) Vergleichswertes. Die Zuordnung der Vorräte nach HGB auf die entsprechenden IAS-Standards lässt sich aus *Abb. 26: Anzuwendende Standards bei Vorräten und Fertigungsaufträgen* unmittelbar ablesen.

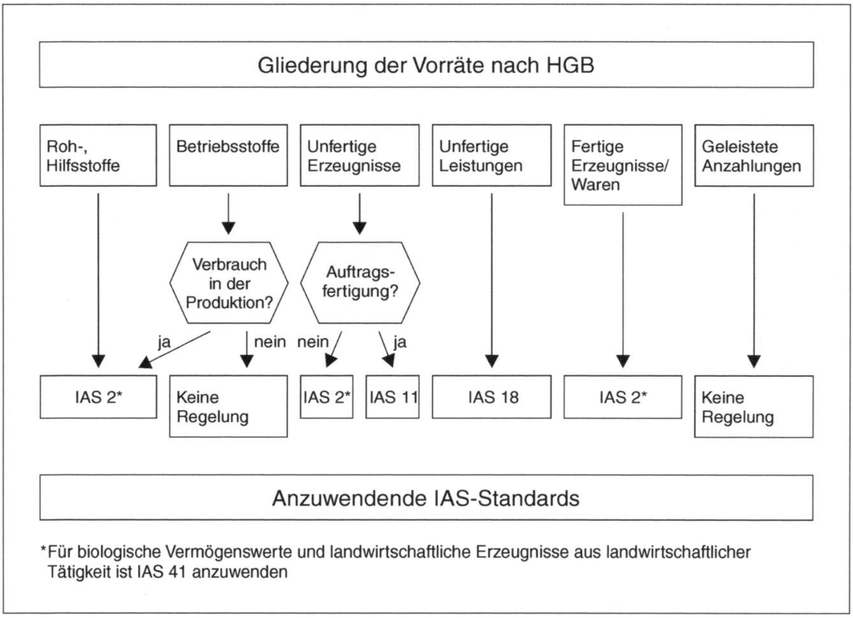

Abb. 26: Anzuwendende Standards bei Vorräten und Fertigungsaufträgen

Im Rahmen des improvement-projektes wird IAS 2 neu gefasst. Auf vorgesehene Änderungen haben wir mit der Zitierweise ED IAS 2 hingewiesen.

2. Abgrenzung von Vorräten und Fertigungsaufträgen

461 Entscheidend für die Zuordnung **unfertiger Erzeugnisse** ist, ob es sich um einen **Fertigungsauftrag** („construction contract") handelt (s. *Abb. 26: Anzuwendende Standards bei Vorräten und Fertigungsaufträgen)*. Ein Fertigungsauftrag ist gem. IAS 11.3 ein Vertrag über die **kundenspezifische Fertigung** einzelner oder einer Anzahl von Gegenständen, die hinsichtlich

- Design, Technologie und Funktion oder
- ihrer Verwendung

aufeinander abgestimmt oder voneinander abhängig sind. Beispiele solcher Fertigungsaufträge sind der Bau einer Brücke, einer Straße oder eines Gebäudes, aber auch der Bau von Raffinerien oder anderer komplexer Anlagen oder Ausrüstungen (IAS 11.4). Es handelt sich insoweit um typische kundenspezifische **Einzelfertigung**. Umgekehrt sind unfertige Erzeugnisse,

- die für den anonymen Markt bestimmt sind oder
- die durch standardisierte Fertigung entstehen, und zwar selbst dann, wenn kundenspezifische Vorgaben beachtet werden[131] (z. B. Herstellung von Kfz nach Kundenwünschen; KfZ-Zulieferer, die für bestimmte Modelle Teile in Serie fertigen),

nicht nach IAS 11, sondern nach IAS 2 zu bilanzieren.

Die **Dauer** der Abwicklung des Fertigungsauftrages ist kein Abgrenzungskriterium;[132] es ist irrelevant, ob beispielsweise vier Monate oder vier Jahre veranschlagt werden. Ein Bilanzierungsproblem entsteht jedoch nur dann, wenn der Fertigungszeitraum über einen Bilanzstichtag (das kann auch der Stichtag eines Zwischenabschlusses sein) hinweg reicht, denn in diesem Fall ist die (vorgezogene) Ertragsrealisation nach dem Fertigstellungsgrad vorgesehen. Die Anwendung der (vergleichsweise komplizierten) percentage of completion-Methode ist von der Erfüllung bestimmter Voraussetzungen abhängig, die das Unternehmen im Wesentlichen selbst steuern kann. Bei Nichterfüllung der Voraussetzungen bleibt es bei einem Ansatz des Vermögenswertes zu Herstellungskosten. In der praktischen Anwendung ist IAS 11 daher als „Begünstigungsstandard" zu verstehen, dem gerade im Bereich **langfristiger Auftragsfertigung** besondere Bedeutung zukommt.

Nach IAS 11.5 a werden Dienstleistungen im Zusammenhang mit Ferti- 462
gungsaufträgen den Fertigungsaufträgen zugerechnet. Die Klarstellung ist von geringer praktischer Relevanz, da auch **unfertige Leistungen** aus **Dienstleistungsaufträgen** gem. IAS 18 nach der percentage of completion-Methode zu bewerten sind, wobei die Grundsätze von IAS 11 anzuwenden sind (s. Rz. 178).

Von Bedeutung ist demgegenüber die Verbindung und Abgrenzung von Dienstleistungen und normalem Güterverkauf; s. hierzu bereits Rz. 179.

Roh- und Hilfsstoffe nach HGB sind Vorräte nach IAS 2. Bei **Betriebsstoffen** 463
ist zu unterscheiden (s. *Abb. 26: Anzuwendende Standards bei Vorräten und Fertigungsaufträgen)*: Betriebsstoffe sind nach IAS 2.4 c nur solche, die bei der Fertigung verbraucht werden, während sie nach HGB auch den übrigen betrieblichen Bereichen (z. B. Werbung, Kantine) dienen können. Wegen des Wesentlichkeitsgrundsatzes kann auf eine Umgliederung verzichtet werden.[133]

Geleistete Anzahlungen auf Vorräte werden nach IAS nach den allgemeinen 464
Ansatzkriterien beurteilt (s. Rz. 156, 162). Insbesondere handelt es sich bei

131 Vgl. *PriceWaterhouseCoopers*, Understanding IAS, 2. Aufl. 1998, S. 11-2 sowie *Seeberg* in Baetge u. a. (Hrsg.), Rechnungslegung nach IAS, 2. Aufl. 2002, IAS 11 Rz. 3.
132 Vgl. IDW RS HFA 2, Rz. 27.
133 Vgl. *Jacobs* in Baetge u. a. (Hrsg.), Rechnungslegung nach IAS, 2. Aufl. 2002, IAS 2 Rz. 6.

geleisteten Anzahlungen nicht um Finanzinstrumente (s. Rz. 512). Zum Ausweis geleisteter Anzahlungen Hinweis auf Rz. 204.

3. Ansatz, Bewertung und Ausweis der Vorräte

465 Der Ansatz der Vorräte richtet sich nach den allgemeinen Ansatzkriterien (Rz. 156, 162). Vorräte sind mit dem niedrigeren Wert aus **Anschaffungs- oder Herstellungskosten** und dem **Nettoveräußerungswert** anzusetzen (IAS 2.6). Damit gilt das **strenge Niederstwertprinzip**. Eine Abschreibung aufgrund *erwarteter* Wertschwankungen gem. § 253 Abs. 3 Satz 3 HGB ist nach IAS nicht zulässig. Auch die Übernahme rein steuerrechtlicher Abschreibungen, wie sie durch § 254 HGB i. V. m. § 279 Abs. 2 HGB noch im HGB-Einzelabschluss[134] ermöglicht wird (derzeit für das Umlaufvermögen irrelevant), kommt nach IAS nicht in Betracht.

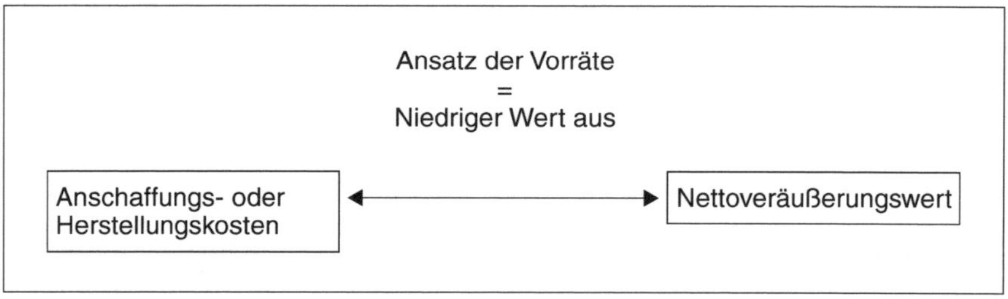

Abb. 27: Ansatz der Vorräte

a) Anschaffungs- und Herstellungskosten

466 Anschaffungs- und Herstellungskosten von Vorräten sind gleich lautend definiert als Kosten des Erwerbs und der Be- und Verarbeitung sowie sonstige Kosten, die angefallen sind, um die Vorräte an ihren derzeitigen Ort und in ihren derzeitigen Zustand zu versetzen (IAS 2. 7).

467 Zu den **Anschaffungskosten** von RHB und Waren gehören demnach der Anschaffungspreis und die Anschaffungsnebenkosten abzgl. der Anschaffungspreisminderungen. Unterschiede zum HGB bestehen insoweit nicht. Zur Aktivierung von Fremdkapitalkosten s. Rz. 471 und zur Aktivierung von Währungsumrechnungsdifferenzen bei Anschaffung in fremder Währung Rz. 254.

468 Bei den **Herstellungskosten** der unfertigen und fertigen Erzeugnisse verfolgen die IAS im Gegensatz zum HGB einen **Vollkostenansatz**; ein pro-forma-

134 Durch Änderung des § 298 Abs. 1 HGB i. d. F. des TransPuG v. 19.7.2002, BGBl I 2002, 2681 gibt es nunmehr auch keine Übernahme rein steuerrechtlicher Werte im **HGB-Konzernabschluss** mehr; s. zum ganzen Komplex *Theile*, GmbHR 2002, 231 (232).

Wahlrecht gibt es nur bei den Fremdkapitalkosten. Die folgende Tabelle verdeutlicht die Unterschiede zu § 255 Abs. 2, 3 HGB und zur Steuerbilanz:

Tab. 13: Herstellungskostenbestandteile nach HGB, Steuerrecht und IAS

Bezeichnung	**§ 255 Abs. 2, 3 HGB**	**§ 6 EStG i. V. m. R 33 EStR**	**IAS 2**
Materialeinzelkosten	Pflicht	Pflicht	Pflicht
Fertigungseinzelkosten	Pflicht	Pflicht	Pflicht
Sondereinzelkosten der Fertigung	Pflicht	Pflicht	Pflicht
Materialgemeinkosten	Wahlrecht	Pflicht	Pflicht
Fertigungsgemeinkosten	Wahlrecht	Pflicht	Pflicht
Abschreibung auf Fertigungsanlagen	Wahlrecht	Pflicht	Pflicht
Kosten der allgemeinen Verwaltung	Wahlrecht	Wahlrecht	Verbot, soweit nicht produktionsbezogen
Aufwendungen für soziale Einrichtungen des Betriebs, für freiwillige soziale Leistungen und für betriebliche Altersversorgung	Wahlrecht	Wahlrecht	Verbot, soweit nicht produktionsbezogen
Vertriebskosten	Verbot	Verbot	Verbot
Zinsen für Fremdkapital	Wahlrecht unter bestimmten Voraussetzungen	Wahlrecht unter bestimmten Voraussetzungen	Wahlrecht unter bestimmten Voraussetzungen

Verwaltungskosten des Fertigungsbereichs zählen nach HGB zu den Fertigungsgemeinkosten; handelsrechtlich besteht ein Einbeziehungswahlrecht, steuerlich Einbeziehungspflicht. Darüber hinaus besteht für die – produktionsfernen – **Kosten der allgemeinen Verwaltung** sowie für **Sozialleistungen** sowohl handels- als auch steuerbilanziell ein Einbeziehungswahlrecht.[135] Dagegen gilt nach IAS 2.13 der Grundsatz, dass **sonstige Kosten**, die *nicht* dazu beitragen, die Vorräte an ihren derzeitigen Ort und in ihren derzeitigen Zustand zu versetzen, nicht einbezogen werden dürfen; sie sind insoweit *nicht produktionsbezogen*. Dies kann beispielsweise die Aufwendungen des Personalbüros, des Rechnungswesens und des Werkschutzes betreffen. Daher übertrifft insoweit die Herstellungskostenobergrenze nach HGB/EStR jene nach IAS 2. 469

135 Vgl. *Ellrott/Schmidt-Wendt* in Beck'scher Bilanz-Kommentar, 4. Aufl. 1999, § 255 HGB Rz. 431.

Unter der Voraussetzung gleichen Gemeinkostenumfangs nach HGB/Steuerrecht und IAS (insbesondere gleiche Nutzungsdauern und Abschreibungen beim Anlagevermögen) kann durch entsprechende Wahlrechtsausübung der steuerbilanzielle Wert in der Regel in Übereinstimmung mit dem IAS-Wert gebracht werden. Diese Übereinstimmung zwischen dem steuerbilanziellen und dem IAS-Wert ist zu empfehlen, um die innerhalb der Vorräte rechentechnisch aufwändige Ermittlung latenter Steuern zu vermeiden.

470 Praktikabel sieht IAS 2.11 für die Zurechnung **fixer Gemeinkosten** als Basis die Normalbeschäftigung vor. Diese ist, sofern die Verhältnisse im Einzelfall dies zulassen,[136] als Durchschnittswert vergangener Perioden zu bestimmen. Bei geringen Abweichungen von der Normalbeschäftigung können auch die Istkosten (Istkapazität oder Istbeschäftigung) angesetzt werden. Wird aber die Normalbeschäftigung (deutlich) unterschritten, kommt eine Kalkulation auf Basis der Istbeschäftigung nicht in Betracht, weil eine Aktivierung der Leerkosten nicht zulässig ist. Umgekehrt muss sich der einer Produktionseinheit zuzurechnende Anteil fixer Gemeinkosten vermindern, wenn die Normalbeschäftigung überschritten wird.

Beispiel:

Die Schramm GmbH stellt Straßenwalzen her. Folgende Daten sind bekannt:

- Normalbeschäftigung der Anlagen: 500 Stück Straßenwalzen pro Periode
- Einzelkosten: 10 000 Euro/Stück
- Material- und Fertigungsgemeinkosten: 9 Mio. Euro/Periode
- Abschreibungen auf Produktionsanlagen: 2,25 Mio. Euro/Periode
- Verwaltungsgemeinkosten betragen 9 Mio. Euro/Periode, davon
  - 20 % auf produktionsnahe Kosten (Einkauf, Wareneingang, Personalbüro),
  - 30 % auf produktionsferne Kosten (Geschäftsführung, Rechnungswesen) und
  - 50 % auf den Vertriebsbereich.
- In der betrachteten Periode werden 450 Straßenwalzen hergestellt.
- Endbestand: 100 Stück.
- Steuersatz (KSt., GewSt., SolZ): 38,65 %.

Beim Vollkostenansatz nach IAS werden die Gemeinkosten grundsätzlich auf Basis der Normalbeschäftigung zugerechnet. Angesichts der geringen Ab-

136 Vgl. *Ellrott/Schmidt-Wendt* in Beck'scher Bilanz-Kommentar, 4. Aufl. 1999, § 255 HGB Rz. 439 sowie *Knop/Küting* in Küting/Weber (Hrsg.), Handbuch der Rechnungslegung, Bd. I a, 4. Aufl. 1995, § 255 HGB Rz. 329.

weichung könnte im Beispiel auch die Istbeschäftigung verwendet werden. Bei Anwendung der Divisionskalkulation ergeben sich alternativ folgende Wertansätze:

Tab. 14: Kalkulation von Herstellungskosten

		Normal-beschäftigung		Istbeschäftigung	
Kostenart	**Betrag in Euro/ Periode**	**Kalku-lation**	**Euro/ Stück**	**Kalku-lation**	**Euro/ Stück**
Einzelkosten			10 000		10 000
HGB Mindestwert			**10 000**		**10 000**
MGK, FGK	9 000 000	/500	18 000	/450	20 000
Abschreibungen	2 250 000	/500	4 500	/450	5 000
ertragsteuerlicher Mindestwert			**32 500**		**35 000**
VerwGK, 20 % von 9 Mio.	1 800 000	/500	3 600	/450	4 000
IAS-Ansatz			**36 100**		**39 000**
VerwGK, 30 % von 9 Mio.	2 700 000	/500	5 400	/450	6 000
HGB und ertragsteuer-licher Höchstwert			**41 500**		**45 000**

Im Interesse einer steueroptimalen Gestaltung läge sicherlich der Wertansatz von 32 500 Euro/Stück, wohingegen im IAS-(Konzern-)Abschluss häufig ein hoher Vermögensausweis bevorzugt wird, hier also 39 000 Euro/Stück. Dies allerdings würde – neben dem ohnehin schon erforderlichen erhöhten Erfassungs- und Rechenaufwand – zu passiven latenten Steuern von (39 000 – 32 500) × 0,3865 = 2 512,25 Euro/Stück des Endbestandes führen, deren Entwicklung in den Folgeperioden weiter verfolgt werden müsste. Ein Kompromiss wäre insoweit ein einheitlicher Wertansatz von 36 100 Euro/Stück. Darüber hinaus bestehen in der Praxis bei der Unterscheidung zwischen produktionsnahen und produktionsfernen Verwaltungsgemeinkosten erhebliche Spielräume, was auch für die Wahl der Schlüsselungsgrößen gilt. Insoweit dürfte ein Gleichklang zwischen Steuer- und IAS-Bilanz *unter der Voraussetzung gleicher Gemeinkosten* regelmäßig möglich sein und stetig verfolgt werden können.

Wären in der betrachteten Periode 550 Stück Straßenwalzen gefertigt worden, so hätte die Kalkulation zwingend auf Basis der Istbeschäftigung vorgenommen werden müssen, um den Ansatz überhöhter Fixkosten pro Stück zu unterbinden. Insoweit entspricht diese IAS-Regelung dem handelsrechtlichen Verständnis über das Realisationsprinzip.[137]

---

137 Vgl. *Jacobs* in Baetge u. a. (Hrsg.), Rechnungslegung nach IAS, 2. Aufl. 2002, IAS 2 Rz. 38.

Die Istkosten dürften bei deutlichem Unterschreiten der Normalbeschäftigung nicht mehr angesetzt werden. Hier führt die im Beispiel angewendete Divisionskalkulation auf Basis der Normalbeschäftigung automatisch zum notwendigen **Ausschluss der Leerkosten** in den Beständen.

471 **Fremdkapitalkosten** sind nach IAS grundsätzlich in der Periode ihres Entstehens als Aufwand zu verrechnen (IAS 23.7). Es darf jedoch auch das alternative Verfahren angewendet werden. Dann müssen Fremdkapitalkosten, die direkt dem Erwerb, dem Bau oder der Herstellung eines **qualifizierten Vermögenswertes** zugeordnet werden können, als Teil der Anschaffungs- oder Herstellungskosten dieses Vermögenswertes aktiviert werden (IAS 23.11). Als qualifiziert ist ein Vermögenswert zu bezeichnen, wenn für ihn ein beträchtlicher Zeitraum erforderlich ist, um ihn in seinen beabsichtigten gebrauchs- oder verkaufsfähigen Zustand zu versetzen (IAS 23.4). Damit wird mit Ausnahme langfristiger Fertigung die Aktivierung von Fremdkapitalkosten beim Vorratsvermögen von vornherein ausscheiden und nur beim Anlagevermögen überhaupt in Betracht kommen. Wird von dem Wahlrecht Gebrauch gemacht, hat dies für alle qualifizierten Vermögensgegenstände des Unternehmens zu geschehen (SIC-2.3). Im Unterschied zu § 255 Abs. 3 HGB gehören zu den Fremdkapitalkosten gem. IAS 23.5 auch die Nebenkosten der Fremdkapitalbeschaffung, und zwischen Herstellung und Anschaffung wird nicht unterschieden (IAS 23.12).

472 Bei der Bewertung der Vorräte gilt grundsätzlich der **Einzelbewertungsgrundsatz** (IAS 2.19). Die Anwendung der **Vereinfachungsverfahren** ist im Gegensatz zu §§ 240 Abs. 3 und 4, 256 HGB auf die gewogene Durchschnittsmethode, die FIFO- und, als allowed alternative treatment, die LIFO-Methode[138] beschränkt (IAS 2.21 und 2.23).[139] Dabei ist für alle Vorräte, die von **ähnlicher Beschaffenheit und Verwendung** für das Unternehmen (bei einem Konzernabschluss: für den Konzern) sind, das gleiche Verfahren anzuwenden. Ein Unterschied im geographischen Standort von Vorräten rechtfertigt allein nicht die Anwendung unterschiedlicher Verfahren (SIC-1.3). Man wird ferner annehmen müssen, dass eine Verbrauchsfolgefiktion, die den tatsächlichen Verhältnissen völlig widerspricht und aus der Natur der Sache heraus niemals zutreffen kann, wegen der Generalnorm der Vermittlung ei-

138 Hinsichtlich der Zulässigkeit des vor allem in den USA gebräuchlichen Dollar-Value LIFO auch nach IAS bestehen unterschiedliche Auffassungen. Zur Darstellung der verschiedenen Verfahren vgl. vor allem *Kieso/Weygandt/Warfield*, Intermediate Accounting, 10. Aufl. 2001, S. 412–416; die Zulässigkeit bejahend *Epstein/Mirza*, IAS 2001, S. 227; ablehnend *Jacobs* in Baetge u. a. (Hrsg.), Rechnungslegung nach IAS, 2. Aufl. 2002, IAS 2 Rz. 51.

139 Die LIFO-Methode soll durch ED IAS 2 abgeschafft werden. Das DRSC begrüßt in seiner Stellungnahme vom 18. September 2002 zum improvement project die geplante Abschaffung der LIFO-Methode.

nes den tatsächlichen Verhältnissen entsprechenden Bildes (IAS 1.10) auch nicht gewählt werden kann. Dies entspricht handelsrechtlichem Verständnis.[140]

Der **Festwertansatz** nach § 240 Abs. 3 HGB wird in IAS 2 nicht erwähnt. Da er nach HGB nur dann in Betracht kommt, wenn der Gesamtwert für das Unternehmen von nachrangiger Bedeutung ist und im Übrigen der Festwert definitionsgemäß den tatsächlichen Wertansatz widerspiegeln soll, wird er aufgrund des materiality-Grundsatzes auch in Abschlüssen nach IAS als zulässig angesehen.[141] 473

Bedeutend im Hinblick auf die Erstellung des Konzernabschlusses dürfte sein, dass die **KIFO-Methode** (Konzern In – First Out) nach IAS unzulässig ist. Werden im Konzern Vorräte sowohl von einbezogenen als auch von nicht in den Konzernabschluss einbezogenen Gesellschaften geliefert, entfällt unter Anwendung der KIFO-Methode technisch die Zwischengewinneliminierung im Bestand, solange der Verbrauch des Geschäftsjahres größer oder gleich den Zugängen aus dem Konsolidierungskreis ist.[142] Diese Vereinfachung ist bei Anwendung von IAS nicht möglich. 474

Die Kalkulation von **Kuppelprodukten** ist nach der Marktwert- und der Restwertmethode zulässig (IAS 2.12) und unterscheidet sich insoweit nicht von den nach handelsrechtlichen Grundsätzen zulässigen Verfahren.[143] 475

b) Nettoveräußerungswert

Das **strenge Niederstwertprinzip** nach IAS beruht auf der Überlegung, Vorräte nicht oberhalb eines Wertes anzusetzen, der voraussichtlich nicht mehr erzielt werden kann. Daher sind die Anschaffungs- und Herstellungskosten mit dem ausschließlich **absatzmarktorientiert** ermittelten Nettoveräußerungswert zu vergleichen. Der niedrigere der beiden Werte ist anzusetzen. 476

Der **Nettoveräußerungswert** ist der geschätzte, im normalen Geschäftsgang erzielbare Verkaufserlös (damit inklusive ggf. einer Gewinnmarge) abzgl. der geschätzten Kosten bis zur Fertigstellung (das sind die nach IAS aktivie- 477

140 Vgl. nur *Adler/Düring/Schmaltz*, Rechnungslegung und Prüfung der Unternehmen, 6. Aufl. 1995, § 256 HGB Rz. 18.

141 Vgl. *Jacobs* in Baetge u. a. (Hrsg.), Rechnungslegung nach IAS, 2. Aufl. 2002, IAS 2 Rz. 47.

142 Vgl. *Busse von Colbe/Ordelheide*, Konzernabschlüsse, 6. Aufl. 1993, S. 366. Im HGB-Konzerngeschäftsbericht 2000 der Deutsche Steinzeug AG, S. 78, heißt es: „Soweit zum Bilanzstichtag Bestände aus konzerninternen Lieferungen vorhanden sind, sind die Zwischengewinne eliminiert. Dabei kommt das KIFO-Verfahren ... zur Anwendung."

143 Vgl. *Jacobs* in Baetge u. a. (Hrsg.), Rechnungslegung nach IAS, 2. Aufl. 2002, IAS 2 Rz. 40 m. w. N.

rungspflichtigen Herstellungskosten) und der geschätzten notwendigen Vertriebskosten (IAS 2.4). Für die Wertfindung der Nettoveräußerungswerte des gesamten Vorratsvermögens ist damit grundsätzlich der Absatzmarkt heranzuziehen (**retrograde Ermittlung**). Deutet jedoch ein Preisrückgang bei den Roh-, Hilfs- und Betriebsstoffen (Materialien) darauf hin, dass auch die mit diesen Stoffen zu fertigenden Erzeugnisse nicht mehr mindestens zu ihren Herstellungskosten abgesetzt werden können, dann – und nur dann – hat auch bei diesen Stoffen eine Abwertung unter ihre Anschaffungs- oder Herstellungskosten zu erfolgen. Als beste Schätzung für den Nettoveräußerungswert der Roh-, Hilfs- und Betriebsstoffe gelten dann ihre Wiederbeschaffungskosten (IAS 2.29). **Wertaufhellende Tatsachen** nach dem Bilanzstichtag sind zu berücksichtigen (IAS 2.27).

Beispiel:

Neben den 100 fertigen Straßenwalzen hat die Schramm GmbH am Geschäftsjahresende noch 60 Motoren mit Anschaffungskosten von jeweils 4 000 Euro auf Lager, die für die Produktion im nächsten Geschäftsjahr bestimmt sind. Am Abschlussstichtag betragen die Wiederbeschaffungskosten der Motoren 3 000 Euro/Stück.

Nach HGB erzwingt der gesunkene Wiederbeschaffungspreis der Motoren eine Abschreibung auf 3 000 Euro. Nach IAS ist die Preisentwicklung bei den Rohstoffen/bezogenen Teilen irrelevant, solange die mit diesen Teilen zu fertigenden Straßenwalzen oberhalb der Herstellungskosten verkauft werden können. Damit wird zur Bewertung der Motoren am Abschlussstichtag eine Schätzung der *künftigen Herstellungskosten* notwendig. In der Praxis wird man sich dabei an der bisherigen Entwicklung orientieren können. Beträgt der geschätzte Netto-Verkaufserlös einer Straßenwalze zum Bilanzstichtag 50 000 Euro/Stück und die noch anfallenden Vertriebskosten 5 400 Euro/Stück, dann beliefe sich der Nettoveräußerungswert der auf Lager befindlichen Straßenwalzen auf 44 600 Euro/Stück. Da dieser Wert über den Herstellungskosten von 36 100 Euro/Stück liegt, besteht – im Unterschied zum HGB – nach IAS für eine Abschreibung der Motoren kein Raum. Sind die Motoren in der Steuerbilanz zu 3 000 Euro/Stück angesetzt worden, kommt es insoweit zum Ansatz passiver latenter Steuern.

Eine andere Beurteilung ergibt sich bei gesunkenen Absatzpreisen für die Straßenwalzen am Bilanz*stichtag*. Aber auch ein Preisverfall bis zum Bilanz*aufstellungstag* müsste (für die dann noch im Bestand befindlichen Einheiten) berücksichtigt werden, sofern er auf Ereignisse in der **Berichtsperiode** beruht (wertaufhellende Tatsache). Dies wäre etwa gegeben, wenn sich z. B. ein Preisverfall auf 40 000 Euro/Stück bis zum Bilanzaufstellungstag auf die Insolvenz eines großen Baukonzerns im Berichtsjahr zurückführen ließe. Die Straßenwalzen wären dann mit dem Nettoveräußerungswert anzusetzen und um 1 500 Euro auf 34 600 Euro abzuschreiben. Aber auch die Motoren müssten retrograd niedriger bewertet werden – und zwar *unabhängig von der Entwicklung ihrer Wiederbeschaffungspreise*. IAS 2 gibt hier allerdings keine Hinweise auf das anzuwendende Kalkulationsverfahren.

Erhärtet jedoch der im Beispiel feststellbare Rückgang der Wiederbeschaffungspreise bei den Motoren die Prognose, dass auch die Absatzpreise der Straßenwalzen unter die Herstellungskosten sinken, so könnten die Motoren mit 3 000 Euro/Stück angesetzt werden, falls eine bessere Schätzung nicht möglich ist.

Das Beispiel zeigt die konsequente Ausrichtung des Niederstwertprinzips auf den **Absatzmarkt**. Damit wird die nach h. M. gemäß HGB geforderte Orientierung am doppelten Niederstwertprinzip[144] bei Überbeständen an fertigen und unfertigen Erzeugnissen sowie bei Handelswaren vermieden und hierdurch wie auch durch die Absatz- statt Beschaffungsmarktorientierung bei den Roh-, Hilfs- und Betriebsstoffen das Legen stiller Reserven verhindert. Auf der anderen Seite kann gerade die Bewertung der Roh-, Hilfs- und Betriebsstoffe (Teile und Materialien) mit beträchtlichen Schätzproblemen verbunden sein. 478

Sind die Umstände, die zu einer Abwertung der Vorräte geführt haben, weggefallen, besteht **Zuschreibungspflicht** bis zum niedrigeren Wert aus einem Vergleich der ursprünglichen Anschaffungs- und Herstellungskosten und dem neuen Nettoveräußerungswert (IAS 2.30). Dies entspricht auch dem Handelsrecht, weil seit der Änderung des § 6 Abs. 1 Nr. 2 EStG durch das Steuerentlastungsgesetz 1999/2000/2002[145] das Wertaufholungswahlrecht des § 280 Abs. 2 HGB ins Leere läuft und insoweit nur noch das Zuschreibungsgebot des § 280 Abs. 1 HGB greift. Allerdings sind die Zuschreibungen gem. IAS 2.31 nicht als Ertrag, sondern als Verminderung des Materialaufwands bzw. innerhalb der Bestandsveränderungen oder als Minderung der Umsatzkosten zu erfassen (s. Rz. 149). 479

c) Ausweis und Erläuterungen von Vorräten

Der bilanzielle Ausweis der Vorräte kann entsprechend § 266 Abs. 2 B. I. HGB erfolgen. Im Anhang sind die **Bilanzierungs- und Bewertungsmethoden** einschließlich der **Zuordnungsverfahren** (Einzel- oder Durchschnittsbewertung bzw. Verbrauchsfolgefiktionen) anzugeben, ferner der Buchwert der zum Nettoveräußerungswert angesetzten Vorräte,[146] der Betrag der Zuschrei- 480

144 Vgl. *Heuser/Theile* in GmbH-Handbuch, Rz. II 717 ff.

145 Vom 24.3.1999, BGBl. I 1999, 402.

146 Die Angabe des Buchwertes der zum Nettoveräußerungswert angesetzten Vorräte soll gestrichen und gem. ED IAS 2.34 c durch die Angabe des Betrages einer Niederstwertabschreibung ersetzt werden.

bung einschließlich ihrer Gründe sowie die Buchwerte jener Vorräte, die als Sicherheit für Verbindlichkeiten verpfändet worden sind (IAS 2.34). Bei der Anwendung des **LIFO-Verfahrens** ist die Differenz zwischen dem Wertansatz in der Bilanz und

- dem niedrigeren Betrag, der sich aus der Anwendung der FIFO- oder Durchschnittsmethode und dem Nettoveräußerungswert ergibt oder wahlweise
- dem niedrigeren Betrag aus den Wiederbeschaffungskosten und dem Nettoveräußerungswert anzugeben (IAS 2.36).

Auf diese Weise sollen **stille Reserven**, die bei Anwendung der LIFO-Methode entstehen, offen gelegt werden. Wegen der vorgesehenen Abschaffung der LIFO-Methode sollen die entsprechenden Angabepflichten aufgehoben werden.

Beispiel MAN AG, IAS-Konzern-Geschäftsbericht 2001, S. 86:

„Die Vorräte werden zu Anschaffungs- bzw. Herstellungskosten oder zu niedrigeren realisierbaren Tageswerten bewertet. Bestandteile der Herstellungskosten sind neben den Einzelkosten auch angemessene Teile der notwendigen Material- und Fertigungsgemeinkosten sowie die fertigungsbedingten Abschreibungen. Die Gemeinkostenanteile sind überwiegend auf Basis der Normalbeschäftigung, ansonsten auf Basis der Istbeschäftigung ermittelt. Vertriebskosten, Kosten der allgemeinen Verwaltung sowie Fremdkapitalkosten werden nicht aktiviert. Rohstoffe und Handelswaren werden grundsätzlich zu durchschnittlichen Anschaffungskosten bewertet. Für Bestandsrisiken, die sich aus erhöhter Lagerdauer oder geminderter Verwertbarkeit ergeben, sowie zur verlustfreien Bewertung von schwebenden Geschäften werden ausreichende Wertberichtigungen auf Vorräte vorgenommen."

481–484 Einstweilen frei.

4. Ansatz, Bewertung und Ausweis von Fertigungsaufträgen

a) Verfahren der Gewinnrealisierung

485 Gegenstand von IAS 11 ist die Regelung der Gewinnrealisierung bei periodenübergreifenden Fertigungsaufträgen (IAS 11, Zielsetzung). Zu den Merkmalen von Fertigungsaufträgen Hinweis auf Rz. 461. Ein Bilanzierungsproblem besteht nicht, wenn ein Fertigungsauftrag in derselben Berichtsperiode begonnen *und* abgerechnet wird.

486 Ist das Ergebnis eines Fertigungsauftrages verlässlich zu schätzen, so *sind* Auftragserlöse und Auftragskosten entsprechend dem Leistungsfortschritt

am Bilanzstichtag als Erträge bzw. Aufwendungen zu erfassen (IAS 11.22). Der Periodenerfolg ermittelt sich nach der **„percentage of completion"-Methode** wie folgt:

Grundschema der percentage of completion-Methode

erwartete Auftragserlöse × Leistungsfortschritt der Periode =	Periodenerlös
erwartete Auftragskosten × Leistungsfortschritt der Periode =	./. Periodenaufwand
	Periodenerfolg

Die Anwendung der percentage of completion-Methode führt zur **Teilgewinnrealisierung** bei periodenübergreifender, d. h. **langfristiger Fertigung**. Die Zulässigkeit des Verfahrens nach HGB ist umstritten und wird mehrheitlich abgelehnt.[147] Um gleichwohl in der Praxis eine Teilgewinnrealisierung im HGB-Abschluss zu ermöglichen, werden gelegentlich Fertigungsaufträge so zerlegt, dass **einzeln realisierbare und endgültige Teilabrechnungen** gestellt werden, nach denen die Vermögensgegenstände rechtlich und wirtschaftlich zum Vertragspartner übergehen.

Kann das Ergebnis eines Fertigungsauftrages *nicht* verlässlich geschätzt werden, ist für die Teilgewinnrealisierung kein Raum. Stattdessen ist der Ertrag nur in Höhe der angefallenen Auftragskosten zu erfassen, die wahrscheinlich einbringlich sind, wobei die Auftragskosten in der Periode, in der sie anfallen, als Aufwand zu erfassen sind (IAS 11.32). Der zu buchende Ertrag wird in Höhe der angefallenen Auftragskosten als **Umsatzerlös** ausgewiesen. Diese Vorgehensweise ähnelt der Completed-Contract-Methode[148] in der Frage der Höhe des auszuweisenden Ergebnisses, nicht jedoch beim Ausweis in der GuV: Der Unterschied zwischen beiden Methoden besteht darin, dass nach IAS 11 Umsatzerlöse bereits während der Auftragsabwicklung ausgewiesen werden (in Höhe der gedeckten Auftragskosten), während bei der Completed-Contract-Methode dies erst nach Fertigstellung und Abnahme der Leistung zulässig ist. 487

Sollte insoweit die Anwendung der percentage of completion-Methode mit (Teil-)Gewinnrealisierung nicht in Betracht kommen, ergibt sich bei der Bilanzierung von Fertigungsaufträgen nach IAS 11 und der Bilanzierung unfertiger Erzeugnisse nach IAS 2 nur ein **Ausweisunterschied** in Bilanz und GuV, solange Herstellungskosten nach IAS 2 und als Aufwand erfasste Auftragskosten nach IAS 11 der Höhe nach gleich sind. Sobald im Verlauf des Fertigungsprozesses das Ergebnis des Fertigungsauftrages verlässlich geschätzt werden kann, *ist* auf die Teilgewinnrealisierung überzugehen (IAS 11.35).

Daher ist unabhängig davon, ob das Auftragsergebnis verlässlich geschätzt werden kann, der Ertrag jeweils als **Umsatzerlös** zu buchen. Bei der entspre- 488

147 Zu den unterschiedlichen Auffassungen vgl. *Ellrott/Schmidt-Wendt* in Beck'scher Bilanz-Kommentar, 4. Aufl. 1999, § 255 HGB Rz. 457 ff.

148 Vgl. *Pellens*, Internationale Rechnungslegung, 4. Aufl. 2001, S. 474.

chenden Vermögensposition handelt es sich *nicht* um unfertige Erzeugnisse, sondern um Forderungen. Das IDW schlägt mangels einer konkreten IAS-Vorgabe die Bezeichnung „künftige Forderungen aus Fertigungsaufträgen" vor.[149]

489 Ist es wahrscheinlich, dass ein Fertigungsauftrag zu einem Verlust führt, ist dieser sofort als Aufwand zu erfassen (IAS 11.36).

490 Die Position „**künftige Forderungen aus Fertigungsaufträgen**" wird unter den Forderungen aus Lieferungen und Leistungen ausgewiesen. Dieser Posten besteht aus folgenden Elementen:

(1) angefallene Auftragskosten

(2) zzgl. realisierter Teilgewinn oder

(3) abzgl. antizipierter Gesamtverlust.

Der Saldo aus den Veränderungen der Posten (1), (2) und (3) ergibt den Umsatzerlös der Berichtsperiode. Die Höhe zu (1) und (2) bemisst sich nach dem gewählten Verfahren zur Bestimmung des Leistungsfortschritts, s. Rz. 498.

Vom Saldo aus den Posten (1) bis (3) werden i. d. R. die vom Auftraggeber erhaltenen Anzahlungen abgesetzt.[150] Ergibt sich dann ein positiver Saldo, so wird er als „künftige Forderungen aus Fertigungsaufträgen" unter den Forderungen aus Lieferungen und Leistungen ausgewiesen. Errechnet sich ein negativer Saldo, wird eine „Verpflichtung aus Fertigungsaufträgen" unter Verbindlichkeiten aus Lieferungen und Leistungen in der Bilanz gezeigt.

Soweit Teillieferungen vor Fertigstellung des Auftrages mit den Kunden *abgerechnet* werden, *sind* diese Beträge von dem Saldo aus den Posten (1), (2) und (3) in Abzug zu bringen (IAS 11.43 und 11.44). Diese Abrechnungsbeträge sind dann unter den „üblichen" Forderungen aus Lieferungen und Leistungen auszuweisen.[151]

---

149 Vgl. IDW RS HFA 2, Rz. 38. *Wagenhofer*, International Accounting Standards, 3. Aufl. 2001, S. 224, hält unter Hinweis auf IAS 11.27 auch einen Ausweis unter Vorräte für möglich. IAS 11.27 behandelt jedoch die Bilanzierung unfertiger Leistungen, die erst *zukünftig* in den Fertigungsauftrag eingehen.

150 Die Saldierung ist nicht verpflichtend, vgl. *Seeberg* in Baetge u. a. (Hrsg.), Rechnungslegung nach IAS, 2. Aufl. 2002, IAS 11 Rz. 46.

151 Vgl. auch *Seeberg* in Baetge u. a. (Hrsg.), Rechnungslegung nach IAS, 2. Aufl. 2002, IAS 11 Rz. 46.

Die nachfolgende Tabelle verdeutlicht die Zusammenhänge: 491

Tab. 15: Ausweis von Fertigungsaufträgen in Bilanz und GuV

	Aufträge		
	A	B	C
• angefallene Auftragskosten (kumuliert)	1 000	1 000	600
+ (realisierter) Teilgewinn (kumuliert)	200		40
./. antizipierter Gesamtverlust	–	300	–
Umsatzerlöse (kumuliert)	**1 200**	**700**	**640**
• abzgl. erhaltene Anzahlungen (kumuliert)	./. 400	–	./. 940
künftige Forderungen aus Fertigungsaufträgen	800	700	
Verpflichtungen aus Fertigungsaufträgen			300

Bei den Aufträgen A und B errechnet sich ein positiver Saldo, so dass ein Ausweis unter den Forderungen aus Lieferungen und Leistungen erfolgt. Die Verpflichtung aus dem Fertigungsauftrag C darf nicht mit dem Betrag der künftigen Forderungen aus Fertigungsaufträgen saldiert werden, sondern ist gesondert als Verpflichtung unter den Verbindlichkeiten aus Lieferungen und Leistungen anzusetzen.[152]

Beim Auftrag B wird als Umsatzerlös in der GuV ein Betrag von 700 ausgewiesen; da die angefallenen Auftragskosten von 1 000 in der GuV verrechnet werden, ergibt sich hierdurch ergebnismäßig die Verlustantizipation von 300. Eine Rückstellung für Drohverluste ist damit entbehrlich, da dieser Verlust im Ergebnis mit den künftigen Forderungen aus den Fertigungsaufträgen verrechnet wird (IAS 11.43 f.).[153]

b) Anwendung der percentage of completion-Methode

In Abhängigkeit vom Vertragstyp enthält IAS 11.23 f. eine Reihe von Kriterien, die erfüllt sein müssen, damit von einer **verlässlichen Schätzung** des Gesamtergebnisses gesprochen werden kann (vgl. Tab. 16: *Bedingungen für die Anwendung der percentage of completion-Methode*) und die percentage of completion-Methode anzuwenden ist. Die Kriterien sind bei den für den Auftragnehmer komfortablen cost-plus-Verträgen weniger streng als für die allerdings häufigeren Festpreisverträge, die auch an eine Preisgleitklausel ge- 492

152 Vgl. *Seeberg* in Baetge u. a. (Hrsg.), Rechnungslegung nach IAS, 2. Aufl. 2002, IAS 11 Rz. 46.

153 Vgl. auch *Seeberg* in Baetge u. a. (Hrsg.), Rechnungslegung nach IAS, 2. Aufl. 2002, IAS 11 Rz. 21; zur möglichen Alternative einer Korrektur der Umsatzkosten zur Verlustberücksichtigung ebenda, Rz. 61.

koppelt sein können. Vermischen sich die beiden Vertragstypen bzw. ist eine eindeutige Einordnung nicht möglich, so sind die Kriterien für den Festpreisvertrag zu erfüllen (IAS 11.6).

Tab. 16: Bedingungen für die Anwendung der percentage of completion-Methode

Nr.	Festpreisvertrag	cost-plus-Vertrag
1	Verlässliche Ermittlung der gesamten Auftragserlöse	
2	Wahrscheinlicher Zufluss wirtschaftlichen Nutzens	
3	Verlässliche Ermittlung der bis zur Fertigstellung noch anfallenden Kosten und des Grades der Fertigstellung am Bilanzstichtag	
4	Eindeutige Zuordnung und verlässliche Ermittlung der Auftragskosten	

Die in der Tabelle genannten Kriterien können nach der widerlegbaren Vermutung des IAS 11.29 dann verlässlich geschätzt werden, wenn

- der abgeschlossene Vertrag jeder Vertragspartei durchsetzbare Rechte und Pflichten einräumt und die Bedingungen der Vertragserfüllung festgelegt sind,
- der Auftragnehmer über eine mitlaufende Auftragskalkulation verfügt[154] und
- regelmäßig die Auftragserlöse und Auftragskosten sowie der Fertigstellungsgrad überprüft und ggf. angepasst werden.[155]

493 Bei einem Festpreisvertrag müssen zur Anwendung der percentage of completion-Methode notwendig die **Auftragserlöse** (der Gesamterlös) bestimmt werden können (Nr. 1 in *Tab. 16: Bedingungen für die Anwendung der percentage of completion-Methode*). Der Gesamterlös (IAS 11.11 ff.) setzt sich zusammen aus:

- vereinbartem Preis,
- zzgl. oder abzgl. **Preisänderungen** wegen nachträglicher Veränderungen der ursprünglich vereinbarten Leistung,
- zzgl. **Nachforderungen** durch höhere Kosten, die der Kunde durch sein Verhalten verursacht hat,
- zzgl. **Prämien** wegen des Erreichens oder Überschreitens bestimmter Leistungsanforderungen,
- abzgl. entsprechender **Vertragsstrafen**.

Die Schätzungen für die Höhe des Gesamterlöses können im Zeitablauf schwanken. Insbesondere Nachforderungen, Prämien und Vertragsstrafen sind erst bei entsprechendem Auftragsfortschritt hinlänglich zuverlässig zu schätzen.

154 Vgl. auch IDW RS HFA 2, Rz. 34.

155 Vgl. *Seeberg* in Baetge u. a. (Hrsg.), Rechnungslegung nach IAS, 2. Aufl. 2002, IAS 11 Rz. 16.

Beim **wahrscheinlichen Nutzenzufluss** (Nr. 2 in *Tab. 16: Bedingungen für die Anwendung der percentage of completion-Methode*) handelt es sich um das allgemeine Ansatzkriterium eines Vermögenswertes (s. Rz. 162). Bezogen auf den Fertigungsauftrag sollte bei beiden Vertragstypen über die Bonität des Auftraggebers nicht zu zweifeln sein. 494

Die Definition der **Auftragskosten** (Gesamtkosten, Nr. 4 in *Tab. 16: Bedingungen für die Anwendung der percentage of completion-Methode*) umfasst nach IAS 11.16 495

- direkte Vertragskosten (Einzelkosten),
- indirekte Vertragskosten (Gemeinkosten) und
- sonstige Kosten, die dem Kunden vertragsgemäß in Rechnung gestellt werden können.

Die Gesamtkosten sind auf Basis des erwarteten zukünftigen Preisniveaus zu schätzen.[156] Im Übrigen entsprechen die Beispiele der Einzel- und Gemeinkosten materiell dem Herstellungskostenumfang gem. IAS 2 (s. Rz. 468 ff.) zzgl. der erwarteten Kosten für Garantien, Nachbesserungen und Nachforderungen Dritter (IAS 11.17). Bei den sonstigen Kosten, die dem Kunden vertragsgemäß gesondert in Rechnung gestellt werden können, kann es sich beispielsweise um Verwaltungs- und F+E-Kosten handeln (IAS 11.19). Da bei langfristiger Auftragsfertigung regelmäßig die Kriterien eines qualifizierten Vermögenswertes erfüllt sind, können **Fremdkapitalkosten** aktiviert werden (vgl. oben Rz. 471). Ein Einbeziehungsverbot besteht für **Vertriebsgemeinkosten** (IAS 11.20b), wohingegen **Vertriebseinzelkosten**, die vor Beginn der Fertigung angefallen sind, zu den Auftragskosten gehören (IAS 11.21). Mögliche Erträge durch Verkauf überschüssigen Materials oder nicht mehr benötigter Anlagen mindern die Auftragskosten (IAS 11.17).

Bei einem Festpreisvertrag muss zu jedem Stichtag der Grad der Fertigstellung bestimmt werden können (Nr. 3 in *Tab. 16: Bedingungen für die Anwendung der percentage of completion-Methode*). Eine bestimmte Methode zur Messung des Grades der Fertigstellung wird nicht vorgeschrieben. Da die Höhe des Gewinnanteils pro Periode vom Verfahren zur Bestimmung des Leistungsfortschritts abhängt, besteht hier beträchtliches **bilanzpolitisches Potential**. 496

Insgesamt besteht in der Frage der Kriterienerfüllung in der Praxis erheblicher **Gestaltungsspielraum**, so dass die Anwendung der percentage of completion-Methode u. U. verhindert werden kann. Ob dies gewünscht wird, sei dahingestellt;[157] im Ergebnis können ohne Anwendung der percentage of completion-Methode Gewinne in spätere Perioden verschoben werden. 497

156 Vgl. *Seeberg* in Baetge u. a. (Hrsg.), Rechnungslegung nach IAS, 2. Aufl. 2002, IAS 11 Rz. 32.

157 Die Befürchtung von *Pellens*, Internationale Rechnungslegung, 4. Aufl. 2001, S. 474, „eine strenge Auslegung dieser Kriterien (könne) dazu führen, dass die als

Beispiel:

Die auf Expansionskurs befindliche Bau AG hat im März 01 den Zuschlag zur Erstellung eines Autobahnabschnitts über 40 km in Ungarn erhalten, einem Markt, in dem sie bislang nicht vertreten ist.

- Das Auftragsvolumen liegt bei 100 Mio. Euro.
- Die Leistung soll in 04 übergeben werden.
- Vereinbart wurden Abschlagszahlungen in 02 und 03 von jeweils 20 Mio. Euro und bei Übergabe die Endabrechnung i. H. v. 60 Mio. Euro.
- Mit der Arbeit ist unmittelbar nach Erteilung des Zuschlags begonnen worden. Bis Ende 01 sind Auftragskosten (Herstellungskosten) i. H. v. 8 Mio. Euro angefallen.

Aufgrund der unsicheren Entwicklung bei den Rohstoffpreisen und den Löhnen in Ungarn hält das Projektcontrolling eine zuverlässige Schätzung der Auftragskosten per Ende 01 nicht für möglich. Andererseits glaubt man nicht daran, dass der Auftrag zu einem Verlust führen wird (IAS 11.33).

In diesem Fall sind gem. IAS 11.32 die 8 Mio. Euro Auftragskosten als Aufwand zu erfassen und Umsatzerlöse in derselben Höhe einzubuchen.

498 Nicht vorgeschrieben ist, nach welchem Verfahren der Grad der Fertigstellung zu ermitteln ist. Abhängig vom jeweiligen Vertrag ist eine Methode zu wählen, die die zuverlässige Ermittlung des Fertigstellungsgrades ermöglicht. Die Methode ist grundsätzlich beizubehalten.[158] International gebräuchlich ist in der Praxis die **cost-to-cost-Methode**, nach der die bis zum Stichtag angefallenen Auftragskosten zu den geschätzten gesamten Auftragskosten ins Verhältnis gesetzt werden.[159] Möglich ist aber auch die ebenfalls input-orientierte **effort-expended-Methode**, bei der der bisherige Verbrauch eines (bedeutenden) Inputfaktors in das Verhältnis zum erwarteten Gesamtverbrauch dieses Faktors gesetzt wird. Zu denken ist hier etwa an die Fertigungszeit in Arbeitsstunden (**labour-hours-Methode**). Schließlich sind auch outputorientierte Verfahren möglich, bei denen auf den Anteil der erreichten physischen Leistung an der geschuldeten Gesamtleistung abgestellt wird[160] (**physical-observation-Methode**).

Ausnahme geplante Vorgehensweise zur Regel wird und die grundsätzlich vorgesehene Percentage-of-Completion-Methode nur noch ausnahmsweise zur Anwendung gelangt", teilen wir nicht.

158 Vgl. IDW RS HFA 2, Rz. 36.

159 Vgl. *Kieso/Weygandt/Warfield*, Intermediate Accounting, 10. Aufl. 2001, S. 1026.

160 Vgl. *Seeberg* in Baetge u. a. (Hrsg.), Rechnungslegung nach IAS, 2. Aufl. 2002, IAS 11 Rz. 38.

Beispiel (Fortsetzung aus Rz. 497):

Die Gesamtkosten werden durch das Projektcontrolling am Ende der Periode 2 auf 90 Mio. Euro geschätzt, so dass der Auftrag zu einem geschätzten Gewinn von 10 Mio. Euro führen wird. In Periode 2 liegen folgende weitere Daten vor:

- Angefallene Auftragskosten: 19 Mio. Euro.
- Kumulierte Auftragskosten (Periode 1 und 2): 27 Mio. Euro = 30 % der geschätzten Gesamtkosten.
- Kumulierte Arbeitsstunden (Periode 1 und 2): 35 % der gesamten Arbeitsstunden, die der Auftrag voraussichtlich verursachen wird.
- Bis zum Geschäftsjahresende sind 6 der 40 km fertig gestellt, also 15 % der Gesamtleistung.
- Der Auftraggeber hat die Abschlagszahlung von 20 Mio. Euro geleistet.

Die Zusammenstellung der Auftragserlöse und Auftragskosten ergibt:

		Periode 01	Periode 02
1	Gesamte Auftragserlöse	100	100
2	Gesamte Auftragskosten	konnte nicht zuverlässig geschätzt werden	90
3	Auftragskosten pro Periode	8	19
4	Auftragskosten kumuliert	8	27

Je nach verwendeter Methode zur Messung des Leistungsfortschritts ergeben sich unterschiedliche Gewinnhöhen in Periode 02:

		Berechnung	kumuliert	Vorjahr	Periode 02
cost-to-cost					
1	Umsatzerlöse	100 × 0,3	30	8	22
2	Herstellungsaufwand	90 × 0,3	27	8	19
3	**Gewinn**				**3**
labour-hours					
4	Umsatzerlöse	100 × 0,35	35	8	27
5	Herstellungsaufwand	90 × 0,35	31,5	8	23,5
6	**Gewinn**				**3,5**

		Berechnung	kumuliert	Vorjahr	Periode 02
physical-observation					
7	Umsatzerlöse	100 × 0,15	15	8	7
8	Herstellungsaufwand	90 × 0,15	13,5	8	5,5
9	**Gewinn**				**1,5**

Das Beispiel zeigt, dass nur bei der cost-to-cost-Methode die Auftragskosten in der Periode ihres Anfalls als Aufwand verrechnet werden. Nach den im Beispiel gewählten Zahlen kommt es dagegen bei der labour-hours-Methode i. H. v. 4,5 Mio. Euro (19–23,5) zu einer passivischen und bei der physical-observation-Methode i. H. v. 13,5 Mio. Euro (19–5,5) zu einer aktivischen Abgrenzung der Aufwendungen. Diese Periodisierung ist bei anderen als der cost-to-cost-Methode notwendig, weil nach dem Wortlaut in IAS 11.22 und IAS 11.25 f. nicht der erwartete Gesamtgewinn, sondern die Höhe der Auftragserlöse und die als Aufwand zu verrechnenden Auftragskosten nach dem Leistungsfortschritt bestimmt werden. Über die Art des Ausweises solcher Abgrenzungsposten enthält IAS 11 keine Hinweise.

Da der Auftraggeber bereits die 20 Mio. Euro Abschlagszahlung geleistet hat, sind bei der cost-to-cost-Methode als „künftige Forderungen aus Fertigungsaufträgen" 10 Mio. Euro (30 Mio. Euro ./. 20 Mio. Euro) und bei der labour-hours-Methode 15 Mio. Euro (35 Mio. Euro ./. 20 Mio. Euro) auszuweisen. Wird die physical-observation-Methode angewendet, werden 5 Mio. Euro (15 Mio. Euro ./. 20 Mio. Euro) z. B. als „Verpflichtungen aus Fertigungsaufträgen" passiviert. Der Betrag der erhaltenen Anzahlung ist im Anhang anzugeben (IAS 11.40 b).

499 Die Bau AG hat ein echtes **Wahlrecht** in der Verwendung einer der drei Methoden zur Ermittlung des Grades der Fertigstellung, da annahmegemäß in allen Fällen die erbrachte Leistung verlässlich ermittelt werden kann und Einschränkungen im Hinblick auf Bilanzierungsgrundsätze (vgl. Rz. 116 ff.) an dieser Stelle nicht operationalisiert werden können. Nicht immer liegen aber die Voraussetzungen der Wahlfreiheit so offensichtlich vor. Insbesondere bei der physical-observation-Methode mag es mitunter schwierig sein, geeignete Kriterien zu bestimmen, so dass die Methode häufig ausscheiden wird. Beim Bau eines Hochhauses könnte noch an Kubikmeter umbauten Raumes gedacht werden, aber beim Brückenbau einen sinnvollen Indikator für die physische Leistung zu finden, könnte bereits scheitern.

Die für einen Fertigungsauftrag einmal gewählte Methode ist stetig beizubehalten. Im Beispiel entscheidet sich die Bau AG für die international gebräuchliche cost-to-cost-Methode.

500 Bei langfristiger Fertigung kommt es während der Bauphase häufig zu **Vertragsänderungen**, die Einfluss haben auf die ursprünglich vereinbarten Er-

löse. Diese sind gem. IAS 11.11 ff. unmittelbar in der Periode zu erfassen. Das Gleiche gilt für Änderungen in den Schätzungen von Auftragskosten.

Beispiel (Fortsetzung aus Rz. 498):

Zu Beginn der Periode 03 wird mit dem ungarischen Auftraggeber eine Vertragsänderung vereinbart, der zufolge mehr Parkplätze gebaut und an einigen Stellen Lärmschutzwände aufgestellt werden müssen. Es ergeben sich folgende Daten:

- Gesamterlöse steigen um 5 Mio. Euro auf 105 Mio. Euro.
- Auftragskosten steigen um 4 Mio. Euro auf 94 Mio. Euro.
- In der Periode 03 sind Auftragskosten von 38,8 Mio. Euro entstanden.
- Der Kunde hat, wie vereinbart, wieder eine Abschlagszahlung von 20 Mio. Euro geleistet.

Die Kalkulation und die Gewinnermittlung nach der cost-to-cost-Methode zeigen nun folgendes Bild:

Tab. 17: Kalkulation nach der cost-to-cost-Methode, Periode 03

		Periode 01	Periode 02	Periode 03
1	Ursprünglich vereinbarte Erlöse	100	100	100
2	Abweichung	–	–	+ 5
3	**Gesamte Auftragserlöse**	**100**	**100**	**105**
4	Ursprünglich geschätzte Auftragskosten	–	90	90
5	Abweichung wegen Vertragsänderung	–	–	4
6	**Gesamte Auftragskosten**		**90**	**94**
7	Auftragskosten pro Periode	8	19	38,8
8	Auftragskosten kumuliert	8	27	65,8
9	Geschätzter Gesamtgewinn (3–6)	–	10	11
10	Fertigstellungsgrad (8:6)	–	30 %	70 %

Tab. 18: Gewinnermittlung in Periode 03

		Berechnung	kumuliert	Periode 01	Periode 02	Periode 03
cost-to-cost						
1	Umsatzerlöse	105 × 0,7	73,5	8	22	43,5
2	Herstellungsaufwand	94 × 0,7	65,8	8	19	38,8
3	**Gewinn**		**7,7**		**3**	**4,7**

In der Bilanz der Bau AG werden als „künftige Forderungen aus Fertigungsaufträgen" 33,5 Mio. Euro ausgewiesen (Vorjahr 10 Mio. Euro + Zugang 43,5 Mio. Euro – weitere Abschlagszahlung 20 Mio. Euro in 03 oder alternative Berechnung: Umsatzerlöse kumuliert 73,5 Mio. Euro – erhaltene Anzahlungen kumuliert 40 Mio. Euro = 33,5 Mio. Euro, vgl. Rz. 491).

501 Den Fertigstellungsgrad als Verhältnis der kumulierten Auftragskosten zu den gesamten Auftragskosten zu ermitteln macht jedoch nur Sinn, soweit der gesamte Auftrag nicht zu einem **Verlust** führt, da Verluste sofort zu berücksichtigen sind (IAS 11.36). Dies kann leicht in Abwandlung des Beispiels für die Periode 03 gezeigt werden:

Beispiel (Fortsetzung aus Rz. 500; Abwandlung in Periode 03):

Im Verlaufe der Periode 03 setzt die Gewerkschaft außerdem erhebliche Lohnsteigerungen durch, und auch die Einkaufspreise für Materialien sind stärker als erwartet gestiegen. Beide Ereignisse kommen in der Periode 04 zur Wirkung. Die Bau AG geht nunmehr davon aus, dass der Auftrag zu einem Gesamtverlust i. H. v. 2 Mio. Euro führen wird.

Tab. 19: Kalkulation nach der cost-to-cost-Methode im Verlustfall, Periode 03

		Periode 01	Periode 02	Periode 03
1	Ursprünglich vereinbarte Erlöse	100	100	100
2	Abweichung	–	–	+ 5
3	**Gesamte Auftragserlöse**	**100**	**100**	**105**
4	Ursprünglich geschätzte Auftragskosten	–	90	90
5	Abweichung wegen Vertragsänderung	–	–	4
5a	Abweichung wegen Kostensteigerung	–	–	13
6	**Gesamte Auftragskosten**		**90**	**107**
7	Auftragskosten pro Periode	8	19	38,8
8	Auftragskosten kumuliert	8	27	65,8
9	Geschätzter Gesamtgewinn (3–6)	–	10	– 2
10	Fertigstellungsgrad (8:6)	–	30 %	**61,5 %**

Der Fertigstellungsgrad ergäbe jetzt einen Wert von 61,5 %, obwohl die gleiche Leistung wie zuvor hergestellt worden ist, weil die Kostensteigerungen erst in 04 wirksam werden. Im Verlustfall ist jedoch eine Berechnung der Umsatzerlöse nach diesem rechnerisch ermittelten Fertigstellungsgrad von 61,5 % irrelevant.

Wie unter Rz. 490 ausgeführt, sind stattdessen die zu antizipierenden Gesamtverluste von den angefallenen Auftragskosten abzusetzen, um die „künftigen

Forderungen aus Fertigungsaufträgen" zu ermitteln, die wiederum in der Bilanz auszuweisen sind. Die kumulierten Auftragskosten belaufen sich am Ende der Periode 03 auf 65,8 Mio. Euro, nach Abzug des Verlustes von 2 Mio. Euro ergeben sich kumulierte Umsatzerlöse von 63,8 Mio. Euro. Da in den Perioden 01 und 02 bereits 30 Mio. Euro Umsatz gezeigt wurden, errechnet sich ein anteiliger Periodenumsatz für die Periode 03 in Höhe von 33,8 Mio. Euro.

Da in den Perioden 01 und 02 Auftragskosten von 27 Mio. Euro verrechnet wurden, die kumulierten Auftragskosten per Ende der Periode 03 sich auf 65,8 Mio. Euro belaufen, ergibt sich ein in der GuV der Periode 03 zu verrechnender Herstellungsaufwand von 38,8 Mio. Euro.

In der Periode 03 wird somit ein Verlust von 5 Mio. Euro ausgewiesen, der den in der Vorperiode aufgrund überholter Annahmen (fälschlich) ausgewiesenen Gewinn von 3 Mio. Euro überkompensiert:

Tab. 20: Verlustberücksichtigung in Periode 03

		Berechnung	kumuliert	Periode 01	Periode 02	Periode 03
cost-to-cost						
1	Umsatzerlöse	kumulierte Auftragskosten abzgl. Verlust	63,8	8	22	33,8
2	Herstellungsaufwand	kumulierte Auftragskosten	65,8	8	19	38,8
3	**Gewinn**		**– 2**		**3**	**– 5**

Der Verlust ist *nicht* als Rückstellung auszuweisen (vgl. Rz. 491), sondern mit den „künftigen Forderungen aus Fertigungsaufträgen" zu verrechnen (IAS 11.43 f.).

c) Ausweis und Erläuterung von Fertigungsaufträgen

Wie oben schon dargestellt (Rz. 488), werden der Bilanzausweis und die Bezeichnung der Forderungen in IAS 11 nicht geregelt. Im Anhang sind die in der abgeschlossenen Periode erfassten Auftragserlöse aus der Auftragsfertigung einschließlich der Ermittlungsmethode und die Methoden für die Ermittlung des Fertigstellungsgrades anzugeben (IAS 11.39). Außerdem sind für laufende Projekte die Summe der angefallenen Kosten und ausgewiesenen Gewinne (abzgl. etwaiger Verluste), der Betrag erhaltener Anzahlungen und der Betrag von Einbehalten anzugeben (IAS 11.40). 502

Beispiel Hochtief AG, Konzern-Geschäftsbericht 2001, S. 103, S. 109, S. 115:

„Fertigungsaufträge (Construction contracts) werden nach der Percentage-of-Completion-Methode bilanziert (IAS 11). Der anzusetzende Fertigstellungsgrad wird nach der Cost-to-Cost-Methode ermittelt. Der Ausweis der Aufträge erfolgt unter den Forderungen bzw. Verbindlichkeiten aus PoC. Soweit die kumulierte Leistung (Auftragskosten und Auftragsergebnis) die Anzahlungen im Einzelfall übersteigt, erfolgt der Ausweis der Fertigungsaufträge aktivisch unter den Forderungen aus PoC. Verbleibt nach Abzug der Anzahlungen ein negativer Saldo, erfolgt der Ausweis unter den Verbindlichkeiten aus PoC. Zu erwartende Auftragsverluste werden durch Abwertungen bzw. Rückstellungen gedeckt; sie werden unter Berücksichtigung der erkennbaren Risiken ermittelt."

„Bei den Forderungen aus PoC in Höhe von 821 334 Tsd. Euro (Vorjahr 399 003 Tsd. Euro) werden die Fertigungsaufträge mit aktivischem Saldo gegenüber Kunden ausgewiesen, bei denen die angefallenen Herstellungskosten einschließlich Gewinnanteilen die Teilabrechnungen und erhaltenen Anzahlungen übersteigen. Die Summe der aktivisch und passivisch unter den Forderungen bzw. Verbindlichkeiten aus PoC ausgewiesenen Herstellungskosten einschließlich Gewinnanteilen für Fertigungsaufträge beläuft sich auf 2 707 074 Tsd. Euro (Vorjahr 2 531 619 Tsd. Euro). Im Geschäftsjahr wurden insgesamt 2 070 314 Tsd. Euro (Vorjahr 2 351 324 Tsd. Euro) erhaltene Anzahlungen bei den Forderungen bzw. Verbindlichkeiten aus PoC verrechnet."

„Bei den Verbindlichkeiten aus Percentage-of-Completion (PoC) in Höhe von 184 574 Tsd. Euro (Vorjahr 218 708 Tsd. Euro) werden die Fertigungsaufträge mit passivischem Saldo gegenüber Kunden ausgewiesen, bei denen Teilabrechnungen und erhaltene Anzahlungen die Herstellungskosten einschließlich Gewinnanteilen übersteigen."

503–509 Einstweilen frei.

VI. Finanzinstrumente

1. Überblick und Wegweiser

a) Vorbemerkung

510 Gegenstand der **traditionellen Rechnungslegung** ist vor allem der güterwirtschaftliche Prozess der Leistungserstellung von Produktions- und Dienstleistungsunternehmen, also die bilanzielle Abbildung von Einkauf, Herstellung und Vertrieb. Die hierzu entwickelten Normen auf Basis des Anschaffungskostenprinzips wurden auch auf die unter dem Blickwinkel der Quellen des Unternehmenserfolgs eher als ergänzend angesehenen Finanzierungstätigkeiten der Unternehmen angewendet. Durch die in den letzten Jahren er-

reichten Verbesserungen in der weltweiten Kommunikation sowie aufgrund des Abbaus von Kapitalverkehrsbeschränkungen ist aber nicht nur die Internationalisierung der Güter-, sondern stärker noch die der *Finanzmärkte* zu beobachten: Die finanziellen Aktivitäten der Unternehmen – An- und Verkauf originärer und derivativer Finanzinstrumente[161] – haben mittlerweile einen Stellenwert erlangt, der dem des realwirtschaftlichen Güter- und Dienstleistungsspektrums im Hinblick auf Erfolgs- und Risikopotenziale nicht mehr nachsteht. Das hat vor allem im letzten Jahrzehnt die Frage aufgeworfen, ob die finanzwirtschaftlichen Aktivitäten eines Unternehmens (durch sein Auftreten als Teilnehmer an Geld-, Devisen- und Wertpapiermärkten) durch eine primär am realwirtschaftlichen Leistungsverkehr orientierte Rechnungslegung, die dem Anschaffungskostenprinzip folgt, noch adäquat abgebildet werden. Die Arbeiten des IASC, einen umfassenden Standard zu Ansatz, Bewertung und Angaben bei Finanzinstrumenten zu formulieren, reichen dabei in das Jahr 1988 zurück. Die bisherigen Entwicklungsschritte lassen sich wie folgt skizzieren:

- Einigung auf **IAS 32**, der sich mit der Angabe und Darstellung von Finanzinstrumenten im Abschluss sowie Fragen zur Abgrenzung von Eigen- und Fremdkapital beschäftigt.[162] IAS 32 ist in Kraft getreten für Berichtsperioden, die am oder nach dem 1. Januar 1996 beginnen.
- Das IASC veröffentlichte im Jahr 1997 ein *Discussion Paper,* wonach *alle* Finanzinstrumente zum fair value angesetzt werden sollen. Diesem Vorschlag wurden erhebliche Vorbehalte entgegengebracht, und es stellte sich heraus, dass der sog. „full fair value"-Ansatz (noch) nicht mehrheitsfähig war.
- Um die Regelungslücke bei Finanzinstrumenten zu schließen, wurde am 15. März 1999 als Kompromiss **IAS 39** veröffentlicht, wirksam für Berichtsperioden, die am oder nach dem 1. Januar 2001 beginnen; der Standard befasst sich mit dem Ansatz, der Bewertung und den zusätzlichen Angaben (über IAS 32 hinaus) zu sämtlichen finanziellen Vermögenswerten und Verbindlichkeiten. Mit IAS 39 ist **erstmals** für einen **Teilbereich** finanzieller Vermögenswerte und Schulden die **erfolgswirksame fair value-Bewertung** und damit ggf. der **Ausweis unrealisierter Gewinne verpflichtend** vorgesehen. Da andererseits für zahlreiche finanzielle Vermögenswerte und Verbindlichkeiten die Bewertung zu **(fortgeführten) Anschaffungskosten** vorgesehen ist, finden sich insoweit **mehrere Bewertungskonzeptionen** nebeneinander, die zahlreiche Abgrenzungsfragen aufwerfen. Außerdem enthält der Standard Vorschriften zur Abbildung von **Sicherungsbeziehungen (Hedge Accounting).**

---

161 Zur praktischen Bedeutung des Einsatzes von Derivaten in der deutschen Industrie vgl. *Glaum/Förschle,* DB 2000, 1525. Der Einsatz von Derivaten als Sicherungsinstrumente nimmt auch im Mittelstand zu, s. Handelsblatt v. 3.7.2002; s. auch *Krumnow,* Das derivate Geschäft als Motor des Wandels für das Bankcontrolling, DBW 1995, 11 ff.

162 Vgl. zur historischen Entwicklung IAS 39, Einführung.

- Das IASC sieht den IAS 39 nicht als einen endgültigen Standard an, sondern nach wie vor nur als Zwischenschritt zu einer umfassenden und international gleichartigen Bilanzierung aller Finanzinstrumente zum fair value. An diesem Projekt arbeitet eine international besetzte **„Joint Working Group of Standard Setters"**, die bereits einen Standardentwurf zur Diskussion gestellt hat,[163] welcher kontroverse Stellungnahmen ausgelöst hat.[164] Vor allem verzögerte sich die Arbeit an diesem Entwurf, so dass zunächst an IAS 39 festgehalten werden muss.
- Noch im Jahr 2000 – also vor seinem In-Kraft-Treten – wurde IAS 39 noch einmal überarbeitet, um einige Unklarheiten zu beseitigen. Unseren Ausführungen liegt der Text **IAS 39 (revised 2000)** zugrunde.
- Im Rahmen der praktischen Arbeiten in den Unternehmen zur Umstellung auf IAS 39 stellten sich eine Fülle von Fragen, die das IASC veranlassten, ein **„Implementation Guidance Committee (IGC)"** zu installieren. Dieses hat, in Form von Fragen und Antworten (Questions and Answers), Anwendungsleitlinien zu IAS 39 in endgültiger Form zum 1. Januar 2002 verabschiedet. Diese Anwendungsleitlinien haben keinen Standardrang, sondern sollen die einzelnen Normen erläutern und auslegen; sie sind in unserem Text berücksichtigt.
- Im Juni 2002 hat der Board zwei **Exposure Drafts** für Verbesserungen an IAS 32 und IAS 39 veröffentlicht.[165] Die Offenlegungspflichten sollen künftig in IAS 32 gebündelt werden. Ferner sollen SIC-5, 16 und 17 in IAS 32 sowie SIC-D34 in IAS 32 und IAS 39 aufgehen. Zahlreiche der Fragen und Antworten des IGC erhalten durch Übernahme in den IAS 39 Standardrang. Sämtliche der skizzierten Änderungen sollen in eine neue Version der Standards im Jahr 2003 veröffentlicht werden. Angesichts der bisherigen kontroversen Diskussionen um IAS 39 ist allerdings derzeit nicht abzusehen, welche der angedachten Änderungen tatsächlich umgesetzt werden.[166] Wir haben uns daher entschlossen, auf wichtige materielle Konsequenzen der vorgeschlagenen Änderungen idR in den Fußnoten hinzuweisen, jedoch auf Hinweise zur formellen Umgliederung der Paragraphen weitestgehend zu verzichten.

IAS 39 regelt die bilanzielle Behandlung **sämtlicher Finanzinstrumente** jener Unternehmen, die nach IAS/IFRS bilanzieren. Wir richten den Fokus unserer

163 Vgl. IASC, Joint Working Group of Standard Setters, Draft Standard and Basis for Conclusions Financial Instruments and Similar Items, Dezember 2000. Zur Entwicklung vgl. *Pape/Breker*, WPg 1999, 1; *Breker/Gebhardt/Pape*, WPg 2000, 729; *Pape*, WPg 2001, 1458.

164 Eine knappe Zusammenfassung der Stellungnahmen findet sich etwa in Andersen (Hrsg.), Rechnungslegung von Financial Instruments nach IAS 39, 2001, S. 18-20.

165 Exposure Draft of Proposed Amendments to IAS 32 Financial Instruments: Disclosure and Presentation and IAS 39 Financial Instruments: Recognition and Measurement, Juni 2002.

166 *Kropp/Klotzbach*, WPg 2002, 1010.

Erläuterungen auf die Belange von Industrie- und Dienstleistungsunternehmen, nicht aber auf besondere Fragestellungen, die ggf. für Abschlüsse von Banken oder Versicherungen von Interesse sind.[167] Dabei erläutern wir zusammengefasst IAS 39 und IAS 32.

b) Anwendungsbereich

Finanzinstrumente sind gem. IAS 39.8 Vertragsverhältnisse, die bei der einen Partei – z. B. dem bilanzierenden Unternehmen – zu einem finanziellen Vermögenswert und bei der anderen Partei zu einer finanziellen Schuld oder zu einem Eigenkapitalinstrument führen.[168] Die **Definitionsmerkmale** sind in folgender Tab. 21 zusammengefasst dargestellt: 511

Tab. 21: Finanzinstrumente nach IAS 39.8

Finanzinstrument Vertrag, der gleichzeitig bei einem Unternehmen zu einem finanziellen Vermögenswert und bei einem anderen zu einer finanziellen Schuld oder einem Eigenkapitalinstrument führt	
Finanzielle Vermögenswerte sind (a) Kassenbestände (b) Recht, finanzielle Vermögenswerte zu erhalten (c) Recht, Finanzinstrumente unter potenziell vorteilhaften Bedingungen austauschen zu können oder (d) an anderen Unternehmen gehaltene Eigenkapitalinstrumente	**Finanzielle Schuld** ist **jede vertragliche Verpflichtung**, (a) finanzielle Vermögenswerte abzugeben oder (b) Finanzinstrumente unter potenziell nachteiligen Bedingungen austauschen zu müssen
	Eigenkapitalinstrument ist ein Vertrag, der einen Residualanspruch am Vermögen eines Unternehmens begründet.

Hervorzuheben ist das Vorliegen einer **vertraglichen Vereinbarung**, die zwar nicht der Schriftform bedarf, deren wirtschaftliche Konsequenzen jedoch von den Vertragsparteien kaum oder überhaupt nicht zu vermeiden sind und die üblicherweise im Rechtsweg durchsetzbar sind (IAS 32.6). Daher sind auf hoheitlichem Akt basierende Forderungen oder Verbindlichkeiten – z. B. aus Steuern – keine Finanzinstrumente (IAS 32.13). 512

167 Insoweit wird auf die Spezialliteratur verwiesen, z. B. *Scharpf*, Rechnungslegung von Financial Instruments nach IAS 39, 2001; *PriceWaterhouseCoopers*, Understanding IAS 39, 2000, insbes. S. 115-117.

168 Die Definition in IAS 39.8 stellt ab auf Vertragsverhältnisse zwischen Unternehmen; das sind gem. IAS 39.9 Einzelpersonen, Personenhandelsgesellschaften, Kapitalgesellschaften und öffentliche Institutionen, also eine jeweils andere Partei.

Erhaltene oder geleistete **Anzahlungen** sind ebenfalls keine Finanzinstrumente, soweit sie auf den Austausch von Sachgütern oder Dienstleistungen gerichtet sind (IAS 32.12).

Eine vergleichbare Überlegung ist bei derivativen Finanzinstrumenten anzustellen, die nach IAS 39 zu bilanzieren sind, mit Ausnahme von solchen Verträgen, die *nur* durch Empfang oder Lieferung nicht finanzieller Vermögenswerte erfüllt werden können und *sollen* (z. B. **Warentermingeschäfte**, IAS 32.14, IAS 39.6).[169] Im Übrigen wird ein nach IAS 39 zu bilanzierendes **Derivat (z. B. Futures, Forwards, Swaps, Optionsgeschäfte)** durch folgende, kumulativ zu erfüllende Merkmale abgegrenzt:

- Der Wert des Finanzinstruments ändert sich aufgrund einer Änderung eines genannten Zinssatzes, Wertpapierkurses, Rohstoffpreises, Wechselkurses, Preis- oder Zinsindexes, Bonitätsratings oder Kreditindexes oder einer ähnlichen Variablen (Basisobjekt, Underlying),
- es erfordert keine oder nur eine geringe anfängliche Netto-Investition und
- wird zu einem späteren Zeitpunkt erfüllt (IAS 39.10).

513 **Eigenkapitalinstrumente** sind zwar Finanzinstrumente; das Eigenkapital des bilanzierenden Unternehmens selbst ist aber vom Anwendungsbereich des IAS 39 ausgenommen (IAS 39.1 e) und ermittelt sich als Residualgröße aus Vermögenswerten abzüglich Schulden (Rückstellungen und Verbindlichkeiten). Die notwendige **Abgrenzung** zwischen Schulden und Eigenkapital ist nach Maßgabe des **wirtschaftlichen Gehalts** der vertraglichen Vereinbarung unter Berücksichtigung der Definitionsmerkmale von Eigen- und Fremdkapital vorzunehmen (IAS 32.18). Finanzielle Verbindlichkeiten sind (gegenüber Eigenkapital) gem. IAS 32.20 im Wesentlichen dadurch charakterisiert, dass die vertragliche Verpflichtung seitens des Emittenten bezüglich des Finanzinstruments entweder

- in der Lieferung flüssiger Mittel oder anderer finanzieller Vermögenswerte an den Inhaber des Instruments oder
- in der Übertragung eines anderen Finanzinstruments auf den Inhaber unter für den Emittenten potenziell ungünstigen Bedingungen

besteht. So würde etwa ein als *Vorzugsaktie* bezeichnetes Finanzinstrument beim Emittenten als Schuld ausgewiesen werden, wenn dieser zur Rücknahme zu einem bestimmten oder vom Inhaber zu bestimmenden Zeitpunkt zu einem festen Preis verpflichtet ist (IAS 32.22, A 20). Andererseits sind sämtliche *Verpflichtungen* des Unternehmens zur Ausgabe *eigener Aktien* bzw. Bezugs- oder Optionsrechte Eigenkapitalinstrumente und keine finanziellen Verbindlichkeiten (IAS 32.16, ED IAS 32.A7).

---

169 Betreibt ein Unternehmen dagegen Handel mit Warentermingeschäften ohne die Absicht, diese Geschäfte zu erfüllen, so handelt es sich um ein Derivat, auf das IAS 32 und IAS 39 anzuwenden sind (ED IAS 32.4A f.; ED IAS 39.6 f., klarstellend – keine Vorschriftenänderung).

Ferner sind vom **Anwendungsbereich ausgenommen** (IAS 39.1): 514

- Konsolidierte oder at equity bewertete Anteile an Tochter-, Gemeinschafts- oder assoziierten Unternehmen. Werden solche Anteile jedoch wegen eines Konsolidierungsverbots (s. Rz. 579) nicht einbezogen, so gelangt IAS 39 zur Anwendung. Das sollte auch gelten, wenn wegen des Wesentlichkeitsgrundsatzes auf die Einbeziehung verzichtet wird.[170]

  Künftig soll als Konsolidierungsverbot nur noch die Weiterveräußerungsabsicht innerhalb der nächsten zwölf Monate nach Erwerbszeitpunkt greifen.[171] In diesem Fall sind Tochter-, Gemeinschafts- oder assoziierte Unternehmen erfolgswirksam zum fair value zu bewerten (ED IAS 27.13, ED IAS 28.8, ED IAS 31.35), also in die Kategorie held for trading einzustufen;

- Rechte und Verpflichtungen aus Leasingverhältnissen, auf die IAS 17 Anwendung findet. Gleichwohl werden Forderungen des Leasinggebers aus Leasingverträgen sowie in Leasingverträgen eingebettete und abzutrennende Derivate nach IAS 39 bilanziert;

- Vermögenswerte und Schulden aus Altersversorgungsplänen, für die IAS 19 anzuwenden ist;

- Rechte und Verpflichtungen aus Versicherungsverträgen gem. IAS 32.3; darin eingebettete und abzutrennende Derivate werden aber nach IAS 39 bilanziert;[172]

- Bürgschaften, Garantien und Akkreditive, die nur dann zu Zahlungen führen, wenn der Schuldner seinen Zahlungsverpflichtungen nicht nachkommt; es ist dann ggf. eine Eventualschuld anzugeben oder eine Rückstellung zu passivieren.[173] Sollte aber eine Zahlung nicht aufgrund des Ausfalls des Schuldners, sondern wegen der Änderung eines Basisobjektes erfolgen, dann handelt es sich um ein derivatives Finanzinstrument, auf das IAS 39 anzuwenden ist.[174] Ferner ist IAS 39 auf Zahlungsbürgschaften anzuwenden, die infolge der Ausbuchungsvorschriften nach IAS 39.35–65 entstehen;

---

170 Vgl. *Ruhnke/Schmidt/Seidel*, DB 2001, 657 (660); sich anschließend *Scharpf*, Rechnungslegung von Financial Instruments nach IAS 39, 2001, S. 19.

171 Bei Kapitalverkehrsbeschränkungen kann das control-Verhältnis von vornherein verneint werden (ED IAS 27.12 A).

172 Künftig soll – u. E. klarstellend – IAS 39 auch auf solche Verträge angewendet werden, die der Form nach zwar einem Versicherungsvertrag ähneln, tatsächlich aber finanzielle Risiken gem. IAS 32.43 abdecken.

173 Nach dem Exposure Draft sollen künftig solche Zahlungsbürgschaften nach IAS 39 zu „null" erfasst werden; sie unterliegen dann den Offenlegungspflichten des IAS 32. Sollte eine Zahlungsverpflichtung drohen, erfolgt die Folgebewertung nicht mehr nach IAS 39, sondern nach IAS 37, es wäre ggf. eine Rückstellung gem. IAS 37.36–39 zu passivieren; kritisch hierzu *Pape/Bogajewskaja/Borchmann*, KoR 2002, 219 (230).

174 Zu Beispielen vgl. IGC Q&A 1-1 und 1-2.

- Verträge über Unternehmenszusammenschlüsse mit bedingten (variablen) Kaufpreisbestandteilen (s. Rz. 889);
- Verträge, die eine Zahlung bei Eintritt bestimmter klimatischer, geologischer oder sonstiger physikalischer Variablen vorsehen (sog. Wetterderivate)[175], mit Ausnahme von darin eingebetteten und abzutrennenden Derivaten;
- Bislang bestehen keine expliziten Regelungen zur Behandlung von unwiderruflichen Kreditzusagen.[176] Nach ED IAS 39.1i sollen *künftig* Kreditzusagen aus dem Anwendungsbereich herausgenommen werden (für beide Parteien handelt es sich an sich um ein Derivat),[177] es sei denn, sie werden vom Unternehmen (i. d. R. eine Bank) zu Handelszwecken eingesetzt. Kreditzusagen *außerhalb des Anwendungsbereichs* von IAS 39 führen beim Zusagenden zur Anwendung des IAS 37. Außerdem sind für solche Kreditzusagen die Angabepflichten nach IAS 32 erforderlich (IAS 32.2), da es sich um *bilanzunwirksame* Derivate handelt.

515 Die Bedeutung des IAS 39 wird offensichtlich, wenn man sich dem Anwendungsbereich ausgehend vom Gliederungsschema des § 266 HGB nähert. Die folgende Tabelle macht für die *Aktivseite* deutlich, welche Bilanzpositionen nach HGB von IAS 39 betroffen sind (Fettdruck normal) oder sein können (Fettdruck kursiv):

Tab. 22: Einfluss von IAS 39 auf Bilanzpositionen der Aktivseite

Nr.	Bilanzposition	Erläuterungen
A.III	Finanzanlagen	
A.III.1	**Anteile an verbundenen Unternehmen**	Soweit diese nicht konsolidiert werden, ist IAS 39 anzuwenden.
A.III.2	**Ausleihungen an verbundene Unternehmen**	Soweit im Rahmen der Schuldenkonsolidierung nicht konsolidiert, ist IAS 39 anzuwenden
A.III.3 a	Assoziierte Unternehmen, für die die Equity-Methode angewendet wird	IAS 28
A.III.3 b	**Beteiligungen**	
A.III.4	**Ausleihungen an Unternehmen, mit denen ein Beteiligungsverhältnis besteht**	

175 Zum Begriff und zur Bedeutung von Wetterderivaten in USA und in Europa vgl. *Wilkens/Kamp*, DBW 2002, 116.

176 Vgl. aber IGC Q&A 30-1.

177 Bei einer Inanspruchnahme des Kredites würde dieser vom Unternehmen zu fortgeführten Anschaffungskosten bewertet, so dass Marktzinsänderungen (die den fair value des Derivats – der Kreditzusage – ändern würden) ohne materielle Konsequenzen bleiben; zur Begründung dieser Vereinfachung s. auch ED IAS 39.C13.

Nr.	Bilanzposition	Erläuterungen
A.III.5	**Wertpapiere des Anlagevermögens**	
A.III.6	**Sonstige Ausleihungen**	
B.II	Forderungen und sonstige Vermögensgegenstände	
1	**Forderungen aus Lieferungen und Leistungen**	
2	**Forderungen gegen verbundene Unternehmen**	s. oben A.III.2 analog
3	**Forderungen gegen Unternehmen, mit denen ein Beteiligungsverhältnis besteht**	
4	***Sonstige Vermögensgegenstände***	Mischposition, unter der sich nicht nur Finanzinstrumente finden
B.III	Wertpapiere	
B.III.1	**Anteile an verbundenen Unternehmen**	Soweit diese nicht konsolidiert werden, ist IAS 39 anzuwenden.
B.III.2	Eigene Anteile	Sind als Abzug vom Eigenkapital auszuweisen, SIC-16.4 (ED IAS 32.29A), s. Rz. 1004
B.III.3	**Sonstige Wertpapiere**	
B.IV	**Kassenbestand, Bundesbankguthaben, Guthaben bei Kreditinstituten und Schecks**	

Analog gilt für die **Passivseite** die nachfolgende Tabelle:

Tab. 23: Einfluss von IAS 39 auf Bilanzpositionen der Passivseite

Nr.	Bilanzposition	Erläuterungen
C.	Verbindlichkeiten	
C.1	**Anleihen**	Bei strukturierten Produkten (z. B. Wandelanleihen) Aufspaltung in Eigen- und Fremdkapitalanteil, s. Rz. 581
C.2	**Verbindlichkeiten gegenüber Kreditinstituten**	
C.3	Erhaltene Anzahlungen auf Bestellungen	Sind keine Finanzinstrumente
C.4	**Verbindlichkeiten aus Lieferungen und Leistungen**	

Nr.	Bilanzposition	Erläuterungen
C.5	**Verbindlichkeiten aus der Annahme gezogener Wechsel und der Ausstellung eigener Wechsel**	
C.6	**Verbindlichkeiten gegenüber verbundenen Unternehmen**	Sofern nicht im Rahmen der Schuldenkonsolidierung eliminiert
C.7	**Verbindlichkeiten gegenüber Unternehmen, mit denen ein Beteiligungsverhältnis besteht**	
C.8	***Sonstige Verbindlichkeiten***	Mischposition, unter der sich nicht nur Finanzinstrumente finden

c) Kategorien finanzieller Vermögenswerte

516 Nach IAS 39 werden **vier Kategorien** finanzieller Vermögenswerte unterschieden, an die sich drei unterschiedliche **Bewertungskonsequenzen** anschließen können. Die Zuordnung hat daher *materielle* Bedeutung. Wichtig ist jedoch in diesem Zusammenhang, dass diese Kategorisierung nicht auf den Ausweis in der Bilanz (z. B. Wertpapiere des Anlage- oder Umlaufvermögens) durchschlägt. So können beispielhaft Wertpapiere der Kategorie available-for-sale sowohl unter Finanzanlagen (Anlagevermögen) als auch unter Wertpapieren des Umlaufvermögens auszuweisen sein (vgl. dazu auch Rz. 195). Für Zwecke der Kategorisierung ist zu empfehlen, unternehmensintern eindeutige und für Dritte nachvollziehbare **Zuordnungskriterien** zu formulieren und diese schriftlich zu **dokumentieren**.[178] Die vier Kategorien (IAS 39.10) sind in Tab. 24 genannt.

Tab. 24: Kategorien finanzieller Vermögenswerte

	Kategorie	Bewertung
1	**Vom Unternehmen begründete Kredite und Forderungen** (loans and receivables originated by the enterprise)	fortgeführte Anschaffungskosten
2	**Bis zur Endfälligkeit zu haltende finanzielle Vermögenswerte** (held-to-maturity investments)	fortgeführte Anschaffungskosten

178 Vgl. *Scharpf*, Rechnungslegung von Financial Instruments nach IAS 39, 2001, S. 21; *Bellavite-Hövermann/Barckow* in Baetge u. a. (Hrsg.), Rechnungslegung nach IAS, 2. Aufl. 2002, IAS 39 Rz. 56.

	Kategorie	Bewertung
3	**Zu Handelszwecken gehaltene finanzielle Vermögenswerte** (held for trading)	fair value, erfolgswirksam
4	**Zur Veräußerung verfügbare finanzielle Vermögenswerte** (available-for-sale)	fair value, erfolgswirksam oder erfolgsneutral (Wahlrecht; nach ED IAS 39.103 b künftig nur erfolgsneutral)

Aus der Tabelle ist ersichtlich, dass nicht alle finanziellen Vermögenswerte zum fair value bewertet werden. Das wirft die Frage auf, wie **Sicherungsgeschäfte** bilanziell abzubilden sind. IAS 39 enthält zum Komplex des **Hedge Accounting** umfangreiche Anweisungen, die wir unten in Rz. 585 ff. erläutern.

Zu 1: Vom Unternehmen begründete Kredite und Forderungen 517

Hierbei handelt es sich um solche Vermögenswerte, die direkt („originär") durch die Bereitstellung von Bargeld, Waren oder Dienstleistungen an einen Schuldner geschaffen wurden[179] *und* nicht unverzüglich oder kurzfristig veräußert werden sollen; in diesem Fall wären sie als zu Handelszwecken gehaltene finanzielle Vermögenswerte einzustufen und erfolgswirksam zum fair value zu bewerten.

Unter diesem Vorbehalt gehören im Einzelnen hierzu:

- Forderungen aus Lieferungen und Leistungen,
- Darlehen,
- Ausleihungen,
- Schuldtitel (z. B. Inhaberschuldverschreibung), unmittelbar vom Emittenten erworben,[180]
- Konsortialkredite (IAS 39.19 letzter Satz).

Nicht in diese Kategorie fallen von Dritten erworbene Kredite und Forderungen (**Factoring**) oder auch Anteile an einem Forderungspool. Diese sind in Abhängigkeit der Verwendungsabsicht einer der drei anderen Gruppen zuzuordnen (IAS 39.19 f.).

Obwohl auch held-to-maturity Investitionen zu fortgeführten Anschaffungskosten bilanziert werden, ist eine Trennung von diesen und der Kategorie vom Unternehmen begründete Kredite und Forderungen erforderlich, weil

179 Nach ED IAS 39.10 wird künftig als weitere Voraussetzung präzisiert, dass es sich um finanzielle Vermögenswerte mit festen oder bestimmbaren Zahlungen handelt, die nicht auf einem aktiven Markt gehandelt werden.

180 Vgl. IGC Q&A 10-11-a. Dies gilt auch für Eigenkapitaltitel eines Emittenten, die – wirtschaftlich betrachtet – bei diesem als Fremdkapital bilanziert werden, vgl. IGC Q&A 10-11-b.

held-to-maturity Investitionen als gesperrte Bestände anzusehen sind (s. Rz. 521). Hinzu kommt, dass originäre Forderungen im Rahmen des Hedge Accounting als Grundgeschäfte gegen Ausfall-, Zinsänderungs- und Währungsrisiken, held-to-maturity Investitionen aber nicht gegen Zinsänderungsrisiken abgesichert werden können (IAS 39.127).

518 **Zu 2: Bis zur Endfälligkeit zu haltende finanzielle Vermögenswerte**

Hierzu zählen finanzielle Vermögenswerte mit

(a) festen oder bestimmbaren Zahlungen,

(b) und einer festen Laufzeit,

(c) die das Unternehmen bis zur Endfälligkeit halten kann und will.

Zu (a): **Feste oder bestimmbare Zahlungen** liegen bei einer Anleihe vor, wenn eine nominell feste oder variable – z. B. an einen Zinssatz-Index (wie EURIBOR, LIBOR, FIBOR) gekoppelte – Verzinsung gegeben ist. Eine solchermaßen indexierte Anleihe ist jedoch ein strukturiertes Produkt, das gem. IAS 39.23 in den Basisvertrag und in das darin eingebettete Derivat aufzuspalten und getrennt zu bilanzieren ist (s. Rz. 581 ff.). Der Basisvertrag kann als bis zur Endfälligkeit zu halten eingeordnet werden, wenn die sonstigen Voraussetzungen vorliegen.[181]

Zu (b): Der Vermögenswert muss eine **feste vertragliche Laufzeit** aufweisen; es kommt aber nicht darauf an, ob diese lang- oder kurzfristig ist. Sofern ein gehaltener Schuldtitel mit formal unbegrenzter Laufzeit ausgestattet ist, aber der letzte Zinszahlungszeitpunkt zeitlich fixiert ist, markiert dieser Zeitpunkt das Ende der Laufzeit.[182] Auch hoch risikoreiche Anleihen (wie z. B. Junk bonds) können als held-to-maturity einzuordnen sein, da die Risikofrage nicht bei der Klassifikation,[183] sondern bei der Bewertung berücksichtigt wird.

Eigenkapitalinstrumente, deren Laufzeit nicht begrenzt ist (z. B. Aktien, GmbH-Anteile) oder bei denen die aus ihnen zu empfangenden Zahlungen unbestimmt sind (z. B. Aktienoptionen, Optionsscheine), können nicht unter diese Kategorie fallen.[184]

Zu (c): Das dritte Kriterium schließlich hängt nicht mit der Art des Vermögenswertes, sondern mit der **Verwendungsabsicht** zusammen: Nur wenn das Unternehmen die Absicht und die Fähigkeit hat, Finanzinstrumente, die die Bedingungen (a) und (b) erfüllen, auch bis zur Endfälligkeit im Bestand zu lassen, dann müssen[185] diese als held-to-maturity eingestuft werden. Nur in die-

181 Vgl. IGC Q&A 80-1 und 80-2.

182 Vgl. IGC Q&A 10-17; künftig ED IAS 39.80.

183 Vgl. IGC Q&A 10-16; künftig ED IAS 39.80.

184 Vgl. *Bellavite-Hövermann/Barckow* in Baetge u. a. (Hrsg.), Rechnungslegung nach IAS, 2. Aufl. 2002, IAS 39 Rz. 60.

185 Künftig: können.

sem Fall bestehen keine Kursrisiken, so dass von der bei einer Einordnung als trading oder available-for-sale ansonsten erforderlichen fair value Bewertung abgesehen und zu fortgeführten Anschaffungskosten bewertet werden kann. Zugleich kommt hierin auch der Ausnahmecharakter dieser Kategorie zum Ausdruck.[186]

Die **Halteabsicht bis zur Endfälligkeit** muss bestimmt sein, d. h. es reicht nicht aus, nur über einen längeren Zeitraum halten zu wollen. Die Endfälligkeit ist jedoch schon dann gegeben, wenn der *Verkauf* nahe am Endfälligkeitstag liegt (ca. < 3 Monate) oder wenn zuvor bereits rund 90 % der ursprünglichen Investitionssumme zurückgeflossen sind (IAS 39.83 a und b).[187] Das Unternehmen darf aber generell nicht bereit sein, den Vermögenswert bei veränderten Marktbedingungen zu verkaufen, und schließlich darf der Emittent nicht das Recht haben, den Vermögenswert jederzeit zu einem Betrag zu begleichen, der wesentlich unter den fortgeführten Anschaffungskosten liegt (IAS 39.79). Unschädlich ist dagegen, wenn der Emittent ein außerordentliches Kündigungsrecht hat, das aber bei Ausübung nicht zu Verlusten beim Inhaber führen wird; die vorzeitige Kündigung verkürzt hier nur die Laufzeit (IAS 39.81). Ferner ist *derzeit noch* unschädlich ein Kündigungsrecht des Inhabers der Finanzinvestition, da er definitionsgemäß bei einer Zuordnung als held-to-maturity von diesem Recht keinen Gebrauch machen wird (IAS 39.82). Mit der Begründung, dass die Vereinbarung eines solchen Kündigungsrechts mit der Intention des Inhabers, die finanziellen Vermögenswerte bis zur Endfälligkeit zu halten, inkonsistent sei, sind solche Vermögenswerte nach ED IAS 39.82 *künftig* nicht als held-to-maturity einzuordnen. 519

Neben der Absicht muss auch die **Fähigkeit** bestehen, die Vermögenswerte bis zur Endfälligkeit halten zu können (IAS 39.87). Die Haltefähigkeit ist gegeben, wenn dargelegt werden kann, dass liquide Mittel aus dem vorzeitigen Verkauf der Finanzinvestition zur geplanten Fortführung der Geschäftstätigkeit nicht erforderlich sind. Hierzu ist die Aufstellung von Finanzplänen zur Dokumentation zu empfehlen. Ferner dürfen keine gesetzlichen oder sonstigen Beschränkungen bestehen, die die zuvor beschriebene Halteabsicht zunichte machen könnten. 520

Halteabsicht und -fähigkeit der als bis zur Endfälligkeit klassifizierten Finanzinstrumente sind nicht nur bei Erwerb, sondern *zu jedem Bilanzstichtag* zu beurteilen und zu prüfen (IAS 39.89). Eine Veräußerung aus dem Bestand zieht **Sanktionen** nach sich: Der gesamte Bestand ist in die Kategorien trading oder available-for-sale[188] umzugliedern und zum beizulegenden Zeitwert zu bewerten, wenn im laufenden oder während der vorangegangenen zwei Geschäftsjahre derartige Wertpapiere vorzeitig verkauft wurden (IAS 39.83). Erst 521

186 S. auch IAS 39, Einführung Rz. 13 f.
187 Vgl. zu den quantitativen Grenzen IGC Q&A 83-1, künftig ED IAS 39.83a und b.
188 Gem. ED IAS 39.83 künftig nur noch available-for-sale.

nach Ablauf der Zwei-Jahres-Frist können finanzielle Vermögenswerte wieder als held-to-maturity eingestuft werden; zu Einzelheiten s. Rz. 563.

Sanktionslos sind lediglich Veräußerungen, die ihren Grund außerhalb der Kontrolle des Unternehmens haben, von einmaliger Natur sind und die nicht vorhergesehen werden konnten (IAS 39.83c; zu Beispielen – wesentliche Bonitätsverschlechterung beim Emittenten, gesetzliche Änderungen usw.– s. IAS 39.86). Daher empfiehlt es sich, „Held-to-Maturity-Investments gedanklich *wie gesperrte Bestände* anzusehen, auf die grundsätzlich nicht vor vertraglicher Fälligkeit zurückgegriffen werden kann."[189]

522 **Zu 3: Zu Handelszwecken gehaltene finanzielle Vermögenswerte**

Als held for trading sind solche finanziellen Vermögenswerte zu klassifizieren, die hauptsächlich mit der Absicht erworben wurden, aus kurzfristigen Preisschwankungen Gewinne zu erzielen. Diese Absicht ist *nur zum Zeitpunkt des Erwerbs* darzulegen. IAS 39 verzichtet auf eine Erläuterung von „kurzfristig"; diese Entscheidung wird den Unternehmen überlassen, soll aber dann stetig angewendet werden.[190] Allerdings soll nicht nur die Preisschwankung kurzfristig sein, sondern auch der Vermögenswert selbst eher nur kurzfristig zu halten sein, so dass es sich aus deutscher Perspektive hier *in der Regel*[191] um Umlaufvermögen handelt.

523 Da die nur kurzfristige Halteabsicht nur zum Erwerbszeitpunkt bestehen muss, ist die Frage zu klären, wie zu bilanzieren ist, wenn sich beispielsweise die Marktbedingungen oder ganz allgemein die Absichten des Managements dergestalt ändern, dass der Vermögenswert nun doch langfristig gehalten wird. In diesem Fall kommt eine Umgliederung in eine andere Kategorie finanzieller Vermögenswerte gleichwohl *nicht* in Betracht (IAS 39.107). Hinsichtlich eines Bilanzausweises nach HGB wäre dann eine Umgliederung in das Anlagevermögen erforderlich.[192] Da auch nach IAS die Unterteilung in Anlage- und Umlaufvermögen bzw. in lang- und kurzfristige Vermögenswerte regelmäßig vorgesehen ist (s. Rz. 190), ist u. E. ebenfalls eine Umgliederung angezeigt. Wir meinen aber, dass in solchen Fällen von einer *bilanziellen Bezeichnung* „held for trading" abgesehen werden sollte, denn bei einem Ausweis im Anlagevermögen ist die kurzfristige Veräußerung gerade nicht mehr die Absicht des Managements. Es bleibt aber bei der **Kategoriezuordnung** „held for trading" und damit bei der **erfolgswirksamen fair value Bewertung**.

Da künftig jeder finanzielle Vermögenswert bei erstmaliger Erfassung dieser Kategorie zugeordnet werden kann (ED IAS 39.10), ist nicht auszuschließen,

---

189 *Prahl/Naumann* in v. Wysocki/Schulze-Osterloh (Hrsg.), HdJ, Abt. II/10 Rz. 280.

190 Vgl. IGC Q&A 10–15.

191 A. A. *Bellavite-Hövermann/Barckow* in Baetge u. a. (Hrsg.), Rechnungslegung nach IAS, 2. Aufl. 2002, IAS 39 Rz. 58, die „stets" von Umlaufvermögen sprechen, vgl. zur Umgliederung von Finanzinstrumenten auch Rz. 195.

192 Vgl. *Hoyos/Schmidt-Wendt* in Beck'scher Bilanz-Kommentar, 4. Aufl. 1999, § 247 Rz. 360.

dass bestimmte held for trading-Finanzinstrumente von vornherein im Anlagevermögen ausgewiesen werden.

In die Kategorie held for trading gehören auch *sämtliche* **Derivate**, die *nicht wirksam zu* **Sicherungszwecken** *eingesetzt* sind (zum Hedge Accounting s. Rz. 585 ff.). Da sämtliche zu Handelszwecken gehaltene finanzielle Vermögenswerte (und Verbindlichkeiten, s. Rz. 569) zum fair value bewertet werden, ist ein Hedge Accounting in dieser Kategorie weder zulässig noch notwendig.[193] 524

Zu 4: Zur Veräußerung verfügbare finanzielle Vermögenswerte 525

Bei der Kategorie available–for-sale handelt es sich um eine **Restgröße**; hier sind alle finanziellen Vermögenswerte auszuweisen, die keiner der anderen Gruppen zugeordnet werden konnten.

Hier sind vor allem auszuweisen:

- Aktien und Anteile an Investmentfonds, die nach HGB bislang im Anlagevermögen ausgewiesen wurden, sowie
- Wertpapiere des Umlaufvermögens, die nicht als zu Handelszwecken qualifiziert wurden.

Finanzinstrumente in dieser Kategorie sind *einheitlich* entweder erfolgswirksam oder erfolgsneutral zum fair value zu bewerten.

Einordnungs- und Dokumentationsschwierigkeiten zwischen den Gruppen trading (3) und available-for-sale (4) lassen sich vermeiden, wenn auch Letztere erfolgswirksam zum fair value bewertet werden (zur künftigen Regelung s. Rz. 527). Allerdings kann dadurch die Volatilität des Jahresergebnisses weiter steigen.

Zu Umwidmungen zwischen den vier Kategorien s. Rz. 560 ff. 526

Bei der Klassifikation finanzieller Vermögenswerte sind neben den schon genannten Änderungen durch **ED IAS 39** weitere wichtige Neuerungen vorgesehen. Künftig soll ein Unternehmen bei der erstmaligen Aufnahme *jeden finanziellen Vermögenswert* der Kategorie held for trading zuordnen können.[194] Sofern es sich dabei jedoch nicht um Handelsaktiva handelt, soll für die Bilanz eine gesonderte Bezeichnung gewählt werden, etwa „financial instruments at fair value (through net income)" (ED IAS 39.18 A). Eine solche andere Bezeichnung kann schon unter dem derzeitigen IAS 39 in Betracht kommen (s. Rz. 523). 527

Außerdem sollen künftig finanzielle Vermögenswerte, die bei erstmaliger Erfassung die Anforderungen an eine Bewertung zu fortgeführten Anschaf-

193 Vgl. *Scharpf*, Rechnungslegung von Financial Instruments nach IAS 39, 2001, S. 24.

194 Damit ist die erfolgswirksame Bewertungsalternative bei available-for-sale entbehrlich.

fungskosten erfüllen (bis zur Endfälligkeit zu halten oder vom Unternehmen begründete Forderungen und Kredite), wahlweise auch in die Kategorie available-for-sale eingestellt werden können. Schließlich soll das Bewertungswahlrecht bei available-for-sale Finanzinstrumenten abgeschafft werden; diese Kategorie wird künftig ausschließlich erfolgsneutral zum fair value bewertet.

d) Kategorien finanzieller Verbindlichkeiten

528 Im Gegensatz zu finanziellen Vermögenswerten werden auf der Passivseite nur zwei Kategorien finanzieller Verbindlichkeiten unterschieden: Die zu Handelszwecken gehaltenen finanziellen Verbindlichkeiten und alle Übrigen.

Die Zuordnungskriterien in die Kategorie **zu Handelszwecken gehaltene finanzielle Verbindlichkeiten** (IAS 39.18) entsprechen jenen für die held for trading- Instrumente, s. Rz. 522 ff. Auch sind hier sämtliche Derivate mit negativem Wert einzustellen, die nicht wirksam zu Sicherungszwecken eingesetzt werden. Die hier zugeordneten finanziellen Verbindlichkeiten sind **erfolgswirksam** zum **fair value** anzusetzen.

Die Kategorie der **übrigen Verbindlichkeiten** ist formal eine Restgröße, wird aber (außer bei Banken und anderen Finanzdienstleistungsunternehmen) nahezu sämtliche Verbindlichkeiten umfassen. Sie sind mit ihren **fortgeführten Anschaffungskosten** unter Verwendung der Effektivzinsmethode (interner Zinsfuß) anzusetzen.

Genauso wie bei finanziellen Vermögenswerten soll nach ED IAS 39.10 die Möglichkeit eröffnet werden, jede finanzielle Verbindlichkeit bei ihrer erstmaligen Erfassung in die Kategorie held for trading einzuordnen und damit erfolgswirksam zum fair value zu bewerten.

2. Bilanzierung finanzieller Vermögenswerte

a) Ansatz

529 Finanzielle Vermögenswerte (und im Übrigen auch finanzielle Verbindlichkeiten) sind genau dann in der Bilanz anzusetzen, wenn das Unternehmen **Vertragspartei** hinsichtlich der Rechte (oder Verpflichtungen) aus dem Vermögenswert (der Schuld) geworden ist (IAS 39.27). Auf die Vertragsform selbst – schriftlich, mündlich oder durch bloßes Handeln – kommt es nicht an.[195]

Das Ansatzkriterium weicht damit deutlich von jenen aus dem Framework ab (s. Rz. 156 ff.; Rz. 167 ff.); der wahrscheinliche Nutzenzufluss und die ver-

195 Vgl. *Bellavite-Hövermann/Barckow* in Baetge u. a. (Hrsg.), Rechnungslegung nach IAS, 2. Aufl. 2002, IAS 39 Rz. 85.

lässliche Anschaffungskostenermittlung sind keine für den Ansatz finanzieller Vermögenswerte erhebliche Kriterien. Weil es nur auf den Vertragsabschluss ankommt, sind *im Hinblick auf finanzielle Vermögenswerte und Verbindlichkeiten* **schwebende Geschäfte** zu bilanzieren. In praktischer Konsequenz führt dies zu einer Aufnahme sämtlicher Derivate in die Bilanz bereits bei Vertragsabschluss, unabhängig von ihrem Wert.

Praktische Bedeutung hat dies im Bereich **unbedingter Termingeschäfte** (Forwards, Futures), die als schwebende Geschäfte zu klassifizieren sind und demzufolge nach handelsrechtlichem Verständnis nicht bilanziert werden. Nach HGB ist lediglich im Fall drohender Verluste aus schwebenden Geschäften in den Folgeperioden eine Rückstellung anzusetzen, während ein Gewinn nur bei Abwicklung des Geschäfts ausgewiesen wird.[196]

Da aber solche **Derivate** nach IAS 39 als **schwebendes Geschäft** zu bilanzieren sind, kann es hier zu Abweichungen kommen: Derivate werden, wenn sie nicht Bestandteil eines Sicherungsgeschäfts sind, in die Kategorie „zu Handelszwecken gehalten" eingeordnet und sind dementsprechend mit dem fair value anzusetzen. Ist dieser in den Folgeperioden negativ, wird eine finanzielle Verbindlichkeit ausgewiesen (nach handelsrechtlichem Verständnis eine Drohverlustrückstellung), ist er positiv, ein finanzieller Vermögenswert (nach handelsrechtlichem Verständnis unterbleibt ein Ansatz).

IAS 39.29 b nennt als Ausnahme von der Bilanzierung schwebender Geschäfte solche finanziellen Vermögenswerte (und Verbindlichkeiten), die aufgrund von **Sachleistungsvereinbarungen** entstehen: Wird ein Vertrag zur Lieferung eines materiellen Gutes oder einer nicht finanziellen Dienstleistung abgeschlossen, so wird erst nach der Erbringung der Sachleistung/Dienstleistung gem. des Realisationsprinzips eine Forderung oder Verbindlichkeit gebucht.[197] Dies entspricht der Vorgehensweise nach HGB.

Bei marktüblichen Verträgen (Kassageschäften) besteht nach IAS 39.30[198] das Wahlrecht, den An- oder Verkauf finanzieller Vermögenswerte entweder zum **Handelstag** oder zum **Erfüllungstag** zu bilanzieren. Die gewählte Methode kann für die vier Kategorien finanzieller Vermögenswerte unterschiedlich angewendet werden, ist aber innerhalb der Kategorie für alle Vermögenswerte stetig anzuwenden. Der Unterschied zwischen den beiden Methoden ist wie folgt: Bei einer Erfassung zum Handelstag wird der finanzielle Vermögenswert als Zugang gezeigt, und sämtliche sich anschließende Wertänderungen werden entsprechend der Einordnung des Vermögenswertes in eine der vier Kategorien abgebildet. Demgegenüber wird bei einer Erfassung zum 530

196 Vgl. *Jutz* in Küting/Weber, Handbuch der Rechnungslegung, Bd. Ia, 4. Aufl. 1995, I Rz. 837; davon zu trennen ist freilich die entrichtete Sicherheitsleistung („initial margin"), die als sonstiger Vermögenswert auszuweisen ist, s. ebenda Rz. 831 ff.

197 Man beachte: ggf. geleistete Anzahlungen stellen keine finanziellen Vermögenswerte dar.

198 Künftig ED IAS 39.57A sowie Anhang A10–A14.

Erfüllungstag der Vermögenswert erst zu diesem Zeitpunkt als Zugang gezeigt. Wertänderungen aber, die sich zwischen dem Handels- und Erfüllungstag eingestellt haben, sind ebenfalls entsprechend der (späteren) Einordnung des Vermögenswertes abzubilden.[199] Auch bei einer Erfassung zum Erfüllungstag muss sich das Unternehmen daher schon zum Handelstag darüber klar sein, welcher Kategorie der Vermögenswert später zugeordnet wird.

Praktische Bedeutung hat das Wahlrecht wegen der bilanziellen Auswirkungen *nur dann*, wenn zwischen dem Handels- und Erfüllungstag ein **Bilanzstichtag** liegt.[200]

b) Bewertung bei erstmaliger Erfassung

531 Sämtliche finanziellen Vermögenswerte aus den vier Kategorien sind bei erstmaliger Erfassung zu **Anschaffungskosten** anzusetzen. Die Anschaffungskosten entsprechen dabei dem fair value des Hingegebenen. **Transaktionskosten** sind als Anschaffungsnebenkosten mit einzubeziehen (IAS 39.66). Zu den Transaktionskosten gehören die direkt dem Erwerb des Vermögenswertes zurechenbaren Kosten, z. B. Gebühren, Provisionen, Courtage und, je nach Finanzplatz, auch Steuern und andere hoheitliche Abgaben. Nicht dazu zählen jedoch (interne) Verwaltungskosten sowie Agien oder Disagien (IAS 39.17). Eine (sofortige) aufwandswirksame Erfassung der Transaktionskosten ist zulässig, sofern der finanzielle Vermögenswert erfolgswirksam zum fair value bewertet wird;[201] s. auch Rz. 536.

532 Beim Erwerb zinstragender Wertpapiere sind häufig **Stückzinsen** zu entrichten. Zur bilanziellen Behandlung dieser Stückzinsen enthält IAS 39 keine Regelung. Wirtschaftlich betrachtet handelt es sich bei den Stückzinsen um eine erworbene Zinsforderung, die getrennt vom Wertpapier im Umlaufvermögen zu bilanzieren ist, d. h. die Stückzinsen gehören nicht zu den Anschaffungskosten des Wertpapiers.[202] Das folgende Beispiel zeigt die grundlegenden Buchungen:

---

199 Zu Einzelheiten und einem Zahlenbeispiel s. IAS 39.32-34; ein darauf aufbauendes Zahlenbeispiel enthält auch *Bellavite-Hövermann/Barckow* in Baetge u. a. (Hrsg.), Rechnungslegung nach IAS, 2. Aufl. 2002, IAS 39 Rz. 99; zu weiteren Einzelheiten s. insbesondere *Scharpf*, Rechnungslegung von Financial Instruments nach IAS 39, 2001, S. 96-102. Beispiele künftig in ED IAS 39.B25 ff.

200 Das Gleiche gilt für Quartalsabschlüsse.

201 Vgl. IGC Q&A 66-1.

202 Dies entspricht der alten, in IAS 25.17 kodifizierten Regelung, vgl. *Steiner* in Baetge u. a. (Hrsg.), Rechnungslegung nach IAS, 1997, IAS 25 Rz. 29 sowie *Scharpf*, Rechnungslegung von Financial Instruments nach IAS 39, 2001, S. 141.

Beispiel:
- Kauf eines fest verzinslichen Wertpapiers am 20. August zu 97 %
- Nennwert 1 000 Euro
- Nominalverzinsung 6 %
- Coupontermin 30. September

Berechnung der Stückzinsen: $Z = \frac{1000 \times 6 \times 324}{365 \times 100} = 53,26$

Die Zahllast des Käufers beträgt 970 + 53,26 = 1023,26

Die Buchungen lauten

a) am 20. 8.:

Wertpapier	970,00		
Zinsforderung	53,26	an Bank	1 023,26

b) am 30. 9.:

Bank	60	an Zinsforderung	53,26
		Zinsertrag	6,74

Beim Erwerb von **Dividendenpapieren** ist anders zu verfahren, da ein *Recht* auf Dividende – im Gegensatz zum Zinsanspruch – erst mit Beschlussfassung entsteht (vgl. hierzu Rz. 184).[203]

c) Folgebewertung

Die Folgebewertung finanzieller Vermögenswerte ist abhängig von der jeweiligen Einordnung der Vermögenswerte. Vom Unternehmen begründete Kredite und Forderungen sowie bis zur Endfälligkeit zu haltende finanzielle Vermögenswerte sind zu *fortgeführten Anschaffungskosten*, zu Handelszwecken gehaltene und zur Veräußerung verfügbare finanzielle Vermögenswerte zum *fair value* (sofern ermittelbar) anzusetzen; s. die folgende *Abb. 28.* Dabei können Wertänderungen bei den zur Veräußerung verfügbaren finanziellen Vermögenswerten entweder erfolgswirksam oder mittels einer Neubewertungsrücklage erfolgsneutral im Eigenkapital erfasst werden. Die gewählte Methode (einmaliges Wahlrecht) ist für alle zur Veräußerung verfügbaren finanziellen Vermögenswerte stetig anzuwenden. Ein Methodenwechsel, der dann als Änderung der Bilanzierungs- und Bewertungsmethode nach IAS 8 zu erfassen ist (s. Rz. 133 ff.), kann grundsätzlich in Betracht kommen. Der Board ist jedoch der Meinung (IAS 39.105), dass es höchst unwahrscheinlich sei, dass der Wechsel von der ergebniswirksamen zur ergebnisneutralen Erfassung von Wertänderungen zu einer sachgerechten Darstellung der Vermögens- und 533

203 A. A. wohl *Scharpf*, Rechnungslegung von Financial Instruments nach IAS 39, 2001, S. 141.

Ertragslage führt. Nach ED IAS 39 entfällt das Wahlrecht; künftig sind alle finanziellen Vermögenswerte der Kategorie available-for-sale erfolgsneutral zum fair value zu bewerten.

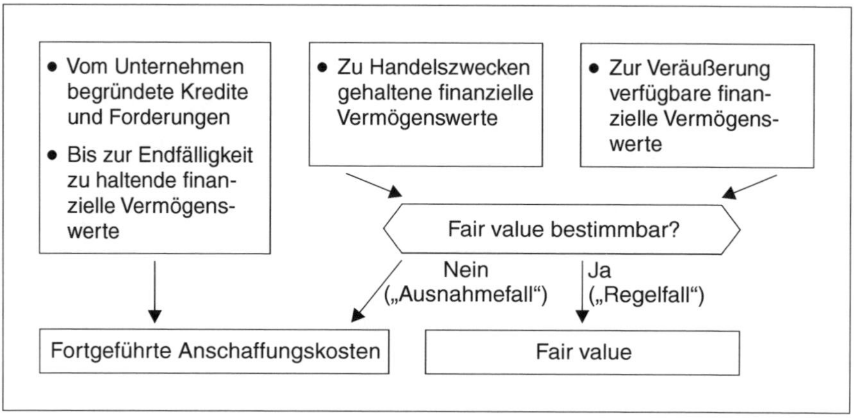

Abb. 28: Folgebewertung finanzieller Vermögenswerte

534 Finanzielle Vermögenswerte, die nicht auf einem aktiven Markt gehandelt werden und deren fair value nicht zuverlässig geschätzt werden kann,[204] sind zu *Anschaffungskosten* anzusetzen, und zwar unabhängig davon, welcher Kategorie (held for trading oder available-for-sale) sie zugeordnet worden sind (IAS 39.69 c, 39.73). In der praktischen Anwendung wird dies häufig auf nicht börsennotierte Anteile, z. B. *GmbH-Anteile*, zutreffen.[205]

aa) Bewertung zu fortgeführten Anschaffungskosten

535 Die fortgeführten Anschaffungskosten finanzieller Vermögenswerte mit **fester Laufzeit** ergeben sich aus der Verwendung der **Effektivzinsmethode** (IAS 39.73). Der Effektivzins ist der **interne Zinsfuß** einer Investition, also jener Zinssatz, zu dem der Kapitalwert der Investition (Summe der erwarteten Kapitalrückflüsse abzüglich Anschaffungskosten) den Wert „0" annimmt.

Finanzielle Vermögenswerte ohne feste Laufzeit werden demgegenüber mit historischen Anschaffungskosten bewertet, es sei denn, die Diskontierung mittels eines kalkulatorischen Zinssatzes hätte wesentliche Auswirkungen. Damit sind **kurzfristige Forderungen** (einschließlich solcher aus Lieferungen und Leistungen) im Ergebnis zum **Nominalwert** anzusetzen (IAS 39.74 f).[206]

204 Nach ED IAS 39 Einschränkung auf gehaltene Eigenkapitaltitel.

205 ED IAS 39.69c ergänzt, dass die Bewertung zu Anschaffungskosten auch für mit solchen Eigenkapitaltiteln verbundenen Optionen gelten soll.

206 Obwohl dieser Passus nach ED IAS 39 gestrichen wird, ergibt sich u. E. materiell keine Änderung: Eine Abzinsung kommt gem. ED IAS 39.67 sowie unter Berücksichtigung von ED IAS 39.111 (impairment test) auch künftig nur bei langfristigen Kundenforderungen in Betracht; zu einem Beispiel s. Rz. 177.

Bei **variabel verzinslichen** finanziellen Vermögenswerten, die zu pari erworben wurden, entspricht der Effektivzins dem Nominalzins bei Erwerb des Vermögenswertes. Eine spätere Änderung des Zinssatzes führt dann zu höheren oder niedrigeren künftigen Zinsen, aber auch zu einer entsprechenden Änderung des Effektivzinssatzes. Das bedeutet, dass sich der Buchwert des Vermögenswertes in den Folgeperioden *nicht* wesentlich ändert (IAS 39.76).

bb) Bewertung zum fair value

Alle übrigen finanziellen Vermögenswerte – also die Kategorien held for trading und available-for-sale sind, sofern ermittelbar, zum fair value zu bewerten. Zum fair value (bei der Folgebewertung) gehören aber weder die im Zeitpunkt des Erwerbs bereits entrichteten noch die ggf. bei Veräußerung noch anfallenden Transaktionskosten (IAS 39.69).[207] Die aktivierten **Transaktionskosten** sind demzufolge 536

- bei erstmaliger Erfassung des Vermögenswertes (s. Rz. 531) oder bei der ersten Folgebewertung **erfolgswirksam** (wenn held for trading – s. Beispiel in IAS 39.77 – oder available-for-sale bei Wahl der erfolgswirksamen Methode – entfällt künftig –),
- bei der ersten Folgebewertung **erfolgsneutral** bis zur Veräußerung des Finanzinstruments (wenn **Eigenkapitaltitel** in der Kategorie available-for-sale bei Wahl der **erfolgsneutralen** Methode) und
- ab der ersten Folgeperiode **erfolgswirksam** über die Laufzeit auf Basis der Effektivzinsmethode (wenn Fremdkapitaltitel in der Kategorie available-for-sale bei Wahl der erfolgsneutralen Methode und im Übrigen auch bei held-to-maturity-Titeln)

zu erfassen.[208]

Der fair value – s. zur theoretischen Konzeption und zur Definition Rz. 241 ff. – hat insoweit fundamentale Bedeutung, als hiermit für einen erheblichen Teil der Finanzaktiva eine erfolgswirksame Erfassung (aus HGB-Perspektive) unrealisierter Wertänderungen vorgesehen ist. Um Ermessenspielräume einzudämmen,[209] darf der fair value nur dann verwendet werden, wenn er verlässlich bestimmt werden kann. Dabei gilt der fair value eines Finanzinstruments immer dann als verlässlich bestimmbar, wenn 537

(a) die **Schwankungsbandbreiten** vernünftiger Schätzungen des fair value *nicht signifikant* sind oder

207 IAS 32.83 weist zutreffend darauf hin, dass Transaktionskosten auf organisierten, liquiden Märkten häufig unbedeutend sind. Die vorgesehene Streichung dieses Hinweises durch ED IAS 32 ändert nichts an der Richtigkeit der Aussage.

208 Vgl. IGC Q&A 66-1.

209 Die Gefahr hoher Ermessensspielräume sehen z. B. *Hoffmann/Lüdenbach*, DStR 2002, 871 (875).

(b) ein **Erwartungswert** gebildet werden kann, d. h. für verschiedene Schätzungen möglicher fair values innerhalb einer Bandbreite[210] können Eintrittswahrscheinlichkeiten angegeben werden (IAS 39.95).

Diese beiden Punkte sind einerseits als Objektivierungskriterien, andererseits aber auch nur als bloße Auffanglösung zu verstehen,[211] denn IAS 39 geht regelmäßig davon aus, dass im Hinblick auf den fair value eine **einwertige Schätzung** möglich ist. So gilt nach IAS 39.96 der fair value als verlässlich bestimmbar für:

(a) Finanzinstrumente, für die Marktpreise an einer aktiven Wertpapierbörse existieren,

(b) Schuldinstrumente, die von einer unabhängigen Rating-Agentur bewertet werden und deren Cashflows vernünftig geschätzt werden können und

(c) Finanzinstrumente, für die ein angemessenes Bewertungsmodell angewendet werden kann. Die in das Modell einfließenden Daten sollen aus aktiven Märkten stammen.

538 Für die Ermittlung des fair value gilt zunächst die Annahme der Unternehmensfortführung (s. Rz. 119 f.), sofern diese berechtigt ist. Keinesfalls stellt der fair value unter der Going-Concern-Prämisse einen Liquidationswert dar. Gleichwohl ist die Verwendungsabsicht für einen Vermögenswert bei der Wertfindung zu berücksichtigen; wenn in naher Zukunft eine Veräußerung geplant ist, dann bestimmt der Verkaufspreis den fair value (IAS 39.98, IAS 32.80).[212] Im Übrigen empfiehlt es sich, konkret nach folgenden Schritten vorzugehen:

- Es existiert ein **aktiver Markt** mit **öffentlich notierten Preisen**: Der hier notierte Preis stellt (normalerweise)[213] den besten Anhaltspunkt für den fair value dar (IAS 39.99). Kennzeichen eines aktiven Marktes ist, dass tatsächlich Käufer und Verkäufer in der Regel jederzeit gefunden werden können (IAS 36.5), der Markt also *liquide* ist. Das wird, um ein Beispiel aus dem Aktienhandel heranzuziehen, bei DAX- und MDAX-Unternehmen regelmäßig der Fall sein, kann aber bei SDAX oder im amtlichen Handel notierten Nebenwerten schon in Frage zu stellen sein.[214]
- Es existieren öffentlich notierte bzw. zugängliche Preise auf einem **nicht aktiven Markt** (einschließlich **OTC-Märkten**): Da es sich hier um Vergan-

210 Die deutsche Übersetzung „innerhalb *dieser* Bandbreite" suggeriert fälschlich einen Bezug zur Bandbreite unter Nummer (a).

211 Dies wird durch ED IAS 39.101 verdeutlicht, wonach die Auffanglösung nur für Eigenkapitalinstrumente, die nicht auf einem aktiven Markt gehandelt werden, Bedeutung hat.

212 Dieser Passus soll durch ED IAS 32 und ED IAS 39 gestrichen werden.

213 „normalerweise" soll künftig gestrichen werden.

214 ED IAS 39.99 ergänzt, dass Preisstellungen von Brokern oder Regulierungsbehörden Preise von tatsächlich gehandelten Werten gleichstehen, sofern sie regelmäßig erfolgen und normale Marktbedingungen reflektieren.

genheitswerte handelt, ist eine Einschätzung erforderlich, ob auf den zugänglichen Preis zurückgegriffen werden kann, um eine arm's length-Transaktion abzubilden (IAS 39.100).[215]

- Es sind **keine Marktpreise** vorhanden bzw. die gegebenen Preisnotierungen sind eher nur zufällig zustande gekommen: Hier sind **anerkannte Schätzverfahren** anzuwenden (IAS 39.100); dazu gehören:
  - **Vergleichswertverfahren:** Ableitung des fair value des zu bewertenden Finanzinstruments aus vorliegenden fair values sehr ähnlicher Finanzinstrumente (So wird man den fair value einer Industrieanleihe als Anhaltspunkt für die Bewertung eines Darlehens heranziehen können, wenn beide Finanzinstrumente über die gleiche Ausstattung verfügen und eine Rating-Agentur beide Schuldner mit dem gleichen Rating versehen hat. Auch könnte der beizulegende Zeitwert einer Devisenoption Hinweise geben zur Bewertung eines wirtschaftlich vergleichbaren Devisenterminkontrakts).
  - **Barwert künftiger Cashflows:** Die Ermittlung stellt insbesondere bei gehaltenen Fremdkapitaltiteln in der Regel kein Problem dar. Es ist ein Zinssatz heranzuziehen, der der Rendite vergleichbarer Finanzinstrumente entspricht; zu berücksichtigen sind hierbei insbesondere Bonität, Restlaufzeit und Währung. Auch zur Bewertung von Forderungen sowie bei Zinsderivaten (z. B. Swaps, Forwards), für die keine Marktpreise vorliegen, kommt die Barwertermittlung in Betracht.[216]
  - **Optionspreismodelle:** IAS 39 nennt kein bestimmtes Modell, aber unstrittig dürfte das Black & Scholes-Modell[217] anerkannt sein.

Sollte der fair value aus Marktwerten abgeleitet sein, ist für Vermögens- 539
werte, die erworben werden, bei Erwerb der **Briefkurs** und für gehaltene oder zum Verkauf anstehende Vermögenswerte der **Geldkurs** maßgeblich *(exit price).* Umgekehrt gilt für begebene Schuldpapiere der Geldkurs und für gehaltene der Briefkurs. Die Verwendung eines Mittelkurses kommt bei einander entsprechenden Vermögens- und Schuldposten in Betracht (IAS 39.99).

Sollten sich größere Positionen eines Vermögenswertes im Bestand befinden 540
(z. B. ein größeres Aktienpaket), dann sind **Paketzu- oder -abschläge** vom aktuellen Kurswert nur insoweit zu berücksichtigen, als eine entsprechende Vereinbarung über den Verkauf bereits getroffen worden ist.[218]

---

215 ED IAS 39.100 präzisiert, dass hinsichtlich des letzten zugänglichen Preises geprüft werden solle, ob faire Marktbedingungen geherrscht und ob sich seitdem die wirtschaftlichen Umstände geändert haben.

216 Vgl. *Scharpf*, Rechnungslegung von Financial Instruments nach IAS 39, 2001, S.156.

217 Vgl. *Black/Scholes*, JoPE 1973, 637; eine Aufbereitung findet sich etwa in *Franke/Hax*, Finanzwirtschaft des Unternehmens und Kapitalmarkt, 4. Aufl. 1999, S. 364–374.

218 Vgl. IGC Q&A 100-1. Die Joint Working Group of Standard Setters empfiehlt eine Anhangangabe, falls ein kurzfristiger Verkauf einer größeren Position Einfluss auf

541 Eine nicht verlässliche Bestimmung des fair value wird nach IAS 39.70 insoweit nur bei nicht gehandelten Eigenkapitalinstrumenten (z. B. **GmbH-Anteilen**) gegeben sein, für die obendrein andere Bewertungsverfahren nur unbrauchbare Ergebnisse liefern (zu hohe Schwankungsbandbreite und keine Wahrscheinlichkeitsschätzung möglich, s. oben Rz. 537). Diese Finanzinstrumente sind dann zu *Anschaffungskosten* zu bewerten (IAS 39.73). Sollte in einer späteren Periode der fair value verlässlich bestimmt werden können, dann ist auf dieses Bewertungsverfahren überzugehen (IAS 39.91). Die Behandlung der ggf. auftretenden Differenz hängt davon ab, welcher Kategorie der Vermögenswert zugeordnet ist: Handelt es sich um ein zu Handelszwecken gehaltenes Eigenkapitalinstrument, dann ist die Wertänderung erfolgswirksam zu erfassen. Handelt es sich um ein zur Veräußerung verfügbares Eigenkapitalinstrument, dann ist, je nach gewählter Methode, die Wertänderung entweder erfolgswirksam oder erfolgsneutral zu behandeln (nach ED IAS 39: erfolgsneutral).

542 Umgekehrt ist auch denkbar, dass ein fair value ursprünglich oder zwischenzeitlich ermittelbar war, später aber nicht mehr ermittelbar ist. In diesem Fall gilt der letzte fair value-Ansatz als Anschaffungskosten. Ist das Eigenkapitalinstrument der Kategorie zur Veräußerung verfügbar zugeordnet und sind die Wertänderungen erfolgsneutral erfasst worden, so bleiben diese im Eigenkapital, bis der Vermögenswert veräußert wird (IAS 39.92b) oder eine voraussichtlich dauernde Wertminderung vorliegt (IAS 39.117).

cc) Unterschiede in der Bewertung zu Anschaffungskosten und zum fair value

543 IAS 39 gibt zwar einige Vorgaben, in welche der vier Kategorien finanzielle Vermögenswerte einzuordnen sind (s. Rz. 517 ff.). Gleichwohl obliegt die Einordnungsentscheidung in vielen Fällen dem Management selbst. So können gehaltene Eigenkapitalinstrumente sowohl dem Handelsbestand als auch der Kategorie available-for-sale zugeordnet werden. Das gilt auch für fest verzinsliche Wertpapiere, die darüber hinaus, wenn Halteabsicht und -fähigkeit dargelegt werden können, in die Kategorie held-to-maturity einzuordnen sind. Durch ED IAS 39 werden sich künftig diese *Spielräume* noch *erweitern*, denn bei erstmaliger Erfassung kann dann *jedes Finanzinstrument* (finanzielle Vermögenswerte und finanzielle Verbindlichkeiten) dem Handelsbestand zugeordnet werden. Außerdem können bei erstmaliger Erfassung jene finanziellen Vermögenswerte, die die Merkmale held-to-maturity oder vom Unternehmen begründete Forderungen und Kredite aufweisen, der Kategorie available-for-sale zugerechnet werden. Daher empfiehlt es sich, unternehmensintern Zuordnungskriterien festzulegen. Um die Folgewirkungen über-

---

den ermittelten fair value haben könnte, s. Draft Standard Financial Instruments and similar items Par. 183 (f).

blicken zu können, sollen die Konsequenzen der Einordnung anhand folgenden Beispiels verdeutlicht werden:[219]

Beispiel (Ausgangsdaten und erstmalige Erfassung eines finanziellen Vermögenswertes): 544

- Unternehmen U erwirbt zum 1.1.2002 ein mit 6 % fest verzinsliches Wertpapier.
- Nominalwert 100 Euro.
- Ausgabekurs 88,51 Euro.
- Restlaufzeit 8 Jahre.
- Transaktionskosten fallen nicht an.
- Jährliche Zinszahlungen zum 31.12.

Mit folgendem Zahlungsstrom kann gerechnet werden:

1.1.02	31.12.02	31.12.03	31.12.04	31.12.05	31.12.06	31.12.07	31.12.08	31.12.09
–88,51	6	6	6	6	6	6	6	106

Abb. 29: Zahlungsstrom Wertpapier

Bei der Einbuchung des Wertpapiers ist dieses, unabhängig von der Zuordnung in eine der Kategorien, mit den Anschaffungskosten anzusetzen, also mit 88,51 Euro. Das ist zum Erwerbszeitpunkt der fair value. Zum 1.1.2002 wird daher gebucht:

Wertpapier	88,51	an Bank	88,51

Zugleich ist auf dieser Basis der **Effektivzins** zu bestimmen. Der Effektivzins ist der **interne Zinsfuß** einer Investition, also jener Zinssatz, zu dem der Kapitalwert der Investition den Wert „0" annimmt. Das ist im vorliegenden Beispiel bei einem Zinssatz von 8 % der Fall:

100 Euro × 0,5403[220] = 54,03 Euro

6 Euro × 5,7466[221] = 34,48 Euro

88,51 Euro

Da zu einem Kurs von 88,51 Euro erworben worden ist, entspricht der Effektivzins bei Einbuchung zugleich dem Marktzinssatz.

219 Auf die Berücksichtigung latenter Steuern wurde hier verzichtet; s. aber Rz. 774.
220 Abzinsungsfaktor für n = 8 und i = 8 %.
221 Rentenbarwertfaktor für n = 8 und i = 8 %.

545 **Beispiel (Fortsetzung 1: Folgebewertung Geschäftsjahr 2002):**

Zum **Bilanzstichtag 31.12.2002** sei der Marktzinssatz für Wertpapiere *von nur noch 7-jähriger Restlaufzeit derselben Risikoklasse* 8 % und damit gleich dem Effektivzins des betrachteten Wertpapiers. Da seit Erwerb ein Jahr vergangen ist, beträgt der Barwert künftiger Zahlungen:

100 Euro × 0,5835[222] = 58,35 Euro

6 Euro × 5,2064[223] = 31,24 Euro

89,59 Euro

Der Barwert von 89,59 Euro entspricht sowohl den fortgeführten Anschaffungskosten als auch dem fair value.[224] Solange der Marktzinssatz gleich dem Effektivzinssatz ist, ergibt sich für alle Kategorien derselbe Bilanzansatz sowie dieselbe Erfolgswirkung. Das gilt auch für available-for-sale Finanzinstrumente, deren fair value-Änderungen erfolgsneutral im Eigenkapital erfasst werden. Der Zinsertrag ist auch hierbei auf Basis der Effektivzinsmethode zu bestimmen und erfolgswirksam zu erfassen.[225] Der Zinsertrag wird bestimmt als 88,51 Euro × 0,08 = 7,08 Euro. Es ist daher zu buchen:

Wertpapier	7,08	an Ertrag	7,08
Bank	6,00	an Wertpapier	6,00

546 **Beispiel (Fortsetzung 2: Folgebewertung Geschäftsjahr 2003):**

Ein weiteres Jahr später, zum **31.12.2003**, sei der Marktzinssatz für Wertpapiere mit *6-jähriger Restlaufzeit derselben Risikoklasse* 4 %; für unser betrachtetes Wertpapier bedeutet das eine Halbierung des Marktzinssatzes. Weicht der Marktzinssatz vom Effektivzinssatz ab, so ergeben sich unterschiedliche Bilanzansätze, d. h. die Einordnung des Wertpapiers in eine der Kategorien hat unmittelbare bilanzielle Konsequenzen.

held-to-maturity

In dieser Kategorie erfolgt die Bewertung **zu fortgeführten Anschaffungskosten** auf Basis der Effektivzinsmethode, die Veränderung des Marktzinssatzes ist ohne Belang. Als Barwert künftiger Zahlungen (= fortgeführte Anschaffungskosten) ergibt sich:

222 Abzinsungsfaktor für n = 7 und i = 8 %.
223 Rentenbarwertfaktor für n = 7 und i = 8 %.
224 Der fair value wird aus Gründen der Anschaulichkeit hier und im Folgenden als Barwert der künftig zu erwartenden Zahlungen ermittelt. Unter den gegebenen Annahmen ergäbe sich der Wert aber auch regelmäßig aus einer Marktnotierung.
225 Vgl. IGC Q&A 103-1; ED IAS 39.103 b.

100 Euro × 0,6302[226] = 63,02 Euro

6 Euro × 4,6229[227] = 27,74 Euro
90,76 Euro

Es ist deutlich darauf hinzuweisen, dass vorgenannte Barwertermittlung in dieser Kategorie nicht erforderlich ist. Die fortgeführten Anschaffungskosten können auch wie folgt bestimmt werden:

Buchwert Vorjahr + Buchwert Vorjahr × Effektivzinssatz ⁒ Zinszahlung = Buchwert Berichtsjahr, im Beispiel also:

89,59 Euro + 89,59 Euro × 0,08 ⁒ 6 Euro = 90,76 Euro.

Der Zinsertrag (89,59 Euro × 0,08) beläuft sich auf 7,17 Euro, so dass zu buchen ist:

Wertpapier	7,17	an Ertrag	7,17
Bank	6,00	an Wertpapier	6,00

held for trading

In dieser Kategorie ist das Wertpapier zum **fair value** anzusetzen. Sämtliche Wertänderungen zum vormaligen Bilanzansatz sind erfolgswirksam zu erfassen. Da der Marktzinssatz gesunken ist, muss der Kurswert des Wertpapiers gestiegen sein. Zur fair value Ermittlung werden die künftig zu erwartenden Zahlungen mit dem **Marktzinssatz** abgezinst; es ergibt sich:

100 Euro × 0,7903[228] = 79,03 Euro

6 Euro × 5,2421[229] = 31,45 Euro
110,48 Euro

Als Differenz zum letztjährigen fair value ergibt sich: 110,48 Euro – 89,59 Euro = 20,89 Euro. Um diesen Betrag ist das Wertpapier im Ergebnis zuzuschreiben; als Ertrag kommen die gezahlten Zinsen hinzu:

Wertpapier	26,89	an Ertrag	26,89
Bank	6,00	an Wertpapier	6,00

available-for-sale, erfolgsneutral

Auch in dieser Kategorie ist das Wertpapier zum **fair value** von **110,48 Euro** anzusetzen. Allerdings ist die Wertänderung erfolgsneutral im Eigenkapital zu erfassen, soweit sie sich auf den Unterschied zu einem zum Effektivzins bewerteten Wertpapier bezieht (110,48 Euro – 90,76 Euro = 19,72 Euro), denn Agien/Disagien sind erfolgswirksam über die Laufzeit zu erfassen. Es ist zu buchen:

226 Abzinsungsfaktor für n = 6 und i = 8 %.
227 Rentenbarwertfaktor für n = 6 und i = 8 %.
228 Abzinsungsfaktor für n = 6 und i = 4 %.
229 Rentenbarwertfaktor für n = 6 und i = 4 %.

Wertpapier	26,89	an Ertrag	7,17
		Neubewertungsrücklage	19,72
Bank	6,00	an Wertpapier	6,00

547 **Beispiel (Fortsetzung 3: Folgebewertung Geschäftsjahr 2004):**

Im Folgejahr, zum **31.12.04**, sei der Marktzinssatz für Wertpapiere mit 5-*jähriger Restlaufzeit derselben Risikoklasse* 4 %. Der Marktzins für unser betrachtetes Wertpapier hat sich gegenüber dem Vorjahr nicht verändert.

held–to-maturity

Die Berechnung auf Basis der Effektivzinsmethode ergibt für den Zinsertrag 90,76 × 0,08 = 7,26. Das Wertpapier wird am Jahresende mit **92,02 Euro** angesetzt. Es ist zu buchen:

Wertpapier	7,26	an Ertrag	7,26
Bank	6,00	an Wertpapier	6,00

held for trading

Erneut werden zur fair value Ermittlung die künftig zu erwartenden Zahlungen mit dem Marktzinssatz abgezinst; es ergibt sich:

100 Euro × 0,8219[230] = 82,19 Euro

6 Euro × 4,4518[231] = 26,71 Euro

108,90 Euro

Der fair value ist jetzt gegenüber dem Vorjahr gesunken, da es bis zur Rückzahlung zu pari nur noch fünf Jahre sind. Der Wertansatz über pari amortisiert sich bis zum Rückzahlungszeitpunkt; dadurch sinkt der Ertrag. Der Zinsertrag lässt sich berechnen als: 110,48 Euro × 0,04 = 4,42. Der Ertrag von 4,42 Euro zuzüglich des letztjährigen Wertansatzes von 110,48 Euro abzüglich der Zinszahlung von 6 Euro ergibt 108,90 Euro. Es ist zu buchen:

Wertpapier	4,42	an Ertrag	4,42
Bank	6,00	an Wertpapier	6,00

available-for-sale, erfolgsneutral

Auch in dieser Kategorie ist das Wertpapier zum fair value von **108,90 Euro** anzusetzen. Der Zinsertrag ist in Höhe der Effektivverzinsung zu erfassen. Auf diese Weise vermindert sich auch die Neubewertungsrücklage:

Wertpapier	7,26	an Ertrag	7,26
Neubewertungsrücklage	2,84		

230 Abzinsungsfaktor für n = 5 und i = 4 %.

231 Rentenbarwertfaktor für n = 5 und i = 4 %.

Bank	6,00	an Wertpapier	8,84

Damit beträgt die Neubewertungsrücklage am 31.12.04 noch **16,88 Euro**.

d) Ausbuchung

Ein finanzieller Vermögenswert (oder ein Teil desselben) ist auszubuchen, 548
wenn das Unternehmen die **Verfügungsmacht** über die vertraglichen Rechte des Finanzinstruments verliert. Das ist der Fall bei Realisation, Verfall oder Aufgabe der Rechte (IAS 39.35).[232]

Eine **Realisation** liegt vor, wenn die Rechte ausgeübt worden sind, beispielsweise gegen den Erhalt von Zahlungsmitteln, und keine weiteren Rechte (z. B. Rückkaufsrecht zu vorteilhaften Bedingungen) beim Veräußerer verbleiben. In diesem Fall wird der Empfänger des finanziellen Vermögenswertes dessen Nutzen uneingeschränkt beanspruchen können (IAS 39.41). In vielen Fällen – beispielsweise bei der anonymen Veräußerung von Wertpapieren über die Börse – ist der Verlust der Verfügungsmacht unproblematisch festzustellen. Das gilt auch bei **Verfall der Rechte**, etwa bei Derivaten. Andererseits sind in der Praxis Vereinbarungen im Hinblick auf den Rückerwerb von Finanzinstrumenten nicht selten anzutreffen. Bei **Pensions- oder Wertpapierleihgeschäften** etwa sind die Vereinbarungen auf ihren wirtschaftlichen Gehalt hin zu überprüfen. Zur Beurteilung, ob die Verfügungsmacht wirklich übergegangen ist, ist daher auch die Situation des Empfängers zu beachten (IAS 39.37). Sollte zivilrechtlich eine Übertragung des finanziellen Vermögenswertes festgestellt werden können, ohne dass aus wirtschaftlicher Perspektive auch die Verfügungsmacht übergegangen ist, so ist der Geschäftsvorfall wie eine besicherte Kreditaufnahme auszuweisen (IAS 39.36). Es kommt also zu einer Bilanzverlängerung, wobei das Rückerwerbsrecht nicht als Derivat zu behandeln ist. Zur Bilanzierung solcher Spezialfälle auch unter Berücksichtigung von nur teilweiser Veräußerung s. unten unter 4. (Rz. 571 ff.).

Kommt es zu einer vollständigen Ausbuchung eines finanziellen Vermögenswertes, so ist die Differenz zwischen Buchwert und Veräußerungserlös zuzüglich einer ggf. vorhandenen Neubewertungsrücklage (bei available-for-sale) erfolgswirksam zu erfassen (IAS 39.43). Im Unterschied zur alternativ zulässigen Neubewertungsmethode bei Sachanlagen (Rz. 343 ff.) und immateriellen Vermögenswerten (Rz. 304) sind bei Veräußerung von Finanzinstrumenten *sämtliche Wertänderungen* somit *erfolgswirksam* zu erfassen, unabhängig davon, ob zuvor Wertänderungen erfolgsneutral behandelt worden sind.

232 ED IAS 39 sieht durch Einfügung eines sog. „*continuing involvement approach*" eine völlige Neufassung der Vorschriften zur Ausbuchung vor; s. Rz. 550.

549 **Beispiel (Fortsetzung 4: Veräußerung zum 1.1.2005):**

Anfang Januar 2005 werde das Wertpapier zu 108,50 Euro veräußert. Es ergibt sich:

- held-to-maturity: Gewinn in Höhe von 108,50 Euro – 92,02 Euro = 16,48 Euro.
- held for trading: Verlust in Höhe von 108,50 Euro – 108,90 Euro = – 0,40 Euro.
- available-for-sale: Gewinn in Höhe von 108,50 Euro + 16,88 Euro – 108,90 Euro = 16,48 Euro.

Aus der Tab. 25 ist ersichtlich, dass sich in allen drei Fällen über den Zeitraum von Erwerb bis zur Veräußerung des Wertpapiers ein Gewinn in Höhe von 37,99 Euro ergibt.

Die Tabelle zeigt deutlich, dass es bei der fair value Bewertung, soweit die Wertänderungen am ruhenden Vermögen erfolgswirksam gebucht werden, zu einer früheren Erfassung von – aus der Perspektive einer Anschaffungskostenbilanzierung wie nach HGB – unrealisierten Gewinnen kommt. So beläuft sich der Ertrag im Jahr 2003 bei der Variante held for trading auf 26,89 Euro, wohingegen er bei held-to-maturity und bei available-for-sale sich jeweils auf 7,17 Euro beläuft. Zwei Effekte sind hervorzuheben:

- Die Entwicklung des Ertrags in den Kategorien held-to-maturity und available-for-sale stimmt in beiden Fällen überein wegen der Verwendung des Effektivzinssatzes und weil die Werterhöhung aufgrund des gesunkenen Marktzinses bei der available-for-sale-Kategorie erfolgsneutral im Eigenkapital (in der Neubewertungsrücklage) erfasst wird.
- Der Bilanzansatz der Kategorien held for trading und available-for-sale stimmt in beiden Fällen überein, da immer der fair value zum Ansatz kommt.

Tab. 25: Beispiel Bilanzierung Wertpapier bis zur Veräußerung

		held-to-maturity		**held for trading**		**available-for-sale**		
	Zu-/ Abfluss (-)	Buchwert Wertpapier	Ertrag/ Aufwand (-)	Buchwert Wertpapier	Ertrag/ Aufwand (-)	Buchwert Wertpapier	Ertrag/ Aufwand (-)	Neubewertungsrücklage
	Marktzinssatz beträgt 8 %							
1.1.02	– 88,51	88,51		88,51		88,51		
31.12.02	6,00	89,59	7,08	89,59	7,08	89,59	7,08	
	Marktzinssatz beträgt 4 %							
31.12.03	6,00	90,76	7,17	110,48	26,89	110,48	7,17	19,72
31.12.04	6,00	92,02	7,26	108,90	4,42	108,90	7,26	16,88
	*Veräußerung zum 1.1.05 zu 108,5**							
1.1.05	108,50	–	16,48	–	– 0,40	–	16,48	–
	Summe Ertrag		37,99		37,99		37,99	

* Wegen Sanktionen bei vorzeitiger Veräußerung aus der Kategorie held-to-maturity vgl. Rz. 563

Das Beispiel zeigt auch sehr deutlich, dass in allen drei Fällen die Zahlungsströme identisch sind, die unterschiedlichen Bewertungskonzeptionen jedoch den Vermögens- und Ergebnisausweis in der jeweiligen Berichtsperiode beeinflussen.

Mit ED IAS 39 ist eine **vollständige Neufassung** der Vorschriften über die Ausbuchung finanzieller Vermögenswerte vorgesehen. Durch die Einführung eines sog. *„continuing involvement approach"* soll die Ausbuchung eines finanziellen Vermögenswertes (oder eines Teils desselben) künftig nur noch zulässig sein (ED IAS 39.37), wenn der Veräußerer 550

(a) sämtliche vertraglichen Rechte in Bezug auf die Cashflows des finanziellen Vermögenswertes aufgegeben hat oder

(b) ein sog. „pass-through arrangement" eingegangen ist (hierzu unten)

und zugleich

(a) keine vertraglichen Rechte bzw. Pflichten zum Rückerwerb des Vermögenswertes eingegangen ist oder

(b) keine vertraglichen Rechte oder Verpflichtungen eingegangen ist, auf der Performance des Vermögenswertes basierende Ausgleichszahlungen zu leisten oder zu erhalten (zB Ausfallgarantie).

Als „pass-through arrangement" werden Vereinbarungen bezeichnet, bei denen der Veräußerer seine vertraglichen Rechte auf die Cashflows, die den Vermögenswert konstituieren, ganz oder teilweise auf den Erwerber überträgt, dabei jedoch weiterhin Zahlungen aus den übertragenen Vermögenswerten empfängt.[233] Diese hindern *dann* nicht an einer Ausbuchung, wenn folgende Bedingungen kumulativ erfüllt sind (ED IAS 39.41):

- Der Veräußerer ist verpflichtet, die im Auftrag des Erwerbers eingezogenen Zahlungen aus dem übertragenen finanziellen Vermögenswert unverzüglich (without material delay) an den Erwerber weiterzuleiten (ED IAS 39.41 c); sollten Zahlungen ausfallen, bestehen seitens des Veräußerers keine weiteren Zahlungsverpflichtungen gegenüber dem Erwerber (ED IAS 39.41 a) und
- der Veräußerer hat kein Recht, den übertragenen Vermögenswert zu veräußern, zu verpfänden oder in einer anderen Form zum eigenen Vorteil einzusetzen (ED IAS 39.41 b).

Werden die vorbezeichneten Bedingungen erfüllt, besteht kein „continuing involvement" in den Cashflows des Vermögenswertes, so dass dieser auszubuchen ist. Umgekehrt gilt: Sobald Rückkaufsvereinbarungen getroffen worden sind, verhindern diese eine Ausbuchung. Das hat Konsequenzen für unechte Pensionsgeschäfte (s. Rz. 578), aber auch im Hinblick auf Vertragsgestaltungen beim Factoring oder bei ABS-Gestaltungen (s. Rz. 572 ff.).

---

233 Hierzu gehören beispielsweise ABS-Konstruktionen, vgl. *Pape/Bogajewskaja/Borchmann*, KoR 2002, 219 (222).

Ob und inwieweit die vorgeschlagenen Änderungen unverändert umgesetzt werden, kann bei Drucklegung noch nicht beurteilt werden. Immerhin hat das neue Konzept zwei Board-Mitglieder zu abweichenden Stellungnahmen veranlasst (s. ED IAS 39, Appendix D), und in der Literatur finden sich erste kritische Hinweise zum neuen Konzept.[234]

e) Wertminderung und Wertaufholung

551 Bei finanziellen Vermögenswerten sind Wertminderungen zu berücksichtigen. IAS 39 enthält hierzu eigene Regelungen, wonach eine Wertminderung eingetreten ist, wenn der Buchwert höher ist als der voraussichtlich erzielbare Betrag (IAS 39.109). Allerdings beschränkt sich der Anwendungsbereich der Regelungen auf solche finanzielle Vermögenswerte, die zu **(fortgeführten) Anschaffungskosten** oder **erfolgsneutral zum fair value** angesetzt werden. In den Kategorien held for trading sowie available-for-sale bei Wahl der erfolgswirksamen fair value Bewertung erübrigen sich Vorschriften zur Wertminderung, da ohnehin zu jedem Bilanzstichtag der fair value anzusetzen ist und Wertänderungen bzw. erforderliche Abwertungen damit implizit **erfolgswirksam** werden. Daher ist die **Prüfung** auf das Vorliegen einer Wertminderung (impairment test nach IAS 39) nur für folgende Klassen der finanziellen Vermögenswerte erforderlich:

(a) Vom Unternehmen begründete Kredite und Forderungen sowie bis zur Endfälligkeit zu haltende finanzielle Vermögenswerte,

(b) zur Veräußerung verfügbare finanzielle Vermögenswerte, die **erfolgsneutral** zum fair value angesetzt werden (IAS 39.117) und

(c) finanzielle Vermögenswerte, die eigentlich zum fair value hätten angesetzt werden müssen, deren fair value jedoch nicht ermittelbar war (Ausnahmefall). Hier ist jedoch ein Wertminderungstest zwingend zu jedem Bilanzstichtag durchzuführen (IAS 39.115).

Ein Wertminderungstest ist (außer bei der letztgenannten Kategorie) erst dann durchzuführen, wenn objektive substanzielle Hinweise die Vermutung des Vorliegens einer Wertminderung bestätigen. IAS 39.110 nennt hierzu einige Beispiele, die letztlich darauf hinauslaufen, dass der erwartete Nutzenzufluss kleiner als der Buchwert sein wird, d. h. **ursprünglich erwartete Zahlungen** demnach voraussichtlich ganz oder teilweise **ausfallen** werden. Die Verschlechterung der Bonität eines Schuldners reicht als Indikator alleine nicht aus, und die Erhöhung des Marktzinssatzes ist überhaupt kein Indikator, der auf einen Zahlungsausfall schließen lassen würde.

Liegen solchermaßen Anhaltspunkte für eine Wertminderung vor, ist ein Wertminderungstest nach IAS 39 durchzuführen. Dabei ist wie folgt zu unterscheiden (s. auch Abb. 30, Rz. 554):

234 Vgl. *Pape/Bogajewskaja/Borchmann*, KoR 2002, 219 (231).

(a) Für finanzielle Vermögenswerte der Kategorien „**vom Unternehmen begründete Kredite und Forderungen**" sowie „**bis zur Endfälligkeit zu haltende finanzielle Vermögenswerte**" sind die noch erwarteten Cashflows mit dem ursprünglichen effektiven Zinssatz abzuzinsen, um den erzielbaren Betrag zu erhalten (IAS 39.111). Bei kurzfristigen Forderungen erübrigt sich die Abzinsung. Es gilt der Einzelbewertungsgrundsatz; bei einem Portfolio gleichartiger finanzieller Vermögenswerte (z. B. Forderungen aus Lieferungen und Leistungen) ist auch eine „pauschalierte Einzelbewertung" möglich (IAS 39.112).[235] Sollte der Vermögenswert abgesichert und eine Zwangsvollstreckung wahrscheinlich sein, markiert der beizulegende Zeitwert der Sicherung den erzielbaren Betrag (IAS 39.113). Eine festgestellte Wertminderung ist sofort aufwandswirksam, der Buchwert kann direkt oder wahlweise **indirekt** über einen **Wertberichtigungsposten** gemindert werden (IAS 39.111). 552

(b) Bei **zur Veräußerung verfügbaren finanziellen Vermögenswerten** (erfolgs-*neutrale* fair value Bewertung) kann der fair value unter die historischen Anschaffungskosten sinken, ohne dass eine Wertminderung vorliegt. Bei Schuldinstrumenten wird das bei gestiegenen Marktzinssätzen zu beobachten sein. Der Wertminderungstest ist hiervon jedoch völlig unabhängig. 553

Die vorgenannten Änderungen der Marktwerte, die auf die normale Volatilität der Kurse zurückzuführen sind, werden bei available-for-sale assets – wie bereits ausgeführt – erfolgsneutral im Eigenkapital erfasst. Hiervon zu unterscheiden sind jedoch voraussichtlich **dauernde Wertminderungen**, die zu einer Durchbrechung der Möglichkeit der erfolgsneutralen Behandlung der Bewertung führen. Eine solche Wertminderung eines finanziellen Vermögenswertes hat stattgefunden, wenn der Buchwert höher ist als der voraussichtlich erzielbare Betrag (IAS 39.109) und objektiv substanzielle Hinweise darauf schließen lassen, dass eine derartige Wertminderung stattgefunden hat. Sowohl bei Eigenkapital- als auch bei Fremdkapitalinstrumenten sind Unternehmenskrisen objektivierbare Nachweise für derartige dauernde Wertminderungen.[236]

Wird eine Wertminderung festgestellt, ist eine ggf. vorhandene positive Neubewertungsrücklage zunächst mit der Wertminderung zu verrechnen, bevor der Restbetrag erfolgswirksam zu behandeln ist. Sollte die

235 Zuvor einzelbewertete Forderungen sind nicht mehr pauschaliert zu betrachten (vgl. IGC Q&A 112-2), und zwischen pauschaliert bewerteten Gruppen kommt eine Saldierung von Verlusten der einen mit erwarteten Gewinnen der anderen Gruppe nicht in Betracht (vgl. IGC Q&A 112-1).

236 Vgl. *Scharpf*, Rechnungslegung von Financial Instruments nach IAS 39, 2001, S. 160 sowie *Prahl/Naumann* in v. Wysocki/Schulze-Osterloh (Hrsg.), HdJ Abt. II/10 Rz. 292.

Neubewertungsrücklage bereits negativ sein, ist sie in den Aufwand umzubuchen (IAS 39.117).[237]

Beim Verfahren zur Ermittlung des wertgeminderten Ansatzes des Vermögenswertes ist zwischen Eigenkapital- und Schuldinstrumenten zu unterscheiden. Bei **Eigenkapitalinstrumenten** ist der fair value (IAS 39.118) gem. der oben unter Rz. 538 beschriebenen Vorgehensweise zu ermitteln und dann zu prüfen, ob eine dauernde Wertminderung oder lediglich die normale Volatilität vorliegt.

Bei **Schuldinstrumenten** ist auf den erzielbaren Betrag abzuschreiben, der sich aus der Diskontierung der noch zu erwartenden Zahlungen mit einem *aktuellen Marktzinssatz* eines vergleichbaren Finanzinstruments ergibt (IAS 39.118).

Die vorstehend erläuterte Bewertung der available-for-sale assets führt im Ergebnis dazu, dass auch die vorübergehend im Eigenkapital berücksichtigten Wertänderungen sich letztlich erfolgswirksam in der GuV niederschlagen, sei es, dass die finanziellen Vermögenswerte veräußert oder eingelöst werden oder eine nachhaltige Wertminderung (impairment) vorliegt (IAS 39.117).[238]

554 (c) Schließlich können auch finanzielle Vermögenswerte, die **eigentlich zum fair value hätten angesetzt werden müssen**, wertgemindert sein (IAS 39.115). Da eine fair value Ermittlung definitionsgemäß nicht möglich war, muss hier auf den *erzielbaren* Betrag, also den Barwert der noch zu erwartenden Cashflows, abgestellt werden. Dabei soll wieder der *aktuelle Marktzins* eines vergleichbaren Finanzinstruments herangezogen werden. Da es sich in dieser (Ausnahme-)Kategorie in der Praxis um nicht am Markt gehandelte Eigenkapitaltitel handeln wird – z. B. GmbH-Anteile –, wird man beim Zinssatz auf Renditegrößen zurückgreifen müssen. Auch wird das Abschätzen künftiger Cashflows eine Unternehmensbewertung erforderlich machen. Wertminderungen aufgrund des Ansatzes des im Vergleich zum Buchwert geringeren erzielbaren Betrags werden erfolgswirksam in der GuV erfasst (IAS 39.109, IAS 39.111).

Die nachfolgende Abb. 30 fasst die Erläuterungen zu Wertminderungen zusammen:

237 Dies gilt auch für aufgelaufene, erfolgsneutral im Eigenkapital erfasste Verluste aus Währungsumrechnung, vgl. IGC Q&A 117-2. Nach US-GAAP (FAS 115.13) bleibt es demgegenüber bis zur endgültigen Realisation bei der Erfassung von Gewinnen und Verlusten im Eigenkapital.

238 Dieses Verfahren wird als sog. *Recycling* bezeichnet, vgl. *Prahl/Naumann* in v. Wysocki/Schulze-Osterloh, HdJ Abt. II/10 Rz. 292.

Abb. 30: Wertminderung finanzieller Vermögenswerte

Beispiel (Fortsetzung 5: Geschäftsjahr 2005): 555

Im Gegensatz zum vorangegangenen Beispiel (s. Rz. 549) sei das Wertpapier *nicht* am 2.1.2005 veräußert worden, sondern immer noch im Bestand. Der Marktzinssatz für *Wertpapiere mit nur noch 4-jähriger Restlaufzeit der gleichen Risikoklasse* sei auf 10 % gestiegen. Die Veränderung des Marktzinssatzes ist *kein* Hinweis auf das Vorliegen einer Wertminderung. Zum 31.12.2005 ergeben sich in den drei Kategorien folgende Konsequenzen:

held-to-maturity

Eine Zinssatzsteigerung bedeutet zugleich einen gesunkenen Kurswert. Dieser ist aber in der Kategorie held-to-maturity ohne Belang, da das Papier bis zur Endfälligkeit gehalten werden soll, ein Kursrisiko demnach nicht existiert; der Kurswert muss nicht einmal festgestellt werden. Für den Zinsertrag ergibt sich 92,02 Euro × 0,08 = 7,36 Euro. Es ist zu buchen:

Wertpapier	7,36	an Ertrag	7,36
Bank	6,00	an Wertpapier	6,00

Das Wertpapier wird infolgedessen mit **93,38 Euro** angesetzt.

held for trading

Zur fair value Ermittlung werden die künftig zu erwartenden Zahlungen mit dem Marktzinssatz von 10 % abgezinst; es ergibt sich:

100 Euro × 0,6830[239] = 68,30 Euro

6 Euro × 3,1699[240] = 19,02 Euro

87,32 Euro

Die Differenz zum Bilanzansatz des Vorjahres beträgt 21,58 Euro. Da in der Zwischenzeit eine Zinszahlung von 6 Euro vereinnahmt werden konnte, ist per Saldo ein Aufwand von 15,58 Euro aufwandswirksam zu erfassen:

Aufwand	15,58	an Wertpapier	15,58
Bank	6,00	an Wertpapier	6,00

available-for-sale, erfolgsneutral

Auch in dieser Kategorie ist das Wertpapier per 31.12.2005 zum fair value von **87,32 Euro** anzusetzen. Der Ertrag ist in Höhe der Effektivverzinsung zu erfassen. Die Neubewertungsrücklage mindert sich um 22,94 Euro auf einen *negativen* Wert von 6,06 Euro; sie ist nach wie vor im Eigenkapital zu erfassen, da *keine Wertminderung* gemäß IAS 39.117 vorliegt. Es ergeben sich folgende Buchungssätze:

Wertpapier	7,36	an Ertrag	7,36
Neubewertungsrücklage	22,94		
Bank	6,00	an Wertpapier	28,94

556 **Beispiel (Fortsetzung 6: Erfassung einer Wertminderung im Geschäftsjahr 2006):**

Ein Jahr später, zum **31.12.2006**, beträgt der Marktzinssatz für Wertpapiere *mit nur noch dreijähriger Restlaufzeit derselben Risikoklasse* 10 %, so dass sich für unser betrachtetes Wertpapier keine Änderung ergibt. Allerdings ist der Emittent in erhebliche finanzielle Schwierigkeiten geraten. Es konnten zwar noch die Zinsen für das Jahr 2006 gezahlt werden, aber in 2007, 2008 und 2009 werden keine Zinszahlungen mehr erwartet. Dafür wird die Rückzahlung von 100 Euro in 2009 als sicher angesehen.

239 Abzinsungsfaktor für n = 4 und i = 10 %.

240 Rentenbarwertfaktor für n = 4 und i = 10 %.

Aufgrund dieser Ausgangssituation ist in den Kategorien held-to-maturity und available-for-sale ein **Wertminderungstest** durchzuführen. In der Kategorie held for trading sind die veränderten Ausgangsdaten zur Ermittlung des fair value heranzuziehen.

Tab. 26: Fortführung Beispiel Bilanzierung Wertpapier

		held-to-maturity		held for trading		available-for-sale		
	Zu-/ Abfluss (-)	Buchwert Wertpapier	Ertrag/ Aufwand (-)	Buchwert Wertpapier	Ertrag/ Aufwand (-)	Buchwert Wertpapier	Ertrag/ Aufwand (-)	Neubewertungs-rücklage
	Marktzinssatz beträgt 8 %							
1.1.02	- 88,51	88,51		88,51		88,51		
31.12.02	6,00	89,59	7,08	89,59	7,08	89,59	7,08	
	Marktzinssatz beträgt 4 %							
31.12.03	6,00	90,76	7,17	110,48	26,89	110,48	7,17	19,72
31.12.04	6,00	92,02	7,26	108,90	4,42	108,90	7,26	16,88
	Marktzinssatz beträgt 10 %							
31.12.05	6,00	93,38	7,36	87,32	- 15,58	87,32	7,36	- 6,06
	Zinszahlungen in 07, 08 und 09 fallen aus							
31.12.06	6,00	79,38	- 8,00	75,13	- 6,19	75,13	- 12,25	
1.1.07*	75,20		- 4,18		0,07		0,07	
	Summe Ertrag		16,69		16,69		16,69	

* Veräußerung; wegen Sanktionen bei vorzeitiger Veräußerung aus der Kategorie held-to-maturity vgl. Rz. 563

held-to-maturity

Ohne Wertminderungsprüfung ergäbe sich ein Zinsertrag von 93,38 Euro × 0,08 = 7,47 Euro. Zugleich ist aber zu prüfen, ob aufgrund des wahrscheinlichen Ausfalls der künftigen Zinszahlungen das Wertpapier im Wert gemindert sein könnte. Hierzu ist der *ursprüngliche Effektivzinssatz* (IAS 39.111) zugrunde zu legen:

100 Euro × 0,7938[241] = **79,38 Euro**

Das Wertpapier ist zum 31.12.06 mit dem (geminderten) Wert von 79,38 Euro zu erfassen. Es ist zu buchen:

Wertpapier	7,47	an Ertrag	7,47
Aufwand	15,47		
Bank	6,00	an Wertpapier	21,47

held for trading

Als fair value ergibt sich *unter Berücksichtigung des Marktzinssatzes* von 10 %:

100 Euro × 0,7513[242] = **75,13 Euro**

241 Abzinsungsfaktor für n = 3 und i = 8 %.
242 Abzinsungsfaktor für n = 3 und i = 10 %.

Die Differenz zum Bilanzansatz des Vorjahres beträgt 12,19 Euro. Da in der Zwischenzeit eine Zinszahlung von 6 Euro vereinnahmt werden konnte, ist eine *Wertminderung* von 6,19 Euro aufwandswirksam zu erfassen:

Aufwand	6,19	an Wertpapier	6,19
Bank	6,00	an Wertpapier	6,00

available-for-sale, erfolgsneutral

Im Falle einer Wertminderung ist in dieser Kategorie der zur Bestimmung des fair values erforderliche Barwert künftiger Zahlungen nunmehr zum Marktzinssatz (IAS 39.118) zu berechnen, so dass sich auch hier ein Wert von **75,13 Euro** ergibt. Die Differenz zum letztjährigen Bilanzansatz beträgt 12,19 Euro. Außerdem ist die kumulierte negative Neubewertungsrücklage (6,06 Euro) in den Aufwand zu stellen. Unter Berücksichtigung des Zinsertrages – wir schlagen vor, den Zinsertrag weiterhin auf Basis der Effektivzinsmethode zu bestimmen (= 7,47 Euro) – ergibt sich ein Aufwand von 19,72 Euro und per Saldo von 12,25 Euro.[243] Es ergeben sich folgende Buchungssätze:

Wertpapier	7,47	an Ertrag	7,47
Bank	6,00	an Wertpapier	6,00
Aufwand	19,72	an Wertpapier	13,66
		Neubewertungsrücklage	6,06

557 In der Tab. 26 ist das Wertpapier zum 1.1.2007 zu 75,20 Euro veräußert worden. Hieraus ist ersichtlich, dass sich erneut über die totale Halteperiode in allen drei Kategorien derselbe Totalerfolg von 16,69 Euro ergibt.

558 In den Perioden nach Erfassung einer Wertminderung ist der Zinsertrag auf Basis des bei der Ermittlung des erzielbaren Betrages zugrunde gelegten Zinssatzes zu berechnen (IAS 39.116). Das bedeutet:

- bei **held-to-maturity** bleibt es beim *ursprünglichen* effektiven Zinssatz und
- bei **available-for-sale** wird der zugrunde gelegte Diskontierungsfaktor (Marktzins) zum neuen „effektiven" Zinssatz, in unserem Beispiel wären das 10 % – unabhängig von der weiteren Zinsentwicklung am Markt.

559 Wertgeminderte Vermögenswerte sind an jedem folgenden Abschlussstichtag erneut einem Wertminderungstest zu unterziehen. Sollte in einer späteren Periode der Grund für die außerplanmäßige Abschreibung weggefallen sein, besteht **Zuschreibungspflicht.** Dies gilt für alle Kategorien finanzieller

243 Wird als Zinsertrag ein Betrag von 6,00 Euro gebucht, dann beträgt der Bruttoaufwand 18,25 Euro und per Saldo ebenfalls 12,25 Euro.

Vermögenswerte, die außerplanmäßig abgeschrieben worden sind (s. auch *Abb. 30*, Rz. 554).[244] Die Höhe der erfolgswirksamen Zuschreibung ist bei Vermögenswerten, die zu fortgeführten Anschaffungskosten bewertet werden, bis zum Buchwert vorzunehmen, der sich ergeben hätte, wenn die Wertminderung nicht erfasst worden wäre (IAS 39.114). Diese Begrenzung auf die ursprünglich fortgeführten Anschaffungskosten gilt u. E. auch in der Kategorie available–for-sale (erfolgsneutral), so dass dann nachfolgend wieder der ursprüngliche effektive Zinssatz zur Anwendung kommt.

Im Hinblick auf die Kategorisierung der Finanzinstrumente ist bezüglich der Wertaufholung daher Folgendes zu beachten:

Bei **held for trading assets** entfallen selbständige Wertaufholungen, da die Bewertung zum beizulegenden Wert derartige Zuschreibungen impliziert.

Soweit bei **available-for-sale**-assets langfristige Wertminderungen vorlagen und diese sich ergebniswirksam in der GuV niedergeschlagen haben, sind auch Wertaufholungen ergebniswirksam zu berücksichtigen.[245]

Da bei **held-to-maturity**-assets eine dauernde Wertminderung aufwandswirksam gebucht wird, ist eine Wertaufholung folglich ergebniswirksam vorzunehmen. Entsprechendes gilt für **vom Unternehmen begründete Kredite und Forderungen**.

Die Zuschreibungspflicht in der Kategorie available-for-sale und bei solchen finanziellen Vermögenswerten, die (ausnahmsweise) zu Anschaffungskosten bewertet werden, soll künftig entfallen (ED IAS 39.119, ED IAS 39.116).

f) Wechsel zwischen den Kategorien

Regelmäßig ist die Zuordnung finanzieller Vermögenswerte in eine der vier Kategorien bei der Einbuchung vorzunehmen und damit zu dokumentieren. Da mit der Zuordnung zugleich Bewertungskonsequenzen verbunden sind, ist der **Stetigkeitsgrundsatz** (materielle Bilanzkontinuität) zu beachten (s. Rz. 130). Eine spätere Veränderung der Zuordnung kann daher nicht willkürlich vorgenommen werden, sondern muss auf veränderte Einschätzungen und Handlungsweisen des Managements zurückzuführen sein. Zudem enthält IAS 39 weitere Objektivierungsbestimmungen sowie Einschränkungen in der Wahlfreiheit. Die folgenden Ausführungen erläutert die *Abb. 31*. 560

244 Vgl. IGC Q&A 115-1.
245 Vgl. *Fischer/Wenzel*, WPg 2001, 597 (602 f.).

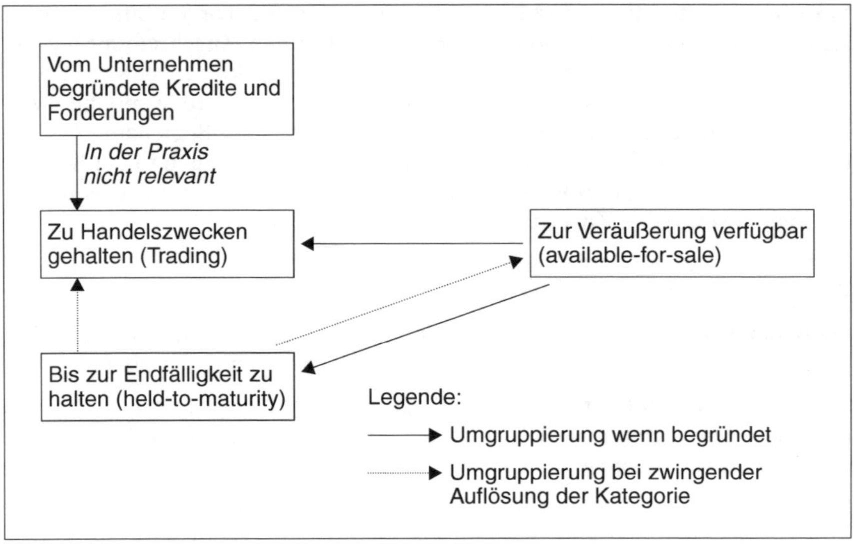

Abb. 31: Wechsel zwischen den Kategorien finanzieller Vermögenswerte

561 **Vom Unternehmen begründete Kredite und Forderungen** sind dieser Kategorie im Zeitpunkt der Entstehung des finanziellen Vermögenswertes zuzuordnen, es sei denn, sie sollen unverzüglich oder kurzfristig veräußert werden; dann gehören sie in die Kategorie „zu Handelszwecken gehalten" (IAS 39.10). Eine spätere Umbuchung eines Vermögenswertes in die Kategorie „vom Unternehmen begründete Kredite und Forderungen" kommt daher nicht in Betracht. Sollte jedoch umgekehrt die Veräußerungsabsicht über die vom Unternehmen begründeten Kredite und Forderungen erst später entstehen, bestimmt IAS 39.107 die Zuordnung in den Handelsbestand erst dann, wenn infolge kurzfristiger Gewinnmitnahmen aus der jüngeren Vergangenheit eine solche Umgruppierung gerechtfertigt ist. Eine nur fallweise entstehende Veräußerungsabsicht führt nicht zur Umgruppierung.[246] Daher dürfte eine Umgruppierung *nicht praxisrelevant* sein.

562 Ein erworbener finanzieller Vermögenswert ist der Kategorie **„zu Handelszwecken gehalten"** dann zuzuordnen, wenn im Zeitpunkt des Erwerbs die Absicht besteht, aus kurzfristigen Preisschwankungen Gewinne zu erzielen. Eine Umgruppierung *in* diese Kategorie ist möglich, wenn infolge kurzfristiger Gewinnmitnahmen aus der jüngeren Vergangenheit eine solche Umgruppierung gerechtfertigt ist. Dies kommt vor allem bei vormals als **„zur Veräußerung verfügbar"** eingruppierten Vermögenswerten in Betracht und ist insoweit nur von materieller Bedeutung, wenn für diese zuvor die **erfolgsneutrale** Erfassung der fair value Änderungen gewählt worden ist. Hinsichtlich

246 Vgl. IGC Q&A 107-2.

der zum Zeitpunkt der Umgruppierung ggf. im Eigenkapital erfassten Gewinne und Verluste ist dann gem. IAS 39.92 wie folgt zu differenzieren:

- Bei **Eigenkapitaltiteln** sind diese Gewinne und Verluste bis zur endgültigen Realisation im Eigenkapital zu belassen und[247]
- bei **Schuldtiteln** sind die Gewinne und Verluste linear über die Restlaufzeit erfolgswirksam aufzulösen; dasselbe gilt für die Differenz zwischen den neuen fortgeführten Anschaffungskosten (= aktueller Buchwert) und dem Rückzahlungsbetrag.[248]

Von besonderer Bedeutung ist, dass einmal der Kategorie zu Handelszwecken gehalten zugeordnete Vermögenswerte *nicht umgruppiert* werden dürfen (IAS 39.107)[249] – und zwar auch dann nicht, wenn keine Veräußerungsabsicht mehr besteht. Daher ist es möglich, dass Vermögenswerte dieser Kategorie, bisher im Umlaufvermögen ausgewiesen, bei Wegfall der Veräußerungsabsicht in das Anlagevermögen umzugliedern sind (zum Ausweis s. Rz. 523).

Bei den als **bis zur Endfälligkeit zu haltenden finanziellen Vermögenswerten** 563
handelt es sich, wie oben unter Rz. 521 ausgeführt, gedanklich um gesperrte Bestände. Daher ist eine Umgruppierung einzelner Titel in eine andere Kategorie grundsätzlich ausgeschlossen.

Andererseits kann eine Bilanzierungsregelung nicht verhindern, dass ein Unternehmen auch Bestände der Kategorie held-to-maturity (abseits der unschädlichen Veräußerungen, beschrieben in Rz. 521) verkauft, an Dritte überträgt bzw. auf diese Bestände Verkaufsoptionen ausübt. Geschieht dies jedoch für einen mehr als nur unwesentlichen Teil des Bestandes der gesamten Kategorie (unabhängig davon, ob im Anlage- und/oder Umlaufvermögen ausgewiesen)[250], dann

- ist auch der Restbestand zwingend zum fair value zu bewerten und
- es dürfen in den nächsten zwei Geschäftsjahren keine Finanzinstrumente als held-to-maturity klassifiziert werden, denn das Unternehmen hat die Haltefähigkeit und -absicht selbst widerlegt (IAS 39.83 i. V. m. IAS 39.90).

247 Vgl. IGC Q&A 107-1.

248 Vgl. *Bellavite-Hövermann/Barckow* in Baetge u. a. (Hrsg.), Rechnungslegung nach IAS, 2. Aufl. 2002, IAS 39 Rz. 142; *Scharpf*, Rechnungslegung von Financial Instruments nach IAS 39, 2001, S. 178 (anders möglicherweise aber S. 41); *PriceWaterhouseCoopers*, Understanding IAS 39, S. 39 (nicht differenzierend zwischen Eigenkapital- und Schuldtiteln).

249 Durch ED IAS 39.A9 (e) soll die mögliche Umgehung dieses Umgruppierungsverbots durch Veräußerung und sofortigem Rückerwerb und Zuordnung in eine andere Kategorie (sog. „wash sale transaction") dadurch verhindert werden, dass eine solche Transaktion nicht zur Ausbuchung führt.

250 In Analogie zu IGC Q&A 83-1 könnte ein mehr als unwesentlicher Teil ca. 10 bis 15 % des Wertes des Gesamtbestandes sein.

Bei der Auflösung des Restbestandes hat das Unternehmen zu prüfen, ob Veräußerungsabsicht besteht; in diesem Fall ist in die Kategorie held for trading, ansonsten in available-for-sale umzugliedern. Dieselbe Prüfung hat zu erfolgen, wenn innerhalb der **Sperrfrist** von zwei Jahren neue Finanzinstrumente erworben werden, die grundsätzlich die Anforderungen an ein held-to-maturity Investment erfüllen: Nur wenn Veräußerungsabsicht besteht, sind sie der Kategorie held for trading zuzuordnen, ansonsten unter available-for-sale zu parken. Nach Ablauf der Sperrfrist können sowohl der noch vorhandene ursprüngliche Altbestand als auch die Hinzuerwerbe der letzten zwei Jahre aus der Kategorie available-for-sale, nicht aber aus der Kategorie held for trading,[251] wieder in die dann neu zu öffnende Kategorie held-to-maturity umgegliedert werden.[252]

Aus der Kategorie available-for-sale kann in held-to-maturity umgruppiert werden. In diesem Fall sind im Eigenkapital erfasste aufgelaufene Gewinne und Verluste wie oben in Rz. 562 „Schuldtitel" beschrieben zu behandeln.[253]

564 *Künftig* soll jeder finanzielle Vermögenswert bei erstmaliger Erfassung der Kategorie held for trading zugeordnet werden können; ferner sollen die Vermögenswerte, die eigentlich den Kategorien bis zur Endfälligkeit zu halten bzw. vom Unternehmen begründete Forderungen und Kredite zugeordnet werden könnten, wahlweise auch in die Kategorie zur Veräußerung verfügbar eingestellt werden können. Dafür entfällt *jede spätere Umgliederung* mit Ausnahme der Sanktionen, wenn aus der Kategorie held-to-maturity „unerlaubt" veräußert wird. In diesem Fall ist zwingend eine Umgliederung nur noch in die Kategorie available-for-sale vorzunehmen (ED IAS 39.89 B, ED IAS 39.90).

3. Bilanzierung finanzieller Verbindlichkeiten

a) Ansatz

565 Analog zu den finanziellen Vermögenswerten sind finanzielle Verbindlichkeiten dann in der Bilanz anzusetzen, wenn das Unternehmen Vertragspartei hinsichtlich der Verpflichtungen aus der Schuld geworden ist (IAS 39.27). Es kann insoweit auf die Ausführungen unter Rz. 529 verwiesen werden.

b) Bewertung bei erstmaliger Erfassung

566 Bei erstmaliger Erfassung sind finanzielle Verbindlichkeiten mit den Anschaffungskosten anzusetzen; das ist der fair value der erhaltenen Gegenleistung unter Abzug der Transaktionskosten (IAS 39.66). Ein **Disagio** wird nicht aktiviert.

---

251 A. A. *Scharpf*, Rechnungslegung von Financial Instruments nach IAS 39, 2001, S. 39.

252 So wie hier *Bellavite-Hövermann/Barckow* in Baetge u. a. (Hrsg.), Rechnungslegung nach IAS, 2. Aufl. 2002, IAS 39 Rz. 142.

253 Vgl. auch *Scharpf*, Rechnungslegung von Financial Instruments nach IAS 39, 2001, S. 42.

Beispiel:

U emittiert eine Anleihe, Laufzeit 2 Jahre, Nennwert 100 Euro, zum Ausgabekurs von 96 % zu Beginn des Jahres. Der Nominalzins beträgt 10 %, die Transaktionskosten (Rechtsberatung, Druckkosten) belaufen sich auf 2 Euro. U bucht:

Bank	96,00	an Verbindlichkeit	96,00
Verbindlichkeit	2,0	an Bank (Transaktionskosten)	2,00

Die Transaktionskosten erhöhen damit das Disagio (mindern ein Agio).

c) Folgebewertung

Bei der Folgebewertung ist zwischen den Kategorien „übrige finanzielle Verbindlichkeiten" und „zu Handelszwecken gehaltene finanzielle Verbindlichkeiten" zu unterscheiden (s. Rz. 528). 567

aa) Übrige finanzielle Verbindlichkeiten

Übrige finanzielle Verbindlichkeiten sind unter Anwendung der Effektivzinsmethode (IAS 39.10) zu **fortgeführten Anschaffungskosten** zu bewerten (IAS 39.93). Gewinne oder Verluste aus der Umrechnung von Fremdwährungsverbindlichkeiten sind erfolgswirksam zu erfassen (IAS 39.94; zur Fremdwährungsumrechnung s. Rz. 250 ff.). 568

Beispiel (Fortsetzung):

Da die Transaktionskosten erfolgswirksam über die Laufzeit der Anleihe verteilt werden, ermittelt sich der **Effektivzins** aus der Gegenüberstellung der netto erhaltenen 94 Euro zu den künftigen Zahlungen von 10 Euro in t_1 und 110 Euro in t_2. Der Effektivzins beträgt dann 13,62 %. Daher beläuft sich der zu erfassende Aufwand nach einem Jahr auf 94 Euro × 13,62 % = 12,80 Euro. Es ist zu buchen:

Aufwand	12,80	an Verbindlichkeit	12,80
Verbindlichkeit	10,00	an Bank	10,00

Nach einem Jahr beträgt der Buchwert der Verbindlichkeit daher 96,80 Euro. Ein weiteres Jahr später ergibt sich ein Aufwand von 96,80 Euro × 13,62 % = 13,20 Euro und damit nach Zinszahlung der Rückzahlungsbetrag von 100 Euro.

Die gesonderte Ermittlung eines Effektivzinssatzes ist dann *nicht erforderlich,* wenn Verbindlichkeiten zu **marktüblichen Konditionen** ohne Disagio und Transaktionskosten aufgenommen werden: Die Diskontierung der künftigen Auszahlungen führt hier immer zum Ansatz des **Rückzahlungsbetrages**.

Kurzfristige Verbindlichkeiten – etwa aus Lieferungen und Leistungen – brauchen nicht abgezinst zu werden und sind insoweit zum **Rückzahlungsbetrag** zu passivieren.

bb) Zu Handelszwecken gehaltene finanzielle Verbindlichkeiten

569 Finanzielle Verbindlichkeiten dieser Kategorie – zu der vor allem **Derivate mit negativem Buchwert** gehören – sind jeweils mit dem fair value erfolgswirksam zu bewerten. Die Transaktionskosten werden so bei der ersten Folgebewertung erfolgswirksam erfasst. Von dieser Bewertung **ausgenommen** sind Derivate,

- deren Basiswert ein nicht notiertes Eigenkapitalinstrument darstellt,
- deren fair value nicht verlässlich ermittelt werden *und*
- die nur durch Lieferung erfüllt werden können;

diese sind weiterhin mit den Anschaffungskosten zu bewerten (IAS 39.93).

d) Ausbuchung

570 Eine finanzielle Verbindlichkeit ist auszubuchen, wenn diese getilgt ist, d. h. wenn die im Vertrag genannten Verpflichtungen beglichen, aufgehoben oder ausgelaufen sind (IAS 39.57). Insoweit bestehen keine Unterschiede zur handelsrechtlichen Auffassung.

Der *component approach* im Falle der teilweisen Tilgung greift auch für Verbindlichkeiten (IAS 39.65); zu Einzelheiten dieses Ansatzes am Beispiel des Factorings s. Rz. 573 ff.

Im Rahmen von ED IAS 39 sind keine materiellen Änderungen der Ausbuchungsvorschriften für finanzielle Verbindlichkeiten vorgesehen.

4. Einzelfälle

a) Forderungen aus Lieferungen und Leistungen

571 Forderungen aus Lieferungen und Leistungen entstehen mit dem Übergang des wirtschaftlichen Eigentums der Sachleistung an den Kunden oder bei Dienstleistungsumsätzen und bei Auftragsfertigung unter Anwendung der percentage of completion method (IAS 18, IAS 11). Diese Forderungen werden typischerweise der Kategorie „**vom Unternehmen begründete Kredite und Forderungen**" zugeordnet. Forderungen, die über eine feste Laufzeit verfügen (Zahlungsfrist!), sind zu fortgeführten Anschaffungskosten unter Verwendung der Effektivzinsmethode anzusetzen; ohne feste Laufzeit erfolgt der Ansatz zu Anschaffungskosten (IAS 39.73). Vereinfachend erfolgt generell der Ansatz kurzfristiger Forderungen zum ursprünglichen Rechnungsbetrag (IAS 39.74).

Sollten Anhaltspunkte für die Uneinbringlichkeit vorliegen (IAS 39.110), ist ein Wertminderungstest und ggf. eine Einzelwertberichtigung vorzunehmen. Bei einer Vielzahl gleichartiger Forderungen kommt auch eine „**pauschalierte Einzelwertberichtigung**" in Betracht (IAS 39.112). Die Minderung des Buchwerts ist entweder direkt oder indirekt unter Bildung einer Wertberichtigung – in Deutschland bevorzugt, solange die Uneinbringlichkeit nicht definitiv feststeht – zu buchen (IAS 39.111). Bei Wegfall der Gründe für eine außerplanmäßige Abschreibung besteht **Zuschreibungspflicht** (IAS 39.114).

b) Factoring sowie Asset Backed Securities Gestaltungen

Beim Factoring überträgt das bilanzierende Unternehmen die ihm zustehenden Forderungen an einen Dritten (Factor) im Wege einer entgeltlichen Veräußerung; der Vorgang hat aus Sicht des Unternehmens **Finanzierungsfunktion**. Beim **echten Factoring** übernimmt der Factor zugleich das Delkredererisiko; das Unternehmen haftet nur für den rechtlichen Bestand der Forderungen. Häufig ist im Factoringvertrag zugleich die Übernahme von Dienstleistungsfunktionen (Debitorenbuchhaltung, Mahn- und Inkassowesen) vereinbart. 572

Unechtes Factoring dagegen liegt vor, wenn der Factor das Ausfallrisiko nicht übernimmt. Üblich ist hier, dass auch die Dienstleistungsfunktionen beim Unternehmen bleiben.

Beim echten Factoring verliert das bilanzierende Unternehmen die Verfügungsmacht über die vertraglichen Rechte aus den Forderungen, so dass die entsprechenden Debitoren auszubuchen sind (IAS 39.35). Voraussetzung ist das Fehlen etwaiger Rückkaufsvereinbarungen[254] und, aus der Perspektive des Konzernabschlusses, dass es sich beim Factor nicht um eine konsolidierungspflichtige Gesellschaft handelt.

In der Praxis finden sich jedoch häufig Vereinbarungen dergestalt, dass der Verkäufer zum Rückkauf der abgetretenen Forderungen verpflichtet ist, wenn die Forderung zweifelhaft wird (unechtes Factoring). In derartigen Fällen unbedingter Verkaufsoptionen hat der Verkäufer die Verfügungsmacht über die Forderungen nicht verloren, er muss die Forderungen weiter bilanzieren und die vom Factor erhaltenen liquiden Mittel als Schuld passivieren („Bilanzverlängerung").

Zwischen den beiden Extremen echtes und unechtes Factoring gibt es auch Fälle, in denen das die Forderungen auf B (den Factor) übertragende Unternehmen A die Verpflichtung übernimmt, B gegen mögliche Ausfallverluste bis zu einer bestimmten Höhe schadlos zu halten. Über den garantierten Betrag hinausgehende Verluste trägt jedoch B. 573

254 So auch *Scharpf*, Rechnungslegung von Financial Instruments nach IAS 39, 2001, S. 129.

In diesem Fall sind die Forderungen bei A auszubuchen, da A die Verfügungsmacht über diese Forderungen verloren hat. Für die bei A entstehende Garantieverpflichtung ist eine finanzielle Verbindlichkeit – bewertet zum fair value – einzubuchen (IAS 39.51, IAS 39.53). Sollte der fair value nicht bestimmt werden können, ist die finanzielle Verbindlichkeit so anzusetzen, dass aus dem Abgang der Forderungen kein Gewinn entstehen kann; darüber hinaus ist der Ansatz einer Rückstellung nach IAS 37 zu prüfen (IAS 39.54 b). Die Folgebewertung der finanziellen Verbindlichkeit bzw. Rückstellung richtet sich nach IAS 39.56.

574 Häufig wird verabredet,[255] dass das die Forderungen verkaufende Unternehmen weiterhin für die Verwaltung und Abwicklung der Forderungen verantwortlich ist (Debitorenbuchhaltung, Zahlungsinkasso, Mahnungen). Hierfür erhält das Unternehmen vom Factor eine Gebühr. Übersteigt die Gebühr die entstehenden Verwaltungs- und Abwicklungskosten, so entsteht ein „Abwicklungsrecht", das als immaterieller Vermögenswert zum fair value zu aktivieren ist (IAS 39.47, IAS 39.48 b). Im umgekehrten Fall entsteht eine finanzielle Verbindlichkeit, die zu passivieren ist (IAS 39.52 b). Weiterhin verpflichtet sich das Unternehmen, den Factor gegen mögliche Verluste bis zu einer bestimmten Höhe aus einem Ausfall der Forderungen schadlos zu halten. Für darüber hinausgehende Ausfälle hat der Factor aufzukommen (s. oben Rz. 573). Gewinn oder Verlust aus dem Geschäft bestimmt sich nun gem. IAS 39.51; die Anwendung der Vorschrift wird anhand folgenden Beispiels verdeutlicht:

Beispiel:

• verkauftes Forderungs-Portfolio	100 Mio. Euro
• fair value der Ausfallgarantie	3 Mio. Euro
• fair value des Abwicklungsrechts	11 Mio. Euro
• Verkaufswert der übertragenen Forderungen	80 Mio. Euro

Damit ergeben sich folgende Buchungen:

	Dr. Mio. Euro		Cr. Mio. Euro
Bank	80	Abgang Forderungen aus Lieferungen und Leistungen	100
Abwicklungsrecht	11	Garantieverpflichtung	3
Aufwand	12		
	103		**103**

255 Vgl. hierzu auch *PriceWaterhouseCoopers*, Understanding IAS 39, 2000, S. 43 ff.

Die Gesellschaft kann einen Forderungsabgang buchen, da die Verfügungsmacht über die Forderungen übergeht und keine Rückkaufverpflichtung des Verkäufers besteht (IAS 39.35). Das Recht auf Abwicklung der Forderungen kann aktiviert werden, da in Höhe von 11 Mio. Euro aus diesem Geschäft ein Zufluss erwartet wird und die zu erhaltenen Gebühren die entsprechenden Kosten übersteigen. Insoweit wird nur *ein Teil* eines finanziellen Vermögenswertes (Forderungen) ausgebucht.[256] Für den Fall, dass der Wert des Debitorenabwicklungsrechts nicht verlässlich bewertet werden könnte, würde dieser immaterielle Vermögenswert mit 0 angesetzt werden (IAS 39.47), dementsprechend würde sich der Verlust aus dem Forderungsverkauf entsprechend um 11 Mio. Euro erhöhen.

Eine Weiterentwicklung des Factoring unter dem Gesichtspunkt der Unter- 575
nehmensfinanzierung stellen **Asset Backed Securities (ABS)** dar.[257] Hierbei werden nicht marktfähige finanzielle Vermögenswerte – i. d. R. Forderungen – an eine Zweckgesellschaft veräußert, die sich ihrerseits durch Begebung von Schuldverschreibungen (securities) refinanziert (Verbriefung von Forderungen, „Securitisation"). Die Schuldverschreibungen werden aus den Eingängen aus den übertragenen Forderungen bedient (asset backed).[258]

Die Bilanzierung folgt auf der Ebene des **Einzelabschlusses** dem beim Factoring dargestellten Verfahren. Ob aber das vom bilanzierenden Unternehmen gewünschte *off-balance-sheet financing* auch auf der Ebene des **Konzernabschlusses** erreicht wird, hängt von der Beurteilung der Einbeziehungspflicht der **Zweckgesellschaft (Special Purpose Entity, SPE)** in den Konzernabschluss ab. Die entsprechenden Vorschriften enthält SIC-12; die Details werden eingehend in Rz. 809 ff. erörtert.

c) Echte und unechte Pensionsgeschäfte

Bei Pensionsgeschäften erfolgt die Übertragung rechtlichen Eigentums am Pen- 576
sionsgut (i. d. R. Wechsel, Forderungen oder Wertpapiere) vom Pensionsgeber an den Pensionsnehmer gegen Kaufpreiszahlung; zugleich wird vereinbart, dass

- der Pensionsnehmer die *Pflicht* hat, das Pensionsgut zu einem im Voraus festgelegten oder vom Pensionsgeber zu bestimmenden Zeitpunkt zurückzuübertragen (**echtes Pensionsgeschäft**) oder

256 Das Beispiel illustriert den so genannten *component approach*, d. h., bei der Zuordnung von Vermögenswerten wird abgestellt auf die finanziellen Komponenten des Vermögenswerts, also auf die Verwaltungsrechte, Abwicklungsrechte, Ausfallverpflichtungen (IAS 39.47 i. V. m. IAS 39.50, dort mit weiterem Beispiel). Der component approach findet sich auch bei der Bilanzierung des Sachanlagevermögens, s. Rz. 328.

257 Vgl. grundlegend Arbeitskreis „Finanzierung" der Schmalenbach-Gesellschaft – Deutsche Gesellschaft für Betriebswirtschaft e.V., ZfbF 1992, 495; *Paul*, DBW 1993, 848; *Brakensiek*, Bilanzneutrale Finanzierungsinstrumente, 2001, S. 38–53.

258 Vgl. *Adler/Düring/Schmaltz*, Rechnungslegung und Prüfung der Unternehmen, 6. Aufl. 1998, § 246 HGB Rz. 324.

- der Pensionsnehmer das *Recht* hat, das Pensionsgut zu einem im Voraus festgelegten oder vom Pensionsnehmer zu bestimmenden Zeitpunkt zurückzuübertragen (**unechtes Pensionsgeschäft**, s. § 340b HGB sowie *Abb. 32: Echte und unechte Pensionsgeschäfte*).

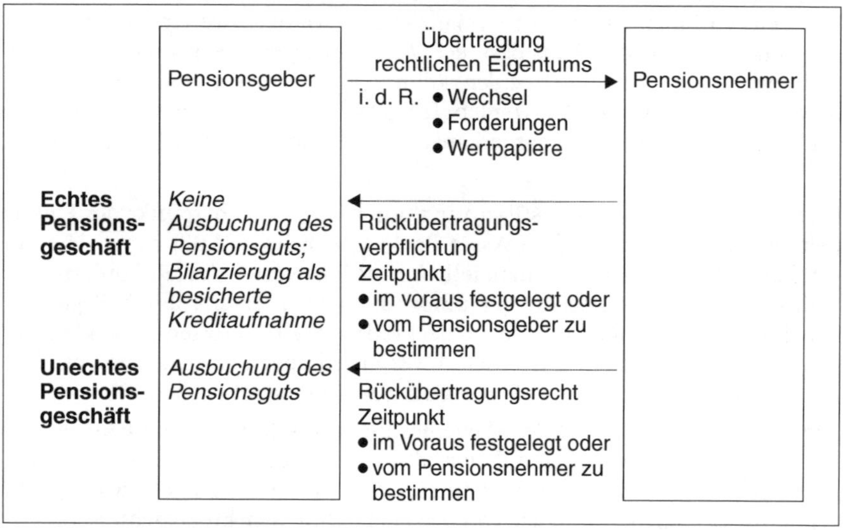

Abb. 32: Echte und unechte Pensionsgeschäfte

577 **Echte Pensionsgeschäfte** erfüllen die Bedingung des IAS 39.38 b, so dass es *nicht* zu einer **Ausbuchung** des Pensionsguts beim Pensionsgeber kommt.[259] Das Geschäft ist beim Pensionsgeber als **besicherte Kreditaufnahme** (per Bank an Verbindlichkeit) zu bilanzieren; entsprechend bucht der Pensionsnehmer eine Forderung (Aktivtausch). Der Pensionsgeber hat die Verbindlichkeit nach den Regeln des IAS 39 zu **fortgeführten Anschaffungskosten** zu bewerten. Das Recht zum Rückerwerb ist *kein Derivat* (IAS 39.36). Als Pensionsgut kommen finanzielle Vermögenswerte unabhängig von ihrer Einordnung in eine der vier Kategorien in Betracht.

578 Im Unterschied dazu verliert der Pensionsgeber bei einem **unechten Pensionsgeschäft** die Verfügungsmacht über das Pensionsgut (IAS 39.41), so dass dieses *grundsätzlich* auszubuchen und ein Gewinn oder Verlust zu realisieren ist (IAS 39.43). Die Bilanzierung folgt hier der zivilrechtlichen Betrachtungsweise, IAS 39.38 a und b sind *nicht* anwendbar.[260] Bei einem Pensionsgut, das als held-to-maturity eingeordnet war, ist die Sanktionsregelung zu

259 Die Anwendung von IAS 39.38 a mit Differenzierung nach der Art des Pensionsguts kommt nicht in Betracht, zur Argumentation vgl. *Scharpf*, Rechnungslegung von Financial Instruments nach IAS 39, 2001, S. 116.

260 Vgl. IDW ERS HFA 9 Rz. 45.

beachten (s. Rz. 563). Bei einer Veräußerung innerhalb des Konzernkreises – z. B. an eine Zweckgesellschaft (s. Rz. 809 ff.) – ist der Vorgang im Konzernabschluss zu konsolidieren, so dass die angestrebte Entlastung der Bilanz (Verbesserung der Bilanzrelationen) entfällt.

Hinsichtlich der Behandlung der Rücknahmeverpflichtung des Pensionsnehmers werden unterschiedliche Auffassungen diskutiert:

- Wenn die in IAS 37.86 genannten Voraussetzungen vorliegen, ist die Rücknahmeverpflichtung des Pensionsgebers als Eventualschuld mit den ebenda geforderten Angaben im Anhang anzugeben. Bei wahrscheinlicher Inanspruchnahme – diese wird regelmäßig zu bejahen sein, wenn der fair value des Pensionsgegenstands unter dem Rücknahmepreis liegt –, ist eine Rückstellung zu passivieren (IAS 37.14).[261]
- Zum Teil wird die Ansicht vertreten, dass auf die Rücknahmeverpflichtung des Pensionsgebers die Grundsätze der Derivatbilanzierung nach IAS 39 anzuwenden seien, da es sich um eine verkaufte Put-Option handele.[262] Folgt man dieser Ansicht, so ist ein Derivat als finanzieller Vermögenswert oder finanzielle Verbindlichkeit (als zu Handelszwecken gehalten klassifiziert) in der Bilanz abzubilden.

Ferner ist im Hinblick auf IAS 39.38 c bei unechten Pensionsgeschäften nach einer IDW-Stellungnahme Folgendes zu beachten: Bei den verpensionierten Wertpapieren ist zwischen marktgängigen und nicht marktgängigen Finanzinstrumenten zu unterscheiden. Handelt es sich um **nicht marktgängige** Finanzinstrumente und liegen die weiteren Voraussetzungen des IAS 39.38 c vor, so ist der Sachverhalt als **besichertes Kreditgeschäft** abzubilden (vgl. Rz. 576)[263], obwohl zivilrechtlich ein unechtes Pensionsgeschäft vorliegt. Eine Ausbuchung kommt dann nicht in Betracht. Ist Gegenstand des unechten Pensionsgeschäfts jedoch ein **marktgängiges Finanzinstrument**, so wird das Pensionsgut erfolgswirksam **ausgebucht** und eine Stillhalteverpflichtung aus der Verkaufsoption des Pensionsnehmers berücksichtigt, die zum fair value zu passivieren ist (IAS 39.51).[264]

Die vorgesehene Neuregelung der Ausbuchungsbestimmungen durch ED IAS 39 wird die Ausbuchung beim unechten Pensionsgeschäft verhindern; zu Einzelheiten s. Rz. 550.

261 Vgl. *Scharpf*, Rechnungslegung von Financial Instruments nach IAS 39, 2001, S. 119 f.

262 Vgl. zu dieser Diskussion *Scharpf*, Rechnungslegung von Financial Instruments nach IAS 39, 2001, S. 119 f., mit Hinweisen auf PwC Deutsche Revision (Hrsg.), IAS für Banken, Frankfurt 1999, S. 205.

263 Vgl. mit detaillierter Begründung und Ableitung dieser Behandlung IDW ERS HFA 9, Rz. 46 ff.

264 Vgl. IDW ERS HFA 9, Rz. 51.

d) Nicht konsolidierte Anteile an Tochter- und Gemeinschaftsunternehmen sowie assoziierte Unternehmen

579 Werden **Tochtergesellschaften** aufgrund eines Konsolidierungsverbots nicht konsolidiert, sind sie nach IAS 39 zu bilanzieren. IAS 27.13 benennt zwei Konsolidierungsverbote (s. auch Rz. 814 f.):

(a) Erwerb mit Weiterveräußerungsabsicht *in naher Zukunft*[265] oder

(b) erhebliche und langfristige Beschränkungen im Finanzmitteltransfer.[266]

Sollte Fall (a) zutreffen, kommt u. E. nur eine Einordnung als held for trading in Betracht,[267] im Fall (b) hingegen als available-for-sale.

Für **Gemeinschaftsunternehmen** sowie **assoziierte Unternehmen** greifen dieselben Konsolidierungsverbote mit den gleichen Folgen für eine Bilanzierung nach IAS 39 (IAS 31.35, IAS 28.8).[268]

580 Wird auf eine Einbeziehung wegen Unwesentlichkeit verzichtet, kommt eine Einordnung als available-for-sale in Betracht. Da aber der Wesentlichkeitsgrundsatz auch gegenüber IAS 39 in Anspruch genommen werden kann, ist u. E. auch die Bewertung zu fortgeführten Anschaffungskosten möglich.

e) Options- und Wandelanleihen beim Emittenten

581 Options- und Wandelanleihen stellen beim Emittenten Finanzinstrumente dar, die sowohl Schuld- als auch Eigenkapitalelemente enthalten. Für die Bewertung und den Bilanzausweis sind bei allen Finanzinstrumenten, die beide Elemente enthalten, die jeweiligen Schuld- und Eigenkapitalanteile bei der Emission (= beim erstmaligen Ansatz, IAS 32.28) zu trennen (IAS 32.23 i. V. m. IAS 32.18; zur Abgrenzung von Eigen- und Fremdkapital s. oben Rz. 513). Dies entspricht § 272 Abs. 2 Nr. 2 HGB.[269]

Hinsichtlich der Aufteilung der beiden Komponenten empfiehlt IAS 32.28 entweder die Restwertmethode oder die Aufteilung nach dem Verhältnis der fair values der beiden Komponenten. Bei der **Restwertmethode** wird zunächst der Wert der einfacher zu ermittelnden Komponente bestimmt – das ist in der Regel der Fremdkapitalanteil – und von der Gegenleistung abgezogen. Der so ermittelte Rest stellt den Eigenkapitalanteil dar. Werden etwa Wandel-

265 Nach ED IAS 27.13: innerhalb von 12 Monaten nach Erwerb.

266 Buchstabe b soll im Rahmen des Improvement Projekts gestrichen werden; bei solchen Beschränkungen kann von vornherein ein control-Verhältnis verneint werden (ED IAS 27.12A).

267 So künftig ausdrücklich ED IAS 27.13.

268 Auch die Änderungen in ED IAS 31.35 und ED IAS 28.8 entsprechen jenen für Tochterunternehmen.

269 Vgl. grundsätzlich *Adler/Düring/Schmaltz*, Rechnungslegung und Prüfung der Unternehmen, 6. Aufl. 1997, § 272 HGB Rz. 108.

anleihen zu pari, aber unterverzinslich ausgegeben[270], dann werden die künftigen, mit der Anleihe verbundenen Zahlungsströme mit dem Marktzinssatz kapitalisiert und vom Ausgabebetrag abgezogen. Die Differenz ist der Wert der Option – das Entgelt für das Recht auf Aktienbezug – und vom Emittenten im Eigenkapital zu erfassen, während die Anleihe zum Barwert passiviert wird.[271]

Komplizierter ist die zweite Methode, die **Aufteilung nach dem Verhältnis der fair values** der beiden Komponenten; hierzu werden Optionspreismodelle benötigt.[272]

f) Aufspaltung strukturierter Produkte

IAS 39.22 ff. enthalten Regelungen hinsichtlich der grundsätzlichen Pflicht zur Aufspaltung von in Finanzinstrumenten eingebetteten Derivaten (**embedded Derivatives**, sog. **strukturierte oder hybride Produkte**). Es handelt sich hierbei um Vermögenswerte oder Verbindlichkeiten (Basisvertrag), die mit mindestens einem *rechtlich nicht trennbaren* Derivat so verknüpft sind, dass sich in Abhängigkeit der Entwicklung des Basiswertes die Zahlungsströme des originären Instruments anders verhalten als ein originäres Instrument, welches nicht mit einem eingebetteten Derivat verknüpft ist. Dies trifft aus *Sicht des Inhabers* etwa auf eine **Wandelanleihe** zu: Je nach Kursentwicklung wird er das Wandlungsrecht ausüben und damit zum Optionsausübungszeitpunkt einen höheren Zahlungsstrom erhalten als bei Rückzahlung zu pari.[273] 582

IAS 39 behandelt aus der *Sicht des Investors* die einheitliche oder getrennte Bilanzierung strukturierter Produkte, während IAS 32 aus der *Sicht des Emittenten* die Behandlung strukturierter Produkte erläutert. Zur Aufspaltung der strukturierten Produkte in Eigenkapital- und Fremdkapital-Komponenten nach IAS 32 s. oben Rz. 581. Bei einem strukturierten Produkt, dessen Behandlung IAS 39 folgt, handelt es sich regelmäßig um einen finanziellen Vermögenswert oder um eine finanzielle Verbindlichkeit.

Nach IAS 39.23 sind eingebettete Derivate vom Basisvertrag abzutrennen und *getrennt* als Derivat zu *bewerten*, wenn folgende Voraussetzungen *kumulativ* erfüllt sind: 583

---

270 Eine Ausgabe kann auch mit marktüblicher Verzinsung und Agio erfolgen; zu den Berechnungsmethoden vgl. *Busse von Colbe* in ders. et.al. (Hrsg.), Bilanzierung von Optionsanleihen im Handelsrecht, 1987, S. 47 (71 ff.).

271 Zu einem Zahlenbeispiel s. IAS 32.A 24.

272 Zu einem Beispiel nach dem Black & Scholes-Modell s. IAS 32.A 24. Ausführliche Beispiele der Trennung und Wertfindung finden sich auch bei *Drukarczyk*, Finanzierung, 8. Aufl. 1999, S. 431 ff. (Wandelschuldverschreibung) und S. 438 ff. (Optionsanleihe).

273 Zu Beispielen strukturierter Produkte vgl. etwa *Gebhardt/Naumann*, DB 1999, 1461 (1463).

a) die wirtschaftlichen Merkmale und Risiken des eingebetteten Derivats sind *nicht eng* mit denen des Basisvertrags verbunden (d. h. keine gleichförmige Entwicklung der Zahlungsströme),

b) wäre das eingebettete Derivat allein stehend, würde es die Definition eines Derivats gem. IAS 39.10 erfüllen und

c) das strukturierte Produkt wird nicht erfolgswirksam zum fair value bilanziert.

Der entsprechende Basisvertrag ist, falls es sich um ein Finanzinstrument handelt, gem. IAS 39 und im Übrigen nach dem jeweils einschlägigen IAS zu bilanzieren. Daraus wird auch deutlich, dass es sich bei strukturierten Produkten nicht ausschließlich um Finanzinstrumente handeln muss. Von gewisser praktischer Relevanz dürften Leasingverträge mit Kauf- oder Mietverlängerungsoption sein; die Option ist anhand der Vertragsbedingungen daraufhin zu überprüfen, ob sie die o. g. Definition eines eingebetteten Derivats erfüllt.

Wesentliches Kriterium hierbei ist oben in Buchstabe a genannt. Gleichwohl enthält IAS 39 keine Leitlinien, wann eine nicht enge Verbindung eines eingebetteten Derivats mit dem Basisvertrag vorliegt. Stattdessen werden in IAS 39.24 kasuistisch Positivbeispiele (die, wenn die übrigen Voraussetzungen vorliegen, zu einer *Trennung* führen sollen) und in IAS 39.25 entsprechende Negativbeispiele genannt, auf die hier verwiesen werden kann.

Betroffen von der Regelung des IAS 39 sind damit:

- Emittenten von Finanzinstrumenten (Schuldtitel), die – ggf. nach vorheriger Abspaltung der Eigenkapitalkomponente (s. dazu oben Rz. 581) – aus ihrer Sicht ausschließlich Fremdkapitalcharakter aufweisen. Nach Aufspaltung wäre das originäre Instrument den „übrigen Verbindlichkeiten" und das Derivat dem „Handelsbestand" zuzuordnen. Dies trifft beispielsweise zu auf eine Verbindlichkeit, die mit einem Recht oder einer Verpflichtung zur Laufzeitverlängerung ohne Anpassung des Zinssatzes verknüpft ist (IAS 39.24 c).
- Inhaber von Finanzinstrumenten (Investor). Nach Aufspaltung wäre das originäre Instrument i. d. R. der Kategorie available–for-sale (erfolgsneutral) oder held-to-maturity und das Derivat dem Handelsbestand zuzuordnen. So ist der investierte Betrag z. B. bei einer Aktienanleihe in die beiden Komponenten Geldanlage und Verkaufsoptionen aufzuteilen, also in einen Vermögenswert der Kategorie available-for-sale oder held-to-maturity und in eine finanzielle Verbindlichkeit für die Stillhalterposition.[274]

Ein jeweils abgetrenntes Derivat kann auch zu Sicherungszwecken verwendet werden; dann unterliegt es den Regelungen zum Hedge Accounting[275] (s. hierzu Rz. 585 ff.).

274 Vgl. z. B. *Bellavite-Hövermann/Barckow* in Baetge u. a. (Hrsg.), Rechnungslegung nach IAS, 2. Aufl. 2002, IAS 39 Rz. 51; *Scharpf*, Rechnungslegung von Financial Instruments nach IAS 39, S. 70–72 jeweils mit Beispiel.

275 Vgl. *Scharpf*, Rechnungslegung von Financial Instruments nach IAS 39, 2001, S. 62.

Das größte Problem für den Inhaber eines finanziellen Vermögenswertes (oder entsprechend einer Verbindlichkeit) dürfte aber sein, überhaupt zu erkennen, ob es sich um ein strukturiertes Produkt handelt;[276] erst nachfolgend ist zu beurteilen, ob ein enger oder nicht enger Zusammenhang mit dem Basisvertrag besteht. 584

Es ist aber – selbst wenn ein nicht enger Zusammenhang besteht – nicht in jedem Fall eine Trennung vorzunehmen. Die Prüfschritte und Konsequenzen verdeutlicht *Abb. 33*.

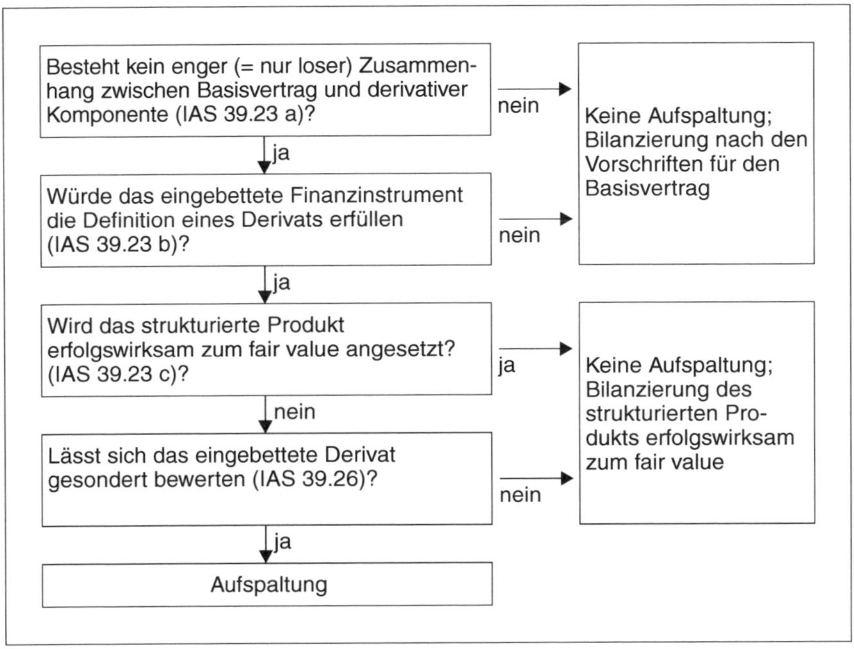

Abb. 33: Ablaufschema zur Aufspaltung strukturierter Produkte
(In konzeptioneller Anlehnung an *Bellavite-Hövermann/Barckow* in Baetge u. a. (Hrsg.), Rechnungslegung nach IAS, 2. Aufl. 2002, IAS 39 Rz. 48)

Sollte eine Aufspaltung erforderlich sein, so enthält IAS 39 keine Hinweise, wie diese vorzunehmen ist.[277] Es kann die Restwertmethode empfohlen wer-

276 So Andersen (Hrsg.), Rechnungslegung von Financial Instruments nach IAS 39, 2001, S. 31; *Scharpf*, Rechnungslegung von Financial Instruments nach IAS 39, 2001, S. 65; *Bellavite-Hövermann/Barckow* in Baetge u. a. (Hrsg.), Rechnungslegung nach IAS, 2. Aufl. 2002, IAS 39 Rz. 39, die generell die Sinnhaftigkeit der Aufspaltung in Frage stellen. Die mögliche Alternative einer Duplizierung der Zahlungsströme wird kontrovers diskutiert, vgl. ebenda m. w. N.

277 Zu Beispielen bei einer Aktienanleihe vgl. *Scharpf*, Rechnungslegung von Financial Instruments nach IAS 39, 2001, S. 71 sowie *Bellavite-Hövermann/Barckow* in Baetge u. a. (Hrsg.), Rechnungslegung nach IAS, 2. Aufl. 2002, IAS 39 Rz. 50 f.

den, wobei, da das eingebettete Derivat erkannt worden ist, für dieses zunächst der fair value zu bestimmen und vom Basisvertrag abzuziehen ist.[278] Dies gilt jedoch nur für die Wertfindung; ein getrennter *Bilanzausweis* ist nicht erforderlich.[279]

Der Board hat anlässlich der angedachten Überarbeitung von IAS 39 eingeräumt, dass die Vorschriften zur Aufspaltung strukturierter Produkte in der Praxis schwierig anzuwenden seien. Die Handhabung erfordere in der Regel Spezialkenntnisse über Derivate. Sollten seitens des Bilanzierenden Unsicherheiten bestehen, so könne das gesamte Finanzinstrument künftig als held for trading eingeordnet werden, was eine Aufspaltung schließlich entbehrlich mache (ED IAS 39.C60).[280]

5. Hedge Accounting

a) Übersicht

585 Hedging bezeichnet die Absicherung von Vermögens- oder Schuldpositionen sowie erwarteter Zahlungszu- oder Abflüsse gegen Wert(Preis)- und Zinsänderungs- sowie Währungsrisiken. Die Strategie der Absicherung liegt darin, eine gegenüber der abzusichernden Position (**Grundgeschäft**) in ihrer Wirkung entgegengesetzte Position einzugehen, so dass ein kompensatorischer Effekt erzielt wird. Als Sicherungsinstrumente werden häufig **Derivate** eingesetzt. In den letzten Jahren ist ein spürbarer Anstieg des Einsatzes von Hedging-Strategien auch und gerade in mittelständischen Unternehmen zu beobachten.[281]

586 Wenn insoweit die vorbezeichneten Risiken abgesichert werden, so sollte sich dieser Umstand auch in der Rechnungslegung widerspiegeln. Das ist immer dann der Fall, wenn die Rechnungslegungsregeln so ausgestaltet sind, dass die Negativentwicklung bei einem Grundgeschäft und zugleich die entsprechende Positiventwicklung beim Sicherungsinstrument (und entsprechend umgekehrt) entweder beide erfolgswirksam erfasst oder gegeneinander aufgerechnet werden. In einem für die Praxis wichtigen Fall, nämlich bei der **Absicherung von Fremdwährungsforderungen oder –verbindlichkeiten** gegen Währungsverluste, ist das gegeben: Die Währungsumrechnung ist erfolgswirksam vorzunehmen (s. Rz. 252), und ggf. eingesetzte Derivate sind ebenfalls erfolgswirksam zu bewerten; besondere **Anforderungen** eines **Hedge Accounting** sind hier **entbehrlich**.

587 Spezielle Vorschriften zum Hedge Accounting sind aber erforderlich, falls Grund- und Sicherungsgeschäft *nicht* denselben Regeln unterliegen. Das

278 Diese – bisherige – Lücke soll durch ED IAS 39.A2 geschlossen werden, in dem dieses Verfahren beschrieben ist.

279 Vgl. IGC Q&A 23-1.

280 In ED IAS 39. A1-A7 sind darüber hinaus einige Klarstellungen angedacht.

281 Vgl. Handelsblatt v. 3.7.2002.

trifft z. B. zu, wenn gehaltene Aktien als available-for-sale (erfolgsneutral) eingeordnet und gegen Kursrückgänge durch einen gekauften Put abgesichert werden: Die Wertänderungen der Aktien werden erfolgsneutral, die des Puts dagegen erfolgswirksam erfasst, obwohl ein Kursrisiko nicht mehr besteht. Beziehen sich die Änderungen des fair value des Sicherungsinstruments ferner auf Transaktionen, die am Bilanzstichtag noch nicht abgebildet werden können, so kann es – ohne Hedge Accounting – ebenfalls nicht zur Kompensation der Gewinne und Verluste kommen, wie das nachfolgende Beispiel zeigt:

Beispiel:

Unternehmen U hat im November einen Vertrag über den Ankauf einer Maschine zum Preis von 1 Mio. $ geschlossen. Liefertermin ist Februar, gezahlt werden soll im März. Bis zur Lieferung handelt es sich um ein schwebendes Geschäft, das überhaupt nicht bilanziell erfasst wird, da der Vertrag nicht auf den Austausch von Finanzinstrumenten gerichtet ist.[282] U sichert aber den derzeit geltenden Kurs von 1 Euro = 1 $ mit einem Devisentermingeschäft ab.

Beträgt am Bilanzstichtag der Kurs 1 Euro = 0,95 $, so ist der Wert des Derivats gestiegen. Die Wertänderung muss erfolgswirksam erfasst werden, obwohl der Kontrakt zur Absicherung der künftigen Verbindlichkeit eingegangen wurde und, betrachtet man beide Geschäfte zusammen, weder ein Gewinn noch ein Verlust entstehen wird. Die isolierte Anwendung der Rechnungslegungsregeln würde zu einer unzutreffenden Darstellung der Lage des Unternehmens führen.

Um diese unzutreffende Darstellung zu vermeiden, enthält IAS 39 umfangreiche Vorschriften zur bilanziellen Abbildung von Sicherungsgeschäften, die die ansonsten geltenden Bewertungsvorschriften für Finanzinstrumente teilweise *außer Kraft setzen.*[283] Umgekehrt gilt: Würden sowohl Grund- als auch Sicherungsgeschäft erfolgswirksam zum fair value bewertet, entfiele *für bereits bilanzierte Vermögens- und Schuldpositionen* die Notwendigkeit spezieller Vorschriften zum Hedge Accounting.

Wir wollen uns hier auf die Erläuterung der bilanziellen Abbildung der von 588
deutschen Industrieunternehmen häufig abgeschlossenen Sicherungsgeschäfte konzentrieren. Dazu gehören nach unserer Erfahrung:

- Der Einsatz von **Zinsswaps**, um bspw. fest verzinsliche Schuldverschreibungen in eine variable Verzinsung zu drehen (s. Rz. 598),

282 S. im Gegensatz hierzu Rz. 529.
283 So auch *Bellavite-Hövermann/Barckow* in Rechungslegung nach IAS, 2. Aufl. 2002, IAS 39, Rz. 152.

- der Einsatz von **Devisentermingeschäften** zur Kurssicherung *geplanter* Anschaffungs- oder Verkaufsgeschäfte außerhalb des Euro-Raumes (s. Rz. 603) und
- Absicherungsgeschäfte im Zusammenhang mit dem geplanten oder bereits vollzogenen **Erwerb von Beteiligungen** außerhalb des Euro-Raumes (s. Rz. 605).

b) Sicherungsbeziehungen, Grundgeschäfte und Sicherungsinstrumente

589 Nach IAS 39.137 werden **drei Arten von Sicherungsbeziehungen** unterschieden:

(a) Absicherung von Änderungen des fair value (**fair value hedge**),

(b) Absicherung des Cashflows (**cash flow hedge**) und

(c) Absicherung einer Nettoinvestition in eine wirtschaftlich selbständige ausländische Teileinheit (**hedge of a net investment in a foreign entity**).

590 Mit diesen Sicherungsbeziehungen können bestimmte Grundgeschäfte gegen die vorbezeichneten Risiken gesichert werden. Ein **Grundgeschäft** kann ein bilanzierter Vermögenswert oder eine bilanzierte Schuld, eine noch *nicht* bilanzierte feste Verpflichtung (**firm commitment**) oder ein noch nicht erfolgter, aber mit großer Wahrscheinlichkeit eintretender künftiger Geschäftsvorfall ohne rechtliche Verpflichtung (**forecast transaction**) sein (IAS 39.127). Eine Portfoliobetrachtung ist möglich, wenn die zusammengefassten Grundgeschäfte über vergleichbares Risikoprofil nach den Bedingungen des IAS 39.132 verfügen.[284]

591 Als **Sicherungsinstrumente** kommen grundsätzlich **Derivate** in Betracht (IAS 39.10), deren fair value verlässlich bestimmbar ist, da ohne eine Wertbestimmung die notwendige Einschätzung der **Effektivität** (s. Rz. 593) nicht möglich ist.[285] Um eine Sicherungsbeziehung einzugehen, können Derivate neu erworben oder aus vorhandenen Beständen eingesetzt werden.[286] Dazu gehören auch jene Derivate, die zuvor aus strukturierten Produkten abgespalten worden sind. Geschäftspartner des Derivats muss eine *konzernfremde* Dritte Partei sein, da konzerninterne Sicherungsgeschäfte konsolidiert werden (IAS 39.134).[287] Ein Sicherungsinstrument kann auch nur teilweise zur Absicherung eingesetzt werden (IAS 39.145); in diesem Fall wird der andere Teil unverändert dem Handelsbestand zugeordnet und er-

---

284 Hoher administrativer Aufwand ist bei Kreditportfolio-Bildung erforderlich, was allerdings hauptsächlich im Bankenbereich ein Thema darstellt, vgl. Andersen (Hrsg.), Rechnungslegung von Financial Instruments nach IAS 39, 2001, S. 51.

285 Vgl. Andersen (Hrsg.), Rechnungslegung von Financial Instruments nach IAS 39, 2001, S. 50.

286 Vgl. IGC Q&A 142-7.

287 Zur Möglichkeit, interne Geschäfte für das Hedge Accounting über Nettingvereinbarungen mit externen Partnern nutzbar zu machen s. Andersen (Hrsg.), Rechnungslegung von Financial Instruments nach IAS 39, 2001, S. 53.

folgswirksam behandelt. Eine vom Unternehmen geschriebene Option (das Unternehmen nimmt die Stillhalterposition ein) ist hingegen kein Sicherungsinstrument (IAS 39.124).[288]

Beschränkt auf die Absicherung von Währungsrisiken können ferner **nicht-derivative Finanzinstrumente** eingesetzt werden (IAS 39.122, IAS 39.125). Da aber die Anforderungen des Hedge Accounting bei der Absicherung des Kursrisikos z. B. einer Fremdwährungsforderung mit einer Fremdwährungsverbindlichkeit wegen der gleichzeitigen erfolgswirksamen Erfassung der Währungsdifferenzen nicht erforderlich ist,[289] dürfte der klassische Anwendungsfall hauptsächlich in der Absicherung des Währungsrisikos von zum Stichtagskurs umgerechneten Tochterunternehmen zu sehen sein.

Da **eigene Eigenkapitalinstrumente** aus Sicht des bilanzierenden Unternehmens keine Finanzinstrumente darstellen, kommt deren Einsatz als Sicherungsinstrumente nicht in Betracht (IAS 39.123).

c) Voraussetzungen für das Hedge Accounting

Eine Sicherungsbeziehung kann nur dann den Bilanzierungsregeln des Hedge 592
Accounting unterworfen werden, wenn beide in IAS 39.142 genannten Anforderungen erfüllt sind. Das sind:

(1) Interne **Dokumentation** jeder Sicherungsbeziehung mit Benennung des Sicherungsinstruments und Grundgeschäfts, die Art des abzusichernden Risikos und das zur Bestimmung der Wirksamkeit des Sicherungsinstruments eingesetzte Verfahren. Zu dokumentieren sind ferner die Risikomanagementzielsetzungen und -strategien (IAS 39.142 a). Diese Dokumentation ist in aggregierter Form im Wesentlichen nach IAS 39.169 a und b **offen zu legen**.

Beispiel (Merck Geschäftsbericht 2001, S. 74):

„Wir setzen derivative Finanzinstrumente ausschließlich zur Sicherung von Währungs- und Zinspositionen ein, um durch Wechselkurs- bzw. Zinsschwankungen bedingte Währungsrisiken bzw. Finanzierungskosten zu minimieren. Als Instrumente benutzen wir hierzu marktgängige Devisentermingeschäfte und Zinsswaps. Der Einsatz solcher Derivatkontrakte ist durch Richtlinien geregelt. Die Abschlüsse derivativer Geschäfte unterliegen einer ständigen Risikokontrolle. Eine strikte Funktionstrennung von Handel, Abwicklung und Kontrolle ist sichergestellt und wird von unserer internen Revision überwacht. Derivative Finanzkontrakte werden nur mit Ban-

288 Zu einer Ausnahme und Einzelheiten s. IGC Q&A 124-1 sowie *Bellavite-Hövermann/Barckow* in Baetge u. a. (Hrsg.), Rechnungslegung nach IAS, 2. Aufl. 2002, IAS 39 Rz. 155 f.

289 Vgl. IGC Q&A 122-2; s. auch Rz. 586.

ken höchster Bonität abgeschlossen und sind auf die Absicherung des operativen Geschäfts sowie der damit verbundenen Finanzierungsvorgänge beschränkt."

593 (2) Die **Effektivität des Sicherungszusammenhangs** muss **messbar** (IAS 39.142 d) und sowohl zu Beginn des Sicherungsgeschäfts (IAS 39.142 b) als auch während der Dauer des Sicherungszusammenhangs (IAS 39.142 e) als **hoch wirksam** eingestuft worden sein bzw. bestätigt werden.

Messbarkeit bedeutet, dass für das Grundgeschäft und das Sicherungsinstrument jeweils der fair value bzw. die Zahlungsströme bestimmt werden können. So ist von vornherein ein Derivat, dessen fair value nicht bestimmt werden kann, kein Sicherungsinstrument.

Hoch wirksam (= effektiv) ist der Sicherungszusammenhang dann, wenn die Wertänderungen oder Änderungen der Cashflows des Grundgeschäfts in einer Bandbreite von 80 bis 125 Prozent durch eine entsprechende gegenläufige Änderung des Sicherungsinstruments kompensiert werden (IAS 39.146). Diese Einschätzung hat von Beginn an vorzuliegen und ist mindestens zu jedem Zwischenabschluss-Stichtag zu überprüfen (IAS 39.151).

594 Zur Absicherung von **forecast transactions** (cash flow hedge) gilt nach IAS 39.142c die **zusätzliche Voraussetzung**, dass die geplante Transaktion – z. B. der erwartete Umsatz in Fremdwährung – mit hoher Wahrscheinlichkeit eintreten wird. Zur Beurteilung der Wahrscheinlichkeit sollen Faktoren wie Häufigkeit ähnlicher Transaktionen in der Vergangenheit, die Fähigkeit, die geplante Transaktion tatsächlich durchführen zu können oder das Vorhandensein möglicher Alternativen zur geplanten Transaktion herangezogen werden.[290] Eine prozentuale Eintrittswahrscheinlichkeit wird nicht gefordert; die Literatur schlägt Eintrittswahrscheinlichkeiten von 80–90 % vor.[291]

595 Sollten die vorbezeichneten Anforderungen nicht mehr erfüllt sein, ist die Bilanzierung als Sicherungsgeschäft einzustellen (IAS 39.156 b, IAS 39.163 b; zur Frage der Bilanzierung beim fair value hedge s. Rz. 600 und beim cash flow hedge Rz. 604).

290 Vgl. zu weiteren Kriterien IGC Q&A 142-1.

291 So etwa *Scharpf*, Rechnungslegung von Financial Instruments nach IAS 39, 2001, S. 235; ebenso *Bellavite-Hövermann/Barckow* in Baetge u. a. (Hrsg.), Rechnungslegung nach IAS, 2. Aufl. 2002, IAS 39 Rz. 169; *PriceWaterhouseCoopers*, Understanding IAS 39, 2000, S. 80 nennen unter Rückgriff auf US-GAAP ca. 90 %.

d) Gegenstand und Bilanzierung der Absicherung von Änderungen des fair value

Ein **fair value hedge** ist die vollständige oder teilweise Absicherung bilanzierter Vermögenswerte oder Schulden gegen Änderungen des fair value dieser Position. 596

Die bilanzielle Behandlung eines fair value hedge richtet sich nach IAS 39.153. Wesentlich für das Verständnis der IAS-Regelung ist, dass sich – anders als im geltenden HGB – die Bewertung des Grundgeschäfts nach der Bewertung des Sicherungsinstruments richtet.[292] Dies bedeutet konkret:[293] Im Zeitpunkt des Geschäftsabschlusses werden das Derivat und der Vermögenswert bzw. die Schuld zu Anschaffungskosten bilanziert. Hierbei haben Finanzderivate regelmäßig einen Wert von 0[294] (Erfassung als Erinnerungsposten in der Nebenbuchhaltung), wenn marktgerechte Bedingungen dem Geschäft zugrunde liegen.

An nachfolgenden Stichtagen wird das Derivat zum fair value angesetzt. Der 597
hieraus resultierende Gewinn oder Verlust wird erfolgswirksam in der Gewinn- und Verlustrechnung erfasst. Gleichzeitig erfolgt eine Anpassung des Buchwertes des abgesicherten Vermögenswerts oder der abgesicherten Verbindlichkeit, soweit der Gewinn oder Verlust auf das abgesicherte Risiko entfällt. Auch diese Buchwertanpassung ist erfolgswirksam. Dies gilt auch für solche Vermögenswerte und Verbindlichkeiten, bei denen Änderungen des fair value (wie z. B. bei erfolgsneutral bewerteten available-for-sale Wertpapieren) erfolgsneutral im Eigenkapital berücksichtigt werden oder ansonsten zu fortgeführten Anschaffungskosten angesetzt würden. Bei einem perfekten hedge gleichen sich damit die Ergebnisse aus dem Grund- und dem Sicherungsgeschäft aus, so dass sich per Saldo keine Gewinn- oder Verlustauswirkungen ergeben.[295]

Die vorstehend beschriebene bilanzielle Behandlung eines fair value hedge 598
kann durch folgenden Fall illustriert werden:

Beispiel:

Ein Unternehmen emittiert eine fest verzinsliche Anleihe. Gleichzeitig schließt dieses Unternehmen ein Swap-Geschäft ab. Aus diesem Swap-Geschäft erhält das Unternehmen einen Festzins, der der Verzinsung der emittierten Schuldverschreibung entspricht und zahlt Zinsen auf LIBOR-

292 Vgl. *Scharpf*, Rechnungslegung von Financial Instruments nach IAS 39, S. 224.
293 Vgl. Ausschuss für Bilanzierung des Bundesverbands deutscher Banken, WPg 2001, 346.
294 Anders z. B. bei gekauften Optionen.
295 Vgl. auch *Graf Waldersee*, Bilanzierung von Finanzderivaten nach HGB, IAS und US-GAAP, in Küting/Langenbucher (Hrsg.), FS Weber, 1999, S. 240 (252).

Basis an den Swap-Kontrahenten. Damit dreht das Unternehmen die Festzinsverpflichtung über den Zinsswap in eine variable Verzinsung. Es kann von einer Effektivität des Sicherungsgeschäfts von 100 % ausgegangen werden.

Das Sicherungsinstrument (Swap) ist mit dem fair value anzusetzen. Dieser Zeitwert ist abhängig von den zukünftigen cash flows, die das Unternehmen aus dem Swap erhält. In Höhe der Veränderung des fair value entsteht ein in der Gewinn- und Verlustrechnung zu berücksichtigendes **hedge-Ergebnis**. Korrespondierend hierzu wird die Änderung des fair value der Schuldverschreibung in der Gewinn- und Verlustrechnung berücksichtigt, so dass sich bei voller Effektivität des Sicherungsgeschäfts die Ergebnisauswirkungen ausgleichen.[296]

599 Die GuV-Auswirkungen aus dem Sicherungsgeschäft sollten in den GuV-Posten erfasst werden, die auch durch das abgesicherte Grundgeschäft berührt werden. Stammen sie folglich aus dem operativen Geschäft, werden die Ergebnisauswirkungen (bei nicht vollständiger Effektivität) im Ergebnis der betrieblichen Tätigkeit (vgl. Rz. 220) berücksichtigt; sind übrige finanzielle Vermögenswerte bzw. finanzielle Verbindlichkeiten abgesichert, werden hieraus resultierende Gewinne und Verluste im Finanzergebnis (vgl. Rz. 218) ausgewiesen.

600 Bei **Beendigung der Sicherungsbeziehung** infolge Terminierung/Glattstellung des Derivats (IAS 39.156 a) ist dieses auszubuchen. Sollte bei Terminierung eine Ausgleichszahlung erfolgen, ist diese mit dem Buchwert des Derivats zu verrechnen und eine mögliche Differenz erfolgswirksam zu erfassen.[297] Das Grundgeschäft ist ab diesem Zeitpunkt nicht mehr anzupassen; der aufgelaufene Anpassungsbetrag ist bei zinstragenden Finanzinstrumenten über die Restlaufzeit ergebniswirksam im Zinsergebnis[298] zu amortisieren (IAS 39.157). Dies gilt auch für den Fall, dass die Voraussetzungen des fair value hedge (s. Rz. 592 f.) nicht mehr gegeben sein sollten. Das Derivat ist dann wieder dem Handelsbestand zuzuordnen. Erfolgswirksame Wertänderungen des Derivats sind allerdings nicht mehr im hedge-Ergebnis, sondern im Handelsergebnis zu erfassen.[299] Eine solche Behandlung erfährt das Derivat auch dann, wenn das Grundgeschäft ausgebucht und deshalb die Sicherungsbeziehung aufgegeben wird.

296 Zur Bilanzierung von Swap-Geschäften nach HGB vgl. *Clemm/Nonnenmacher*, Überlegungen zur Bilanzierung von Swapgeschäften, in FS Döllerer, 1988, S. 65.

297 Vgl. Ausschuss für Bilanzierung des Bundesverbandes deutscher Banken, WPg 2001, 346 (349).

298 Vgl. Ausschuss für Bilanzierung des Bundesverbandes deutscher Banken, WPg 2001, 346 (349).

299 Vgl. *Scharpf*, Rechnungslegung von Financial Instruments nach IAS 39, 2001, S. 233.

e) Gegenstand und Bilanzierung der Absicherung des Cashflows

Als zu sichernde Grundgeschäfte im Rahmen eines *cash flow hedge* nennt IAS 39.137 b die Absicherung des Risikos von Schwankungen der Cashflows, 601

- die im Zusammenhang stehen mit bereits bilanzierten Vermögenswerten und Verbindlichkeiten (z. B. die Absicherung *variabel* verzinslicher Forderungen und Verbindlichkeiten mittels eines Zinsswaps gegen Zinsrisiken)[300] oder
- die sich beziehen auf geplante Transaktionen (forecast transactions, z. B. die Absicherung von Kursrisiken aus *erwarteten* An- oder Verkäufen in Fremdwährung, für die eine feste Verpflichtung noch nicht besteht),

wenn diese Schwankungen jeweils Auswirkungen auf das Periodenergebnis haben werden.[301]

Ferner werden nach dem derzeitigen Standard auch die Absicherungen von **firm commitments** – z. B. die Absicherung des Währungsrisikos fester An- oder Verkaufsverpflichtungen in Fremdwährung – als cash flow hedges behandelt, obwohl es „eher" um die Absicherung des fair value geht. Man will mit diesem Vorgehen den Grundsatz der Nichtbilanzierung schwebender Geschäfte wahren (IAS 39.140).[302] Im Rahmen der Überarbeitung des IAS 39 ist hier eine Änderung angedacht, wonach firm commitments gem. ED IAS 39.140 künftig als fair value hedge behandelt werden sollen. Sind die Voraussetzungen des hedge accounting gegeben, ist in Höhe der erfolgswirksam erfassten Wertänderung des Sicherungsinstruments künftig spiegelbildlich ein Vermögenswert oder eine Verbindlichkeit anzusetzen.

Beim cash flow hedge ist die Wertänderung des Sicherungsinstruments, die im Hinblick auf die Absicherung als wirksam (effektiv) anzusehen ist, erfolgsneutral – als Teil des sog. „other comprehensive income", vgl. Rz. 207 – im Eigenkapital zu erfassen (IAS 39.158 a). Führt das abgesicherte firm commitment oder die geplante Transaktion zum Ansatz einer Vermögens- oder Schuldposition, so ist der kumulierte, im Eigenkapital erfasste Betrag dann mit den Anschaffungskosten der Vermögens- oder Schuldposition zu verrechnen (IAS 39.160). Für alle anderen cash flow hedges sind die im Eigenkapital erfassten Beträge in der Periode erfolgswirksam zu erfassen, in der auch die abgesicherte Transaktion erfolgswirksam erfasst wird (z. B. Zinsen, IAS 39.162). 602

Der ineffektive Teil oder der Teil, der explizit aus der hedge-Beziehung ausgeschlossen wurde, ist entweder

---

300 Werden demgegenüber fest verzinsliche Verbindlichkeiten durch einen Zinsswap abgesichert, handelt es sich nicht um einen cash flow hedge, sondern um einen fair value hedge, vgl. IGC Q&A 137-7 sowie Rz. 598.

301 Der geplante Erwerb eines betrieblich zu nutzenden *Grundstücks* kann daher kein Grundgeschäft sein, vgl. *Scharpf*, Rechnungslegung von Financial Instruments nach IAS 39, 2001, S. 235.

302 Obgleich dieser Grundsatz durch die Ansatzkriterien des IAS 39 bereits aufgehoben wurde, s. Rz. 529.

- sofort erfolgswirksam zu erfassen, wenn das Sicherungsinstrument ein Derivat ist, oder
- nach IAS 39.103 erfolgsneutral oder erfolgswirksam zu erfassen, wenn das Sicherungsinstrument kein Derivat ist.

603 **Beispiel:**

Unternehmen U hat am 1. November einen Vertrag über den Ankauf einer Maschine zum Preis von 1 Mio. $ geschlossen (firm commitment). Liefertermin ist 1. Februar, gezahlt werden soll am 1. März. Bis zur Lieferung handelt es sich um ein *schwebendes Geschäft*. U sichert den derzeit geltenden Kurs von 1 Euro = 1 $ mit einem Devisentermingeschäft ab.

Die unterstellte Kursentwicklung als Ausgangsdaten und der jeweilige fair value des Devisentermingeschäfts sind in nachfolgender *Tabelle* abgebildet:

Tab. 27: Daten zum Beispiel Cashflow-Hedge

		Kassa = Terminkurs*	Devisentermingeschäft	
		(1 Euro = $)	fair value	Veränderung
1.11.02	Vertragsabschluss	1,00	0	
31.12.02	Bilanzstichtag	0,95	52 632	52 632
1.2.03	Lieferung	0,94	63 830	11 198
1.3.03	Bezahlung	0,93	75 269	11 439

* Vereinfachung; i. d. R. weichen Kassa- und Terminkurse wegen der Zinsdifferenzen der Währungen voneinander ab.

Unter der Annahme, dass die Voraussetzungen zur Durchführung von hedge accounting vorliegen und **vollständige Effektivität** gegeben ist (s. hierzu Rz. 593), ergeben sich folgende Buchungen:

Derzeitige Regelung:

Zum 1. November wird das Devisentermingeschäft mit seinem Marktwert von null eingebucht:

(1)	Devisentermingeschäft	0	an	Bank	0

Am Bilanzstichtag ist das Termingeschäft mit seinem beizulegenden Zeitwert (Marktwert) *erfolgsneutral* anzusetzen.[303] Der Marktwert errechnet sich aus:

1 Euro / 0,95 $ × 1 000 000 $ – 1 000 000 $ = 52 632 Euro.

303 Wäre ein Teil des Devisentermingeschäfts ineffektiv, müsste dieser Teil gem. IAS 39.158 b i erfolgswirksam erfasst werden.

(2)	Devisentermingeschäft	52 632	an	Rücklage aus Sicherungsgeschäft	52 632

Zum 1. Februar wird die Maschine geliefert und ist mit dem aktuellen Kassakurs einzubuchen (3). Außerdem ist die Wertänderung des Termingeschäfts einzubuchen (4), um schließlich die aufgelaufene Rücklage aus dem Sicherungsgeschäft mit den Anschaffungskosten der Maschine zu verrechnen (5) (IAS 39.160). Die Maschine hat daher einen Buchwert von 1 Mio. Euro (Umrechnung von 1 Mio. $ zum Sicherungskurs von 1 $ = 1 Euro).

(3)	Maschine	1 063 830	an	Verbindlichkeit	1 063 830
(4)	Devisentermingeschäft	11 198	an	Rücklage aus Sicherungsgeschäft	11 198
(5)	Rücklage aus Sicherungsgeschäft	63 830	an	Maschine	63 830

Einen Monat später wird die Verbindlichkeit beglichen. Da der Wechselkurs sich erneut verändert hat, sind nicht 1 063 830 Euro, sondern 1 075 269 Euro aufzubringen, um 1 Mio. $ zu bezahlen (6). Zugleich ist der Marktwert des Devisentermingeschäfts weiter gestiegen; diese Wertänderung kompensiert nun den Verlust aus der Begleichung der Verbindlichkeit (7) (IAS 39.162). Schließlich wird das Devisentermingeschäft abgerechnet (8):

(6)	Verbindlichkeit sonstiger betrieblicher Aufwand	1 063 830 11 439	an	Bank	1 075 269
(7)	Devisentermingeschäft	11 439	an	sonstiger betrieblicher Aufwand	11 439
(8)	Bank	75 269	an	Devisentermingeschäft	75 269

Vorgesehene künftige Regelung:

Nach dem vorliegenden Exposure Draft zur Revision des IAS 39 sollen Sicherungsgeschäfte von festen Verpflichtungen künftig als fair value hedge behandelt werden. Hierbei sind Wertänderungen des Sicherungsinstruments nicht im Eigenkapital, sondern sofort erfolgswirksam zu erfassen. Zugleich ist ein Vermögenswert oder eine Verbindlichkeit anzusetzen, die diesen ergebniswirksamen Effekt kompensiert (ED IAS 39.140, ED IAS 39.153).[304] Damit wird das Prinzip der Nichtbilanzierung schwebender Geschäfte durchbrochen. Die Buchungen werden im Folgenden dargestellt; Veränderungen sind mit * gekennzeichnet.

304 Zum Zeitpunkt der erstmaligen Anwendung der neuen Normen sollen für betroffene cash flow hedges die im Eigenkapital kumulierten Beträge entfernt und als Vermögenswert bzw. Schuld angesetzt werden, vgl. ED IAS 39.171 C.

(1)	Devisentermingeschäft	0	an	Bank	0
(2)*	Devisentermingeschäft	52 632	an	Ertrag	52 632
(2a)*	Ertrag	52 632	an	Verbindlichkeit	52 632
(3)	Maschine	1 063 830	an	Verbindlichkeit	1 063 830
(4)*	Devisentermingeschäft	11 198	an	Ertrag	11 198
(5)*	Verbindlichkeit Ertrag	52 632 11 198	an	Maschine	63 830
(6)	Verbindlichkeit sonstiger betrieblicher Aufwand	1 063 830 11 439	an	Bank	1 075 269
(7)	Devisentermingeschäft	11 439	an	sonstiger betrieblicher Aufwand	11 439
(8)	Bank	75 269	an	Devisentermingeschäft	75 269

Hinweis: Im Beispiel ist eine vollständige Effektivität des Sicherungsgeschäfts unterstellt; daher stellen sich per Saldo überhaupt keine Ergebniswirkungen ein. Etwas anderes gilt, wenn die Sicherungsbeziehung nicht vollständig effektiv ist.

604 Läuft das Sicherungsinstrument aus oder wird es veräußert, beendet oder ausgeübt oder sind die Kriterien für cash flow hedge nicht mehr gegeben (s. Rz. 592 ff.), so ist die Bilanzierung als cash flow hedge aufzugeben (IAS 39.163). Bislang im Eigenkapital aufgelaufene Beträge sind bis zum Zeitpunkt des eventuellen Zugangs des Vermögenswertes oder der Verbindlichkeit bzw. des erfolgswirksamen Eintritts des Grundgeschäfts im Eigenkapital zu belassen und dann mit den Anschaffungskosten bzw. den Aufwendungen und Erträgen zu verrechnen. Sollte dagegen die geplante Transaktion nicht mehr durchgeführt oder die feste Verpflichtung nicht mehr erfüllt werden, ist der bislang im Eigenkapital aufgelaufene Betrag in die GuV umzubuchen (IAS 39.163 c). Das Derivat ist entsprechend ab diesem Zeitpunkt wieder der Kategorie held for trading zuzuordnen.[305]

f) Gegenstand und Bilanzierung der Absicherung einer Nettoinvestition in eine zum Stichtagskurs umgerechnete Tochtergesellschaft

605 Die grundsätzliche Zulässigkeit des Einsatzes von Fremdwährungsschulden zur Absicherung der Nettoinvestition in eine wirtschaftlich selbständige Tochtergesellschaft, die zum Zwecke der Aufstellung des Konzernabschlusses zum Stichtagskurs umgerechnet wird (zur Währungsumrechnung im Konzern s. Rz. 845 ff.), enthält bereits IAS 21.19. Die Anforderungen, die

305 Vgl. Ausschuss für Bilanzierung des Bundesverbandes deutscher Banken, WPg 2001, 346 (351).

an die Sicherungsbeziehung zu stellen sind, werden nunmehr durch IAS 39 ergänzt und entsprechen den allgemeinen Anforderungen in IAS 39.142 (s. Rz. 592 f.). Diese Anforderungen haben aber für die Bilanzierung nur insoweit praktische Konsequenz, falls die Absicherung der Nettoinvestition mittels Derivaten erfolgt. Für langfristige Verbindlichkeiten dürfte die Wirksamkeit der Sicherungsbeziehung im Übrigen unproblematisch darzulegen sein.[306]

Die Bilanzierung als Sicherungsgeschäft folgt der Bilanzierung als cash flow hedge. Bei einer Absicherung mittels Derivaten ist der im Eigenkapital erfasste wirksame Teil der Sicherungsbeziehung im Eigenkapitalspiegel als Währungsdifferenz auszuweisen und der unwirksame Teil unmittelbar im Periodenergebnis zu erfassen.

Erfolgt die Absicherung über eine **Fremdwährungsschuld**, braucht zwischen einem wirksamen und unwirksamen Teil nicht unterschieden zu werden; in beiden Fällen sind die Wertänderungen erfolgsneutral zu erfassen (IAS 39.164). Bei Abgang der Tochtergesellschaft sind die aufgelaufenen, im Eigenkapital erfassten Währungsdifferenzen in die GuV umzubuchen (IAS 21.37).

6. Angabepflichten

Schon IAS 32 enthält eine Fülle von Angabepflichten zu Finanzinstrumenten, die in der Vergangenheit zu beachten waren. IAS 39 nimmt darauf Bezug und fordert – mit Ausnahme jener ergänzenden Angaben zum fair value für bereits zum fair value *bilanzierte* Finanzinstrumente – weiterhin alle nach IAS 32 erforderlichen Angaben (IAS 39.166). 606

Damit entfallen die Offenlegungspflichten nach IAS 32.77 und 32.88, da diese Angaben Zusatzinformationen für den Fall bereitstellen sollten, dass Finanzinstrumente nicht zum fair value im Jahresabschluss abgebildet wurden[307] (vgl. jedoch nachfolgend Rz. 609).

IAS 32 fordert die Angaben für bilanzwirksame wie auch für bilanzunwirksame Finanzinstrumente. Seit Verabschiedung von IAS 39 sind Sachverhalte von bilanzunwirksamen Finanzinstrumenten nur in speziellen Ausnahmefällen möglich.[308] 607

Die Angabepflichten zu finanziellen Vermögenswerten, Verbindlichkeiten und Eigenkapitalinstrumenten ergeben sich aus IAS 32.47 i. V. m. IAS 39.167 608

---

306 Zu den Anforderungen bei kurzfristigen Schulden vgl. *Scharpf*, Rechnungslegung von Financial Instruments nach IAS 39, 2001, S. 249.

307 Vgl. Andersen (Hrsg.), Rechnungslegung von Financial Instruments nach IAS 39, 2001 S. 61.

308 Sprachlich wird die häufige ausdrückliche Nennung von bilanzwirksamen und bilanzunwirksamen Finanzinstrumenten durch ED IAS 32 aufgehoben, wenngleich weiterhin auch ED IAS 32 auf bilanzunwirksame Finanzinstrumente anzuwenden ist. Das dürften künftig nur bestimmte Verbindlichkeiten gem. ED IAS 39.1 i sein (s. auch ED IAS 32.2).

sowie zusätzlich IAS 39.170, auf die hier verwiesen wird. Ohne auf Einzelheiten an dieser Stelle einzugehen, betreffen die Offenlegungsanforderungen u. a. die Annahmen für die fair value-Bestimmung, die Art der bilanziellen Abbildung von Wertänderungen von Finanzanlagen, Angaben zu den Bilanzierungs- und Bewertungsmethoden sowie Hinweise zu den finanziellen Auswirkungen der Zu- und Abgänge von Finanzinstrumenten auf den Jahresabschluss.

609 Für solche Finanzinstrumente, die zu **(fortgeführten) Anschaffungskosten** angesetzt werden, sind ergänzende Angaben zum fair value notwendig (IAS 32.77). Sollte bei finanziellen Vermögenswerten der Buchwert (= fortgeführte Anschaffungskosten) den fair value übersteigen, sind zusätzliche Angaben erforderlich (IAS 32.88), u. a., warum auf eine außerplanmäßige Abschreibung verzichtet worden ist.

610 Die Angabepflichten zum **hedge accounting** ergeben sich aus IAS 39.169 (s. auch Beispiel oben in Rz. 592).

611 Um Abschlussadressaten eine Einschätzung finanzieller Risiken zu ermöglichen, ist über **Zinsänderungsrisiken** (IAS 32.56) sowie **Ausfallrisiken** (IAS 32.66) zu berichten.

612 Nach den vorliegenden Entwürfen ED IAS 32 und ED IAS 39 sollen sämtliche Offenlegungspflichten künftig in IAS 32 zusammengefasst werden.

7. Übergangsvorschriften

613 IAS 39 ist erstmals anzuwenden für die Berichtsperiode, die am oder nach dem 1. Januar 2001 beginnt. Eine frühere Anwendung war möglich für die Berichtsperiode, die nach dem 15. März 1999 endete (IAS 39.171). Damit sind bei Erscheinen dieses Buches die in IAS 39.172 genannten Übergangsvorschriften, die durchweg eine prospektive Anwendung des Standards vorsehen, für bereits nach IAS bilanzierende Unternehmen nur noch von historischer Bedeutung. Anders ausgedrückt: Die Übergangsvorschriften des IAS 39 betreffen im Jahr 2003 nur noch die Unternehmen, die zum 31.12.2002 oder im Verlaufe des Jahres 2003 erstmals einen vollständigen IAS-Abschluss inklusive Vergleichsvorjahr vorlegen und für die Umstellung auf IAS SIC-8 anwenden. Die Erörterungen hierzu befinden sich in Teil F, Rz. 1264 ff.

614–629 Einstweilen frei.

VII. Leistungen an Arbeitnehmer

1. Übersicht und Wegweiser

Mit IAS 19 liegt ein Standard vor, in dem umfassend (Ausnahme: Kapitalbeteiligungsleistungen) die bilanzielle Behandlung aller Leistungen gegenüber Arbeitnehmern behandelt wird. Dabei wird zwischen kurzfristigen Leistungen, Pensionsleistungen, anderen langfristigen Leistungen sowie Leistungen aus Anlass der Beendigung des Arbeitsverhältnisses unterschieden (s. Abb. 34). Hinsichtlich des Bilanzausweises können sich Verpflichtungen des Unternehmens sowohl in den Rückstellungen als auch in den Verbindlichkeiten niederschlagen. Wir folgen unabhängig vom Bilanzausweis in unseren Erläuterungen grundsätzlich dem Aufbau des IAS 19. 630

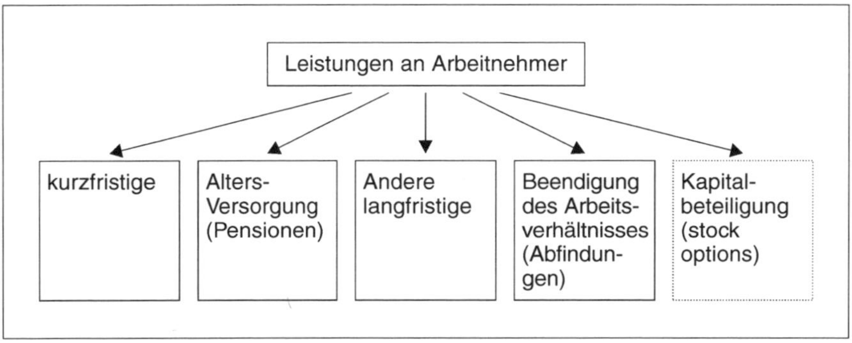

Abb. 34: Übersicht Regelungsbereich IAS 19

Eine Regelungslücke besteht noch für Kapitalbeteiligungsleistungen („**stock options**"). IAS 19 enthält zu deren Bilanzierung keine Regelungen, sondern lediglich umfangreiche Offenlegungsvorschriften (IAS 19.147 bis 19.152), auf die an dieser Stelle verwiesen wird. Im Rahmen seines Projekts „**share based payments**" diskutiert der Board derzeit verschiedene Möglichkeiten der Bilanzierung von stock options. Ein Standardentwurf hierzu ist für das 4. Quartal 2002 angekündigt.[309] 631

IAS 19 ist in 1998 grundsätzlich überarbeitet worden.[310] Einige Änderungen wurden danach durch die Neufassung von IAS 10 mit Wirkung zum 1. Januar 2000 erforderlich, und mit Wirkung zum 1. Januar 2001 wurde IAS 19 (überarbeitet 2000) im Hinblick auf Ansatz-, Bewertungs- und Ausweisvorschriften für Erstattungsansprüche ergänzt. 632

309 Vgl. IASB Insight, July 2002, S. 3.

310 Hierdurch wurde weitgehende Angleichung an die amerikanischen Standards SFAS 87 und SFAS 88 erreicht, vgl. *Höfer*, Die Bewertung von Pensionsverpflichtungen nach internationalen Standards, in Küting/Langenbucher, FS Weber, 1999, S. 110.

Mit Wirkung für Jahresabschlüsse (nicht: Zwischenberichte) von Geschäftsjahren, die am oder nach dem 31. Mai 2002 enden (IAS 19.159 A), ist IAS 19 schließlich erneut geändert worden. Durch die Neueinfügung von IAS 19.58 A und 19.58 B sind Begrenzungen des Ansatzes von Vermögenswerten bei überdotierten ausfinanzierten leistungsorientierten Pensionsplänen eingeführt worden. Beispiele zur bilanziellen Abbildung hierzu enthält der neue Anhang C, und der Abschnitt „Basis for Conclusions" erscheint künftig als Anhang D. Da es sich mit ausfinanzierten leistungsorientierten Pensionsplänen nicht um den typischen Durchführungsweg der betrieblichen Altersversorgung in Deutschland handelt und obendrein die Vorschriften nur bei einer Überdotierung ggf. anzuwenden sind (IAS 19.58 B), haben wir auf eine Erläuterung verzichtet.

Durch das Improvement-Projekt sind nur geringfügige Änderungen an IAS 19 vorgesehen.

2. Kurzfristig fällige Leistungen an Arbeitnehmer

633 Zu den kurzfristig fälligen Leistungen an Arbeitnehmer gehören alle Verpflichtungen des Unternehmens gegenüber seinen Arbeitnehmern aus Anlass des Arbeitsverhältnisses, die innerhalb von zwölf Monaten nach Ende der Berichtsperiode beglichen werden (mit Ausnahme von Altersversorgungs- und Kapitalbeteiligungsleistungen). Das können Löhne, Gehälter, Sozialbeiträge, Urlaubsrückstände, Tantiemen und andere Erfolgsbeteiligungen, geldwerte Vorteile u.Ä. sein (IAS 19.8). Die Verpflichtung ist unabgezinst als **Verbindlichkeit** (accrued expense) anzusetzen (IAS 19.10a), unabhängig davon, ob zur Ermittlung der Verpflichtung statistische Wahrscheinlichkeiten herangezogen werden müssen (beispielsweise Fluktuationsschätzungen bei Tantiemen) oder nicht.[311] Umgekehrt sind Vorausleistungen an Arbeitnehmer zu aktivieren.

634 Nach IAS 19.10 b kommt eine Aufwandserfassung nur in Betracht, solange der Personalaufwand nicht als Bestandteil der Anschaffungs- (s. Rz. 325) oder Herstellungskosten (s. Rz. 468) aktiviert wird.

635 Besondere *Angaben* sind – vorbehaltlich der Angaben nach anderen Standards wie z. B. nach IAS 1 und IAS 24[312] – *nicht* vorgesehen (IAS 19.23).

3. Pensionsverpflichtungen

a) Pensionspläne und Durchführungswege

636 Als Leistungen nach Beendigung des Arbeitsverhältnisses (post-employment benefits) werden sämtliche Leistungen eines Unternehmens an seine Arbeitnehmer klassifiziert, die ihrem wirtschaftlichen Charakter nach als **Versor-**

311 In der Praxis erfolgt der Ausweis häufig unter den Rückstellungen, s. Rz. 713 und Rz. 745.

312 Der Hinweis auf IAS 24 soll künftig entfallen, s. ED IAS 19.23.

gungsleistungen anzusehen sind. Der Anspruch der Arbeitnehmer kann auf Vertrag oder betrieblicher Übung beruhen (IAS 19.3). Auch der Durchführungsweg ist irrelevant für die Frage, ob eine Versorgungsleistung vorliegt (IAS 19.24). Entscheidend für die Bilanzierung von Pensionsverpflichtungen ist einzig, ob ein beitragsorientierter (defined contribution plan) oder ein leistungsorientierter Pensionsplan (defined benefit plan) vorliegt.

Im Falle **beitragsorientierter Pläne** entledigt sich der Arbeitgeber mit der 637
Zahlung von Beiträgen an einen externen Träger jeder weiteren Verpflichtung hinsichtlich der Altersversorgung der begünstigten Arbeitnehmer (IAS 19.39, 19.25). Eine wirtschaftliche Verpflichtung des Arbeitgebers besteht nur gegenüber dem externen Träger. Die Ansammlung der finanziellen Mittel zur Erfüllung der Pensionszusagen erfolgt damit *extern* über einen unabhängigen Pensionsfond (funded, ausfinanziert) und nicht intern (unfunded). Die Ansprüche der Arbeitnehmer sind begrenzt auf die Leistungen des externen Trägers, die sich aus den Beitragsleistungen und den Zinserträgen ergeben (vgl. z. B. Direktversicherungen nach § 4b EStG). Als **Durchführungswege** (s. *Abb. 35*) für diese Form der betrieblichen Altersversorgung stehen in Deutschland die Direktversicherung, die Pensionskasse sowie seit 2002 auch der Pensionsfonds zur Verfügung.

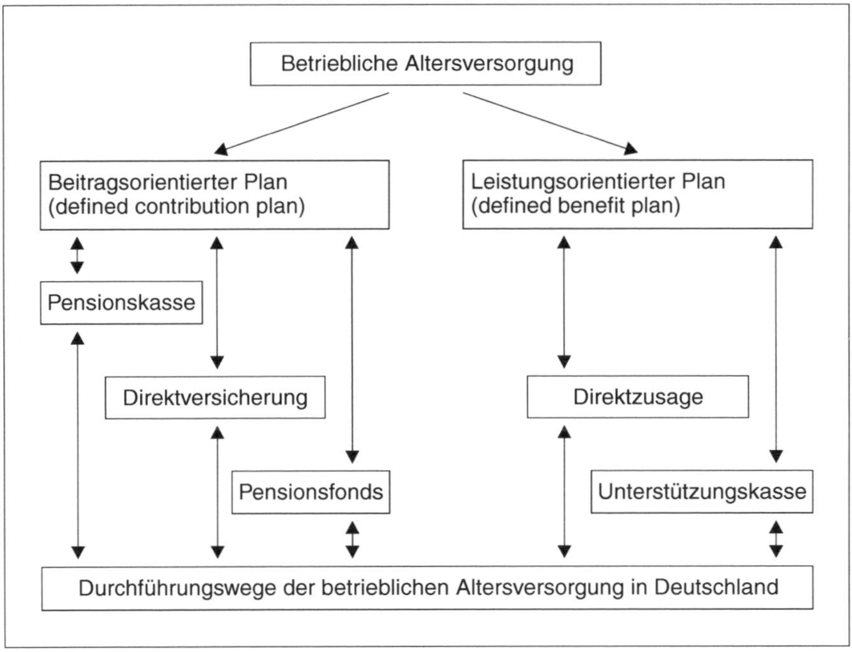

Abb. 35: Pensionspläne und Durchführungswege der betrieblichen Altersversorgung

638 Demgegenüber sind **leistungsorientierte Pläne** dadurch gekennzeichnet, dass das Unternehmen selbst verpflichtet ist, die zugesagten Leistungen zu erbringen, und zwar unabhängig vom Durchführungsweg. Daher sind die zugesagten Leistungen zum Bilanzstichtag zu bewerten. Ist ein Funding erfolgt, also die vollständige oder teilweise Ausfinanzierung der Verpflichtung über einen externen Träger, mindert das (zum fair value bewertete) ausgelagerte Planvermögen die Verpflichtung des Unternehmens. Ohne Funding ist die ermittelte Verpflichtung insgesamt als Pensionsrückstellung beim Arbeitgeber auszuweisen.

Klassische Beispiele des Durchführungswegs für leistungsorientierte Pläne sind in Deutschland die unmittelbaren Pensionsverpflichtungen (§ 6 a EStG) und die Unterstützungskassen (§ 4d EStG).[313] Bei Letzteren ist die sog. Subsidiärhaftung bilanziell zu berücksichtigen, wenn also das Vermögen der Unterstützungskasse nicht ausreicht, die dem Arbeitnehmer zugesagten Leistungen zu erbringen.

Vom Volumen her sind in Deutschland nach wie vor unmittelbare Pensionsverpflichtungen (Direktzusagen) vorherrschend; s. nachfolgende Abbildung.

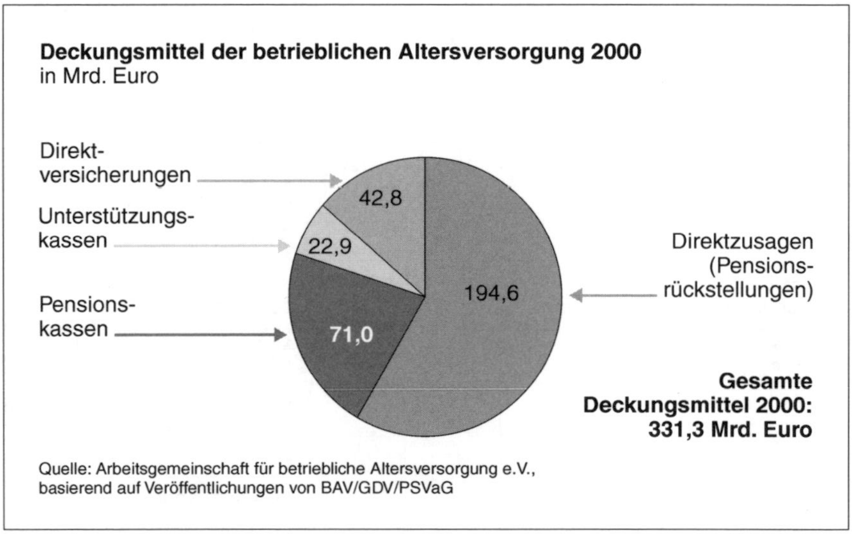

Abb. 36: Deckungsmittel und Durchführungswege der betrieblichen Altersversorgung 2000

639 Nach IAS 27.13 b sind **Unterstützungskassen** wegen Beschränkungen im Finanzmitteltransfer nicht in den Konzernabschluss des Trägerunternehmens einzubeziehen.[314]

313 Zur Zulässigkeit der Unterstützungskasse als ausfinanziertes Fondsvermögen gem. IAS 19 vgl. *Rössler/Doetsch/Heger*, BB 1999, 2498 (2501).

314 Vgl. auch IDW RS HFA 2 Rz. 16.

Die Frage der Saldierung des Planvermögens mit der Verpflichtung aus dem Pensionsplan bleibt hiervon unberührt (vgl. Rz. 651 ff.).[315] Zum Ausweis der Subsidiärhaftung im IAS-Abschluss vgl. Rz. 645.[316]

IAS 19 wird ergänzt von IAS 26, der Angabepflichten von beitrags- und leistungsorientierten Pensionsplänen enthält. 640

b) Bilanzierung von beitragsorientierten Pensionsplänen

Für das Unternehmen resultiert aus beitragsorientierten Pensionsplänen weder ein Bewertungsproblem noch ein Haftungsrisiko hinsichtlich der Pensionsansprüche seiner Arbeitnehmer (IAS 19.25). Die Zahlungen z. B. an die Versicherungsgesellschaft (externer Träger) werden als *laufender Betriebsaufwand* erfasst;[317] bei Über- oder Unterzahlungen im Vergleich zur vertraglichen Vereinbarung ist abzugrenzen und ein sonstiger Vermögenswert bzw. eine sonstige Verbindlichkeit anzusetzen (IAS 19.44). Eine Abzinsung der Verbindlichkeit ist bei Rückständen von mehr als zwölf Monaten erforderlich (IAS 19.45). 641

Es ist der *Aufwand* für beitragsorientierte Pensionspläne *anzugeben* (IAS 19.46); zweckmäßigerweise im Anhang. 642

c) Bilanzierung von leistungsorientierten Pensionsplänen

aa) Übersicht

Bei einem **leistungsorientierten Pensionsplan** (defined benefit plan) sind die Ansprüche der Arbeitnehmer zu bewerten, und zwar unabhängig davon, ob die Finanzierungsmittel extern ausgelagert (funded) oder intern angesammelt werden (unfunded). Hierbei ist es aus IAS-Sicht (IAS 19.3) ohne Bedeutung, wie die Rechtsverhältnisse zwischen Arbeitgeber, Arbeitnehmer und Versorgungseinrichtung formell ausgestaltet sind, ob also der Arbeitnehmer unmittelbare oder mittelbare (über die Versorgungseinrichtung) Versorgungsansprüche gegenüber dem Arbeitgeber hat.[318] 643

Hinsichtlich des Bilanzausweises der Verpflichtung ist zwischen rückstellungs- und fondsfinanzierten Versorgungsleistungssystemen zu unterscheiden. Liegen im Falle des extern finanzierten Versorgungssystems die strengen Voraussetzungen des Planvermögens vor (IAS 19.7), ist es nach IAS zulässig, derartige Vermögenswerte mit der Pensionsverpflichtung zu saldieren, so 644

315 Saldierung ist nach IAS nicht möglich, wenn die Unterstützungskasse ihr Vermögen dem Trägerunternehmen darlehensweise zur Verfügung stellt; vgl. *Höfer/Oppermann*, DB 2000, 1039 (1040).

316 IDW RS HFA 2 Rz. 13 ff.

317 Zur Aktivierung als Bestandteil von Herstellungskosten s. Hinweis in Rz. 634.

318 Vgl. auch *Ellrott/Rhiel*, in Beck'scher Bilanz-Kommentar, 4. Aufl. 1999, § 249 Rz. 291.

dass in der Bilanz lediglich der sog. Netto-Ausweis erfolgt (zu den Voraussetzungen des Planvermögens vgl. Rz. 651 ff.). Diese Saldierungsmöglichkeit besteht nach IAS unabhängig davon, ob es sich aus Sicht des deutschen Trägerunternehmens um eine direkte Pensionszusage handelt oder um den Fall einer Unterstützungskasse; entscheidend ist allein, ob nach IAS-Definition Planvermögen i.S.v. IAS 19.7 vorliegt und damit eine Saldierung zulässig ist.[319] Übersteigt der beizulegende Zeitwert des Planvermögens den Barwert der Pensionsverpflichtungen, ist unter den Bedingungen von IAS 19.58 (und ab Mai 2002 zusätzlich auch nach IAS 19.58A und 19.58B) ein Vermögenswert beim Trägerunternehmen anzusetzen.

645 Für die **Abwicklung** von leistungsorientierten Pensionszusagen kommen in Deutschland vor allem die Direktzusage und die Unterstützungskasse in Betracht.[320] Gilt die Unterstützungskasse als Planvermögen i. S. v. IAS 19, so können die Deckungsmittel der Unterstützungskasse mit den Verpflichtungen aus dem Versorgungssystem saldiert werden. Wegen steuerlicher Restriktionen können insoweit regelmäßig nur dann ausreichende Mittel angesammelt werden, wenn die Unterstützungskasse ihre Verpflichtungen bei einer Lebensversicherungsgesellschaft rückdeckt.[321] Erreichen die Deckungsmittel (bewertet nach IAS-Kriterien) der Unterstützungskasse nicht den Wert der Pensionsverpflichtungen, so sind entsprechende Unterdeckungen zu passivieren (Subsidiärhaftung).

Im Falle der Direktzusage der Pensionsverpflichtung durch das Trägerunternehmen kommen für den IAS-*Konzern*abschluss als saldierungsfähiges Vermögen vor allem die Rückdeckungsversicherung und sog. asset backing-Gestaltungen in Betracht[322] (zu den Kriterien als Planvermögen vgl. die Ausführungen unter Rz. 651 ff.).

646 Als Bewertungsverfahren der Pensionsverpflichtung ist einzig die **„projected unit credit method“** (PUCM, **Anwartschaftsbarwertverfahren**) zulässig (IAS 19.64). Hiernach sind die gesamten künftigen Pensionsleistungen, welche den zurückliegenden Dienstjahren zuzurechnen sind, mit dem versicherungsmathematischen Barwert zu bewerten. Erwartete *künftige Gehaltssteigerungen* und andere Leistungsanpassungen sind zu berücksichtigen (IAS 19.83). Als **Diskontierungssatz** ist die laufzeitäquivalente Rendite für erstrangige, fest verzinsliche Industrieanleihen heranzuziehen (IAS 19.78).

319 Vgl. hierzu im einzelnen *Rössler/Doetsch/Heger*, BB 1999, 2498.

320 In steuerlicher Sicht handelt es sich hierbei um die sog. nachgelagerte Besteuerung im Gegensatz zur vorgelagerten Besteuerung im Falle der Direktversicherungen und Pensionskassen. Die vorgelagerte Besteuerung, soweit sie beitragsorientiert aufgebaut ist, gilt als ausfinanziert i.S. von IAS 19 und führt damit zu Aufwand der laufenden Periode und nicht zu passivierungspflichtigen Tatbeständen (vgl. hierzu *Rössler/Doetsch/Heger*, BB 1999, 2498 (2500).

321 Vgl. hierzu *Höfer/Oppermann*, DB 2000, 1039 (1040).

322 Vgl. *Höfer/Oppermann*, DB 2000, 1039 (1040).

Das Gleichverteilungsverfahren (projected benefit valuation method) wie z. B. das in Deutschland übliche *Teilwertverfahren* (nach § 6 a EStG) ist nicht zulässig.

bb) Ermittlung der Rückstellung für Pensionsverpflichtungen

Die in der Bilanz auszuweisende Nettoschuld ermittelt sich nach folgender Formel (IAS 19.54): 647

(a) Barwert der leistungsorientierten Verpflichtung zum Bilanzstichtag

(b) zzgl. versicherungsmathematischer Gewinne (abzgl. versicherungsmathematischer Verluste), die noch nicht ergebniswirksam erfasst worden sind

(c) abzgl. noch nicht erfasster, nachzuverrechnender Dienstzeitaufwand (sog. past service cost)

(d) abzgl. beizulegender Zeitwert des Planvermögens

= in der Bilanz zu erfassende Nettoschuld

Sollte der Betrag negativ sein, ist der Ansatz eines Vermögenswertes unter Beachtung der IAS 19.58 ff. zu prüfen (s. Rz. 644).

cc) Ermittlung des Altersversorgungsaufwandes

Der **jährliche Aufwand aus Altersversorgung** ermittelt sich aus folgender Rechnung (IAS 19.61): 648

(a) Dienstzeitaufwand der Periode

(b) + Zinsaufwand

(c) – erwarteter Ertrag aus etwaig vorhandenem Planvermögen und Erstattungsansprüchen

(d) +/– versicherungsmathematische Verluste/Gewinne

(e) + nachzuverrechnender Dienstzeitaufwand

(f) +/– Verluste/Gewinne aus Plankürzung oder Abgeltung

zu (a): Dienstzeitaufwand der Periode 649

Nach der projected unit credit method (Anwartschaftsbarwertverfahren) ist unter Berücksichtigung versicherungsmathematischer Annahmen der Barwert der Verpflichtung bei Leistungsbeginn abgezinst auf die Perioden der Arbeitsleistung zu verteilen (IAS 19.65). Zu den versicherungsmathematischen Annahmen gehören künftige Gehalts- und Rententrends, Fluktuations- und Sterbewahrscheinlichkeiten (IAS 19.83 ff.). Auf die Unverfallbarkeit des Anspruchs kommt es dem Grunde nach nicht an; der Effekt wird berücksichtigt über Fluktuationswahrscheinlichkeiten (IAS 19.69). Die Verteilung des Aufwandes soll nach Maßgabe des Leistungsplans erfolgen (IAS 19.67).

Beispiel:

Ein Pensionsplan sieht für einen 30-jährigen vor, dass sich die monatliche Betriebsrente bei Eintritt des Versorgungsfalls (65 Jahre) am letzten Gehalt multipliziert mit den Dienstjahren orientiert. Zu schätzen sind der Zeitpunkt für das letzte Dienstjahr sowie das in jenem Jahr voraussichtliche Gehalt. Der festgelegte Anteil daran ist mit den bis dahin erreichten Dienstjahren zu multiplizieren. Unter Berücksichtigung von versicherungsmathematischen Annahmen ist der Barwert der Verpflichtung zum Zeitpunkt des angenommenen Eintritts des Versorgungsfalls (im Beispiel im Alter von 65 Jahren) zu bestimmen. Dieser Betrag ist durch die Anzahl der angenommenen künftigen Dienstjahre (im Beispiel noch 35 Jahre) zu dividieren, so dass sich nominell für jedes Jahr der gleiche Betrag ergibt. Jedes künftige Dienstjahr des Arbeitnehmers ist schließlich mit dem entsprechenden *Barwert* dieses nominellen Betrages zu belasten (IAS 19.71).

650 **zu (b): Zinsaufwand**

Der Barwert der Verpflichtung zu Beginn der Periode, ermittelt nach der projected unit credit method, ist zusammen mit dem Dienstzeitaufwand der laufenden Periode um eine Periode aufzuzinsen (IAS 19.82). Als Zinssatz ist die laufzeitäquivalente Rendite erstrangiger fest verzinslicher Industrieanleihen heranzuziehen, sofern diese auf liquiden Märkten gehandelt werden. Ansonsten sollen Renditen (langfristiger) Schuldverschreibungen der öffentlichen Hand herangezogen werden (IAS 19.78).[323] Damit kann der Zinssatz von Periode zu Periode schwanken. Die Verwendung gewichteter Durchschnittszinssätze ist zulässig (IAS 19.80). Bei der Erstanwendung des IAS 19 (überarbeitet 1998) für das Geschäftsjahr 1999 wurden von deutschen Unternehmen Zinssätze von 5,5 % (RWE) bis 8 % (Allianz hat eine Spanne von 6 % bis 8 % angegeben) verwendet.[324]

651 **zu (c): Erwarteter Ertrag aus etwaig vorhandenem Planvermögen und Erstattungsansprüchen**

In Deutschland ist ein Funding, also die vollständige oder teilweise Ausfinanzierung der Verpflichtung über einen externen Träger, eher noch selten (s. *Abb. 36*), international aber durchaus üblich. Als ausgegliederter Fonds (**Planvermögen**) wird gem. IAS 19.7 eine Einheit akzeptiert, die vom Unternehmen rechtlich unabhängig ist und deren Zweck ausschließlich darin besteht, die Pensionszahlungen vorzunehmen. Das Planvermögen darf im Insolvenzfall

323 Diese wird man auch in Deutschland aufgrund des vergleichsweise unterentwickelten Marktes für Industrieobligationen heranziehen können, vgl. *Gohdes* in BetrAV 1998, 166 (167 ff.).

324 Vgl. *Fédération des Experts Comptables Européens*, How European Companies are applying IAS 19 (revised) on Pension Accounting in the first Year of Application, 2001, S. 13.

des berichterstattenden Unternehmens nicht als Masse zur Verfügung stehen, es sei denn, das Vermögen ist höher als die Leistungsverpflichtung oder das Unternehmen hat Auszahlungen an die Leistungsempfänger vorgenommen, die vom Planvermögen erstattet werden.

Bei der Ausgestaltung von Direktzusagen mit ausgelagertem Fondsvermögen 652 sind in Deutschland vor allem steuerrechtliche Restriktionen zu beachten. In der Praxis werden verschiedene Modelle eingesetzt, die unter dem Terminus „asset backing" und „contractual trust arrangement" diskutiert werden.[325] Charakteristisch für diese Modelle ist, dass primär Wertpapiervermögen auf einen betriebsinternen „Treuhandpensions-Fonds" übertragen werden mit der Folge, dass im IAS Konzernabschluss die angestrebte Bilanzverkürzung durch Saldierung des Planvermögens mit den Altersversorgungsverpflichtungen erreicht wird, andererseits jedoch im HGB-Einzelabschluss des Trägerunternehmens weiterhin dieses Vermögen beim wirtschaftlichen Eigentümer als Treuhandvermögen aktiviert wird. Damit ergeben sich keine Auswirkungen auf die deutsche Handels- und Steuerbilanz nach HGB bzw. EStG.

Neben den betrieblichen Pensionsfonds als funded pension plan in Form einer 653 Treuhandkonstruktion können grundsätzlich auch Versicherungspolicen als Planvermögen verwendet werden. Eine sog. qualifizierte Versicherungspolice (IAS 19.7) kann nur mit einer nicht nahe stehenden Versicherung (gem. IAS 24 – s. dazu Rz. 1105 ff.) abgeschlossen werden. Darüber hinaus muss sichergestellt sein, dass die Erlöse aus der Police nur verwendet werden können, um Leistungen an Arbeitnehmer aus einem leistungsorientierten Versorgungsplan zu bezahlen und das Planvermögen auch im Insolvenzfall den Gläubigern des Trägerunternehmens nicht zur Verfügung steht.

Um die am Bilanzstichtag noch bestehende Verpflichtung aus dem Versor- 654 gungsplan ermitteln zu können, ist im Fall eines solchen Funding das Nettoplanvermögen bzw. die Versicherungspolice zu bewerten und vom Verpflichtungsumfang abzuziehen (IAS 19.54 d). Entsprechendes gilt für den Periodenaufwand: Zu Beginn der Periode sind die **erwarteten Planerträge/ Versicherungserträge** zu schätzen; diese mindern den Altersversorgungsaufwand, der beim Unternehmen verbleibt.

Das **Nettoplanvermögen** ist zum fair value anzusetzen (IAS 19.102 f.). Sollte 655 das Planvermögen in Finanzinstrumenten angelegt sein, sind zur fair value Bestimmung die in Rz. 536 ff. dargelegten Grundsätze heranzuziehen. Zu den Erträgen aus Planvermögen können somit auch (aus HGB-Perspektive) unrealisierte Wertsteigerungen gehören.

Ist ein **qualifizierter Versicherungsvertrag** abgeschlossen, der die zugesagten Leistungen hinsichtlich Betrag und Fälligkeit ganz oder teilweise kongruent

325 Vgl. *Stöhr*, DB 1998, 2233 sowie *Rössler/Doetsch/Heger*, BB 1999, 2498.

abdeckt, entspricht der fair value der Versicherungspolice dem Barwert der *abgedeckten* Verpflichtungen (IAS 19.104).[326]

656 Das Unternehmen kann aber auch Versicherungen abschließen, die zwar nicht die Anforderungen einer qualifizierten Versicherung (= Planvermögen) erfüllen (z. B. im Insolvenzfall als Masse zur Verfügung stehen), gleichwohl aber abgeschlossen worden sind, um die Zahlungen der Betriebsrente zu finanzieren. Wenn die Erstattung quasi-sicher ist, hat das *Unternehmen* die Police zu aktivieren, mit dem beizulegenden Zeitwert anzusetzen und im Übrigen zu behandeln wie Planvermögen (IAS 19.104 A; IAS 19.104 C f.). Eine *Saldierung* mit der Verpflichtung in der Bilanz kommt jedoch *nicht* in Betracht.

657 **zu (d): Versicherungsmathematische Verluste/Gewinne**

Der Verpflichtungsumfang kann aufgrund von Änderungen der versicherungsmathematischen Annahmen schwanken. Solche Änderungen führen zu „versicherungsmathematischen Gewinnen und Verlusten" (IAS 19.94). Hierzu gehören jedoch *nicht* etwaige Planänderungen, die als Verbesserung des Leistungsumfangs aufgrund einer veränderten Zusage zu qualifizieren und als nachzuverrechnender Dienstzeitaufwand zu behandeln sind, s. Rz. 660 f.

Im Falle eines Funding sind Differenzen aus erwartetem und tatsächlichem Planvermögen ebenfalls Änderungen von Schätzungen, die als versicherungsmathematische Verluste und Gewinne zu behandeln sind (IAS 19.94).

658 Versicherungsmathematische Gewinne und Verluste sind zu saldieren, in einer **Nebenrechnung** festzuhalten[327] und gem. IAS 19.92 *in der nächsten Periode* daraufhin zu prüfen, ob sie weiter in der Nebenrechnung vorgetragen oder erfolgswirksam zu erfassen sind. Eine erfolgswirksame Erfassung erfolgt für den Teil des Saldos, der den höheren der beiden Beträge

{10 % des Verpflichtungsumfangs; 10 % des Planvermögens}

zum Ende der Vorperiode übersteigt (sog. **10 % – Korridor**). Beträge, die den Korridor übersteigen, sind mindestens über die erwartete Restlebensarbeitszeit der vom Plan erfassten Arbeitnehmer linear zu verteilen. Alternativ kann eine schnellere Verteilung – bis hin zur sofortigen Erfassung – gewählt werden. Auch können Beträge innerhalb des Korridors sofort erfolgswirksam erfasst werden. Die Verteilungsregelung in IAS 19.93 kennzeichnet insoweit nur die Mindestverteilung. Das gewählte Verfahren ist stetig anzuwenden.

659 Ein noch nicht ergebniswirksam erfasster versicherungsmathematischer Verlust stellt eine **Unterdeckung der bilanzierten Verpflichtung** dar. IAS 19.95

326 Es wird von „vollständiger Kongruenz des Versicherungsvertrags" gesprochen, vgl. *Höfer/Oppermann*, DB 2000, 1039 (1040).

327 *Schildbach*, BFuP 2002, 263 (270) spricht von „schwarze(n) Konten".

weist darauf hin, dass sich langfristig solche versicherungsmathematischen Gewinne und Verluste ausgleichen können, so dass die Schwankung innerhalb des 10 %-Korridors eine solche um den bestmöglichen Schätzwert ist.

zu (e): Nachzuverrechnender Dienstzeitaufwand 660

Für Arbeitnehmer, die bereits über mehrere Jahre Arbeitsleistungen erbracht haben und erst dann eine Pensionszusage erhalten, *auf deren Höhe sich auch die vergangene Arbeitsleistung auswirkt*, entsteht sog. nachzuverrechnender Dienstzeitaufwand („past service cost"). Das gilt auch für Verbesserungen an einer bestehenden Versorgungszusage (IAS 19.97). Anpassungen aufgrund veränderter Schätzungen (z. B. höhere oder niedrigere Gehaltssteigerungen als ursprünglich angenommen) sind demgegenüber wie versicherungsmathematische Gewinne und Verluste zu behandeln (IAS 19.98).

Jeder nachzuverrechnende Dienstzeitaufwand ist linear über den durch- 661
schnittlichen Zeitraum bis zum Eintritt der Unverfallbarkeit der Anwartschaften zu verteilen. Sollten die Anwartschaften bereits unverfallbar sein, so ist der Aufwand sofort zu erfassen (IAS 19.96). Dies ist die einzige Stelle in IAS 19, in der auf arbeitsrechtliche Unverfallbarkeitsregelungen abgestellt wird und insoweit das Primat wirtschaftlicher Betrachtungsweise mit der Irrelevanz von Unverfallbarkeitsbestimmungen durchbrochen wird.[328]

zu (f): Verluste/Gewinne aus Plankürzung oder Abgeltung 662

Es können, etwa bei Betriebsschließungen oder Umstrukturierungen, Vereinbarungen getroffen werden, die zu Kürzungen des ursprünglich zugesagten Leistungsniveaus führen und/oder einen Teil der bislang von den Zusagen begünstigten Arbeitnehmer von den Leistungen ausschließen (IAS 19.111). Hierzu gehört auch die Beendigung des Plans bei gleichzeitiger Abgeltung (IAS 19.114). Verbleibender Verpflichtungsumfang und etwaiges Planvermögen sind neu zu bewerten, Unterschiede zu bisherigen Werten sind als Gewinne oder Verluste sofort erfolgswirksam zu erfassen (IAS 19.109 f.).

dd) Ausweis und Anhangangaben

Bestehen unterschiedliche leistungsorientierte Pläne, sind Vermögenswerte 663
und Schulden unter den Bedingungen des IAS 19.116 zu saldieren. Im Übrigen enthält der Standard weder Regelungen über den **Bilanzausweis** (IAS 19.118) noch über den Ausweis der **Komponenten** des **Altersversorgungsaufwandes** (IAS 19.119). Wir empfehlen, Zinsaufwand und ggf. Fondserträge gesondert unter Zinsaufwand oder -ertrag auszuweisen[329] und die übrigen Komponen-

328 Vgl. *Petersen*, Rechnungslegung für Pensionsverpflichtungen nach HGB, US-GAAP und IAS, 2002, S. 150 f. Nach US-GAAP erfolgt demgegenüber eine Verteilung über die Restdienstzeit, im Zweifel also ein längerer Zeitraum.

329 So geht z. B. RWE vor, s. Geschäftsbericht 2001. Der Ausweis der Zinskomponente im Finanzergebnis entspricht auch der h. M. nach HGB, vgl. *Förschle* in Beck'scher Bilanz-Kommentar, 4. Aufl. 1999, § 275 Rz. 138 m. w. N.

ten des Altersversorgungsaufwandes im Personalaufwand auszuweisen bzw. bei Anwendung des Umsatzkostenverfahrens den Funktionsbereichen zuzuordnen. Es entspricht ferner üblicher Praxis, beim Unternehmen verbleibende Verpflichtungen als „**Pensionsrückstellungen**" bzw. „Pensionsverpflichtungen" auszuweisen. Nach unserer Empfehlung in Rz. 198 kommt hier nur ein Ausweis unter langfristige Schulden in Betracht.

664 Im Anhang ist bei leistungsorientierten Pensionsplänen die Zusage als solche zu beschreiben, es sind die versicherungsmathematischen Methoden und Annahmen anzugeben und es ist zwischen dem in der Gewinn- und Verlustrechnung erfassten laufenden Dienstzeitaufwand und Zinsaufwand im Anhang zu unterscheiden. Falls zur Abwicklung der Verpflichtung ein externer Träger eingeschaltet worden ist, erfordert dies nach IAS 19.120 eine Fülle zusätzlicher Angaben zum Fondsvermögen sowie Überleitungsrechnungen, auf deren Wiedergabe an dieser Stelle verzichtet wird.

4. Andere langfristig fällige Leistungen an Arbeitnehmer

665 Zu den anderen langfristig fälligen Leistungen gehören beispielsweise Gewinn- und Erfolgsbeteiligungen, die mehr als 12 Monate nach der Erbringung der Arbeitsleistung fällig sind, **Jubiläumsgelder** und langfristige Erwerbsunfähigkeitsleistungen (IAS 19.126). Die Bewertung erfolgt in Anlehnung an jener von Pensionsverpflichtungen (also zum **Barwert** der Verpflichtung), allerdings vereinfacht: Versicherungsmathematische Gewinne und Verluste sowie nachzuverrechnender Dienstzeitaufwand sind sofort zu erfassen (IAS 19.128 ff.); die 10 %-Korridor-Regelung bei versicherungsmathematischen Gewinnen und Verlusten kommt nicht zum Tragen.

666 Verpflichtungen aus **Altersteilzeit** gehören ebenfalls zu den anderen langfristig fälligen Leistungen an Arbeitnehmer. Das **Altersteilzeitgesetz** sieht zwei Modelle vor: Gleichverteilungsmodell und Blockmodell.

Beim **Gleichverteilungsmodell** wird vereinbart, dass der Arbeitnehmer während des gesamten Altersteilzeitraumes bis zur Pensionierung mit einer reduzierten täglichen Arbeitszeit tätig ist. Nach dem **Blockmodell** arbeitet der Mitarbeiter in der ersten Phase des Altersteilzeitraumes (sog. **Beschäftigungsphase**) weiterhin mit unverminderter Arbeitszeit, und in der zweiten Phase (sog. **Freistellungsphase**) wird er vollständig von der Arbeitspflicht freigestellt. In beiden Modellen wird ein vermindertes Arbeitsentgelt, aber zusätzlich ein sog. Aufstockungsbetrag des Arbeitgebers *gleichmäßig* geleistet.

Die bilanzielle Verfahrensweise unterscheidet sich grundsätzlich nicht vom HGB. Die Abzinsung der Verpflichtungen ist jedoch nach IAS zwingend.

Bei beiden Modellen ist der Aufstockungsbetrag als sog. „termination benefits" (IAS 19.7) sofort zu passivieren (IAS 19.133 b).[330] Die Rückstellung für den Auf-

330 Vgl. IDW RS HFA 3 Rz. 9.

stockungsbetrag wird über die Laufzeit des Teilzeitmodells in Anspruch genommen und entsprechend aufgelöst. Soweit die Verpflichtungen zur Leistung von Aufstockungsbeträgen erst nach Ablauf von 12 Monaten nach dem Abschlussstichtag fällig werden, sind sie mit dem Barwert anzusetzen (IAS 19.139).[331]

Mögliche Erstattungsansprüche des Unternehmens gegenüber der Bundesanstalt für Arbeit (BfA) dürfen nicht aktiviert werden, da die entsprechenden Voraussetzungen nach IAS 37.53 nicht vorliegen.[332] Sie können aber auch nicht rückstellungsmindernd berücksichtigt werden (vgl. Rz. 656).

Beim Blockmodell ergibt sich im Gegensatz zum Gleichverteilungsmodell in der Beschäftigungsphase ein Erfüllungsrückstand des Arbeitgebers, da der Arbeitnehmer die **volle** Arbeitsleistung erbringt, seine Vergütung jedoch (z. B. auf 50 % des Vollzeitentgelts) reduziert wird. Für diese Erfüllungsrückstände ist nach IAS ein Schuldposten (liability oder provision) anzusetzen, der mit dem (abgezinsten) Barwert bewertet wird. Die angesammelte Rückstellung wird in der Phase, in der der Arbeitnehmer nicht mehr arbeitet, in Anspruch genommen.

Angaben über die Bilanzierung anderer langfristig fälliger Leistungen an Arbeitnehmer sind nicht erforderlich, wenn diese nicht überragende Bedeutung haben (ED IAS 19.131). 667

5. Abfindungen

IAS 19.132 weist ausdrücklich darauf hin, dass eine Abfindung als Verpflichtung aus Anlass der Beendigung des Arbeitsverhältnisses und nicht durch die vom Arbeitnehmer zuvor geleistete Arbeit begründet ist. Dementsprechend sind solche Verpflichtungen, zu denen auch Sozialplanleistungen gehören, sofort als **Verbindlichkeit** zu erfassen. Bei Freistellungen etwa aus **Umstrukturierungen** muss ein formaler, detaillierter und beschreibender Plan gem. IAS 19.134 vorliegen (s. auch Rz. 728 ff.). 668

Werden die Leistungen länger als 12 Monate nach dem Bilanzstichtag fällig, sind sie mit dem in Rz. 650 genannten Zinssatz abzuzinsen. Bei Sozialplänen ist zu schätzen, wie viel Arbeitnehmer von dem Angebot Gebrauch machen werden (IAS 19.139 f). 669

Besondere Angaben sind nicht erforderlich. Angebote auf Sozialplanleistungen, deren Annahme nicht abgeschätzt werden kann, können zu angabepflichtigen Eventualschulden führen (s. hierzu Rz. 711). 670

Einstweilen frei. 671–709

331 Vgl. IDW RS HFA 3 Rz. 12. Zur Höhe des zu verwendenden Zinssatzes Hinweis auf Rz. 650.

332 Vgl. IDW RS HFA 3 Rz. 15: Die Ansprüche müssten „virtually certain" sein.

VIII. Rückstellungen

1. Übersicht und Wegweiser

710 IAS 37.10 definiert Schulden, die bezüglich ihrer Fälligkeit oder ihrer Höhe ungewiss sind, als Rückstellungen (provisions). Für Ansatz und Bewertung von und Angaben zu Rückstellungen ist IAS 37 einschlägig, es sei denn, es finden sich in anderen Standards Regelungen, auf die die genannte Definition ebenfalls zutrifft (IAS 37.1 d, IAS 37.5). Das betrifft namentlich:

- drohende Verluste aus Fertigungsaufträgen (s. Rz. 491),
- tatsächliche und latente Steuerschulden (s. Rz. 755),
- Verpflichtungen aus Leasingverhältnissen aus Sicht des bilanzierenden Leasingnehmers mit Ausnahme von drohenden Verlusten aus Operating-Leasing (z. B. bei einer Weitervermietung oder fehlenden Nutzung des Leasingobjekts) und
- Leistungen an Arbeitnehmer (s. Rz. 630 ff.).

711 Außerdem umfasst IAS 37 – mit denselben Ausnahmen – die Behandlung von **nicht bilanzierungsfähigen** Eventualschulden (contingent liabilities) und Eventualforderungen (contingent assets). **Eventualschulden** (IAS 37.10) sind

- mögliche Verpflichtungen, deren Existenz noch von Bedingungen abhängt, die nicht vollständig vom Unternehmen beeinflussbar sind oder
- gegenwärtige Verpflichtungen, bei denen die Inanspruchnahme unwahrscheinlich ist oder deren Verpflichtungshöhe nicht zuverlässig geschätzt werden kann. Unter Berücksichtigung des Vorsichtsprinzips kann es hier nach deutschem HGB-Verständnis schon zum Ansatz einer Rückstellung kommen.[333]

Eventualforderungen sind mögliche Vermögenswerte, deren Existenz noch von Bedingungen abhängt, die nicht vollständig vom Unternehmen beeinflussbar sind (IAS 37.10).

Eventualschulden und Eventualforderungen lösen Angabepflichten im Anhang aus.

712 Es besteht **Passivierungspflicht** für eine Rückstellung, wenn die allgemeinen Passivierungsbedingungen des Frameworks kumulativ vorliegen, die durch IAS 37.14 insoweit nur wiederholt werden (s. Rz. 168, Rz. 170). Im Unterschied aber zu einer Verbindlichkeit besteht bei einer Rückstellung Unsicherheit über *Höhe* oder *Zeitpunkt* der Erfüllung. Die Passivierungsbedingungen im Rückstellungsbereich haben große Bedeutung, weil der

333 S. die Kommentierung des Beispiels 10 a in Anhang C zu IAS 37 in *Förschle/Kroner/Heddäus*, WPg 1999, 41 (44 f.).

Beurteilungsspielraum hier besonders hoch ist; daher werden sie in IAS 37 besonders erläutert (s. Rz. 716 ff.)

Eine solche prinzipielle Unsicherheit besteht auch bei den sog. „**accruals**" (abgegrenzte Schulden, z. B. Verbindlichkeiten aus erhaltenen Lieferungen ohne Rechnung, Urlaubsverpflichtungen gegenüber Arbeitnehmern, Beiträge zur Berufsgenossenschaft, Kosten der Abschlussprüfung). Accruals unterscheiden sich von den provisions vor allem dahingehend, dass die Restunsicherheiten hinsichtlich der Schätzung der Fälligkeit und Höhe so gering sind, dass ihr Ausweis unter **Verbindlichkeiten** sachgerecht ist (IAS 37.11).[334] Da in Deutschland im HGB der Terminus abgegrenzte Schulden nicht üblich ist, wird in der Bilanzierungspraxis der Begriff Rückstellungen relativ weit gefasst und accruals zum Teil in die Rückstellungen mit einbezogen.[335] 713

Aus dem Standard geht nicht eindeutig hervor, ob die Unterscheidung zwischen accruals und provisions nur deklaratorischen Charakter oder zusätzlich auch Konsequenzen für die Bewertung und sonstige Angabepflichten hat. U. E. ist erstere Sichtweise vorzuziehen, d. h., Sachverhalte, die als accruals klassifiziert worden sind, fallen nicht mehr unter den Anwendungsbereich des IAS 37. Dafür spricht, dass auch das in IAS 37.11b genannte accrual-Beispiel der Urlaubsverpflichtung von vornherein gar kein Anwendungsfall des IAS 37, sondern des IAS 19 ist (s. Rz. 633). Umgekehrt gilt: Werden bei schwierigen Abgrenzungsfragen einem Vorschlag der Literatur folgend[336] accruals als Rückstellungen klassifiziert, dann ist IAS 37 vollumfänglich anzuwenden; es sind dann auch die entsprechenden Angabepflichten zu beachten (s. Rz. 745).

Im Übrigen werden sich bei accruals definitionsgemäß kaum Bewertungsprobleme ergeben.

Die nachfolgende *Abb. 37* fasst die Begriffsabgrenzungen zusammen. 714

334 Vgl. *Förschle/Kroner/Heddäus*, WPg 1999, 41 (44).
335 Vgl. auch *Lüdenbach*, International Accounting Standards, 2001, S. 160.
336 S. *Förschle/Kroner/Heddäus*, WPg 1999, 41 (44).

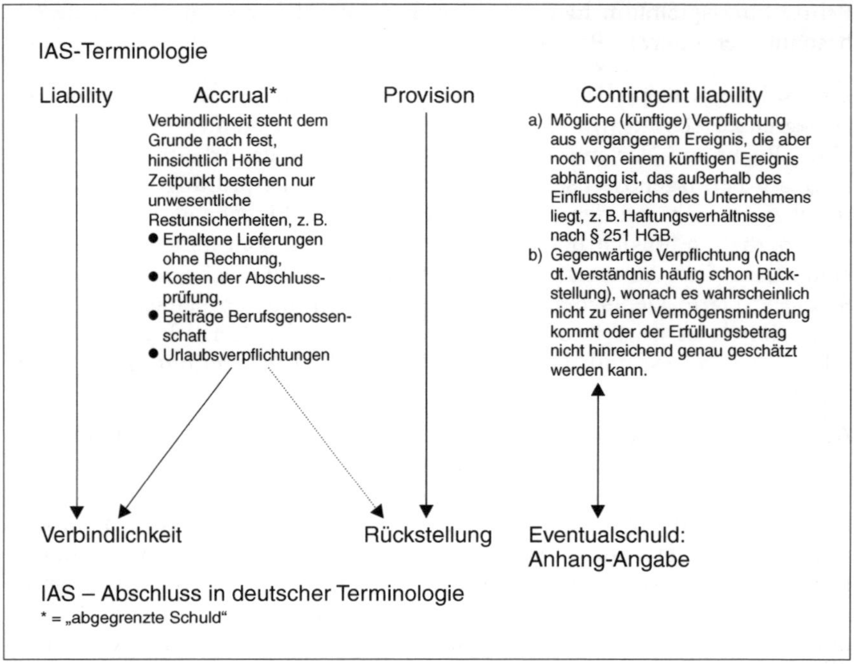

Abb. 37: Begriffsabgrenzung „Liability“, „Accrual“, „Provision“ und „Contingent liability“

715 Für Ansatz und Bewertung von Rückstellungen, aber auch bei der Angabe von Eventualschulden und Eventualverbindlichkeiten sind **wertaufhellende Tatsachen** zu berücksichtigen (IAS 10.7 f.). Eine imparitätische Berücksichtigung kommt jedoch nicht in Betracht.

2. Ansatz von Rückstellungen

a) Allgemeine Voraussetzungen

aa) Unentziehbarkeit

716 Die erste Passivierungsvoraussetzung für Rückstellungen, dass eine gegenwärtige Verpflichtung als Ergebnis eines vergangenen Ereignisses bestehen müsse (IAS 37.14 a), wird dahingehend konkretisiert, dass sich das Unternehmen der Erfüllung nach realistischer Einschätzung *nicht entziehen* kann. Dies ist unabhängig davon, ob es sich um *rechtliche* oder *faktische* Verpflichtungen handelt (IAS 37.17). Begriffsnotwendig kann eine Verpflichtung nur gegenüber Dritten bestehen; die genaue Kenntnis der Partei ist nicht erforderlich, so dass auch öffentlich-rechtliche Verpflichtungen gegenüber der Allgemeinheit ausreichend sind (IAS 37.20). Der Ansatz von **Aufwandsrückstellungen** kommt nicht in Betracht.

Das Unentziehbarkeitskriterium soll und muss die Unbestimmtheit des vergangenen Ereignisses, aus dem eine gegenwärtige Verpflichtung resultiert, beseitigen, da sich – darauf weist *Moxter*[337] zutreffend hin – künftige Aufwendungen „im Allgemeinen beliebigen Vergangenheitsereignissen betriebswirtschaftlich zuordnen" lassen. Leitlinie zur Interpretation der Unentziehbarkeit ist nach IAS 37.19, dass die Verpflichtung **unabhängig von der künftigen Geschäftstätigkeit** besteht. So mag eine Fluggesellschaft die gesetzliche und damit Außenverpflichtung haben, alle drei Jahre die Flugzeuge überholen zu lassen. Das vergangene Ereignis ist hier die Nutzung des Flugzeugs, aber das Unternehmen kann sich der Verpflichtung durch Verkauf des Flugzeugs entziehen, so dass eine Rückstellung nicht anzusetzen ist.[338] 717

Hat ein Unternehmen **Umweltschäden** verursacht und besteht eine **Beseitigungsverpflichtung**, so ist die Passivierungsvoraussetzung erfüllt. Erhält andererseits ein Unternehmen die behördliche Auflage, durch bestimmte Aufwendungen (z. B. Einbau einer Rauchgasentschwefelungsanlage) künftige Schäden zu verhindern (sog. **Anpassungsverpflichtung**), so löst dies *keine* Rückstellungsbildung aus, da sich das Unternehmen etwa durch Änderung der Produktion der Erfüllung der Verpflichtung noch entziehen kann (IAS 37.19). Demgegenüber ist die subjektiv mögliche „Entziehbarkeit" nach Ansicht des BFH[339] als „Rückstellungsausschluss" nicht ausreichend. Nach Ansicht des BFH ist die vorgenannte Anpassungsverpflichtung zu passivieren, und zwar auch dann, wenn dieser Aufwand zukünftige Erträge alimentiert.[340] Nach IAS gilt indessen das matching principle (vgl. Rz. 116), nach dem der Rückstellungsaufwand, der *ergebnismäßig* verrechenbar ist, Umsätze der Vergangenheit alimentiert haben muss[341] (vgl. auch nachfolgend Rz. 719 zur Frage der Aktivierung eines solchen Aufwandes aus der Rückstellungsbildung).

Problematisch ist die Anwendung des Unentziehbarkeitskriteriums insbesondere bei **faktischen Verpflichtungen**, etwa aus **Kulanz**. Da eine Erfüllung rechtlich nicht durchgesetzt werden kann, könnte sich das Unternehmen durch Nichthandeln jederzeit der Kulanzleistung entziehen, so dass eine Rückstellungsbildung unterbleiben müsste. Dies ist indes von IAS 37 nicht beabsichtigt; daher wird als **zusätzliches Kriterium** bei faktischen Verpflichtungen genannt, dass das Unternehmen gegenüber Dritten die *Erwartung* ge- 718

337 *Moxter*, BB 1999, 519 (521).

338 Vgl. IAS 37 Anhang C Bsp. 11 B. Unter den Bedingungen von SIC-23.5 können die tatsächlich anfallenden Ausgaben (Aufwendungen) aktiviert und über den Zeitraum bis zur nächsten Überholung abgeschrieben werden, s. auch Rz. 328.

339 Vgl. BFH v. 27.6.2001 – I R 45/97, DStR 2001, 1384 und *Gosch*, DStR 2002, 977 (980); anders *Siegel*, DB 2002, 707 sowie DStR 2002, 1192.

340 Vgl. zur a.A. *Moxter*, ZfbF 1995, 311; *Herzig*, DB 1990, 1341.

341 Damit gibt der BFH – abweichend von IAS – insoweit das Realisationsprinzip i. S. d. Alimentationsthese als maßgebliches Kriterium für die Rückstellungsbildung auf, vgl. *Siegel*, DB 2002, 707 (708) mit Replik von *Koths*.

weckt haben muss, dass es den faktischen Verpflichtungen nachkommen wird (IAS 37.17 b). Nach IAS 37.20 ist hierfür erforderlich, dass dies „den davon betroffenen Parteien vor dem Bilanzstichtag ausreichend ausführlich mitgeteilt wurde", wohingegen nach handelsrechtlichem Verständnis für die Passivierung von Kulanzrückstellungen ausreichend ist, dass der mögliche Schaden für das Unternehmen bei Nichterfüllung deutlich größer wäre. Die nach IAS geforderte ausreichend ausführliche Mitteilung liegt u. E. schon dann vor, wenn das Unternehmen unzweifelhaft ein entsprechendes und in der Öffentlichkeit bekanntes Image hat, dass es seinen faktischen Verpflichtungen nachkommt.

719 Bei den Ansatzkriterien ist zu beachten, dass eine Rückstellungspflicht für künftige Aufwendungen entsprechend dem matching principle dann besteht, wenn sie **vergangenen Erträgen** zugeordnet werden können.[342] Folglich sind Aufwendungen, die im Zusammenhang mit künftigen Erträgen stehen, *ergebnismäßig* nicht rückstellungsfähig. Dementsprechend werden **Ansammlungsrückstellungen** nach HGB-Verständnis – etwa für Entsorgungsverpflichtungen und mit der Entsorgung im Zusammenhang stehende Rekultivierungen – nach IAS wie folgt behandelt: Wenn die rechtliche (oder ggf. faktische) Verpflichtung **unentziehbar entstanden** ist und die sonstigen Voraussetzungen für eine Rückstellung vorliegen, besteht *in voller Höhe* des besten Schätzwertes (aber regelmäßig abgezinst) Ansatzpflicht. Die Entstehung der Verpflichtung wird jedoch zugleich und in gleicher Höhe dem Vermögenswert hinzuaktiviert, also *erfolgsneutral* gebucht.[343] Über die höheren Abschreibungsbeträge stellt sich so prinzipiell dieselbe Erfolgswirkung ein wie bei der bilanziellen Behandlung einer Ansammlungsrückstellung nach HGB (zu weiteren Einzelheiten und Beispiel s. auch Rz. 329 ff.).

Davon zu trennen sind **Rekultivierungsverpflichtungen** zur Wiederauffüllung und Herrichtung von im Tagebau ausgebeuteten Flächen.[344] Der Verpflichtungsumfang steigt hier nach dem Ausbeutefortschritt und ist entsprechend zu passivieren; dies entspricht handels- und steuerrechtlicher Sichtweise.[345]

bb) Wahrscheinlichkeit der Inanspruchnahme

720 Neben der Unentziehbarkeit verlangen die IAS-Regeln bestimmte Wahrscheinlichkeiten hinsichtlich des Eintretens des Grundes (des Entstehens) der Verbindlichkeit und der Inanspruchnahme hieraus. Diese Sichtweise entspricht grundsätzlich dem deutschen Bilanzsteuerrecht: Für dem Grunde nach ungewisse Verbindlichkeiten (§ 249 HGB) ist nach den GoB eine Rückstellung zu bilden, wenn sie erstens mit hinreichender Wahrscheinlichkeit

342 Vgl. *Clemm/Erle* in Beck'scher Bilanzkommentar, 4. Aufl. 1999, § 249 HGB Rz. 344.

343 S. auch IAS 37 Anhang C Bsp. 3.

344 S. auch IAS 37 Anhang C Bsp. 3.

345 Vgl. *Clemm/Erle* in Beck'scher Bilanz-Kommentar, 4. Aufl. 1999, § 249 HGB Rz. 100 „Rekultivierung".

entstanden sind *und* der Bilanzierende daraus in Anspruch genommen wird und wenn sie zweitens ihre wirtschaftliche Verursachung im Zeitraum vor dem Bilanzstichtag finden.[346]

IAS 37 zeichnet sich insoweit durch einen „dreiteiligen Wahrscheinlichkeitsbegriff" (wahrscheinlich/möglich/unwahrscheinlich) hinsichtlich des Grundes *und* der Inanspruchnahme aus:

- Es kann, so wird behauptet, in Ausnahmefällen (etwa einem Rechtsstreit) unklar sein, ob tatsächlich eine gegenwärtige Verpflichtung besteht.[347] Eine Rückstellung kann aber nur angesetzt werden, wenn mehr Gründe für als gegen das **Bestehen einer Verpflichtung** sprechen (IAS 37.15 f.), die Wahrscheinlichkeit also größer als 50 % ist.[348]
- Darüber hinaus muss als **weitere Passivierungsvoraussetzung** eine größere Wahrscheinlichkeit für als gegen einen **Mittelabfluss** (Inanspruchnahme) sprechen (IAS 37.14b, 37.23 f.).

Beide Kriterien – Bestehen einer Verbindlichkeit und Wahrscheinlichkeit der Inanspruchnahme jeweils größer als 50 % – entsprechen der BFH-Rechtsprechung.[349]

Die beiden Wahrscheinlichkeiten sind nicht zu einem Erwartungswert zusammenzufassen, sondern müssen jede für sich vorliegen.

Ist das Bestehen einer Verpflichtung (nur) möglich und der Mittelabfluss 721
wahrscheinlich oder zumindest möglich, so ist im Anhang eine **Eventualschuld** anzugeben. Wird schließlich das Bestehen einer Verpflichtung *und* die Inanspruchnahme als so gut wie ausgeschlossen („remote") beurteilt, dann bedarf es keiner Information der Abschlussadressaten: Es entfällt nicht nur der Bilanzansatz, sondern auch die Angabepflicht einer Eventualschuld (IAS 37.86).

Die nachfolgende Tab. 28 fasst die jeweiligen Ansatz- und Angabepflichten in Abhängigkeit von der Wahrscheinlichkeitseinstufung zusammen.

346 Ständige Rechtsprechung, vgl. jüngst BFH v. 30.1.2002 – IR 71/00, DStR 2002, 1295.

347 Vgl. IAS 37 Anhang C Bsp. 10.

348 Es kommt aber die Angabe einer Eventualschuld in Betracht, sofern nicht ein Abfluss finanzieller Mittel als unwahrscheinlich angesehen wird (s. Rz. 721 sowie IAS 37.86 und IAS 37 Anhang C Bsp. 10).

349 BFH, Urt. v. 1.8.1984 – I R 88/80, BStBl II 1985, 44 (46).

Tab. 28: Wahrscheinlichkeitsbegriff, Ansatz- und Angabepflichten

Bestehen einer Verpflichtung	**Mittelabfluss (Inanspruchnahme)**		
	wahrscheinlich (probable) > 50 %	möglich (possible)	unwahrscheinlich (remote)
wahrscheinlich (probable) > 50 %	**Ansatz Rückstellung*** Rückstellungsspiegel Erläuterungen		
möglich (possible)	**Eventualverbindlichkeit** (Contingent Liability) Anhangangabe Erläuterungen		
unwahrscheinlich (remote)			**Weder Ansatz noch Angabe**

* nur Angabe als Eventualverbindlichkeit, falls Betrag nicht schätzbar (Ausnahmefall).

722 Der dreiteilige Wahrscheinlichkeitsbegriff (wahrscheinlich/möglich/unwahrscheinlich) kann zu Unterschieden der Angabepflichten bei **Haftungsverhältnissen** (§ 251 HGB) im Vergleich zum HGB führen. Ein Unternehmen bürgt für die Begleichung der Schulden einer anderen Gesellschaft; die Inanspruchnahme ist sehr *unwahrscheinlich*. Eine *Angabe* nach IAS entfällt (IAS 37.86)[350], da die Inanspruchnahme (der Mittelabfluss) unwahrscheinlich ist. Demgegenüber ist nach § 251 HGB das Haftungsverhältnis anzugeben.[351]

cc) Zuverlässige Schätzung möglich

723 Die zuverlässige Schätzung der Verpflichtungshöhe als **drittes Ansatzkriterium** (IAS 37.14 c) wirft keine neuen Probleme auf. Ist eine **Schätzung** des Rückstellungsbetrages nicht möglich, was in der Praxis *äußerst selten* ist (so auch die Auffassung in IAS 37.25), wird die Schuld (ausnahmsweise) nur als **Eventualschuld** offen gelegt.

724 Die nachfolgende *Abb. 38* fasst die Prüfschritte zusammen:

350 Vgl. auch *Budde/Geißler* in Beck'scher Bilanz-Kommentar, 4. Aufl. 1999, § 251 HGB Rz. 60.

351 Bei einer Verschlechterung der Bonität und wahrscheinlicher Inanspruchnahme wäre – analog HGB – eine Rückstellung anzusetzen, s. IAS 37, Anhang C, Bsp. 9.

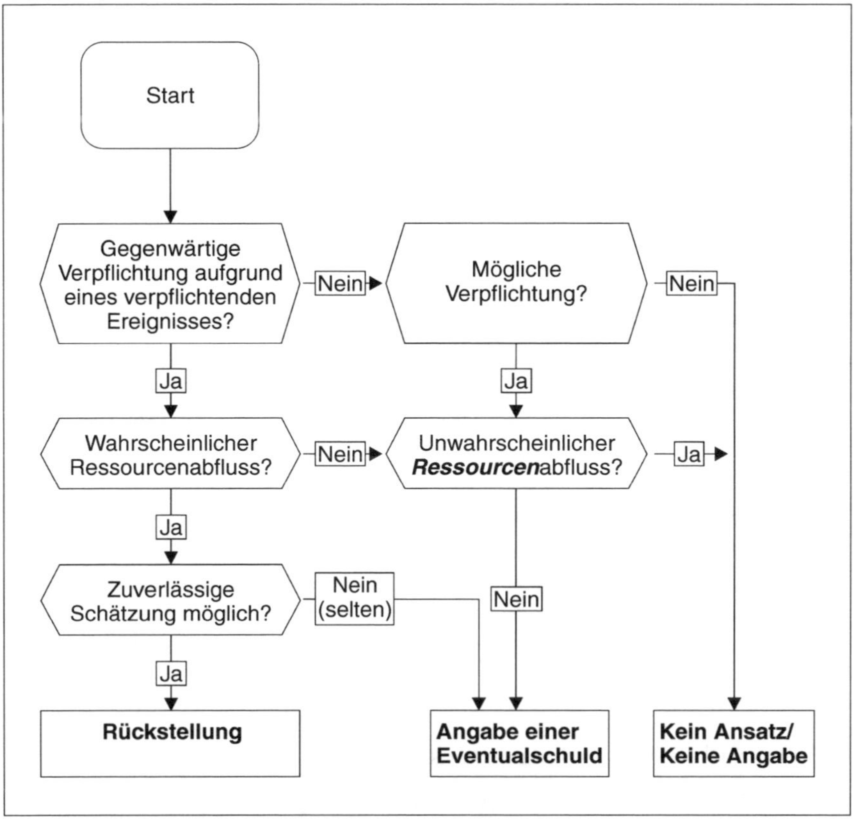

Abb. 38: Prüfschema zum Ansatz von Rückstellungen
(In Anlehnung an IAS 37, Anhang B)

b) Sonderfall Drohverlustrückstellung

725 Als besondere Verpflichtungsgruppe hebt der Standard „belastende Verträge" – „onerous contracts" – hervor, also drohende Verluste aus schwebenden Geschäften (IAS 37.66 ff.). Diese können sich auf Absatz- wie auch Beschaffungsverträge (IAS 2.28) und auch auf Dauerschuldverhältnisse[352] beziehen. Vom Anwendungsbereich des IAS 37 sind allerdings erwartete Verluste aus Fertigungsaufträgen ausgenommen; s. hierzu Rz. 491.

726 Ein belastender Vertrag liegt vor, wenn die unvermeidbaren Kosten zur Erfüllung der vertraglichen Verpflichtungen („Leistung") höher sind als der erwartete wirtschaftliche Nutzen („Gegenleistung"), also ein **Verpflichtungsüber-**

352 Vgl. IAS 37, Anhang C, Bsp. 8.

hang besteht (IAS 37.68). Der Verpflichtungsüberhang ist vorbehaltlich Rz. 727 als Rückstellung anzusetzen und zu bewerten (IAS 37.66).

727 Erläuterungsbedürftig ist der Hinweis in IAS 37.69, wonach *vor* Rückstellungsbildung zunächst ein **Wertminderungsaufwand** für Vermögenswerte, die mit dem Vertrag verbunden sind, gem. **IAS 36** zu erfassen sei. Der vorgenannte Hinweis stellt klar, dass eine Wertminderung nicht zweifach, nämlich als Rückstellungsdotierung nach IAS 37 und als außerplanmäßiger Aufwand nach IAS 36, erfasst werden darf, wobei die Erfassung einer Wertminderung nach IAS 36 *vorgeht*.

Zwei Sachverhalte sind denkbar, auf die sich der Hinweis beziehen kann:

- Es geht um die **Fertigungsanlagen**, die der Herstellung von Erzeugnissen dienen, aus deren Absatz wegen bereits abgeschlossener Verträge Verluste drohen. Eine außerplanmäßige Abschreibung ist erforderlich, wenn der erzielbare Betrag der Fertigungsanlagen unter den Buchwert gesunken ist (s. Rz. 393), was in der Praxis nur bei einer Vielzahl von Verlusten auslösender Verträge gegeben sein dürfte.
- Es geht um die **Einstellung von Bereichen**: Es besteht ein Verkaufsvertrag über die Veräußerung eines Unternehmensteils und ein Verpflichtungsüberhang beim Veräußerer. Eine Rückstellung kann erst angesetzt werden, wenn die Vermögenswerte außerplanmäßig abgeschrieben worden sind (s. Rz. 730).

c) Sonderfall Restrukturierungsrückstellungen

728 Die im Abschnitt a) genannten Ansatzkriterien gelten auch für den Sonderfall der Restrukturierungsrückstellungen. Eine **Restrukturierung** ist eine wesentliche Änderung des Umfangs oder der Art und Weise der Durchführung des Geschäftsbetriebs. Hierzu gehören vor allem die Schließung, Verlagerung oder Veräußerung von (Teil-)Betrieben, aber auch interne Strukturänderungen wie die Auflösung einer Managementebene und grundsätzliche Umorganisationen (IAS 37.70). Als **zusätzliche Ansatzvoraussetzungen** einer Rückstellung müssen nach IAS 37.72 ein detaillierter **Restrukturierungsplan** vorliegen sowie gegenüber den Betroffenen klar gemacht worden sein, dass die Maßnahme auch durchgeführt werden wird. Hierdurch soll die **Unentziehbarkeit** der beschlossenen Maßnahmen objektiviert werden.[353]

729 Rückstellungsfähig sind nur solche Aufwendungen, die *nicht* mit der Fortsetzung der Unternehmenstätigkeit in Zusammenhang stehen (IAS 37.80). Damit können Kosten der künftigen Geschäftstätigkeit (Umschulungen, Marketing- und Vertriebsinvestitionen) nicht zurückgestellt werden. Auf der anderen Seite sind Gehälter jener Mitarbeiter oder die Aufwendungen für Be-

353 Vgl. *Förschle/Kroner/Heddäus*, WPg 1999, 41 (50).

ratungsunternehmen, die die Restrukurierung durchführen, rückstellungsfähig. Dies wäre i. d. R. nach HGB *nicht* zulässig.[354]

Die **Einstellung eines Unternehmensbereiches** durch Veräußerung oder Aufgabe, die die Kriterien des IAS 35.2 erfüllt (s. hierzu Rz. 1131 ff.), ist immer auch eine Restrukturierung (Umkehrschluss aus IAS 35.13). Solange bei der Einstellung von Bereichen ein bindender Verkaufsvertrag *nicht* existiert, kann *keine* Rückstellung gebildet werden; stattdessen sind die zu veräußernden Vermögenswerte auf eine Wertminderung gem. IAS 36 hin zu prüfen (IAS 37.79). Aber auch nach Vertragsabschluss kommt eine Drohverlustrückstellung nur bei einem Verpflichtungsüberhang in Betracht. Sollte die Bereichseinstellung nur Teil der Restrukturierung sein, kann freilich für andere Maßnahmen eine Rückstellung zu bilden sein (IAS 37.79 letzter Satz). 730

Materiell werden **Abfindungen** für ausscheidende Mitarbeiter im Zusammenhang mit einer Restrukturierung einen bedeutenden Posten darstellen. Hierbei handelt es sich um Leistungen an Arbeitnehmer, die unter den Bedingungen des IAS 19.133 f. passivierungspflichtig sind (s. Rz. 668 ff.).[355] 731

Zu Restrukturierung im Zusammenhang mit Unternehmenserwerben Hinweis auf Rz. 895. 732

3. Bewertung

Rückstellungen sind mit dem **besten Schätzwert** derjenigen Ausgaben anzusetzen, die notwendig sind, um die Verpflichtung am Abschlussstichtag zu begleichen (IAS 37.36). Dies entspricht grundsätzlich (konzeptionell) dem Betrag, der gem. § 253 Abs. 1 Satz 2 HGB nach vernünftiger kaufmännischer Beurteilung notwendig ist (Erfüllungsbetrag). Im Einzelnen bedeutet dies: 733

Ausgangspunkt der Bewertung ist die Schätzung jenes Betrages, der am voraussichtlichen Erfüllungszeitpunkt wahrscheinlich aufzubringen ist, um die Verpflichtung zu erfüllen. Sofern die Annahme (objektiv) gerechtfertigt ist, dass künftige Entwicklungen die Verpflichtungshöhe beeinflussen können, sind nicht die Verhältnisse am Bilanzstichtag, sondern zum Erfüllungstag zu- 734

354 Vgl. *Förschle/Kroner/Heddäus*, WPg 1999, 41 (50): Nach HGB müssen im Restrukturierungsfall jeweils die Voraussetzungen für eine Verbindlichkeitsrückstellung (z. B. Sozialplan) oder eine Drohverlustrückstellung (z. B. leer stehende Mietflächen) vorliegen. Zu den weiter gehenden Möglichkeiten einer *Aufwandsrückstellung nach § 249 Abs. 2 HGB* Hinweis auf *Kämpfer*, Zum Ansatz von Aufwandsrückstellungen nach § 249 Abs. 2 HGB, in FS Moxter, 1994, S. 257.

355 Zu Einzelheiten des Passivierungszeitpunktes von Sozialplanverpflichtungen vgl. *Hain*, Restrukturierungsaufwendungen in der Rechnungslegung nach HGB, IAS und US-GAAP, 2000, S. 116–118 und S. 140–144.

grunde zu legen (IAS 37.48). So sind Erfahrungskurveneffekte bei der Anwendung bekannter Technologien zu schätzen; nicht gerechtfertigt – weil nicht objektivierbar – wäre aber die Annahme, eine (noch nicht bekannte) Technologie könnte zu einer Veränderung der Verpflichtungshöhe führen (IAS 37.49). Eine imparitätische Betrachtung zu erwartender Preis- und Kostensteigerungen einerseits sowie verpflichtungsmindernder Effekte andererseits kommt nicht in Betracht (IAS 37.42 f.).[356]

Gesetzesänderungen, die Auswirkung haben können auf die Höhe der Rückstellung, sind nur zu berücksichtigen, wenn sie am Abschlussstichtag erfolgt sind bzw. die Verabschiedung quasi-sicher ist (IAS 37.50).

735 „So gut wie sichere" **Rückgriffsansprüche** sind zu **aktivieren**, dürfen aber den Rückstellungsbetrag nicht übersteigen (IAS 37.53). Für „unsichere" Rückgriffsansprüche ist die Angabe einer **Eventualforderung** zu prüfen (s. Rz. 711); eine Saldierung mit den Rückstellungen im Rahmen der Bewertung ist unzulässig. In der GuV dürfen Aufwendungen aus der Bildung von Rückstellungen mit zugehörigen Erträgen aus aktivierten Rückgriffsansprüchen saldiert werden (IAS 37.54).

Nach HGB sind demgegenüber nur „sichere" Rückgriffsansprüche zu aktivieren. Unsichere sind hingegen im Rahmen der **Bewertung** ggf. in den **Saldierungsbereich** der Rückstellung einzubeziehen.[357]

736 Mögliche Erträge aus erwartetem Abgang von Vermögenswerten sind bei der Bewertung von Rückstellungen nicht zu berücksichtigen (IAS 37.51f.). Dies gilt jedoch *nicht* für **Drohverlustrückstellungen**; diese sind von vornherein auf Saldierung angelegt (IAS 37.68).

737 Bestehen für eine *einzelne* zu bildende Rückstellung für den Erfüllungsbetrag mehrere **Eintrittswahrscheinlichkeiten**, ist nach IAS 37.40 wie auch nach deutschem Bilanzrechtsverständnis[358] grundsätzlich der Betrag mit der *höchsten Eintrittswahrscheinlichkeit* anzusetzen. Unter bestimmten Voraussetzungen, wenn z. B. für das bilanzierende Unternehmen ein *erhebliches* Risiko besteht, kann jedoch auch nach IAS die bestmögliche Schätzung darin bestehen, statt des wahrscheinlichsten Werts den höchsten Wert als Rückstellung anzusetzen.

738 Ist Gegenstand der Rückstellung eine **große Anzahl** von Positionen, für die Eintrittswahrscheinlichkeiten angegeben werden können, gilt Folgendes:

- Beinhaltet die Bandbreite *nicht gleichwahrscheinliche* Werte, ist der **statistische Erwartungswert** anzusetzen (IAS 37.39). Hierbei sind die einzelnen

356 Nach HGB dagegen stärkere Betonung des Vorsichtsprinzips, vgl. *Adler/Düring/Schmaltz*, Rechnungslegung und Prüfung der Unternehmen, 6. Aufl. 1995, § 253 HGB Rz. 191 i. V. m. Rz. 196.

357 Zu Einzelheiten s. *Ernsting/von Keitz*, DB 1998, 2477 (2481 f.).

358 Vgl. *Clemm/Erle* in Beck'scher Bilanz-Kommentar, 4. Aufl. 1999, § 253 HGB Rz. 155.

Positionen bzw. Vorgänge mit ihren Eintrittswahrscheinlichkeiten zu bewerten bzw. zu gewichten (IAS 37.39).[359]

- Liegt eine Bandbreite *gleichwahrscheinlicher Werte* vor, reduziert sich der Erwartungswert auf den **Mittelwert der Bandbreite** (IAS 37.39). In diesem Fall ist in einem HGB-Abschluss, dem Vorsichtsprinzip folgend, nach h. M. der höchste Betrag zugrunde zu legen.[360] *Lüdenbach*[361] weist darauf hin, dass aufgrund der Freiheitsgrade bei der Wahrscheinlichkeitsschätzung dieser Unterschied in der Praxis häufig nur theoretischer Natur ist.

Nach IAS 37.45 besteht eine generelle **Abzinsungspflicht** für Rückstellungen, sofern der Effekt einer Abzinsung wesentlich ist. Parameter zur Beurteilung der Wesentlichkeit sind die Fristigkeit, die absolute Höhe der Verpflichtung und der Zinssatz. 739

Rückstellungen, deren Erfüllungszeitpunkt voraussichtlich länger als zwölf Monate nach dem Bilanzstichtag liegt, sind in der Bilanz grundsätzlich als langfristig auszuweisen (s. Rz. 198). Dieser Ausweis präjudiziert aber nicht notwendigerweise die Abzinsung. Vielmehr wird der Abzinsungseffekt

- bei größeren Beträgen schon bei kürzeren Laufzeiten und
- bei kleineren Beträgen erst bei längeren Laufzeiten

wesentlich sein.[362] Es empfiehlt sich, unter Beachtung des Wesentlichkeitsgrundsatzes konzernweit **Größen**- und **Laufzeitkriterien** festzulegen, bei deren Unterschreitung eine Abzinsung unterbleibt.

Als Basis zur **Zinssatzbestimmung** sollte ein der Fristigkeit der Verpflichtung entsprechender Marktzinssatz herangezogen werden. Sollten die künftigen Auszahlungen auf Basis des aktuellen Preisniveaus geschätzt worden sein, ist ein Realzins (Nominalzins abzüglich Inflationsrate), andernfalls – bei einer Bewertung zu geschätzten künftigen Preisen – der Nominalzinssatz zu verwenden.[363] Eine doppelte Risikoberücksichtigung – im Zinssatz und in den künftigen Auszahlungen – ist nicht zulässig. Zu verwenden ist ein Zinssatz *vor* Steuern (IAS 37.47). 740

Nach § 253 Abs. 1 Satz 2 HGB sind hingegen Rückstellungen nur abzuzinsen, soweit die ihnen zugrunde liegenden Verbindlichkeiten einen Zinsanteil enthalten, was regelmäßig nicht der Fall ist. In der Steuerbilanz sind Rückstellungen mit Laufzeiten von länger als zwölf Monaten mit 5,5 % abzuzinsen.[364]

---

359 Vgl. auch *Hoyos/Schramm/Ring* in Beck'scher Bilanz-Kommentar 4. Aufl. 1999, § 253 HGB Rz. 700.

360 Vgl. *Förschle/Kroner/Heddäus*, WPg 1999, 41 (49), *Wiedmann*, Bilanzrecht, 1999, § 253 Rz. 15.

361 Vgl. *Lüdenbach*, International Accounting Standards, 2001, S. 169 f.

362 Vgl. auch IAS 37 Anhang D Bsp. 1.

363 So *Ernsting/von Keitz*, DB 1998, 2477 (2481).

364 Zur Abzinsung in der Steuerbilanz vgl. *Heuser/Theile* in GmbH-Handbuch, Rz. II 750.5.

Gleichwohl wird ein Gleichklang zwischen IAS- und Steuerbilanz im Rückstellungsbereich eher selten zu beobachten sein, so dass regelmäßig der Ansatz **latenter Steuern** zu prüfen ist.

4. Anpassung, Inanspruchnahme und Auflösung von Rückstellungen

741 Zu jedem Bilanzstichtag ist der Ansatz der Rückstellungen zu prüfen und ggf. anzupassen (IAS 37.59). Wegen des unterschiedlichen Ausweises ist zwischen Anpassungseffekten der eigentlichen Verpflichtung und Änderungen des Zinssatzes zu unterscheiden. Die Anpassung ist jeweils erfolgswirksam vorzunehmen mit der Ausnahme von Entsorgungsverpflichtungen, die beim Vermögenswert hinzuaktiviert worden sind: Hier sind Anpassungen der eigentlichen Verpflichtung erfolgsneutral (durch Änderung des Buchwertes des Vermögenswerts) vorzunehmen; der Anpassungsbetrag aus der jährlichen Aufzinsung der Verpflichtung und ein Anpassungsbetrag aus Änderungen des (risikoneutralen) Zinssatzes sind jedoch erfolgswirksam im **Finanzierungsaufwand** zu erfassen (IAS 37.60).[365]

742 Rückstellungen sind nur für solche Ausgaben zu verbrauchen, für die sie ursprünglich gebildet wurden (IAS 37.61 f.). Sollte mit einer Inanspruchnahme nicht mehr gerechnet werden, sind Rückstellungen aufzulösen (IAS 37.59).

5. Ausweis und Erläuterungen

743 Hinsichtlich des Bilanzausweises enthält IAS 37 keine Vorschriften. Rückstellungen sind in einer gesonderten Position zu passivieren und entsprechend der Fristigkeit aufzugliedern, s. insoweit Rz. 198.

744 Wir empfehlen, Zuführungen zu Rückstellungen den entsprechenden Aufwandsarten bzw. Funktionsbereichen zuzuordnen. Werden Rückstellungen zum Barwert angesetzt, ist der Zinsaufwand für die Aufzinsung im Finanzergebnis zu erfassen (IAS 37.60). Das gilt auch für die Effekte aus Zinssatzänderungen.[366]

745 Im Anhang sind gem. IAS 37.84 die Rückstellungen nach einheitlichen Sachverhalten in Gruppen zu gliedern. Für jede dieser Gruppen sind im Anhang die Buchwerte zu Beginn der Periode, die Zuführungen einschließlich Neubildungen, Zinseffekte, Inanspruchnahmen, Auflösungen und Buchwerte am Ende der Periode anzugeben. Es ist zu empfehlen, dies in einem **Rückstellungsspiegel** darzustellen; die Angabe von Vorjahresbeträgen ist nicht erforderlich. Ferner ist über die Art der Verpflichtung, die wesentlichen Annahmen und über aktivierte Rückgriffsansprüche zu berichten.

365 Vgl. IDW RS HFA 2 Rz. 124 und Rz. 121.
366 Vgl. IDW RS HFA 2 Rz. 121 und Rz. 124.

Beispiel Volkswagen, Konzerngeschäftsbericht 2001, S. 96:

„Gemäß IAS 37 werden Rückstellungen gebildet, soweit eine gegenwärtige Verpflichtung aus einem vergangenen Ereignis gegenüber Dritten besteht, die künftig wahrscheinlich zu einem Abfluss von Ressourcen führt und zuverlässig geschätzt werden kann.

Rückstellungen für Gewährleistungsansprüche bilden wir gemäß IAS 37 unter Zugrundelegung des bisherigen bzw. des geschätzten zukünftigen Schadensverlaufs der abgesetzten Fahrzeuge.

Die übrigen Rückstellungen werden ebenfalls nach IAS 37 für alle erkennbaren Risiken und ungewissen Verpflichtungen in Höhe ihres wahrscheinlichen Eintritts berücksichtigt und nicht mit Rückgriffsansprüchen verrechnet.

Rückstellungen, die nicht schon im Folgejahr zu einem Ressourcenabfluss führen, werden mit ihrem auf den Bilanzstichtag abgezinsten Erfüllungsbetrag angesetzt. Der Abzinsung liegen Marktzinssätze zugrunde. Der Erfüllungsbetrag umfasst auch die am Bilanzstichtag zu berücksichtigenden Kostensteigerungen. Rückstellungen in Fremdwährung werden zum Stichtagskurs umgerechnet."

Der zugehörige Rückstellungsspiegel (Geschäftsbericht, S. 124) zeigt folgende Entwicklung:

Mio. €	Gewährleistungen	Vertriebsaufwendungen	Kosten der Belegschaft	EU-Altauto-Richtlinie	Übrige Rückstellungen	Gesamt
Stand am 1.1.2001	**3 704**	**1 577**	**2 063**	**474**	**2 328**	**10 146**
Währungsdifferenzen	40	24	– 26	2	– 22	18
Konzernkreisänderungen	2	–	2	–	1	5
Verbrauch	– 2 204	– 1 159	– 873	–	– 1 067	– 5 303
Zuführung/ Neubildung	2 239	1 363	796	81	1 399	5 878
Aufzinsung	141	1	3	40	11	196
Auflösung	– 38	– 139	– 45	–	– 338	– 560
Stand am 31.12.2001	**3 884**	**1 667**	**1 920**	**597**	**2 312**	**10 380**

Die Angaben von „Währungsdifferenzen" und „Konzernkreisänderungen" werden von IAS 37 nicht gefordert, ergänzen aber den Spiegel analog den Angabeverpflichtungen beim Anlagespiegel (s. Rz. 446). Außerdem ist diese Art der Darstellung informativer als die sonst nötige Zusammenfassung unter beispielsweise „sonstige Änderungen".

Bis auf Gewährleistungen werden die einzelnen Gruppen jedoch nicht erläutert. Soweit es sich bei den „Kosten der Belegschaft" um Verpflichtungsrückstände gegenüber Arbeitnehmern handelt, könnten sie gem. IAS 19 (s. Rz. 633) auch als Verbindlichkeiten ausgewiesen werden („abgegrenzte Schulden" bzw. „abzugrenzender Aufwand"). Die hier vorgefundene Darstellung ist in der Praxis üblich. Der Einbezug in die Rückstellungen bietet auch insoweit ein höheres Maß an Information, da ein entsprechender Spiegel und die Entwicklung der Position im Anhang von IAS 19 nicht gefordert wird.

746 Es ist jeweils mit einer kurzen Beschreibung über **Eventualverbindlichkeiten** und, spiegelbildlich, über **Eventualforderungen** zu berichten (IAS 37.86; 37.89). **Fehlanzeige** ist erforderlich, falls die Angaben erforderlich gewesen wären, unter Praktikabilitätsgesichtspunkten jedoch unterlassen wurden (IAS 37.91).

747 Sollten für einen **Rechtsstreit** Rückstellungen angesetzt oder Eventualverbindlichkeiten angegeben werden, sind erläuternde Angaben nicht erforderlich, falls daraus Nachteile für das Unternehmen erwachsen würden. Die Anwendung dieser **Schutzklausel** und die Begründung für die Anwendung sind anzugeben (IAS 37.92).

748–754 Einstweilen frei.

IX. Latente Steuern

1. Übersicht und Wegweiser

755 Der Ansatz von Abgrenzungsposten für künftige Steuerbelastungen oder -entlastungen („latente Steuern") in Handelsbilanzen hat grundsätzlich den Zweck, den aus der steuerlichen Ergebnisrechnung übernommenen Steueraufwand in ein erklärbares Verhältnis zum handelsrechtlichen Jahresergebnis zu bringen. Fallen Handels- und Steuerbilanz zusammen, erübrigt sich insoweit der Ansatz latenter Steuern. In Ländern mit hoch entwickeltem Maßgeblichkeitsprinzip – wie das in Deutschland lange der Fall war – ist entsprechend eine geringe Sensibilität dem Thema gegenüber zu erwarten. Umgekehrt gilt dies für den angelsächsischen Rechtskreis, in welchem das Maßgeblichkeitsprinzip weitgehend unbekannt ist.

Tatsächlich finden sich in Deutschland erst seit der Umsetzung der EU-Richtlinien durch das Bilanzrichtliniengesetz 1985 in § 274 HGB betreffend den Einzelabschluss und Erstellung der Handelsbilanz II sowie in § 306 HGB betreffend die Konsolidierungsmaßnahmen im Konzernabschluss Vorschriften zu latenten Steuern. Wer jedoch mit Konzernabschlüssen nicht oder nur am Rande zu tun hatte, wird sich möglicherweise auch nach 1985 kaum mit latenten Steuern beschäftigt haben. Angesichts der Ausgestaltung des deutschen Steuerrechts – bei Abweichungen vom Maßgeblichkeitsprinzip erfolgt eine tendenziell spätere Berücksichtigung von Aufwendungen in der Steuerbilanz im Vergleich zur Handelsbilanz – kommt es nach HGB häufig nur zum möglichen Ansatz aktiver latenter Steuern. Für aktive latente Steuern besteht aber gem. § 274 Abs. 2 HGB ein Ansatzwahlrecht, welches zudem mit einer Ausschüttungssperre verbunden ist. Das folgende Beispiel verdeutlicht die grundsätzliche Funktionsweise latenter Steuern.

Beispiel: 756

Die Tab. 29 zeigt, stark vereinfacht, die handels- und steuerrechtliche Ergebnisermittlung eines Unternehmens. In der Handelsbilanz 2002 wurde eine Drohverlustrückstellung gebildet, deren Ansatz in der Steuerbilanz wegen § 5 Abs. 4 a EStG unzulässig ist. Im folgenden Geschäftsjahr trete der Verlust in erwarteter Höhe ein.

Der in der Steuerbilanz ermittelte Steueraufwand wird in die Handelsbilanz übernommen. Dabei zeigt sich: Das handelsrechtliche Ergebnis passt nicht zum ausgewiesenen Steueraufwand. In der Handelsbilanz lässt sich für 2002 ein Steuersatz von 93,75 % und für 2003 von 15 % errechnen. Ein solches Verhältnis ist einem externen Bilanzadressaten kaum mehr zu vermitteln.

Tab. 29: Handelsbilanz ohne Ansatz latenter Steuern

	2002		2003	
	Handelsbilanz	Steuerbilanz	Handelsbilanz	Steuerbilanz
Umsatzerlöse	8 000	8 000	9 000	9 000
Aufwendungen Handelsbilanz = Steuerbilanz	7 000	7 000	8 000	8 000
Zuführung Drohverlustrückstellung	600	–	–	–
Verlusteintritt	–	–	–	600
Ergebnis vor Steuern	**400**	**1 000**	**1 000**	**400**
Tatsächlicher Steueraufwand	375	*375*	150	*150*
Ergebnis nach Steuern	**25**	***625***	**850**	***250***
Steuersatz*	**93,75 %**	*37,5 %*	**15 %**	*37,5*

* Mit KSt 25 % und GewSt-Hebesatz 400 % ergibt sich:
$S = 0{,}1667 + 0{,}25\,(1 - 0{,}1667) = 0{,}375$

Dieses Missverhältnis lässt sich durch den Ansatz aktiver latenter Steuern vermeiden, wie Tab. 30 zeigt: In 2002 wird in Höhe der vor-Steuer-Differenz zwischen handels- und steuerrechtlicher Ergebnisermittlung, multipliziert mit dem Steuersatz, eine aktive Steuerlatenz gebildet. Im darauf folgenden Jahr wird diese wieder aufwandswirksam ausgebucht, so dass sich in beiden Jahren ein rechnerischer Steuersatz von 37,5 % ergibt, der mit dem tatsächlichen Steuersatz übereinstimmt.

Tab. 30: Handelsbilanz mit Ansatz latenter Steuern

	2002		2003	
	Handelsbilanz	Steuerbilanz	Handelsbilanz	Steuerbilanz
Umsatzerlöse	8 000	8 000	9 000	9 000
Aufwendungen Handelsbilanz = Steuerbilanz	– 7 000	– 7 000	– 8 000	– 8 000
Zuführung Drohverlustrückstellung	– 600	–	–	–
Verlusteintritt	–	–	–	– 600
Ergebnis vor Steuern	**400**	**1 000**	**1 000**	**400**
Tatsächlicher Steueraufwand	375	375	150	150
Latenter Steuerertrag(–)/ -aufwand(+)*	– 225		+ 225	
Ausgewiesener Steueraufwand	150		375	
Ergebnis nach Steuern	**250**	**625**	**625**	**250**
Steuersatz	**37,5 %**	37,5 %	**37,5 %**	37,5 %

* 600 × 37,5 %

757 Ansatz, Bewertung und Ausweis **tatsächlicher** sowie **latenter Steuern** sind Gegenstand des IAS 12, der durch SIC-21 und SIC-25 ergänzt wird. IAS 12 ist zuletzt in 2000 überarbeitet und um Regelungen zur Behandlung **gespaltener Steuersätze** ergänzt worden: Zur Berechnung der tatsächlichen und latenten Steuern ist der **Thesaurierungssatz** maßgeblich (IAS 12.52A), und die ertragsteuerlichen Konsequenzen der Ausschüttung werden erst bei der Beschlussfassung über die Ausschüttung erfasst (IAS 12.52 B). Aufgrund der zwischenzeitlichen Abschaffung des Anrechnungs- und Einführung des Halbeinkünfteverfahrens ist IAS 12.52 A für deutsche IAS-Konzernabschlüsse mittlerweile gegenstandslos, da für die Körperschaftsteuer (tatsächliche und latente) der Steuersatz von 25 % maßgeblich ist.[367] Ertragsteuerliche Effekte aus Körperschaftsteuerminderungen (oder Erhöhungen durch Rückgriff auf EK 02) während des Übergangszeitraums (Jahre 2002 bis 2016) sind daher erst im Jahr der Ausschüttung relevant (IAS 12.52 B). Damit weicht diese Behandlung der Berücksichtigung von tatsächlichen und latenten Körperschaftsteuerminderungsansprüchen sowie tatsächlichen und latenten Körperschaftsteuererhöhungsverpflichtungen nach IAS von jener nach HGB ab.[368] Nach Ansicht des Hauptfachausschusses des

367 Vgl. IDW RH HFA 1.002, Ziff. 9 sowie *Bischof*, DB 2002, 1567.

368 Vgl. IDW/HFA: Auswirkungen des Steuersenkungsgesetzes auf den handelsrechtlichen Jahresabschluss, in FN-IDW Nr. 12/2001, S. 688 sowie *Heuser/Theile* in GmbH-Handbuch, Rz. II 1038.3 ff.

IDW kann eine Steuerminderung handelsrechtlich bereits in dem Abschluss berücksichtigt werden, an dessen Ergebnis sie anknüpft. Entsprechendes gilt für eine Körperschaftsteuererhöhung. Damit kann im HGB-Jahresabschluss während des Übergangszeitraums (2002 bis 2016) so verfahren werden wie unter dem früheren Körperschaftsteuer-Anrechnungssystem. Demgegenüber verlangen die IAS-Regelungen, dass tatsächliche und latente Steuerminderungsansprüche bzw. -erhöhungsverpflichtungen erst dann bilanziell berücksichtigt werden können, wenn eine entsprechende Ausschüttungsverpflichtung vorliegt (IAS 12.52B i. V. m. IAS 10.11).[369] Die IAS-Regelungen entsprechen damit den steuerlichen Vorgaben nach §§ 37, 38 KStG.

Grundsätzlich sind nach IAS nicht nur passive, sondern auch aktive latente 758
Steuern anzusetzen. Ein Unterschied zwischen Einzel- und Konzernabschluss wird nicht vorgenommen. Steuerlatenzen können sich daher aus dem Vergleich der Steuerbilanz mit der IAS-Handelsbilanz II sowie den Konsolidierungsmaßnahmen bei der Erstellung des Konzernabschlusses ergeben und sind jeweils grundsätzlich ansatzpflichtig. Im Unterschied zum HGB ist ausschließlich das **bilanzorientierte Temporary-Konzept** (Steuerlatenzen auf alle temporären Unterschiede) und die damit verbundene Ermittlung nach der **liability-Methode** zulässig.[370] Danach sind latente Steuern dann anzusetzen, wenn sich

- die *Buchwerte* von Vermögenswerten und Schulden in Handels- und Steuerbilanz unterscheiden und
- diese Unterschiede sich in späteren Perioden *erfolgswirksam* ausgleichen können.

In der **Entstehung** einer Steuerlatenz kommt es daher *nicht* auf einen Unterschied im Jahresergebnis, sondern nur in der Bilanz an. Daher können auch erfolgsneutrale Bewertungsänderungen (Neubewertungsmethode), die sich bei ihrem Ansatz sowohl in der handels- als auch in der steuerrechtlichen Ergebnisrechung nicht niederschlagen, zu einer latenten Steuerposition führen. Latente Steuern sind im IAS-Konzernabschluss entweder als Forderung aufgrund zu viel geleisteter Steuerzahlungen oder als Verbindlichkeit für zukünftig zu zahlende Steuern zu interpretieren.

Demgegenüber folgt § 274 HGB dem GuV-orientierten **Timing-Konzept**: Latente Steuern sind nur auf zeitliche Unterschiede anzusetzen, und es kommt vor allem für den Ansatz darauf an, dass schon in der Entstehung ein GuV-Unterschied zwischen Handels- und Steuerbilanz vorgelegen haben muss.[371]

Tatsächliche Steuerschulden sind als Schuld und **tatsächliche Steuererstat-** 759
tungsansprüche als Vermögenswert **getrennt** von anderen Schulden und Vermö-

369 Vgl. auch IDW RH HFA 1.002 Ziff. 4 sowie *Bischof*, DB 2002, 1565.

370 Vgl. *Theile*, Latente Steuern, in Busse von Colbe/Pellens (Hrsg.), Lexikon des Rechnungswesens, 4. Aufl. 1998, S. 474 (475 f.).

371 Zu latenten Steuern nach HGB s. *Heuser/Theile* in GmbH-Handbuch, Rz. II 382 ff.

genswerten anzusetzen (IAS 12.12 f. i. V. m. IAS 12.69). Es ist mit der herrschenden Praxis zu empfehlen, die Steuerschulden zunächst als Steuerrückstellung und nach Festsetzung als Verbindlichkeit auszuweisen, so dass sich gegenüber dem Verfahren nach HGB keine Änderungen ergeben. Zu weiteren Ausweisfragen s. Rz. 778 ff.

Die folgenden Ausführungen beziehen sich auf die Regelungen des IAS 12 zu latenten Steuern.

2. Ansatz

a) Ansatzvoraussetzungen und Entstehungsgründe aktiver und passiver Steuerlatenzen

760 Für **temporäre Differenzen** – das sind Unterschiede der Buchwerte der Vermögenswerte und Schulden im IAS-Abschluss im Vergleich zu den entsprechenden Buchwerten in der Steuerbilanz (**Steuerwert, „tax base"**, IAS 12.5) – sind aktive und passive latente Steuern anzusetzen. Voraussetzung ist, dass sich die Differenzen in Folgeperioden ausgleichen; das kann auch die Totalperiode sein. Insoweit wird zwischen zeitlichen und quasi-permanenten[372] Differenzen nicht unterschieden. Auf **permanente Differenzen** – z. B. nichtabzugsfähige Betriebsausgaben – ist jedoch **keine Steuerabgrenzung** vorzunehmen.

761 Für **passive latente Steuern** bestehen – bis auf Spezialfälle bei Tochter- und Gemeinschaftsunternehmen sowie assoziierten Unternehmen (s. hierzu Rz. 771) – keine weiteren Ansatzvoraussetzungen.

762 Hingegen sind **aktive latente Steuern** nur anzusetzen, wenn es wahrscheinlich ist, dass künftig ein zu versteuerndes Ergebnis vorliegen wird, gegen das die Steuerlatenz aufgerechnet werden kann (IAS 12.24). Der Grund für diese Ungleichbehandlung ist darin zu sehen, dass bei Aktivposten eine unmittelbare Forderung gegenüber der Finanzverwaltung i. d. R. nicht entsteht.[373]

Die **Ansatzvoraussetzung** für aktive latente Steuern ist konkret erfüllt, wenn eine der folgenden Bedingungen gegeben ist:

- Es liegen beim Steuersubjekt auch **passive latente Steuern** gegenüber derselben Steuerbehörde vor, die sich in voraussichtlich derselben Periode umkehren wie die aktiven latenten Steuern oder deren Umkehrung in die Periode fällt, in die Verluste aus dem latenten Steueranspruch zurückgetragen oder vorgetragen werden können (IAS 12.28).
- Sollten diese engen Voraussetzungen nach IAS 12.28 nicht vorliegen, ist gem. IAS 12.29 zu beurteilen, ob künftig **ausreichende zu versteuernde Einkommen** in Bezug auf die gleiche Steuerbehörde und das gleiche Steuersubjekt in der Periode der Umkehrung vorhanden sein werden oder vom Unter-

372 Zu einer Ausnahme bei quasi-permantenten Differenzen s. Rz. 771.
373 So *Wagenhofer*, International Accounting Standards, 3. Aufl. 2001, S. 274.

nehmen durch Sachverhaltsgestaltung geschaffen werden können (etwa, um den Verfall eines zeitlich beschränkten steuerlichen Verlustvortrags zu verhindern; zu Beispielen für Sachverhaltsgestaltungen s. IAS 12.30).[374]

Mit diesen Kriterien soll ausgeschlossen werden, dass ein Unternehmen, welches dauerhaft steuerliche Verluste produziert und selbst bei Liquidation nicht mit einem steuerlichen Gewinn abschließen würde, in der IAS-Bilanz noch aktive latente Steuern ansetzt.

Auf **steuerliche Verlustvorträge** sind unter Beachtung der o.a. allgemeinen Akti- 763
vierungsvoraussetzungen latente Steuern zu bilden (IAS 12.34). Dies ist nach HGB nicht zulässig. Allerdings sind auch nach IAS an die Aktivierungsvoraussetzungen hohe Anforderungen zu stellen,[375] denn allein das Vorhandensein steuerlicher Verlustvorträge spricht dafür, dass zukünftiges zu versteuerndes Einkommen möglicherweise nicht erzielt wird (IAS 12.35). IAS 12.36 stellt Leitlinien zur Verfügung, die zur Widerlegung dieser Vermutung führen können.

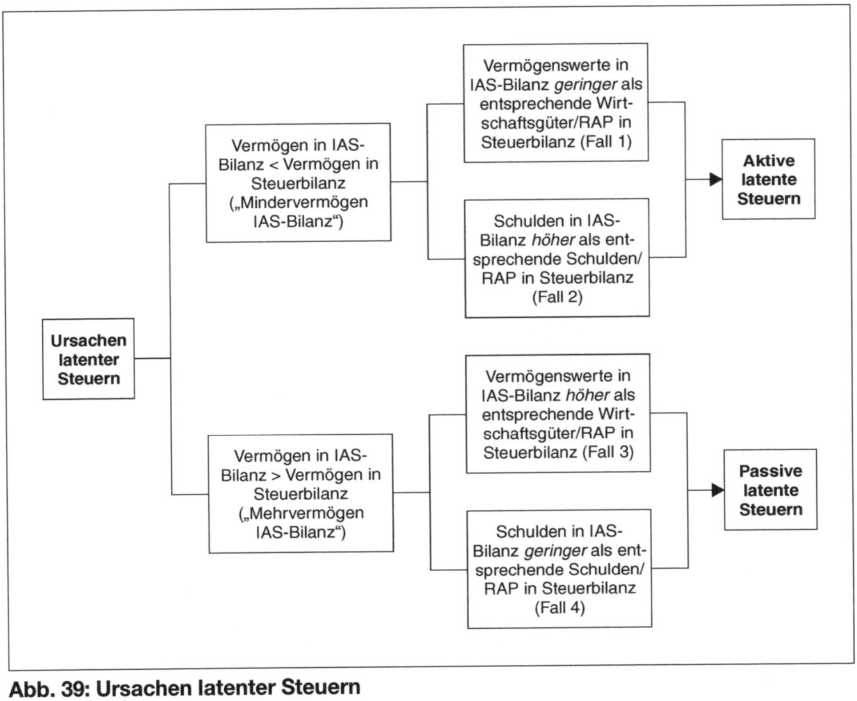

Abb. 39: Ursachen latenter Steuern

374 *Epstein/Mirza*, IAS 2001, S. 625 f. stellen bei dieser Beurteilung auf eine Wahrscheinlichkeit von 75 % bis 80 % und höher ab, währenddessen nach US-GAAP (FAS 109.17 e) 50 % verlangt werden. Henkel, Geschäftsbericht 2001, S. 54, gibt für den IAS-Konzernabschluss eine Wahrscheinlichkeit von „mehr als 50 Prozent“ an.

375 So auch *Hoyos/Fischer* in Beck'scher Bilanz-Kommentar, 4. Aufl. 1999, § 274 HGB Rz. 89.

764 Sind die Ansatzvoraussetzungen erfüllt, ist dementsprechend ein **aktiver Steuerabgrenzungsposten** anzusetzen, wenn

- ein Vermögenswert in der IAS-Bilanz nicht oder niedriger angesetzt ist als in der Steuerbilanz (Fall 1) oder
- eine Schuld in der IAS-Bilanz angesetzt ist, die nicht oder niedriger in der Steuerbilanz angesetzt ist (Fall 2).

Beispiel:

Pensionsverpflichtungen sind in der Konzernbilanz entsprechend dem Anwartschaftsbarwertverfahren nach IAS 19 passiviert. Der Betrag ist höher als der nach dem Teilwertverfahren des § 6 a EStG in der Steuerbilanz passivierte. Da sich die Differenz später ausgleicht, liegt ein temporärer Unterschied vor. Es entsteht ein aktiver Steuerabgrenzungsposten.

765 Umgekehrt ist ein **passiver Steuerabgrenzungsposten** anzusetzen, wenn

- ein Vermögenswert in der IAS-Bilanz angesetzt ist, der nicht oder niedriger in der Steuerbilanz angesetzt ist (Fall 3) oder
- eine Schuld in der IAS-Bilanz nicht oder niedriger als in der Steuerbilanz angesetzt ist (Fall 4).

Beispiel:

In der Konzernbilanz sind Entwicklungskosten nach IAS 38 angesetzt worden; in der Steuerbilanz besteht ein Aktivierungsverbot. Da sich die Differenz spätestens nach Abschreibung des handelsbilanziellen Vermögenswertes ausgleicht, liegt ein temporärer Unterschied vor. Es entsteht ein passiver Steuerabgrenzungsposten.

766 Für die praktische Anwendung der Konzeption (vgl. Abb. 39) kann folgende **Faustformel** genutzt werden:

- **Mindervermögen in der IAS-Bilanz** gegenüber der Steuerbilanz, das noch nicht zur steuerlichen Entlastung (Ersparnis) in der Vergangenheit führte, bewirkt eine aktive Steuerabgrenzung (Fälle 1 und 2).
- **Mehrvermögen in der IAS-Bilanz** gegenüber der Steuerbilanz, das noch nicht der Besteuerung unterlag, führt zur passiven Abgrenzung (Fälle 3 und 4).

767 Zu beachten ist, dass auch der Erstansatz von Vermögenswerten und Schulden sowie die fair value Bewertung vorhandener Vermögenswerte und Schulden („Auf- oder Abstockung") im Rahmen der **Kapitalkonsolidierung** nach

der Erwerbsmethode latente Steuern auslösen, solange *steuerlich* die Buchwerte fortgeführt werden.[376] Dies gilt allerdings nicht für den Good- oder Badwill (s. hierzu Rz. 769).

b) Ansatzverbote

Für alle abzugsfähigen temporären Differenzen ist ein latenter Steueranspruch und für alle zu versteuernden temporären Differenzen eine latente Steuerschuld zu bilanzieren. Es bestehen jedoch folgende **Ausnahmen**: 768

(1) Führt die **Kapitalkonsolidierung** im Zusammenhang mit einem share-deal zur Aktivierung eines Goodwills, der steuerlich nicht abgeschrieben werden kann – was in Deutschland der Fall ist –, so wird *kein* **passiver Steuerabgrenzungsposten** gebildet. Anders ist dies im Falle eines asset-deal; ein insoweit käuflich erworbener Geschäfts- oder Firmenwert führt zur Steuerabgrenzung (IAS 12.15 a)[377], soweit Abweichungen zwischen IAS-Abschluss und Steuerbilanz bestehen. 769

(2) Korrespondierend gilt für den verbleibenden negativen Goodwill, dass ein **latenter Steueranspruch** *nicht* aktiviert werden darf (IAS 12.24 a).

(3) Es liegt eine Ersteinbuchung eines Vermögenswertes oder einer Schuld bei einem Geschäftsvorfall vor, der kein Unternehmenszusammenschluss ist und zum Zeitpunkt des Geschäftsvorfalls wird weder das handelsrechtliche Ergebnis noch das zu versteuernde Einkommen beeinflusst (IAS 12.15 b; IAS 12.24 b). Dies ist etwa der Fall beim Erhalt **steuerfreier Investitionszulagen**. Gem. IAS 20.24 sind diese von den Anschaffungskosten abzusetzen – diese Vorgehensweise überwiegt in der deutschen Praxis[378] – oder als passiver Abgrenzungsposten anzusetzen, währenddessen in der Steuerbilanz die tatsächlichen Anschaffungskosten bilanziert werden, da der Zuschuss steuerfrei ist. Auf die sich ergebende Differenz ist *keine aktive Steuerabgrenzung* vorzunehmen.[379] 770

(4) Anteile an **Tochter- und Gemeinschaftsunternehmen**, die aufgrund eines Konsolidierungsverbots *nicht konsolidiert* werden,[380] sind im Konzernabschluss entweder erfolgswirksam (Kategorie held for trading) oder erfolgsneutral (Kategorie available-for-sale bei entsprechender Ausübung des Wahl- 771

376 Vgl. auch *Coenenberg/Hille* in Baetge u. a. (Hrsg.), Rechnungslegung nach IAS, 1997, IAS 12 Rz. 63.

377 Vgl. *Coenenberg/Hille* in Baetge u. a. (Hrsg.), Rechnungslegung nach IAS, 1997, IAS 12 Rz. 56 und 65.

378 Vgl. *Förschle/Kroner*, DB 1996, 1633 (1635).

379 Zur Diskussion um die Einfügung dieses Ansatzverbots vgl. *Förschle/Kroner*, DB 1996, 1633 sowie *Coenenberg/Hille* in Baetge u. a. (Hrsg.), Rechnungslegung nach IAS, 1997, IAS 12 Rz. 76.

380 Die Nichtkonsolidierung wegen Unwesentlichkeit ist für die folgende Argumentation unerheblich, weil das Unwesentlichkeitsargument dann auch für den Ansatz oder Nichtansatz latenter Steuern in Anspruch genommen werden kann.

rechts) zum fair value anzusetzen (s. hierzu Rz. 579). In der Steuerbilanz des Mutterunternehmens bzw. Anteilseigners werden diese Anteile mit ihren Anschaffungskosten bilanziert. Steigt der fair value über die Anschaffungskosten, ergibt sich eine zu versteuernde temporäre Differenz. Hierauf sind passive latente Steuern jedoch dann *nicht anzusetzen*, wenn

(a) das Mutterunternehmen den zeitlichen Verlauf der Umkehrung der temporären Differenz z. B. durch Ausschüttung thesaurierter Gewinne im Tochterunternehmen steuern kann – was gegenüber Tochterunternehmen und häufig auch gegenüber Gemeinschaftsunternehmen zu bejahen ist – *und* zugleich

(b) es wahrscheinlich ist, dass sich die temporäre Differenz in absehbarer Zeit nicht umkehren wird (IAS 12.39).

Sofern es sich also um eine *quasi-permanente* Differenz handelt, sind passive latente Steuern nicht anzusetzen. Bedingung (b) hängt von der tatsächlichen Geschäftspolitik des Mutterunternehmens ab. Ist das Unternehmen der Kategorie available-for-sale zugeordnet worden und eine Gewinnausschüttung auf absehbare Zeit nicht beabsichtigt, so ist die Bedingung erfüllt. Ist das Tochter- oder Gemeinschaftsunternehmen dagegen der Kategorie held for trading zugeordnet worden, dann ist u. E. die Bedingung (b) nicht erfüllt, da eine Veräußerung des Unternehmens beabsichtigt ist, so dass sich die Differenz umkehren wird.

Für **Anteile an Gemeinschafts- oder assoziierten Unternehmen**, für die die equity-Methode angewandt wird oder die aufgrund eines Konsolidierungsverbots nach IAS 39 bilanziert werden, gilt die obige Argumentation entsprechend. Allerdings wird es bei assoziierten Unternehmen in der Regel an der Voraussetzung (a) scheitern, denn der Einfluss des Anteilseigners wird nicht so groß sein, als dass er die Ausschüttungspolitik bestimmen kann (IAS 12.42). Insoweit ist hier besonders zu prüfen, ob das Ansatzverbot greift.

c) Erfolgwirksamer und erfolgsneutraler Erstansatz

772 Aktive und passive latente Steuern sind erfolgswirksam anzusetzen, wenn der Sachverhalt, der zu der Differenz geführt hat, sich ebenfalls erfolgswirksam niedergeschlagen hat (IAS 12.58).[381]

Beispiel:

Eine Maschine, Anschaffungskosten 80 000 Euro, werde steuerlich (und in der HGB-Einzelbilanz) gem. AfA-Tabelle über 8 Jahre abgeschrieben, wobei zunächst degressiv mit (höchstens) 20 % (§ 7 Abs. 2 Satz 2 EStG) und ab dem vierten Jahr linear abgeschrieben wird. Die wirtschaftliche Nutzungsdauer

381 In diesen Fällen ergibt sich auch nach HGB die Pflicht bzw. Möglichkeit, latente Steuern anzusetzen.

nach IAS wird auf 10 Jahre geschätzt. Der Konzern verwendet ausschließlich die lineare Abschreibung. Der Steuersatz betrage 40 %. Die folgende Tabelle zeigt die Entwicklung der Buchwerte und der Ergebnisdifferenzen:

Tab. 31: Entwicklung der Buchwerte und Ergebnisdifferenzen

1	2	3	4	5	6
Jahr	Restbuchwert Steuerbilanz	Restbuchwert Konzernbilanz	Mehrvermögen Konzernbilanz	Passive latente Steuern (Spalte [4] × 0,4)	Latenter Steueraufwand (+), latenter Steuerertrag (–)
	80 000,00	80 000,00			
1	64 000,00	72 000,00	8 000,00	3 200,00	3 200,00
2	51 200,00	64 000,00	12 800,00	5 120,00	1 920,00
3	40 960,00	56 000,00	15 040,00	6 016,00	896,00
4	32 768,00	48 000,00	15 232,00	6 092,80	76,80
5	24 576,00	40 000,00	15 424,00	6 169,60	76,80
6	16 384,00	32 000,00	15 616,00	6 246,40	76,80
7	8 192,00	24 000,00	15 808,00	6 323,20	76,80
8	0,00	16 000,00	16 000,00	6 400,00	76,80
9		8 000,00	8 000,00	3 200,00	– 3 200,00
10		0,00	0,00	0,00	– 3 200,00

Während der gesamten steuerlichen Nutzungsdauer ist das Vermögen in der Konzernbilanz höher als in der Steuerbilanz. Auf diese Differenz sind passive latente Steuern anzusetzen; die jeweilige Zuführung (Steueraufwand) ergibt sich aus Spalte 6. Erst in den letzten beiden Jahren der Nutzung kehrt sich die Differenz um (Steuerertrag). Zuführung und Auflösung latenter Steuern sind *ergebniswirksam*, da sich die zugrunde liegenden Bilanzdifferenzen über die unterschiedlich hohen Abschreibungen ebenfalls ergebniswirksam niedergeschlagen haben.

Nach IAS kommt es aber auch zu Differenzen zwischen Konzernabschluss und Steuerbilanz infolge erfolgsneutraler Bewertungen. Bei **erfolgsneutral gebildetem Mehrvermögen** sind die entsprechende passive Steuerlatenz und bei – das ist in der Praxis aber nur selten der Fall[382] – **erfolgsneutral gebildetem Mindervermögen** die entsprechende aktive Steuerlatenz ebenfalls erfolgsneutral zu bilden (IAS 12.61). Dies betrifft folgende Fälle: 773

382 Denkbar bspw. bei Finanzinstrumenten der Kategorie available-for-sale (erfolgsneutral), deren fair value unter den fortgeführten Anschaffungskosten liegt, ohne dass eine Wertminderung gegeben ist.

- Wahlweise Anwendung der **Neubewertungsmethode im Sachanlagevermögen** (s. Rz. 343 ff.)[383],
- wahlweise Anwendung der **Neubewertungsmethode bei immateriellen Vermögenswerten** des Anlagevermögens (s. Rz. 304),
- fair value-Änderungen von **Finanzinstrumenten** der Kategorie available-for-sale bei Wahl der erfolgsneutralen Bewertung (s. Rz. 533),
- Anpassung des Anfangssaldos der Gewinnrücklagen durch **Änderung der Bilanzierungs- und Bewertungsmethoden** (s. Rz. 136) bzw. durch Korrektur eines grundlegenden Fehlers (s. Rz. 142),
- **Währungsdifferenzen** aus der Umrechnung von Abschlüssen nach der Stichtagskursmethode (s. Rz. 856) und
- **kombinierte Finanzinstrumente**, die bei der Ersterfassung in eine Eigenkapital- und Schuldkomponente aufgeteilt werden, ohne dass eine solche Aufteilung in der Steuerbilanz nachvollzogen wird (IAS 12.23, s. zur Aufteilung Rz. 581).

774 Von den o. g. Punkten dürfte der Kategorie available-for-sale besondere Bedeutung zukommen. Hier ist zusätzlich zu berücksichtigen, dass die Ertragserfassung nach der Effektivzinsmethode erfolgt und nur die die fortgeführten Anschaffungskosten überschießenden Werte (fair value-Änderungen) erfolgsneutral erfasst werden. Die erforderlichen Korrekturen werden an folgendem Beispiel *exemplarisch* gezeigt:

Beispiel:

Zu den Ausgangsdaten eines Wertpapiers, das der Kategorie available-for-sale (erfolgsneutral) zugeordnet worden ist, vgl. Rz. 544 f. Der Konzern unterliege einem Steuersatz von 40 %.

Im Jahr 2002 wird in der Steuerbilanz ein Ertrag von 6 Euro erfasst; im Konzernabschluss dagegen führt die Anwendung der Effektivzinsmethode zu einem Ertrag von 7,08 Euro. Am Jahresende wird das Wertpapier im Konzern mit 89,59 Euro bewertet, wohingegen es in der Steuerbilanz bei den Anschaffungskosten von 88,51 Euro verbleibt. Die Differenz von 1,08 Euro ist erfolgswirksam entstanden und löst die erfolgswirksame Bildung passiver latenter Steuern von 1,08 Euro × 0,4 = 0,43 Euro aus. Wird im System auf die Daten der Steuerbilanz/Handelsbilanz I aufgesetzt, so ist zur Überleitung auf die Handelsbilanz II nach IAS folgende Korrekturbuchung erforderlich (s. auch die folgende Tabelle:

available for sale (Wertpapier)	1,08	an Ertrag	1,08
Steueraufwand	0,43	an passive latente Steuern	0,43

383 Auch bei Grundstücken, s. SIC-21.5.

	1	2	3	4	5	6
1	**Jahr 2002**	StB	Saldovortrag	Differenz Geschäftsjahr		IAS
2	Posten			erfolgswirksam	erfolgsneutral	
3	available for sale	88,51		1,08		89,59
4	latenter Steueraufwand			0,43		
5	Jahresergebnis			0,65		0,65
6	Stand Ende passive latente Steuern			0,43		**0,43**
	Legende: StB = Steuerbilanz, IAS = Konzernbilanz					

Im Folgejahr ist – s. Rz. 546 – der Marktzins auf 4 % gesunken, der fair value des Wertpapiers mithin auf 110,48 Euro gestiegen. Die Gesamtdifferenz des Wertansatzes zur Steuerbilanz beträgt 21,97 Euro (Summe Zeile 3, Spalte 3–5). Die Differenz des Vorjahres (1,08 Euro) ist bei der Anpassung im Saldovortrag (Spalte 3) zu erfassen. Die Differenz des laufenden Jahres ist aufgrund der Anwendung der Effektivzinsmethode in eine erfolgswirksame (1,17 Euro) und eine erfolgsneutrale Komponente (19,72 Euro) zu zerlegen. Entsprechend sind auf diese Differenzen die Zuführung zu den passiven latenten Steuern des Geschäftsjahres erfolgswirksam (0,47 Euro) und erfolgsneutral (7,89 Euro) zu bilden. Die Zusammenhänge zeigt die folgende Tabelle; auf eine Weiterführung des Beispiels wird verzichtet.

	1	2	3	4	5	6
1	**Jahr 2003**	StB	Saldovortrag	Differenz Geschäftsjahr		IAS
2	Posten			erfolgswirksam	erfolgsneutral	
3	available for sale	88,51	1,08	1,17	19,72	110,48
4	latenter Steueraufwand			0,47		
5	Jahresergebnis			0,70		0,70
6	Gewinnrücklage		0,65			0,65
7	Neubewertungsrücklage				11,83	11,83
8	erfolgsneutrale Zuführung passive latente Steuern				7,89	
9	Stand Ende passive latente Steuern		0,43	0,47	7,89	**8,79**
	Legende: StB = Steuerbilanz, IAS = Konzernbilanz					

3. Bewertung

775 Für die Bewertung latenter Steuern ist der Steuersatz heranzuziehen, der zum Zeitpunkt der erwarteten Umkehrung der Differenz gültig ist (IAS 12.47). Das ist regelmäßig der **aktuelle Steuersatz** zum Bilanzstichtag, es sei denn, eine angekündigte Steuersatzveränderung ist hinreichend sicher bzw. bereits umgesetzt (IAS 12.48). In Konzernen sind die steuerlichen Verhältnisse heranzuziehen, die für die einzelnen Konzerngesellschaften einschlägig sind (IAS 12.11). Bei konzerninternen Lieferungen und Leistungen ist u. E. der Steuersatz des Unternehmens maßgeblich, dass die Lieferung empfangen hat. Bei umfangreichen konzerninternen Lieferungen und Leistungen dürfte es in der Praxis vertretbar sein, für derartige Fälle einen durchschnittlichen Konzernsteuersatz zu verwenden.[384] Zur Rechentechnik, zur Ermittlung und zur Verprobung der steuerlichen Abgrenzungsposten verweisen wir auf *Heuser/Theile* in GmbH-Handbuch.[385]

776 Sollte sich der Steuersatz im Vergleich zur Vorperiode verändert haben, so ist eine Neuberechnung der latenten Steuern erforderlich.[386] Bei zuvor erfolgswirksam gebildeten latenten Steuern ist auch die Änderung erfolgswirksam zu erfassen, ansonsten erfolgsneutral (IAS 12.60 a). Aktive latente Steuern sind im Hinblick auf ihre Ansatzvoraussetzungen (s. Rz. 762) zu jedem Stichtag zu überprüfen (IAS 12.56). Sollten die Ansatzvoraussetzungen nicht mehr bestehen, ist eine **Wertberichtigung** analog erfolgswirksam bzw. erfolgsneutral vorzunehmen (IAS 12.60 b).

777 Latente Steuern sind *nicht abzuzinsen* (IAS 12.53). Allerdings beschäftigt sich der IASB in seinem Projekt „present value" mit der Frage, ob künftig die Abzinsung vorgesehen werden soll.[387]

4. Ausweis und Erläuterungen

778 IAS 12.69 i. V. m. IAS 1.66 verlangt einen *getrennten Bilanz*ausweis der Steueransprüche und Steuerschulden von anderen Vermögenswerten und Schulden. Zugleich sind latente Steuern von tatsächlichen Steuerschulden bzw. Erstattungsansprüchen zu trennen. Wenn in der Bilanz zwischen Anlage- und Umlaufvermögen sowie lang- und kurzfristigen Schulden unterschieden wird – eine Darstellung, die empfohlen wird (s. Rz. 198) –, so dürfen latente Steuern nicht den kurzfristigen Positionen zugeordnet werden (IAS 12.70).

384 Vgl. *Coenenberg/Hille* in Baetge u. a. (Hrsg.), Rechnungslegung nach IAS, 1997, IAS 12 Rz. 102.

385 *Heuser/Theile* in GmbH-Handbuch, Rz. II 406.2. Das Beispiel betrifft zwar den Fall der Timing Differences nach HGB, es ist jedoch problemlos auf die Steuerabgrenzung nach dem Tempory Prinzip übertragbar hinsichtlich der Verabfolgung der Abweichungen, der abweichenden Ergebnisse und der Steuerabgrenzungen über die einzelnen Geschäftsjahre.

386 Dasselbe gilt für eine Änderung im Steuerstatus des Unternehmens, s. SIC-25.4.

387 Zur Diskussion dieser Frage vgl. *Loitz/Rössel*, DB 2002, 645.

Da andererseits tatsächliche Steueransprüche und -schulden regelmäßig kurzfristigen Charakter haben, empfiehlt sich, **latente Steuern** jeweils in einer **gesonderten Bilanzposition** zu zeigen und **tatsächliche Steuerschulden** unter **kurzfristigen Rückstellungen** bzw. Verbindlichkeiten zu erfassen, tatsächliche Steuererstattungen unter sonstige Forderungen auszuweisen und diese Schulden und Forderungen im Anhang aufzugliedern.

Für *tatsächliche* Steuererstattungsansprüche und *tatsächliche* Steuerschulden besteht ein **Saldierungsgebot**, wenn folgende Voraussetzungen vorliegen: 779

a) Das Unternehmen hat ein einklagbares Recht, die bilanzierten Beträge gegeneinander aufzurechnen und

b) beabsichtigt, den Ausgleich auf Netto-Basis herbeizuführen oder gleichzeitig mit der Realisierung des betreffenden Vermögenswertes die dazugehörige Schuld abzulösen (IAS 12.71).

Auch in einem Konzernabschluss wird ein Steuererstattungsanspruch eines einbezogenen Unternehmens nur dann gegen eine tatsächliche Steuerschuld eines anderen einbezogenen Unternehmens saldiert, wenn ein entsprechendes einklagbares Recht auf eine Netto-Zahlung besteht (IAS 12.73).

Auch *latente* Steueransprüche und *latente* Steuerschulden sind nur unter strengen Voraussetzungen zu saldieren. Ein Saldierungsgebot besteht, wenn 780

a) das Unternehmen ein einklagbares Recht zur Aufrechnung tatsächlicher Steuererstattungsansprüche gegen tatsächliche Steuerschulden hat (s. Rz. 779, Buchst. a) und

b) die latenten Steueransprüche und die latenten Steuerschulden sich auf Ertragsteuern beziehen, die von der gleichen Steuerbehörde erhoben werden für

   1. entweder dasselbe Steuersubjekt oder

   2. verschiedene Steuersubjekte, die beabsichtigen, den Ausgleich der tatsächlichen Steuerschulden und Erstattungsansprüche auf Netto-Basis herbeizuführen oder gleichzeitig mit der Realisierung der Ansprüche die Verpflichtungen abzulösen (IAS 12.74).

In der **Gewinn- und Verlustrechnung** können der tatsächliche und latente **Steueraufwand** (Steuerertrag) *zusammen* ausgewiesen werden. Die Position ist im **Anhang** aufzugliedern. IAS 12.80 enthält hier eine Fülle von – nicht verpflichtenden – Hinweisen zur Aufgliederung; in der Praxis wird regelmäßig nur zwischen dem tatsächlichen und latenten Steueraufwand und -ertrag unterschieden. 781

Sollte ein **außerordentliches Ergebnis** erzielt worden sein, ist derzeit noch der auf die gewöhnliche Geschäftstätigkeit entfallende Steueraufwand oder -ertrag gesondert darzustellen (IAS 12.77). Da im Rahmen der Überarbeitung der Standards künftig die Positionen außerordentliche Aufwendungen und

Erträge entfallen sollen, wird auch diese Unterscheidung entbehrlich; IAS 12.77 und IAS 12.81 b sollen ersatzlos gestrichen werden.

782 IAS 12.81 ff. enthalten weitere **Offenlegungspflichten**, auf die hier verwiesen wird und von denen nur die Überleitungsrechnung gem. IAS 12.81c wegen ihrer hohen Bedeutung herausgegriffen und erläutert werden soll.

Würden tatsächlich sämtliche temporären Differenzen versteuert und gäbe es darüber hinaus keine weiteren Abweichungen zwischen IAS- und Steuerbilanz, dann ergäbe sich der ausgewiesene Steueraufwand, der sich aus tatsächlichen und latenten Steuern zusammensetzt, unmittelbar aus der Multiplikation des vor-Steuer-Ergebnisses mit dem Steuersatz. Da diese Voraussetzungen aber nicht vorliegen, soll eine Überleitungsrechnung von einem solchermaßen erwarteten zum ausgewiesenen Steueraufwand informieren (IAS 12.84). Der anzuwendende Steuersatz zur Ermittlung des erwarteten Steueraufwands ist typischerweise der Steuersatz des Mutterunternehmens, bei starken Auslandsaktivitäten auch ein Mischsteuersatz (IAS 12.85). Mit diesem Steuersatz werden i. d. R. auch die latenten Steuern bewertet. Die Berechnungsgrundlagen für den Steuersatz sind anzugeben.

Der aus dem vor-Steuer-Ergebnis durch Multiplikation mit dem Steuersatz ermittelte erwartete, fiktive oder theoretische Steueraufwand[388] ist überzuleiten zum ausgewiesenen Steueraufwand. In der Praxis ist dabei eine nominelle Überleitung üblich; die ebenso zulässige prozentuale Überleitung wird kaum angewandt. Das folgende Beispiel erläutert beide Vorgehensweisen.

Beispiel:

In einem Konzern seien in 2001 und 2002 jeweils Goodwillabschreibungen von 100 Mio. Euro angefallen, die steuerlich nicht anerkannt werden. Ferner seien nicht abzugsfähige Betriebsausgaben von 80 Mio. Euro in 2001 und 150 Mio. Euro in 2002 und steuerfreie Erträge von 90 Mio. Euro in 2002 angefallen. Für alle Sachverhalte entfällt die Ermittlung latenter Steuern. Die im Anhang angegebene Überleitungsrechnung zeigt folgendes Bild:

388 In Geschäftsberichten findet man überwiegend die Bezeichnung „erwarteter" Steueraufwand, gelegentlich auch „theoretischer" Steueraufwand.

		2001	2002
1	**Ergebnis vor Ertragsteuern**	**600**	**500**
2	Ertragsteuersatz des Konzerns	50,0 %	40,0 %
3	**Erwarteter Steueraufwand**	**300**	**200**
4	Steuermehrungen aufgrund Abschreibung Goodwill	50	40
5	Steuermehrungen aufgrund steuerlich nicht abzugsfähiger Aufwendungen	40	60
6	Steuerminderungen aufgrund steuerfreier Erträge		– 36
7	**Ausgewiesener Steueraufwand**	**390**	**264**
8	effektiver Steuersatz	65,0 %	52,8 %

Der effektive Steuersatz ermittelt sich als Steueraufwand geteilt durch vor-Steuer-Ergebnis (IAS 12.86).

Alternativ kann die Überleitung auch auf **prozentualer Basis** erfolgen. In der Zeile 2 der folgenden Abbildung ermittelt sich beispielsweise der prozentuale Effekt der Goodwillabschreibung des Jahres 2001 aus: Goodwillabschreibung 100 Mio. Euro geteilt durch Ergebnis vor Ertragsteuern 600 Mio. Euro multipliziert mit dem Ertragsteuersatz des Konzerns von 50 %.

		2001	2002
1	**Ertragsteuersatz des Konzern**	**50,0 %**	**40,0 %**
2	Steuersatzeffekt aufgrund Abschreibung Goodwill	8,3 %	8,0 %
3	Steuersatzeffekt aufgrund steuerlich nicht abzugsfähiger Aufwendungen	6,7 %	12,0 %
4	Steuersatzeffekt aufgrund steuerfreier Erträge		– 7,2 %
5	**effektiver Steuersatz**	**65,0 %**	**52,8 %**

Einstweilen frei. 783–799

D. Konsolidierungsmaßnahmen

Der vorliegende Teil D des Buches erläutert die Aufstellung des Konzernabschlusses nach IAS. Aus der Perspektive deutscher Mutterunternehmen, in deren Konzernkreis mindestens ein Unternehmen den organisierten Kapitalmarkt in Anspruch nimmt, entfaltet der Konzernabschluss nach IAS befreiende Wirkung für den HGB-Konzernabschluss. Daher mündet letztlich die Erstellung einer Handelsbilanz II nach IAS – wie in Teil B und C beschrieben – unter Berücksichtigung der im Folgenden erläuterten Vorschriften in die zu publizierende Konzernbilanz und Konzern-Gewinn- und Verlustrechnung. Die weiteren Berichtsinstrumente – Eigenkapitalspiegel (IAS 1), Kapitalflussrechnung (IAS 7), Segmentberichterstattung (IAS 14), Ergebnis je Aktie (IAS 33) sowie sonstige Angaben und auch die Zwischenberichterstattung (IAS 34) – haben wir in den Teil E aufgenommen, da diese Berichtsinstrumente prinzipiell auch für einen vollständigen Einzelabschluss nach IAS notwendig wären. Ein solcher vollständiger IAS-Einzelabschluss entfaltet in Deutschland (bislang) keine befreiende Wirkung für den HGB-Einzelabschluss, kann aber freiwillig oder aufgrund vertraglicher Verpflichtung aufgestellt werden. 800

I. Aufstellungspflicht des Konzernabschlusses und Konsolidierungskreis

1. Übersicht und Wegweiser

Die Regelungen zur Aufstellung des Konzernabschlusses und zur Abgrenzung des Konsolidierungskreises enthält IAS 27 „Consolidated Financial Statements and Accounting for Investments in Subsidiaries“, der durch SIC-12 zur Konsolidierung von Zweckgesellschaften ergänzt wird. Im Rahmen des Improvement-Projekts liegt seit Mai 2002 ein Exposure Draft „Consolidated and Separate Financial Statements“ vor, der den bisherigen IAS 27 ersetzen soll. Auf wichtige *materielle*, zu erwartende Änderungen haben wir mit der Zitierweise ED IAS 27 i. d. R. in den Fußnoten hingewiesen. 801

Von einem Unternehmen (Mutterunternehmen, Muttergesellschaft) ist ein Konzernabschluss aufzustellen, wenn mindestens ein Tochterunternehmen existiert (IAS 27.6 f.). Ein **Tochterunternehmen** ist ein Unternehmen, dass vom Mutterunternehmen beherrscht wird. Das Mutterunternehmen hat grundsätzlich alle inländischen und ausländischen Tochterunternehmen einzubeziehen (IAS 27.11). Damit gilt, wie auch nach HGB, das **Weltabschlussprinzip**. Es gibt **keine größenabhängigen Befreiungen**. 802

Auf die Aufstellung eines Konzernabschlusses kann verzichtet werden, wenn sich das Mutterunternehmen seinerseits als Tochterunternehmen vollständig oder nahezu vollständig im Besitz eines übergeordneten Mutterunternehmens befindet und die Minderheiten der Befreiung zugestimmt haben (IAS 27.8). Das übergeordnete Mutterunternehmen muss dann ebenfalls einen Konzernabschluss nach IAS/IFRS aufstellen.

803 Die Methoden der Kapitalkonsolidierung werden in IAS 22 behandelt, s. ausführlich Rz. 880 ff. Tochterunternehmen sind voll zu konsolidieren; bei der Kapitalkonsolidierung ist die **Erwerbsmethode** (*purchase method*) anzuwenden.

Ein Konzernabschluss ist aber auch dann aufzustellen, wenn bei einem Unternehmenszusammenschluss von zwei oder mehr Unternehmen keines als Erwerber des oder der anderen qualifiziert werden kann. In diesem – seltenen – Fall ist die **Interessenzusammenführungsmethode** (*pooling of interests method; in der Terminologie von IAS: Uniting of interests*) anzuwenden.[1]

Im Konzernabschluss sind **Gemeinschaftsunternehmen** (*joint ventures*), die gemeinsam mit einer anderen Partei geführt werden, nach der Quotenkonsolidierung einzubeziehen oder at equity zu bewerten. Ferner sind Anteile an **assoziierten Unternehmen** – das sind Unternehmen, auf welche ein maßgeblicher Einfluss ausgeübt werden kann – nach der Equitymethode zu bewerten.

Einbeziehungsverbote für Tochterunternehmen, Gemeinschaftsunternehmen und assoziierte Unternehmen bestehen bei **Weiterveräußerungsabsicht** und bei **Beschränkungen im Finanzmitteltransfer**; ein **Einbeziehungswahlrecht** liegt vor bei Unwesentlichkeit des Unternehmens im Hinblick auf seine Einbeziehung in den Konzernabschluss. In diesen Fällen sind die Anteile nach IAS 39 zu bewerten. Abb. 40 verdeutlicht die Zusammenhänge. Nach § 296 HGB läge in allen drei Fällen ein Einbeziehungswahlrecht vor.

---

1 Die *pooling of interests method* soll aufgehoben werden, s. Rz. 881.

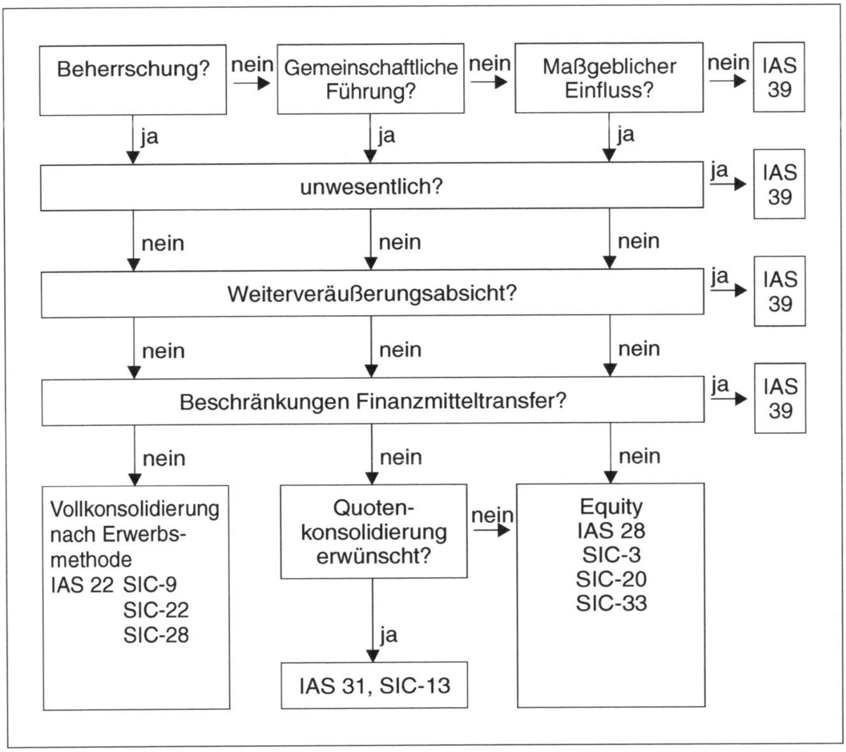

Abb. 40: Standards zur Einbeziehung von Tochterunternehmen, Gemeinschaftsunternehmen und assoziierten Unternehmen in den Konzernabschluss

Ob ein *Abschluss* bereits als Konzernabschluss zu bezeichnen ist, wenn lediglich Anteile an einem Gemeinschaftsunternehmen bestehen und Tochterunternehmen wegen des Vorliegens von Konsolidierungsverboten bzw. wegen Unwesentlichkeit nicht einbezogen werden[2], ist nicht explizit geregelt[3]. Die Frage ist deshalb von Bedeutung, weil bislang die Bilanzierung von Gemeinschaftsunternehmen nur für den Konzernabschluss geregelt ist, unklar aber ist, ob bereits das Vorliegen von Gemeinschaftsunternehmen Konzernabschlusspflicht auslöst mit der Folge der quotalen oder at equity-Bilanzierung von Gemeinschaftsunternehmen. 804

Das *Improvement Project* greift über Veränderungen des IAS 27, IAS 28 und IAS 31 dieses Problem auf; *künftig* soll gelten:

2 Zum ähnlichen Problem im Konzernabschluss nach HGB vgl. *Busse von Colbe/Ordelheide*, Konzernabschlüsse, 6. Aufl. 1993, S. 61 f.

3 Bejahend – ohne Begründung – *Alexander/Archer*, IAS 2000, S. 9.05.

- **Konzernabschlüsse** liegen nur dann vor, wenn tatsächlich Tochtergesellschaften konsolidiert werden. In diese Konzernabschlüsse sind Gemeinschaftsunternehmen oder assoziierte Unternehmen quotal bzw. at equity einzubeziehen.
- Hat ein Unternehmen (nur) joint ventures und/oder assoziierte Unternehmen, so hat es diese in einem **IAS-Abschluss** quotal bzw. at equity einzubeziehen. Dies erfordert keinen Konzernabschluss (ED IAS 28.8, 28.8 A; ED IAS 31.25, 31.25 A).
- Stellt das Unternehmen zusätzlich einen **Einzelabschluss nach IAS** auf, so können Tochter- und Gemeinschaftsunternehmen sowie assoziierte Unternehmen entweder zu Anschaffungskosten oder gem. IAS 39 (held for trading oder available-for-sale) bilanziert werden (ED IAS 27.29).

805 **Konzernabschlussstichtag** ist der Stichtag des Mutterunternehmens. Tochterunternehmen mit abweichenden Stichtagen dürfen ohne Zwischenabschluss einbezogen werden, wenn der Unterschied zwischen den Stichtagen nicht mehr als drei Monate beträgt; Berichtigungen für Auswirkungen wesentlicher Ereignisse zwischen den Stichtagen sind erforderlich (IAS 27.19 f.).

2. Konsolidierungskreis

a) Tochterunternehmen

aa) Beherrschung nach dem Control-Konzept

806 Die Verpflichtung zur Aufstellung eines Konzernabschlusses ist an das Vorhandensein eines Mutter-Tochter-Verhältnisses, jeweils unabhängig von der Rechtsform,[4] nach dem **Control-Konzept** geknüpft. Das Konzept der einheitlichen Leitung gem. § 290 Abs. 1 HGB findet sich in den IAS *formal* nicht.

807 Tochterunternehmen sind solche, die von einem Mutterunternehmen beherrscht werden. Beherrschung ist definiert als die *Möglichkeit*, die Finanz- und Geschäftspolitik eines Unternehmens zu bestimmen, um aus dessen Tätigkeit Nutzen zu ziehen (IAS 27.6).[5] Es kommt also nicht auf die tatsächlich ausgeübte Bestimmung der Finanz- und Geschäftspolitik an. Eine widerlegbare *Beherrschungs*vermutung liegt vor, wenn das Mutterunternehmen entweder unmittelbar oder mittelbar über mehr als die Hälfte der Stimmrechte eines anderen Unternehmens verfügt. Werden die Hälfte oder weniger als die Hälfte der Stimmrechte an einem anderen Unternehmen gehalten, liegt eine Beherrschung – unwiderlegbar – vor, wenn mindestens eine der folgenden Möglichkeiten zutrifft:

4 Klarstellend insoweit die Definitionsergänzung in ED IAS 27.6.

5 Ein Treuhänder, der die Geschäftspolitik zum Vorteil eines Dritten bestimmt, übt keine Beherrschung aus, vgl. IDW RS HFA 2 Entwurf Fortsetzung 4 v. 1.7.2002, Rz. 149.

(a) Möglichkeit, über mehr als die Hälfte der Stimmrechte kraft einer mit anderen Anteilseignern abgeschlossenen Vereinbarung zu verfügen,

(b) Möglichkeit, die Finanz- und Geschäftspolitik eines Unternehmens gemäß einer Satzung oder einer Vereinbarung zu bestimmen,

(c) Möglichkeit, die Mehrheit der Mitglieder des Vorstands oder eines gleichwertigen Leitungsgremiums ernennen oder absetzen zu können oder

(d) Möglichkeit, die Mehrheit der Stimmen bei Sitzungen des Vorstands oder eines gleichwertigen Leitungsgremiums zu bestimmen (IAS 27.12).

In der Praxis werden die Konsolidierungskreise nach IAS 27 und nach § 290 808
Abs. 1 und Abs. 2 HGB[6] häufig übereinstimmen: Unter die wirtschaftliche Betrachtungsweise, die im Control-Konzept nach IAS zum Ausdruck kommt, lässt sich auch die einheitliche Leitung subsumieren. Unterschiede lassen sich nur in theoretischen Grenzfällen ausmachen. So ist denkbar, dass eine nachhaltige Präsenzmehrheit bei Hauptversammlungen vorliegt; diese führt nach dem rechtlich abgesicherten Control-Konzept des § 290 Abs. 2 HGB nicht zu einem Mutter-Tochter-Verhältnis. Wenn diese Präsenzmehrheit nicht zur Durchsetzung eigener Interessen ausgenutzt wird, liegt auch die tatsächlich ausgeübte einheitliche Leitung nach § 290 Abs. 1 HGB nicht vor. Demgegenüber wäre wegen oben (c) nach IAS ein Mutter-Tochter-Verhältnis anzunehmen.[7]

bb) Einbeziehung von Zweckgesellschaften

Ein besonderes Problem stellt die Frage der Einbeziehungspflicht sog. **Zweck-** 809
gesellschaften (Special Purpose Entities, SPE) dar.[8] Zweckgesellschaften sind Unternehmen mit einem engen und genau definierten Ziel ihrer Unternehmenstätigkeit. In der Praxis findet sich häufig die Ausprägung als **Leasinggesellschaft** oder als **Finanzierungsgesellschaft** im Zusammenhang mit der Verbriefung von Forderungen (Securitization). Die Zweckgesellschaft wird für die Belange eines sog. Initiators (Sponsors) von diesem und einem Investor gegründet.[9] Bilanzpolitischer Hintergrund ist regelmäßig, durch die Übertragung von Vermögenswerten und Schulden auf eine andere rechtliche Einheit

6 Vgl. zum Konsolidierungskreis nach HGB *Heuser/Theile* in GmbH-Handbuch, Rz. II 2034 ff.

7 Vgl. *Baetge/Schulze* in Baetge u. a. (Hrsg.), Rechnungslegung nach IAS, 1997, IAS 27 Rz. 265 sowie WP-Handbuch 2000, Bd. I, 12. Aufl. 2000, Abschn. N Rz. 876.

8 Die Einbeziehung von Zweckgesellschaften im Hinblick auf die Qualität von Konzernabschlüssen und den Einblick in die tatsächliche Vermögens-, Finanz- und Ertragsverhältnisse ist nicht zuletzt durch den Enron-Fall in den Blickpunkt gerückt, vgl. nur *Herzig*, FAZ v. 11.3.2002, 27; ausführlich zu den Konstruktionen von Special Purpose Entities bei Enron vgl. *Zimmermann*, StuB 2002, 573 (576 ff.) und *Lüdenbach/Hoffmann*, DB 2002, 1169 (1172).

9 Zu Merkmalen und Funktionen von Zweckgesellschaften s. *Schruff/Rothenburger*, WPg 2002, 755 (756 f.).

beim Initiator eine (bilanzneutrale) *off-balance-sheet* Finanzierung[10] zu erreichen. Aus Konzernsicht ist dann zu klären, ob der Initiator über die Zweckgesellschaft beherrschenden Einfluss ausübt, so dass diese zu konsolidieren ist mit der Konsequenz, dass sich die bilanzpolitische Maßnahme nur im Einzelabschluss auswirkt (s. auch Rz. 369). Die gesellschaftsrechtlichen Vereinbarungen zwischen Initiator und Investor sind dabei regelmäßig so ausgestaltet, dass nach dem Control-Konzept des IAS 27 eine Konsolidierung beim Initiator unterbleiben würde, obwohl dieser häufig alleiniger Nutznießer der Zweckgesellschaft ist. Diese Lücke zu schließen ist Anliegen der Interpretation SIC-12, welche IAS 27 ergänzt.

810 Zweckgesellschaften sind nach SIC-12.8 zu konsolidieren, wenn sie unter Beachtung **wirtschaftlicher Betrachtungsweise** (substance over form, s. Rz. 126) beherrscht werden. Das kann – ein Unterschied zum HGB besteht *insoweit* nicht[11] – auch ohne eine Kapitalbeteiligung der Fall sein. Eine Vorfestlegung sämtlicher geschäftspolitischer Entscheidungen („Autopilot") führt ohne Weiteres zur Anwendung von SIC-12[12] und stellt *keine* Kapitalverkehrsrestriktion (bei deren Vorliegen ein Konsolidierungsverbot bestehen würde bzw. Beherrschung von vornherein nicht gegeben wäre) dar (SIC-12.11).

Die maßgeblichen Indizien zur Beurteilung eines Beherrschungsverhältnisses nennt SIC-12.10, insbesondere dort die Unterabsätze c und d. Die Zweckgesellschaft ist unter wirtschaftlicher Betrachtungsweise hiernach von jenem Unternehmen zu konsolidieren, welches die **Mehrheit des Nutzens** (Chancen) **und der Risiken** aus der Zweckgesellschaft ziehen kann und/oder der **Mehrheit der Residualansprüche** bzw. **eigentümerspezifischen Risiken** ausgesetzt ist (sog. *risk and reward approach*).

811 Mit diesen Kriterien kommt die Idee des Konzernabschlusses als Zusammenfassung rechtlich unterschiedlicher, aber wirtschaftlich verbundener Unternehmen (Fiktion der rechtlichen Einheit, Einheitstheorie) klar zum Ausdruck: Die in Rz. 809 beschriebene Übertragung von Vermögenswerten und Schulden auf eine neue rechtliche Einheit schlägt im Konzernabschluss nur dann durch, wenn auch aus wirtschaftlicher Perspektive eine Übertragung stattgefunden hat. Ist Nutznießer und Risikoträger der Übertragung jedoch weiterhin der Initiator, so wird der im Einzelabschluss realisierte bilanzpolitische Effekt der off-balance-sheet Finanzierung im Konzernabschluss zurückgedreht. Demzufolge kommt es bei der Würdigung des wirtschaftlichen Ge-

10 Zum Begriff vgl. *Brakensiek*, Bilanzneutrale Finanzierungsinstrumente, 2001, S. 6 ff.

11 Vgl. *Busse von Colbe/Ordelheide*, Konzernabschlüsse, 1993, S. 75: „Die mehrheitliche Kapitalbeteiligung ist nicht konstitutiv für die Einbeziehung." Nach HGB ist jedoch unklar, inwieweit *rechtliche Sachverhaltsgestaltungen* de lege lata im Einklang mit § 264 Abs. 2 HGB stehen, denn eine IAS 1.20 (s. Rz. 72) vergleichbare Regelung kennt das HGB nicht.

12 Vgl. auch IDW RS HFA 2 Entwurf Fortsetzung 4 v. 1.7.2002, Rz. 153.

halts der Verbindung zur Zweckgesellschaft nach Maßgabe des **Gesamtbildes der Verhältnisse im Einzelfall** auch nicht auf die rechtliche Ausgestaltung – schuldrechtliche oder gesellschaftsrechtliche Abreden – an.[13]

Zur konkreten Beurteilung der Verteilung von Risiken und Chancen der Zweckgesellschaft auf den Initiator und den Investor hilft die Überlegung, dass Investoren der Zweckgesellschaft nur dann zur Übernahme der Mehrheit des Risikos bereit sein werden, wenn die Rendite ihres eingesetzten Kapitals dem übernommenen Risiko angemessen ist; sie werden also bei Übernahme des Risikos auch an entsprechenden Chancen (Entgeltzahlungen) interessiert sein. Sollte der Fall so zu würdigen sein und der Initiator lediglich eine bestimmte Leistung gegen marktübliches Entgelt von einem fremden Dritten beziehen, ohne an den (weiteren) Chancen und Risiken beteiligt zu sein, käme eine Konsolidierung beim Initiator nicht in Betracht.[14] 812

Umgekehrt gilt: Trägt der Initiator (weiterhin) die Mehrheit der Risiken und Chancen am Liquidationsergebnis der Zweckgesellschaft und/oder trägt der Investor lediglich die eines normalen Kreditgebers innewohnenden Risiken durch Begrenzung oder Ausschaltung seines Verlustrisikos über die Vereinbarung von Garantien mit dem Initiator (z. B. first-loss-Garantie, Restwertgarantie, Rendite- und Delkrederegarantien),[15] so hat der Initiator die Zweckgesellschaft zu konsolidieren.

Um einer Konsolidierungspflicht zu entgehen und die gewünschten Bilanzstruktureffekte auch im Konzernabschluss zu erreichen, ist im Zusammenhang mit Leasing-Objektgesellschaften und bei Asset-Backed-Securitys-Gestaltungen diskutiert worden, Zweckgesellschaften mit sog. zellularem Aufbau bzw. Multi-Seller-Programmen einzurichten.[16] Hierbei wird eine Zweckgesellschaft nicht für einen, sondern für mehrere Nutznießer gegründet. Das IDW vertritt hier die Auffassung, dass eine solche rechtliche Konstruktion die Beurteilung der jeweiligen Vereinbarung nach ihrem wirtschaftlichen Gehalt nicht konterkarieren kann. In diesem Fall ist vielmehr jede einzelne Vereinbarung – z. B. jedes einzelne Leasingobjekt – mit den vorbezeichneten Maßstäben von SIC-12 zu beurteilen.[17] 813

cc) Einbeziehungsverbote

Nach IAS 27.13 bestehen abschließend zwei **Einbeziehungsverbote**: 814

(a) Das Tochterunternehmen wurde ausschließlich zum Zwecke der baldigen Weiterveräußerung erworben oder

13 So auch IDW RS HFA 2 Entwurf Fortsetzung 4 v. 1.7.2002, Rz. 163.
14 Vgl. *Schruff/Rothenburger*, WPg 2002, 755 (757, 762).
15 S. SIC-12 Appendix c und d sowie *Schruff/Rothenburger*, WPg 2002, 755 (762).
16 Vgl. *Findeisen/Ross*, DB 1999, 2224 (2227).
17 Vgl. IDW RS HFA 2 Entwurf Fortsetzung 4 v. 1.7.2002, Rz. 156, 166 ff.

(b) aufgrund von erheblichen und langfristigen Beschränkungen ist die Fähigkeit des Finanzmitteltransfers an das Mutterunternehmen wesentlich beeinträchtigt (Kapitalverkehrsrestriktionen).

In beiden Fällen erfolgt die Bilanzierung nach IAS 39, vgl. insoweit Rz. 579. Die Anwendung der Equity-Methode für nicht voll konsolidierte Tochterunternehmen ist im Konzernabschluss nicht vorgesehen. Nach § 296 Abs. 1 Nr. 1 und Nr. 3 HGB lägen in beiden Fällen Einbeziehungswahlrechte vor.

Ein Einbeziehungsverbot wegen **abweichender Tätigkeit** – wie nach § 295 HGB – besteht nach IAS nicht (IAS 27.14).

815 Das Konsolidierungsverbot gem. (a) hat so lange Bestand, wie die Weiterveräußerungsabsicht, die zum Zeitpunkt des Erwerbs schon bestanden haben muss, fortdauert. Der interne Nachweis hierüber kann über die Darlegung von Maßnahmen z. B. zur Durchführung von Verkaufsaktivitäten erbracht werden. Eine Überprüfung ist zu jedem Abschlussstichtag erforderlich.[18] Das Konsolidierungsverbot erfüllt somit einerseits einen Vereinfachungszweck, um etwa institutionellen Anlegern häufige Veränderungen im Konsolidierungskreis zu ersparen,[19] und andererseits ermöglicht es den Bilanzadressaten, die nachhaltige Entwicklung des Konzerns ohne diese (kurzfristigen) Veränderungen erkennen zu können.

Demgegenüber sind bislang einbezogene Tochterunternehmen weiterhin voll zu konsolidieren, auch wenn die Absicht besteht, diese zu veräußern.[20] Die Vermögenswerte und Schulden des Tochterunternehmens gehören aufgrund der Fiktion des Einzelerwerbs so lange zum Konzern, bis sie tatsächlich abgehen (oder wegen im Zeitablauf erlangter Unwesentlichkeit des Tochterunternehmens von der Vollkonsolidierung abgesehen wird). Dies ergibt sich nicht nur aufgrund des Wortlauts des Einbeziehungsverbots, sondern in Analogie auch aus der Existenz von IAS 35, wonach über einzustellende Unternehmensbereiche erst dann zu berichten ist, wenn der Verkaufsvertrag unterschrieben bzw. ein detaillierter Verkaufplan genehmigt und bekannt gemacht worden ist (IAS 35.16). Doch selbst dann sind, bis zum tatsächlichen Vollzug, die Vermögenswerte und Schulden einzubeziehen (vgl. zu Einzelheiten Rz. 1130 ff.).

816 Explizite **Einbeziehungswahlrechte** außerhalb des Unwesentlichkeitsgrundsatzes bestehen nach IAS nicht. Das Einbeziehungswahlrecht des § 296 Abs. 2 HGB wird vom allgemeinen Wesentlichkeitsgrundsatz der IAS abgedeckt. Ein Verzicht auf die Einbeziehung aufgrund hoher Kosten oder Verzö-

18 Vgl. *Baetge/Schulze* in Baetge u. a. (Hrsg.), Rechnungslegung nach IAS, 1997, IAS 27 Rz. 77.

19 Vgl. *Förschle/Deubert* in Beck'scher Bilanz-Kommentar, 4. Aufl. 1999, § 296 HGB Rz. 30 zum entsprechenden HGB-Wahlrecht.

20 A. A. *Ruhnke/Schmidt/Seidel*, DB 2001, 657 (658 f).

gerungen gem. § 296 Abs. 1 Nr. 2 HGB, der sehr eng auszulegen ist,[21] wird auch nach IAS ausnahmsweise vorübergehend für gerechtfertigt gehalten.[22]

Durch ED IAS 27.13 soll das Einbeziehungsverbot bei Weiterveräußerungsabsicht beschränkt werden auf Fälle, in denen die Weiterveräußerungsabsicht innerhalb der folgenden zwölf Monate nach Erwerbszeitpunkt dargelegt werden kann. Ferner wird das Einbeziehungsverbot wegen Kapitalverkehrsrestriktionen aufgehoben. Eine Veränderung gegenüber der derzeitigen Situation ergibt sich aus letztem Punkt nicht, da im Falle des Vorliegens von Kapitalverkehrsrestriktionen künftig eine Beherrschung von vornherein verneint werden kann (ED 27.12 A). 817

b) Gemeinschaftsunternehmen

Ein Gemeinschaftsunternehmen ist eine als **Unternehmen** abgegrenzte rechtliche Einheit unabhängig von der Rechtsform (IAS 31.19 ff.), über die zwei oder mehr Partnerunternehmen mit einer Kapitalbeteiligung qua vertraglicher Vereinbarung die Möglichkeit der **gemeinsamen Führung** innehaben (IAS 31.3). Die **vertragliche Vereinbarung** ist notwendig, wenngleich es auf deren Form (i. d. R. aber schriftlich) nicht ankommt. So kann es sich dabei auch um Sitzungsprotokolle oder eine Satzungsbestimmung handeln. Unschädlich für die Qualifizierung als Gemeinschaftsunternehmen ist es, wenn die wichtigsten Eckpunkte zwischen den Partnern abgestimmt worden sind und einer der beiden Partner dem anderen die Umsetzung der Beschlüsse überlässt (IAS 31.7). 818

Nach § 310 HGB läge ein Gemeinschaftsunternehmen erst dann vor, wenn es *tatsächlich* gemeinsam mit anderen Partnern geführt wird.

Gemeinschaftsunternehmen können – wie auch nach HGB – entweder **quotal konsolidiert** oder nach der **Equity-Methode** bewertet werden, wobei die Equity-Methode ausdrücklich *nicht* empfohlen wird (IAS 31.33). Das Wahlrecht ist gem. SIC-18 für alle joint ventures *einheitlich* auszuüben. Stellt das Gemeinschaftsunternehmen seinerseits einen Konzernabschluss auf, so entspricht es der Systematik der IAS hinsichtlich der Abgrenzung der rechnungslegenden Einheit, diesen der Konsolidierung zugrunde zu legen. 819

Greift eines der beiden **Einbeziehungsverbote**, die denen der Vollkonsolidierung entsprechen (s. Rz. 814), dann ist das Gemeinschaftsunternehmen gem. IAS 39 zu bilanzieren. Auch die bei der Vollkonsolidierung vorgesehenen Änderungen beim Konsolidierungsverbot werden durch ED IAS 31.3A und 31.35 nachvollzogen (s. Rz. 817). 820

21 Vgl. *Heuser/Theile* in GmbH-Handbuch, Rz. II 2076 m. w. N.

22 Vgl. *Baetge/Schulze* in Baetge u. a. (Hrsg.), Rechnungslegung nach IAS, 1997, IAS 27, Rz. 92.

821 Sollte sich das joint venture nicht auf ein rechtlich abgrenzbares Unternehmen, sondern nur auf eine bestimmte, gemeinsam mit einem oder mehreren Partnern **gemeinschaftlich geführte Tätigkeit** beziehen, für die jeder Partner *eigene* Vermögenswerte beisteuert, werden die Vermögenswerte beim jeweiligen Partner bilanziert (IAS 31.8–12). Es handelt sich insoweit um eine **unechte Arbeitsgemeinschaft**.

Schließlich erstreckt sich der Regelungsbereich des IAS 31 auch auf **echte Arbeitsgemeinschaften** i. S. v. Bruchteilseigentum, die als Vermögenswerte unter gemeinschaftlicher Führung bezeichnet werden (IAS 31.13–18).[23] Hier hat jedes Partnerunternehmen die Vermögenswerte und Schulden, Aufwendungen und Erträge in Höhe seines entsprechenden **Bruchteils** zu übernehmen (IAS 31.17).

Die beiden vorstehend genannten Fälle sind unabhängig von der Erstellung des Einzel- und Konzernabschlusses anzuwenden.

c) Assoziierte Unternehmen

822 Assoziierte Unternehmen sind solche, auf die der Anteilseigner – auch hier ist also das Vorliegen eines Beteiligungsverhältnisses wie bei Gemeinschaftsunternehmen konstitutives Merkmal[24] – (nur) einen **maßgeblichen Einfluss** ausüben *kann*. Ein maßgeblicher Einfluss ist die Möglichkeit, an den finanz- und geschäftspolitischen Entscheidungsprozessen mitwirken zu können, ohne diese zu beherrschen (IAS 28.3). Es besteht eine widerlegbare Assoziierungsvermutung bei Stimmrechtsquoten von 20 % und mehr; umgekehrt kann auch bei geringeren Stimmrechtsquoten bei entsprechendem Nachweis maßgeblicher Einfluss vorliegen (IAS 28.4). Die Abgrenzung entspricht § 311 Abs. 1 HGB erneut mit dem Unterschied, dass es nach *HGB* auf die *tatsächliche Ausübung* des maßgeblichen Einflusses ankommt.[25] Die nach IAS zwingende **Equity-Methode** zur Bewertung der Anteile an assoziierten Unternehmen ist demgegenüber nur so lange anzuwenden, wie der maßgebliche Einfluss auch tatsächlich ausgeübt werden kann (IAS 28.11 a). Ferner darf die Equity-Methode nicht angewandt werden bei Erwerb der Anteile unter Weiterveräußerungsabsicht und bei erheblichen Einschränkungen im Finanzmitteltransfer. In diesen Fällen sind Anteile an assoziierten Unternehmen im Konzernabschluss nach IAS 39 zu bewerten (IAS 28.8). Auch die bei der Vollkonsolidierung vorgesehenen Änderungen beim Konsolidierungsverbot werden durch ED IAS 28.5 B und 28.8 analog nachvollzogen (s. Rz. 817).

23 Zur Abgrenzung s. *Kleber* in Baetge u. a. (Hrsg.), Rechungslegung nach IAS, 2. Aufl. 2002, IAS 33, Rz. 24 f. und Rz. 34 f.

24 Im Gegensatz zu Tochterunternehmen, s. oben Rz. 807.

25 Zu den Prüfkriterien s. im Einzelnen IAS 28.5 und nach HGB-Auslegung *Heuser/ Theile* in GmbH-Handbuch, Rz. II 2210 ff.

d) Angaben zum Konsolidierungskreis

Bei einem **Unternehmenszusammenschluss** – also dem Erwerb von Tochterunternehmen oder im Fall der Interessenzusammenführung – sind in der Periode, in der der Zusammenschluss stattfindet, im Anhang des Konzernabschlusses anzugeben: 823

- Name und Beschreibung der betroffenen Unternehmen, bei einem Unternehmenserwerb demnach die neu hinzuerworbenen Tochterunternehmen und bei Interessenzusammenführung die beteiligten Parteien,
- die angewandte Bilanzierungsmethode (Erwerbsmethode in den Ausprägungen der beteiligungsproportionalen Neubewertung oder der vollständigen Neubewertung oder die Interessenzusammenführungsmethode),
- der Zeitpunkt der Erstkonsolidierung und
- ggf. jene Geschäftsbereiche, die nicht weitergeführt werden sollen (IAS 22.86).

Bei einem **Unternehmenserwerb** sind zusätzlich der erworbene Stimmrechtsanteil und die Anschaffungskosten zusammen mit einer Beschreibung, ob und wie diese geleistet worden sind (z. B. Barzahlung oder Aktientausch), anzugeben (IAS 22.87). Sollten die fair values der erworbenen Vermögenswerte und Schulden oder die Anschaffungskosten für den Erwerb nur vorläufig bestimmt werden können, ist dies anzugeben und zu begründen; spätere Änderungen dieser vorläufigen Werte sind anzugeben und zu begründen (IAS 22.93; s. auch Rz. 889, Rz. 912)

Im Falle einer **Interessenzusammenführung** sind zusätzlich Art und Anzahl der getauschten Anteile zusammen mit dem Prozentsatz der Stimmrechte anzugeben, ferner die Buchwerte der jeweils eingebrachten Vermögenswerte und Schulden sowie die Umsatzerlöse, sonstigen betrieblichen Erträge, außerordentliche Posten und das Periodenergebnis der Unternehmen bis zum Tag des Zusammenschlusses, soweit diese Beträge in der konsolidierten Gewinn- und Verlustrechnung des zusammengeführten Unternehmens in der Berichtsperiode gezeigt werden (IAS 22.94).

Die vorstehenden Angaben – sofern bekannt und wirtschaftlich vertretbar – sind auch vorzunehmen bei Unternehmenszusammenschlüssen nach dem Bilanzstichtag. Bei Nichtangabe ist diese Tatsache anzugeben (IAS 22.96).

Schließlich sind die Auswirkungen, die sich durch **Erwerb** oder **Veräußerung** von **Tochterunternehmen** auf die Vermögens- und Finanzlage am Abschlussstichtag, auf den Erfolg der Berichtsperiode und auf die entsprechenden Werte der Vorperiode ergeben, anzugeben (IAS 27.32 b iv).

Zur Darstellung von Veränderungen des Konsolidierungskreises im Anlagespiegel Hinweis auf Rz. 447 und bei der Kapitalflussrechnung Rz. 1033. 824

825 Besondere Vorschriften für Angaben im Zusammenhang mit dem Erwerb von Anteilen an Gemeinschaftsunternehmen oder assoziierten Unternehmen bestehen nicht.

826 Jeder Konzernabschluss hat auch eine **Aufstellung des Anteilsbesitzes** zu enthalten. Die hierzu erforderlichen Angaben, die ausdrücklich nur auf wesentliche Unternehmen zu beziehen sind, sind in Tab. 32 zusammengestellt.

Tab. 32: Aufstellung des Anteilsbesitzes

Tochterunternehmen (IAS 27.32)	**Gemeinschafts-unternehmen (IAS 31.47)**	**assoziierte Unternehmen (IAS 28.27)**
Name	Name und Beschreibung	Name und Beschreibung
Sitzland		
Beteiligungsquote	Beteiligungsquote	Beteiligungsquote
Stimmrechtsquote, wenn von Beteiligungsquote abweichend		Stimmrechtsquote, wenn von Beteiligungsquote abweichend
Gründe für Nichtkonsolidierung		
Art der Beziehung, die zur Qualifikation als Tochterunternehmen bei Stimmrechtsquoten unter 50 % geführt hat (*)		
Umgekehrt zu (*) sind die *Namen* jener Unternehmen anzugeben, die keine Tochterunternehmen sind, obwohl die Stimmrechtsquote 50 % übersteigt.		

827 Die Angabepflichten zu Tochterunternehmen und assoziierten Unternehmen sollen im Rahmen des Improvement-Projekts erheblich ausgeweitet werden (vgl. ED IAS 27.32, ED IAS 28.27–28 B).

3. Aufstellung von Teilkonzernabschlüssen

828 IAS 27.7 sieht die Aufstellung von Teilkonzernabschlüssen nach dem **Tannenbaumprinzip** vor. Davon ausgenommen sind nach IAS 27.8 lediglich solche Mutterunternehmen, die

- entweder vollständig im Besitz eines übergeordneten Mutterunternehmens stehen oder
- nahezu vollständig im Besitz eines übergeordneten Mutterunternehmens stehen, wobei die Eigner der Minderheitenanteile dem Verzicht auf Aufstellung des Konzernabschlusses zugestimmt haben müssen.

Stellt ein solches von der Konzernrechnungslegungspflicht befreites Mutterunternehmen seinen Einzelabschluss nach IAS auf, so ist anzugeben, wie die Tochterunternehmen im Einzelabschluss abgebildet werden (hier kommt u. E. nur die Anwendung von IAS 27.29 f. in Betracht); ferner, warum kein Konzernabschluss aufgestellt worden ist. Außerdem sind Name und Sitz des den befreienden Konzernabschluss aufstellenden Mutterunternehmens anzugeben.

„Nahezu vollständig" soll nach IAS 27.10 angenommen werden, wenn dem Mutterunternehmen 90 % oder mehr der **Stimmrechte** (nicht: Anteile) zustehen. 829

Die Befreiung von der Aufstellungspflicht eines Teilkonzernabschlusses soll durch ED IAS 27.8 eingeschränkt werden. *Zusätzlich* zur bisherigen Bedingung (s. Rz. 828) soll eine Befreiung nur noch möglich sein, wenn das untergeordnete Mutterunternehmen keine handelbaren Wertpapiere emittiert oder zum Handel in einem öffentlichen Markt beantragt hat. Ferner hat – u. E. klarstellend – das den befreienden Konzernabschluss aufstellende Mutterunternehmen diesen nach IAS aufzustellen. 830

Einstweilen frei. 831–834

II. Ansatz und Bewertung im Konzernabschluss

Im Konzernabschluss sind die Informationen so darzustellen, als sei der Konzern ein rechtlich einheitliches, einziges Unternehmen (IAS 27.15). Damit folgen auch die IAS der **Fiktion der rechtlichen Einheit**, wie sie über Art. 26 Abs. 1 der 7. EU-Richtlinie in § 297 Abs. 3 S. 1 HGB zum Ausdruck kommt. Mit diesem Grundsatz wird das Weglassen aller Innenbeziehungen der in den Konzernabschluss einbezogenen Unternehmen begründet, also die Kapital-, Schulden- und Aufwands- und Ertragskonsolidierung sowie das Eliminieren aller Zwischengewinne und -verluste. Ferner ist für einbezogene Gesellschaften außerhalb des Euro-Raumes (wenn der Euro die Berichtswährung darstellt) eine Währungsumrechnung erforderlich. Damit aber der entstehende Konzernabschluss wirklich als Abschluss eines einzelnen Unternehmens gelesen werden kann, sind entsprechend der Fiktion der rechtlichen Einheit für alle Konzerngesellschaften einheitliche Bilanzierungs- und Bewertungsmethoden anzuwenden. Dies würde sich automatisch ergeben, würden für alle Unternehmen *weltweit einheitliche und wahlrechtsfreie Rechnungslegungsnormen* gelten – was (bislang) nicht der Fall ist. 835

Die Erläuterungen in den IAS sind an dieser Stelle sehr knapp gehalten: Es sind für ähnliche Geschäftsvorfälle und andere Ereignisse unter vergleichbaren Umständen einheitliche Bilanzierungs- und Bewertungsmethoden anzuwenden (IAS 27.21). 836

In den Konzernabschluss nach IAS einzubeziehende Unternehmen haben daher eine *Handelsbilanz II* nach IAS zu erstellen, soweit aufgrund nationalen Gesellschaftsrechts – wie es in Deutschland der Fall ist – die Aufstellung eines IAS-Einzelabschlusses noch nicht vorgesehen ist.

837 Bei der Erstellung der Handelsbilanz II als Grundlage der Konsolidierung ist es nicht ausreichend, die zahlreichen IAS-*Wahlrechte* nur aus der Perspektive des Einzelunternehmens stetig anzuwenden. Vielmehr ist die Perspektive zu wechseln und vergleichbare Sachverhalte sind konzernweit einheitlich abzubilden.

Beispiel:

Die Muttergesellschaft Holz AG, Warstein, verfügt weltweit über Tochterunternehmen, deren Geschäftszweck die Aufbereitung von unterschiedlichen Hölzern für die Möbelindustrie ist. Dabei wird jeweils dieselbe Lager- und Fertigungstechnik verwandt. In ihren Einzelabschlüssen bewerten einige der Tochtergesellschaften die fertigen und unfertigen Erzeugnisse nach der Durchschnittsmethode, andere nach der LIFO-Methode. Bei der Bewertung der betriebsnotwendigen Grundstücke wendet die Tochtergesellschaft in Malaysia die Neubewertungsmethode an, während alle anderen nach der Anschaffungskostenmethode bilanzieren. Mit einer kürzlich erworbenen Tochtergesellschaft, die nut wood plc, soll durch die Lieferung hochwertiger Walnusswurzelhölzer für die britische Automobilindustrie ein neues Geschäftsfeld erschlossen werden. Bislang werden die Walnusswurzelhölzer bei der nut wood plc nach der FIFO-Methode bewertet.

Die für die Möbelindustrie vorgesehenen Hölzer sind konzernweit grundsätzlich einheitlich zu bewerten, da sie mit denselben Verfahren gefertigt werden. Unabhängig von der jeweiligen Bewertung in den Einzelabschlüssen kommen für die Handelsbilanz II die Durchschnittsmethode, FIFO- und (derzeit noch, s. Rz. 472) die LIFO-Methode in Betracht. Unterschiedliche Bewertungsverfahren können jedoch dann sachlich gerechtfertigt sein (SIC-1.3; vgl. Rz. 472), wenn sich bei einer feineren Einteilung des Geschäftsfeldes die Hölzer innerhalb der Möbelindustrie noch nach Verwendungszwecken unterscheiden lassen. Dies ist sicher bei den Walnusswurzelhölzern gegeben, da sie gar nicht für die Möbelindustrie bestimmt sind. Folglich sind konzernweit die Hölzer für die Möbelindustrie auf der einen und die Hölzer für die Automobilindustrie auf der anderen Seite jeweils einheitlich zu bewerten.

Alle Grundstücke sind konzernweit einheitlich entweder nach der Anschaffungskostenmethode oder nach der Neubewertungsmethode zu bewerten, da es sich um dieselbe Gruppe von Anlagevermögen handelt (IAS 16.34, s. Rz. 336).

In einigen Fällen (s. auch SIC-18) lassen die IAS unterschiedliche Bilanzierungsmethoden für dieselbe Gruppe von Vermögenswerten oder Schulden zu, sofern die unterschiedlichen Bilanzierungsmethoden sachlich gerechtfertigt werden können – wie oben im Beispiel bei den Vorräten. Die Kriterien für sachliche Abgrenzungen können dabei sehr unterschiedlich sein.

Welche jeweiligen Wahlrechtsausübungen bei den einzelnen Bilanzpositionen möglich sind, ist in Kapitel C erörtert worden. Auf eine konzerneinheitliche Bilanzierung kann – neben dem Vorbehalt der Wesentlichkeit – nur dann verzichtet werden, wenn diese nicht praktikabel ist. Hierüber ist im Anhang zu berichten; auch ist der Anteil jedes Abschlusspostens, der abweichend bilanziert wurde, anzugeben (IAS 27.21). Die **Ausnahmevorschrift** ist sehr eng auszulegen.[26] Vorstellbar wäre, auf die konzerneinheitliche Bilanzierung bei neu erworbenen Auslands-Tochterunternehmen im Erstkonsolidierungsjahr dann zu verzichten, wenn aufgrund von Terminenge Schwierigkeiten in der Erstellung der Handelsbilanz II und bei Systemanpassungen bestehen.[27] Die Ausnahmevorschrift soll durch ED IAS 27.21 gestrichen werden. 838

Bei **assoziierten Unternehmen** wird generell eine einheitliche Bewertung nicht zu fordern sein, da wegen des nur maßgeblichen Einflusses die Daten häufig nicht zu erhalten sind. Wünschenswert sind nach IAS 28.20 sachgerechte Berichtigungen, also eher grobe Anpassungen. Sind auch diese nicht möglich, halten wir es gleichwohl nicht für erforderlich, den Equity-Ansatz von *solchen* assoziierten Unternehmen, die *nicht* konzerneinheitlich bewertet werden, gesondert und getrennt von den anderen assoziierten Unternehmen darzustellen. Ausreichend ist vielmehr, die Tatsache der Nicht-Anpassung als solche im Anhang anzugeben (IAS 28.20). Nach ED IAS 28.20 soll die Anpassung künftig zwingend sein. 839

Die grundsätzliche Verpflichtung zur konzerneinheitlichen Bilanzierung findet ihre Grenze in den **Beurteilungsspielräumen und Schätzmethoden**, von denen nicht verlangt werden kann, dass sie konzernweit gleich angewendet werden – wiewohl dies wünschenswert ist. So mag ein Konzern bestimmt haben, dass alle Fahrzeuge nach der Neubewertungsmethode zu bilanzieren sind (konzerneinheitliche Wahlrechtsausübung). Das Verfahren der Bestimmung des Neubewertungsbetrages – z. B. Berechnung eines fiktiven Wiederbeschaffungszeitwertes oder Beauftragung eines Gutachters (s. Rz. 346) – kann aber unter dem Gesichtspunkt der Zweckmäßigkeit bei den einzelnen Konzerngesellschaften unterschiedlich ausgeübt werden. 840

Einstweilen frei. 841–844

26 Vgl. *Baetge/Schulze* in Baetge u. a. (Hrsg.), Rechnungslegung nach IAS, 1997, IAS 27 Rz. 114.

27 So auch *Hoyos/Lechner* in Beck'scher Bilanz-Kommentar, 4. Aufl. 1999, § 308 HGB Rz. 70.

III. Währungsumrechnung

1. Übersicht und Wegweiser

845 Nach der Anpassung der Jahresabschlüsse an konzerneinheitliche Bilanzansatz- und Bewertungsvorschriften ist zur Aufstellung des Konzernabschlusses die **Umrechnung der Handelsbilanzen II** von Tochter- und Gemeinschaftsunternehmen sowie assoziierten Unternehmen[28] in die Berichtswährung erforderlich, wenn die jeweiligen Abschlüsse nicht in der Berichtswährung aufgestellt sind. Als Berichtswährung gilt regelmäßig die Währung im Sitzland des Mutterunternehmens; die Wahl einer anderen Währung ist zu begründen (IAS 21.43). IAS 21 sieht in Abhängigkeit des Integrationsgrades der einzubeziehenden Gesellschaft in den Konzern nach dem **Konzept der funktionalen Währung** die **Zeitbezugsmethode** oder die **Stichtagskursmethode** vor. In diesem Abschnitt werden die Grundlagen der Währungsumrechnung erläutert.

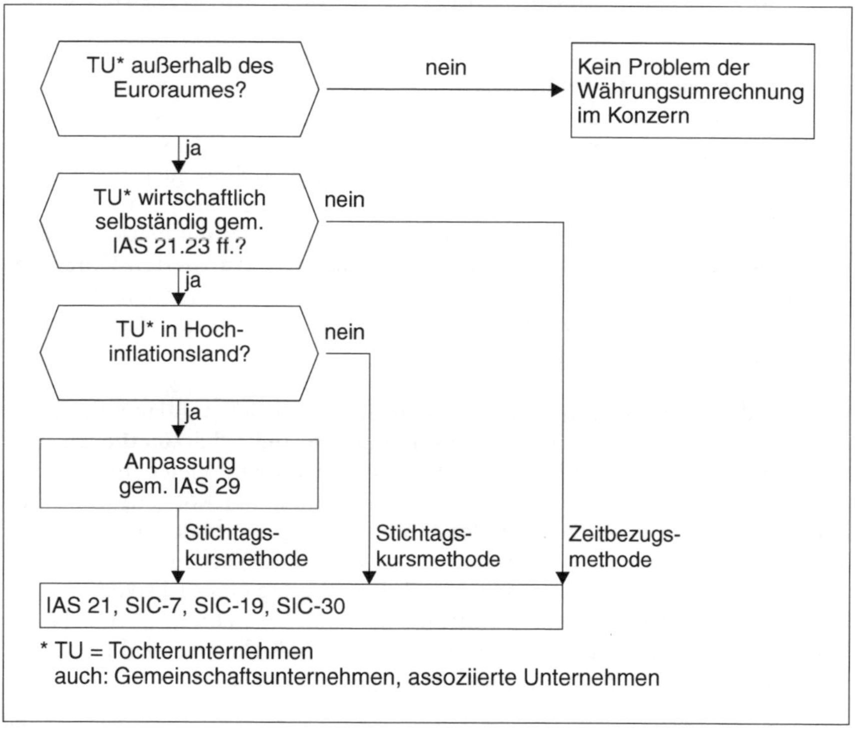

Abb. 41: Prüfschritte zur Anwendung von Standards zur Währungsumrechnung (Annahme: Konzern-Berichtswährung ist Euro)

28 Bei assoziierten Unternehmen ist auch die Umrechnung nur der Handelsbilanz I möglich, sofern auf konzerneinheitliche Bilanzierung verzichtet wird, s. Rz. 839.

Bevor die Jahresabschlüsse von *selbständig operierenden* Tochterunternehmen mit Sitz in einem *Hochinflationsland* umgerechnet werden, ist eine Indexierung des Abschlusses gem. IAS 29 erforderlich (IAS 21.36; s. *Abb. 41*). Bei Tochterunternehmen, die in den Konzern stark eingegliedert sind, ist eine solche Indexierung entbehrlich, da hier die Umrechnung nach der Zeitbezugsmethode ohnehin zu einer Bereinigung des Inflationseinflusses führt.[29] Zur Beurteilung, ob eine Hochinflation vorliegt, nennt IAS 29.3 eine Reihe von nicht abschließenden Kriterien, etwa, dass sich die kumulierte Preissteigerungsrate der letzten drei Jahre dem Wert 100 % nähert oder diesen schon überschritten hat. Wir gehen in den folgenden Ausführungen *nicht* auf Fragen der Umrechnung von Tochtergesellschaften mit Sitz in Ländern, in denen Hochinflation herrscht, ein; auf die Erläuterung von IAS 29 wird verzichtet.[30] 846

Für die Währungsumrechnung von Tochterunternehmen ist IAS 21 einschlägig. SIC-7 betrifft die Einführung des Euro und ist zwischenzeitlich nicht mehr von Interesse. SIC-19 und SIC-30 betreffen Fragen im Zusammenhang mit der Wahl einer Berichtswährung, die nicht die des Sitzlandes des Mutterunternehmens ist. 847

Im Rahmen des *Improvement Projects* wird IAS 21 vollständig überarbeitet. Es soll künftig *formal* nicht mehr zwischen relativ selbständig und unselbständig operierenden Tochterunternehmen unterschieden werden. Stattdessen bestimmt jedes Unternehmen seine **funktionale Währung**; das ist jene Währung, in der ein Unternehmen typischerweise seinen Zahlungsverkehr abwickelt (ED IAS 21.7–12). Fremdwährungsumrechnungen *in* die funktionale Währung werden, von genau umrissenen Ausnahmen abgesehen, erfolgswirksam nach ihrem Zeitbezug behandelt. Die entsprechenden Ausführungen finden sich in Rz. 250 ff. 848

Ist die funktionale Währung nicht die **Berichtswährung** (*presentation currency*), so ist von der funktionalen Währung in die Berichtswährung mit der modifizierten Stichtagskursmethode umzurechnen (ED IAS 21.36–47).

Wir haben auf die angedachten Neuerungen mit der Zitierweise „ED IAS 21" hingewiesen. Die Ausführungen zeigen, dass sich praxisrelevante Unterschiede zur bisherigen Vorgehensweise kaum ergeben werden.

29 Vgl. *Mujkanovic/Hehn*, WPg 1996, 605 (613).

30 S. zur Erläuterung *Busse von Colbe* in Baetge u. a. (Hrsg.), Rechnungslegung nach IAS, 2. Aufl. 2002, IAS 29.

2. Einteilung der Tochtergesellschaften

849 Das Konzept der funktionalen Währung[31] ist keine eigene Methode der Währungsumrechnung. Abhängig vom Integrationsgrad der ausländischen Tochtergesellschaft zum Mutterunternehmen ist vielmehr zwischen der **modifizierten Stichtagskursmethode** und der **Zeitbezugsmethode** zu unterscheiden. Jahresabschlüsse relativ selbständig operierender Tochtergesellschaften, die ihre Geschäfte hauptsächlich in der Landeswährung ihres Sitzlandes abwickeln (**foreign entity**), sollen nach der modifizierten Stichtagskursmethode umgerechnet werden. Bei relativ selbständig operierenden Tochtergesellschaften ist der Zahlungsverkehr zwischen Mutter- und Tochterunternehmen gering, und Änderungen der Währungsparitäten haben kaum Auswirkungen auf den Kapitalfluss und das Vermögen des Mutterunternehmens. Das Kursrisiko ist insoweit auf die ausländische Nettoinvestition, z. B. den ursprünglichen Kaufpreis, beschränkt.[32]

Eine andere Beurteilung erfahren Tochterunternehmen, die stark in den Konzern eingegliedert sind und gewissermaßen als *verlängerte Werkbank* des Mutterunternehmens fungieren (**foreign operation**). Sofern sich die Tochtergesellschaft wirtschaftlich kaum von einer ausländischen Betriebsstätte der Muttergesellschaft unterscheidet, ist die Zeitbezugsmethode heranzuziehen. Namentlich trifft dies häufig auf reine Vertriebsgesellschaften zu (IAS 21.24).

850 IAS 21.26 nennt Indizien, die eher auf das Vorliegen einer wirtschaftlich selbständigen ausländischen Teileinheit schließen lassen. Hier besteht durchaus **Beurteilungsspielraum**. Die folgende Tabelle nennt praxisorientiert die wichtigsten Indikatoren mit den entsprechenden Ausprägungen, die zur Stichtagskurs- oder Zeitbezugsmethode führen. Entscheidend ist jeweils das Gesamtbild der Verhältnisse.

31 Das Konzept ist auch in den USA durch SFAS Nr. 52 verbindlich vorgeschrieben; zu Einzelheiten vgl. *Pellens*, Internationale Rechnungslegung, 4. Aufl. 2001, S. 271–281 sowie *Niehus/Thyll*, Konzernabschluss nach US-GAAP, 2. Aufl. 2000, Rz. 634 ff.

32 Vgl. *Adler/Düring/Schmaltz*, Rechnungslegung und Prüfung der Unternehmen, 6. Aufl. 1996, § 298 HGB Rz. 40.

Tab. 33: Ausprägungen der Indikatoren zur Beurteilung der Tochtergesellschaften als integrierte oder wirtschaftlich selbständige Teileinheiten

Indikator bei TU	relativ selbständige Einheit: modifizierte Stichtagskursmethode	relativ integrierte Einheit: Zeitbezugsmethode
Veränderung Cash Flow	• keine direkte Wirkung auf Cashflow des Mutterunternehmens • hauptsächlich in Fremdwährung	• unmittelbare Wirkung auf Cashflow des Mutterunternehmens • Cashflow steht jederzeit zur Überweisung an das Mutterunternehmen zur Verfügung
Verkaufspreise	• kaum Reaktion auf Wechselkurs-Änderungen • werden durch örtlichen Wettbewerb bestimmt	• sofortige Reaktion auf Wechselkurs-Änderungen • werden durch Weltmarkt bestimmt
Absatzmarkt	• i. d. R. im Sitzland/Export außerhalb des Sitzlandes des Mutterunternehmens	• i. d. R. Land des Mutterunternehmens • Verkaufsverträge in der Währung des Mutterunternehmens
Aufwendungen	• i. d. R. aus dem Sitzland	• i. d. R. aus Land des Mutterunternehmens
Finanzierung	• i. d. R. im Sitzland • selbst erwirtschaftete Zahlungsmittel reichen zur Tilgung	• durch Mutterunternehmen • selbst erwirtschaftete Zahlungsmittel reichen nicht zur Tilgung
Konzerninterne Lieferungen und Leistungen	• gering	• hoch

Ist auch nach Analyse der Ausprägungen der angegebenen Indikatoren eine Zuordnung nicht möglich, empfiehlt es sich zu prüfen, ob generell die Geschäfte der Tochtergesellschaft weitgehend unabhängig von denen der Muttergesellschaft geführt werden, obwohl diese die Möglichkeit der Ausübung eines beherrschenden Einflusses auf die Tochtergesellschaft hat (IAS 21.26 a). Die Tochtergesellschaft wäre dann als selbständige Teileinheit zu qualifizieren und nach der modifizierten Stichtagskursmethode umzurechnen. Dieser letzte Prüfschritt nimmt insoweit die Funktion einer **Generalklausel** an.[33] In der Praxis zeigt sich, dass Tochterunternehmen häufig als selbständige Teileinheiten eingestuft werden. 851

Die vorbezeichneten Einteilungskriterien sollen künftig ersetzt werden von Kriterien zur Bestimmung der funktionalen Währung; das ist jene Währung, 852

33 Vgl. *Oechsle/Müller/Wildburger* in Baetge u. a. (Hrsg.), Rechnungslegung nach IAS, 1997, IAS 21 Rz. 45.

in der überwiegend der Zahlungsverkehr abgewickelt wird (ED IAS 21.7). Ein materieller Unterschied gegenüber der derzeitigen Regelung wird sich daraus kaum ergeben können.

Beispiel:

Die US-amerikanische Tochtergesellschaft eines deutschen Mutterunternehmens produziert und vertreibt ihre Produkte in den USA. Aus Sicht der deutschen Mutter handelt es sich um eine relativ selbständige Einheit (*foreign entity*), deren Abschluss nach der modifizierten Stichtagskursmethode umzurechnen ist.

Nach ED IAS 21 muss das Tochterunternehmen zunächst seine funktionale Währung bestimmen; das ist nach den Kriterien in ED IAS 21.7–9 der US-Dollar. Der auf dieser Grundlage erstellte Einzelabschluss des Tochterunternehmens (Handelsbilanz II) ist auch nach den vorgesehenen neuen Normen nach der modifizierten Stichtagskursmethode umzurechnen (ED IAS 21.37).

Sollte andererseits eine US-amerikanische Tochtergesellschaft eines deutschen Mutterunternehmens bislang als *foreign operation* qualifiziert worden sein, so ist der Abschluss derzeit nach der Zeitbezugsmethode umzurechnen. Künftig ist auch für dieses Unternehmen die funktionale Währung zu bestimmen; das ist nach den vorgesehenen neuen Normen die funktionale Währung des Mutterunternehmens, also z. B. der Euro.[34] Da insoweit unterstellt wird, dass das Tochterunternehmen seine wesentlichen finanziellen Transaktionen in Euro abwickelt, wäre es auch konsequent, wenn es das Berichtswesen und die Buchhaltung in Euro führte. Eine Umrechnung würde dann nur noch von Fremdwährungstransaktionen auf der Ebene des Einzelabschlusses des Tochterunternehmens in den Euro stattfinden, und zwar nach den in Rz. 250 ff. erläuterten Verfahren. Sollte demgegenüber dieses Tochterunternehmen seine Buchhaltung und Abschlusserstellung in US-Dollar führen, dann ist zunächst in die funktionale Währung – das ist der Euro – mit Hilfe der Zeitbezugsmethode umzurechnen (ED IAS 21.18 ff.). Insoweit werden sich durch ED IAS 21 an dieser Stelle keine materiellen Konsequenzen ergeben.

3. Modifizierte Stichtagskursmethode

853 Die modifizierte Stichtagskursmethode führt zu einer linearen Transformation der Bilanzrelationen der Tochterunternehmen in die Berichtswährung. Daher ist sie nur auf solche Tochterunternehmen anzuwenden, die wirtschaftlich selbständig – im Hinblick auf das Mutterunternehmen – agieren. Folgerichtig werden Umrechnungsdifferenzen erfolgsneutral behandelt.

34 Vgl. ED IAS 21, Appendix, Basis for Conclusions, A5.

Nach IAS 21.30 werden alle Bilanzposten – mit Ausnahme des Eigenkapitals – zum Stichtagskurs und alle Aufwands- und Ertragspositionen zum jeweiligen Transaktionskurs oder, vereinfachend, zu Wochen-, Monats-, Quartals- oder Jahresdurchschnittskursen (DK) umgerechnet; die Zeiteinheit ist hierbei umso kürzer zu wählen, je stärker die Wechselkursschwankungen sind.[35] Eigenkapitalbestandteile werden mit den Kursen zu den Zeitpunkten ihres jeweiligen Entstehens, also zu historischen Kursen (HK), umgerechnet. Sämtliche **Umrechnungsdifferenzen** werden **erfolgsneutral** innerhalb des Eigenkapitals erfasst und gesondert ausgewiesen (IAS 21.32). Damit ergibt sich für die Summe des Eigenkapitals inklusive der Umrechnungsdifferenzen ein Wert, der einer Umrechnung des Eigenkapitals zum Stichtagskurs entspricht. 854

Beispiel:

Im folgenden Beispiel ist der an einheitliche Bilanzansatz- und Bewertungsmethoden angepasste Jahresabschluss eines Tochterunternehmens zum 31.12.2002 nach der modifizierten Stichtagskursmethode umzurechnen. Folgende Daten sind bekannt:

- Alle Anteile am Tochterunternehmen sind zum 1.1.2002 zum Preis von 300 Euro erworben worden.
- Das Eigenkapital betrug zum Erwerbszeitpunkt 100 LW (LW = Landeswährung).
- Zum Erwerbszeitpunkt betrug der Kurs 1 LW = 3 Euro.
- Etwa in der Mitte des Jahres ist der Euro auf 1 LW = 2 Euro aufgewertet worden; seither ist der Kurs unverändert. Der Jahresdurchschnittskurs beträgt 1 LW = 2,4 Euro.

35 So im Ergebnis auch *Oechsle/Müller/Wildburger* in Baetge u. a. (Hrsg.), Rechnungslegung nach IAS, 1997, IAS 21, Rz. 65.

Tab. 34: Umrechnung der Bilanz nach der modifizierten Stichtagskursmethode

	Handelsbilanz II in LW		Umrechnung	Handelsbilanz II in Euro	
Aktiva					
Anlagevermögen	200		2	400	
Vorräte	75		2	150	
Bank	50		2	100	
Passiva					
Gezeichnetes Kapital/Rücklagen		100	3		300
Differenz aus Währungsumrechnung					- 106
Jahresüberschuss		15			36
langfristige Verbindlichkeiten		120	2		240
kurzfristige Verbindlichkeiten		90	2		180
Summe	325	325		650	650

Tab. 35: Umrechnung der Gewinn- und Verlustrechnung nach der modifizierten Stichtagskursmethode

	LW		Umrechn.	Euro	
Umsatzerlöse		500	2,4		1200
Materialaufwand	240		2,4	576	
Abschreibungen	20		2,4	48	
diverser Aufwand	**225**		2,4	**540**	
		485			**1164**
Jahresüberschuss		15			36

Abstimmung der Umrechnungsdifferenz:

Währungsverlust am Anfangsvermögen: 100 LW ×(2 Euro/LW – 3 Euro/LW) =	– 100 Euro
Währungsverlust am Jahresüberschuss: 15 LW × (2 Euro/LW – 2,4 Euro/LW) =	– 6 Euro
Summe:	– 106 Euro

855 Auf die **Abstimmung der Umrechnungsdifferenz** sollte im Interesse eines Einblicks in die Herkunft der Differenz nicht verzichtet werden. Werden jedoch im Jahresverlauf schwankende Kurse für die Umrechnung der Gewinn- und Verlustrechnung zugrunde gelegt, gestaltet sich die Abstimmung

der Differenz schwieriger, weil ein eindeutiger Vergleich des zum Tageskurs umgerechneten Jahresergebnisses mit unterschiedlichen Kursen ungewichtet keinen Sinn ergibt. In diesem Fall ermittelt sich die Differenz am Jahresergebnis durch Vergleich des mit dem Stichtagskurs umgerechneten Jahresergebnisses mit dem Ergebnis aus den zu unterschiedlichen Kursen umgerechneten Aufwendungen und Erträgen (im Beispiel: 15 LW×2 Euro/LW – 36 Euro = – 6 Euro).

Die erfolgsneutrale Behandlung auch der sich bei Umrechung der Gewinn- und Verlustrechnung ergebenden Differenz ist – wenngleich häufig als betriebswirtschaftlich unbefriedigend angesehen[36] – nach IAS 21.32 zwingend.[37]

Da die Umrechnungsdifferenzen erfolgsneutral entstehen, ist auch die entsprechende jeweilige latente Steuerabgrenzung erfolgsneutral vorzunehmen. 856
Im Einzelfall ist jedoch jeweils zu prüfen, ob bei in Betracht kommenden aktiven Steuerlatenzen – wie hier im Beispiel hinsichtlich des Währungsverlustes – die Ansatzvoraussetzungen erfüllt sind (vgl. hierzu Rz. 762).

Die aufgelaufenen und erfolgsneutral im Eigenkapital erfassten Umrechnungsdifferenzen sind beim Abgang des Tochterunternehmens *erfolgswirksam* aufzulösen (IAS 21.37). Dies gilt auch für abgegrenzte latente Steuern. 857

Die Neufassung des ED IAS 21 führt bei der modifizierten Stichtagskursmethode nicht zu grundsätzlichen Änderungen (ED IAS 21.37). Zur Frage der Umrechnung von Auf- und Abstockungsbeträgen der Vermögenswerte und Schulden und der Umrechnung des Goodwills im Zusammenhang mit der Kapitalkonsolidierung s. aber Rz. 910. 858

4. Zeitbezugsmethode

Der Zeitbezugsmethode liegt die Vorstellung zugrunde, dass alle Geschäftsvorfälle des Tochterunternehmens von vornherein in der Konzernwährung gebucht worden wären (IAS 21.27 ff.). Daher ist die Methode auch nur auf solche Tochterunternehmen anzuwenden, die wirtschaftlich stark im Mutterunternehmen integriert sind. Folgerichtig ist auch, dass Währungsumrechnungsdifferenzen erfolgswirksam erfasst werden. 859

In der **Bilanz** ist daher zum Zeitpunkt der Anschaffung eines Vermögenswertes der zu diesem Zeitpunkt gültige Kurs heranzuziehen. Fertige oder unfertige Erzeugnisse werden zu Kursen umgerechnet, zu denen auch die zugrunde liegenden Aufwendungen umgerechnet werden. Wird für bestimmte Sachanlagen und immaterielle Vermögenswerte des Anlagevermögens die 860

36 So *Mujkanovic/Hehn*, WPg 1996, 605 (610) mit Nachweisen der älteren deutschen Literatur, die eine Umrechnung des Jahresergebnisses zum Stichtagskurs und damit die erfolgswirksame Behandlung eines Teils der Umrechnungsdifferenz bevorzugt.

37 Vgl. auch WP-Handbuch 2000, 12. Aufl. 2000, Abschn. M Rz. 267.

Neubewertungsmethode angewandt und werden Finanzinstrumente mit dem fair value bewertet, ist jeweils der Kurs zum Zeitpunkt der (letzten) Neubewertung bzw. Feststellung des fair values relevant. Erfolgt beim Anlagevermögen gem. IAS 36 oder bei bestimmten Finanzinstrumenten gem. IAS 39 eine Abwertung auf den niedrigeren erzielbaren Betrag oder bei Vorräten auf den Nettoveräußerungswert, ist der Kurs zum Zeitpunkt der Ermittlung dieses Wertes maßgeblich; das ist in der Regel der Stichtagskurs. Monetäre Posten – das sind z. B. liquide Mittel, Forderungen, Verbindlichkeiten und Rückstellungen – werden zum Stichtagskurs umgerechnet. Für das Eigenkapital gilt wie bei der modifizierten Stichtagskursmethode der Kurs zum Zeitpunkt der Entstehung der jeweiligen Eigenkapitalposition.

861 Aus der Sicht des Bilanzstichtages werden somit Stichtagskurse sowie unterschiedliche historische Kurse verwendet. IAS 21.29 lässt für die historischen Kurse als Vereinfachung die Verwendung von Wochen- oder Monatskursen zu, wenn die Wechselkurse nicht stark schwanken. Angesichts der Komplexität der Zeitbezugsmethode ist dies eine geradezu notwendige Vereinfachung und immer dann angezeigt, wenn Verzerrungen durch die Verwendung von Durchschnittskursen nicht als wesentlich eingestuft werden müssen, wobei, da die Vereinfachung ausdrücklich genannt ist, die Wesentlichkeitsgrenze weiter gezogen werden kann als sonst.

In der **Gewinn- und Verlustrechnung** werden Wertänderungen von Vermögenswerten (Abschreibungen, Materialaufwand) zu den gleichen Kursen wie die zugrunde liegenden Vermögenswerte umgerechnet. Die übrigen Aufwendungen und Erträge werden mit dem Kurs zum Zeitpunkt des Entstehens der Aufwendungen und Erträge oder vereinfachend mit Durchschnittskursen umgerechnet. Der Jahresüberschuss ergibt sich aus der Differenz der umgerechneten Aufwendungen und Erträge.

862 Die Beachtung dieser Regelungen führt noch nicht zwingend zu einer Darstellung der Geschäftsvorfälle in einer Höhe, die erreicht worden wäre, wenn sie unmittelbar in der Berichtswährung gebucht worden wären. Daher ist die Zeitbezugsmethode noch um eine Bewertungskomponente zu erweitern, die im deutschen Sprachgebrauch unter dem Namen **Äquivalenzprinzip** bekannt geworden ist[38]: Geltende Bewertungsgrundsätze sollen äquivalent auf die Währungsumrechnung ausgedehnt werden. Dies ist auch nach IAS 21.28 vorgesehen, jedoch beschränkt auf die Bewertung von Vorräten und von Vermögenswerten, für die grundsätzlich ein Impairment-Test in Betracht kommt.

Sind beispielsweise Anschaffungswert und erzielbarer Betrag eines Vermögenswertes (oder einer cash generating unit) in Landeswährung in etwa gleich und wird der Anschaffungswert (AW) zum historischen Kurs umge-

38 Erstmals *Busse von Colbe* in The Finnish Journal of Business Economics, 1972, S. 306; ausführlich auch *Busse von Colbe/Ordelheide*, Konzernabschlüsse, 6. Aufl. 1993, S. 146–161.

rechnet, so kann der erzielbare Betrag am Bilanzstichtag, der zum Stichtagskurs umzurechnen ist, im Fall einer **Euro-Aufwertung** unter dem zum historischen Kurs umgerechneten Anschaffungswert liegen.

Um für diesen Fall die Einhaltung der **äquivalenten Bewertungsprinzipien** im umgerechneten Jahresabschluss zu gewährleisten, ist die Umrechnung auf der Aktivseite durch den Niederstwerttest

Niederstwert = min {AW×historischer Kurs; Nettoveräußerungswert (*net realisable value* gem. IAS 2.6) bzw. erzielbarer Betrag (*recoverable amount* gem. IAS 36.5) × Stichtagskurs}

zu erweitern, es ist also der niedere der beiden Werte anzusetzen. Ist bereits im zugrunde gelegten Abschluss in Landeswährung eine Abschreibung etwa auf den erzielbaren Betrag vorgenommen worden, so kann bei einer **Euro-Abwertung** die Umrechnung zum Stichtagskurs zu einem höheren Bilanzansatz führen. In diesem Falle wäre der ursprüngliche Anschaffungswert zum historischen Kurs umzurechnen, mithin die Abschreibung wieder zurückzudrehen (IAS 21.28; ED IAS 21.23).

Beispiel (Abwandlung zu Rz. 854): 863

Das folgende Beispiel zeigt die Effekte einer Umrechnung nach der Zeitbezugsmethode. Hierzu sind – schon bei diesem vergleichsweise einfachen Fall – umfangreiche Daten zu erheben und vorzuhalten, was in der Praxis regelmäßig so nicht möglich ist. Daher dient das Beispiel nur zur Erläuterung der Funktionsweise und nicht als Vorlage für die Praxis. Auf notwendige Vereinfachungen weisen wir am Ende hin.

Zu den Ausgangsdaten (s. Rz. 854) sind noch folgende zusätzliche Angaben zu beachten:

- Der erzielbare Betrag des in der Menge unveränderten Anlagevermögens beträgt 350 LW.
- Der Nettoveräußerungswert des gegenüber dem Vorjahr um 35 LW erhöhten Vorratsvermögens, das nach der LIFO-Methode bilanziert wird, beträgt 90 LW.
- Zum 31.12.2001 betrugen die kurzfristigen Verbindlichkeiten 40 LW; diese wurden im September 2002 getilgt.
- Das Geldvermögen sowie die kurzfristigen Verbindlichkeiten sind in der zweiten Jahreshälfte 2002 entstanden.
- Langfristige Verbindlichkeiten haben sich in 2002 nicht verändert.

Tab. 36: Umrechnung der Bilanz nach der Zeitbezugsmethode

	Handelsbilanz II in LW		Umrechnung	Handelsbilanz II in Euro	
Aktiva					
Anlagevermögen	200		min {200 × 3; 350 × 2}	600	
Vorräte	75		min {40 × 3 + 35 × 3; 90 × 2}	180	
Bank	50		2	100	
Passiva					
Gezeichnetes Kapital/Rücklagen		100	3		300
Jahresüberschuss		15			160
langfristige Verbindlichkeiten		120	2		240
kurzfristige Verbindlichkeiten		90	2		180
Summe	325	325		880	880

Tab. 37: Umrechnung der Gewinn- und Verlustrechnung nach der Zeitbezugsmethode

	LW		Umrechnung	Euro	
Umsatzerlöse		500	2,4		1 200
sonstige Erträge			Abgang kurzfristige Verbindlichkeiten 40 × (3 – 2)		40
			Währungsdifferenz langfristige Verbindlichkeiten 120 × (3 – 2)		**120**
Materialaufwand	240		× 2,4 + 45 Abschreibung Vorräte	621	
Abschreibungen	20		3	60	
diverse Aufwendungen	**225**		2,4	**540**	
		485			**1 221**
Saldo Aufwendungen ⁒ Erträge		15			139
GuV-Umrechnungsertrag					21
Jahresüberschuss		15			160

Im vorliegenden Beispiel wird im Anlagevermögen und bei den Vorräten ein Niederstwerttest vorgenommen. Dabei stellt sich im Anlagevermögen heraus, dass der Buchwert – die fortgeführten Anschaffungs- und Herstellungskosten von 200 LW –, multipliziert mit dem historischen Kurs zum niedrigeren Wertansatz führt. Die Abschreibungen sind dann ebenfalls mit dem historischen Kurs umzurechnen.

Aufgrund der LIFO-Bewertung des gegenüber dem Vorjahr erhöhten Vorratsvermögens müssen die 40 LW aus dem Vorjahr zum historischen Kurs und der Zugang des laufenden Jahres zum Zugangskurs umgerechnet werden. Bei der LIFO-Methode kann angenommen werden, dass die Zugänge noch vor der Änderung der Paritäten erfolgt sind. Daher sind die Zugänge zum historischen Kurs umzurechnen. Das ergibt einen Wert von 225 Euro, der um 45 Euro über dem Wert liegt, der aus der Umrechnung des Tageswertes mit dem Stichtagskurs resultiert. Aufgrund des Niederstwerttests werden daher 180 Euro angesetzt. Die 45 Euro Wertminderung ist in der Gewinn- und Verlustrechnung im Materialaufwand erfasst.

Die langfristigen Verbindlichkeiten werden mit dem Stichtagskurs umgerechnet. Zur Ablösung der Verbindlichkeiten müssen aber nicht mehr – wie im Vorjahr angenommen – umgerechnet 360 Euro, sondern aus aktueller Perspektive nur noch 240 Euro aufgebracht werden. Der sich hieraus ergebende (unrealisierte) Erfolg von 120 Euro ist gem. IAS 21.15 in der Gewinn- und Verlustrechnung als Ertrag zu erfassen.

Die kurzfristigen Verbindlichkeiten von 40 LW waren im Vorjahresabschluss zum historischen Kurs umgerechnet und zu 120 Euro angesetzt worden. Bei der Tilgung im September 2002 wurden wegen der Wechselkursentwicklung jedoch umgerechnet nur 80 Euro benötigt. Dies ergibt einen (realisierten) sonstigen Ertrag in Höhe von 40 Euro, der ebenfalls gem. IAS 21.15 in der Gewinn- und Verlustrechnung zu erfassen ist.

In der Gewinn- und Verlustrechnung sind Bilanzposten-korrespondierende Aufwendungen und Erträge wie die zugehörigen Bilanzposten umzurechnen. Im Beispiel betrifft dies die Abschreibungen, für die ein Kurs von 3 Euro angesetzt werden muss. Die übrigen Aufwendungen und Erträge sind zu Transaktionskursen umzurechnen. Hierfür wurde vereinfachend der Jahresdurchschnittskurs verwendet.

Als Ergebnis ergibt sich in der Bilanz eine Differenz für den Jahresüberschuss von insgesamt 160 Euro, die im vorliegenden Beispiel erfolgswirksam behandelt worden ist. Die Differenz setzt sich zusammen aus

(1) einer Bewertungsdifferenz (bilanzielle Umrechnungsdifferenz) von 115 Euro,

(2) dem Saldo der zum Durchschnittskurs umgerechneten Aufwendungen und Erträge *ohne* erfolgswirksame Berücksichtigung der bilanziellen Umrechnungsdifferenz von 24 Euro (= Jahresüberschuss) und

(3) einer Umrechnungsdifferenz in der Gewinn- und Verlustrechnung von 21 Euro, die sich aus einem Vergleich der zu Durchschnittskursen umgerechneten Aufwendungen und Erträge mit einer Umrechnung zum historischen Kurs ergibt, jeweils *ohne* erfolgswirksame Berücksichtigung der bilanziellen Umrechnungsdifferenz.

Die Differenz zu (1) ist nach IAS 21.15 zwingend erfolgswirksam zu behandeln. Nicht ausdrücklich geregelt ist die Erfassung der Differenz zu (3); da aber nach dem Kontext von IAS 21 die Zeitbezugsmethode als erfolgswirksame Umrechnungsmethode zu bezeichnen ist, wäre die erfolgsneutrale Behandlung der Umrechnungsdifferenz zu (3) inkonsistent.[39]

Um sich die Herkunft der Differenzen klar zu machen, empfiehlt sich deren Abstimmung. Die Abstimmung der bilanziellen Umrechnungsdifferenz zeigt Tab. 38 und die der GuV-Differenz Tab. 39:

Tab. 38: Abstimmung der bilanziellen Umrechnungsdifferenz

Währungsgewinne:	
langfristige Verbindlichkeiten	+ 120 Euro
kurzfristige Verbindlichkeiten	+ 40 Euro
Währungsverluste:	
Abschreibung auf Vorräte	– 45 Euro
Bilanzielle Umrechnungsdifferenz	**+ 115 Euro**

Tab. 39: Abstimmung der GuV-Differenz

(1)	(2)	(3)	(4)
	Zu Stichtagskursen umgerechnete Aufwendungen und Erträge ohne bilanzielle Umrechnungsdifferenz	Zu Durchschnittskursen umgerechnete Aufwendungen und Erträge ohne bilanzielle Umrechnungsdifferenz	Zu historischen Kursen umgerechnete Aufwendungen und Erträge ohne bilanzielle Umrechnungsdifferenz
Umsatzerlöse	1 000	1 200	1 500
Materialaufwand	– 480	– 576	– 720
diverse Aufwendungen	– 450	– 540	– 675
Zwischensumme	**70**	**84**	**105**
Abschreibungen (HK)	– 60	– 60	– 60
Ergebnis	**10**	**24**	**45**
noch nicht erfasste GuV-Differenz		**21**	

Wäre die bilanzielle Umrechnungsdifferenz nicht erfolgswirksam behandelt worden, ergäbe sich – s. Spalte 3 – nur ein Saldo der umgerechneten Aufwen-

39 *Oechsle/Müller/Wildburger* in Baetge u. a. (Hrsg.), Rechnungslegung nach IAS, 1997, IAS 21 Rz. 59 sprechen von einer Pflicht der erfolgswirksamen Behandlung.

dungen und Erträge von 24 Euro (= 139 Euro mit bilanzieller Umrechnungsdifferenz ./. 115 bilanzielle Umrechnungsdifferenz). Aus der Gegenüberstellung der Spalte 3 mit einer Umrechnung zum Stichtagskurs (Spalte 2) ergibt sich, dass die auftretende Differenz von 14 bereits im Jahresergebnis erfasst ist. Das gilt jedoch nicht bei dem Vergleich mit einer Umrechnung zu historischen Kursen (Spalte 4), so dass die Differenz von 21 Euro als Umrechnungsdifferenz der GuV noch – erfolgswirksam – zu erfassen ist.

Das Beispiel zeigt bereits, dass die Umrechnung nach der Zeitbezugsmethode in Verbindung mit dem Niederstwerttest sehr datenaufwändig und arbeitsintensiv ist. Vereinfachungen sind daher in der Praxis geradezu notwendig: 864

- Vorräte, die nach der Durchschnittsmethode, der FIFO-Fiktion oder ohnehin mit dem Nettoveräußerungswert bewertet werden, können zum Stichtagskurs umgerechnet werden. Dies gilt auch für jedenfalls unwesentliche Bestände an Vorräten, die nach der LIFO-Fiktion bewertet werden.[40]
- Der Niederstwerttest im Sachanlagevermögen ist nur bei sehr wesentlichen Anlagen erforderlich.[41]
- In der Praxis unterbleibt häufig die gesonderte erfolgswirksame Erfassung (unrealisierter) Gewinne und Verluste aus zum Stichtagskurs umgerechneten finanziellen Vermögenswerten oder Schulden. Für eine solche Erfassung wäre – wie im Beispiel gezeigt – der jeweilige Entstehungszeitpunkt solcher Positionen auch für die Umrechnung festzuhalten. In der Umsetzung würde dies wie eine zweite Konzernbuchführung in Berichtswährung wirken.

In dem Entwurf einer Neufassung des IAS 21 wird die Zeitbezugsmethode als eigenständige Methode zur Umrechnung von Abschlüssen nicht mehr erwähnt. Die Verfahrensweise kommt aber zur Anwendung bei der Umrechnung von Fremdwährungspositionen im Einzelabschluss (s. Rz. 250 ff.). Diese Vorschriften werden künftig jene Tochterunternehmen anzuwenden haben, deren funktionale Währung die Berichtswährung des Mutterunternehmens ist, die aber gleichwohl ihre originäre Rechnungslegung noch in Fremdwährung führen. In diesem Fall ist die Umrechnung des originären Fremdwährungsabschlusses in die funktionale Währung mit Hilfe der Zeitbezugsmethode unverändert erforderlich. 865

40 Vgl. *Adler/Düring/Schmaltz*, Rechnungslegung und Prüfung der Unternehmen, 6. Aufl. 1996, § 298 HGB, Rz. 31. Ohne Einschränkung halten *Oechsle/Müller/Wildburger* in Baetge u. a. (Hrsg.), Rechnungslegung nach IAS, 1997, IAS 21 Rz. 52 eine Umrechnung der Vorräte zum Stichtagskurs für zulässig.

41 Vgl. *Busse von Colbe/Ordelheide*, Konzernabschlüsse, 6. Aufl. 1993, S. 150.

5. Stetigkeit und Methodenwechsel

866 Eine einmal vorgenommene Einteilung eines Tochterunternehmens ist so lange stetig beizubehalten, wie sich an den Ausprägungen der Einordnungskriterien nichts ändert. Die IAS geben aber keine Zeiträume oder Abstände vor, nach denen die Einordnung überprüft werden solle. Eine strategische Neuausrichtung des Konzerns kann z. B. Anlass sein, die Zuordnung von Tochtergesellschaften als selbständige oder in den Konzern eingegliederte Einheiten zu überprüfen.

867 Stellt sich eine *veränderte Zuordnung* als notwendig heraus, ist ein Methodenwechsel bei der Währungsumrechnung ab dem Zeitpunkt der veränderten Zuordnung vorzunehmen (IAS 21.39). Eine rückwirkende Anpassung kommt nicht in Betracht.

Erfolgt der **Wechsel von der Stichtagskurs- zur Zeitbezugsmethode**, gelten die zum Wechselzeitpunkt vorliegenden Kurse als historische Kurse für die nichtmonetären Bilanzposten. In der Regel liegt aus früheren Perioden eine im Eigenkapital ausgewiesene Währungsumrechnungsdifferenz vor, die unverändert vorgetragen wird. Erst beim *Abgang* der wirtschaftlich selbständigen Teileinheit werden diese Währungsdifferenzen erfolgswirksam ausgebucht (IAS 21.40 i. V. m. IAS 21.37).

Erfolgt umgekehrt der **Wechsel von der Zeitbezugs- zur Stichtagskursmethode**, liegt zum Zeitpunkt der Umstellung eine gesondert ausgewiesene Umrechnungsdifferenz nicht vor. Insoweit ergeben sich keine Besonderheiten.

868 In dem vorliegenden Entwurf der Neufassung von IAS 21 entspricht ein Methodenwechsel einer Änderung der funktionalen Währung (ED IAS 21.33–35). Änderungen in der Verfahrensweise ergeben sich dadurch nicht.

6. Angaben

869 Die nach IAS 21.42 ff. erforderlichen Angaben betreffen grundsätzlich sowohl die Umrechnung von Tochterunternehmen in die Berichtswährung des Konzernabschlusses als auch die Umrechnung von Fremdwährungspositionen in den Einzelabschlüssen (s. hierzu bereits Rz. 257). IAS 21.42 a fordert die Angabe des Betrages der erfolgswirksam behandelten Umrechnungsdifferenzen. Solche Differenzen können entstehen

- bei Umrechnung von Fremdwährungspositionen im Einzelabschluss,
- bei Anwendung der Zeitbezugsmethode und
- bei Abgang von Unternehmen aus dem Konsolidierungskreis, die zuvor nach der Stichtagskursmethode umgerechnet worden sind.

Eine Aufteilung nach diesen drei Entstehungsgründen ist nicht erforderlich. Ausreichend ist ferner die Angabe in einem Betrag, d. h. eine Saldierung der

Aufwendungen und Erträge ist im Hinblick auf die Angabepflicht zulässig. Da aber solche Umrechnungsdifferenzen typischerweise innerhalb der sonstigen betrieblichen Aufwendungen bzw. Erträge ausgewiesen werden, empfiehlt sich bei einer Aufgliederung dieser beiden Positionen im Anhang die Angabe der jeweiligen Umrechnungsdifferenzen.[42]

Ferner ist nach IAS 21.42 b der Saldo erfolgsneutral behandelter Umrechnungsdifferenzen mit einer Periodenüberleitung anzugeben. Solche Differenzen treten bei einer Umrechnung von Tochterunternehmen nach der modifizierten Stichtagskursmethode auf. Die Angaben sind Bestandteil der **Eigenkapitalveränderungsrechnung** (s. Rz. 1007). 870

Ausdrücklich beschränkt auf *wesentliche* ausländische Geschäftsbetriebe sind Angaben gem. IAS 21.44 bei einem Wechsel in der Klassifizierung erforderlich.

Für die Umrechnung des *Goodwills* sowie der Auf- und Abstockungsbeträge bei Verwendung der modifizierten Stichtagskursmethode ist die gewählte Methode im Erwerbsjahr und auch in den Folgejahren gem. IAS 21.45 anzugeben (zu einem Beispiel s. Rz. 910).

Wesentliche Auswirkungen von Wechselkursänderungen auf monetäre Posten in fremder Währung oder auf Abschlüsse ausländischer Geschäftsbetriebe nach dem Bilanzstichtag sind anzugeben (IAS 21.46).

Beispiel Schering AG, Geschäftsbericht 2001, S. 92:

„Die Umrechnung der Jahresabschlüsse der Gesellschaften außerhalb der Europäischen Währungsunion erfolgt nach dem Konzept der funktionalen Währung. Die funktionale Währung dieser Gesellschaften ist die jeweilige Landeswährung, da diese Gesellschaften ihr Geschäft in finanzieller, wirtschaftlicher und organisatorischer Hinsicht selbständig betreiben. Sowohl die Vermögensgegenstände und Schulden dieser Gesellschaften als auch das anteilige Eigenkapital der Assoziierten Unternehmen werden daher mit dem Mittelkurs am Bilanzstichtag umgerechnet. Die Aufwendungen und Erträge werden zum Jahresdurchschnittskurs umgerechnet. Geschäftswerte und Zeitwertanpassungen von Vermögensgegenständen und Schulden im Zusammenhang mit Akquisitionen von Unternehmen außerhalb der Europäischen Währungsunion werden als Vermögensgegenstände und Schulden der erworbenen Gesellschaft betrachtet und entsprechend mit dem Mittelkurs am Bilanzstichtag umgerechnet. Kursdifferenzen werden ergebnisneutral im Erwirtschafteten Eigenkapital erfasst."

---

42 So verfährt z. B. RWE, vgl. Geschäftsbericht 2001, S. 96.

871 Die künftig vorgesehenen Angabepflichten in ED IAS 21.49–55 unterscheiden sich nicht wesentlich von den bisherigen Angabepflichten. Da das Wahlrecht der Zuordnung des Goodwills und der Auf- und Abstockungsbeträge im Zusammenhang mit der Kapitalkonsolidierung entfällt (s. Rz. 910), ist eine entsprechende Angabe hierüber künftig nicht mehr vorgesehen.

872–879 Einstweilen frei.

IV. Kapitalkonsolidierung

1. Übersicht und Wegweiser

880 Bei einem Unternehmenszusammenschluss, der als **Unternehmenserwerb** qualifiziert wird, ist nach IAS zwingend die **Purchase-Methode** (Erwerbsmethode) anzuwenden. Als Benchmark-Methode ist hier die sog. **beteiligungsproportionale Neubewertung** vorgesehen (IAS 22.32), die mit der Buchwertmethode nach § 301 Abs. 1 Nr. 1 HGB vergleichbar ist. Ferner kommt – derzeit nur als *allowed alternative treatment* – die **vollständige Neubewertung** in Betracht (IAS 22.34), die sich wiederum mit der Neubewertungsmethode nach § 301 Abs. 1 Nr. 2 HGB vergleichen lässt. Der wichtigste Unterschied im Rahmen dieser Methode im Vergleich zum HGB lag in der Vergangenheit im Ergebnis darin, dass nach IAS die Neubewertung nicht auf die Höhe der Anschaffungskosten beschränkt ist, mithin aus einem *aktiven* Unterschiedsbetrag aus Kapitalkonsolidierung auch ein passiver werden kann. Durch die Aufhebung der Anschaffungskostenrestriktion in § 301 Abs. 1 HGB i. d. F. des TransPuG[43] ist dieser Unterschied weggefallen.

Dagegen existiert kein Wahlrecht für die Anwendung der **Pooling of Interests-Methode**; liegt eine **Interessenzusammenführung** vor, *ist* die Pooling-Methode zwingend zu verwenden. Allerdings sind deren Anwendungsvoraussetzungen enger als die nach § 302 HGB.

Die nachfolgende Abb. 42 gibt einen Überblick über die derzeitig zulässigen Verfahren zur Abbildung von Unternehmenszusammenschlüssen nach IAS.

43 BGBl. I 2002, 2681 ff.

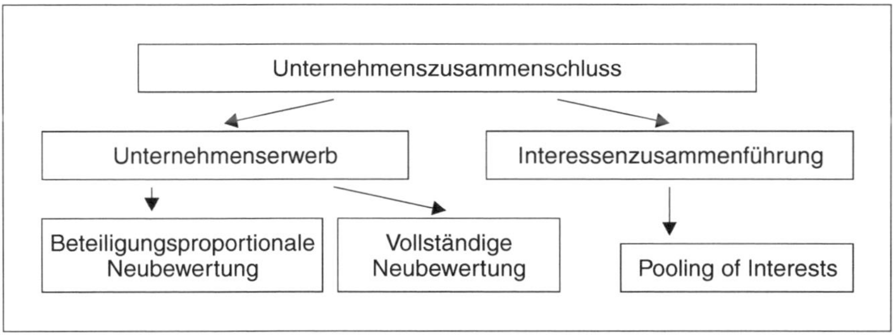

Abb. 42: Systematisierung der Bilanzierung von Unternehmenszusammenschlüssen

Der IASB beschäftigt sich derzeit in zwei Projekten mit Problembereichen der Kapitalkonsolidierung. Im Projekt **Business Combinations Phase I** ist für das 4. Quartal 2002 ein Exposure Draft und für die zweite Jahreshälfte 2003 die endgültige Verabschiedung angekündigt.[44] Inhaltlich ist u. a. vorgesehen: 881

- **Abschaffung** der Methode der **beteiligungsproportionalen Neubewertung** (bisherige Benchmark-Methode) und alleinige Zulässigkeit der vollständigen Neubewertung (bisher *allowed alternative treatment*).[45]
- **Abschaffung** der **planmäßigen Goodwill-Abschreibung**, stattdessen jährlicher impairment-test.[46] Hier soll (wieder) eine Übereinstimmung mit US-GAAP erzielt werden (s. auch Rz. 436 ff.).[47]
- **Abschaffung** der **Pooling of Interests-Methode**. Derzeit wird für das Projekt *Business Combinations Phase II* diskutiert, ob für bestimmte Unternehmenszusammenschlüsse die **fresh-start-Methode** vorgesehen werden soll.[48]

Die Änderungen betreffen IAS 22 (dieser soll durch einen IFRS ersetzt werden), IAS 36 und IAS 38. Wir haben diese vorgesehenen Änderungen insoweit berücksichtigt, als wir die Methode der beteiligungsproportionalen Neubewertung sowie die Pooling of Interests-Methode nur in gebotener Kürze dar-

44 Vgl. IASB Insight, July 2002, S. 3. Der entsprechende Exposure Draft ED 3 ist am 5. Dezember 2002 veröffentlicht worden. Er enthält die oben im Text skizzierten Änderungen, vgl. IASB Press Release vom 5. Dezember 2002.

45 Vgl. IASB, Business Combinations (Phase I) Project Summary, July 2002, Rz. 67–70.

46 Vgl. IASB, Business Combinations (Phase I) Project Summary, July 2002, Rz. 43–47.

47 Nach US-GAAP ist die planmäßige Goodwill-Abschreibung seit 2001 nicht mehr zulässig, vgl. *Pellens/Sellhorn*, DB 2001, 1681.

48 Vgl. IASB, Business Combinations (Phase I) Project Summary, July 2002, Rz. 3. Zur fresh-start-Methode vgl. *Pellens/Sellhorn*, BB 1999, 2125.

stellen. Auch das DRSC empfiehlt als einzige Methode die vollständige Neubewertung (DRS 4.23).[49]

Zum Projekt *Business Combinations Phase II* liegt ein zeitlicher Fahrplan noch nicht vor. Auf die Berücksichtigung des vorläufigen Diskussionsstands im IAS-Board haben wir verzichtet.

2. Abgrenzung von Unternehmenserwerb und Interessenzusammenführung

882 Die Pooling of Interests-Methode kommt ausschließlich bei Interessenzusammenführungen zur Anwendung. Eine **Interessenzusammenführung** liegt vor, wenn die Gesellschafter zweier sich zusammenschließender Unternehmen gemeinsam das Vermögen und die Geschäftstätigkeit der zusammengeschlossenen Einheit beherrschen, ohne dass eines der beteiligten Unternehmen als Erwerber qualifiziert werden kann (IAS 22.8). Voraussetzung ist demnach, dass die Anteilseigner der sich zusammenschließenden Unternehmen gemeinsam Chancen und Risiken der neuen Einheit teilen. Die Pooling of Interests-Methode kommt damit zur Anwendung, wenn eine **„Verschmelzung im wirtschaftlichen Sinne"** vorliegt. Im Einzelnen müssen gem. IAS 22.15 folgende Voraussetzungen kumulativ erfüllt sein:

(a) Die überwiegende Mehrzahl oder sämtliche stimmberechtigte Anteile müssen ausgetauscht oder zusammengelegt werden,

(b) die beizulegenden Zeitwerte (fair values) der beiden Unternehmen unterscheiden sich nicht wesentlich voneinander und

(c) die Gesellschafter jedes Unternehmens behalten im Verhältnis zueinander im Wesentlichen die gleichen Stimmrechte und Anteile an der zusammengeschlossenen Einheit wie vor dem Zusammenschluss.

Die Kriterien (b) und (c) finden sich nicht in § 302 HGB, so dass die Anwendungsvoraussetzungen nach IAS im Vergleich zum HGB als enger zu bezeichnen sind. Der Ausnahmecharakter der Pooling of Interests-Methode wird auch durch den ausdrücklichen Hinweis deutlich, dass es nur in seltenen Fällen nicht möglich sei, einen Unternehmenserwerber festzustellen (vgl. IAS 22.13 sowie SIC-9.4). Nur wenn alle drei Merkmale kumulativ vorliegen und zusätzlich der Nachweis erbracht wird, dass kein Erwerber identifiziert werden kann (SIC-9.6) – hierzu müssen IAS 22.10 ff. geprüft werden – hat die Bilanzierung des Zusammenschlusses nach der Pooling of Interests-Methode zu erfolgen. Auf eben diese seltenen Fälle ist die Anwendung dieser Methode beschränkt.

49 Diese einzige Methode war auch vorgesehen durch den vom DRSC initiierten Entwurf eines Gesetzes zur Internationalisierung der Rechnungslegung, vgl. hierzu *Theile*, GmbHR 2001, 892 (894); dieser Vorschlag wurde aber im TransPuG nicht umgesetzt.

In allen übrigen Fällen eines Unternehmenszusammenschlusses ist dieser als Unternehmenserwerb zu qualifizieren. Der **Regelfall** ist daher die Bilanzierung nach der **Purchase-Methode**. Die Prüfkriterien, die hierzu in IAS 22.10 ff. noch genannt werden, entsprechen jenen zur Feststellung, ob ein Mutter-Tochter-Verhältnis vorliegt (IAS 27.12; s. hierzu oben Rz. 807). Auf umgekehrte Unternehmenserwerbe *(reverse acquisitions*, IAS 22.12) gehen wir nicht ein.[50] 883

3. Kapitalkonsolidierung nach der Purchase-Methode

a) Erstkonsolidierung

aa) Fiktion des Einzelerwerbs und Erwerbszeitpunkt

Sehr deutlich kommt in den IAS die **Fiktion des Einzelerwerbs** der Vermögenswerte und Schulden zum Ausdruck, wie sie der Purchase-Methode zugrunde liegt.[51] Obwohl es sich aus Sicht der erwerbenden Muttergesellschaft beim Erwerb einer Kapitalgesellschaft um einen *share deal* handelt, wird für Zwecke des Konzernabschlusses ein *asset deal* fingiert, der „in ähnlicher Form abgebildet (wird) wie die Anschaffung anderer Vermögenswerte" (IAS 22.18). Das Verständnis dieses Grundsatzes ist für die Auslegung der IAS-Normen sowie die Lückenausfüllung von hoher Bedeutung. 884

Der **Zeitpunkt der Erstkonsolidierung** ist konsequent, aus der Purchase-Methode abgeleitet, gem. IAS 22.19 f. der **Erwerbszeitpunkt**. Erwerbszeitpunkt ist jener Tag, an dem die Muttergesellschaft die Möglichkeit der Kontrolle über die erworbene Gesellschaft unter wirtschaftlicher Betrachtungsweise erlangt hat. Ab diesem Zeitpunkt sind die Ergebnisse der Geschäftstätigkeit des erworbenen Unternehmens im Konzernabschluss abzubilden. Da die IAS – abweichend zu § 301 Abs. 2 HGB – keine Erleichterungen vorsehen, ist bei unterjährigem Erwerb grundsätzlich ein **Zwischenabschluss** des erworbenen Unternehmens erforderlich. Liegt der Erwerbszeitpunkt kurz vor dem Bilanzstichtag, könnte geprüft werden, ob aufgrund des Wesentlichkeitsgrundsatzes auf die Erstellung eines Zwischenabschlusses verzichtet werden kann. Dies wird man sicherlich für Abweichungen von maximal drei Monaten bejahen können, da innerhalb dieser Frist auch bei abweichendem Stichtag kein Zwischenabschluss des Tochterunternehmens bei Folgekonsolidierungen erforderlich ist (IAS 27.19, s. auch Rz. 805). 885

Zum Erwerbszeitpunkt sind daher die Anschaffungskosten zu ermitteln und es ist zu klären, welche Vermögenswerte und Schulden des erworbenen Tochterunternehmens mit welchen Werten im Konzernabschluss anzusetzen sind. 886

50 S. hierzu *Pawelzik*, Prüfung der Eigenkapitalentwicklung, 2003.

51 Vgl. zur Einzelerwerbsfiktion Arbeitskreis „Externe Unternehmensrechnung" der Schmalenbach-Gesellschaft, ZfbF-Sonderheft 21/1987, 2. Aufl. 1989, S. 67.

bb) Anschaffungskosten des Unternehmenserwerbs

887 Die **Anschaffungskosten** für den Unternehmenserwerb setzen sich zusammen aus den Zahlungsmitteln, Zahlungsmitteläquivalenten und dem beizulegenden Zeitwert anderer Gegenleistungen für den Erwerb zuzüglich direkt zurechenbarer Anschaffungsnebenkosten (IAS 22.21). Erfolgt die Zahlung (deutlich) nach dem Erwerbszeitpunkt,[52] ist eine Abzinsung zu prüfen (IAS 22.23). Wird die Gegenleistung durch Ausgabe börsengängiger Wertpapiere erbracht, ist grundsätzlich der Börsenkurs zum Erwerbszeitpunkt (Erstkonsolidierungszeitpunkt) maßgeblich (IAS 22.24 i. V. m. SIC-28.5). Bei hoher Volatilität des Börsenkurses oder bei sehr engen Märkten kann ein Durchschnittswert „während einer angemessenen Zeit vor und nach der Veröffentlichung der Bedingungen des Unternehmenserwerbes" (IAS 22.24) ermittelt werden.[53]

888 Die vorgenannten Grundsätze gelten auch bei **sukzessivem Beteiligungserwerb**: Grundsätzlich sind die Anschaffungskosten für jede erworbene Tranche und die entsprechende Gegenleistung – also die übernommenen Vermögenswerte und Schulden – separat zu bestimmen (IAS 22.22). Zum Zeitpunkt der Erstkonsolidierung wird dann insoweit fingiert, dass die zuvor erworbenen *bedeutenden* Tranchen bereits konsolidiert worden wären (IAS 22.36 f.). Dies impliziert, dass für jeden Teilerwerb die stillen Reserven und der Goodwill gesondert ermittelt und in einer Nebenrechnung auf den **Zeitpunkt der Erstkonsolidierung** fortzuschreiben sind, als ob bereits vom ersten Teilerwerb an eine Vollkonsolidierung erfolgt wäre. Bei kleinen und häufigen Tranchenerwerben wird man hier mit Vereinfachungen arbeiten müssen.

Sollte zuvor auf eine Beteiligung die **Equity-Methode** angewandt worden sein (s. hierzu Rz. 960 ff.) und gelangt man durch Hinzuerwerb weiterer Anteile in die Vollkonsolidierung (**Übergangskonsolidierung**), so wird ein der Erwerbsmethode entsprechendes Ergebnis erzielt, wenn der *letzte* Equity-Ansatz als Anschaffungskosten *dieses* Anteils gewertet wird. Eine Fortschreibung dieses Wertes auf den tatsächlichen Erstkonsolidierungszeitpunkt ist gem. IAS 22.38, 2. Satz, nicht erforderlich.

Beispiel:

Der letzte Equity-Ansatz einer Beteiligung (Beteiligungsquote 40 %) datiert vom 31.12.2001. Durch Hinzuerwerb weiterer 20 % am 20. August 2002 wird das bisherige assoziierte Unternehmen zum Tochterunternehmen. Als

52 *Baetge/Siefke/Siefke* in Baetge u. a. (Hrsg.), Rechnungslegung nach IAS, 2. Aufl. 2002, IAS 22, Rz. 63 sehen die Barwertermittlung ab eines Unterschieds von einem Jahr als erforderlich an.

53 Künftig soll es nur noch auf einen Zeitraum vor dem Unternehmenserwerb ankommen, vgl. IASB, Business Combinations (Phase I) Project Summary, July 2002, Rz. 78.

Anschaffungskosten der ersten Tranche gilt der letzte Equity-Ansatz zum 31.12.2001. Hinzu kommen die Anschaffungskosten der zweiten Tranche am 20. August. Erstkonsolidierungszeitpunkt ist der 20. August 2002.

Tranchen, die *vor* der erstmaligen Equity-Bewertung erworben worden sind, gelten zum Zeitpunkt der erstmaligen Equity-Bewertung als erworben (IAS 22.38, letzter Satz). Anders gewendet: Die stufenweise Ermittlung des Goodwills per Teilerwerb ist entbehrlich, da für sämtliche Teilerwerbe der Goodwill auf den *Zeitpunkt der erstmaligen Equity-Bilanzierung* bestimmt wird.[54] Dies ist eine weitere, bedeutende Erleichterung.

Beim Unternehmenserwerb werden häufig Vereinbarungen über **bedingte Kaufpreiszahlungen** getroffen: Der Verkäufer erhält zum Transaktionszeitpunkt eine bestimmte Summe und abhängig von der wirtschaftlichen Entwicklung (gemessen an unterschiedlichen Kriterien, wie z. B. Cashflow oder Ergebniskennzahlen) des veräußerten Unternehmens in späteren Jahren noch einen Zuschlag. Seltener ist die Vereinbarung von Abschlägen, wenn sich das Unternehmen schlechter als erwartet entwickelt. 889

Nach IAS 22 ist bei solchen Vereinbarungen eine Fallunterscheidung vorzunehmen:

(1) Schätzt der Erwerber die möglichen künftigen Zahlungen als *wahrscheinlich* ein und lässt sich der Betrag schon beim Erwerb *verlässlich schätzen*, so ist die künftige Kaufpreiszahlung – u. E. i. d. R. mit ihrem Barwert (IAS 22.23) – *bereits zum Erwerbszeitpunkt* in die Anschaffungskosten mit einzubeziehen (IAS 22.65). Sollten die die Zahlungen auslösenden Ereignisse wider Erwarten nicht eintreten, ist eine *spätere Anpassung der Anschaffungskosten* und des Geschäftswertes bzw. des negativen Unterschiedsbetrages („Anpassung der Erstkonsolidierung") erforderlich (IAS 22.67).

(2) Falls eine solche Schätzung nicht möglich ist, erfolgt die Anpassung der Anschaffungskosten (nachträglich) bei Zahlung (dann zum Nominalbetrag!), die wiederum abhängt vom Eintritt der Bedingung. Auch hier sind dann Geschäftswert bzw. negativer Unterschiedsbetrag *erfolgsneutral* anzupassen (IAS 22.68 f.).

(3) Die Fallgruppe 3 beinhaltet einen Sonderfall, der in IAS 22.70 geregelt wird. Er betrifft die nachträgliche Änderung der Gegenleistung für die erworbenen Vermögenswerte, ohne dass es zu einer Änderung der Anschaffungskosten des Unternehmenserwerbs kommt. Als Beispiel hierfür kann der Unternehmenserwerb angeführt werden, der durch Ausgabe eigener Aktien des Erwerbers des Unternehmens finanziert wird. Im Zeit-

54 S. mit ausführlichem Beispiel *Baetge/Siefke/Siefke* in Baetge u. a. (Hrsg.), Rechnungslegung nach IAS, 2. Aufl. 2002, IAS 22 Rz. 130.

punkt des Erwerbs des Unternehmens wird den eigenen Aktien ein bestimmter Wert beigemessen, der dann die Grundlage für die Bestimmung des Aufgelds im Zeitpunkt der Einbuchung des Erwerbs des Unternehmens darstellt. Garantiert der Erwerber des Unternehmens den Wert seiner Gegenleistung für einen bestimmten Zeitraum und verpflichtet er sich, weitere Aktien zum Ausgleich für die ursprünglich festgesetzten Anschaffungskosten auszugeben, wenn der zukünftige Kurs unter das Niveau im Erwerbszeitpunkt fällt, so betrachtet IAS 22.70 eine derartige Ausgabe weiterer Aktien nicht als eine nachträgliche Änderung der Anschaffungskosten, sondern als eine Wertsicherungsvereinbarung mit der Folge, dass sich das ursprünglich vereinbarte Aufgeld entsprechend verringert. Folglich wird gebucht: Per Kapitalrücklage an gezeichnetes Kapital. Auswirkungen auf den auszuweisenden Goodwill ergeben sich folglich nicht.[55]

cc) Einzelerwerb der Vermögenswerte und Schulden

890 Bei dem neu erworbenen Unternehmen ist in einem **ersten Schritt** zum Erwerbszeitpunkt eine Handelsbilanz II nach IAS zu erstellen. Die grundsätzlichen Vorkehrungen hierfür sind oben unter Rz. 835 ff. erläutert worden. Dabei ist folgende Fallunterscheidung zu beachten:

- Das neu erworbene Unternehmen hat bereits vor Konzernzugehörigkeit nach IAS bilanziert. In diesem Fall sind ggf. erforderliche Umstellungen auf die neue konzerneinheitliche Bilanzierung als Änderung der Bilanzierungs- und Bewertungsmethoden abzubilden (s. Rz. 133 ff.). Abweichend von der Benchmark-Methode in Rz. 136 sind die kumulierten Effekte allerdings auf den Erwerbszeitpunkt zu beziehen.
- Das erworbene Unternehmen hat vor Konzernzugehörigkeit noch nicht nach IAS bilanziert. In diesem Fall ist die Handelsbilanz II nach den Regelungen der erstmaligen Anwendung von IAS aufzustellen (s. hierzu Rz. 1250 ff.). Auch hier gilt, dass alle Anpassungsbeträge auf den Erwerbszeitpunkt zu beziehen sind.

891 Technisch kann dieser erste Schritt mit dem im Folgenden zu erläuternden zweiten und dritten Schritt *dann und nur dann* zusammengefasst werden,

(1) wenn das Tochterunternehmen zu 100 % erworben wird oder

(2) wenn im Falle von Minderheitenanteilen die vollständige Neubewertungsmethode angewandt wird.

Sollten dagegen Minderheitenanteile vorliegen *und* es wird die beteiligungsproportionale Neubewertungsmethode angewandt, dann sind die einzelnen Schritte genau voneinander zu trennen. Andernfalls nämlich würde der Min-

55 Vgl. auch *Baetge/Siefke/Siefke* in Baetge u. a. (Hrsg.), Rechnungslegung nach IAS, 2. Aufl. 2002, IAS 22 Rz. 137.

derheitenanteil im Konzernabschluss *nicht* auf Basis von IAS, und zwar nach der **Handelsbilanz II**, bewertet sein. Das halten wir vor dem Hintergrund der Erläuterungen in Rz. 836 für unzulässig.[56] Die vorgesehene Abschaffung der beteiligungsproportionalen Neubewertungsmethode wird hier zu Erleichterungen in Verfahrens- und Organisationsfragen führen.

In der Konsolidierungspraxis werden die Ergebnisse der im Folgenden zu erläuternden Schritte 2 und 3 häufig aus Vereinfachungsgründen zusammen mit Schritt 1 in der Handelsbilanz II abgebildet, obwohl die drei Schritte gedanklich streng zu trennen sind. Wir verdeutlichen hier die notwendige Trennung dieser Schritte durch die Einführung einer Handelsbilanz III; die nachfolgende Abb. 43 vermittelt einen Überblick über die Reihenfolge der Maßnahmen zur Konsolidierung:

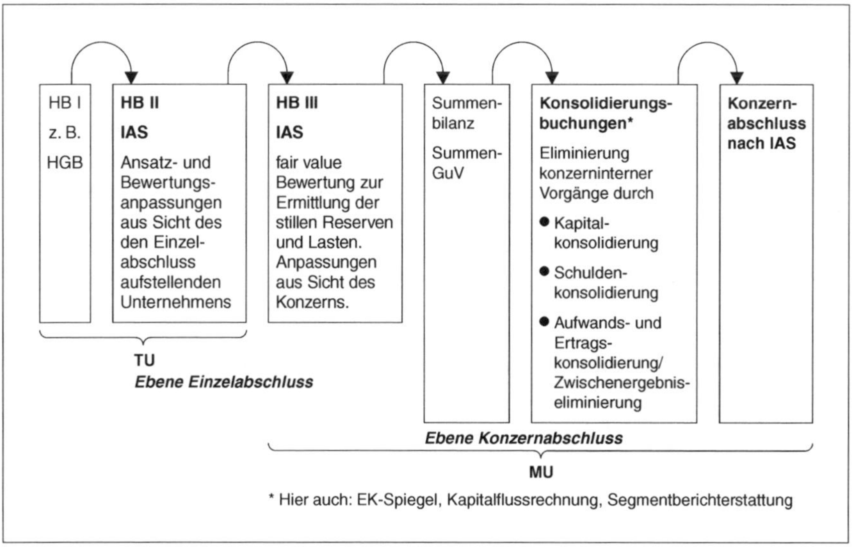

Abb. 43: Vom Einzel- zum Konzernabschluss

In einem **zweiten Schritt** – zweckmäßigerweise durch Aufstellung einer **Handelsbilanz III** – ist die Perspektive zu wechseln: Die *übernommenen* Vermögenswerte und Schulden sind *unabhängig von ihrem Ansatz in der Handelsbilanz II* einer Überprüfung zu unterziehen, ob sie auch *aus Sicht des Erwerbers* weiterhin die allgemeinen Ansatzkriterien erfüllen (IAS 22.26 i. V. m. IAS 22.19). Handelt es sich bei den in der Handelsbilanz II angesetzten Positionen insoweit *nicht* um aus Erwerbersicht **identifizierbare Vermögenswerte und Schulden**, werden sie nicht angesetzt. Ihr Wert wird dann mit dem Unterschiedsbetrag aus Kapitalkonsolidierung verrechnet (IAS 22.27). 892

56 Im Ergebnis ebenso *Baetge/Siefke/Siefke* in Baetge u. a. (Hrsg.), Rechnungslegung nach IAS, 2. Aufl. 2002, IAS 22 Rz. 98.

Allerdings ist zu erwarten, dass die Ansatzkriterien auch aus Konzernsicht üblicherweise erfüllt sind.[57]

893 **Transaktionen** zwischen dem Konzern und dem neu erworbenen Tochterunternehmen *vor* dessen Konzernzugehörigkeit sind für die Beurteilung des Ansatzes der Vermögenswerte und Schulden unbeachtlich. Hat der Konzern beispielsweise eine aus seiner Sicht nicht aktivierungsfähige immaterielle Vermögensposition an das andere Unternehmen *vor dessen Konzernzugehörigkeit* veräußert und erfolgte dort ein Bilanzansatz, so ist dieser Vermögenswert auch nach Erwerb des Tochterunternehmens im Konzernabschluss anzusetzen.[58] Ein Umgehungstatbestand eines Bilanzierungsverbots ist hierin u. E. nicht zu erblicken.

894 Umgekehrt kann es zum Ansatz von **Aktiva** kommen, die aus Sicht des Tochterunternehmens nicht aktivierungsfähig waren. Eine Aktivierung ist erforderlich, wenn aus Erwerbersicht die jeweiligen Aktivierungskriterien erfüllt sind. Hier sind folgende Einzelfälle hervorzuheben:

(a) **Immaterielle Vermögenspositionen** (s. ABC der Aktivierung immaterieller Sachverhalte, Rz. 297): In der Handelsbilanz II der Tochtergesellschaft wurden beispielsweise Entwicklungskosten nicht aktiviert, weil die Ressourcen, um die Entwicklung zum Abschluss zu bringen, nicht vorhanden sind. Durch die Konzernzugehörigkeit können sich die Perspektiven hier verändert haben. Da Anschaffungskosten angefallen sind, greift u. E. das Verbot der Nachaktivierung von Entwicklungskosten (IAS 38.59, s. Rz. 294) nicht. Der Ansatz immaterieller Vermögenswerte, für die kein aktiver Markt besteht, ist jedoch nur in Höhe des Betrages möglich, durch den ein passiver Unterschiedsbetrag aus Kapitalkonsolidierung weder entstehen noch sich erhöhen würde (s. hierzu Rz. 300).

(b) **Aktive latente Steuern auf steuerliche Verlustvorträge**: Das Tochterunternehmen verfügt beispielsweise über steuerliche Verlustvorträge. Dennoch sind in der Handelsbilanz II der Tochtergesellschaft aktive latente Steuern auf steuerliche Verlustvorträge *nicht* angesetzt worden, weil nicht davon ausgegangen werden konnte, dass das Unternehmen in der Zukunft ausgleichsfähige Gewinne erwirtschaften wird. Diese Einschätzung mag sich durch Konzernzugehörigkeit verändert haben. Bei Unternehmenserwerben in Deutschland ist in diesem Zusammenhang jedoch das Problem des Verlustmantelkaufs zu beachten[59].

895 Der Ansatz von **Schuldposten**, die aus Sicht des Tochterunternehmens nicht passivierungsfähig waren, dürfte allein aus Veränderung der Perspektive nicht möglich sein. Ferner stellt IAS 22.29 klar, dass für künftige Verluste

57 So auch *Wagenhofer*, International Accounting Standards, 3. Aufl. 2001, S. 328.

58 A.A. *Baetge/Siefke/Siefke* in Baetge u. a. (Hrsg.), Rechnungslegung nach IAS, 2. Aufl. 2002, IAS 22 Rz. 85.

59 Vgl. hierzu *Neu/Neumann/Neumayer*, Handbuch GmbH-Besteuerung, 1999, Rz. 586.

und sonstige Aufwendungen im Zusammenhang mit dem Unternehmenserwerb keine Schulden passiviert werden dürfen.

Sollte allerdings der Erwerber im Zusammenhang mit dem Unternehmenserwerb Restrukturierungsmaßnahmen durchführen, so sind unter den engen Bedingungen der IAS 22.30 f. **Restrukturierungsrückstellungen** erfolgsneutral anzusetzen. Zwar handelt es sich hierbei nicht um Schulden des erworbenen Unternehmens; sie werden aber für Zwecke der Konsolidierung als solche behandelt (IAS 22.26).

Sollte eine Inanspruchnahme nicht erfolgen, ist die Restrukturierungsrückstellung *erfolgsneutral* unter Anpassung des Goodwills, des passiven Unterschiedsbetrages und, falls die Methode der vollständigen Neubewertung angewandt worden ist, der Minderheitenanteile aufzulösen (IAS 22.75).

In einem **dritten Schritt** sind nun die aus der Handelsbilanz II übernommenen Vermögenswerte und Schulden mit dem beizulegenden Zeitwert (**fair value**) zum Erwerbszeitpunkt anzusetzen. Hierbei werden ggf. vorhandene stille Reserven oder Lasten aufgedeckt. 896

Hinsichtlich der *Höhe* aufgedeckter stiller Reserven ist zu unterscheiden, ob als Methode der Kapitalkonsolidierung die beteiligungsproportionale oder die vollständige Neubewertung angewandt wird. Bei **beteiligungsproportionaler Neubewertung** werden die Vermögenswerte und Schulden zu Buchwerten der Handelsbilanz II vollständig und alle Anpassungen aus Sicht des Konzerns – einschließlich des Ansatzes der Restrukturierungsrückstellung – nur beteiligungsproportional zum fair value übernommen (IAS 22.32). Bei der **vollständigen Neubewertung** werden demgegenüber auch die Vermögenswerte/Schulden und Anpassungen aus Sicht des Konzerns vollständig zum fair value übernommen (IAS 22.34). Daher unterscheiden sich die beiden Methoden *nur dann* voneinander, wenn Minderheiten an der zu konsolidierenden Tochtergesellschaft beteiligt sind. 897

Da die mögliche Aufdeckung stiller Reserven nicht durch die Höhe der Anschaffungskosten begrenzt wird (Ausnahme: Immaterielle Vermögenswerte, für die ein aktiver Markt nicht existiert), erübrigen sich Überlegungen hinsichtlich der Reihenfolge der Aufdeckung. IAS 22.39 stellt Anwendungsleitlinien zur Bestimmung der fair values zur Verfügung. Wir haben diese mit ergänzenden Fundstellen in der *Tab. 8*, Rz. 246, zusammengefasst. 898

Wie in Rz. 890 und 835 ff. ausgeführt, ist hinsichtlich der Wahlrechtsausübung bereits in der Handelsbilanz II *konzerneinheitlich* zu bilanzieren. Für Gliederung und Bewertung ist jedoch die Perspektive des Einzelabschlusses beizubehalten. Beim Wechsel der Perspektive auf den Konzernabschluss im Rahmen der Erstellung der Handelsbilanz III kann es nicht nur zu Bewertungsanpassungen, sondern auch zu Umgliederungen kommen. 899

Beispiel:

In der Handelsbilanz II des *erworbenen* Unternehmens werden Grundstücke und Gebäude als *investment properties* angesetzt. Die Vermietung erfolgt jedoch an andere Konzernunternehmen. Daher ist in der Handelsbilanz III eine Umgliederung vorzunehmen.[60] Ob sich daraus auch fair value Anpassungen ergeben, ist im Einzelfall zu prüfen.

900 Hinsichtlich der beim erworbenen Unternehmen vorhandenen **Finanzinstrumente** ist Folgendes zu beachten:

Hat das Unternehmen bereits IAS angewandt, so ergibt sich für finanzielle Vermögenswerte der Kategorien available-for-sale und held for trading die Buchwertfortführung, weil finanzielle Vermögenswerte dieser Kategorien bereits zum fair value angesetzt worden sind. Wertänderungen können sich jedoch aus Sicht des kaufenden Unternehmens bei den Kategorien vom Unternehmen begründete Kredite und Forderungen sowie bei held-to-maturity-Titeln ergeben, da diese finanziellen Vermögenswerte bisher zu fortgeführten Anschaffungskosten bewertet waren, jetzt aber im Rahmen der Kapitalkonsolidierung zum fair value anzusetzen sind. Die jeweilige, durch das erworbene Unternehmen bereits vorgenommenen **Klassifikation bleibt** hiervon jedoch **unberührt**.[61]

901 Die (beteiligungsproportionale oder vollständige) Neubewertung der übernommenen Vermögenswerte und Schulden kann zum Ansatz **latenter Steuern** führen; es sind die Ansatzvoraussetzungen zu prüfen (s. Rz. 760 ff.). Da es sich um einen Anschaffungsvorgang handelt, sind die jeweiligen latenten Steuern *erfolgsneutral* zu bilden. Auf einen (bei einem *share-deal*) verbleibenden Goodwill oder passiven Unterschiedsbetrag sind keine latenten Steuern zu beziehen (s. Rz. 769).

902 Ein Goodwill oder passiver (negativer) Unterschiedsbetrag ergibt sich **unabhängig von der Methode der Kapitalkonsolidierung** stets als **Saldogröße** aus folgendem Schema:

60 Technisch werden solche Umgliederungen auch im Zuge nachfolgender Konsolidierungsschritte (z. B. Schuldenkonsolidierung) vorgenommen.

61 So ausdrücklich IAS 39.19 zur Kategorie vom Unternehmen begründete Kredite und Forderungen. Da ferner ein Unternehmenserwerb nicht als Grund für eine zulässige Umgliederung der Kategorie held-to-maturity in IAS 39.83 ff. genannt wird, gilt u. E. für diese Kategorie nichts anderes.

1	alle Vermögenswerte des TU aus der Handelsbilanz II, beteiligungsproportional		alle Schulden des TU aus der Handelsbilanz II, beteiligungsproportional
2	zuzüglich beteiligungsproportionale fair value Anpassungen		zuzüglich beteiligungsproportionale fair value Anpassungen
3	zzgl. beteiligungsproportionaler fair value Ansatz von aus Erwerbersicht identifizierter Vermögenswerte		zuzüglich beteiligungsproportionaler fair value Ansatz von aus Erwerbersicht identifizierter Schulden
4			zuzüglich beteiligungsproportionaler fair value Ansatz der Restrukturierungsrückstellung nach IAS 22.31
5			Anschaffungskosten des Unternehmenserwerbs
6	**Goodwill**	oder	**passiver Unterschiedsbetrag**
7	Summe Spalte 1	=	Summe Spalte 2

Zu den Einzelheiten der Bilanzierung eines bei der Kapitalkonsolidierung entstehenden Goodwills s. Rz. 909 f. und zum passiven Unterschiedsbetrag Rz. 911. Der Ansatz eines Goodwills für **Minderheitenanteile** ist *unzulässig*.

903 Bei der **Kapitalkonsolidierung im mehrstufigen Konzern** ergeben sich für die vorbezeichneten Konsolidierungsschritte keine Besonderheiten: Erwerbendes Unternehmen ist aus IAS-Perspektive der Konzern. Insbesondere kommt eine Beschränkung der Aufdeckung stiller Reserven auf den durchgerechneten Beteiligungsprozentsatz des obersten Mutterunternehmens, wie er in Teilen der Literatur zum HGB vertreten wird,[62] weder nach HGB noch nach IAS in Betracht.[63]

dd) Beispiel zur beteiligungsproportionalen Neubewertung

904 Bei der **beteiligungsproportionalen Neubewertung** (*benchmark treatment* nach IAS 22.32) wird der Minderheitenanteil auf Basis der Handelsbilanz II bewertet. Darüber hinausgehende fair values der Vermögenswerte und Schulden – gleichviel, ob beim erworbenen Unternehmen angesetzt oder nicht – werden nur in Höhe der erworbenen **Beteiligungsquote** angesetzt. Der Ansatz der Vermögenswerte und Schulden zum fair value wird daher nur durch die Beteiligungsquote, nicht aber durch die Anschaffungskosten begrenzt.

62 Vgl. *Baetge/Kirsch/Thiele*, Konzernbilanzen, 6. Aufl. 2002, S. 248–253; *Küting/Weber*, Der Konzernabschluss, 6. Aufl. 2000, S. 271; *Adler/Düring/Schmaltz*, Rechnungslegung und Prüfung der Unternehmen, 6. Aufl., § 307 HGB, Rz. 41 ff.; WP-Handbuch 2000, Bd. I, 12. Aufl. 2000, Abschn. M Rz. 425.

63 Zur Begründung s. *Pawelzik/Theile*, DB 2000, 2385; *Förschle/Hoffmann* in Beck'scher Bilanz-Kommentar, 4. Aufl. 1999, § 307 HGB Rz. 37; *Eisele/Kratz*, ZfbF 1997, 291; *Busse von Colbe/Ordelheide*, Konzernabschlüsse, 6. Aufl. 1993, S. 280 f.

905 Das folgende Beispiel verdeutlicht die Funktionsweise der Methode.

Beispiel:

Ein Mutterunternehmen (MU) erwirbt

- am 31.12.01
- für 300 Geldeinheiten (GE)
- 80 % der Anteile an einem Tochterunternehmen (TU).

TU, das auch in der Vergangenheit bereits in der Handelsbilanz II nach IAS bilanziert hat, verfügt über einen steuerlichen Verlustvortrag von 150 GE. Die Voraussetzungen zur Aktivierung latenter Steuern auf den Verlustvortrag liegen vor.

Der Ertragsteuersatz von MU und TU betrage 40 %.

Der fair value des abnutzbaren Anlagevermögens bei TU betrage 400 GE; die Abschreibungsdauer betrage 4 Jahre.

Die *Tab. 40 Beteiligungsproportionale Neubewertung (Erstkonsolidierung 31.12.01)* enthält die entsprechenden Werte.

Tab. 40: Beteiligungsproportionale Neubewertung (Erstkonsolidierung 31.12.2001)

	MU	TU [HB I]	TU [HB II]	TU [HB III]	Summenbilanz	Konsolidierung				Konzernbilanz
							Soll		Haben	
Goodwill	0	0	0	0	0	1	124			124
Beteiligung	300	0	0	0	300			1	300	0
Anlagevermögen	400	300	300	380	780					780
Umlaufvermögen	600	0	0	0	600					600
latente Steuern	0	0	60	60	60					60
Summen	*1 300*	*300*	*360*	*440*	*1 740*					*1 564*
Gezeichnetes Kapital/	500	100	100	100	600	1	80			500
Kapitalrücklagen						2	20			
Gewinnrücklagen	0	0	60	108	108	1 2	96 12			0
Jahresüberschuss	0	0	0	0	0					0
AaG	0	0	0	0	0			2	32	32
Fremdkapital	800	200	200	200	1 000					1 000
latente Steuern	0	0	0	32	32					32
Summen	*1 300*	*300*	*360*	*440*	*1 740*		*332*		*332*	*1 564*

In der Handelsbilanz II hat TU auf den steuerlichen Verlustvortrag aktive latente Steuern i. H. v. 60 GE angesetzt (= 150 GE × 0,4). Weitere Abweichungen zur Handelsbilanz I sollen annahmegemäß nicht vorliegen.

Für die Handelsbilanz III ist auf die Perspektive des MU zu wechseln. Der Buchwert des Anlagevermögens bei TU betrage 300 GE, der fair value aus

Sicht von MU dagegen 400 GE. Bei der Methode der beteiligungsproportionalen Neubewertung sind jedoch Wertänderungen im Vergleich zur Handelsbilanz II nur in Höhe des erworbenen Anteils anzusetzen. Demnach wird das Anlagevermögen in der Handelsbilanz III nur mit 380 GE angesetzt. Auch hierfür fallen latente Steuern an, die in Höhe von 32 GE (= 80 GE × 0,4) zu passivieren sind. Die Rücklagen erhöhen sich daher nur um 48 GE.

Ausgehend von dem **Eigenkapital** des TU gem. Handelsbilanz II und Handelsbilanz III ermittelt sich der Goodwill wie folgt: 906

Anschaffungskosten des Unternehmenserwerbs		300 GE
⁒ EK gem. Handelsbilanz II, beteiligungsproportional (80 % von 160 GE)	128 GE	
⁒ beteiligungsproportionale Aufstockung stiller Reserven: EK-Differenz Handelsbilanz II/ Handelsbilanz III	48 GE	176 GE
Goodwill		124 GE

Der Goodwill kann auch mittels des in Rz. 902 beschriebenen Schemas ermittelt *und verprobt* werden:

1	alle Vermögenswerte des TU aus der Handelsbilanz II, beteiligungsproportional (80 % von 360)	288		alle Schulden des TU aus der Handelsbilanz II, beteiligungsproportional (80 % von 200)	160
2	zuzüglich beteiligungsproportionale fair value Anpassungen (Anlagevermögen, 80 % von 100)	80		zuzüglich beteiligungsproportionale fair value Anpassungen *(entfällt im Beispiel)*	
3	zzgl. beteiligungsproportionaler fair value Ansatz von aus Erwerbersicht identifizierter Vermögenswerte *(entfällt im Beispiel)*			zzgl. beteiligungsproportionaler fair value Ansatz von aus Erwerbersicht identifizierter Schulden (passive latente Steuern, 80 % von 40)	32
4				zzgl. beteiligungsproportionaler fair value Ansatz der Restrukturierungsrückstellung nach IAS 22.31 *(entfällt im Beispiel)*	
5				Anschaffungskosten	300
6	Goodwill	124	oder	passiver Unterschiedsbetrag	
7	Summe	492		Summe	492

907 Die Konsolidierungsbuchung 1 in Tab. 40 zeigt die Kapitalkonsolidierung und die Buchung 2 die Umgliederung der Minderheiten in den Ausgleichsposten für Anteile anderer Gesellschafter (AaG).

Die Konsolidierungsbuchung 1 lautet damit:

Goodwill	124		
Gezeichnetes Kapital	80		
Gewinnrücklagen	96	an Beteiligung	300

Als Ausgleichsposten für Anteile anderer Gesellschafter (Minderheitenanteile) werden 32 GE ausgewiesen, nämlich 20 % des Eigenkapitals von 160 GE *gemäß Handelsbilanz II* des TU (gezeichnetes Kapital = 100 GE und Gewinnrücklagen = 60 GE, s. Buchung 2). Im Falle der beteiligungsproportionalen Neubewertung bemisst sich damit der Anteil der Minderheiten nach den Werten *vor* Aufdeckung der stillen Reserven im Rahmen der fair value-Neubewertung.

ee) Beispiel zur vollständigen Neubewertung

908 Bei der Methode der vollständigen Neubewertung (*allowed alternative treatment* nach IAS 22.34) werden die fair values der Vermögenswerte und Schulden **unabhängig von der Beteiligungsquote** angesetzt. Daher ist der Minderheitenanteil auf Basis der Handelsbilanz III zu bestimmen.

Beispiel:

Zu den Ausgangsdaten des Beispiels s. Rz. 905.

Tab. 41: Vollständige Neubewertung (Erstkonsolidierung 31.12.2001)

	MU	TU [HB I]	TU [HB II]	TU [HB III]	Summenbilanz	Konsolidierung				Konzernbilanz
							Soll		Haben	
Goodwill	0	0	0	0	0	1	124			124
Beteiligung	300	0	0	0	300			1	300	0
Anlagevermögen	400	300	300	400	800					800
Umlaufvermögen	600	0	0	0	600					600
latente Steuern	0	0	60	60	60					60
Summen	*1 300*	*300*	*360*	*460*	*1 760*					*1 584*
Gezeichnetes Kapital/	500	100	100	100	600	1	80			500
Kapitalrücklagen						2	20			
Gewinnrücklagen	0	0	60	120	120	1 2	96 24			0
Jahresüberschuss	0	0	0	0	0					0
AaG	0	0	0	0	0			2	44	44
Fremdkapital	800	200	200	200	1 000					1 000
latente Steuern	0	0	0	40	40					40
Summen	*1 300*	*300*	*360*	*460*	*1 760*		*344*		*344*	*1 584*

Die Handelsbilanz II ist unverändert, weil die Wahl der Methode der Kapitalkonsolidierung hierauf keinen Einfluss hat. Anders stellt sich dies bei der Handelsbilanz III dar: Die stillen Reserven im Sachanlagevermögen werden nun *vollständig* aufgedeckt. Entsprechend erhöhen sich auch die passiven latenten Steuern auf 40 GE und die Gewinnrücklagen um 60 GE auf 120 GE.

Sowohl die Eliminierung des Beteiligungsbuchwertes (Buchung 1) als auch die Umgliederung der Minderheiten (Buchung 2) beziehen sich jetzt auf die Handelsbilanz III. Bei der Methode der vollständigen Neubewertung *partizipieren die Minderheiten an den aufgedeckten stillen Reserven.* Folglich steigt der Anteil außenstehender Gesellschafter von 32 GE (im Fall der beteiligungsproportionalen Neubewertung) auf 44 GE (im Fall der vollständigen Neubewertung).

Sämtliche **Anpassungsmaßnahmen** (fair value-Bewertung, Bilanzansatz aus Sicht des Konzerns, vgl. Rz. 894 ff.), *unabhängig* von der verwendeten Methode der Kapitalkonsolidierung, wirken sich auf die Höhe des auf den **Mehrheitsgesellschafter** entfallenden Eigenkapitalanteils *in gleicher Weise* aus. Dies gilt auch für den auszuweisenden Goodwill.

Der Goodwill ermittelt sich wie folgt:

Eigenkapital gem. Handelsbilanz II		160
stille Reserven	100	
latente Steuern	./. 40	60
Eigenkapital gem. fair value-Neubewertung (Handelsbilanz III)		**220**

Anschaffungskosten des Unternehmenserwerbs	300 GE
./. EK gem. Handelsbilanz III, beteiligungsproportional (80 % von 220 GE)	176 GE
Goodwill	124 GE

Erneut kann der Goodwill mittels des Schemas in Rz. 902 verprobt werden.

b) Folgekonsolidierung

Bei der Folgekonsolidierung ist – unabhängig davon, ob zur Kapitalkonsolidierung die beteiligungsproportionale oder vollständige Neubewertungsmethode angewandt wird – der **Goodwill** zu Anschaffungskosten abzüglich planmäßiger und außerplanmäßiger Abschreibungen anzusetzen (IAS 22.43).[64] Es ist widerlegbar zu vermuten, dass die **Nutzungsdauer 20 Jahre** nicht überschrei- 909

64 Zu Vorschlägen der bilanziellen Behandlung des Goodwill nach seinem wirtschaftlichen Charakter s. *Sellhorn*, DB 2000, 885.

tet (IAS 22.44 i. V. m. IAS 22.50). Der Goodwill ist **linear abzuschreiben**, es sei denn, dass bei Wahl einer anderen Methode ein angemesseneres Ergebnis erzielt werden könnte (IAS 22.45 i. V. m. IAS 22.52). Nutzungsdauer und Abschreibungsmethode sind mindestens zum Ende jeden Geschäftsjahres zu überprüfen; Anpassungen bzw. Änderungen sind als Änderungen von **Schätzungen** zu behandeln (IAS 22.54; s. hierzu Rz. 141).

Liegen Anzeichen vor, die auf eine **Wertminderung** des Goodwills schließen lassen (s. Beispiel in IAS 22.53), so ist ein impairment-Test durchzuführen. Unabhängig von solchen Anzeichen ist ein jährlicher impairment-Test zwingend durchzuführen, wenn der Goodwill über einen Zeitraum von mehr als 20 Jahren abgeschrieben wird (IAS 22.56; s. hierzu Rz. 395).

Im Projekt *Business Combinations Phase I* ist vorgesehen, die planmäßige Goodwill-Abschreibung zu untersagen und analog US-GAAP durch einen jährlichen impairment-Test zu ersetzen. Dazu ist eine Abkehr von der Aussage in IAS 22.51 erforderlich, wonach die Nutzungsdauer des Goodwill immer begrenzt sei.

910 Entstehen beim Erwerb einer wirtschaftlich selbständigen **ausländischen Teileinheit** (= zum Stichtagskurs umgerechnete Tochterunternehmen) fair value-Anpassungen der übernommenen Vermögenswerte und Schulden (Differenzen zwischen Handelsbilanz II und Handelsbilanz III) und/oder ein Goodwill, so eröffnet IAS 21.33 hinsichtlich der **Währungsumrechnung** der Anpassungen und des Goodwills ein **Wahlrecht**:

(a) Die Anpassungen und der Goodwill werden zum jeweiligen Stichtagskurs umgerechnet oder

(b) die Anpassungen und der Goodwill werden dem Erwerber zugeordnet und dann zum historischen Kurs umgerechnet (IAS 21.11 b).

Umrechnungsdifferenzen im Fall (a) sind erfolgsneutral im Eigenkapital zu erfassen (IAS 21.30 c) und werden zusammen mit anderen kumulierten Umrechnungsdifferenzen erst bei Abgang des Tochterunternehmens in die GuV umgebucht (IAS 21.37). Wird bei der Kapitalkonsolidierung die Methode der vollständigen Neubewertung angewendet, partizipieren auch die Minderheiten erfolgsneutral an den Währungsdifferenzen der aufgedeckten stillen Reserven (nicht aber am Goodwill!). Zwischenzeitliche Abschreibungen auf aufgedeckte stille Reserven und auf den Goodwill werden zum Durchschnittskurs umgerechnet.[65]

Im Falle einer positiven Umrechnungsdifferenz beispielsweise am Goodwill erhöhen sich zwar die Abschreibungen; andererseits werden die sich daraus ergebenden negativen Ergebnisvorträge über die Totalperiode wieder ausgeglichen durch die bei Abgang des Tochterunternehmens sich realisierende, bislang erfolgsneutral erfasste Umrechnungsdifferenz.

65 Vgl. auch *Oechsle/Müller/Wildburger* in Baetge u. a. (Hrsg.), Rechnungslegung nach IAS, 1997, IAS 21 Rz. 74.

Beispiel:

Zum 1.1. wird ein Unternehmen erworben, wobei ein Goodwill von 10 000 LW entsteht. Die Umrechnung erfolgt gem. Fall (a). Der Goodwill wird über 20 Jahre linear abgeschrieben. Die Kursentwicklung für das erste Geschäftsjahr zeigt die Zeile 2 der folgenden Tab. 42.

Tab. 42: Entstehung von Umrechnungsdifferenzen am Goodwill

		Goodwill per 1.1.	Abschreibung	Goodwill per 31.12.
1	Wert in LW	10 000	500	9 500
2	Kurs	1	1,1	1,2
3	Wert in Euro	10 000	550	11 400
4	Umrechnungsdifferenz		50	1 900

Durch die Kursveränderung im Verlaufe des Jahres sowie am 31.12. entsteht eine Umrechnungsdifferenz von 1 950 Euro (Summe Zeile 4), die erfolgsneutral im Eigenkapital zu erfassen ist (s. Rz. 854 f.). Der Vereinfachung wegen werde angenommen, künftig würden keine Kursänderungen mehr eintreten. Dann sind nach 20 Jahren im Konzernabschluss 11 950 Euro Goodwill abgeschrieben worden, also 1 950 Euro mehr, als ursprünglich bezahlt worden ist. Diese kumulierte Ergebnisbelastung wird mit den Gewinnrücklagen im Konzern verrechnet. Zugleich besteht als positive Eigenkapitalkomponente nach wie vor die Umrechnungsdifferenz von 1 950 Euro, die im Falle eines Abgangs des Tochterunternehmens ertragswirksam auszubuchen ist.

Im Fall (b) entstehen demgegenüber keine Umrechnungsdifferenzen. ED IAS 21.45 sieht die Aufhebung des Wahlrechts vor; die Methode (b) soll gestrichen werden.

Ein sich nach dem Schema in Rz. 902 ergebender **passiver** (negativer) **Unterschiedsbetrag** ist anzusetzen (IAS 22.59) und aktivisch in der Bilanz vom Goodwill abzusetzen (IAS 22.64); eine Saldierung kommt nicht in Betracht. 911

Sollte der passive Unterschiedsbetrag aufgrund *künftiger, erwarteter Verluste* entstanden sein, die vom Erwerber in ihrem zeitlichen Anfall verlässlich bestimmt worden sind, so ist der Unterschiedsbetrag beim jeweiligen Verlusteintritt ertragswirksam aufzulösen (IAS 22.61).

Für alle übrigen Fälle ist der passive Unterschiedsbetrag bis zur Höhe der fair values der erworbenen *nicht-monetären* Vermögenswerte planmäßig über die gewichtete durchschnittliche Nutzungsdauer der erworbenen abnutzbaren Vermögenswerte des Anlagevermögens ertragswirksam aufzulösen; darüber hinaus gehende Beträge sind *sofort* als Ertrag zu erfassen (IAS 22.62).

Gelegentlich erlangt ein Erwerber erst nachträglich Kenntnis von zum Erwerbstag bereits vorhandenen Vermögenswerten und Schulden oder er hatte 912

Kenntnis von ihnen, aber die Ansatzkriterien waren nicht erfüllt. Sollten solche *nachträglich besseren Erkenntnisse* als auch bessere Erkenntnisse im Hinblick auf die fair values der bereits bilanzierten Vermögenswerte und Schulden bis zum *Ende des Ersten auf den Erwerb folgenden Geschäftsjahres* zugehen, so sind diese Vermögenswerte und Schulden *erfolgsneutral* unter Anpassung des Goodwills anzusetzen bzw. zu berichtigen.[66] Werden per Saldo mehr Schulden als Vermögenswerte angesetzt, erhöht sich der Goodwill entsprechend. Der Goodwill darf aber nicht über seinen erzielbaren Betrag ansteigen (IAS 22.71 a), so dass in einem solchen Fall ein Wertminderungstest erforderlich ist (s. Rz. 395, Checkliste, Nr. 11).

Die Anpassung ist rückwirkend vorzunehmen, so, als ob die Erkenntnisse bereits zum Erwerbszeitpunkt bestanden hätten. Entsprechend ist auch die Folgebewertung der angepassten Vermögenswerte und Schulden vorzunehmen (SIC-22.5).

Erforderliche **Anpassungen**, die den beschriebenen Bedingungen (zeitlich oder sachlich) nicht genügen, sind **erfolgswirksam** darzustellen (IAS 22.71).

913 Sollte im Falle des Vorliegens von **Minderheitenanteilen** ein Tochterunternehmen **Verluste** erwirtschaften, die den im Konzernabschluss auszuweisenden Minderheitenanteil übersteigen, ist der Minderheitenanteil im Konzernabschluss mit dem Wert null anzusetzen. Haben die Minderheiten keine aus Konzernsicht aktivierungsfähige Verlustausgleichsverpflichtung, ist der übersteigende Verlust gegen das Konzerneigenkapital (Mehrheitenanteil) zu verrechnen. Spätere Gewinne des Tochterunternehmens sind bis zum Verlustausgleich zunächst in voller Höhe dem Konzerneigenkapital (Mehrheitenanteil) zuzurechnen, bevor sich der Ausgleichsposten für Anteile anderer Gesellschafter wieder erhöht (IAS 27.27).

914 Im Falle der **vollständigen Neubewertung** bestimmt sich der Minderheitenanteil am Periodenergebnis konsolidierter Tochterunternehmen entsprechend IAS 27.15 b nach dem Periodenergebnis gemäß Handelsbilanz III. Dieses Periodenergebnis reflektiert sowohl die konzerneinheitliche Bewertung nach IAS als auch die Folgen der Aufdeckung der stillen Reserven/Lasten auf das Periodenergebnis.[67] Ferner sind die außenstehenden Gesellschafter an den *übrigen ergebniswirksamen Konsolidierungsmaßnahmen* (Eliminierung der Zwischenergebnisse, ergebniswirksame Schuldenkonsolidierung) beteiligt (s. auch Rz. 981). Eine Nichtbeteiligung lässt sich nur bei unwesentlichen Korrekturen durch den Wesentlichkeitsgrundsatz begründen.[68]

---

66 Auch der Ansatz einer Restrukturierungsrückstellung ist nachträglich möglich, beschränkt aber auf den Zeitraum gem. IAS 22.31 c.

67 So auch DRS 4.43.

68 So wie hier (zum HGB) z. B. *Förschle/Hoffmann* in Beck'scher Bilanz-Kommentar, 4. Aufl. 1999, § 307 HGB Rz. 53; a.A. (Wahlrecht) *Göth*, Das Eigenkapital im Konzernabschluss, 1997, S. 34 ff. und 100 f. sowie *Küting/Göth*, WPg 1997, 305 (312).

Bei der **beteiligungsproportionalen Neubewertung** wird der Gewinnanteil der Minderheiten *nicht* beeinflusst durch die in Folgeperioden ergebniswirksamen Effekte aus der Aufdeckung der stillen Reserven und Lasten. Für die übrigen Konsolidierungseffekte gelten jedoch die vorstehenden Ausführungen entsprechend.

Bei der Bilanzierung nach IAS können in Folgeperioden in erheblichem Umfang erfolgsneutral im Eigenkapital zu erfassende Wertänderungen von Vermögenswerten und Schulden entstehen. Dies betrifft 915

(1) Umrechnungsdifferenzen aus der Währungsumrechnung nach der modifizierten Stichtagskursmethode,

(2) Wertänderungen von finanziellen Vermögenswerten der Kategorie available-for-sale und erfolgsneutrale Wertdifferenzen bei cash flow hedges,

(3) die Neubewertungsrücklage bei Verwendung der Neubewertungsmethode im Sachanlagevermögen und ggf. bei immateriellen Vermögenswerten und

(4) Änderungen von Bilanzierungs- und Bewertungsmethoden sowie Berichtigungen grundlegender Fehler nach der retrospektiven Methode.

Die jeweiligen Änderungen werden beim Tochterunternehmen bereits in der Handelsbilanz II vollzogen. Zu beachten ist, dass an diesen Eigenkapitaländerungen die Minderheiten entsprechend ihrer Beteiligungsquote partizipieren. Die Änderungen zu (1) bis (3) gehören zum *other comprehensive income* (s. Rz. 1006 ff.). In der Summenbilanz ist der Minderheitenanteil daran erfolgsneutral in den Ausgleichsposten für Anteile anderer Gesellschafter umzugliedern. Im Konzernabschluss wird dann als *other comprehensive income* der auf das **Konzerneigenkapital (Mehrheitenanteil)** entfallende Betrag ausgewiesen. Die entsprechende Umgliederung ist auch für die im Einzelfall entstehende Anpassung zu (4) durchzuführen.

Nimmt man – beispielsweise aus Vereinfachungsgründen unter Berücksichtigung des Wesentlichkeitsgrundsatzes – die vorbezeichneten Umgliederungen *nicht* vor, wird der Ausgleichsposten für Anteile anderer Gesellschafter während der Konzernzugehörigkeit des Tochterunternehmens unzutreffend ausgewiesen. Weil die Beträge zu (1) und (2) beim Abgang des Tochterunternehmens erfolgswirksam auszubuchen sind, ist in einem solchen Fall zu beachten, dass der erfolgswirksam ausgebuchte Betrag entsprechend in Höhe des Minderheitenanteils daran dann *nicht* dem Entkonsolidierungserfolg des Konzerns zuzurechnen ist.

Die *tatsächlichen* Ansprüche der Minderheiten am Jahresergebnis bemessen sich nach derzeitiger Rechtslage nach dem *HGB Jahresabschluss*. Die Höhe dieser Ansprüche weicht damit regelmäßig von dem Betrag der im IAS-Abschluss ausgewiesenen Minderheitenanteilen ab. 916

917 **Beispiel zur Folgekonsolidierung, vollständige Neubewertung (Fortsetzung von Rz. 908):**

Im Geschäftsjahr 2002 erzielt TU ein Ergebnis vor Steuern von 100 GE. Da noch ein steuerlicher Verlustvortrag bestand, werden 100 GE als Jahresergebnis in der Handelsbilanz I ausgewiesen.

Für die Überleitung auf die Handelsbilanz II ist am 1.1.2002 der Saldovortrag der aktiven latenten Steuern einzubuchen:

aktive latente Steuern	60 an Gewinnrücklage	60

Ferner sind am Jahresende aktive latente Steuern in Höhe von 40 GE aufzulösen, so dass sich ein Jahresüberschuss von nur 60 GE ergibt:

Steueraufwand	40 an aktive latente Steuern	40

Weitere Anpassungen in der Handelsbilanz II erfolgen nicht.

Zur Erstellung der HandelsbilanzB III ist technisch ebenfalls am 1.1.2002 der Saldovortrag hinsichtlich der aufgedeckten stillen Reserven im Anlagevermögen einzubuchen:

Anlagevermögen	100 an Gewinnrücklagen	60
	passive latente Steuern	40

Die aufgedeckten stillen Reserven sollen annahmegemäß über eine Nutzungsdauer von 4 Jahren abzuschreiben sein. Das führt zu einer Abschreibung von 25 GE und zur anteiligen Auflösung der passiven latenten Steuern von 10 GE:

Abschreibung	25 an Anlagevermögen	25
passive latente Steuern	10 an Steueraufwand	10

Die so erstellte Handelsbilanz III fließt als Grundlage der Konsolidierung in die Summenbilanz ein. Die Buchung 1) zeigt die Aufrechnung des Beteiligungsbuchwerts gegen das anteilige Eigenkapital im Erwerbszeitpunkt. Der entstandene Goodwill von 124 GE ist über 20 Jahre linear abzuschreiben (Buchung 2)). Der Abschreibungsaufwand von 6,2 GE mindert den Konzern-Jahresüberschuss, nicht jedoch den Ergebnisanteil der Minderheiten.

Die **Minderheiten** partizipieren jedoch *anteilig am Jahresergebnis auf Basis der Handelsbilanz III* (= 9 GE) und damit auch anteilig an den Abschreibungen der aufgedeckten stillen Reserven.[69]

69 Dies ist anders bei der (noch) bevorzugten Methode nach IAS: Maßgebend ist in diesem Fall das Ergebnis der Handelsbilanz II (vor Aufdeckung der stillen Reserven und Lasten), s. Rz. 914.

Tab. 43: Vollständige Neubewertung (Folgekonsolidierung Geschäftsjahr 2002)

	MU	TU [HB I]	TU [HB II]	TU [HB III]	Summen-bilanz	Konsolidierung				Konzern-bilanz
							Soll		Haben	
Goodwill	0	0	0	0	0	1	124		6,2	117,8
Beteiligung	300	0	0	0	300			1	300	0
Anlagevermögen	400	300	300	375	775					775
Umlaufvermögen	600	100	100	100	700					700
latente Steuern	0	0	20	20	20					20
Summen	*1 300*	*400*	*420*	*495*	*1 795*					*1 612,8*
Gezeichnetes Kapital/ Kapitalrücklagen	500	100	100	100	600	1	80			500
						3	20			
Gewinnrücklagen	0	0	60	120	120	1	96			0
						3	24			
Jahresüberschuss	0	100	60	45	45	2	6,2			29,8
						3	9			
AaG	0	0	0	0	0			3	53	53
Fremdkapital	800	200	200	200	1 000					1 000
latente Steuern	0	0	0	30	30					30
Summen	*1 300*	*400*	*420*	*495*	*1 795*		*359,2*		*359,2*	*1 612,8*

c) Entkonsolidierung

Die Notwendigkeit einer **Entkonsolidierung** ergibt sich in folgenden Fällen: Das Tochterunternehmen wird 918

(1) vollständig veräußert,

(2) teilweise veräußert, so dass das Mutterunternehmen die Beherrschung über das Tochterunternehmen verloren hat oder

(3) gar nicht veräußert, scheidet aber wegen Unwesentlichkeit oder wegen des Konsolidierungsverbots „Kapitalverkehrsrestriktionen" (s. Rz. 814) aus dem Konsolidierungskreis aus.

Im Fall (2) wäre zu prüfen, ob für die verbliebenen Anteile die Voraussetzung der Quotenkonsolidierung gegeben sind, eine Bewertung at equity erfolgen muss oder eine Bilanzierung als available-for-sale bzw. held for trading gem. IAS 39 angezeigt ist. Im Fall (3) kommt u. E. nur eine Bilanzierung als finanzieller Vermögenswert nach IAS 39 in Betracht. Die folgenden Ausführungen beziehen sich zunächst auf die vollständige Veräußerung (Fall 1).

Der **Veräußerungszeitpunkt** eines Tochterunternehmens ist in IAS 27.23 de- 919
finiert als der Zeitpunkt, zu dem das Mutterunternehmen die Beherrschung über das Tochterunternehmen verliert.

Entsprechend der Erwerbsfiktion wird bei der **Veräußerung** ein Einzelabgang 920
der Vermögenswerte und Schulden fingiert. Die jeweiligen Abgangswerte ha-

ben im Falle der Beteiligung von Minderheiten eine unterschiedliche Höhe bei der beteiligungsproportionalen Neubewertung und der vollständigen Neubewertung. Da bei der beteiligungsproportionalen Neubewertung die Aufdeckung der stillen Reserven/Lasten im Rahmen der fair value-Neubewertung nur anteilsmäßig in der Handelsbilanz III abgebildet wird, müssen diese Erhöhungen bzw. Minderungen zur Ermittlung des Entkonsolidierungserfolgs des Konzerns in voller Höhe berücksichtigt werden.

921 Der in der Konzern-GuV zu erfassende Erfolg aus der Veräußerung eines Tochterunternehmens ergibt sich bei der Methode der **beteiligungsproportionalen Neubewertung** dann aus:[70]

Veräußerungserlös

– anteilige Vermögenswerte des TU zu Buchwerten der Handelsbilanz II

\+ anteilige Schulden des TU zu Buchwerten der Handelsbilanz II

– Erhöhungen/+ Minderungen der Vermögenswerte des TU zu Buchwerten der Handelsbilanz III

\+ Erhöhungen/– Minderungen der Schulden des TU zu Buchwerten der Handelsbilanz III

+/– *other comprehensive income*, Ziff. (1) und (2) aus Rz. 915 („Mehrheitenanteil")

– noch nicht ergebniswirksam verrechneter Goodwill

\+ noch nicht ergebniswirksam verrechneter passiver Unterschiedsbetrag

= **Entkonsolidierungserfolg**

922 Sollte vor Veräußerung des Tochterunternehmens auf Vermögenswerte des Sachanlagevermögens und auf immaterielle Vermögenswerte die Neubewertungsmethode angewandt worden sein, ist eine ggf. vorhandene Neubewertungsrücklage (*other comprehensive income*, Ziff. (3) aus Rz. 915, „Mehrheitenanteil") erfolgsneutral in die Gewinnrücklage umzubuchen (s. ausführlich Rz. 348).

923 Der Ausgleichsposten für Anteile anderer Gesellschafter ist mit den auf diese Anteile entfallenden Buchwerten der Vermögenswerte und Schulden auf Basis der Handelsbilanz II zu verrechnen, da die anteiligen stillen Reserven/ Lasten, die auf die Minderheiten entfallen – im Gegensatz zur Methode der vollständigen Neubewertung –, nicht im Ausgleichsposten für Minderheiten enthalten sind.

Nicht geregelt ist, ob auch der auf die Minderheiten entfallende und mit dem Ausgleichsposten für Anteile anderer Gesellschafter *vor* Veräußerung verrechnete Anteil am *other comprehensive income* in den Ziff. (1) und (2) aus

70 In Anlehnung an *Busse von Colbe/Ordelheide*, Konzernabschlüsse, 6. Aufl. 1993, S. 254.

Rz. 915 erfolgswirksam aus dem Minderheitenanteil auszubuchen ist. Ein positiver Betrag würde dann den in der Konzern-GuV abgebildeten Veräußerungserfolg *zunächst* erhöhen, *bevor* er wieder mit dem Minderheitenanteil verrechnet wird. Eine solche Vorgehensweise erscheint uns konsequent, da die entsprechenden Beträge des other comprehensive income erfolgswirksam auszubuchen *sind*, unabhängig davon, ob daran Minderheiten beteiligt sind oder nicht.

Im Fall der **vollständigen Neubewertung** reflektiert die Handelsbilanz III des Abgangsunternehmens die zu 100 % aufgedeckten stillen Reserven/Lasten der Tochterunternehmen. Folglich fließen in die Ermittlung des Abgangswertes *zwecks Ermittlung des Entkonsolidierungserfolgs* auch nur die *anteiligen* Vermögenswerte und Schulden des Tochterunternehmens ein. Die auf die Minderheiten entfallenden Teilbeträge werden gegen den Ausgleichsposten aufgerechnet. Wie bei der beteiligungsproportionalen Neubewertung wird der noch nicht ergebniswirksam verrechnete Goodwill bzw. der noch nicht ergebniswirksam verrechnete passive Unterschiedsbetrag in voller Höhe berücksichtigt. 924

Damit ermittelt sich im Fall der **vollständigen Neubewertung** der Entkonsolidierungserfolg wie folgt: 925

Veräußerungserlös

– anteilige Vermögenswerte des TU zu Buchwerten der Handelsbilanz III

+ anteilige Schulden des TU zu Buchwerten der Handelsbilanz III

+/– *other comprehensive income*, Ziff. (1) und (2) aus Rz. 915 („Mehrheitenanteil")

– noch nicht ergebniswirksam verrechneter Goodwill

+ noch nicht ergebniswirksam verrechneter passiver Unterschiedsbetrag

= **Entkonsolidierungserfolg**

Zur Berücksichtigung einer Neubewertungsrücklage s. Rz. 922. 926

Der Ausgleichsposten für Anteile anderer Gesellschafter ist mit den entsprechenden Buchwerten auf Basis der Handelsbilanz III zu verrechnen, da dieser Ausgleichsposten auch die auf die Minderheiten entfallenden stillen Reserven/Lasten beinhaltet. Zum Problem der erfolgswirksamen Behandlung des bei den Minderheiten erfassten *other comprehensive income* s. Rz. 923. 927

Die IAS enthalten keine explizite Regelung dahingehend, ob ein vor 1995 zulässigerweise erfolgsneutral mit dem Eigenkapital verrechneter Goodwill bei der Entkonsolidierung erfolgswirksam zu verrechnen ist. In den vorbezeichneten Übersichten zur Ermittlung des Entkonsolidierungserfolgs wird eine solche Verfahrensweise unterstellt, um der Umkehrung der Erwerbsfiktion 928 auch bei der Entkonsolidierung gerecht zu werden. Die Praxis verfährt hier jedoch uneinheitlich.

929 **Beispiel zur Entkonsolidierung, vollständige Neubewertung (Fortsetzung von Rz. 917)**

Zum 1.1.2003 werde TU zum Preis von 410 GE veräußert. Der Veräußerungserfolg im Konzern ermittelt sich wie folgt:

Veräußerungserlös	410,00 GE
anteilige Vermögenswerte (495 GE×0,8)	– 396,00 GE
anteilige Schulden (230 GE×0,8)	+ 184,00 GE
Goodwill	– 117,80 GE
Veräußerungserfolg	80,20 GE

In der folgenden Tab. 44 ist die entsprechende Konsolidierungsbuchung 1) dargestellt. Außerdem ist der Minderheitenanteil gegen den jeweiligen Anteil an den Vermögenswerten und Schulden aufzurechnen (Buchung 2)

Tab. 44: Vollständige Neubewertung (Entkonsolidierung Geschäftsjahr 2003)

	Konzern-bilanz vor Veräuße-rung	Konsolidierung MU-Anteil				Konsolidierung Minderheiten				Konzern-bilanz nach Ver-äußerung
			Soll		Haben		Soll		Haben	
Goodwill	117,8			1	117,8					0
Beteiligung	0									0
Anlagevermögen	775			1	300			2	75	400
Umlaufvermögen	700	1	410	1	80			2	20	1 010
latente Steuern	20			1	16			2	4	0
Summen	*1612,8*									*1 410*
Gezeichnetes Kapital/ Kapitalrücklagen	500									500
Gewinnrücklagen	29,8									29,8
Jahresüberschuss	0			1	80,2					80,2
AaG	53					2	53			0
Fremdkapital	1 000	1	160			2	40			800
latente Steuern	30	1	24			2	6			0
Summen	*1 612,8*		*594*		*594*		*99*		*99*	*1 410*

Im **Einzelabschluss** von MU ist die Beteiligung von 300 GE zu einem Preis von 410 GE veräußert worden, so dass ein Erfolg von 110 GE aufgetreten ist. Dies entspricht auch dem Gesamterfolg des Tochterunternehmens im Konzern, denn zu den 80,2 GE Veräußerungserfolg im Konzern kommen die kumulierten, seit Konzernzugehörigkeit erwirtschafteten Gewinne von TU i. H. v. 29,8 GE noch hinzu. Daher entspricht in der vorliegenden Tabelle die letzte Spalte, „Konzernbilanz nach Veräußerung", zugleich dem Einzelabschluss von MU nach Veräußerung von TU (mit Ausnahme der Umgliederung des Konzernjahresüberschusses des Vorjahrs iHv 29,8 GE in die Gewinnrücklagen).

Sollte ein Tochterunternehmen wegen Unwesentlichkeit *aus dem Konzernkreis ausscheiden* (Fall 3 in Rz. 918), so ist die Entkonsolidierung aus Konzernsicht erfolgsneutral durchzuführen. Im Beispiel ergäben sich dann Anschaffungskosten für die nach IAS 39 zu bewertende Beteiligung in Höhe von 329,8 GE (396 GE + 117,80 GE – 184 GE). 930

Bei einer **teilweisen Veräußerung** (Fall (2) in Rz. 918) ist für den veräußerten Anteil entsprechend Rz. 919 ff. vorzugehen. Sollte für *den verbliebenen Anteil* zur Quotenkonsolidierung übergegangen werden, sind die entsprechenden Vermögenswerte und Schulden auch nur quotal (erfolgswirksam) veräußert worden, so dass für die verbliebene Quote kein Anpassungsbedarf besteht. Falls zur Equity-Methode oder zur Bilanzierung nach IAS 39 übergegangen wird, ist die Entkonsolidierung für die verbliebenen Anteile erfolgsneutral – wie unter Rz. 930 erläutert – durchzuführen. 931

4. Pooling of Interests-Methode

Der bilanziellen Behandlung von Interessenzusammenführungen nach IAS gemäß der Pooling of Interests-Methode liegt die **Fiktion der Verschmelzung** zugrunde mit der Folge, dass die Vermögenswerte und Schulden zu Buchwerten in dem gemeinsamen Abschluss (Konzernabschluss) übernommen werden, also eine Neubewertung anlässlich der Interessenzusammenführung unterbleibt. Zum Anwendungsbereich der Pooling of Interests-Methode s. Rz. 882. 932

Die Technik der Konsolidierung unterscheidet sich grundsätzlich nicht vom deutschen Recht.[71] Die theoretische Konzeption der Pooling of Interests-Methode ist in den USA entwickelt worden.[72] Die Pooling of Interests-Methode hat in jüngerer Zeit einen gewissen Bekanntheitsgrad durch den Zusammenschluss Daimler-Benz/Chrysler erhalten.[73] Bei der Interessenzusammenfüh- 933

71 Vgl. *Heuser/Theile*, GmbH-Handbuch, Rechnungslegung im GmbH-Konzern, Rz. II 2204 ff.

72 Vgl. hierzu *Niehus*, WPg 1983, 437.

73 Vgl. Bericht zu den Tagesordnungspunkten 1 und 2 der außerordentlichen Hauptversammlung der Daimler-Benz AG am 18.9.1998 (gemeinsamer Bericht der Vorstände der Daimler-Benz AG und der DaimlerChrysler AG über den Zusammenschluss der Daimler-Benz AG und der Chrysler Corporation in der DaimlerChrysler AG und zugleich gemeinsamer Verschmelzungsbericht der Vorstände der Daimler-Benz AG und DaimlerChrysler AG vom 5.8.1998).

rungsmethode sind die Posten der Abschlüsse der sich zusammenschließenden Unternehmen für die Berichtsperiode des Zusammenschlusses und für alle vergleichbaren veröffentlichten Perioden im Abschluss der sich zusammenschließenden Unternehmen so zusammenzufassen, als habe der Zusammenschluss bereits zu Beginn der frühesten dargestellten Periode bestanden (IAS 22.78). Der Bilanzierungskonzeption liegt damit der Gedanke zugrunde, dass die Gesellschafter der sich zusammenschließenden Unternehmen ihre Ressourcen „poolen", es jedoch nicht zu der Übernahme einer oder mehrerer Gesellschaften durch ein anderes Unternehmen kommt.[74] Der wirtschaftliche Zusammenschluss rechtlich weiterhin selbständiger Unternehmen entsteht regelmäßig dadurch, dass Anteilseigner ihre Anteile gegen neue Anteile eines aufnehmenden Unternehmens (Mutterunternehmen) tauschen.[75]

934 Die Interessenzusammenführungs-Methode ist eine Form der Kapitalkonsolidierung. Hierbei ist ein Unterschiedsbetrag zwischen dem Beteiligungsbuchwert und dem *anteiligen gezeichneten Kapital* des Tochterunternehmens im Erstkonsolidierungszeitpunkt aufzurechnen gegen das Eigenkapital des Konzerns. Ist er aktivisch, wird er mit dem Eigenkapital verrechnet, ist er passivisch, dem Eigenkapital hinzugerechnet. IAS 22.79 spezifiziert nicht, mit welcher Kategorie des Eigenkapitals diese Verrechnung zu erfolgen hat. Entsprechend den (früheren) US-GAAP-Regelungen sollten derartige aktivische Unterschiedsbeträge zunächst mit den Kapitalrücklagen und dann mit den Gewinnrücklagen verrechnet werden (APB Opinion No. 16, Tz. 53). Bei passivischen Unterschiedsbeträgen kommt eine verursachungsgerechte Zuordnung in Betracht.[76]

935 Wie bei der Purchase-Methode sind die Ansatz- und Bewertungsvorschriften der sich zusammenschließenden Unternehmen nach IAS 22.81 zu vereinheitlichen. Da die Interessenzusammenführung rückwirkend für alle im Abschluss aufgenommenen Vergleichsperioden darzustellen ist, verlangt IAS 22.81 für die Bilanzierung des Zusammenschlusses die Schuldenkonsolidierung, die Zwischenergebniseliminierung sowie die Aufwands- und Ertragskonsolidierung für alle *vor oder nach* der Interessenzusammenführung stattgefundenen Gruppentransaktionen.

936 Da die Konzeption keinen Kauf unterstellt, kann es auch keine Anschaffungsnebenkosten geben mit der Folge, dass sämtliche Ausgaben im Zusammenhang mit der Durchführung der Interessenzusammenführung als laufender Aufwand in der Periode anzusetzen sind (IAS 22.82).

937 Hinsichtlich der Zusatzangaben im Falle einer Interessenzusammenführung wird verwiesen auf IAS 22.94.

74 Vgl. auch *Niehus*, WPg 1983, 437 (440).
75 Vgl. auch *Wagenhofer*, International Accounting Standards, 3. Aufl. 2001, S. 342.
76 Vgl. auch *Baetge/Siefke/Siefke* in Baetge u. a. (Hrsg.), Rechnungslegung nach IAS, 2. Aufl. 2002, IAS 22 Rz. 151.

Nach den bekannt gewordenen Überlegungen beim Board soll die Pooling of Interests-Methode abgeschafft werden (s. Rz. 881). 938

5. Angaben

IAS 22.86–98 enthalten umfangreiche Vorschriften zu den **Anhangangaben**. Zu den Angaben beim Unternehmenserwerb s. Rz. 823. 939

Es ist detailliert über Ansatz und Bewertung von **Goodwill** (IAS 22.88) und **passivem Unterschiedsbetrag** (IAS 22.91) zu berichten. Die für den Goodwill geforderte Darstellung seiner Entwicklung kann problemlos in den Anlagespiegel integriert werden (s. Rz. 447).

Die Bildung einer **Restrukturierungsrückstellung** löst Angabepflichten nach IAS 22.92 aus.

Einstweilen frei. 940–944

V. Quotenkonsolidierung

Die Quotenkonsolidierung ist die nach IAS 31.25 empfohlene Methode zur Abbildung von **Gemeinschaftsunternehmen** (s. hierzu Rz. 818 ff.) im Konzernabschluss. Alternativ kann die Equity-Methode herangezogen werden (s. Rz. 960). Das Wahlrecht ist *einheitlich* für alle Gemeinschaftsunternehmen auszuüben (SIC-18; s. Rz. 819). 945

Zur Vorbereitung der Quotenkonsolidierung sind auf das Gemeinschaftsunternehmen **konzerneinheitliche Ansatz- und Bewertungsnormen** anzuwenden (IAS 31.27; s. Rz. 835 ff.). Daher ist die Aufstellung einer Handelsbilanz II nach IAS erforderlich. 946

Zum Abschlusstichtag s. analog zur Vollkonsolidierung Rz. 805.

Bei der Quotenkonsolidierung werden Vermögenswerte und Schulden, Aufwendungen und Erträge des Gemeinschaftsunternehmens quotal – i. d. R. nach der **Beteiligungsquote**[77] – einbezogen. Sollte das Gemeinschaftsunternehmen von den Partnern neu gegründet worden sein (Bargründung oder Sacheinlage), entsteht bei der Kapitalkonsolidierung kein Unterschiedsbetrag. Bei einem Anteilserwerb sind demgegenüber zu Konsolidierungszwecken die erworbenen Vermögenswerte und Schulden zum fair value zu bewerten und anschließend quotal einzubeziehen. Hierbei entsteht durch Verrechnung mit den Anschaffungskosten regelmäßig ein aktiver oder passiver Unterschiedsbetrag, der entsprechend den Vorschriften zur Vollkonsoli- 947

77 Weicht der Kapitalanteil vom vertraglich vereinbarten Gewinnanteil ab, wird auch eine Einbeziehung nach dem Gewinnanteil oder die gespaltene Einbeziehung für zulässig erachtet, vgl. hierzu *Kleber* in Baetge u. a. (Hrsg.), Rechnungslegung nach IAS, 2. Aufl. 2002 IAS 31 Rz. 62 ff.

dierung als Goodwill oder passiver Unterschiedsbetrag zu behandeln ist (s. Rz. 909 ff.). Weil aber die Vermögenswerte und Schulden nur quotal übernommen werden, entfällt – im Unterschied zur Vollkonsolidierung – die Übernahme der Anteile anderer Partner am Gemeinschaftsunternehmen.

948 IAS 31 enthält explizit keine Regelungen dazu, ob bei der Konsolidierung eines Gemeinschaftsunternehmens, welches einen Konzernabschluss aufstellt, dieser oder sein Einzelabschluss zugrunde zu legen ist. Da die Partnerunternehmen bei gemeinschaftlicher Führung auch auf die konsolidierten Werte des Gemeinschaftsunternehmens entsprechenden Einfluss haben, ist u. E. zwingend der *Konzernabschluss* zugrunde zu legen.[78] Enthält der Konzernabschluss eines Gemeinschaftsunternehmens bereits Anteile anderer Gesellschafter, sind diese entsprechend anteilig zu übernehmen; offen ist, ob diese auch als Anteile anderer Gesellschafter auszuweisen sind.

949 Bei Gemeinschaftsunternehmen, die in einer anderen Währung als der der Berichtswährung des Konzerns bilanzieren, ist eine Währungsumrechnung erforderlich. Wegen der Beurteilung als Gemeinschaftsunternehmen wird hier regelmäßig die Einstufung als wirtschaftlich selbständige Teileinheit das zutreffende Ergebnis sein und daher die Umrechnung nach der **modifizierten Stichtagskursmethode** erfolgen (s. Rz. 853 ff.).

950 Die **Folgekonsolidierung** entspricht in der Behandlung der anteilig aufgedeckten stillen Reserven und Lasten der Vollkonsolidierung. Ein Goodwill oder passiver Unterschiedsbetrag ist ebenfalls analog zur Vollkonsolidierung zu bilanzieren (s. Rz. 909 ff.).

951 In der *Darstellung* der quotal konsolidierten Gemeinschaftsunternehmen im Konzernabschluss eröffnet IAS 31.28 ein Wahlrecht:

(1) Die anteilig übernommenen Vermögenswerte, Schulden, Aufwendungen und Erträge können mit den entsprechenden Abschlussposten des Konzerns zusammengefasst („line-by-line“) werden oder

(2) die anteilig übernommenen Vermögenswerte, Schulden, Aufwendungen und Erträge werden innerhalb der Konzernbilanz und –GuV in *gesonderten Posten* („separate line“) ausgewiesen.

In der Praxis üblich ist die Variante (1).

952 Bezüglich der Zwischenergebniseliminierung bei Geschäften zwischen Partnerunternehmen und Gemeinschaftsunternehmen s. Rz. 982.

953 Die **Entkonsolidierung** ist insoweit unproblematisch, als es nicht zu Abgrenzungsfragen im Hinblick auf einen Minderheitenanteil kommt. Da die Übernahme sämtlicher Abschlussposten des Gemeinschaftsunternehmens nur

78 Dies entspricht auch der unstrittigen Auffassung nach HGB, vgl. *Busse von Colbe/ Ordelheide*, Konzernabschlüsse, 6. Aufl. 1993, S. 455.

quotal erfolgte, ist auch der entsprechende Abgang quotal (auf Basis der Handelsbilanz II/Handelsbilanz III des Gemeinschaftsunternehmens) zu erfassen. Bezieht man sich auf die Vermögenswerte und Schulden des Gemeinschaftsunternehmens, wie sie unmittelbar vor Entkonsolidierung im Konzernabschluss abgebildet waren, lässt sich zur Ermittlung des Entkonsolidierungserfolgs folgendes Schema verwenden:

Veräußerungserlös

–	Buchwerte der im Konzernabschluss erfassten Vermögenswerte des Gemeinschaftsunternehmens (= quotaler Buchwert aus der Handelsbilanz II/ Handelsbilanz III)
+	Buchwerte der im Konzernabschluss erfassten Schulden[79] des Gemeinschaftsunternehmens (= quotaler Buchwert aus der Handelsbilanz II/ Handelsbilanz III)
+/–	im Eigenkapital des Konzernabschlusses erfasste Umrechnungsdifferenzen von selbständigen Gemeinschaftsunternehmen
+/–	im Eigenkapital des Konzernabschlusses erfasste Neubewertungsrücklage der Finanzinstrumente des Gemeinschaftsunternehmens
–	noch nicht ergebniswirksam verrechneter Goodwill
+	noch nicht ergebniswirksam verrechneter passiver Unterschiedsbetrag
=	Entkonsolidierungserfolg

Zusätzlich zu den **Angaben** bei der Aufstellung des Anteilsbesitzes (s. Rz. 825) sind unabhängig von der Verwendung der Quotenkonsolidierung oder der Equity-Methode im Hinblick auf die konsolidierten Gemeinschaftsunternehmen im **Anhang** anzugeben: 954

- Summe der kurzfristigen Vermögenswerte
- Summe der langfristigen Vermögenswerte
- Summe der kurzfristigen Schulden
- Summe der langfristigen Schulden
- Aufwendungen und
- Erträge,

jeweils quotal (IAS 31.47).

Ferner ist über Eventualschulden und Kapitalverpflichtungen gem. IAS 31.45 f. zu berichten.

Einstweilen frei. 955–959

79 Einschließlich eines Minderheitenanteils, falls der Konsolidierung des Gemeinschaftsuntenehmens sein Konzernabschluss zugrunde lag und in diesem Minderheitenanteile ausgewiesen waren.

VI. Equity-Methode

1. Überblick und Wegweiser

960 Die Anwendung der Equity-Methode ist für **assoziierte Unternehmen** (s. hierzu Rz. 822) verbindlich und stellt für Gemeinschaftsunternehmen ein Wahlrecht dar. Die Methode kommt für Tochterunternehmen, die im Hinblick auf ein Einbeziehungsverbot nicht konsolidiert werden – im Gegensatz zum HGB – *nicht* in Betracht.[80]

Die Regelungen zur Bewertung at equity enthält IAS 28, der im Rahmen des *Improvement Project* völlig überarbeitet wird. Auf die Neuerungen haben wir mit der Zitierweise ED IAS 28 hingewiesen.

2. Vorbereitung der Equity-Methode und Erstkonsolidierung

961 Die Equity-Methode ist ab dem Zeitpunkt anzuwenden, zu dem das Unternehmen ein Assoziiertes geworden ist; ein Wahlrecht für unterschiedliche Zeitpunkte wie nach HGB (§ 312 Abs. 3 HGB) existiert nicht (IAS 28.17). Zur Vorbereitung der Anwendung der Equity-Methode ist der Abschluss des assoziierten Unternehmens an **konzerneinheitliche Bilanzierungs- und Bewertungsmethoden**, falls möglich, anzupassen (IAS 28.20). Es ist der *letzte verfügbare Abschluss* des assoziierten Unternehmens heranzuziehen. Weichen die Stichtage ab, wird die Erstellung eines Zwischenabschlusses empfohlen. Ist dies nicht möglich, sind alle zwischenzeitlichen bedeutenden Geschäftsvorfälle der beteiligten Unternehmen zu berücksichtigen (IAS 28.19).[81]

962 Ob der Einzel- oder Konzernabschluss eines assoziierten Unternehmens der Equity-Methode zugrunde gelegt wird, lässt IAS 28 derzeit offen. Wir meinen, dass die Berücksichtigung des *Konzernabschlusses* zwingend ist, falls das assoziierte Unternehmen einen solchen aufstellt.[82] Die Regelungslücke soll in diesem Sinne durch ED IAS 28.16A geschlossen werden.

Bei einer ggf. erforderlichen **Währungsumrechnung** dürfte nur die modifizierte Stichtagskursmethode in Betracht kommen (s. hierzu Rz. 845 ff.).

963 Bei der **Erstkonsolidierung** ist der Unterschiedsbetrag zwischen den Anschaffungskosten und dem ggf. nach konzerneinheitlichen Bilanzierungs- und Bewertungsmethoden angepassten anteiligen Eigenkapital des assoziierten Unternehmens dahingehend zu analysieren, ob zwischen den (angepassten) Handelsbilanz II-Werten der Vermögenswerte und Schulden Unterschiede zu ihrem jeweiligen fair value bestehen. Diese Unterschiede sind gem. den Re-

---

80 Zum Anwendungsbereich der Equity-Methode nach HGB vgl. *Heuser/Theile* in GmbH-Handbuch, Rz. II 2215 m. w. N.

81 Nach ED IAS 28.18 soll ein Zwischenabschluss bei Stichtags-Abweichungen von mehr als drei Monaten verpflichtend werden.

82 So auch § 312 Abs. 6 Satz 2 HGB.

gelungen zur Vollkonsolidierung aufzudecken und in einer **Nebenrechnung** fortzuführen.

Beispiel 964

Das Mutterunternehmen (MU) erwirbt zum 31.12.2002 eine Beteiligung von 40 % am assoziierten Unternehmen (AU). Der Kaufpreis beträgt 48 000 Tsd. Euro.

AU bilanziert bereits nach IAS. Die Notwendigkeit einer darüber hinausgehenden Anpassung an konzerneinheitliche Bilanzierungs- und Bewertungsmethoden besteht nach einer Überprüfung des Abschlusses nicht. Das bilanzielle Reinvermögen von TU betrage 74 000 Tsd. Euro.

Ermittlung des Unterschiedsbetrags:

Kaufpreis der Beteiligung	48 000 Tsd. Euro
⁒ anteiliges Eigenkapital (40 % von 74 000 Tsd. Euro)	29 600 Tsd. Euro
Unterschiedsbetrag	18 400 Tsd. Euro

Die Buchwerte des Umlaufvermögens und der Schulden von AU seien zugleich die fair values. Das bilanzielle Anlagevermögen betrage 60 000 Tsd. Euro, der fair value demgegenüber 88 000 Tsd. Euro. In der nachfolgenden Aufstellung finden sich die Aufteilung und die Annahmen über die Nutzungsdauer aufgedeckter stiller Reserven:

Aufteilung der stillen Reserven:

	Buchwert	Fair value	Differenz	**Davon 40 %**	Nutzungsdauer in Jahren	Abschreibung p. a.
Grundstücke	15 000	25 000	10 000	**4 000**	–	
Gebäude	20 000	27 000	7 000	**2 800**	33,3	84
bewegliches Anlagevermögen	25 000	36 000	11 000	**4 400**	5	880
Summe	60 000	88 000	28 000	**11 200**		964

Von dem Unterschiedsbetrag von 18 400 Tsd. Euro entfallen auf aufgedeckte stille Reserven 11 200 Tsd. Euro und auf den Goodwill 7 200 Tsd. Euro. Diese Werte sind in einer Nebenrechnung festzuhalten und fortzuschreiben.

Der **Goodwill** ist – ebenso wie ein ggf. entstehender passiver Unterschiedsbetrag – analog der **Vollkonsolidierung** zu behandeln (IAS 28.17). Ein Goodwill ist damit zu aktivieren und über die Nutzungsdauer abzuschreiben (s. Rz. 909). Eine solche Behandlung würde einen gesonderten Ausweis des Goodwills nahe legen, wenngleich der derzeitige IAS 28 hierzu keine Bestimmungen enthält. Nach ED IAS 28.17 soll der Goodwill ausdrücklich *nicht* 965 vom Beteiligungsbuchwert getrennt werden (sog. „one line consolidation"). Insoweit wären im Konzernabschluss von MU zum 31.12.2002 auszuweisen:

At equity bewertete Beteiligungen	48 000 Tsd. Euro

3. Folgekonsolidierung und Entkonsolidierung

966 Im Rahmen der Folgekonsolidierung werden durch den Beteiligungsbuchwert die anteiligen Eigenkapitalveränderungen beim assoziierten Unternehmen widergespiegelt. Ferner sind ggf. erfolgte Ansatz- und Bewertungsanpassungen sowie aufgedeckte stille Reserven und Lasten analog zur Vollkonsolidierung fortzuschreiben. Eine **Zwischenergebniseliminierung** wird in Höhe der Beteiligungsquote gefordert (SIC-3.3 f, s. hierzu Rz. 982). Das folgende Schema zeigt die Entwicklung des Equity-Ansatzes,[83] wobei die *nicht* mit „erfolgsneutral" gekennzeichneten Zeilen im *Ergebnis aus at equity bewerteten Beteiligungen* in der GuV zu erfassen sind.

Equity-Ansatz in t

\+ anteiliger Jahresüberschuss des assoziierten Unternehmens

– anteiliger Jahresfehlbetrag des assoziierten Unternehmens

+/– anteilige Veränderung des *other comprehensive income* des assoziierten Unternehmens (**erfolgsneutral**, s. Rz. 968)

– durch Mutterunternehmen vereinnahmte Ausschüttungen (erfolgsneutral)[84]

+/– Ergebniswirkung aus der Fortschreibung von Ansatz- und Bewertungsanpassungen

+/– Ergebniswirkung aus der Fortschreibung aufgedeckter stiller Reserven und Lasten

– Abschreibung des Goodwills

\+ Auflösung eines passiven Unterschiedsbetrages

+/– Eliminierung von Zwischenverlusten/Zwischengewinnen (s. Rz. 982)

– Wertminderungen (s. Rz. 969)

\+ Zuschreibungen (s. Rz. 969)

+/– Währungsumrechnungsdifferenz (erfolgsneutral, s. Rz. 962)

+/– Kapitaleinzahlungen/ Rückzahlungen (erfolgsneutral)

= **Equity-Ansatz in t+1.**

83 Vgl. grundlegend *Havermann*, WPg 1975, 233 (235).

84 Regelmäßig hat das Mutterunternehmen in seinem Einzelabschluss die Beteiligung zu Anschaffungskosten aktiviert. Dann ist zu beachten, dass die Ausschüttung als Beteiligungsertrag in der Summen-GuV enthalten ist und konsolidiert werden muss, um eine Doppelerfassung im Konzernabschluss zu vermeiden.

Beispiel (Fortsetzung von Rz. 964) 967

Im Jahr 2003 habe AU einen Jahresüberschuss von 10 000 Tsd. Euro erzielt. Es sind keine Gewinne ausgeschüttet worden; ferner ergaben sich auch ansonsten keine Kapitalveränderungen. Die Entwicklung des Euqity-Ansatzes zeigt folgende Tabelle:

	in Tsd. Euro
Buchwert zum 31.12.2002	48 000
+ anteiliger Jahresüberschuss	4 000
– Abschreibung stiller Reserven	964
– Abschreibung Goodwill (20 Jahre, linear)	360
Buchwert zum 31.12.2003	50 676

Nicht geregelt in IAS 28 und in der Literatur strittig ist die Frage, ob die beim assoziierten Unternehmen erfolgsneutral gebuchten Veränderungen des **other comprehensive income** (Währungsumrechnungsdifferenzen, Rücklagen bei finanziellen Vermögenswerten der Kategorie available-for-sale sowie cash flow hedgdes, Neubewertungsrücklage)[85] beim Mutterunternehmen im Rahmen der Veränderung des equity-Ansatzes ebenfalls erfolgsneutral oder erfolgswirksam zu erfassen sind. Für eine erfolgswirksame Erfassung spricht, dass durch diese Maßnahme das Kongruenzprinzip gewahrt bleibt.[86] Indes ist die Wahrung des Kongruenzprinzips (s. auch Rz. 1002) kein Bilanzierungsgrundsatz nach IAS und insoweit kein Argument, mit welchem die Lösung von Zweifelsfällen zwingend zu begründen wäre. Die erfolgswirksame Erfassung solcher beim assoziierten Unternehmen erfolgsneutral gebuchten Eigenkapitalveränderungen würde im Gegenteil gegen die Grundsätze der Vollkonsolidierung, die auch für die equity-Bewertung einschlägig sind, verstoßen (s. hierzu Rz. 915). Daher empfehlen wir, Veränderungen des *other comprehensive income* ebenfalls erfolgsneutral nachzuvollziehen.[87] Eine Klarstellung in dieser Frage dürfte auch in ED IAS 28.28 A zu sehen sein, wonach solche beim Mutterunternehmen erfolgsneutral erfassten Veränderungen in die Eigenkapitalveränderungsrechnung zu übernehmen sind. 968

85 Die Argumentation greift analog für die EK-Effekte aus den Änderungen von Bilanzierungs- und Bewertungsmethoden sowie der Berichtigung grundlegender Fehler beim assoziierten Unternehmen, wenn die retrospektive Methode angewandt wird, die Anpassung des equity-Ansatzes und analog die des Eröffnungsbilanzwerts der Gewinnrücklagen für das Vergleichsvorjahr durchgeführt wird.

86 So (zur Goodwill-Bilanzierung nach HGB) *Busse von Colbe/Ordelheide*, Konzernabschlüsse, 6. Aufl. 1993, S. 492–495 m. w. N.

87 A. A. *Baetge/Bruns/Klaholz* in Baetge u. a. (Hrsg.), Rechnungslegung nach IAS, 2. Aufl. 2002, IAS 28 Rz. 110.

Bei einer Entkonsolidierung des assoziierten Unternehmens wären dann die erfolgsneutral erfassten **Währungsumrechnungsdifferenzen** und **Rücklagen** *bei finanziellen Vermögenswerten* **erfolgswirksam** in die *GuV* umzubuchen, währenddessen eine **Neubewertungsrücklage** (für Sachanlagen und ggf. immaterielle Vermögenswerte) **erfolgsneutral** in *Gewinnrücklagen* umzubuchen ist (s. auch Rz. 921 f.)

969 Falls Anzeichen auf eine **Wertminderung** bestehen – beispielsweise fortlaufende Verluste des Beteiligungsunternehmens (SIC-22.8) –, ist auf den Beteiligungsbuchwert ein Wertminderungstest nach IAS 36 durchzuführen (IAS 28.23 f.). Sollte eine Wertminderung zu erfassen sein, wird zunächst ein ggf. noch verbliebener Goodwill abgeschrieben. U. E. ist bei Wegfall der Gründe für eine Wertminderung die Zuschreibung zu prüfen. Zur Durchführung des Wertminderungstests s. ausführlich Rz. 394 ff.

970 Sollte der Equity-Ansatz einen Wert von „0" erreicht haben, das assoziierte Unternehmen aber weiterhin **Verluste** produzieren, so werden diese in einer Nebenrechnung festgehalten, es sei denn, das Mutterunternehmen hat eine Verlustausgleichsverpflichtung. Falls in späteren Perioden wieder Gewinne erzielt werden, sind diese zunächst (statistisch) mit den in der Nebenrechnung festgehaltenen Verlusten zu verrechnen (IAS 28.22).

971 Bei der **Fortschreibung des Equity-Ansatzes** ist im Hinblick auf Unterschiede zum Ansatz in der Steuerbilanz der Ansatz **latenter Steuern** zu prüfen.

972 Zur **Entkonsolidierung** eines at equity bewerteten Unternehmens enthält IAS 28 keine Vorschriften, so dass auf die allgemeinen Grundsätze der Entkonsolidierung vollkonsolidierter Unternehmen zurückgegriffen werden kann. Hiernach ermittelt sich der Veräußerungserfolg aus dem Veräußerungspreis abzüglich des Buchwerts des Equiy-Ansatzes zum Veräußerungszeitpunkt. Nach der hier vertretenen Auffassung wird der Veräußerungserfolg erhöht (vermindert) um die Auflösung einer im Eigenkapital erfassten positiven (negativen) Rücklage aus Währungsumrechnungsdifferenz und finanziellen Vermögenswerten des assoziierten Unternehmens (s. Rz. 968). Ferner ist beim Abgang eines assoziierten Unternehmens, welches nach der modifizierten Stichtagskursmethode umgerechnet worden ist, eine im Abschluss des Gesellschafters ggf. vorhandene Währungsumrechnungsdifferenz erfolgswirksam auszubuchen.

4. Ausweis und Angaben

973 Der **Ausweis** der Beteiligungen, die at equity bilanziert sind, erfolgt gesondert im Anlagevermögen oder unter Berücksichtigung des Wesentlichkeitsgrundsatzes im Anhang (s. Rz. 199). Analog dazu ist das Ergebnis der at equity bewerteten Beteiligungen in der GuV oder im Anhang gesondert zu zeigen (s. Rz. 219).

Die wesentlichen assoziierten Unternehmen sind im **Anhang** zu beschreiben. Anzugeben sind Beteiligungs- und, falls abweichend, Stimmrechtsquote sowie die angewandten Bilanzierungsmethoden (IAS 28.27 f.; s. Rz. 825).

Auffällig ist, dass darüber hinaus keinerlei finanzielle Daten der assoziierten Unternehmen anzugeben sind, was jedoch in der Literatur empfohlen wird.[88] Durch ED IAS 28.27 ist eine Erweiterung der Berichterstattung im Hinblick auf Begründungen für die Einbeziehung bzw. Nichteinbeziehung von assoziierten Unternehmen vorgesehen. Ferner ist nach ED IAS 28.28 B künftig über Eventualschulden in Bezug auf assoziierte Unternehmen zu berichten. 974

Einstweilen frei. 975–979

VII. Weitere Konsolidierungsmaßnahmen

Sehr knapp bestimmt IAS 27.17 f., dass **Schulden-, Aufwands- und Ertragskonsolidierung** sowie die **Zwischenergebniseliminierung** vorzunehmen sind. Bei nicht wesentlichen Beträgen oder wenn die Kosten der Eliminierung höher sind als der daraus resultierende Nutzen der Abschlussadressaten wird nach IAS auf diese Konsolidierungsmaßnahmen verzichtet werden können. 980

Unabhängig vom Vorliegen von **Minderheitenanteilen** und unabhängig von der gewählten Methode der Kapitalkonsolidierung sind die vorbezeichneten Konsolidierungsmaßnahmen bei **vollkonsolidierten Unternehmen** vollständig und *in voller Höhe* durchzuführen. Noch nicht realisierte Verluste aus innerkonzernlichen Transaktionen werden jedoch nur dann eliminiert, wenn entsprechende Umkehreffekte in den nachfolgenden Perioden erzielbar sind (IAS 27.17). Die insoweit *nicht* zu eliminierenden Verluste sind daher die Folge eines gesunkenen Netto-Veräußerungswerts kurzfristiger Aktiva oder eines Wertminderungsverlustes (impairment loss) langfristiger Aktiva (so IAS 31.40). Ergebniswirksame Konsolidierungsmaßnahmen wirken damit unmittelbar auf die Höhe des den Minderheitengesellschaftern zuzurechnenden Jahresergebnisses. 981

Die **Zwischenergebniseliminierung** gegenüber **at equity bewerteten Beteiligungen** ist jedoch nur *anteilig* vorzunehmen (SIC-3.3). Bei Lieferungen vom Konzern an das assoziierte Unternehmen (sog. *downstream-Transaktion*) muss Letzteres lediglich die am Abschlusstichtag noch im Bestand befindlichen, vom Konzern gelieferten Vermögenswerte melden, damit die Konzernspitze die Zwischenergebniseliminierung anteilig vornehmen kann. Bei *upstream-Geschäften* – Lieferungen des assoziierten Unternehmens an den Konzern – muss das assoziierte Unternehmen demgegenüber die Kalkulationsgrundlagen melden, damit die anteilsmäßige Zwischenergebniseliminierung überhaupt vorgenommen werden kann. 982

88 Vgl. PriceWaterhouseCoopers (Hrsg.), Understanding IAS, 2. Aufl. 1998, S. 28-7.

Die **anteilsmäßige Zwischenergebniseliminierung** ist auch gegenüber quotal einbezogenen **Gemeinschaftsunternehmen** erforderlich (IAS 31.39 f.).

983 Die Aufrechnung einander dem Grunde nach entsprechender Positionen ist nach IAS im Vergleich zum HGB insoweit komplexer, als nach IAS mit den fortgeführten Anschaffungskosten, erfolgsneutraler fair value Bewertung, erfolgswirksamer fair value Bewertung sowie einem (niedrigeren) erzielbaren Betrag unterschiedliche Bewertungskonzeptionen möglich sind.

Beispiel:

Die Konzernunternehmen LG (Vermieter) und LN (Mieter) gehören zum selben Konzernkreis. LG hat sich auf die Vermietung von Grundstücken und Gebäuden spezialisiert und wendet für deren Bilanzierung als investment property gem. IAS 40 in der Handelsbilanz II das fair value model an. Wegen der fair value Bewertung bei LG entstehen auch Unterschiede zur Steuerbilanz, so dass latente Steuern anzusetzen sind. LG vermietet auch konzernintern Grundstücke und Gebäude an LN. LN nutzt diese zu Produktions- und Verwaltungszwecken. Aus Konzernsicht ist das Leasingverhältnis zu konsolidieren und für die Immobilien IAS 16 anzuwenden. Hiernach können die Immobilien ebenfalls zum fair value – allerdings erfolgsneutral (Neubewertungsmethode) – oder zu fortgeführten Anschaffungs- bzw. Herstellungskosten angesetzt werden. Dabei ist zusätzlich zu beachten, dass bei einer Bilanzierung nach IAS 16 (im Gegensatz zum fair value model nach IAS 40) ggf. eine separate Bilanzierung einzelner Teile der Immobilien in Betracht kommt (sog. *component approach*, s. Rz. 328).[89] Daher können durch diese Konsolidierung eine ganze Reihe von Anpassungsbuchungen erforderlich werden, bei denen jeweils wegen der Abweichungen zur Steuerbilanz eine Prüfung des Ansatzes latenter Steuern notwendig ist.

984 Probleme vergleichbarer Art können sich insbesondere auch bei der Konsolidierung von Finanzinstrumenten (**Schuldenkonsolidierung**) ergeben, wenn diese bei den einbezogenen Unternehmen jeweils Kategorien zugeordnet worden sind, die unterschiedlichen Bewertungsmaßstäben folgen, also eine spiegelbildliche Eliminierung im Rahmen der Schuldenkonsolidierung nicht möglich ist.

985–999 Einstweilen frei.

89 Vgl. auch *Helmschrott*, DB 2001, 2457 (2459).

E. Berichtsinstrumente und weitere Angabepflichten

Neben der Bilanz und der Gewinn- und Verlustrechnung einschließlich der zugehörigen Anhangangaben enthält ein IAS-Abschluss einen Eigenkapitalspiegel, die Kapitalflussrechnung und – als Anhangbestandteil – ggf. eine Segmentberichterstattung. Börsennotierte Aktiengesellschaften haben ein Ergebnis je Aktie anzugeben. Darüber hinaus sind gegenüber nahe stehenden Personen und bei der Einstellung von Bereichen weitere Angaben erforderlich. Schließlich enthält IAS 34 Regelungen über den Mindestinhalt eines Zwischenberichts, der im Einklang mit IAS steht. Die Erläuterung dieser Berichtsinstrumente und Angabepflichten ist Gegenstand dieses Teils des Buches. 1000

I. Erläuterungen zum Eigenkapital und Eigenkapitalspiegel

1. Übersicht und Wegweiser

IAS 1 beinhaltet verschiedene **Ausweis- und Angabepflichten** zum Eigenkapital (IAS 1.66, 1.73 e, 1.74). Darüber hinaus wird eine **Eigenkapitalveränderungsrechnung** (Eigenkapitalspiegel) als Abschlussbestandteil verlangt (IAS 1.86 ff., s. auch Rz. 207). Regelungen zur Abgrenzung von Eigen- und Fremdkapital finden sich in IAS 32, die bereits in Rz. 513 erläutert wurden. Ferner befasst sich SIC-16 mit dem Erwerb eigener Anteile und SIC-17 mit den Kosten von Kapitalerhöhungen. Diese Regelungen werden in diesem Kapitel zusammengefasst dargestellt. 1001

In Deutschland gab es bisher nach den HGB-Vorschriften keine Verpflichtung zur Erstellung einer Eigenkapitalveränderungsrechnung. Eine solche Veränderungsrechnung wurde jedoch von DRS 7 für alle Konzernabschlüsse nach den Grundsätzen ordnungsmäßiger Konzernrechnungslegung verlangt. Auch das deutsche HGB bewegt sich nun in Richtung Eigenkapitalspiegel: Aufgrund des Transparenz- und Publizitätsgesetzes vom 19. Juli 2002[1] wurde § 297 Abs. 1 HGB dahingehend ergänzt, dass der Konzernabschluss kapitalmarktorientierter Unternehmen (neben Kapitalflussrechnung und Segmentberichterstattung) auch einen Eigenkapitalspiegel umfasst. Die Erklärung für den früher nicht gesetzlich vorgeschriebenen Eigenkapitalspiegel ist darin zu sehen, dass es in Deutschland im Gegensatz zu dem anglo-amerikanischen Raum kaum **erfolgsneutrale Buchungen**[2] im Eigenkapital gibt, die nicht auf 1002

---

1 TransPuG v. 19.7.2002, BGBl. I 2002, 2681 ff.

2 Ausnahmen: Erfolgsneutrale Behandlung der Differenzen aus der Währungsumrechnung von Fremdwährungsabschlüssen im Konzernabschluss und Verrechnung von Firmenwerten aus der Kapitalkonsolidierung nach § 309 Abs. 1 Satz 3 HGB sowie neuerdings die Behandlung der sich aus der Erstanwendung des TransPuG ergebenden Auswirkungen (Art. 54 Abs. 2 EGHGB i. d. F. TransPuG v. 19.7.2002, BGBl. I 2002, 2681); in ähnlicher Weise konnten die Anpassungsbeträge aus der Erstanwendung des Bilanzrichtliniengesetzes behandelt werden (Art. 24 und 27 EGHGB).

Einlagen oder Entnahmen durch die Eigner beruhen. Dieser Umstand steht wiederum im Zusammenhang mit der Schmalenbach'schen[3] „**Kongruenz**"-Lehre, die verlangte, dass die Summe der Periodengewinne dem Totalgewinn entspricht. Kongruenz im Sinne dieser Lehre impliziert, dass alle Eigenkapitalveränderungen, die nicht auf Einlagen der und Ausschüttungen an die Eigner beruhen, unmittelbar im Periodenerfolg (in der Gewinn- und Verlustrechnung) erfasst werden.[4] Da es demgegenüber im IAS-Regelwerk eine Vielzahl von erfolgsneutralen Eigenkapitalveränderungen gibt, worauf nachfolgend im Einzelnen eingegangen wird, ist es im Interesse der Transparenz des Jahresabschlusses unabdingbar, dass eine detaillierte Eigenkapitalveränderungsrechnung offen gelegt wird, zumal sie, um die Konsolidierung zu verproben, von dem Ersteller des Konzernabschlusses ohnehin erstellt werden muss.

2. Erläuterungen zum Eigenkapital

1003 Nach IAS 1.66 sind in der Bilanz das gezeichnete Kapital, die Kapitalrücklagen und (im Konzernabschluss) die Minderheitenanteile auszuweisen. Darüber hinaus werden im Anhang zu IAS 1 die „angesammelten Ergebnisse" genannt, die die Gewinnrücklagen, den Ergebnisvortrag und gegebenenfalls auch das Periodenergebnis umfassen. Zusätzlich sollen das gezeichnete Kapital und die Rücklagen weiter unterteilt werden, bspw. in Klassen von eingezahltem Kapital und Agio bei der Ausgabe von Anteilen.

Weiterhin verlangt IAS 1.74 (zukünftig ED IAS 1.72) eine Vielzahl von Angaben, die entweder in der Bilanz oder im Anhang anzugeben sind. Hierzu gehört z. B. Angabe der Anzahl der bedingten und genehmigten Anteile, der ausgegebenen und voll bzw. nicht voll eingezahlten Anteile; wir verweisen auf IAS 1.74.

1004 Eine wesentliche Abweichung gegenüber dem HGB besteht bei der Behandlung **eigener Anteile**. Während sie nach HGB (§ 272 Abs. 4 HGB i. V. m. § 266 HGB) im Umlaufvermögen ausgewiesen werden, kürzen sie nach IAS das Grundkapital (SIC-16.4). Hierbei kommen nach SIC-16.10 drei Alternativen in Betracht:

(1) Abzug des Nennwerts der eigenen Anteile vom gezeichneten Kapital und des verbleibenden Rest von den Kapitalrücklagen

(2) Aufteilung der Anschaffungskosten in die erforderlichen Eigenkapitalkategorien und entsprechender Abzug in jeder bilanzierten Eigenkapitalkategorie

(3) Abzug der gesamten Anschaffungskosten in einer Summe offen vom Eigenkapital (cost method).

Alternative (3) wird in der Praxis bevorzugt angewendet.

3 *Schmalenbach*, Dynamische Bilanz, 4. Aufl. 1926, S. 96 ff.
4 Vgl. *Schildbach*, DB 1999, 1813 sowie *Busse von Colbe* in FS Forster, 1992, S. 125 ff.

Der Kauf eigener Aktien führt somit zur Veränderung des Eigenkapitals, die nach SIC-16.6 gesondert anzugeben ist, zweckmäßigerweise in der Eigenkapitalveränderungsrechnung (vgl. nachfolgend Rz. 1006 ff.). Durch den Verkauf oder die Einziehung von eigenen Anteilen darf kein Aufwand oder Ertrag in der Gewinn- und Verlustrechnung ausgewiesen werden (SIC-16.5).

Die **Aufwendungen einer Kapitalerhöhung** bzw. **Kosten der Eigenkapitalbeschaffung** werden nicht in der GuV erfasst, sondern sind als Abzug vom Eigenkapital zu bilanzieren und gesondert anzugeben (SIC-17.9). Soweit diese Kosten ertragsteuerlich abzugsfähig sind, werden die angefallenen Transaktionskosten um die hierdurch ausgelösten Ertragsteuervorteile gemindert (SIC-17.6). Bei den vorbezeichneten Transaktionskosten handelt es sich um die „**direkt zurechenbaren externen Kosten**" (SIC-17.5), nicht jedoch um allgemeine Aufwendungen beispielsweise im Zusammenhang mit einer Image-Kampagne zur Kapitalbeschaffung.[5] 1005

3. Eigenkapitalspiegel

Veränderungen des Eigenkapitals (des Reinvermögens) ergeben sich grundsätzlich aus zwei Quellen: 1006

- Aus erfolgsneutralen Transaktionen mit den Eignern (Kapitaleinzahlungen und Ausschüttungen/Rückzahlungen) und
- aus dem Periodenergebnis (Unternehmenserfolg).

Dieses klare Konzept (sog. **Kongruenz-Prinzip**, s. Rz. 1002) wird durchbrochen, wenn außerhalb der GuV Eigenkapitalveränderungen, also Aufwendungen und Erträge, *erfolgsneutral* erfasst werden.[6]

Im IAS-Regelwerk gibt es eine Vielzahl von Änderungen des Eigenkapitals, die nicht erfolgswirksam erfasst werden: 1007

(1) **Umrechnungsdifferenzen** aus der Währungsumrechnung nach der modifizierten Stichtagskursmethode (s. Rz. 854 f.),

(2) bei **Finanzinstrumenten** Wertänderungen von finanziellen Vermögenswerten der Kategorie available-for-sale (s. Rz. 533) und erfolgsneutrale Wertdifferenzen bei *cash flow hedges* (s. Rz. 602),

(3) die **Neubewertungsrücklage** bei Verwendung der Neubewertungsmethode im Sachanlagevermögen (s. Rz. 343 ff.) und ggf. bei immateriellen Vermögenswerten (s. Rz. 304) und

(4) **Änderungen von Bilanzierungs- und Bewertungsmethoden** sowie **Berichtigungen grundlegender Fehler** nach der retrospektiven Methode (s. Rz. 136).

5 Vgl. *Hayn/Waldersee*, IAS/US-GAAP/HGB im Vergleich, 3. Aufl. 2002, S. 157.
6 Vgl. *Busse von Colbe* in FS Forster, 1992, S. 125 ff.; *ders.*, BB 2000, 2405.

1008 Die vorgenannten Eigenkapitalveränderungen der Ziffern (1) bis (3) werden als sog. *other comprehensive income* bezeichnet; zusammen mit dem in der Gewinn- und Verlustrechnung ausgewiesenen Periodenergebnis führen sie zum sog. *comprehensive income* („Gesamtleistung"). Das Konzept des *comprehensive income* beruht auf dem Gedanken, dass nicht nur die erfolgs*wirksamen*, sondern auch die erfolgs*neutralen* Ergebniskomponenten zur Beurteilung der Leistung eines kapitalmarktorientierten Unternehmens heranzuziehen sind.

Das *other comprehensive income* ist nach IAS 1.86 (b) gesondert in der Eigenkapitalveränderungsrechnung auszuweisen.

1009 Die **Eigenkapitalveränderungsrechnung** hat nach IAS 1.86[7] folgende **Komponenten**:

(a) das Periodenergebnis,

(b) das *other comprehensive income,*

(c) die Gesamtauswirkungen der Änderungen der Bilanzierungs- und Bewertungsmethoden und der Berichtigung grundlegender Fehler, die als Benchmark-Methode nach IAS 8 behandelt werden.

Zusätzlich müssen im **Anhang** oder in der **Eigenkapitalveränderungsrechnung** folgende Angaben gemacht werden:

(d) Kapitaltransaktionen mit Anteilseignern und Ausschüttungen an Anteilseigner,

(e) Betrag der angesammelten Ergebnisse zu Beginn der Periode und zum Bilanzstichtag sowie Bewegungen während der Periode (Entwicklung der Gewinnrücklagen, des Bilanzgewinns/Ergebnisvortrags) und

(f) Überleitung der Buchwerte jeder Kategorie des gezeichneten Kapitals, der Kapitalrücklagen und sämtlicher anderer Rücklagen zu Beginn und am Ende der Periode unter Angabe jeder Bewegung.

1010 Zur **Darstellung** werden im Anhang zu IAS 1 zwei Formen angeboten, auf die hier verwiesen wird.

Empfohlen wird, sämtliche Änderungen des Eigenkapitals in der Eigenkapitalveränderungsrechnung zu erfassen, also die Komponenten (a)–(f) in den Eigenkapitalspiegel zu integrieren.

Ein entsprechender **Vorschlag** findet sich in der nachfolgenden **Tabelle**, wobei das *other comprehensive income* gesondert und nicht als Bestandteil der Gewinnrücklagen ausgewiesen wird. Möglich ist aber auch eine „davon"-Darstellung. Als Bilanzgewinn sollte nur der Teil der Eigenmittel ausgewiesen werden, der beim **Mutterunternehmen** für Ausschüttungszwecke in Betracht kommt. Zu beachten ist, dass auch für den Eigenkapitalspiegel die **Vergleichsdaten der Vorperiode** zu zeigen sind. Wir haben in der nachfolgenden Tabelle exemplarisch nur das Berichtsjahr dargestellt.

7 Zukünftig sind die einschlägigen Regelungen in ED IAS 1.91 ff. enthalten, die sich jedoch insoweit materiell nicht verändern.

Tab. 45: Eigenkapitalveränderungsrechnung

	Gezeichnetes Kapital	Kapitalrücklage	Gewinnrücklagen	Accumulated Other Comprehensive Income			Bilanzgewinn	**Anteil des Konzerns**	**Fremdanteile**	**Gesamt**
				Währungsumrechnung	Marktbewertung von Finanzinstrumenten	Neubewertung von Vermögenswerten				
Stand: 1.1.02	1 000	500	650	– 100	+ 200	+ 400	300	2 950	350	3 300
+/– Änderungen von Bilanzierungs- und Bewertungsmethoden sowie Korrektur grundlegender Fehler			– 50					– 50	– 5	– 55
angepasster Betrag 1.1.02	1 000	500	600	– 100	+ 200	+ 400	300	2 900	345	3 245
Dividendenzahlungen							– 250	– 250	– 25	– 275
Einstellung in/Entnahmen aus Gewinnrücklagen			+ 150			– 100	– 50	–	–	–
Ergebnis nach Steuern			+ 500				+ 400	+ 900	+ 80	+ 980
Other Comprehensive Income				– 50	– 75			– 125	– 10	– 135
Erfolgswirksame Realisierung von Marktwerten					– 60			– 60	–	– 60
Kapitalerhöhung/ -verminderung	+ 200	+ 300						+ 500	+ 30	+ 530
Stand 31.12.02	1 200	800	1 250	– 150	+ 65	300	400	3 865	420	4 285

Das Beispiel in der vorbezeichneten Tabelle zur Eigenkapitalveränderungsrechnung kann wie folgt erläutert werden:

Die Verringerung der **Neubewertungsrücklage** in der Spalte „Neubewertung von Vermögenswerten"(– 100) und die gleichzeitige Zuführung dieses Betrages bei den Gewinnrücklagen (+ 150, zusammen mit Einstellung aus dem Bilanzgewinn) ist auf die Realisierung der Aufwertung, sei es durch Veräußerung oder Abschreibung des Vermögenswertes, zurückzuführen (vgl. Rz. 348).

Demgegenüber ist bei der Entwicklung der Bewertungsrücklage für **Finanzinstrumente** in der Spalte „Marktbewertung von Finanzinstrumenten" zu differenzieren: Die Reduktion um (– 60) hat zu einem entsprechenden Ertrag in der Gewinn- und Verlustrechnung geführt, da sämtliche *realisierten* Gewinne bzw. Verluste (z. B. aus der Veräußerung von Finanzinstrumenten) erfolgswirksam zu erfassen sind (vgl. Rz. 548). Die weitere Reduktion um (– 75) ist dagegen auf fair value-Änderungen beispielsweise der Kategorie available-for-sale zurückzuführen, die erfolgsneutral zu erfassen sind. Ferner wird in der Zeile „Other Comprehensive Income" deutlich, dass es erfolgsneutrale Änderungen (Differenzen aus Währungsumrechnung oder Marktbewertung von Finanzinstrumenten) auch bei Tochtergesellschaften gegeben haben muss, an denen andere Gesellschafter beteiligt sind, da es hier in der Spalte „Fremdanteile" zu einer Reduktion um (– 10) gekommen ist.

Die Spalte „Anteil des Konzerns" enthält die Summen der vorangegangenen Spalten. Zusammen mit den „Fremdanteilen" (Ausgleichsposten für Anteile anderer Gesellschafter) ergibt sich so die Summe des in der Konzernbilanz auszuweisenden Eigenkapitals.

1011–1014 Einstweilen frei.

II. Kapitalflussrechnung

1. Übersicht und Wegweiser

1015 Gegenstand der Kapitalflussrechnung ist die Darstellung der Zuflüsse und Abflüsse von Zahlungsmitteln und Zahlungsmitteläquivalenten (**Veränderung des Finanzmittelfonds**), wobei zwischen Mittelzu- und -abflüssen aus

- laufender Geschäftstätigkeit
- Investitionstätigkeit
- Finanzierungstätigkeit

unterschieden wird. Die entsprechenden Regelungen hierzu enthält IAS 7.

1016 Die Kapitalflussrechung ist integraler Bestandteil eines Einzel- oder Konzernabschlusses nach IAS (IAS 7.1 sowie Rz. 104). Demgegenüber haben nach HGB erst seit 1999[8] und auch nur *börsennotierte Mutterunternehmen* den

8 Für Geschäftsjahre, die nach dem 31.12.1998 beginnen, s. Art. 46 Abs. 1 EGHGB.

Konzernanhang um eine (Konzern-)Kapitalflussrechnung zu erweitern (§ 297 Abs. 1 Satz 2 HGB). Mit Wirkung für Geschäftsjahre, die nach dem 31.12.2002 beginnen, ist der Anwendungsbereich der Norm durch das TransPuG[9] erweitert worden: Ausreichend für die Verpflichtung der Aufstellung der Kapitalflussrechnung ist, dass das *Mutterunternehmen* oder eines seiner *Tochterunternehmen* den *organisierten Kapitalmarkt* in Anspruch nimmt. Ferner ist die Kapitalflussrechnung nicht mehr Bestandteil des Anhangs, sondern ist als **eigenständiges Berichtsinstrument** des Konzernabschlusses zu verstehen. Diese Kategorie von Unternehmen sowie Unternehmen, die für den HGB-Konzernabschluss freiwillig eine Kapitalflussrechnung aufstellen, sollen dabei DRS 2 beachten.

International bestehen zwischen den Vorschriften zur Kapitalflussrechnung 1017 kaum Unterschiede. IAS 7 lehnt sich stark an die entsprechende US-GAAP-Vorschrift des SFAS 95 an und war der erste Standard des IASC, der von der IOSCO und damit auch der SEC als deren Mitglied vollständig anerkannt wurde.[10] Ferner stehen Kapitalflussrechnungen, die DRS 2 entsprechen, hinsichtlich Konzeption und Ausgestaltung grundsätzlich in Übereinstimmung mit IAS 7.[11]

Die Kapitalflussrechnung kann entweder **originär** (direkt) aus den Zahlungs- 1018 strömen der Buchhaltung oder **derivativ** (indirekt) durch eine Bereinigung der Erfolgsrechnungen und Bilanzen ermittelt werden (IAS 7.18).[12] In der Praxis überwiegt die derivative Methode, da die Unternehmen nicht die für die direkte Methode erforderlichen Daten bereitstellen können bzw. die erforderliche Konzernbuchführung überhaupt nicht vorliegt.[13]

2. Darstellung und Aufbau

a) Abgrenzung des Finanzmittelfonds

Der Finanzmittelfonds besteht aus Zahlungsmitteln (Cash) und Zahlungs- 1019 mitteläquivalenten. **Zahlungsmittel** umfassen Barmittel und Sichteinlagen (IAS 7.6). **Zahlungsmitteläquivalente** sind kurzfristige, äußerst liquide finanzielle Vermögenswerte, die jederzeit in Zahlungsmittel umgewandelt werden können und nur unwesentlichen Wertschwankungsrisiken unterliegen (IAS 7.6). Ein nur unwesentliches Wertschwankungsrisiko kann angenom-

9 BGBl. I 2002, 2681 ff.

10 Vgl. *Biener*, Bedeutung und Chancen der IASC-Vorschriften als internationale Rechnungslegungsnorm, in Dörner et.al. (Hrsg.), IASC-Rechnungslegung, 1995, S. 18; zur Entwicklung s. *Pellens*, Internationale Rechnungslegung, 4. Aufl. 2001, S. 500 f.

11 Vgl. WP-Handbuch 2000, Bd. I, 12. Aufl. 2000, Abschn. N Rz. 934.

12 Vgl. *Häusler/Holzer*, WPg 1989, 221.

13 Vgl. *v. Wysocki* in Baetge u. a. (Hrsg.), Rechnungslegung nach IAS, 2. Aufl. 2002, IAS 7 Rz. 100.

men werden, wenn finanzielle Vermögenswerte, gerechnet vom Erwerbszeitpunkt, eine Restlaufzeit von nicht mehr als drei Monaten besitzen (IAS 7.7). Hierzu können beispielsweise Wertpapiere der Kategorien held-to-maturity oder available-for-sale gehören.[14]

Kontokorrent-Kredite, die einen integralen Bestandteil der Zahlungsmitteldisposition des Unternehmens bilden, werden den Zahlungsmitteln und Zahlungsmitteläquivalenten zugerechnet (IAS 7.8).

Bewegungen zwischen den Komponenten der Zahlungsmittel dürfen nicht als Cashflow-Bewegungen ausgewiesen werden. Dies gilt auch für die Umgliederung von Zahlungsmittelbeständen in Zahlungsmitteläquivalente (IAS 7.9).

1020 Es ist die **Zusammensetzung** des Finanzmittelfonds anzugeben und eine **Überleitungsrechnung** der Bestandteile des Finanzmittelfonds zu den entsprechenden Bilanzposten vorzunehmen (IAS 7.45). Nicht realisierte Gewinne und Verluste aus Wechselkursänderungen bei Zahlungsmitteln oder Zahlungsmitteläquivalenten, die in Fremdwährung gehalten werden, sind *nicht* als Cashflows zu betrachten, sondern *gesondert* neben den Cashflows aus laufender Geschäftstätigkeit, Investitions- und Finanzierungstätigkeit auszuweisen (als „Veränderungen der flüssigen Mittel durch Wechselkursveränderungen"; IAS 7.28).[15]

b) Gliederung

1021 Bei der Veränderung des Finanzmittelfonds wird zwischen Mittelzu- und -abflüssen aus

- laufender Geschäftstätigkeit,
- Investitionstätigkeit und
- Finanzierungstätigkeit

unterschieden (IAS 7.10). Zur Aufgliederung innerhalb dieser drei Gruppen enthält IAS 7 kein explizites **Mindestgliederungsschema**, der Anhang A zu IAS 7 veranschaulicht jedoch die Vorschriften und gibt entsprechende Gliederungshinweise. Die Praxis orientiert sich an den Schemata des DRS 2, das auch den Anforderungen von IAS 7 entspricht.[16]

Ausgehend von den Daten, die üblicherweise zur Erstellung der Kapitalflussrechnungen in der Praxis zur Verfügung stehen und unter Berücksichtigung der Anforderungen nach IAS kann folgendes Gliederungsschema für eine Kapitalflussrechnung nach IAS entwickelt werden:

---

14 Vgl. den Ausweis flüssiger Mittel im Konzernabschluss der Merck-Gruppe 2001, S. 64.

15 Vgl. auch *v. Wysocki*, Zur Abgrenzung und Offenlegung des Finanzmittelfonds in der Kapitalflussrechnung nach internationalen Grundsätzen und nach der Stellungnahme HFA 1/1995, in Lanfermann (Hrsg.), FS Havermann, 1995, S. 814 (823).

16 Vgl. WP-Handbuch 2000, Bd. I, 12. Aufl. 2000, Abschn. N Rz. 935.

Tab. 46: Gliederung der Kapitalflussrechnung nach IAS

Kapitalflussrechnung der XY-Gesellschaft für die Zeit vom 1. Januar bis 31. Dezember 2002	Anhang	2002	2001
Ergebnis nach Steuern			
Abschreibungen/Zuschreibungen			
Veränderung der langfristigen Rückstellungen			
Veränderung der latenten Steuern			
Sonstige zahlungsunwirksame Aufwendungen und Erträge (Ergebnis aus Anlagenabgängen, equity-Bewertungen)			
Cashflow			
Veränderung der Vorräte			
Veränderung der Forderungen und sonstigen Vermögensgegenstände			
Veränderung der kurzfristigen Verbindlichkeiten			
Veränderung der kurzfristigen Rückstellungen			
Veränderung des Netto-Umlaufvermögens			
Mittelveränderung aus laufender Geschäftstätigkeit			
Immaterielle Vermögenswerte/Sachanlagen			
Investitionen			
Einnahmen aus Anlagenabgängen			
Akquisitionen, Beteiligungen und Ausleihungen			
Investitionen			
Einnahmen aus Anlagenabgängen			
Veränderungen Wertpapiere			
Mittelveränderung aus der Investitionstätigleit			
Ausschüttungen an Gesellschafter des Mutterunternehmens			
Aufnahme Finanzschulden			
Tilgung Finanzschulden			
Mittelveränderung aus der Finanzierungstätigkeit			
Laufende Veränderung der liquiden Mittel			
Veränderung der liquiden Mittel durch Wechselkurs-veränderungen			
Flüssige Mittel aus der Änderung des Konsolidierungs-kreises			
Veränderung der liquiden Mittel insgesamt			
Liquide Mittel zum Jahresanfang			
Liquide Mittel zum Jahresende			

Der **Cashflow aus der laufenden Geschäftstätigkeit** stammt aus der auf Erlös- 1022
erzielung ausgerichteten Tätigkeit des Unternehmens (IAS 7.14 und DRS 2.22). Beispiele für derartige Mittelzuflüsse gibt IAS 7.14.

IAS 7.18 erlaubt die direkte und die indirekte Darstellung des Cashflows aus der laufenden Geschäftstätigkeit. Die **direkte Darstellungsform**, die empfohlen wird (IAS 7.19), setzt jedoch voraus, dass in der Finanzbuchhaltung einzahlungs- und auszahlungswirksame Buchungen von den einzahlungs- und auszahlungs*un*wirksamen Buchungen auf den Bestands- und Erfolgskonten getrennt werden können.[17] Da dies in der Praxis selten der Fall ist, wird die indirekte Darstellung bevorzugt.[18]

1023 Bei der **indirekten Darstellung** wird der Cashflow aus der laufenden Geschäftstätigkeit durch Rückrechnung zahlungsunwirksamer Posten (wie Abschreibungen und Zuschreibungen) und durch Korrektur der Bestandsänderungen der kurzfristigen Vermögenswerte und Schulden, grundsätzlich ausgehend vom Periodenergebnis vor Abzug von Steuern und auf Minderheiten entfallendes Ergebnis, ermittelt. Die direkte und indirekte Methode werden in „Anhang A zu IAS 7" dargestellt.

1024 **Ertragsteuerzahlungen** sind gesondert anzugeben und regelmäßig als Cashflows aus der laufenden Geschäftstätigkeit zu klassifizieren. Sollte – das ist der Ausnahmefall – eine Zuordnung zu bestimmten Finanzierungs- und Investitionsaktivitäten möglich sein, sind die entsprechenden Ertragsteuern in diesen Gruppen zu zeigen (IAS 7.35 f.).

Abweichend hiervon wird in der Praxis häufig (vgl. auch Tab. 46) vom Periodenergebnis *nach* Steuern ausgegangen. In diesem Fall sind die Ertragsteuerzahlungen im Anhang anzugeben.

1025 Zum **Cashflow aus Investitionstätigkeit** zählen sämtliche **Auszahlungen** für die Beschaffung oder Herstellung langfristiger Vermögenswerte einschließlich Darlehensvergabe. Spiegelbildlich sind auch die Einzahlungen aus der Veräußerung von langfristigen Vermögenswerten einschließlich der Tilgung von Darlehen hier zu erfassen. Die Abgrenzung dieses Cashflows erfolgt durch eine beispielhafte Aufzählung in IAS 7.16, auf die hier verwiesen wird.

1026 Zu beachten ist, dass die Auszahlungen für die Beschaffung von Sachanlagen und immateriellen Vermögenswerten (IAS 7.16 a) nicht mit den **Zugängen** gem. Anlagespiegel identisch sein müssen. Folglich sind von den Zugängen laut Anlagespiegel die auszahlungs*un*wirksamen (fonds*un*wirksamen) Vorgänge abzuziehen; hierzu zählen beispielsweise Zugänge durch Tausch oder Finanzierungsleasing. Ferner werden Zugänge von Sachanlagen und immateriellen Vermögenswerten aus Veränderung des Konsolidierungskreises im Anlagespiegel gesondert ausgewiesen (s. Rz. 447), aber nicht als entsprechende Investitionen in der Kapitalflussrechnung gezeigt. Stattdessen wird die Ausgabe für den Erwerb von Tochtergesellschaften in der Kapitalflussrechnung in einer Zeile gesondert ausgewiesen (s. unten Rz. 1033).

Bei einer Abnahme der vorbezeichneten Posten im Anlagespiegel gelten die Ausführungen entsprechend. Bei der Ermittlung des Cashflows aus der Inves-

17 Vgl. *v. Wysocki* in Baetge u. a. (Hrsg.), Rechnungslegung nach IAS, 2. Aufl. 2002, IAS 7.72.

18 Vgl. *Holzer/Jung*, WPg 1990, 281 (282).

titionstätigkeit werden daher die Einzahlungen aus Abgängen von Gegenständen des Anlagevermögens angesetzt und bei der Ermittlung des Cashflows aus der laufenden Geschäftstätigkeit der korrespondierende Buchgewinn im Jahresergebnis neutralisiert (IAS 7.14).

Die Abgrenzung der Cashflows aus der Finanzierungstätigkeit erfolgt bei- 1027
spielhaft in IAS 7.17. Zum **Cashflow aus Finanzierungstätigkeit** gehören die Zahlungen im Zusammenhang mit Eigenkapitalpositionen einschließlich der Gewinnausschüttungen sowie die Aufnahme und Tilgung von Fremdkapitalpositionen wie z. B. Darlehen und Hypotheken, kurz- oder langfristige Ausleihungen, Schuldverschreibungen, Schuldscheine und Rentenpapiere.

Bei der Investitions- und Finanzierungstätigkeit sind die Hauptgruppen der 1028
Zahlungen grundsätzlich separat und brutto auszuweisen (IAS 7.21). Eine *Saldierung* ist aber – wie auch bei den Einzelpositionen des Cashflows aus laufender Geschäftstätigkeit – zulässig, insbesondere bei Posten mit großer Umschlagshäufigkeit, großen Beträgen und kurzen Laufzeiten (IAS 7.22 f.).

Cashflows aus erhaltenen und gezahlten **Zinsen und Dividenden** sind *jeweils* 1029
gesondert anzugeben (IAS 7.31). Hinsichtlich der Zuordnung besteht ein Wahlrecht: Gezahlte Zinsen sowie erhaltene Zinsen und Dividenden können entweder unter der laufenden Geschäftstätigkeit[19] oder in dem Bereich Finanzierungs- bzw. Investitionstätigkeit ausgewiesen werden (IAS 7.33 f.). Die gewählte Zuordnung ist stetig anzuwenden (IAS 7.31).

Gezahlte Dividenden können entweder dem Finanzierungsbereich (Standardfall) oder den Cashflows aus der laufenden Geschäftstätigkeit zugeordnet werden (IAS 7.34).[20]

Sofern die vorgenannten Zinseinnahmen und Zinsausgaben sowie Dividendeneinnahmen, die der „Mittelveränderung aus laufender Geschäftstätigkeit" zugerechnet werden, nicht gesondert in der Kapitalflussrechnung gezeigt werden, sind sie in den Erläuterungen zur Kapitalflussrechnung im Anhang offen zu legen. Dies entspricht üblicher Praxis (vgl. auch Tab. 46). Bei einem Ausweis im Bereich der Investitions- und Finanzierungstätigkeit werden sie demgegenüber ähnlich wie gezahlte Dividenden gesondert in der Kapitalflussrechnung ausgewiesen.

Zahlungen im Zusammenhang mit **Sicherungsgeschäften** (s. Rz. 585) werden 1030
dem Bereich zugeordnet, zu dem auch die Zahlungen aus dem Grundgeschäft gehören (IAS 7.16g, DRS 2.47).

19 Gezahlte Zinsen sowie erhaltene Zinsen und Dividenden werden in der Kapitalflussrechnung von Banken der betrieblichen Tätigkeit zugeordnet (IAS 7.33).

20 Abweichend DRS 2.37: Hiernach müssen gezahlte Dividenden stets dem Bereich der Finanzierungstätigkeit zugeordnet werden.

3. Sonderfragen

1031 Bei **Beteiligungen**, die nach der Anschaffungskostenmethode bzw. unter Anwendung von IAS 39 im Konzernabschluss bilanziert werden[21] und bei at equity bewerteten Beteiligungen werden in der Kapitalflussrechnung nur die Cashflows zwischen dem Mutterunternehmen und den Beteiligungsgesellschaften (Dividenden, Kapitaleinzahlungen, Kapitalrückzahlungen, Krediteinzahlungen, Kreditauszahlungen) ausgewiesen. Bei der equity-Bilanzierung ist insoweit zu beachten, dass der in der Konzern-Gewinn- und Verlustrechnung erfolgswirksam erfasste Beteiligungsertrag *nicht* der *Einzahlung* nach der Kapitalflussrechnung entspricht (s. auch Rz. 966). Das *zugeflossene* Beteiligungsergebnis unter Berücksichtigung des nicht zahlungswirksamen Teils aus der Veränderung des equity-Ansatzes kann der Mittelveränderung aus der laufenden Geschäftstätigkeit zugeordnet werden.

1032 Im Falle der **Quotenkonsolidierung** (s. Rz. 945 ff.) werden in die konsolidierte Kapitalflussrechnung nur die entsprechenden *Anteile* an den Cashflows des Joint Venture eingestellt (IAS 7.38).

1033 Bei **Veränderungen des Konsolidierungskreises** ist zu differenzieren:

Beruhen diese Veränderungen auf einem **Erwerb** von Tochterunternehmen in der Berichtsperiode, so sind die hieraus resultierenden Mittelabflüsse als **gesonderter Posten** darzustellen und im Rahmen der Investitionstätigkeit („Erwerb von Tochterunternehmen“) auszuweisen (IAS 7.39). Eine Zuordnung der Zahlung auf die einzelnen erworbenen Vermögenswerte und Schulden (Erwerbsfiktion bei der Kapitalkonsolidierung) erfolgt daher *nicht*. Zu beachten ist ferner, dass der auszuweisende Kaufpreis eine *Nettozahl* darstellt, mit anderen Worten, die erworbenen Zahlungsmittel sind vom Unternehmenskaufpreis abzuziehen, und als Auszahlung für Investitionen ist in der Kapitalflussrechnung der gekürzte Betrag auszuweisen (IAS 7.42). Entsprechendes mit umgekehrtem Vorzeichen gilt für den Fall des **Verkaufs** eines Tochterunternehmens. Eine Saldierung von Kauf- und Verkaufaktivitäten kommt nicht in Betracht (IAS 7.41).

Wird erstmals ein Tochterunternehmen in einer Berichtsperiode konsolidiert, das bereits in einer **Vorperiode** erworben wurde, resultieren aus dieser Maßnahme keine Mittelzu- und -abflüsse, die in der Kapitalflussrechnung abzubilden sind (DRS 2.45).

Der Zu- oder Abgang an Zahlungsmitteln, der jedoch dadurch bewirkt wird, dass erstmals ein Tochterunternehmen konsolidiert wird oder aus dem Konsolidierungskreis ausscheidet, ohne dass ein Kauf oder Verkauf in der Berichtsperiode vorliegt, ist zur Überleitung auf den Finanzmittelbestand am Ende der Periode gesondert auszuweisen („Flüssige Mittel aus der Änderung des Konsolidierungskreises“). Dieser Posten wird damit Bestandteil der Dar-

21 Dazu gehören auch nichtkonsolidierte Tochterunternehmen.

stellung der Veränderung des Finanzmittelfonds im Rahmen der Konzern-Kapitalflussrechnung (DRS 2.45).

Die Cashflows aus außerordentlichen Posten sind gesondert anzugeben und verursachungsgerecht den drei Bereichen laufende Geschäftstätigkeit, Investitions- oder Finanzierungsbereich zuzuordnen (IAS 7.29). Wegen des vorgesehenen Wegfalls außerordentlicher Posten (s. Rz. 221) soll auch IAS 7.29 gestrichen werden. 1034

4. Anhangangaben

Im Zusammenhang mit dem Erwerb oder der Veräußerung von Tochterunternehmen oder sonstigen Geschäftseinheiten – wozu die Veräußerung von Bereichen gem. IAS 35 zu zählen ist (s. Rz. 1130) –, sind Anhangangaben nach IAS 7.40 erforderlich, auf die hier verwiesen wird. 1035

Klarstellend führt IAS 7.43 aus, dass Investitions- und Finanzierungsvorgänge, die nicht zu einer Veränderung der Zahlungsmittel führen, *nicht* Bestandteil der Kapitalflussrechnung sind. Als Beispiele können genannt werden: 1036

- Umschuldung von kurz- in langfristiges Fremdkapital,
- Umwandlung von Schulden in Eigenkapital sowie
- Erwerb von Vermögenswerten durch Schuldübernahme oder durch Finanzierungsleasing (IAS 7.44).

Über solche Vorgänge ist im **Anhang** zu berichten, damit die notwendigen Informationen über diese Investitions- und Finanzierungsvorgänge für den Bilanzleser erkennbar werden (IAS 7.43).

Enthält der Finanzmittelfonds Bestände, über die das Unternehmen nicht oder nur *beschränkt verfügen* kann, so *ist* dieser Betrag an Zahlungsmitteln – zweckmäßigerweise im Anhang – anzugeben (IAS 7.48). 1037

Nach IAS 7.50 (a) wird *empfohlen*, den Betrag der **nicht ausgenutzten Kreditlinien**, die zur Deckung künftigen Finanzbedarfs zur Verfügung stehen, unter Angabe gegebenenfalls einschränkender Bedingungen anzugeben. 1038

Auch diese Angabe wird zweckmäßigerweise im Anhang gemacht. Zu weiteren empfohlenen Anhangangaben wird auf IAS 7.49 ff. verwiesen.

Einstweilen frei. 1039–1044

III. Weitere Anhangangaben

1. Segmentberichterstattung

a) Übersicht und Wegweiser

1045 Mit der Bilanz und Gewinn- und Verlustrechnung wird eine hochaggregierte Darstellung der Vermögens- und Ertragslage des Gesamtunternehmens – Konzern oder Einzelunternehmen – geboten. Diese Art der Darstellung lässt aber nicht mehr erkennen, in welchen Bereichen das Unternehmen seine Stärken und Schwächen hat und wo Risiken und Chancen bestehen. Abhilfe soll hier die Segmentberichterstattung schaffen:[22] Durch die Disaggregation ausgewählter Abschlussdaten nach Geschäftssegmenten und geographischen Segmenten soll der Abschlussadressat in die Lage versetzt werden,

(a) die bisherige Ertragskraft des Unternehmens besser zu verstehen,

(b) die Risiken und Erträge des Unternehmens besser einzuschätzen und

(c) das gesamte Unternehmen besser beurteilen zu können (IAS 14, Zielsetzung).

Die entsprechenden **Regelungen** hierzu enthält **IAS 14**. Der Standard ist anzuwenden auf den Abschluss (Konzernabschluss, falls dieser aufzustellen ist) von Unternehmen, deren Aktien oder schuldrechtliche Wertpapiere an einer *Wertpapierbörse* gehandelt werden oder die den Handel entsprechend in die Wege geleitet (beantragt) haben (IAS 14.3). Sollte im Übrigen ein nach IAS bilanzierendes Unternehmen in seinen Abschluss freiwillig eine Segmentberichterstattung aufnehmen, so hat diese IAS 14 zu entsprechen (IAS 14.5). Die Segmentberichterstattung wird (regelmäßig) *in den Anhang integriert*, da sie kein eigener IAS-Berichtsbestandteil ist.

1046 Analog zur Entwicklung der Regelungen über die Kapitalflussrechnung (s. Rz. 1016) haben auch kapitalmarktorientierte Unternehmen gem. § 297 Abs. 1 Satz 2 HGB den Konzernabschluss nach HGB um eine Segmentberichterstattung zu erweitern. Dabei ist **DRS 3** zu beachten. DRS 3 orientiert sich bei der Segmentabgrenzung am amerikanischen Standard SFAS 131, hinsichtlich der Angabepflichten jedoch an IAS 14.[23]

1047 Zur Frage der **Segmentabgrenzung** werden international zwei Konzepte diskutiert:[24] der sog. *management approach* und der sog. *risks and rewards* bzw. *risks and returns approach*. Nach dem *management approach* ist die

22 Zur Bedeutung der Segmentberichterstattung im Rahmen kapitalmarktorientierter Rechnungslegung vgl. *Haller*, Segmentberichterstattung in Haller/Raffournier/Walton (Hrsg.), Unternehmenspublizität im internationalen Wettbewerb, 2000, S. 755 (757 ff.).

23 So *Haller* in Baetge u. a. (Hrsg.), Rechnungslegung nach IAS, 2. Aufl. 2002, IAS 14 Rz. 42. Zu einem Vergleich zwischen DRS 3 und IAS 14 sowie SFAS 131 vgl. *Alvarez*, DB 2002, 2057.

24 Zu einem Vergleich der Konzepte s. *Fey/Mujkanovic*, DBW 1999, 261 (263–266).

externe Segmentberichterstattung so aufzubereiten, wie auch unternehmensintern an den Vorstand bzw. Aufsichtsrat berichtet wird. Demgegenüber ist nach dem *risks and rewards approach* nach Ursprung und Art der Risiken und Erträge eines Unternehmens zu gliedern. Während der amerikanische Standard SFAS 131 eindeutig dem *management approach* folgt,[25] beinhaltet IAS 14 beide Elemente.[26]

b) Segmentabgrenzung

aa) Bestimmung des primären und sekundären Segmentberichtformats

IAS 14 sieht zwei unterschiedliche Formate für die Segmentberichterstattung vor, die als primäres und sekundäres Berichtsformat bezeichnet werden. Mit dem primären Segmentberichtformat werden dem Abschlussadressaten deutlich mehr Informationen zur Verfügung gestellt als mit dem sekundären. Der Abschluss hat beide Formate zu enthalten. 1048

Die Segmentierung kann nach IAS nur nach sektoralen (**sektorale Segmentierung**, „Geschäftssegment") oder regionalen (**regionale Segmentierung**, „geographisches Segment") Kriterien erfolgen. Wird die sektorale Segmentierung als primäres Format bestimmt, ist automatisch die regionale Segmentierung das sekundäre Format und umgekehrt; s. nachfolgende Abb. 44 *Primäres und sekundäres Berichtsformat*.

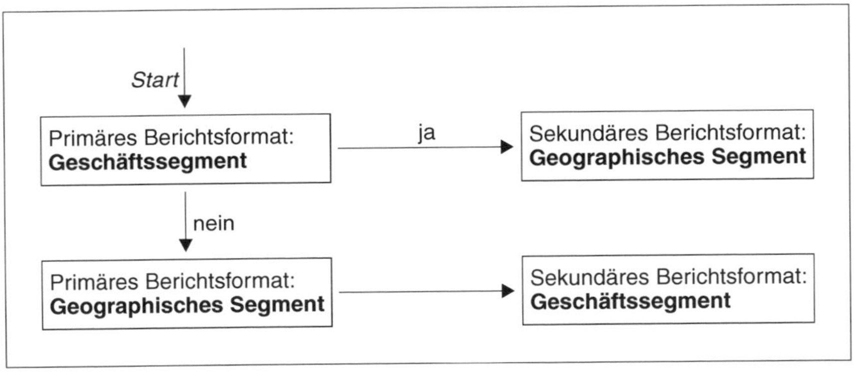

Abb. 44: Primäres und sekundäres Berichtsformat

25 Vgl. FAS 131.4 f.

26 Welchem der beiden Ansätze durch IAS 14 Vorrang eingeräumt wird, ist in der Literatur strittig und soll hier nicht vertieft werden. Siehe zu dieser Diskussion z. B. (Vorrang *management approach*) *Pellens*, Internationale Rechnungslegung, 4. Aufl. 2001, S. 507 sowie *Böcking*, Segmentberichterstattung, in Dörner/Menold/Pfitzer (Hrsg.), Reform des Aktienrechts, der Rechnungslegung und Prüfung: KonTraG – Kap. A EG – EuroEG – StückAG, Stuttgart 1999, S. 505 ff.; gegenteilige Auffassung *Haller* in Baetge u. a. (Hrsg.), Rechnungslegung nach IAS, 2. Aufl., 2002, IAS 14 Rz. 31 sowie *Fey/Mujkanovic*, DBW 1999, 261 (265 f.).

1049 Als **Geschäftssegment** wird in IAS 14.9 eine Teilaktivität eines Unternehmens definiert, in der Produkte erzeugt und/oder Dienstleistungen erbracht werden und die Risiken und Chancen unterliegt, die sich von denen in anderen Geschäftsfeldern unterscheiden. Gleichen sich Produkte und Dienstleistungen in der Mehrzahl der folgenden Kriterien, so gelten sie als denselben Risiken und Erträgen ausgesetzt; sie sind *intern homogen* und *extern* (zu anderen Produkten und Dienstleistungen) *heterogen*:

Tab. 47: Abgrenzung von Geschäftssegmenten

Kriterien nach IAS 14.9[27]	**Wesentliche Aspekte zur Beurteilung der Risiken und Chancen**[28]
Art der Produkte und Dienstleistungen	– Ähnlichkeit des Bestimmungszwecks – Substitute/Komplementärgüter
Art der Produktionsprozesse	– Gemeinsame Nutzung von Produktionsanlagen – Ähnliche Qualifikation der Arbeitskräfte – Einsatz gleicher/ähnlicher Rohstoffe
Kundengruppen	– Privatkunden, gewerbliche Kunden, staatliche Institutionen – Abhängigkeit von Großkunden – Preiselastizität der Nachfrage
Vertriebsmethoden und -kanäle	– Ähnlichkeit der Vertriebsmethoden – Gemeinsame Nutzung von Verkaufsräumlichkeiten
Art des gewöhnlichen Regelungsumfeldes (*regulatory environment*)	– Ähnliche zivilrechtliche Bestimmungen (z. B. für bestimmte Branchen) – Ähnliche steuerliche Rahmenbedingungen

1050 Demgegenüber ist nach IAS 14.9 ein **geographisches Segment** eine Teilaktivität, in der Produkte und Dienstleistungen innerhalb eines spezifischen wirtschaftlichen Umfeldes erzeugt *bzw.* erbracht werden, die Risiken und Chancen unterliegen, die sich von denen in einem anderen wirtschaftlichen Umfeld unterscheiden. Daher ist zunächst entweder nach dem **Herstellungsort** oder dem **Absatzort** zu differenzieren (IAS 14.13). Als Kriterien zur Beurteilung der *internen Homogenität* und *externen Heterogenität* gelten dann jeweils:

27 DRS 3.8 hat diese Kriterien übernommen.
28 In Anlehnung an *Geiger*, BB 2002, 1903 (1905).

Tab. 48: Abgrenzung von geographischen Segmenten

Kriterien nach IAS 14.9[29]	Wesentliche Aspekte zur Beurteilung der Risiken und Chancen[30]
Gleichartigkeit der wirtschaftlichen und politischen Rahmenbedingungen der Regionen	– Wirtschaftsentwicklung und Wachstumsperspektiven – Soziale Lage, Kaufkraft, Wohlstandsverteilung – Stabilität des politischen Systems – Wirtschaftsordnung
Beziehungen zwischen Tätigkeiten in unterschiedlichen geographischen Regionen	– Abwicklung mehrstufiger länderübergreifender Produktionsprozesse
Nähe der Tätigkeiten zueinander	– gleicher Wirtschaftsraum – gleicher Kontinent/gleiche Region
spezielle Risiken, die mit Tätigkeiten in einem bestimmten Gebiet einhergehen	– Durchsetzung von Verträgen – Begrenzung von Auslandsinvestitionen – Verfügbarkeit einheimischer Fachkräfte
Devisentransfer- und Wechselkursrisiken	– Transferbeschränkungen – Währungskonvertibilität – Inflationsraten, Wechselkursschwankungen

Sowohl die Kriterien für Geschäftssegmente als auch für geographische Segmente sind notwendigerweise abstrakt. Daraus ergibt sich ein **Ermessensspielraum**, auf den auch IAS 14.15 ausdrücklich hinweist. In der Ausfüllung dieses Ermessensspielraums hat das Management in besonderer Weise die qualitativen Bilanzierungsgrundsätze zu beachten (s. Rz. 121 ff.). 1051

Bei der Entscheidung, ob Geschäftsfelder oder geographische Segmente Gegenstand der primären oder sekundären Berichterstattung sind (s. Abb. 44), ist Folgendes zu beachten: IAS 14 eröffnet hier kein Wahlrecht, sondern folgt dem sog. **risks and returns approach**. Wenn die Risiken und der Erfolg eines Unternehmens dominant durch seine unterschiedlichen Produkte und Dienstleistungen beeinflusst werden, bilden *Geschäftssegmente* das *primäre* und die geografischen Regionen das *sekundäre* **Berichtsformat** (IAS 14.26). Sind die Risiken und Chancen jedoch hauptsächlich abhängig von den Unterschieden in verschiedenen regionalen Märkten, so stellt das *geographische Segment* das *primäre* und das *Geschäftssegment* das *sekundäre* Berichtsmerkmal dar (IAS 14.26). Zugleich wird in IAS 14.27 konstatiert, dass das *interne Berichtswesen* der Unternehmen normalerweise nach dem Kriterium des *risks and returns*-Ansatzes ausgestaltet ist. Dann soll auch für externe Zwecke die Segmentberichterstattung entsprechend aufgebaut werden. In diesem Fall führen der sog. *management approach*, der eine strikte Ausrichtung der Segmentberichterstattung an der internen 1052

29 DRS 3.8 hat diese Kriterien übernommen.
30 In Anlehnung an *Geiger*, BB 2002, 1903 (1906).

Berichterstattung fordert, und der *risks and returns approach* zum selben Ergebnis.[31]

Beispiele:

- Das interne Berichtswesen eines sektoral stark diversifizierten Unternehmens (unterschiedliche Produkte, keine Komplementärgüter, wenig Synergien) ist nach den entsprechenden Sparten gegliedert. Das primäre Berichtsformat ist das Geschäftssegment.
- Ein Autokonzern hat Verschiedene LKW und PKW im Produktionsprogramm. Das Unternehmen wird
  - sektoral geführt: IAS 14.27 folgt der Entscheidung des Managements; primäres Berichtsformat ist das Geschäftssegment.
  - regional geführt: IAS 14.27 folgt der Entscheidung des Managements; primäres Berichtsformat ist das geographische Segment.

1053 Von dem vorbezeichneten Grundsatz der Anknüpfung an das **interne Berichtswesen** gibt es zwei Ausnahmen:

(a) Das Unternehmen wird in einer **Matrixstruktur** (sowohl sektoral als auch regional) geführt. In diesem Fall ist das *Geschäftssegment* das *primäre Berichtsformat* (IAS 14.27 a).

(b) Es kann keine sektorale oder regionale Führungsstruktur identifiziert werden (interne Führung nicht nach wirtschaftlichen, sondern z. B. juristischen Kriterien, s. IAS 14.30). Hier hat das Management die *Wahl*, ob für die Segmentberichterstattung das Geschäftssegment oder das geographische Segment jeweils das primäre Berichtsformat darstellen sollen (IAS 14.27 b).

bb) Bestimmung der Anzahl der Segmente

1054 Nachdem primäre und sekundäre Berichtsformate bestimmt sind, ist die **Segmentabgrenzung im Detail** vorzunehmen. Hierbei ist von dem Grundsatz auszugehen (sog. *management approach*), dass die interne Organisations- und Führungsstruktur sowie das interne Berichtssystem die Grundlage für die Segmentabgrenzung bilden (IAS 14.27). Zu prüfen ist, ob die für die internen Steuerungszwecke vorgenommene Segmentierung auch den entsprechenden Homogenitätsforderungen des IAS 14.9 genügt. Das dürfte bei einer ordnungsmäßigen Geschäftsführung regelmäßig zu bejahen sein.[32]

31 Vgl. *Benecke*, Internationale Rechnungslegung und Management Approach, 2000, S. 177.

32 So *Haller* in Baetge u. a. (Hrsg.), Rechnungslegung nach IAS, 2. Aufl. 2002, IAS 14 Rz. 57.

Wenn die interne Organisations- und Führungsstruktur sowie das System der internen Berichterstattung jedoch weder auf Basis von Geschäftsfeldern noch von geographischen Bereichen erfolgt, ist auf die nächstniedrige interne Berichtsebene (z. B. einzelne Profit-Center) aufzusetzen, die eine Aufteilung in Geschäftssegmente und geographische Segmente gemäß der Definition des IAS 14.9 ermöglicht (IAS 14.32 b).

Nach IAS 14.34 *kann* in einem *weiteren Schritt* geprüft werden, ob die solchermaßen identifizierten und für interne Zwecke genutzten Segmente weiter zusammengefasst werden können. **Voraussetzung der Zusammenfassung** ist, dass die Segmente 1055

(a) eine ähnlich langfristige Ertragsentwicklung aufweisen und

(b) sich hinsichtlich *sämtlicher* in IAS 14.9 genannten Kriterien (s. Rz. 1049 f.) ähnlich sind.

Denkbar ist, dass eine Vielzahl homogener Segmente identifiziert werden könnte, die die Anforderungen des IAS 14.9 (s. Rz. 1049 f.) erfüllen und damit extern heterogen sind, da sie mindstens die **Mehrzahl** der Kriterien erfüllen. In diesem Fall wird jedoch wegen des vorgenannten Kriteriums (b) eine weitere Zusammenfassung *nicht* in Betracht kommen, da dies voraussetzt, dass die Segmente hinsichtlich sämtlicher Kriterien gemäß IAS 14.9 ähnlich sind. 1056

Gleichwohl dürfte eine atomisierte Segmentberichterstattung im Geschäftsbericht eines Unternehmens gerade *keine* entscheidungsnützlichen Informationen liefern.[33] Schon unter diesem Aspekt wäre eine weitere Zusammenfassung notwendig.

Trotz des hohen Beurteilungsspielraums, der bei der Segmentabgrenzung notwendig vorhanden ist, versucht IAS 14 diesen Prozess der möglichen weiteren Zusammenfassung zu strukturieren. Wir haben in Anlehnung an IAS 14, Anhang A, diese Schritte in folgender Abb. 45 – die wir nachfolgend kommentieren – zusammengefasst.

33 Ein *information overload* soll verhindert werden, vgl. *Böcking/Beneke*, WPg 1999, 839 (842).

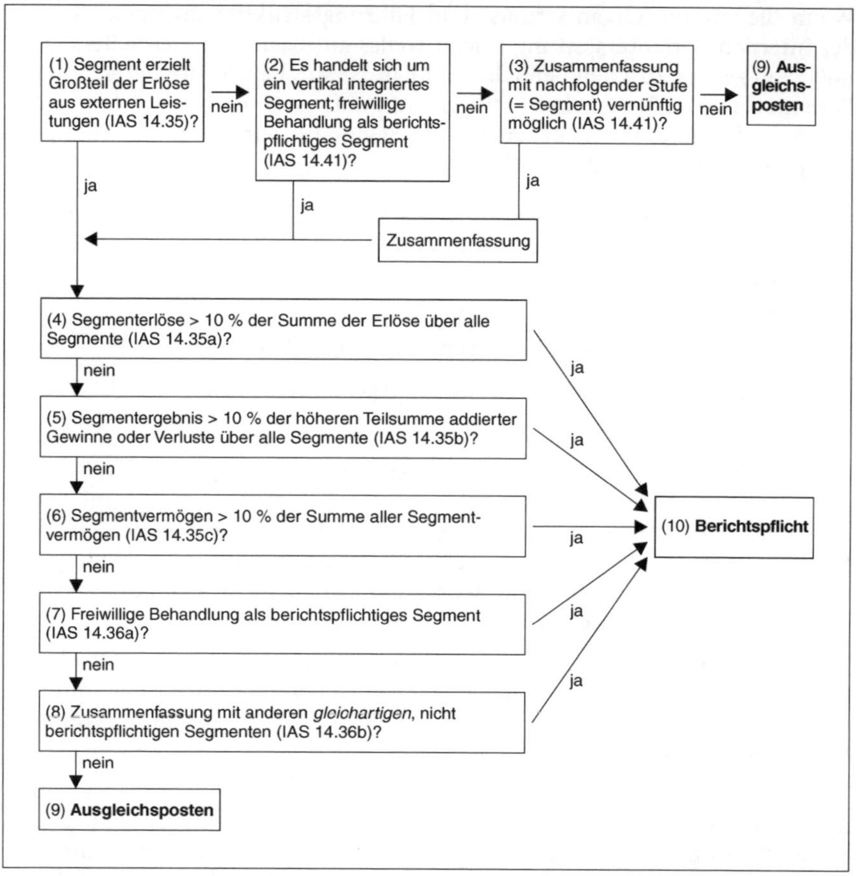

Abb. 45: Bestimmung berichtspflichtiger Segmente

1057 Ausgangspunkt ist die Frage, ob das identifizierte Geschäftssegment oder geographische Segment den Großteil – gemeint ist die einfache Mehrheit[34] – seiner Erlöse aus externen Leistungen bezieht (1). Externe Leistungen sind solche gegenüber fremden Dritten. Zur Definition der Erlöse s. Rz. 1065.

Ist dies nicht der Fall, wird das Segment die Mehrheit der Erlöse gegenüber anderen Segmenten erzielen; es handelt sich demnach um ein **vertikal integriertes Segment** (2), das freiwillig als mögliches berichtspflichtiges Segment behandelt werden kann (vgl. vor allem mit Beispiel IAS 14.39). Wird hiervon Abstand genommen, ist zu prüfen, ob das betrachtete Segment auf vernünftiger Grundlage anderen Segmenten zugeordnet werden kann (3). Da hierbei die Risiko/Chancen-Struktur gewahrt bleiben muss, kommt eine Zuordnung

34 Vgl. *PriceWaterhouseCoopers* (Hrsg.), Understanding IAS, 2. Aufl. 1998, S. 14-9.

nur bei jenen Segmenten in Betracht, die die Produkte/Dienstleistungen des betrachteten Segments erwerben. Handelt es sich insoweit um mehrere Segmente, ist eine vernünftige Zuordnung u. E. nur dann möglich, wenn die Absatzbeziehungen zu den anderen Segmenten stetig, d. h. ohne größere Wert- und Mengenschwankungen im Zeitablauf sind. Stellt sich der Sachverhalt dergestalt dar, ist eine Zusammenfassung der Segmente zwingend; im Übrigen ist das betrachtete Segment nicht gesondert darzustellen, sondern in den Ausgleichsposten (9) aufzunehmen.[35]

Für die so zusammengefassten oder freiwillig als möglicherweise berichtspflichtig behandelten Segmente sowie für jene Segmente, die einen *Großteil ihrer Erlöse aus externen Leistungen* erzielen, sind eine Reihe von **Größenkriterien** zu prüfen. Dabei reicht das Überschreiten von einem Kriterium aus, um Berichtspflicht auszulösen; die Kriterien sind demnach *nicht kumulativ* zu verstehen. 1058

Erzielt das betrachtete Segment mehr als 10 % der **Erlöse** aller Segmente – unabhängig davon, ob es sich um externe oder Erlöse zwischen den Segmenten handelt -, ist das Segment in die Segmentberichterstattung aufzunehmen (4).

Für die nächste Abfrage (5) sind die Segmente mit positiven Ergebnissen von jenen mit negativen zu trennen und jeweils die positiven und negativen Ergebnisse zu addieren. Der höhere Absolutbetrag ist für die Abfrage maßgeblich. Übersteigt das **Segmentergebnis** – unabhängig davon, ob es sich um einen Gewinn oder Verlust handelt – 10 % des ermittelten höheren Absolutbetrages, handelt es sich um ein berichtspflichtiges Segment.

Übersteigt schließlich das **Segmentvermögen** 10 % der Summe aller Segmentvermögen (6; zum Begriff des Segmentvermögens s. Rz. 1067), handelt es sich ebenfalls um ein berichtspflichtiges Segment.

Bei Unterschreiten der vorbezeichneten Größenmerkmale kann das betrachtete Segment *freiwillig* in die Segmentberichterstattung aufgenommen werden (7). Wird hiervon kein Gebrauch gemacht, ist zu prüfen, ob die solchermaßen kleinen Segmente **weiter zusammengefasst** werden können (8). Im Gegensatz jedoch zu IAS 14.34 (s. Rz. 1055) müssen nun nicht sämtliche, sondern nur ein *Großteil* der Definitionsmerkmale des IAS 14.9 (s. Rz. 1049 f.) übereinstimmen. Hier besteht **Beurteilungsspielraum**.

Beispiel Bayer, Finanzbericht 2001, S. 65:

„Der Konzern wird über Geschäftsbereiche gesteuert, die aufgrund der wirtschaftlichen Merkmale des Geschäfts, der Art der Produkte und Produktionsprozesse, der Art der Kundenbeziehungen, der Charakteristika der Vertriebsorganisation in Berichtseinheiten zusammengefasst werden. Gegenwärtig besteht der Konzern aus 14 Geschäftsbereichen, die für die Segmentberichterstattung in sieben Berichtseinheiten zusammengefasst sind."

35 In diesem Fall ist die Angabepflicht nach IAS 14.74 zu prüfen.

Ist eine Zusammenfassung nicht möglich, sind die kleinen Segmente in den **Ausgleichsposten** aufzunehmen. Da der Ausgleichsposten die Konsolidierungsmaßnahmen zur Überleitung der Segmentinformationen auf die konsolidierten Werte enthält (s. Rz. 1075), wird empfohlen,[36] die nicht gesondert darzustellenden Segmente getrennt vom Ausgleichsposten in einer Spalte „andere Bereiche" oder *„andere Segmente"* darzustellen. Da sich im Anhang B von IAS 14 eine solche Darstellungsweise findet, ist dies als zulässig zu erachten.

1059 Damit jedoch der Ausgleichsposten oder die Summe der nicht gesondert dargestellten Segmente nicht zu groß werden und damit die Segmentberichterstattung in ihrem Informationsgehalt eingeschränkt wird, enthält IAS 14.37 eine weitere Abfrage: Ist die Summe der externen Erlöse der berichtspflichtigen Segmente kleiner als 75 % der konsolidierten Erlöse, sind auch kleinere Segmente gesondert darzustellen, auch wenn sie nicht die 10 %-Schwellenwerte des IAS 14.35 erreichen. Dabei empfehlen wir, die Auswahl nach den jeweils größten aus der Gruppe der kleinen Segmente zu treffen.

cc) Stetigkeit der Segmentierung

1060 Da zur Bestimmung der in den Segmentbericht aufzunehmenden Segmente Größenkriterien heranzuziehen sind, ist es denkbar, dass ein oder mehrere Segmente, die in der Vorperiode die Größenkriterien überschritten haben, diese in der laufenden Periode unterschreiten. In einem solchen Fall ist die Segmentierung beizubehalten, sofern das Management dem jeweiligen Segment weiterhin hohe Bedeutung beimisst (IAS 14.42).

1061 Überschreitet umgekehrt ein Segment erstmals die Größenkriterien, ist es in die Segmentberichterstattung aufzunehmen. Zugleich ist das im Segmentbericht dargestellte Vergleichsvorjahr entsprechend anzupassen (IAS 14.43).

1062 Bei der Veräußerung eines Segments ist die Anwendung von IAS 35, Aufgabe von Geschäftsbereichen, zu prüfen; s. hierzu Rz. 1132.

c) Segmentangaben

aa) Bilanzierungs- und Bewertungsmethoden

1063 Für die **Darstellung der Segmentinformationen** sind dieselben Bilanzierungs- und Bewertungsmethoden wie für den konsolidierten Abschluss zu verwenden (IAS 14.44). Da von den angegebenen Segmentdaten eine **Überleitungsrechnung** auf die entsprechenden Konzerndaten erforderlich ist (IAS 14.67), beziehen sich die Segmentdaten auf Werte der **Summenbilanz und -GuV** (IAS 14.21 sowie 14.24). Zu konsolidieren sind jedoch die Daten innerhalb der Segmente.

36 Vgl. *Haller* in Baetge u. a. (Hrsg.), Rechnungslegung nach IAS, 2. Aufl. 2002, IAS 14 Rz. 74.

Die Art der Verteilung der Vermögenswerte, Schulden, Aufwendungen und Erträge auf die Segmente wird gem. den Erläuterungen in IAS 14.48 nicht vorgegeben und ist **einzelfallabhängig**. Es ist aber eine sachlogische Ordnung zu wahren: Werden einem Segment Vermögenswerte zugeordnet, hat es auch die auf diese Vermögenswerte bezogenen Erträge und Aufwendungen zu tragen. Eine Schlüsselung von Vermögenswerten, die von mehreren Segmenten genutzt werden, ist zulässig (IAS 14.47).

bb) Primäres Berichtsformat

Die Angaben, die im primären Berichtsformat erforderlich sind – unabhängig 1064
davon, ob Geschäftssegmente oder geographische Segmente –, haben wir in der folgenden Tabelle zusammengefasst. Zugleich zeigt die Tabelle exemplarisch den Aufbau einer Segmentberichterstattung. In der ersten Spalte findet sich der Verweis auf den entsprechenden Absatz in IAS 14. Die einzelnen Informationen der Segmentberichterstattung werden nachfolgend erläutert.

Tab. 49: Aufbau der Segmentberichterstattung im primären Berichtsformat

IAS	Information	Segmente			Über-leitung (Rz. 1075)	Konzern-daten
		A	B	C		
14.51	Segmenterlöse (Rz. 1065) – gegenüber Dritten – zwischen den Bereichen					
14.52 14.53 f.	Segmentergebnis (Rz. 1066) *i. d. R. operatives Ergebnis*					
14.55	Segmentvermögen (Rz. 1067)					
14.56	Segmentschulden (Rz. 1068)					
14.57	Segmentinvestitionen: Zugänge Sachanlagevermögen und immaterielle Vermögenswerte des Anlagevermögens (Rz. 1069)					
14.58 14.61 14.63	Planmäßige Abschreibungen (Rz. 1070) und Sonstige nicht zahlungswirksame Aufwendungen Oder Cashflow (Rz. 1071)					
   14.64 14.66	Werden at equity bewertete Beteiligungen den Segmenten zugeordnet (Rz. 1072): – Equity-Ergebnis – Equity-Buchwert					
14.59	Empfehlung: Angabe wesentlicher Aufwendungen und Erträge (Rz. 1073)					

1065 Nach der Definition in IAS 14.8 sind Erlöse (*revenues*) die Erträge aus gewöhnlicher Tätigkeit; ausgeschlossen sind damit nur außerordentliche Erträge (IAS 8.10).[37] Wichtig ist, zwischen *revenues* und *gains* zu unterscheiden: Nicht zu den *revenues* gehören aperiodische Erträge (z. B. Auflösung von Rückstellungen) und Erträge aus Anlagenabgängen; hier handelt es sich um *gains*, so dass solche Erträge von vornherein nicht zu den Segmenterlösen zu rechnen sind.

Segmenterlöse umfassen die in der Gewinn- und Verlustrechnung dargestellten Erlöse,[38] die einem Segment direkt oder auf vernünftiger Grundlage zugewiesen werden (IAS 14.16). Missverständlich ist, dass zu den Segmenterlösen nach IAS 14.16 auch die Ergebnisse aus der equity-Bewertung von Beteiligungen zählen. Die nach IAS 14.51 auszuweisenden Segmenterlöse enthalten diese Beteiligungsergebnisse jedoch nicht, da sie gesondert anzugeben sind (s. Rz. 1072).

Von dieser begrifflichen Unklarheit abgesehen bestimmt sich der **Umfang** der Segmenterlöse nach IAS 14.16 demnach auf Basis der Erträge aus gewöhnlicher Tätigkeit *vor Konsolidierung*. Davon abzusetzen sind Erträge aus Zinsen und Dividenden sowie Gewinne aus dem Verkauf finanzieller Vermögenswerte oder Gewinne aus der Tilgung von Schulden, es sei denn, es handelt sich um Segmente, deren Tätigkeiten im Wesentlichen finanzieller Art sind. Es sei klarstellend darauf hingewiesen, dass auch Erträge aus der Bewertung finanzieller Vermögenswerte zum fair value nicht zu den Segmenterlösen rechnen, da es sich hierbei begrifflich nicht um *revenues*, sondern um *gains* handelt. Vereinfachend kann man daher formulieren, dass das gesamte **Finanzergebnis** *nicht* zu den unter IAS 14.51 auszuweisenden Segmenterlösen gehört.

Damit ist die wichtigste Position der Segmenterlöse der **Segmentumsatz**. Hierzu gehören Umsätze aus Lieferungen und Leistungen sowie Nutzungsentgelte, aber auch Erträge aus Auftragsfertigung während der Herstellungsphase (s. Rz. 175). Entsprechend pragmatisch geht die Praxis vor und zeigt – unter Berücksichtigung des Wesentlichkeitsaspekts gerechtfertigt – lediglich **Umsatzerlöse** als Segmenterlöse.[39]

1066 Das **Segmentergebnis** ergibt sich aus den Segmenterlösen abzüglich der Segmentaufwendungen. Die **Segmentaufwendungen** werden in IAS 14.16 definiert und umfassen jene Aufwendungen, die zur Erbringung der in Rz. 1065 beschriebenen Erlöse erforderlich waren. Folglich gehören außerordentliche Posten sowie Finanzaufwendungen (es sei denn, es handelt sich um ein Finanzsegment) *nicht* dazu. Ferner wird zutreffend klargestellt, dass Verluste

---

37 Damit ist der gesondert genannte Ausschluss außerordentlicher Erträge in IAS 14.16 redundant.

38 Präzise handelt es sich um Erlöse aus der Summen-GuV, s. Rz. 1063.

39 A. A. *Haller* in Baetge u. a. (Hrsg.), Rechnungslegung nach IAS, 2. Aufl. 2002, IAS 14 Rz. 103: „entspricht u. E. nicht der Intention des IASB".

aus Equity-Bewertung nicht zu den Segmentaufwendungen rechnen, da gem. IAS 14.66 das Ergebnis aus Equity-Bewertungen gesondert zu zeigen ist, sofern die nach der Equity-Methode bewerteten Beteiligungen einem Segment zuzurechnen sind.

Allgemeine Verwaltungsaufwendungen des Konzerns sind den Segmenten zuzurechnen, sofern dies verursachungsgerecht möglich ist. Ertragsteueraufwendungen gehören jedoch nicht dazu.

Das Segmentergebnis ist daher das **Ergebnis aus operativer Tätigkeit**. Es ist zulässig, weitere Ergebniskennzahlen zu veröffentlichen, wie z. B. EBIT oder EBITDA (IAS 14.53 f.)

Zum **Segmentvermögen** gehören sämtliche betrieblichen Vermögenswerte, 1067
die von einem Segment für dessen betriebliche Tätigkeit genutzt werden, also Sachanlagen, immaterielle Vermögenswerte, Vorräte und ein aktivierter Goodwill, sofern er dem Segment zugerechnet werden kann (IAS 14.19). Gemeinsam genutzte Vermögenswerte – wie z. B. der Anteil einer Hauptverwaltung – werden analog den Aufwendungen ggf. anteilig zugerechnet. Sofern das Finanzergebnis nicht zum Segmentergebnis zählt – was die Regel ist – gehören die korrespondierenden Vermögenswerte nicht zum Segmentvermögen. Beteiligungen, die at Equity bewertet werden, können zum Segmentvermögen gehören; sie sind u. E. aber nicht innerhalb des Segmentvermögens, sondern gesondert auszuweisen (und nicht in einer „davon"-Position).

Anzugeben ist der *Buchwert des Segmentvermögens*, wie er auch in der Summenbilanz erscheint. Hier können sich Bewertungen zu fortgeführten Anschaffungs- und Herstellungskosten, zum niedrigeren erzielbaren Betrag/ Nettoveräußerungspreis, aber auch zum fair value finden (IAS 14.21).

Analog zu den Vermögenswerten werden **Segmentschulden** definiert als be- 1068
triebliche Schulden, die aus den betrieblichen Tätigkeiten eines Segments resultieren und dem Segment direkt oder verursachungsgerecht zugeschlüsselt werden können (IAS 14.16). Zu Beispielen s. im Einzelnen IAS 14.20.

Segmentinvestitionen: Anzugeben sind sämtliche Zugänge beim Sachanlage- 1069
vermögen und bei immateriellen Vermögenswerten des Anlagevermögens in der Berichtsperiode, unabhängig davon, ob es sich um Anschaffungen oder Herstellungen handelt;[40] ferner sind u. E. auch Zugänge durch Tausch oder Zurechnung von Vermögen im Rahmen von Finanzierungsleasing zu berücksichtigen.

Gesondert sind jeweils anzugeben **planmäßige Abschreibungen** sowie der 1070
Gesamtbetrag sonstiger wesentlicher **nicht zahlungswirksamer Aufwendungen**. Zu den sonstigen nicht zahlungswirksamen Aufwendungen gehören da-

40 Vgl. auch *Haller* in Baetge u. a. (Hrsg.), Rechnungslegung nach IAS, 2. Aufl. 2002, IAS 14 Rz. 131.

her erfolgswirksam erfasste Wertminderungen (außerplanmäßige Abschreibungen)[41] und Zuführungen zu Rückstellungen. Der Adressat des Segmentberichts wird so in die Lage versetzt, indirekt und selbst eine Annäherung an den Cashflow des Segments ermitteln zu können.

1071 Von den vorstehenden Angaben *kann* abgesehen werden, wenn der **Segment-Cashflow** angegeben wird. IAS 7.50d empfiehlt die Angabe von Segment-Cashflows aus betrieblicher Tätigkeit, aus Investitions- und Finanzierungstätigkeit. Unklar ist, ob und inwieweit einem Segment Zahlungsströme ggf. aus Zinsen und Dividenden zugeordnet werden sollen (zum Wahlrecht der Zuordnung solcher Zahlungsströme zum Cashflow aus laufender Geschäftstätigkeit, Investitions- und Finanzierungstätigkeit s. Rz. 1029). Nahe liegend wäre, diese Cashflows nicht zuzuordnen, da auch Zinsaufwendungen einem Segment regelmäßig nicht zugeordnet werden (s. Rz. 1066). Insoweit macht zumindest die Angabe eines Cashflows aus Finanzierungstätigkeit auf Segmentebene wenig Sinn. Ausreichend und in der Praxis üblich ist die Angabe des *Cashflows aus betrieblicher Tätigkeit*.

1072 Schließlich sind sowohl das **Equity-Ergebnis** und der **Equity-Buchwert** von solchen Beteiligungen anzugeben, die dem Segment zugerechnet werden können. Dabei kann es sich um assoziierte Unternehmen handeln und um Gemeinschaftsunternehmen, wenn für diese die Equity-Methode angewandt wird.

1073 Es wird empfohlen, wesentliche Aufwendungen und Erträge gesondert anzugeben. Eine solche Empfehlung besteht auch insgesamt für die Konzern-GuV. Zu den hier in Betracht kommenden Positionen s. Rz. 223.

1074 Häufig werden in Segmentberichten auch **freiwillige Angaben** gemacht, etwa die *Mitarbeiterzahl* oder prozentuale *Renditekennziffern*. Entschließt sich der Konzern zur Aufnahme solcher freiwilligen Angaben, gelten auch für diese der Stetigkeitsgrundsatz sowie ggf. die entsprechenden Ansatz- und Bewertungsmethoden des Konzerns.

1075 In einer **Überleitungsrechnung** sind die Angaben der Segmentberichterstattung auf die entsprechenden Angaben in Konzernbilanz und -GuV überzuleiten. Die Überleitungsspalte (Ausgleichsposten) enthält damit die Konsolidierungsmaßnahmen, nimmt aber auch solche Segmente auf, die nicht gesondert dargestellt werden. Diese – kleinen – Segmente können auch zusammengefasst in einer gesonderten Spalte „übrige Bereiche" oder „übrige Segmente" aufgenommen werden.

cc) Sekundäres Berichtsformat

1076 Üblich ist die Darstellung des primären Berichtsformats auf Basis von Geschäftssegmenten. In diesem Fall sind im sekundären Berichtsformat geogra-

41 Strittig; für eine Zuordnung zu den planmäßigen Abschreibungen *Haller* in Baetge u. a. (Hrsg.), Rechnungslegung nach IAS, 2. Aufl. 2002, IAS 14 Rz. 132.

phische Segmente darzustellen und mindestens die gem. IAS 14.69 erforderlichen Angaben aufzunehmen:

- Nach dem Standort der Kunden: Für jedes geographische Segment, dessen Erlöse an externe Kunden mindestens 10 % der *Konzernerlöse* (konsolidierte Werte!) aus Verkäufen an externe Kunden beträgt, Angabe der *Segmenterlöse.*
- Nach dem Standort der Vermögenswerte: Sofern das Segmentvermögen mindestens 10 % der gesamten Vermögenswerte aller geographischen Segmente beträgt, Angabe des *Buchwertes des Segmentvermögens* und *Zugänge im Sachanlagevermögen und bei immateriellen Vermögenswerten des Anlagevermögens.*

1077 In der Praxis findet sich über diese Mindestangaben hinaus häufig eine dem primären Berichtsformat entsprechende **Aufgliederung und Angabe.**[42] Ein solches Vorgehen eröffnet dem Adressaten des Segmentberichts ein deutliches Mehr an Information, ohne das ein *information overload* zu befürchten wäre, da die entsprechende Gliederung bereits aus dem primären Berichtsformat bekannt ist.

1078 Eher unüblich ist, dass auf der oberen Managementebene nach Regionen geführt wird und daher der Segmentbericht im primären Format aus der geographischen Segmentierung besteht.[43] In diesem Fall ist das sekundäre Berichtsformat das Geschäftssegment.

Bei der geographischen Segmentierung als primäres Berichtsformat ist zwischen der Segmentierung nach dem Standort der Kunden und dem Standort der Vermögenswerte zu unterscheiden – d. h., das Management kann sich entweder auf Basis des Standortes der Kunden *oder* des Standortes der Vermögenswerte berichten lassen. Die Darstellung des sekundären Berichtsformats knüpft an diese Unterscheidung an: Wird auf Basis des Standortes der Kunden berichtet, ist für das sekundäre Berichtsformat IAS 14.70 und IAS 14.72 zu beachten; wird auf Basis des Standortes der Vermögenswerte berichtet, ist für das sekundäre Berichtsformat IAS 14.70 und IAS 14.71 zu beachten. Wir verweisen auf diese Vorschriften.

dd) Sonstige Angaben

1079 Die Transaktionen zwischen den Segmenten sind auf der Grundlage der vom Konzern verwendeten **Verrechnungspreise** zu bewerten. Anzugeben sind die Grundlagen der Ermittlung der Verrechnungspreise und jegliche ihrer Änderungen (IAS 14.75).

42 Vgl. – statt vieler – Bayer, Geschäftsbericht 2001, S. 66 f.

43 Vgl. aber z. B. Wolford, Geschäftsbericht 2001/2002, S. 60: „Wolford ist ein international tätiger Konzern im Geschäftsbereich hochwertiger Strumpfwaren, Bodys, Swimbodies und BodyCULTURE®, dessen Managementinformationssystem nach Regionen (Primärsegmentberichterstattung) aufgebaut ist."

1080 Im Falle der **Änderung der Bilanzierungs- und Bewertungsmethoden** ist auch für die Segmentberichterstattung grundsätzlich die **retrospektive Anpassung** vorgesehen (IAS 14.76; s. auch Rz. 133 ff.).

1081 Die **Zusammensetzung der Segmente** und die **Art der Produkte und Dienstleistungen** sind zu beschreiben (IAS 14.81).

Beispiel Deutsche Post, Geschäftsbericht 2001, S. 114:

„Die Segmentberichterstattung wurde nach IAS 14 (Segment Reporting) aufgestellt. In Orientierung an der internen Berichts- und Organisationsstruktur des Konzerns werden einzelne Konzernabschlussdaten differenziert nach Unternehmensbereichen und Regionen dargestellt. Durch die Segmentierung sollen die Ertragskraft und Erfolgsaussichten sowie die Vermögens- und Finanzlage der einzelnen Aktivitäten des Konzerns transparent gemacht werden.

Der dominierenden Organisationsstruktur des Konzerns entsprechend orientiert sich die primäre Berichterstattung an den Unternehmensbereichen des Konzerns. Folgende Unternehmensbereiche werden im Konzern der Deutsche Post AG unterschieden:

BRIEF

Neben dem Transport und der Zustellung schriftlicher Kommunikation versteht sich der Unternehmensbereich BRIEF zunehmend als umfassender Dienstleister für das Management schriftlicher Mitteilungen.

EXPRESS

Im Unternehmensbereich EXPRESS hat die Deutsche Post AG ihre nationalen und internationalen Paket- und Express-Aktivitäten gebündelt. Zudem ist das Geschäftsfeld ‚Global Mail' wegen der Notwendigkeit des gemeinsamen Managements der internationalen Postaktivität diesem Bereich zugeordnet.

LOGISTIK

Der Unternehmensbereich LOGISTIK umfasst insbesondere den Danzas Teilkonzern mit seinen 320 Gesellschaften. Dem Kunden wird ein Komplettservice aus einer Hand angeboten: Luft- und Seefracht, europäische Landtransporte und kundenspezifische Logistiklösungen.

FINANZDIENSTLEISTUNGEN

Der Unternehmensbereich FINANZDIENSTLEISTUNGEN umfasst die Aktivitäten der Postbank. Ferner erbringt der Unternehmensbereich Dienstleistungen des Renten Services. Der Unternehmensbereich bietet eine breite Palette standardisierter Bankdienstleistungen an, wozu Zahlungsverkehr, Einlagengeschäft, das Privat- und Firmengeschäft, Fonds-Produkte sowie seit dem 1. September 2000 auch Wertpapierdienstleistungen gehören.

Die Daten zu den Unternehmensbereichen werden nach der Konsolidierung der Beziehungen innerhalb der Unternehmensbereiche dargestellt. Die Beziehungen zwischen den Unternehmensbereichen werden in der Spalte Sonstiges/Konsolidierung auf die Konzernabschlusswerte eliminiert. Darüber hinaus gehen in die Spalte Sonstiges/Konsolidierung die den Unternehmensbereichen nicht zurechenbaren Größen wie z. B. Aktivitäten des Immobilien- und Wohnungsbereichs sowie des Bereichs eBusiness ein."

Einstweilen frei. 1082–1084

2. Ergebnis je Aktie

a) Übersicht

Mutterunternehmen, deren (potentielle) Stammaktien öffentlich gehandelt werden oder die den Handel an einer Wertpapierbörse beantragt haben, müssen auf Basis des Ergebnisses des Konzernabschlusses das *unverwässerte* und ggf. *verwässerte Ergebnis je Aktie* für jede Klasse von Stammaktien in der *Gewinn- und Verlustrechnung* sowohl für die *Berichtsperiode* als auch für das *Vergleichsvorjahr* angeben. Die Angaben sind auch im *Zwischenabschluss* erforderlich (IAS 34.11). Die Regelungen zur Ermittlung des jeweiligen Ergebnisses je Aktie enthalten IAS 33 und SIC-24. 1085

Im Rahmen des *Improvement Projects* soll IAS 33 geändert werden. Wesentliche Inhalte von SIC-24 werden in den neuen Standard eingearbeitet, so dass SIC-24 gestrichen werden soll. In den folgenden Ausführungen wird auf wichtige vorgesehene Änderungen hingewiesen; die Hinweise sind durch „ED IAS 33" kenntlich gemacht.

Sollten andere Gesellschaften, die einen Konzernabschluss nach IAS aufstellen, freiwillig ein Ergebnis je Aktie veröffentlichen, so ist IAS 33 analog anzuwenden (IAS 33.4 f.). 1086

b) Unverwässertes Ergebnis je Aktie

Die **Kennzahl** für das unverwässerte Ergebnis je Aktie ergibt sich durch Division des *den Stammaktionären zustehenden Periodenergebnisses* durch die durchschnittlich gewichtete Anzahl der während der Periode *ausstehenden Stammaktien* (IAS 33.10): 1087

Ergebnis je Aktie (Earnings per share, EPS) =

$$\frac{\text{Den Stammaktionären zustehendes Periodenergebnis}}{\text{Gewichteter Durchschnitt umlaufender Stammaktien}}$$

Stammaktien (*ordinary shares*) sind nach IAS 33.6 i. V. m. 33.9 Eigenkapitalinstrumente, die einen **Residualanspruch** am Nettovermögen begründen und 1088 in diesem Anspruch allen anderen Eigenkapitalinstrumenten nachgeordnet sind.

Diese Definition umfasst damit auch **Vorzugsaktien** gem. § 139 AktG, denn der Vorzug bedeutet lediglich eine Priorität gegenüber den Stammaktionären bei der Ausschüttung des Bilanzgewinns,[44] nicht aber bei Verteilung des Vermögens nach § 271 AktG. Dies unterscheidet die Vorzugsaktie deutschen Typs von **preference shares** im US-amerikanischen Recht (s. auch IAS 32.22), die nach IAS 33.7 *nicht* zu den Stammaktien zählen.[45] Sollte bei einer deutschen Aktiengattung gem. § 11 AktG das Recht auf Residualanspruch eingeschränkt sein (= vorrangige Bedienung im Falle der Abwicklung),[46] dann handelt es sich jedoch nicht mehr um eine Stammaktie im Verständnis des IAS 33.[47]

Allerdings haben Stamm- und Vorzugsaktien nach Aktienrecht nicht das gleiche Anrecht auf den Bezug von Dividenden, so dass sie aus IAS-Perspektive unterschiedliche Klassen von Stammaktien darstellen (IAS 33.7 Satz 2 und 3). Für beide Klassen ist jeweils das Ergebnis je Aktie zu bestimmen (IAS 33.47).[48]

1089 Für jede Klasse an Aktien ist der **gewichtete Durchschnitt** der ausstehenden Stücke zu bestimmen. Vom Periodenbeginn an sind Veränderungen durch Emission, Aktienrück- und Aktienverkauf zu berücksichtigen. Die Anzahl der bis zur nächsten Veränderung ausstehenden Aktien ist mit der entsprechenden Anzahl der Tage zu multiplizieren; das Ergebnis ist durch die Gesamttage der betrachteten Periode (= 365 Tage im Jahr bzw. 91 oder 92 Tage im Quartal) zu dividieren. Näherungslösungen sind zulässig (IAS 33.15). Die folgende Tabelle enthält ein Beispiel zur Berechnung:

Tab. 50: Beispiel zur Ermittlung des gewichteten Durchschnitts ausstehender Aktien

Datum		Ausgegebene Aktien	Eigene Aktien	**Umlaufende Aktien**	Tage	Gewichteter Durchschnitt
1. Jan. 2002		2 500 000	–	**2 500 000**	151/365	1 034 247
1. Juni 2002	Aktienrückkauf		90 000	**2 410 000**	107/365	706 493
15. Sept. 2002	Aktienverkauf		30 000	**2 440 000**	107/365	715 288
				2 440 000		**2 456 028**

44 Vgl. *Hüffer*, Aktiengesetz, 4. Aufl. 1999, § 139 AktG Rz. 6.
45 Vgl. IDW RS HFA 2 Rz. 103.
46 Vgl. *Hüffer*, Aktiengesetz, 4. Aufl. 1999, § 139 AktG Rz. 5.
47 Vgl. *Pellens/Gassen* in Baetge u. a. (Hrsg.), Rechnungslegung nach IAS, 2. Aufl. 2002, IAS 33 Rz. 9.
48 Vgl. auch IDW RS HFA 2 Rz. 104.

Junge Aktien aus einer **Kapitalerhöhung gegen Bareinlage** zählen ab dem Tag der Emission, insoweit die Gegenleistung eingegangen ist bzw. eingefordert werden kann (IAS 33.16 a). Im Fall einer **Kapitalerhöhung gegen Sacheinlage** ist der Tag des Zugangs des Vermögenswertes maßgeblich (IAS 33.16 f). 1090

Sollte bei der Ausgabe junger Aktien das **Bezugsrecht** nicht ausgeschlossen sein (§ 186 Abs. 1 und 3 AktG) und der Ausgabekurs der jungen Aktien unter dem Marktwert der alten Aktien liegen, dann weist das Bezugsrecht einen positiven Wert auf. Unterstellt man eine Konstanz der Eigenkapitalrendite vor und nach der Kapitalerhöhung, so kann mit dem geringeren Emissionserlös die EPS-Größe des Vorjahres nicht erreicht werden.[49] Daher ist die Anzahl der alten Aktien mit dem Quotienten aus Marktwert je Aktie vor Kapitalerhöhung und rechnerischer Marktwert je Aktie nach Kapitalerhöhung zu multiplizieren. Das entsprechende korrigierte Ergebnis je Aktie ist für alle dargestellten Perioden anzugeben (IAS 33.23, dort auch mit Berechnungsbeispiel).

Werden zur Finanzierung eines **Unternehmenserwerbs** neue Aktien ausgegeben, zählen diese ab dem Erwerbszeitpunkt (= zugleich **Erstkonsolidierungszeitpunkt**, s. Rz. 885). Sollte es sich dagegen nicht um einen Unternehmenserwerb, sondern um eine Interessenzusammenführung handeln, so ist eine rückwirkende Anpassung aller im Abschluss dargestellten Berichtsperioden erforderlich (IAS 33.17, s. auch Rz. 935).

Da bei einer **Kapitalerhöhung aus Gesellschaftsmitteln** dem Unternehmen keine neuen Mittel zufließen, ist die *neue* Aktienzahl für jede im Abschluss dargestellte Periode zu Vergleichszwecken maßgeblich (IAS 33.20; 33.22). Kapitalerhöhungen aus Gesellschaftsmitteln, **Aktiensplits** und ähnliche „unechte" Kapitalmaßnahmen sind rückwirkend auch dann zu berücksichtigen, wenn sich die Maßnahme erst nach dem Bilanzstichtag ereignet hat (IAS 33.43). 1091

Als Ergebnisgröße ist das den Gesellschaftern des Mutterunternehmens zustehende Jahres- bzw. Periodenergebnis zu verwenden (IAS 33.11; „Konzernergebnis" in Rz. 213 *Tab. 5: Gliederung der GuV nach dem Gesamtkostenverfahren* bzw. *Tab. 6: Gliederung der GuV nach dem Umsatzkostenverfahren).* Sollten mehrere Klassen von Stammaktien vorhanden sein – etwa die oben in Rz. 1088 genannten Vorzugsaktien gem. § 139 AktG – ist die entsprechende Mehrdividende vorab vom Konzernergebnis zu kürzen und nur den Vorzugsaktien zuzuordnen.[50] Das verbleibende Ergebnis ist über alle Aktien – Stamm- und Vorzugsaktien – zu verteilen. 1092

ED IAS 33.8 sieht als Ergänzung hierzu die zusätzliche Angabe eines Ergebnisses je Aktie aus **weiterzuführender Geschäftstätigkeit** vor. Diese Angabe kommt insoweit nur dann in Betracht, wenn das Vorhaben, bestimmte Ge- 1093

49 Vgl. *Pellens/Gassen* in Baetge u. a. (Hrsg.), Rechnungslegung nach IAS, 2. Aufl. 2002, IAS 33 Rz. 23 mit Beispiel.

50 Vgl. IDW RS HFA 2 Rz. 106.

schäftstätigkeiten einzustellen, als Aufgabe von Geschäftsbereichen zu würdigen und entsprechend bereits in der GuV darzustellen ist (s. Rz. 1141 ff.).

c) Verwässertes Ergebnis je Aktie

1094 Das verwässerte Ergebnis je Aktie zeigt die Auswirkungen auf die Kennzahl Ergebnis je Aktie unter Berücksichtigung der Erhöhung der Aktienzahl durch potenzielle Stammaktien und ggf. der Korrektur des Jahresergebnisses durch Wegfall von Zinsaufwendungen. **Potenzielle Stammaktien** sind Finanzinstrumente oder sonstige Verträge, die nach Wahl des Emittenten oder des Inhabers zu einer Emission von Stammaktien führen können (SIC-24.4). Hierzu zählen die aus einer bedingten Kapitalerhöhung i. S. d. §§ 192 ff. AktG resultierenden Umtausch- und Bezugsrechte (z. B. bei Wandel- und Optionsanleihen)[51] einschließlich stock option plans (Mitarbeiterentlohnungsprogramme),[52] nicht aber eine genehmigte Kapitalerhöhung.[53] Potenzielle Stammaktien sind jedoch nur insoweit zu berücksichtigen, als bei ihrer Umwandlung in Stammaktien sich das Ergebnis je Aktie aus dem Fortgang der gewöhnlichen Tätigkeit vermindern würde (IAS 33.38).[54] Anzugeben ist daher der maximale Verwässerungseffekt; würde eine Umwandlung der Verwässerung entgegenwirken, ist sie demnach *nicht* zu berücksichtigen (zu einem Beispiel s. nach IAS 33.41). Der Eintritt eines Verwässerungseffekts wird ferner *nicht* angenommen, wenn bei einem Umtausch dem Unternehmen Mittel zufließen, die dem durchschnittlichen fair value der Stammaktien entsprechen (IAS 35a). Hier unterstellt der Standard, dass aus der Verwendung der Mittel im Unternehmen ein Ergebnis erzielt werden kann, dass dem bisherigen Ergebnis je Aktie entspricht.[55]

1095 Die Berechnungsgrundsätze des verwässerten Ergebnisses je Aktie folgen jenen für das unverwässerte Ergebnis je Aktie (IAS 33.24). Auch für potenzielle Stammaktien ist somit der gewichtete Durchschnitt des Jahres zu ermitteln. Wird eine Optionsanleihe beispielsweise zum 3. Juni begeben, erhöht sich die verwässerte Aktienzahl entsprechend des Umtauschverhältnisses ab diesem Zeitpunkt (IAS 33.29). Sollte das Umtauschrecht von bestimmten Bedingungen abhängig sein (z. B. Erreichen eines bestimmten Jahresergebnisses), so tritt der Verwässerungseffekt ab Bedingungseintritt ein (IAS 33.31).

---

51 Zu weiteren, unter § 192 AktG fallende Finanzierungsformen siehe *Hüffer*, Aktiengesetz, 4. Aufl. 1999, § 192 AktG Rz. 9 ff.

52 Ermittlung und Bewertung des Verwässerungseffekts bei stock option plans sind z.T. noch ungeklärt bzw. strittig, siehe im Einzelnen *Pellens/Gassen* in Baetge u. a. (Hrsg.), Rechnungslegung nach IAS, 2. Aufl. 2002, IAS 33 Rz. 32 m. w. N. sowie IDW RS HFA 2, Rz. 108.

53 Vgl. IDW RS HFA 2, Rz. 108f.

54 Künftig soll als Prüfschritt das Ergebnis je Aktie aus weiterzuführender Geschäftstätigkeit eingeführt werden (ED IAS 33.37).

55 Vgl. auch *Pellens/Gassen* in Baetge u. a. (Hrsg.), Rechnungslegung nach IAS, 2. Aufl. 2002, IAS 33 Rz. 28.

Da bei einem angenommenen Umtausch von ausstehenden Finanzinstru- 1096
menten (z. B. einer Wandelanleihe) in Stammaktien der bisher erfasste Zinsaufwand wegfallen würde, ist entsprechend das Jahresergebnis zu erhöhen (IAS 33.26). Hierbei sind sowohl die Steuereffekte als auch mittelbare sonstige Effekte (z. B. kann eine Erhöhung des Jahresergebnisses bei erfolgsorientierten Vergütungssystemen zu höherem Personalaufwand führen, IAS 33.28) zu berücksichtigen.

Durch ED 33.51 sollen Regelungen eingeführt werden, nach denen Verträge, 1097
die vom Unternehmen sowohl durch die Lieferung von Stammaktien als auch von Zahlungsmitteln erfüllt werden können, mit einer widerlegbaren Vermutung als verwässernd zu berücksichtigen sind. Ferner können geschriebene Verkaufsoptionen auf eigene Aktien verwässernd wirken; Regelungen hierzu enthält ED 33.55.

d) Ausweis und Angaben

Unverwässerte und verwässerte Ergebnisse je Aktie sind für jede Klasse von 1098
Aktien in der Gewinn- und Verlustrechung anzugeben, und zwar auch dann, wenn das Ergebnis negativ sein sollte (IAS 33.47 f.). Für die Ergebnisgröße im Zähler ist jeweils eine Überleitungsrechnung zum Periodenergebnis erforderlich, und es ist die jeweilige durchschnittliche Anzahl von Stammaktien anzugeben nebst einer Überleitungsrechnung von der unverwässerten zur verwässerten Anzahl.

Beispiel Volkswagen AG, Geschäftsbericht 2001, S. 106 f.

„Das unverwässerte Ergebnis je Aktie errechnet sich aus der Division des Ergebnisanteils der Aktionäre der VOLKSWAGEN AG und der gewichteten durchschnittlichen Anzahl der während des Geschäftsjahres in Umlauf befindlichen Stamm- und Vorzugsaktien. Eine Verwässerung des Ergebnisses je Aktie resultiert aus so genannten potenziellen Aktien. Hierzu zählen Optionsrechte, die allerdings nur dann ergebnisverwässernd wirken, wenn diese Rechte die Ausgabe von Aktien zu einem Wert unter dem durchschnittlichen Börsenkurs der Aktie zur Folge haben. Bei einem durchschnittlichen Kurs der VW-Stammaktie im Jahr 2001 von 51,93 Euro (Vorjahr: 48,23 Euro) wirkten sich die Wandlungsrechte aus der zweiten Transche des Aktienoptionsplans verwässernd aus. Der Verwässerungseffekt aus diesen Wandlungsrechten ergab sich auf Basis eines Wandlungspreises von 46,00 Euro. Weiterhin ergab sich eine Verwässerung aus nicht ausgeübten Optionsrechten durch die Inhaber der 1986 begebenen Optionsanleihe auf der Grundlage eines Bezugspreises von 21,27 Euro.“

	2001		2002	
	Stämme	Vorzüge	Stämme	Vorzüge
Stück				
Gewichtete durchschnittliche Anzahl Aktien – unverwässert	274 089 067	105 238 280	304 025 533	105 238 280
Wandelschuldverschreibungen	845 288	–	344 379	–
Aktienoptionen	1 868 854	–	3 214 311	–
Gewichtete durchschnittliche Anzahl Aktien – verwässert	276 803 209	105 238 280	307 584 223	105 238 280
Mio. Euro				
Aktionären zustehendes Nettoergebnis vor Mehrdividende – unverwässert	2 106	809	1 936	671
Auf Vorzugsaktien entfallende Mehrdividende	– 6	+ 6	– 6	+ 6
Nettoergebnis nach Mehrdividende – unverwässert	2 100	815	1 930	677
Aktionären zustehendes Nettoergebnis vor Mehrdividende – verwässert	2 112	803	1 942	665
Auf Vorzugsaktien entfallende Mehrdividende	– 6	+ 6	– 6	+ 6
Nettoergebnis nach Mehrdividende – verwässert	2 106	809	1 936	671
Euro				
Ergebnis je Aktie – unverwässert	7,66	7,75	6,35	6,43
Ergebnis je Aktie – verwässert	7,61	7,69	6,29	6,37

©VOLKSWAGEN AG Geschäftsbericht 2001

1099 Durch ED IAS 33.58 soll künftig zusätzlich noch das jeweilige Ergebnis je Aktie aus weiterzuführenden Geschäftstätigkeiten in der GuV angegeben werden. Tatsächlich führt dies nur dann zu einer zusätzlichen Angabe, falls Bereichseinstellungen nach IAS 35 vorgesehen sind (s. Rz. 1130 ff.). In diesem Fall sind außerdem auch für den aufzugebenden Bereich die entsprechenden Kennzahlen entweder in der GuV oder im Anhang anzugeben (ED IAS 33.60, s. Rz. 1146).

Ferner ist anzugeben, ob potenzielle Stammaktien bestehen, die aber bislang nicht verwässernd wirkten, deren Verwässerungseffekt jedoch in der Zukunft nicht ausgeschlossen werden kann (ED IAS 33.62 c). Da auch *„contingently issuable shares"* dazu zählen, wird man zukünftig auch genehmigte Kapitalerhöhungen i. S. d. §§ 202 ff AktG dazu rechnen müssen. Schließlich ist über wesentliche „echte" Kapitalveränderungsmaßnahmen nach dem Bilanzstichtag zu berichten (ED IAS 33.62 d).

Einstweilen frei. 1100–1104

3. Angaben über Beziehungen zu nahe stehenden Unternehmen und Personen

a) Zielsetzung

1105 Angaben über Beziehungen des Bericht erstattenden Unternehmens zu anderen, nahe stehenden Unternehmen und Personen werden für erforderlich gehalten, weil die Möglichkeit besteht, dass nahe stehende Unternehmen und Personen Geschäfte tätigen, die fremde Dritte nicht eingehen bzw. in anderer Höhe abwickeln würden (IAS 24.8). Daher können solche Geschäfte Auswirkungen haben auf die Vermögens-, Finanz- und Ertragslage des Unternehmens.

1106 Regelungen zur Identifikation nahe stehender Unternehmen und Personen sowie erforderliche Angaben über die Geschäftsbeziehungen zu solchen Unternehmen und Personen enthält IAS 24. Der Standard ist grundsätzlich auf den Einzel- und Konzernabschluss anzuwenden. Wir stellen in unseren Erläuterungen ausschließlich auf den **Konzernabschluss** ab.

Im Rahmen des *Improvement Projects* soll IAS 24 vollständig überarbeitet werden; wir gehen auf die vorgesehenen Änderungen mit der Zitierweise ED IAS 24 ein.

b) Abgrenzung nahe stehender Unternehmen und Personen zum Konzern

1107 Für die Abgrenzung nahe stehender Unternehmen und Personen stellt IAS 24 vor allem auf die Kriterien der **Beherrschung** (*control*) und des **maßgeblichen Einflusses** ab (IAS 24.5). Die Kriterien sind nicht anders zu interpretieren als zur Festlegung des Konsolidierungskreises, s. insoweit Rz. 806 ff. (Beherrschung) und Rz. 822 (maßgeblicher Einfluss). Das Kriterium der **gemeinsamen Führung** (s. Rz. 818), wie es für die Einbeziehung von Gemeinschaftsunternehmen erforderlich ist, wird von IAS 24 nicht genannt. Da aber gemeinsame Führung bereits eine engere Beziehung induziert als nur maßgeblicher Einfluss, ist auch dieses Kriterium heranzuziehen. Die formale Lücke wird klarstellend durch ED IAS 24.9 beseitigt.

1108 Nach dieser Abgrenzung sind zunächst sämtliche Tochter-, Gemeinschafts- und assoziierte Unternehmen des den Konzernabschluss aufstellenden Mutterunternehmens nahe stehende Unternehmen (s. *Abb. 46: Abgrenzung nahe stehender Unternehmen und Personen zum Konzern*). Zugleich sind aber gem. IAS 24.4 a im *Konzernabschluss* keine Angaben über Geschäftsvorfälle zwischen einbezogenen Unternehmen erforderlich.[56] Dabei gelten **assoziierte Unternehmen**, die nach der Equity-Methode bewertet werden, zwar als nahe stehende Unternehmen (IAS 24.3 b), zugleich jedoch *nicht* als einbezogene Unternehmen, so dass Geschäftsvorfälle mit diesen Unternehmen gesondert anzugeben sind (IAS 24.25). Die derzeitige **Regelungslücke** im Hinblick auf **Gemeinschaftsunternehmen** soll durch ED IAS 24.19 geschlossen werden, wonach auch Geschäftsvorfälle mit Gemeinschaftsunternehmen gesondert anzugeben sind, ungeachtet dessen, ob die Quotenkonsolidierung oder die Equity-Methode angewendet wird.

Von IAS 24 unberührt bleiben die Angabepflichten zum Konsolidierungskreis, die wir in Rz. 823 ff. zusammengefasst haben. Grundsätzlich löst IAS 24 zusätzliche Angabepflichten gegenüber *nicht* einbezogenen Tochter-, Gemeinschafts- und assoziierten Unternehmen aus.

1109 Die *Abb. 46: Abgrenzung nahe stehender Unternehmen und Personen zum Konzern* fasst in den Ziffern (3) bis (8) die möglichen weiteren nahe stehenden Unternehmen und Personen zusammen und wird nachfolgend erläutert.

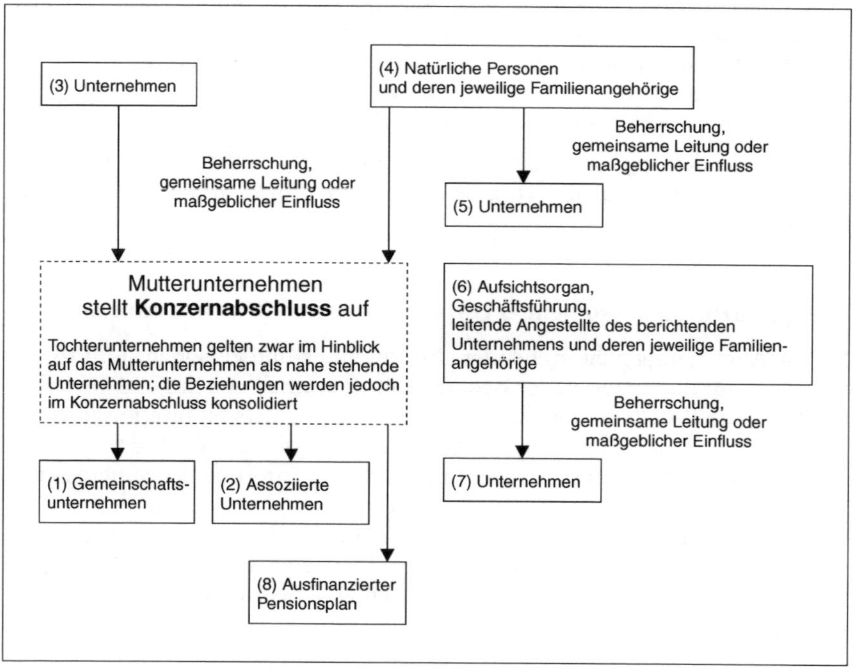

Abb. 46: Abgrenzung nahe stehender Unternehmen und Personen zum Konzern

56 Künftig ED IAS 24.4, Satz 2.

Andere Unternehmen, die Anteile am Mutterunternehmen halten, gelten als nahe stehend, sofern sie die Möglichkeit der Ausübung beherrschenden oder maßgeblichen Einflusses haben bzw. das Mutterunternehmen gemeinsam mit anderen Unternehmen leiten (IAS 24.3 a; ED IAS 24.9 a; Ziff. (3) in *Abb. 46*). Sofern das Mutterunternehmen einen Konzernabschluss aufstellt, hat dieser Angaben zu den entsprechenden Unternehmen zu enthalten. 1110

Die vorstehenden Ausführungen gelten auch, wenn **natürliche Personen** einen entsprechenden Anteil am Mutterunternehmen halten, der mindestens zu einem maßgeblichen Einfluss führt (IAS 24.3 c; Ziff. (4) in *Abb. 46*). Darüber hinaus zählen auch **nahe Familienangehörige** dieser natürlichen Personen dazu. Bislang werden nahe Familienangehörige einer natürlichen Person umschrieben als solche, die in Bezug auf Transaktionen mit dem Konzern von der natürlichen Person (die die Anteile hält) beeinflusst werden oder auf diese natürliche Person Einfluss ausüben (IAS 24.3 c). Künftig sollen nahe Familienangehörige als Ehepartner und Kinder sowie sonstige abhängige Personen definiert werden (ED IAS 24.9). *Niehus* weist auf die **Informationsprobleme** hin, die sich aus den Angabepflichten zu solchen natürlichen Personen ergeben, da dem Unternehmen die Namen der Familienangehörigen und damit auch die (möglichen) Transaktionen mit diesen häufig unbekannt sein dürften.[57] 1111

Haben die vorbezeichneten natürlichen Personen die Möglichkeit, einen *mindestens* maßgeblichen Einfluss auf andere Unternehmen auszuüben, so gelten diese Unternehmen im Hinblick auf den Konzern ebenfalls als nahe stehende Unternehmen (IAS 24.3 e; ED IAS 24.9 f; Ziff. (5) in *Abb. 46*).

Beispiel:

Eine Eigentümerfamilie übt auf das Mutterunternehmen eines Konzerns einen beherrschenden Einfluss aus. Die Familie hält darüber hinaus alle Anteile an einer Leasinggesellschaft, die mit dem Konzern eine *sale and lease back* Transaktion durchführt. Der Leasingvertrag ist so ausgestaltet, dass das Ziel einer *off-balance-sheet* Darstellung erreicht wird und die Leasinggesellschaft nicht als Zweckgesellschaft aus Sicht des Konzerns zu würdigen ist. Gleichwohl gilt die Leasinggesellschaft als nahe stehendes Unternehmen. Neben ggf. der Beachtung der Sondervorschriften zur Gewinn- oder Verlusterfassung nach IAS 17 (s. Rz. 373 ff.) sind Angaben nach IAS 24.22 und 24.23 erforderlich (s. Rz. 1115).

Die Mitglieder des **Aufsichtsrats**, des **Vorstands** bzw. der **Geschäftsführung** sowie **leitende Angestellte**[58] des berichtenden Unternehmens und **die jewei-** 1112

57 Vgl. *Niehus*, „Related Party Transactions", in Forster u. a. (Hrsg.), FS Kropff, 1997, S. 533 (550 f.).

58 Personen, die die Autorität und Verantwortung für Planung, Führung und Kontrolle der Aktivitäten im Konzern haben, vgl. ED IAS 24.9 d.

ligen Familienangehörigen dieser Personen sowie **andere Unternehmen**, auf die diese natürlichen Personen einen *mindestens* maßgeblichen Einfluss ausüben können, sind nahe stehende Unternehmen und Personen (IAS 24.3 d und e; ED IAS 24.9 d–f; Ziff. (6) und (7) in *Abb. 46.*

1113 Schließlich gehören auch – nichtkonsolidierte – **ausfinanzierte Pensionspläne** zu den nahe stehenden Unternehmen (IAS 24.3 a;[59] ED IAS 24.9 g; Ziff. (8) in *Abb. 46.*

1114 Nicht zu nahe stehenden Unternehmen und Personen gehören die in IAS 24.6 (ED IAS 24.11) genannten Unternehmen und Personen, also z. B. ein anderes Unternehmen, in dessen Aufsichtsrat ein Mitglied des Aufsichtsrats des berichterstattenden Unternehmens sitzt, Kapitalgeber, Gewerkschaften, Kunden und Lieferanten usw. ED IAS 24.11 b stellt klar, dass das andere Partnerunternehmen eines *joint ventures* ebenfalls kein nahe stehendes Unternehmen ist.

c) Angabepflichten

1115 In den Angabepflichten ist zu unterscheiden:[60]

Liegt ein **Beherrschungsverhältnis** (*control*) zwischen dem berichterstattenden Unternehmen und seinen nahe stehenden Unternehmen und Personen vor, so ist diese Tatsache anzugeben, unabhängig davon, ob sich Geschäftsvorfälle ereignet haben (IAS 24.20 f.; ED IAS 24.12 f.).

Im Hinblick auf alle übrigen nahe stehenden Unternehmen und Personen sind Angaben nur erforderlich, falls sich **Geschäftsvorfälle** ereignet haben (IAS 24.22; zu solchen Geschäftsvorfällen zählen beispielsweise An- und Verkaufgeschäfte, Leasingvereinbarungen, Bürgschaften, Finanzierungen usw. (s. Beispiele in IAS 24.19).

Anzugeben sind dann:

- die Art der Beziehung zu den nahe stehenden Unternehmen und Personen (Nennung des Unternehmens/der Person, Grad der Einflussnahme),[61]
- die Art der Geschäfte (s. Beispiele in IAS 24.19) und
- die zum Verständnis des Abschlusses notwendigen Bestandteile der Geschäfte (zB Höhe der Umsätze, Transaktionsvolumen, ausstehende Beträge, Verrechnungspreispolitik/ Preisgestaltung; s. IAS 24.23 sowie künftig ED IAS 24.14 mit bestimmten Minimumangaben).

59 So bereits – zu IAS 24.3 a – *Niehus*, „Related Party Transactions", in Forster u. a. (Hrsg.), FS Kropff, 1997, S. 533 (538).

60 *Niehus*, „Related Party Transactions", in Forster u. a. (Hrsg.), FS Kropff, 1997, S. 533 (539) bezeichnet das als „Zwei-Klassen-System".

61 Nach ED IAS 24.15 soll künftig gegliedert werden nach Unternehmen, die Einfluss nehmen auf den Konzern; ferner Gemeinschaftsunternehmen, assoziierte Unternehmen, Management und andere nahe stehende Unternehmen und Personen.

Nach bisheriger Auffassung fallen **Organbezüge** unter die Angabepflichten nach IAS 24.[62] Nach ED IAS 24.2 ist eine Angabe hierüber ausdrücklich *nicht* mehr erforderlich.[63] Praktische Konsequenzen werden sich für nach IAS bilanzierende Konzerne innerhalb der EU hieraus jedoch nicht ergeben, da entsprechende Angaben nach Art. 34 Nr. 12 und 13 der 7. EG-Richtlinie nach wie vor verpflichtend sind. 1116

Beispiel Paragon AG, Geschäftsbericht 2001, S. 36 f.: 1117

„(29) Beziehungen zu nahe stehenden Personen

Zu den „related parties" gehören die Mitglieder des Vorstandes, des Aufsichtsrats, der Familie Frers sowie der Minderheitsgesellschafter der Tochtergesellschaft Miquest Corp.

Die Gesamtbezüge des Aufsichtsrats betragen im Berichtsjahr Tsd. Euro 41 (Vorjahr Tsd. Euro 29). Die Gesamtbezüge des Vorstands belaufen sich auf Tsd. Euro 564 (Vorjahr Tsd. Euro 264). Die Bezüge beinhalten auch die geldwerten Vorteile für die Dienstfahrzeuge sowie die Aufwendungen für die Pensionszusage. (...)

An die Familie Frers wurden in 2001 aufgrund vereinbarter Verträge Mietzahlungen in Höhe von Tsd. Euro 58 geleistet.

Zum 31. Dezember 2001 bestand eine unter den anderen Forderungen und sonstigen Vermögensgegenständen ausgewiesene Forderung gegen die Frers Grundstücksverwaltungs GmbH in Höhe von Tsd. Euro 127; alleiniger Gesellschafter ist Herr Klaus D. Frers.

Zum Bilanzstichtag bestand eine unter den anderen Verbindlichkeiten ausgewiesene kurzfristige Darlehensverbindlichkeit in Höhe von Tsd. Euro 365.

Es bestehen unentgeltliche Bürgschaften bzw. gesamtschuldnerische Mithaftungen seitens Herrn Klaus D. Frers für die Gesellschaft in Höhe von Tsd. Euro 638. (...).

Ferner verweisen wir auf die Ausführungen zu Punkt (26) ‚Haftungsverhältnisse' und zu Punkt (27) ‚sonstige finanzielle Verpflichtungen'". (...)

„(26) Haftungsverhältnisse

(...) Zum Bilanzstichtag bestanden Haftungsverhältnisse aus der Bestellung einer Sicherheit für fremde Verbindlichkeiten in Höhe von Tsd. Euro 256. Sie betrifft eine im Grundbuch Suhl eingetragene Grundschuld ohne Brief für die Deutsche Kreditbank AG zu Lasten des Grundstücks in Suhl als Sicherheit für ein Darlehen des Herrn Klaus D. Frers.

62 Vgl. *Lück* in Baetge u. a. (Hrsg.), Rechnungslegung nach IAS, 1997, IAS 24 Rz. 39; im Ergebnis ebenso *Niehus*, „Related Party Transactions", in Forster u. a. (Hrsg.), FS Kropff, 1997, S. 533 (541).

63 Angabepflichten zu Kapitalbeteiligungsleistungen (*equity compensation plans, stock option plans*) nach IAS 19.146 ff. bleiben hiervon jedoch unberührt.

(27) Sonstige finanzielle Verpflichtungen

(...) Das Gebäude am Schwalbenweg 29 in Delbrück ist von paragon gemietet. Vermieter des Gebäudes ist Herr Klaus D. Frers. Der Mietvertrag ist nicht befristet und jederzeit beidseitig kündbar. Der Aufwand beträgt derzeit pro Kalenderjahr Tsd. Euro 52."

1118 Eine Erleichterung dürfte darin zu sehen sein, dass nach ED IAS 24.17 über Geschäftsvorfälle zu nahe stehenden Unternehmen und Personen dann *nicht* mehr berichtet werden muss, wenn diese zu *Marktbedingungen* stattgefunden haben.

1119–1129 Einstweilen frei.

IV. Aufgabe von Geschäftsbereichen

1. Übersicht und Wegweiser

1130 IAS-Abschlüsse haben die Aufgabe, dem Abschlussadressaten entscheidungsrelevante Informationen zu vermitteln (s. Rz. 3 und 122). Dies setzt voraus, dass die Abschlussdaten einen **Zeit- und Unternehmensvergleich** ermöglichen (s. Rz. 129). Erhebliche, strukturelle Veränderungen in der wirtschaftlichen Tätigkeit eines Unternehmens – beispielsweise die Wandlung eines grundstofforientierten Konzerns[64] zum Dienstleistungs- und Touristikkonzern – können die Vergleichbarkeit und damit die Prognosefähigkeit der Daten stören. Daher fordert IAS 35 die Trennung von Informationen über die weiterzuführenden Tätigkeiten eines Unternehmens von solchen, die aufgegeben werden (IAS 35, Zielsetzung).

IAS 35 ist von allen nach IAS bilanzierenden Unternehmen anzuwenden, sofern beabsichtigt ist, Geschäftsbereiche einzustellen (IAS 35.1). Das *Improvement Project* führt bei IAS 35 nur zu wenigen redaktionellen Änderungen.

2. Begriff des aufzugebenden Geschäftsbereichs

1131 Folgende Merkmale müssen kumulativ vorliegen, um die Definition eines aufzugebenden Geschäftsbereichs zu erfüllen: Es handelt sich um einen **Bestandteil eines Unternehmens**, der im Rahmen eines *einzelnen Plans*

(a) im Wesentlichen in seiner Gesamtheit in einem einzigen Akt oder stückweise **veräußert** bzw. **eingestellt** wird,

(b) der einen gesonderten, **wesentlichen Geschäftszweig** oder **geographischen Geschäftsbereich** darstellt und

64 So *Michael Frenzel*, Vorstandsvorsitzender Preussag AG, Preussag AG Geschäftsbericht 1999/2000, S.3.

(c) der betrieblich und für Zwecke der Rechnungslegung **abgegrenzt** werden kann (IAS 35.2).

Der vorstehende Buchstabe (a) – die Veräußerung oder Einstellung – kann als notwendige und unproblematische Voraussetzung angesehen werden; maßgebliches und vom Anwender zu würdigendes Kriterium ist (b). Die Erläuterungen in IAS 35.7 ff. machen hier deutlich, dass es nur auf große Abschnitte ankommen soll: Beschließt das Management, einen in der **Segmentberichterstattung** dargestellten Geschäftsbereich veräußern zu wollen (a), so liegt ein wesentlicher Geschäftszweig vor ((b), IAS 35.9), der *wegen* seiner Darstellung in der Segmentberichterstattung auch das Kriterium (c) erfüllt; es handelt sich um einen einzustellenden Bereich. 1132

Abgrenzungsschwierigkeiten können sich ergeben, wenn Unternehmensbestandteile eingestellt oder veräußert werden sollen, die zwar die Definitionen von Geschäfts- oder geographischen Segmenten erfüllen (s. Rz. 1049 f.), gleichwohl aber wegen ihrer Größe in der Segmentberichterstattung nicht gesondert dargestellt worden sind. Sind diese Bestandteile – z. B. Sparten oder Produktlinien – anderen Segmenten zugeordnet worden, die aber weitergeführt werden sollen, so ist im Kontext von IAS 35.7 f. nicht von einer Bereichseinstellung auszugehen. Wurden diese Sparten oder Produktlinien dem Ausgleichsposten zugewiesen (s. Rz. 1075), wird man schon wegen des Wesentlichkeitsgrundsatzes von Angaben nach IAS 35 absehen können. 1133

Andererseits kann in einem „ein-Segment-Unternehmen" die geplante Einstellung einer größeren Produkt- oder Servicelinie ein einzustellender Bereich sein (IAS 35.9). Wir halten es für hilfreich, sich bei der Beurteilung, was eine größere Produkt- oder Servicelinie sein soll, ebenfalls an den Größenabgrenzungen in IAS 14 zu orientieren (s. Rz. 1058), ungeachtet dessen, dass die in IAS 14 genannten Schwellenwerte nicht als Leitlinie zur Bestimmung der Wesentlichkeit für irgendeinen (anderen) Gesichtspunkt der Finanzberichterstattung herangezogen werden sollen (IAS 14.38). Immerhin verweist IAS 35 selbst auf die Segmentabgrenzung (IAS 35.9).

Schließlich macht IAS 35.13 deutlich, dass nach der Definition in diesem Standard die Aufgabe von Geschäftsbereichen relativ *selten* zu erwarten ist. 1134

3. Zeitpunkt des Entstehens der Offenlegungspflicht

Die Berichterstattungspflicht über einen einzustellenden Bereich beginnt mit dem früheren der beiden folgenden Ereignisse: 1135

(a) Es ist ein Verkaufsvertrag abgeschlossen worden oder

(b) die Geschäftsführung bzw. der Aufsichtsrat hat einen *detaillierten, formellen Plan* für die Aufgabe *genehmigt* und *bekannt* gemacht (IAS 35.16).

Für die Auslegung von Buchstabe (b) ist auf die Kriterien zur Bildung einer Restrukturierungsrückstellung zurückzugreifen (IAS 35.20; s. hierzu Rz. 728). Damit soll (auch hier) die Unentziehbarkeit von der geplanten Maßnahme objektiviert werden.[65] Auf die Zeitdauer der Umsetzung des Plans kommt es nicht an (IAS 35.5);[66] der Plan muss aber die (erwarteten) Umsetzungszeitpunkte enthalten (IAS 37.72 a v).

1136 Die Einstellung von Bereichen gilt als wertbeeinflussendes bzw. **wertbegründendes Ereignis**: Tritt das frühere der vorbezeichneten Ereignisse *nach Ende der Berichtsperiode, aber vor Freigabe des Abschlusses* zur Veröffentlichung ein (s. Rz. 105), so sind die entsprechenden Offenlegungspflichten (Ausweispflichten) des IAS 35 für die *abgelaufene Berichtsperiode* bereits zu erfüllen (IAS 35.29). Dagegen kommt die Erfassung eines **Wertminderungsaufwandes** oder der Ansatz einer **Restrukturierungsrückstellung** *in der abgelaufenen Berichtsperiode* mit der Begründung der Bereichseinstellung nicht in Betracht (IAS 35.17 i. V. m. 10.21 b und e), wenn das wertbegründende Ereignis (Bekanntgabe des Plans, s. Rz. 1135) nach dem Bilanzstichtag liegt (IAS 10.9). Ein Wertminderungsaufwand (IAS 36) oder eine Restrukturierungsrückstellung (IAS 37) dürfen erst berücksichtigt werden, wenn die entsprechenden, einschlägigen Voraussetzungen (IAS 35.17, IAS 37.72–79, IAS 36.39 ff.) vorliegen (vgl. hierzu Rz. 1137 f. und Rz. 1139 f.).

Beispiel Preussag, Geschäftsbericht 1999/2000 (Abschlussstichtag 30.9.2000, S. 87):

„Einzustellende Bereiche

Am 5. Oktober 2000 genehmigte der Aufsichtsrat der Preussag AG ein Desinvestitionsprogramm für den Geschäftsbereich Gebäudetechnik, das Dienstleistungsgeschäft innerhalb des Bereichs Energie, die Handelsaktivitäten sowie für den überwiegenden Teil der Wohnungsimmobilien.

Der Geschäftsbereich Gebäudetechnik erfüllt die Definition eines einzustellenden Bereiches entsprechend IAS 35, da die erforderlichen Vorbereitungen für diese Gesellschaften bereits unmittelbar nach dem Bilanzstichtag eingeleitet wurden. (...)"

Die nach IAS 35 erforderlichen **Angaben** (s. nachfolgend Rz. 1142) wurden bereits im Jahresabschluss 1999/2000 der Preussag berücksichtigt.

65 Bei börsennotierten Gesellschaften wird i. d. R. eine Ad hoc-Mitteilung gem. § 15 WpHG erforderlich sein, vgl. Bundesaufsichtsamt für den Wertpapierhandel/Deutsche Börse AG (Hrsg.), Insiderhandelsverbote und Ad-hoc-Publizität nach dem Wertpapierhandelsgesetz, 2. Aufl. 1999, S. 50 f. sowie *Kümpel* in Assmann/Schneider (Hrsg.), Wertpapierhandelsgesetz, 2. Aufl. 1999, § 15 WpHG Rz. 70 ff.

66 Vgl. auch *Böcking/Dietz/Kiefer*, WPg 2001, 373 (376 m. w. N.).

4. Bilanzierung und Angabepflichten

a) Erfassung von Wertminderungen

Die Verabschiedung und Bekanntmachung eines Plans zur Bereichseinstellung (wertbegründendes Ereignis nach IAS) gilt als Indiz für eine Wertminderung, so dass ein Impairment-Test durchzuführen ist (IAS 35.22). Ein ggf. ermittelter Wertminderungsaufwand ist im Geschäftsjahr der Bekanntmachung des Plans zu erfassen. 1137

Soll der Geschäftsbereich insgesamt und in einem Akt veräußert werden, ist lediglich der voraussichtliche **Nettoveräußerungspreis** insgesamt zu schätzen (IAS 35.23 a; s. Rz. 398). Bei stückweiser Veräußerung oder bei Einstellung des Bereiches und Liquidation der Vermögenswerte ist auf die einzelnen Vermögenswerte bzw. Gruppen von Vermögenswerten abzustellen (IAS 35.23 b und c). Die Ermittlung eines Nutzungswertes kommt – wegen der Einstellung – nicht in Betracht. Liegen bereits ein oder mehrere Verkaufsverträge vor, ist der Nettoveräußerungspreis aus diesen Verträgen abzuleiten (IAS 35.25). Zur Verteilung eines ggf. festgestellten Wertminderungsbetrages auf die einzelnen Vermögenswerte im Fall der zahlungsmittelgenerierenden Einheit s. Rz. 426 ff.

Da es sich bei dem Plan zur Einstellung von Bereichen um ein wertbegründendes Ereignis handelt, können bei nach dem Bilanzstichtag bekannt gewordenen Plänen Wertminderungsaufwendungen nicht mit der Begründung der Bereichseinstellung auf das vorangegangene Geschäftsjahr bezogen werden. Andererseits können vor Ende der Berichtsperiode bereits allgemeine Anzeichen für eine Wertminderung vorgelegen haben (IAS 36.9), die bereits die Vornahme eines Impairment-Tests nahe legen (hier besteht **Beurteilungsspielraum**). In diesem Fall ist jedoch der erzielbare Betrag unter der Annahme zu ermitteln, der Bereich würde fortgeführt. Demzufolge wäre ein Nutzungswert zu ermitteln (IAS 36.37a). 1138

b) Ansatz von Restrukturierungsrückstellungen

Sind die Kriterien zur Bereichseinstellung gegeben, liegen zugleich die Ansatzvoraussetzungen für Restrukturierungsrückstellungen vor (IAS 35.20). 1139

Diese Gleichsetzung gilt nicht umgekehrt: Eine Restrukturierung, die nicht die Definition des Begriffs „einzustellender Bereich" erfüllt (s. Rz. 1131), darf *nicht* als einzustellender Bereich bezeichnet werden (IAS 35.43).

Sollte der Plan zur Bereichseinstellung nach dem Bilanzstichtag, aber vor dem Tag der Freigabe des Abschlusses zur Veröffentlichung beschlossen und bekannt gemacht worden sein, kann für das abgelaufene Geschäftsjahr eine Rückstellung *nicht* angesetzt werden.[67]

---

67 Vgl. auch *Böcking/Kiefer* in Baetge u. a. (Hrsg.), Rechnungslegung nach IAS, 2. Aufl. 2002, IAS 35 Rz. 93.

1140 Ist die Bereichseinstellung mit **Abfindungszahlungen an ausscheidende Mitarbeiter** verbunden, sind entsprechende Verbindlichkeiten zu passivieren (s. Rz. 668 ff.).

c) Angabepflichten

1141 Beginnend mit dem Zeitpunkt des Entstehens der Offenlegungspflicht sind die einzustellenden Bereiche von denen der fortzuführenden Bereiche im Abschluss zu trennen. Die Vergleichsinformationen für die im Abschluss dargestellte Vorperiode sind anzupassen, d. h. so darzustellen, als sei der Beschluss über die Bereichseinstellung bereits in der Vorperiode getroffen worden (rückwirkende Anpassung der Vergleichsinformationen der Vorperiode nach IAS 35.45).

Der einzustellende Bereich darf – im Gegensatz zum HGB-Jahresabschluss[68] – *nicht* als *außerordentlicher Posten* dargestellt werden (IAS 35.41).

1142 Die erforderlichen Angaben sind in IAS 35.27 genannt: Der aufzugebende Geschäftsbereich ist zu beschreiben, seine Segmentzuordnung ist zu nennen, das Datum der Beschlussfassung (oder, falls früher, das Datum des Verkaufsvertrages) und das Datum der erwarteten Beendigung der Einstellung (falls prognostizierbar) sind anzugeben. Darüber hinaus sind für den einzustellenden Bereich anzugeben:

- Buchwerte der Vermögenswerte und Schulden, die abgehen sollen,
- Höhe der Erlöse,
- Höhe der Aufwendungen,
- Ergebnis vor Steuern aus gewöhnlicher Tätigkeit
- Ertragsteueraufwand,
- Cashflows aus betrieblicher Tätigkeit, aus Investitions- und Finanzierungstätigkeit.

1143 Die erforderlichen Angaben können entweder im Abschluss selbst (Bilanz, GuV, Kapitalflussrechnung) oder in den Anhang aufgenommen werden (IAS 35.39). Da die Segmentberichterstattung Teil des Anhangs ist, ist für den Ort und die Art der Offenlegung der vorbezeichneten Informationen folgende Unterscheidung nützlich:

Wird ein in der Segmentberichterstattung *gesondert dargestelltes Segment eingestellt*, ergeben sich viele der geforderten Angaben bereits unmittelbar aus der **Segmentberichterstattung**. Ergänzende Angaben – wie z. B. der Ertragsteueraufwand oder die Cashflows – können in den Anhang aufgenommen werden.[69]

68 Vgl. *Heuser/Theile*, GmbH-Handbuch, Rz. II 492 ff.
69 So verfährt beispielsweise Preussag, Geschäftsbericht 1999/2000, S. 87 f.

Zu beachten ist jedoch, dass in der Segmentberichterstattung für jedes Segment die Angabe einer Segmentergebnisgröße als Differenz der Segmenterlöse abzüglich Segmentaufwendungen gem. der Definitionen in IAS 14 (s. Rz. 1066) verlangt wird. Hierin sind Finanzierungsaufwendungen nicht enthalten. Demgegenüber verlangt IAS 35.27 f für den einzustellenden Bereich die Angabe des **Ergebnisses vor Steuern**, womit der gesamte Finanzierungsbereich, aber auch *gains* und *losses* (z. B. Gewinne und Verluste aus der Marktbewertung von finanziellen Vermögenswerten der Kategorie held-for-trading) eingeschlossen sind, soweit sie dem einzustellenden Bereich zuzuordnen sind. Daher sind bei den Angabepflichten nach IAS 35 im Vergleich zu denen nach IAS 14 unter Berücksichtigung der Wesentlichkeit ggf. Anpassungen erforderlich.

Maßstab und Leitlinie für solche Anpassungsfragen und Zuordnungsprobleme sollte die Überlegung sein, welche Vermögenswerte und Schulden und folglich auch welche Aufwendungen und Erträge das Unternehmen *nicht* mehr abbildet, wenn der Plan zur Bereichseinstellung umgesetzt wird (IAS 35.28).

Werden jedoch Bereiche eingestellt, die bislang *nicht gesondert in der Segmentberichterstattung gezeigt worden sind*, so ist demgegenüber zu empfehlen, die einzustellenden Bereiche aus den bisherigen Segmenten loszulösen[70] und gesondert als „einzustellende Bereiche" auszuweisen[71] (alternativ wäre auch eine Aufnahme in den Ausgleichsposten denkbar). Eine solche Darstellung vermeidet unübersichtliche „davon"-Angaben für die in Rz. 1142 dargestellten Positionen innerhalb der Segmentberichterstattung, wenn man die Segmentberichterstattung für die Darstellung einzustellender Bereiche nutzen will. 1144

Darüber hinaus empfiehlt sich, die Summe der Vermögenswerte und Schulden der einzustellenden Bereiche gesondert in der **Bilanz** anzugeben. Dasselbe gilt für die Umsatzerlöse und das operative Ergebnis bzw. das Ergebnis vor Steuern in der **GuV**. Sollen mehrere Bereiche aufgegeben werden, kann die erforderliche **Einzeldarstellung** (IAS 35.38) zweckmäßigerweise im Anhang vorgenommen werden. In den Anhang können auch zusätzliche Angaben aufgenommen werden.[72] 1145

Anhang A des IAS 35 enthält alternativ hierzu ein Beispiel und erläutert die **Technik**, wie der einzustellende Bereich **für alle GuV-Positionen** getrennt von den fortzuführenden Bereichen unmittelbar in der GuV abgebildet wird. Ergänzend soll künftig die Angabe des unverwässerten und verwässerten Ergebnisses je Aktie auch für den einzustellenden Bereich entweder in der GuV oder im Anhang angegeben werden (ED IAS 33.60; s. Rz. 1093 und Rz. 1099). 1146

70 Man beachte: Es handelt sich hierbei nicht um eine Pflicht.

71 Vgl. Bayer, Finanzbericht 2001, S. 67.

72 So geht beispielsweise Bayer vor, s. Finanzbericht 2001, S. 64.

Beispiel:

Das Management des Konzerns XYZ beschließt zum 20. Mai 2003 die Veräußerung des Geschäftsbereichs Z und macht den Plan zwei Tage später bekannt. Z erfüllt die Kriterien des einzustellenden Bereichs gem. Rz. 1131. Die in Rz. 1142 genannten Angaben sind im Abschluss 2003 für das Jahr 2003 und das Vergleichsvorjahr 2002 zu machen. Ein Impairment-Test ergab einen Abschreibungsaufwand von 10. Darüber hinaus wurde eine Rückstellung für Abfindungen gebildet. Das Management entschließt sich zur vollständigen Trennung der GuV in fortzuführende und einzustellende Bereiche:

	Bereiche X + Y		**Bereich Z**		**Gesamt**	
	2003	2002	2003	2002	2003	2002
Erlöse	200	180	40	43	240	223
Diverse Betriebliche Aufwendungen	110	100	25	26	135	126
Operatives Ergebnis vor Sonderposten[73]	**90**	**80**	**15**	**17**	**105**	**97**
Wertminderungsaufwand *(IAS 36)*			10		10	
Zuführung zur Rückstellung für Abfindungen etc. *(IAS 19/IAS 37)*			8		8	
Betriebsergebnis (operatives Ergebnis)	**90**	**80**	**– 3**	**17**	**87**	**97**
Finanzergebnis	**– 20**	**– 22**	**– 5**	**– 4**	**– 25**	**– 26**
Ergebnis vor Steuern	**70**	**58**	**– 8**	**13**	**62**	**71**
Ertragsteuern	X	X	X	X	X	X
Ergebnis nach Steuern	**X**	**X**	**X**	**X**	**X**	**X**
Ergebnis je Aktie/unverwässert	X	X	X	X	X	X
Ergebnis je Aktie/verwässert	X	X	X	X	X	X

1147 Die in Rz. 1142 genannten Angaben und die erläuterten Darstellungen sind bis zur endgültigen Bereichseinstellung fortzuführen (IAS 35.35) und zu aktualisieren (IAS 35.33).

73 Wir empfehlen die Einfügung dieser Zwischensumme.

Beispiel (Fortsetzung aus Rz. 1146):

Der Kaufvertrag über die Veräußerung des Bereichs Z wird am 23. November 2004 mit Übergang des wirtschaftlichen Eigentums zum 1. März 2005 geschlossen. Damit ist die **operative Tätigkeit** des Bereichs Z bis zum 1. März 2005 auch im Abschluss 2005 zu zeigen. Im Abschluss 2006 brauchen die Angaben hinsichtlich Z für das Vergleichsvorjahr 2005 jedoch nicht aufgenommen zu werden.

Über bedeutende Aktivitäten oder Ereignisse im Zusammenhang mit der Bereichseinstellung ist auch in den folgenden **Zwischenabschlüssen** zu berichten (IAS 35.47; s. auch Rz. 1192 f.). 1148

Erfolgt eine Veräußerung des einzustellenden Bereichs (oder die einzelne Veräußerung von Vermögenswerten und Tilgung von Schulden, die dem einzustellenden Bereich zuzurechnen sind), ist das **vor-Steuer-Ergebnis** zwingend in der GuV anzugeben (IAS 35.31a i. V. m. IAS 35.39); darüber hinaus ist der zugehörige Ertragsteueraufwand in der GuV oder im Anhang (gesondert) zu nennen. Durch ED IAS 1.76d wird präzisiert, dass das entsprechende vor-Steuer-Ergebnis *gesondert* angegeben werden muss. 1149

Beispiel (Fortsetzung aus Rz. 1147):

Die Veräußerung von Z führt zu einem zu versteuernden Erlös von 10. Die nachfolgende Übersicht zeigt den Ausschnitt der GuV für das Geschäftsjahr 2005 ab „Betriebsergebnis":

	Bereiche X + Y		**Bereich Z**		**Gesamt**	
	2005	2004	2005	2004	2005	2004
Betriebsergebnis	**X**	**X**	**X**	**X**	**X**	**X**
Finanzergebnis	**X**	**X**	**X**	**X**	**X**	**X**
Ergebnis vor Steuern	**X**	**X**	**X**	**X**	**X**	**X**
Ertragsteuern	X	X	X	X	X	X
Ergebnis nach Steuern	**X**	**X**	**X**	**X**	**X**	**X**
Ergebnis vor Steuern aus Veräußerung			10		10	
Darauf entfallende Ertragsteuern			4		4	
Ergebnis nach Steuern gesamt	**X**	**X**	**X**	**X**	**X**	**X**
Ergebnis je Aktie/unverwässert	X	X	X	X	X	X
Ergebnis je Aktie/verwässert	X	X	X	X	X	X

1150 Hat noch kein Vermögens- oder Schuldübergang stattgefunden, aber ist bereits ein Verkaufsvertrag unterzeichnet worden, so sind Angaben nach IAS 35.31 b erforderlich. Im Beispiel wären diese Angaben wegen der Vertragsunterzeichnung am 23. November 2004 im Abschluss 2004 erforderlich.

1151–1169 Einstweilen frei.

V. Zwischenberichterstattung

1. Übersicht

1170 Die Kompetenz über die Pflicht zur Veröffentlichung von Zwischenberichten liegt nicht beim IASB, sondern beim Gesetzgeber: § 44 b BörsG verpflichtet den Emittenten von zum amtlichen Handel zugelassener Aktien oder sie vertretender Zertifikate, innerhalb des Geschäftsjahres regelmäßig mindestens einen Zwischenbericht (**Halbjahresbericht**) zu veröffentlichen. Die Einzelheiten über Inhalt und sonstige Pflichten im Zusammenhang mit dem Zwischenbericht finden sich in §§ 53–62 BörsZulV.[74]

Neben dieser gesetzlichen Pflicht bestehen privatrechtliche Vereinbarungen der Unternehmen mit der Deutschen Börse AG, die an die Segment- oder Indexzugehörigkeit gekoppelt sind. Danach sind Unternehmen, die in den Segmenten Neuer Markt oder SMAX notiert werden wollen, zur **Quartalsberichterstattung** verpflichtet.[75] Quartalsberichte verlangt die Deutsche Börse AG seit Beginn des Jahres 2001 auch von Emittenten bei Indexzugehörigkeit im DAX und MDAX.[76] Mit der jüngst bekannt gewordenen geplanten Neuordnung der Börsensegmente sind Quartalsberichte künftig nur noch im Segment „Prime Standard" erforderlich, während im Segment „General Standard" nur die gesetzliche Mindestanforderung des Halbjahresberichts erfüllt werden muss. Die noch zu verabschiedende neue Börsenordnung soll zum 1. Januar 2003 in Kraft treten und per 24. März 2003 umgesetzt werden.[77]

1171 Die vorbezeichneten Bestimmungen enthalten zum Teil unterschiedliche Regelungen, die vom jeweiligen Emittenten zu beachten sind und auf die hier im Einzelnen nicht eingegangen werden kann.[78] Für den IAS-Anwender, der pflichtgemäß oder freiwillig einen Zwischenbericht nach IAS veröffentlicht, ist entscheidend, dass auf diesen Zwischenbericht IAS 34 anzuwenden ist (IAS 34.1). Wir erläutern in diesem Kapitel die Aufstellung von Halbjahres- oder Quartalsberichten des Konzerns nach IAS 34.

---

74 S. hierzu *Ammedick/Strieder*, Zwischenberichterstattung, 2002, S. 17-29.

75 Vgl. Deutsche Börse AG (Hrsg.), Regelwerk Neuer Markt (FWB 9), Abschn. 2, Kap. 7.1, Stand: 1.7.2002 sowie Deutsche Börse AG (Hrsg.), SMAX-Teilnahmebedingungen (FWB 11), Kapitel 3.1, Stand: 1.7.2000.

76 Vgl. *Ammedick/Strieder*, Zwischenberichterstattung, 2002, S. 16.

77 Vgl. Deutsche Börse AG, Pressemitteilung v. 31.10.2002.

78 Vgl. die Übersichten bei *Schindler/Schurbohm/Böckem*, KoR 2002, 88, sowie *Ammedick/Strieder*, Zwischenberichterstattung, 2002, S. 205–232.

2. Bestandteile des Zwischenberichts

a) Überblick

Ein Zwischenbericht enthält gem. IAS 34.8 mindestens 1172

(a) eine verkürzte Bilanz,

(b) eine verkürzte Gewinn- und Verlustrechnung,

(c) einen verkürzten Eigenkapitalspiegel,

(d) eine verkürzte Kapitalflussrechnung und

(e) ausgewählte erläuternde Anhangangaben.

Die vorgenannten Berichtsinstrumente (statt eines vollständigen Abschlusses) müssen mindestens die im letzten jährlichen Abschluss aufgenommenen **Überschriften** und **Zwischensummen** enthalten (IAS 34.10). Diese kennzeichnen insoweit den Mindestinhalt der verkürzten Berichtsinstrumente.

Einige der erläuternden Anhangangaben können in die Berichtsinstrumente integriert werden. Wir geben daher in den Rz. 1175 ff. Vorschläge für den jeweiligen Mindestinhalt der Berichtsinstrumente unter Berücksichtigung der Integration von Anhangangaben an.

Unternehmen, die unter den Anwendungsbereich von IAS 33, Ergebnis je 1173
Aktie, fallen (s. Rz. 1085), haben das unverwässerte und das verwässerte **Ergebnis je Aktie** entweder in der Gewinn- und Verlustrechnung (dies entspricht herrschender Praxis) oder im Anhang auch für die Zwischenberichtsperiode anzugeben (IAS 34.11).

Im Zwischenbericht ist anzugeben, dass er in **Übereinstimmung mit IAS 34** 1174
aufgestellt worden ist (IAS 34.19). Ein Zwischenbericht darf als mit dem IAS übereinstimmend bezeichnet werden, wenn er den Anforderungen *aller* anzuwendenden Standards und den Interpretationen des SIC entspricht (IAS 34.19).

Der Zwischenbericht soll innerhalb von **60 Tagen** nach Abschluss der Zwischenberichtsperiode vorgelegt werden (IAS 34.1).

b) Verkürzte Bilanz

Für den Stichtag der aktuellen Zwischenberichtsperiode sind die entspre- 1175
chenden **Vergleichswerte des letzten Geschäftsjahres** anzugeben. Aufbauend auf unseren Vorschlag zur Gliederung der Konzernbilanz in Rz. 198 wäre der Mindestinhalt der verkürzten Bilanz wie folgt (im Beispiel für die Zwischenberichtsperiode 1.1. bis 30.9.2002):

Aktiva	30.9.02	31.12.01	Passiva	30.9.2002	31.12.01
Anlagevermögen			Konzerneigenkapital		
Umlaufvermögen			Anteile anderer Gesellschafter		
Latente Steuern			**Summe Eigenkapital**		
			Langfristige Schulden		
			Kurzfristige Schulden		
			Latente Steuern		
Bilanzsumme			**Bilanzsumme**		

Abb. 47: Inhalt verkürzte Bilanz

1176 Die Praxis verfährt für die Bilanzgliederung in Zwischenberichten sehr unterschiedlich. Das Spektrum reicht vom Mindestgliederungsschema ähnlich des hier vorgestellten[79] bis hin zur vollständig aufgegliederten Bilanz, wie sie sich auch im Jahresgeschäftsbericht findet.[80]

c) Verkürzte Gewinn- und Verlustrechnung

1177 Für die Gewinn- und Verlustrechnung sind die kumulierten Werte seit Beginn des neuen Geschäftsjahres sowie die Quartalswerte darzustellen, jeweils mit den entsprechenden Vergleichsangaben aus der Vorperiode (IAS 34.20 b). Für einen Zwischenbericht zum 30.9.2002 (Geschäftsjahr = Kalenderjahr) schlagen wir, aufbauend auf unseren Vorschlag in Rz. 213, folgende **Mindestinhalte** vor:

	9 Monate 2002	9 Monate 2001	**3. Quartal 2002**	3. Quartal 2001
Umsatzerlöse				
Betriebsergebnis (operatives Ergebnis)				
Finanzergebnis				
Ergebnis vor Ertragsteuern				
Ertragsteuern				
Periodenergebnis				
Anderen Gesellschaftern zustehendes Ergebnis				
Konzernergebnis				
Ergebnis je Aktie/unverwässert				
Ergebnis je Aktie/verwässert				

Abb. 48: Inhalt verkürzte Gewinn- und Verlustrechnung, Gesamtkostenverfahren

79 So z. B. bei Volkswagen, Konzern-Zwischenabschluss 3. Quartal 2002, S. 13.
80 Vgl. Metro AG, Konzern-Zwischenabschluss 3. Quartal 2002, S. 11.

	9 Monate 2002	9 Monate 2001	**3. Quartal 2002**	3. Quartal 2001
Umsatzerlöse				
Umsatzkosten				
Bruttoergebnis				
Betriebsergebnis (operatives Ergebnis)				
Finanzergebnis				
Ergebnis vor Ertragsteuern				
Ertragsteuern				
Periodenergebnis				
Anderen Gesellschaftern zustehendes Ergebnis				
Konzernergebnis				
Ergebnis je Aktie/unverwässert				
Ergebnis je Aktie/verwässert				

Abb. 49: Inhalt verkürzte Gewinn- und Verlustrechnung, Umsatzkostenverfahren

Obwohl es sich bei den Umsatzerlösen nicht um eine Überschrift oder Zwi- 1178
schensumme handelt, kann auf die Angabe nicht verzichtet werden, da sie (ebenso wie das Ergebnis vor *oder* nach Steuern) von § 54 Abs. 1 Satz 1 BörsZulV verlangt wird.

Darüber hinaus ist eine so stark verkürzte Gewinn- und Verlustrechnung wie vorstehend angegeben in der Praxis nicht der Regelfall. Häufig – das ist aus unserer Sicht zu begrüßen – findet sich die Angabe wichtiger Aufwandskategorien bis hin zur vollständigen Gewinn- und Verlustrechnung.

d) Verkürzter Eigenkapitalspiegel

Der Eigenkapitalspiegel hat die Daten vom Ende des letzten Geschäftsjahres 1179
bis zum Stichtag der Zwischenberichtsperiode zu enthalten, mit den entsprechenden Vergleichsangaben des Vorjahreszeitraums (IAS 34.20 c).

Im verkürzten Eigenkapitalspiegel sind entweder alle Veränderungen des Eigenkapitals aufzunehmen oder nur solche, die nicht aus Kapitaltransaktionen mit den Gesellschaftern resultieren (IAS 34.8 c). Zu empfehlen ist die erste Variante, da nach IAS 34.16 e über Emissionen, Rückkäufe und Rückzahlungen von Eigenkapitaltiteln und nach IAS 34.16 f über gezahlte Dividenden ohnehin zu berichten ist. Diese Informationen können problemlos in den Eigenkapitalspiegel integriert werden, so dass nicht noch zusätzlich im Anhang hierüber berichtet werden muss. Damit verringern sich aber auch die Möglichkeiten einer Verkürzung.[81] Ein verkürzter Eigenkapitalspiegel könnte daher, in Anlehnung an unseren Vorschlag in Rz. 1010, für die Zwischenberichtsperiode vom 1.1.2002 bis 30.9.2002 (die Vergleichsangaben für die entsprechende Vorjahresperiode wären analog darzustellen) wie folgt aussehen:

	Gezeichnetes Kapital	Kapitalrücklage	Gewinnrücklage	Other Comprehensive Income	Bilanzgewinn	Anteil des Konzerns	Fremdanteile	Gesamt
Stand 1.1.2002								
Dividendenzahlungen								
Ergebnis nach Steuern								
Sonstige Veränderungen								
Kapitalerhöhung/ Verminderung								
Stand 30.9.2002								

Abb. 50: Verkürzte Eigenkapitalveränderungsrechnung

1180 Zur Erweiterung des Eigenkapitalspiegels bei Änderungen der Bilanzierungs- und Bewertungsmethoden im Falle der Benchmark-Methode s. Rz. 1185.

e) Verkürzte Kapitalflussrechnung

1181 Die verkürzte Kapitalflussrechnung hat die Daten vom Ende des letzten Geschäftsjahres bis zum Stichtag der Zwischenberichtsperiode zu enthalten, mit den entsprechenden Vergleichsangaben des Vorjahreszeitraums (IAS 34.20 d). Die Minimalanforderung an die verkürzte Kapitalflussrechnung wäre dann, ausgehend von unserem Vorschlag in Rz. 1021, für die Berichtsperiode 1.1.–30.9.2002 wie folgt:

81 *Ammedick/Strieder*, Zwischenberichterstattung, 2002, S. 53, sprechen sich für einen vollständigen Eigenkapitalspiegel aus.

	1.1.–30.9.2002	1.1.–30.9.2001
Cashflow		
Veränderung Netto-Umlaufvermögen		
Mittelveränderung aus laufender Geschäftstätigkeit		
Mittelveränderung aus der Investitionstätigkeit		
Mittelveränderung aus der Finanzierungstätigkeit		
Laufende Veränderung der liquiden Mittel		
Wechselkurs- und konzernkreisbedingte Änderungen		
Veränderung der liquiden Mittel gesamt		
Liquide Mittel Jahresanfang		
Liquide Mittel 30.9.		

Abb. 51: Verkürzte Kapitalflussrechnung

In der Praxis findet sich eine solchermaßen verkürzte Kapitalflussrechnung regelmäßig *nicht*. Stattdessen werden, im Vergleich zur ausführlichen Kapitalflussrechnung im Geschäftsbericht, kaum Informationen zusammengefasst. Ein solches Vorgehen ist sehr zu begrüßen. 1182

f) Ausgewählte Anhangangaben

IAS 34.16 fordert bestimmte Mindestanhangangaben, wenn diese Informationen für den Adressaten wesentlich sind und nicht bereits an anderer Stelle des Zwischenberichts gegeben werden. In der Praxis fallen diese Anhangangaben regelmäßig sehr kurz aus. Eine Fehlanzeige bei den einzelnen Angabepflichten ist nicht erforderlich, wird aber gelegentlich freiwillig vorgenommen. 1183

aa) Bilanzierungs- und Bewertungsmethoden

Anzugeben ist eine Erklärung, dass die gleichen **Bilanzierungs- und Bewertungsmethoden** sowie Berechnungsmethoden im Zwischenabschluss befolgt werden wie im letzten jährlichen Abschluss oder, wenn die Methoden geändert worden sind, eine Beschreibung der Art und Auswirkung der Änderung (IAS 34.16 a). 1184

Beispiel Volkswagen AG, Konzern-Zwischenabschluss 30.9.2002, S. 15:

„Bei der Aufstellung des Zwischenabschlusses und der Ermittlung der Vergleichszahlen für das Vorjahr wurden grundsätzlich dieselben Konsolidierungsgrundsätze sowie Bilanzierungs- und Bewertungsmethoden wie im Konzernabschluss 2001 angewandt. Eine detaillierte Beschreibung dieser Methoden ist im Anhang unseres Geschäftsberichts 2001 im Einzelnen veröffentlicht."

1185 Werden im Verlaufe eines Jahres die Bilanzierungs- und Bewertungsmethoden geändert, so ist die Änderung gem. IAS 34.43 retrospektiv vorzunehmen und

(a) entweder so durchzuführen, als sei schon immer nach den neuen Methoden bilanziert worden oder

(b) erfolgswirksam im aktuellen Geschäftsjahr zu erfassen.

Variante (a) ist die **Benchmark-Methode** des IAS 8, s. ausführlich Rz. 136. Wird die Änderung beispielsweise im 3. Quartal 2002 beschlossen, sind die Änderungen retrospektiv vorzunehmen und die kumulierten Vorjahreseffekte mit den Gewinnrücklagen des 1.1.2001 zu verrechnen. Entsprechend sind die im Zwischenbericht erforderlichen Vergleichsangaben der Vorperioden anzupassen. Erfolgswirksam werden somit nur jene Änderungen erfasst, die Sachverhaltsverwirklichungen nach dem 1.1.2001 betreffen.

Bei Variante (b) – der **alternativ zulässigen Methode** nach IAS 8 (s. Rz. 137) – erfolgt die Anpassung *ergebniswirksam*, und zwar in Höhe der rückwirkenden Anpassung im Ergebnis des ersten Zwischenberichts der laufenden Zwischenberichtsperiode. Die Vergleichsangaben des *Vorjahres* bleiben hier *unberührt*.

Entsprechend der vorgesehenen Änderung des IAS 8 wird auch Alternative (b) gestrichen. Sollte die retrospektive Anpassung zu aufwändig sein, ist derzeit *prospektiv* anzupassen (s. Rz. 138) und künftig gem. ED IAS 8.21 zu verfahren (s. Rz. 137).

1186 Die im Falle einer Änderung der Bilanzierungs- und Bewertungsmethoden ggf. erforderliche Anpassung der Gewinnrücklagen sollte im Eigenkapitalspiegel des Zwischenberichts transparent gemacht werden. Der Eigenkapitalspiegel würde sich dann gegenüber unserem Vorschlag in Rz. 1179 um eine bzw. – mit Zwischensumme – zwei weitere Zeilen erweitern.

1187 Sollte während einer Zwischenberichtsperiode ein **neuer IFRS** oder **überarbeiteter IAS** angewandt werden, der *keine* Übergangsvorschriften im Hinblick auf eine nur prospektive Anwendung enthält, so erfolgt die Anpassung entweder nach der Benchmark-Methode oder nach der alternativ zulässigen Methode wie in Rz. 1185 erläutert (IAS 34.43 i. V. m. IAS 8.46). Nicht geregelt ist, wie mit in der Zwischenberichtsperiode entdeckten **grundlegenden Fehlern** zu verfahren ist (s. Rz. 142). Auch hier schlagen wir vor, die Korrektur unmittelbar vorzunehmen und gem. Rz. 1185 zu verfahren.

bb) Saison- oder Konjunktureinflüsse

1188 Die nach IAS 34.16 b geforderten Bemerkungen über Saison- oder Konjunktureinflüsse auf die Geschäftstätigkeit werden üblicherweise nicht in den Anhang, sondern im gesonderten Berichtsteil des Zwischenberichts über die allgemeine Geschäftsentwicklung aufgenommen.

cc) Ungewöhnliche Ereignisse

1189 Art und Umfang von Sachverhalten, die Vermögenswerte, Schulden, Eigenkapital, Periodenergebnis oder Cashflow beeinflussen und aufgrund ihrer Art, ihres Ausmaßes oder ihrer Häufigkeit ungewöhnlich sind, sind anzugeben (IAS 34.16 c). Hierunter kann beispielsweise eine bedeutende Kapitalerhöhung oder eine hohe außerplanmäßige Goodwill-Abschreibung fallen.

dd) Änderungen von Schätzungen

1190 Für viele Abschlusspositionen sind auch bei unterjähriger Berichterstattung Schätzungen erforderlich (IAS 34.23). Auswirkungen der Änderungen von Schätzungen werden in der Periode der Änderung erfolgswirksam erfasst (s. Rz. 141). Sollten sich Schätzungen im Vergleich zum vorangegangenen Zwischenabschluss oder zum Jahresabschluss verändert haben, ist bei wesentlichen Auswirkungen hierüber zu berichten (IAS 34.16 d).

Bei der Beurteilung, ob ein Sachverhalt *wesentlich* ist, ist dieser in das Verhältnis zu *Daten des Zwischenabschlusses* und nicht zu Daten des Jahresabschlusses zu setzen (IAS 34.25).[82]

ee) Kapitalveränderungen

1191 Sämtliche Eigenkapitalveränderungen – Emissionen, Erwerb eigener Anteile, gezahlte Dividenden usw. – werden zweckmäßigerweise in den Eigenkapitalspiegel aufgenommen (s. Rz. 1179), so dass gesonderte Anhangangaben nicht erforderlich sind. Zu berichten ist jedoch über Emissionen oder Rückzahlungen von **Schuldverschreibungen** (IAS 34.16 e).

ff) Segmentangaben

1192 Sofern ein Unternehmen im jährlichen Abschluss zur Segmentberichterstattung verpflichtet ist (s. Rz. 1045), sind für die Segmente des *primären Berichtsformats* Segmenterlöse und Segmentergebnisse anzugeben (IAS 34.16 g). In der Praxis werden über diese Mindestangaben hinaus regelmäßig deutlich mehr Angaben gemacht.

gg) Änderungen der Unternehmensstruktur

1193 Über Änderungen in der Zusammensetzung eines Unternehmens ist zu berichten. Hierzu zählen Unternehmenszusammenschlüsse, Erwerb oder Veräußerung von Tochtergesellschaften oder langfristigen Finanzinvestitionen, Restrukturierungsmaßnahmen und Aufgabe von Geschäftsbereichen (IAS 34.16 i).

---

82 Vgl. auch *Baetge/Bruns/Rolvering*, in Baetge u. a. (Hrsg.), Rechnungslegung nach IAS, 2. Aufl. 2002, IAS 34 Rz. 109.

Beispiel Volkswagen AG, Konzern-Zwischenabschluss 30.9.2002, S. 15:

„Im dritten Quartal 2002 wurden zwei Gesellschaften neu in den Konzernkreis aufgenommen. Die Zugänge betrafen das Segment Automobile."

hh) Eventualschulden oder Eventualforderungen

1194 Es ist über *Änderungen* der Eventualschulden oder Eventualforderungen seit dem letzten Bilanzstichtag zu berichten (IAS 34.16 j).

ii) Wesentliche Ereignisse nach Ende der Zwischenberichtsperiode

1195 Es ist über wesentliche Ereignisse nach dem Stichtag der Zwischenberichtsperiode zu berichten (IAS 34.16 h). Anhaltspunkte hierfür bietet IAS 10.21. Zu solchen wesentlichen Ereignissen gehören Unternehmenszusammenschlüsse oder die geplante Einstellung von Unternehmensbereichen.

3. Bilanzierung und Bewertung

1196 Die Erstellung von Zwischenberichten führt im Hinblick auf Ansatz- und Bewertungsfragen zu einer Fülle von Abgrenzungsproblemen. Zu deren Lösung werden in der Literatur drei Ansätze diskutiert: Der sog. integrative Ansatz, der eigenständige Ansatz oder eine Kombination von beiden.[83] IAS 34 folgt im Wesentlichen dem eigenständigen Ansatz (IAS 34.28).

1197 Nach dem **eigenständigen Ansatz** wird der Zwischenabschluss als „eigenständiger" Abschluss angesehen, auf den dieselben Periodisierungs- und Abgrenzungsgrundsätze des Geschäftsjahresabschlusses stetig anzuwenden sind. IAS 34.28 lässt als Ausnahme hiervon nur die Änderungen von Bilanzierungs- und Bewertungsmethoden zu, die wir in Rz. 1185 erläutert haben. Eine *Glättung der Ergebnisse* der Zwischenberichte ist nach diesem Ansatz – anders als beim integrativen Ansatz – *nicht* möglich: Fällt im 1. Quartal ein Verlust an, ist dieser auch als solcher auszuweisen, selbst wenn für die übrigen Quartale und für das gesamte Geschäftsjahr Gewinne erwartet werden.

Dieser Ansatz impliziert auch:

(1) Saisonalen Schwankungen oder konjunkturellen Einflüssen unterliegende Erträge dürfen im Zwischenabschluss nicht vorgezogen oder abgegrenzt werden, es sei denn, derartige Abgrenzungen sind auch am Ende des Geschäftsjahres angemessen (IAS 34.37).

83 Vgl. *Schindler/Schurbohm/Böckem*, KoR 2002, 88 (92); *Alvarez/Wotschofsky*, Zwischenberichterstattung 2000, S. 65–84; *Busse von Colbe/Reinhard* (Hrsg.), Zwischenberichterstattung 1989, S. 3 f.

(2) Unregelmäßig während des Geschäftsjahrs anfallende Aufwendungen dürfen nicht abgegrenzt werden, es sei denn, diese Abgrenzungen wären auch am Ende des Geschäftsjahrs angemessen (IAS 34.39 und IAS 34.32).

Der **Ertragsteueraufwand einer Zwischenperiode** wird auf Basis des Steuersatzes abgegrenzt, der auf das gesamte Jahresergebnis angewendet würde; d. h. der geschätzte jährliche Effektivsteuersatz wird auf das Vorsteuerergebnis der Zwischenberichtsperiode angewendet (IAS 34, Anhang B.12).

Zugleich wird durch IAS 34.23 anerkannt, dass bei der Erstellung von Zwi- 1198
schenabschlüssen dem **Aspekt der Wesentlichkeit** in zahlreichen Bewertungsfragen besondere Bedeutung zukommt (s. Rz. 123). Zur Ausfüllung des Wesentlichkeitsgrundsatzes bei Bewertungsfragen enthält Anhang B von IAS 34 detaillierte Anwendungshinweise für unterschiedliche Sachverhalte und Bilanzpositionen, auf die hier verwiesen wird. Anhang C schließlich enthält Hinweise auf den Umgang mit Schätzungen; auch hierauf wird verwiesen.

Einstweilen frei. 1199–1249

F. Erstmalige Anwendung von IAS/IFRS

I. Übersicht

1250 Die erstmalige Anwendung von IAS/IFRS bezeichnet den Übergang von der nationalen (z. B. HGB) Rechnungslegung zur Rechnungslegung nach IAS/IFRS. Dieser Übergang ist aus deutscher Sicht derzeit nur bedeutsam für den **IAS-Konzernabschluss**, insoweit dieser befreiende Wirkung für den HGB-Konzernabschluss entfalten soll oder sofern freiwillig IAS-Konzernabschlüsse aufgestellt werden sollen (s. Rz. 15). Für Geschäftsjahre, die am oder nach dem 1. Januar 2005 beginnen, ist die Anwendung von IAS für den Konzernabschluss aufgrund der EU-Verordnung allerdings obligatorisch, soweit es sich um Unternehmen handelt, die den organisierten Kapitalmarkt in Anspruch nehmen (zu Einzelheiten und zur Übergangsregelung s. Rz. 30 ff.). Das Thema wird in den kommenden Jahren EU-weit ca. 7 000 Konzerne beschäftigen. Da deren Tochtergesellschaften jeweils eine Handelsbilanz II nach IAS aufstellen müssen, wird sicherlich eine deutlich sechsstellige Zahl an Unternehmen von der Umstellung betroffen sein.

1251 Mit Wirkung ab 1. August 1998 wurden und werden Fragen der Bilanzierung bei der Umstellung auf IAS durch Interpretation SIC-8 geregelt. SIC-8 sieht grundsätzlich eine **retrospektive Anwendung der Standards** vor, so als sei schon immer nach IAS bilanziert worden. Dies ist einerseits eine klare Regelung, wirft aber im Detail viele Fragen auf. Nicht zuletzt wegen der Entscheidung der EU, den Konzernabschluss von kapitalmarktorientierten Unternehmen auf IAS umzustellen, sah sich der IAS Board daher veranlasst, das Thema der erstmaligen Anwendung neu zu durchdenken.[1]

Am 31. Juli 2002 wurde schließlich der Exposure Draft „ED 1 First-time Application of International Financial Reporting Standards" (im Folgenden abgekürzt als „ED IFRS 1") veröffentlicht, der nach Ablauf der Kommentierungsfrist und weiterer Beratungen im Board im **2. Quartal 2003** als Standard verabschiedet werden soll.[2]

1252 Wir konnten bis zur Drucklegung dieses Buches nicht absehen, ob dieser Zeitplan vom Board eingehalten werden kann. Es ist vorgesehen, dass der neue Standard für Geschäftsjahre anzuwenden ist, die am oder nach dem 1. Januar 2003 beginnen (Fall (4) in *Abb. 52*), wobei eine frühere Anwendung empfohlen wird (ED IFRS 1.38). Bis zur Veröffentlichung von IFRS 1 ist auf jeden Fall SIC-8 anzuwenden.

Die frühere Anwendung des neuen Standards könnte in Betracht kommen für Konzerne mit abweichendem Geschäftsjahr, die ihren Ersten IAS-Stichtag demnach im Verlaufe des Jahres 2003 haben. Bei einem Umstellungsda-

1 Vgl. ED IFRS 1, Basis for Conclusions, BC2.
2 Vgl. IASB Insight, July 2002, S. 3.

tum 31. Dezember 2002, das für viele im SMAX notierte Konzerne von Bedeutung ist, wird angesichts der vorgesehenen Veröffentlichung von IFRS 1 im 2. Quartal 2003 dessen Anwendung wohl kaum mehr möglich sein (Fall (1) in *Abb. 52*). Hinzu kommt, dass diese Unternehmen wegen der Börsensegmentzugehörigkeit ihre Quartalsberichterstattung für das Geschäftsjahr 2002 bereits auf IAS umstellen mussten, so dass die Anwendung von IFRS 1 auch aus diesem Grunde obsolet ist. Das gilt auch für im SMAX notierte Konzerne mit abweichendem Wirtschaftsjahr (Fall (2) in *Abb. 52*). Damit kommt eine frühere Anwendung von IFRS 1 nur für solche Unternehmen in Betracht, die ihren ersten IAS-Stichtag im Verlaufe des Jahres 2003 haben, ohne dass sie zuvor Zwischenabschlüsse bereits nach IAS veröffentlicht haben (Fall (3) in *Abb. 52*). Die nachfolgende *Abb. 52* fasst den vorgesehenen Zeitrahmen im Anwendungsbereich zusammen.

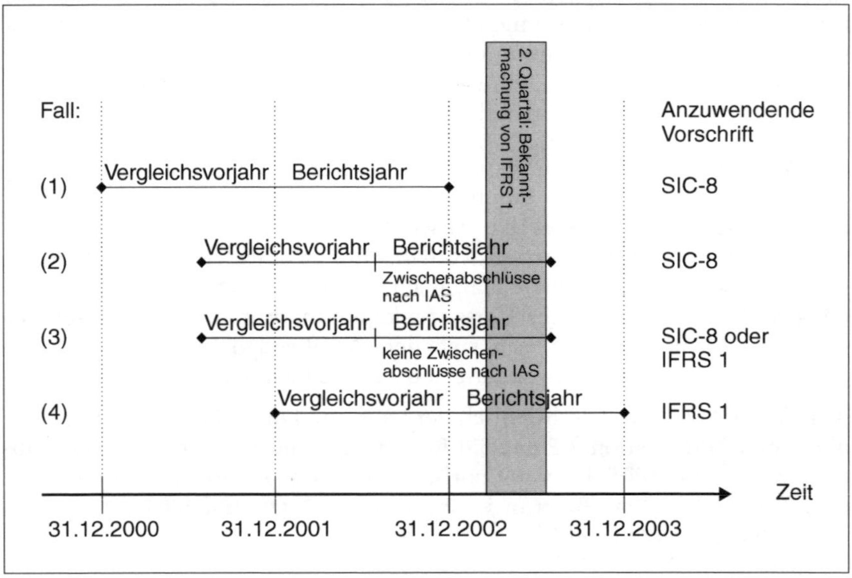

Abb. 52: Zeitliche Anwendung von SIC-8 und IFRS 1

1253 Für den ersten Bilanzstichtag nach IAS und damit für das erste Geschäftsjahr ist zu beachten, dass grundsätzlich entsprechende Vergleichsangaben des Vorjahres zu veröffentlichen sind. Ist der erstmalige IAS-Stichtag beispielsweise der 31.12.2003, so ist nicht nur das Geschäftsjahr 2003, sondern auch 2002 nach IAS abzubilden. Insoweit wird eine IAS-Eröffnungsbilanz zum 1.1.2002 erforderlich. Für diese wäre dann IFRS 1 einschlägig. Die hiervon betroffenen Gesellschaften werden sich i. d. R. jedoch bereits im Umstellungsprozess befinden[3],

3 Der Zeitrahmen, der zur Bewältigung des Umstellungsprozesses benötigt wird, hängt (neben der Frage des Know-How) vor allem ab von der Anzahl der zu konsoli-

so dass die frühzeitige Kenntnis der Normen des IFRS 1 erforderlich ist. Ein Problem könnte sich für diesen Fall (4) in *Abb. 52* ergeben, wenn die Bekanntmachung von IFRS 1 erst spät im 2. Quartal 2003 erfolgt und der Konzern bereits für die Quartalsberichterstattung des Jahres 2003 IAS anwenden will oder aufgrund nationalen Rechts oder privatwirtschaftlicher Vereinbarungen anwenden muss: *Bis* zur Bekanntmachung von IFRS 1 ist SIC-8 anzuwenden; *ab* Bekanntmachung von IFRS 1 *ist* dieser für das Berichtsjahr 2003 anzuwenden und, *wenn* bereits Zwischenabschlüsse nach IAS veröffentlicht werden, auch auf diese (ED IFRS 1.1 b). Das ist dem Konzern für den ersten Quartalsbericht des Berichtsjahres 2003 (mit entsprechenden Vergleichsangaben der Vorperiode) aber nicht möglich, wenn die Regelungen des IFRS 1 noch gar nicht vom Board verabschiedet worden sind. Es ist zu hoffen, dass sich der Board im Rahmen der endgültigen Beratungen des neuen Standards dieses Übergangsproblems annimmt.

Im Folgenden stellen wir sowohl die Umstellung auf Basis SIC-8 als auch jene nach ED IFRS 1 nach dem vorliegenden Stand des Exposure Drafts vom 31. Juli 2002 dar.

Einstweilen frei. 1254

II. Regelungen nach SIC-8

Bei der erstmaligen Aufstellung eines IAS-Konzernabschlusses ist so zu verfahren, als sei schon immer nach IAS bilanziert worden **(retrospektive Anwendung)**, wobei jene Standards und SIC-Interpretationen heranzuziehen sind, die in der ersten Berichtsperiode nach IAS gültig sind. Alle bisher bilanzierten Vermögenswerte und Schulden müssen dahingehend überprüft werden, ob ihr Ansatz und die Bewertung mit den Anforderungen der IAS gemäß den im Umstellungsjahr (= Berichtsjahr) gültigen IAS-Standards und den nach diesen Standards noch geltenden Übergangsvorschriften übereinstimmen. Dies trifft auch auf nicht mehr angesetzte Vermögenswerte des Anlagevermögens zu, die noch inventarisiert sind. Hier ist ggf. zu prüfen, ob die bislang verwandten Nutzungsdauern den Anforderungen des IAS 16 entsprechen, insbesondere, wenn bisher nach steuerlichen AfA-Tabellen abgeschrieben wurde. 1255

Bei erstmaliger Anwendung von IAS ergibt sich die Notwendigkeit der Angabe von **Vorjahreszahlen**. Ein Konzern, der beispielsweise auf den **Stichtag 31.12.2002** erstmals einen IAS-Konzernabschluss vorlegt, hat die Vergleichs- 1256

dierenden Gesellschaften, ob Gesellschaften außerhalb des Euro-Raumes vorhanden sind und welche technischen Systeme zur Verfügung stehen. Nicht nur aus unserer Erfahrung ist ein Zeitrahmen von etwa einem Jahr nicht unrealistisch, vgl. etwa *Wirtz/Fischer* in Auer (Hrsg.), Die Umstellung der Rechnungslegung auf IAS/US-GAAP, 1998, S. 51.

daten für den kompletten Abschluss – also für Bilanz, Gewinn- und Verlustrechnung, Eigenkapital-Veränderungsrechnung, Kapitalflussrechnung und ggf. Segmentberichterstattung – auch für das Vorjahr anzugeben (SIC-8.4 i. V. m. IAS 1.38). In diesem Fall würde die **IAS-Eröffnungsbilanz („Stand-Anfang-Bilanz") auf den 1.1.2001** datieren. Die retrospektiv bis zu diesem Datum erforderlichen Anpassungen sind **erfolgsneutral mit den Gewinnrücklagen** zu verrechnen (SIC-8.5). Dabei sind ggf. latente Steuern zu berücksichtigen.

Beispiel:

Am 1. April 1999 geht eine für 1 500 Tsd. Euro angeschaffte Maschine in Betrieb. Die Nutzungsdauer gem. AfA-Tabelle betrage 8 Jahre. Die Maschine wird degressiv (damals noch 30 %) und im Anschaffungsjahr unter Inanspruchnahme der vollen Jahresabschreibung auch handelsrechtlich abgeschrieben. Tatsächlich erwartet man für die gleichmäßig beanspruchte Maschine eine Nutzungsdauer von 15 Jahren. Der Ertragsteuersatz betrage 40 %. Der Konzern will zum 31.12.2002 auf IAS umstellen und muss daher eine IAS-Eröffnungsbilanz zum 1.1.2001 aufstellen.

Zum 1.1.2001 beträgt der Buchwert der Maschine nach HGB 735 Tsd. Euro. Bei einer Umstellung auf IAS ist die Maschine zum 1.1.2001 so zu bewerten, als sei schon immer IAS angewendet worden. Nach dem vorliegenden Sachverhalt erfordert dies eine lineare Abschreibung über 15 Jahre. Legt man vereinfachend auch nach IAS im Anschaffungsjahr die volle Jahresabschreibung zugrunde (s. Rz. 340), so ergibt sich zum 1.1.2001 ein IAS-Buchwert von 1300 Tsd. Euro und damit eine Differenz zum HGB und zur Steuerbilanz von 565 Tsd. Euro. Da sich die Differenz zur Steuerbilanz in künftigen Perioden umkehrt, sind latente Steuern – und zwar erfolgsneutral – anzusetzen. Die Überleitungsbuchung zur Eröffnungsbilanz nach IAS lautet:

Maschine	565 an	Gewinnrücklagen	339
		passive latente Steuern	226

1257 SIC-8.3 sieht von dieser Anpassungsverpflichtung nur **zwei Ausnahmen** vor, über deren Inanspruchnahme im Anhang zu berichten ist:

(a) Einzelne Standards oder Interpretationen erfordern oder erlauben eine andere Vorgehensweise oder

(b) der Anpassungsbetrag kann nicht mehr zuverlässig bestimmt werden.

1258 Zu (b): Nach dem Wortlaut muss es sich um objektive Gründe der Unmöglichkeit handeln, etwa, wenn aufgrund des Ablaufs der Aufbewahrungsfristen keine Aufzeichnungen mehr vorhanden sind.[4] Der Hauptfachausschuss des IDW hält eine Anpassung schon dann nicht mehr für erforderlich, wenn

4 So auch *Löcke*, DB 1998, 1777 (1778).

sie ganz allgemein *nicht mehr mit vertretbarem Aufwand* ermittelt werden kann.[5] Dem ist aufgrund des allgemeinen IAS-Vorbehalts der Wesentlichkeit sowie der Überlegung, dass der Nutzen einer Information die Erstellungskosten überschreiten muss, zuzustimmen. Die Inanspruchnahme dieser Ausnahmeregelung ist anzugeben (SIC-8.7 a).

Die übrigen, hier im Folgenden zu erörternden Fragen betreffen den Buchstaben (a) und damit das Vorhandensein einer anderen **Übergangsregelung** in Standards oder SIC-Interpretationen. Dabei dürfen Übergangsregelungen nur für die in den entsprechenden Standards genannten Zeiträume in Anspruch genommen werden (SIC-8.6). Die Ausübung solcher Übergangsregelungen ist anzugeben (SIC-8.7 c). 1259

Eine wichtige Ausnahme von der retrospektiven Anpassung beim Konzernabschluss betrifft **Goodwills aus der Kapitalkonsolidierung**, die in Perioden entstanden sind, die vor dem 1. Januar 1995 begannen. Diese Goodwills können, *unabhängig* von ihrer Behandlung nach nationalem Recht, unmittelbar mit den Gewinnrücklagen verrechnet oder aktiviert und planmäßig über die Nutzungsdauer abgeschrieben werden (SIC-8.12; IAS 22.99 ff., Tab. „Transitional Provisions"). Daher kann es für eine retrospektive Verrechnung mit den Rücklagen auch nicht darauf ankommen, ob zum Erstkonsolidierungszeitpunkt nach nationalem Recht überhaupt genug Rücklagen vorhanden waren. 1260

Davon zu trennen ist jedoch die Frage, ob in der Höhe auf die nach *HGB* entstandenen Goodwills zurückgegriffen werden kann. Wegen der Pflicht zur retrospektiven Anwendung ist zur Ermittlung der Höhe des konsolidierungspflichtigen Eigenkapitals von Tochterunternehmen in den genannten Geschäftsjahren formal eine fiktive Handelsbilanz II nach IAS zugrunde zu legen, und zwar aufgestellt nach den Standards, die in der Berichtsperiode der erstmaligen Anwendung von IAS gültig sind (zum Beispiel in 2002). Hieraus können sich Änderungen in der Höhe des Goodwills im Vergleich zum HGB ergeben. Solche Unterschiede sind jedoch genau *dann irrelevant*, wenn der Goodwill mit den Gewinnrücklagen verrechnet wird und die Vermögenswerte und Schulden des erworbenen Tochterunternehmens zum Stichtag der Stand-Anfang-Bilanz nach IAS zutreffend angesetzt und bewertet werden, denn auch für diese Vermögenswerte und Schulden erfolgt die jeweilige Gegenbuchung in den Gewinnrücklagen. Umgekehrt ist eine mögliche unterschiedliche Höhe des Goodwills *dann relevant*, wenn er aktiviert und planmäßig über die Nutzungsdauer abgeschrieben wird, so dass die Abschreibung auch auf die GuV der Umstellungsperiode (und zuvor auf das Vergleichsvorjahr) und weitere zukünftige Perioden durchschlägt, bis er voll abgeschrieben ist. Wir meinen aber, dass auch bei einer Aktivierung des Goodwills unter Kosten-Nutzen-Gesichtspunkten von einer Neubestimmung seiner Höhe zum Erstkonsolidierungszeitpunkt abgesehen werden kann. 1261

5 Vgl. IDW RS HFA 2, Rz 2.

Dieser Gesichtspunkt ist u. E. außerdem einschlägig für Akquisitionen in Geschäftsjahren, die nach dem 1. Januar 1995 begannen. In diesen Fällen *sind* allerdings die Goodwills zu aktivieren und planmäßig über ihre Nutzungsdauer – i. d. R. 20 Jahre (s. Rz. 909) abzuschreiben.[6] Eine ggf. nach *HGB* zulässigerweise erfolgte *Verrechnung mit den Gewinnrücklagen* ist insoweit anteilig zurückzudrehen.

1262 In seltenen Fällen mögen für zurückliegende Unternehmenszusammenschlüsse die (engen) Voraussetzungen der Kapitalkonsolidierung nach der Methode der Interessenzusammenführung nach IAS vorliegen (s. Rz. 882), aber nach HGB die Kapitalkonsolidierung nach der Buchwert- oder Neubewertungsmethode durchgeführt worden sein. Wegen der häufig gravierenden Unterschiede dürfte vorbehaltlich der Ausnahme zu (b) in Rz. 1257 der Sachverhalt bei der Umstellung auf IAS neu gewürdigt werden müssen.

1263 Bei der Umstellung der Berechnung von **Pensionsverpflichtungen** nach dem Teilwertverfahren zur projected unit credit Methode wird sich in der Regel ein höherer passivierungspflichtiger Betrag ergeben. Die Differenz konnte bei erstmaliger Anwendung von IAS 19 (revised 1998) in Berichtsperioden, die am oder nach dem 1. Januar 1999 begannen (IAS 19.157), über einen Zeitraum von fünf Jahren linear verteilt werden (zu Einzelheiten s. IAS 19.155). Entspricht das Berichtsjahr dem Kalenderjahr, ist bei Inanspruchnahme des Wahlrechts insoweit zuletzt im Geschäftsjahr 2003 ein Anpassungsbetrag aufwandswirksam. Diese Übergangsvorschrift kann auch für den Fall der erstmaligen Anwendung von IAS auf z. B. eine IAS-Eröffnungsbilanz zum 1.1.2001 angewendet werden. Da gleichwohl die Standards rückwirkend anzuwenden sind, wäre die Differenz zwischen Teilwertverfahren und projected unit credit Methode zum 1.1.1999 zu bestimmen und könnte dann

- entweder sofort (fikitv) ergebniswirksam erfasst werden, was zur Folge hat, dass eine Verrechnung mit den Gewinnrücklagen zum Zeitpunkt der IAS-Eröffnungsbilanz zum 1.1.2001 erfolgt[7] oder
- es wird das Wahlrecht ausgenutzt und die Differenz über fünf Jahre verteilt, d. h. zum Zeitpunkt der IAS-Eröffnungsbilanz werden 2/5 mit den Gewinnrücklagen verrechnet und 3/5 werden linear in den kommenden Perioden ergebniswirksam erfasst.

Wir halten es vereinfachend für zulässig, die Differenz zum 1.1.2001 zu bestimmen und entweder vollständig oder zu 2/5 mit den Gewinnrücklagen zu verrechnen und den Rest zur ergebniswirksamen Erfassung vorzutragen.

---

6 S. SIC-8.12; für die Behandlung möglicher negativer Firmenwerte aus Akquisitionen in Berichtsperioden, die vor dem 1.7.1999 begannen (IAS 22.102), s. Übergangsregelung IAS 22.101 Ziff. 2 f.

7 A. A. *Baetge/Kirsch/Wollmert* in Baetge u. a. (Hrsg.), Rechnungslegung nach IAS, 2. Aufl. 2002, A V, Rz. 10.

IAS 39, **Finanzinstrumente**: Ansatz und Bewertung, ist anzuwenden für das Geschäftsjahr, das am oder nach dem 1. Januar 2001 beginnt; eine retrospektive Anwendung ist nicht zulässig (IAS 39.171). Klar ist insoweit, dass auf Sachverhalte, die sich vor dem 1. Januar 2001 ereignet haben, IAS 39 nicht anzuwenden ist. Das gilt auch für jene Unternehmen, die nun erstmals Abschlüsse nach IAS aufstellen. Fraglich könnte allenfalls sein, ob in den Fällen (1) bis (3) in *Abb. 52* IAS 39 nur auf das Berichtsjahr oder bereits auf das Vergleichsvorjahr anzuwenden ist. Da SIC-8 eine rückwirkende Anwendung aller derzeit gültigen Standards vorsieht, die ggf. nur begrenzt ist durch Übergangsvorschriften der einzelnen Standards, vertreten wir hier die Auffassung, dass bei einem Übergang auf IAS unter SIC-8 in den genannten drei Fällen IAS 39 auch auf das Vergleichsvorjahr anzuwenden ist. Dann sind die Übergangsvorschriften des IAS 39 vollumfänglich auf die IAS-Eröffnungsbilanz zum 1.1.2001 bzw., bei abweichendem Geschäftsjahr, auf die IAS-Eröffnungsbilanz zu einem Stichtag im Verlaufe des Jahres 2001 anzuwenden. 1264

Die entsprechenden Übergangsvorschriften für die Bilanzierung von Finanzinstrumenten finden sich in IAS 39.172. Es empfiehlt sich **für den Stichtag der IAS-Eröffnungsbilanz** folgende Vorgehensweise: 1265

- Analyse der Passivseite im Hinblick auf die zutreffende Klassifikation von Eigen- und Fremdkapital (s. Rz. 581).
- Analyse der Finanzinstrumente im Hinblick auf das Vorhandensein strukturierter Produkte; Aufspaltung strukturierter Produkte (s. Rz. 582 ff.).
- Analyse der in vergangenen Perioden nach nationalem Recht eingesetzten Sicherungsgeschäfte. Ist der bisherige Sicherungszusammenhang als **fair value hedge** gem. IAS 39.137 a zu qualifizieren, ist das Sicherungsinstrument zum fair value anzusetzen (IAS 39.172 c) und der Buchwert des gesicherten Grundgeschäfts um fair value Änderungen des Sicherungsinstruments seit Beginn des Sicherungszusammenhangs anzupassen (IAS 39.172e). Entsprechende Gegenbuchungen erfolgen in den Gewinnrücklagen.[8] Die Gewinne und Verluste aus diesen Gegenbuchungen gleichen sich – abhängig von der Effektivität des Sicherungszusammenhangs – weitgehend aus (Rz. 598 f.). Eine Fortführung des Hedge Accounting ist jedoch nur zulässig, wenn die Voraussetzungen des IAS 39.142 vorliegen (Rz. 592 f.), andernfalls ist bereits im Vergleichsvorjahr die Bilanzierung als Sicherungszusammenhang nach den allgemeinen Vorschriften zu beenden (IAS 39.172 b; s. Rz. 600).

  Handelte es sich demgegenüber beim bisherigen Sicherungszusammenhang um einen **cash flow hedge**, ist schon für die IAS-Eröffnungsbilanz zu prüfen, ob die Voraussetzungen des IAS 39.142 vorliegen. Das Sicherungsinstrument ist zum fair value anzusetzen, und bejahendenfalls sind die fair

8 Vgl. IDW RS HFA 9, Ziff. 12. Zur Frage der Disaggregation von macro hedges s. ebenda, Ziff. 13 f.

value Änderungen seit Beginn des Sicherungszusammenhangs für den effektiven Teil in einen *gesonderten Posten* im Eigenkapital („Rücklage aus Sicherungsgeschäft", vgl. Rz. 602) zu erfassen (IAS 39.172 f.); der ineffektive Teil ist mit den Gewinnrücklagen zu verrechnen. Fortführung und Beendigung des cash flow hedge entsprechen dann den allgemeinen Vorschriften.

1266 • Derivate, die nicht, wie vorstehend, dem hedge accounting unterliegen, sind (ebenfalls) zum fair value mit Gegenbuchung in den **Gewinnrücklagen** anzusetzen. Dies betrifft auch ggf. bislang überhaupt nicht angesetzte Derivate. Eine Ausnahme gilt für Derivate, die sich auf nicht notierte Eigenkapitalinstrumente eines anderen Unternehmens beziehen und nur durch deren Lieferung erfüllt werden können, falls der fair value nicht verlässlich bestimmt werden kann (IAS 39.172 c); diese sind dann zu fortgeführten Anschaffungskosten zu bewerten.[9]

• Einordnung der **übrigen finanziellen Vermögenswerte** in eine der vier Kategorien (s. Rz. 516). Die entsprechenden Zuordnungsvoraussetzungen müssen nur zur IAS-Eröffnungsbilanz vorliegen. So kommt es für Wertpapiere, die der Kategorie held-to-maturity zugeordnet werden sollen, nur darauf an, dass Halteabsicht und -fähigkeit zum Stichtag der IAS-Eröffnungsbilanz nachgewiesen werden können (und nicht ggf. seit Erwerb der Wertpapiere).[10] Finanzinstrumente der Kategorien held for trading und available-for-sale sind zum fair value, und die der anderen beiden Kategorien zu fortgeführten Anschaffungskosten zu bewerten, jeweils mit Gegenbuchung der Anpassungsbeträge in den **Gewinnrücklagen** (IAS 39.172 d). Zur Bestimmung der fortgeführten Anschaffungskosten ist bei fest verzinslichen Finanzinstrumenten u. E. auf den ursprünglichen Effektivzins abzustellen. Dessen Feststellung ist auch für fest verzinsliche Finanzinstrumente der Kategorie available-for-sale bei Wahl der erfolgsneutralen Methode erforderlich, um in künftigen Perioden eine zutreffende Ertragserfassung zu ermöglichen.

• Eine Bewertung zu fortgeführten Anschaffungskosten nach den vorstehend genannten Grundsätzen ist für **übrige Verbindlichkeiten** analog erforderlich. Verbindlichkeiten des Handelsbestandes (i. d. R. lediglich Derivate) sind zum beizulegenden Zeitwert anzusetzen. Die Gegenbuchung erfolgt in den Gewinnrücklagen.

• Für die erfolgsneutral in den Rücklagen erfassten Bewertungsdifferenzen, die zu temporären Differenzen führen (das ist mit Ausnahme vom in Rz. 771 genannten Sachverhalt immer der Fall), ist – erfolgsneutral – eine **Steuerabgrenzung** durchzuführen.[11]

9 Vgl. IDW RS HFA 9, Ziff. 9.
10 Vgl. IGC Q&A 172-7.
11 Vgl. auch IDW RS HFA 9, Ziff. 29.

Wegen der retrospektiven Anwendung der übrigen Vorschriften auf die IAS-Eröffnungsbilanz ergeben sich möglicherweise eine Fülle **weiterer Anpassungsmaßnahmen**. Die nach unserer Erfahrung wichtigsten Punkte – neben der eingangs schon beispielhaft genannten Frage der **Nutzungsdauern von Sachanlagen** (s. Rz. 1256) – betreffen: 1267

- Prüfung der Voraussetzungen des Ansatzes *selbst erstellter immaterieller Vermögenswerte* des Anlagevermögens (s. Rz. 293 ff.), wie z. B. Entwicklungskosten.
- Prüfung des Aktivierungsumfangs bei Sachanlagen, insbesondere auch im Hinblick auf das Vorliegen von *Entsorgungsverpflichtungen* (s. Rz. 329 ff.).
- Prüfung der *Leasingverträge* im Hinblick auf die Einordnung als Finanzierungs- oder Operting-Leasing (s. Rz. 355 ff.).
- Prüfung der *Grundstücke und Gebäude* im Hinblick auf ihre Klassifizierung als investment property (s. Rz. 378).
- Prüfung des Aktivierungsumfangs bei *fertigen und unfertigen Erzeugnissen*; retrograde Ermittlung des beizulegenden Wertes (s. Rz. 466 ff.).
- Sollten *Fertigungsaufträge* vorliegen, ist zu prüfen, ob die Anwendung der percentage of completion-Methode in Betracht kommt (s. Rz. 485 ff.).
- *Aufwandsrückstellungen* dürfen nicht übernommen werden, bei *übrigen Rückstellungen* sind Ansatz und Bewertung und insbesondere bei langfristigen Rückstellungen die Abzinsung zu prüfen (s. Rz. 716 ff.).
- Umfang der Erhöhung der Verpflichtung aus *Pensionsplänen* (s. Rz. 643 ff.).
- Prüfung, ob *Verlustvorträge* vorliegen, auf die ggf. aktive latente Steuern zu berechnen sind (s. Rz. 763).

Die festgestellten Ansatz- und Bewertungsdifferenzen sind erfolgsneutral mit den Gewinnrücklagen in der IAS-Eröffnungsbilanz zu verrechnen. Dabei ist jeweils eine Prüfung erforderlich, ob latente Steuern anzusetzen sind – was der Regelfall ist. Die latenten Steuern sind ebenfalls erfolgsneutral zu bilden.

Eine Umstellung auf IAS ist auch zulässig ohne die Angabe eines Vergleichsvorjahres, soweit es nicht praktikabel ist, solche Informationen zu liefern (SIC-8.13). In diesem Fall wäre Stichtag der IAS-Eröffnungsbilanz der Beginn des Berichtsjahres. Fehlt das IAS-Vergleichsvorjahr, ist hierüber zu berichten (SIC-8.7 b). 1268

Nach IAS 1.11 ist ein vollständiger IAS-Abschluss als ein solcher zu bezeichnen. SIC-8.8 empfiehlt, in diesem Zusammenhang auf die Tatsache der **erstmaligen Anwendung** hinzuweisen.[12] 1269

12 Anders („redundant") *Baetge/Kirsch/Wollmert* in Baetge u. a. (Hrsg.), Rechnungslegung nach IAS, 2. Aufl. 2002, A V Rz. 18.

1270 IAS 1.74 av verlangt die Angabe des Eigenkapitals, das einer Ausschüttungsbeschränkung unterliegt. Eine solche **Ausschüttungsbeschränkung** liegt dann vor, wenn das im IAS-Abschluss ausgewiesene Reinvermögen über dem Reinvermögen gem. Handelsbilanz liegt.[13]

1271–1274 Einstweilen frei.

III. Regelungen nach ED IFRS 1

1. Anwendungsbereich

1275 Seit 31. Juli 2002 liegt der Exposure Draft „ED 1 First-time Application of International Financial Reporting Standards" (im Folgenden abgekürzt als „ED IFRS 1") vor, der sinnfälliger Weise nach seiner Verabschiedung womöglich erste „International Financial Reporting Standard (IFRS)". Der Entwurf enthält vier Anhänge, die integraler Bestandteil des Standards sind. Der Standardentwurf wird ergänzt um eine Begründung (Basis for Conclusions) sowie um den Entwurf von Anwendungsleitlinien. Nach seiner Verabschiedung – vorgesehen für das 2. Quartal 2003 – soll der Standard die bisherige Interpretation SIC-8 ersetzen, die seit 1998 das Verfahren bei erstmaligem Übergang zur Rechnungslegung nach IAS regelt. Zum Problem des **zeitlichen Anwendungsbereichs** s. oben, Rz. 1252 f.

1276 Der **sachliche Anwendungsbereich** von ED IFRS 1 erstreckt sich auf jenen Abschluss (Berichtsperiode und Vergleichsvorjahr), in dem die *vollständige Übereinstimmung mit den Vorschriften der IAS/IFRS* erstmals bestätigt und zusammen mit dem Abschluss veröffentlicht worden ist.[14] Auf diesen Abschluss ist der Standard ED IFRS 1 anzuwenden. Folglich fallen auch Abschlüsse von Unternehmen unter den Anwendungsbereich, in denen bislang nur eine teilweise Übereinstimmung mit den IAS bestätigt worden ist und nunmehr erstmals die vollständige Übereinstimmung bestätigt wird. Dazu gehören jedoch *nicht* solche IAS-Abschlüsse, in denen von der Ausnahme des IAS 1.13 Gebrauch gemacht und zulässigerweise von einem oder mehrerer Standards abgewichen worden ist (s. Rz. 115).[15] Auch die bisherige Aufstellung von dualen Abschlüssen führt nicht zur Anwendung des ED IFRS 1, solange die Abschlüsse vollumfänglich (auch) IAS-Abschlüsse waren.[16]

1277 In der Vergangenheit sind gelegentlich Abschlüsse erstellt worden, in denen die Beachtung aller IAS behauptet worden ist, obwohl hierüber Zweifel bestanden.[17]

13 Vgl. IDW RS HFA 2 Ziff. 5.

14 Vgl. ED IFRS 1.2 i. V. m. IAS 1.11. Auf die erstmalige Anwendung muss nicht explizit hingewiesen werden; sie ergibt sich aber durch das Erfordernis einer Überleitungsrechnung für Eigenkapital und Jahresergebnis, s. Rz. 1296.

15 So *Theile*, DB 2002, 1790.

16 Vgl. ED IFRS 1.3.

17 Vgl. etwa *Küting/Zwirner*, Finanz Betrieb Beil. 3/2001 und die Analyse (zu Quartalsberichten) von *d'Arcy/Grabensberger*, WPg. 2001, 1468.

Der Board hat aus praktischer Erwägung von Überlegungen Abstand genommen, in diesen Fällen die Anwendung von ED IFRS 1 vorzusehen. Stattdessen sind die ggf. festgestellten Abweichungen von IAS durch die Anwendung von IAS 8 zu heilen,[18] was im Ergebnis i. d. R. zu einer retrospektiven Korrektur führt (s. Rz. 136 f.).

Sollten für das Geschäftsjahr der erstmaligen Anwendung von IAS auch **Zwischenabschlüsse** nach IAS 34 erstellt werden, so ist auch für diese ED IFRS 1 anzuwenden. Hierbei sind die Vergleichszahlen des Vorjahres sowie das Eigenkapital zum Ende der Zwischenperiode auf IFRS überzuleiten (ED IFRS 1.37 a). Darüber hinaus werden die Überleitungsrechnungen gem. ED IFRS 1.31 und 1.32 verlangt (vgl. hierzu Rz. 1296). 1278

Tochtergesellschaften, die in einen Konzernabschluss nach IAS einbezogen waren, ihrerseits aber noch einen HGB-Teilkonzernabschluss veröffentlicht haben, können, wenn der **Teilkonzernabschluss** künftig auf Basis IAS/IFRS veröffentlicht wird, gem. ED IFRS 1.5 auf den Datenkranz der Handelsbilanz II aufsetzen. Insoweit fallen sie nicht unter den Anwendungsbereich des ED IFRS 1; es sind allerdings die Überleitungsrechnungen für das Eigenkapital und das Jahresergebnis erforderlich (s. unten Rz. 1296). Problematisch könnte sein, dass im Falle des Vorliegens von Minderheiten deren Zustimmung erforderlich sein soll.[19] 1279

2. Ansatz und Bewertung

a) Grundsatz: Retrospektive Anwendung

Auch ED IFRS 1 enthält – wie schon SIC-8 – den Grundsatz der retrospektiven Anwendung. Bei der Umsetzung dieses Grundsatzes sind jedoch zwei Alternativen zu unterscheiden. 1280

Die erste Alternative („**Alternative I**") verlangt grundsätzlich die retrospektive Anwendung der in den jeweiligen Zeitabschnitten geltenden IAS (ED IFRS 1.7 und ED IFRS 1.13).[20] Es müssen damit auch ältere Versionen von Standards auf Sachverhalte und Transaktionen der Vergangenheit angewendet werden. Überholte IAS *sind* anzuwenden, wenn spätere Versionen ausschließlich prospektive Anwendung zuließen, anders gewendet: Sofern am Bilanzstichtag des Berichtsjahrs die anzuwenden Standards eine retrospektive Anwendung zulassen oder vorschreiben (was der Regelfall ist), erübrigt sich die Anwendung der nicht mehr gültigen IAS-Standards (ED IFRS 1.13). 1281

18 Vgl. ED IFRS 1 Basis for Conclusions, BC 10.

19 Vgl. ED IFRS 1.5 b. Für die Interpretation dieser Vorschrift wird man sich u. E. an der Auslegung des § 291 Abs. 3 Nr. 2 Satz 2 HGB (i. d. F. des TransPuG) orientieren können, vgl. hierzu *Adler/Düring/Schmaltz*, Rechnungslegung und Prüfung der Unternehmen, 6. Aufl. 1996, § 291 HGB Rz. 52.

20 Vgl. auch *Pape/Fladt* in FAZ v. 26.8.2002, 19.

1282 Die zweite Alternative („**Alternative II**") impliziert ebenfalls die retrospektive Anwendung der IAS-Vorschriften. Die Alternative II kann jedoch nur dann in Anspruch genommen werden, wenn bestimmte Befreiungen von der retrospektiven Anwendung gemäß ED IFRS 1.14-24 *ausnahmslos* in Anspruch genommen werden, sofern die Voraussetzungen vorliegen (ED IFRS 1.14). Damit kommt die retrospektive Anwendung der IAS-Vorschriften nur für die übrigen Sachverhalte *außerhalb* der Befreiungen des ED IFRS 1.14-24 in Betracht; maßgeblich sind dann *immer* die Standards, die zum Bilanzstichtag des erstmaligen IFRS-Abschlusses in Kraft sind.[21] Damit werden Entwicklungen der Standards und Übergangsvorschriften in der Anwendung *nicht* nachvollzogen (ED IFRS 1.8 und 1.9).

1283 Es ist offensichtlich, dass die Alternative I – wie auch schon die SIC-8-Regelungen – zu einem erheblichen Umstellungsaufwand führt. Der Board selbst hält daher mittlerweile den Grundsatz der vollständigen retrospektiven Umstellung in der praktischen Anwendung für eine **Ausnahme**. Namentlich sei der Grundsatz der retrospektiven Anwendung vor allem (nur) für solche Unternehmen praktikabel, die für interne Zwecke schon nach IAS bilanzieren und insoweit über die erforderlichen Informationen bereits verfügen.[22]

b) Ausnahmen vom Grundsatz (Alternative II)

1284 Für die Praxis bedeutsam ist folglich Alternative II. Eine an eine Bedingung geknüpfte Ausnahme vom Grundsatz der retrospektiven Anwendung – wie SIC-8.3b (s. Rz. 1257) – enthält Alternative II *nicht* mehr. Ausnahmen von der retrospektiven Anwendung werden stattdessen für genau beschriebene Sachverhalte gestattet. Eine *Auswahl* unter diesen Ausnahmen ist *unzulässig*; wird von der Alternative II Gebrauch gemacht, sind sämtliche der in ED IFRS 1.14-24 genannten Bestimmungen anzuwenden (ED IFRS 1.14). Dabei stehen die in ED IFRS 1.14 a genannten Sachverhalte jedoch unter dem *zusätzlichen Vorbehalt*, dass für diese auf die rückwirkende Anpassung nur insoweit verzichtet werden darf, als anzunehmen ist, dass eine retrospektive Anwendung zu unverhältnismäßig hohen Kosten oder Arbeitsaufwand führen würde. Daher ist nach unserer Auffassung bei den *in ED IFRS 1.14 a genannten Sachverhalten* in jedem Einzelfall auch die rückwirkende Anpassung möglich bzw. zwingend, sofern die Daten leicht beschaffbar bzw. vorhanden sind.[23] Die nachfolgende Abbildung bietet einen Überblick:

---

21 Sollte der Bilanzstichtag in jene Phase eines neuen IFRS fallen, in der eine frühere Anwendung erlaubt, aber nicht zwingend ist, so kann das Unternehmen von diesem Wahlrecht Gebrauch machen, vgl. ED IFRS 1.8, Example.

22 Vgl. ED 1 Basis for Conclusions, BC 59; zur (weiteren) Relativierung dieser Auffassung vgl. *Theile*, DB 2002, 1790 (1791).

23 A. A. *Zeimes*, WPg. 2002, 1001 (1005 f.): nur bei Sachanlagevermögen und Währungsumrechnungsdifferenzen.

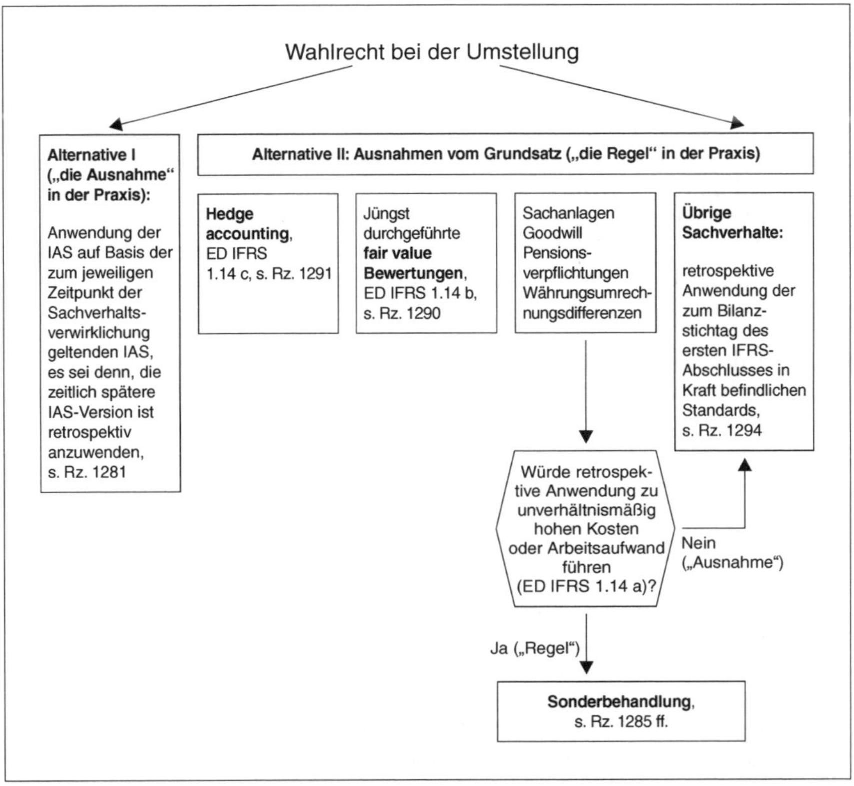

Abb. 53: Umstellung nach ED IFRS 1

Ein Unternehmen kann sich grundsätzlich nur *insgesamt* zur Inanspruchnahme dieser Ausnahmen entscheiden.[24] Alle übrigen Sachverhalte sind ungeachtet etwaiger Übergangsvorschriften nach den zum *Bilanzstichtag des Berichtsjahrs* der erstmaligen Anwendung von IAS gültigen Standards *retrospektiv* anzupassen.[25]

Wir gehen in Übereinstimmung mit dem IASB für die folgenden Erläuterungen davon aus, dass bei den Ausnahmen gem. ED IFRS 1.14 a die Voraussetzung der unverhältnismäßig hohen Kosten oder Arbeitsaufwand gegeben ist.

24 Vgl. ED IFRS 1.14.
25 Vgl. ED IFRS 1.13.

aa) Anpassungen unter der Voraussetzung unverhältnismäßig hoher Kosten oder Arbeitsaufwand

1285 **Zu ED IFRS 1.14 a (i) Sachanlagevermögen**

Betroffen sind die Sachanlagen der Muttergesellschaft sowie Zugänge beim Sachanlagevermögen der zu konsolidierenden Tochtergesellschaften seit Erstkonsolidierungszeitpunkt[26], soweit diese in der Vergangenheit zu fortgeführten Anschaffungs- oder Herstellungskosten bewertet wurden. Soll an dieser Methode festgehalten werden und sind die bisherigen Wertansätze auch unter IAS 16 akzeptabel, sind Anpassungen *nicht* erforderlich.[27]

In den übrigen Fällen ist zu differenzieren:

- Liegen die historischen Anschaffungs- und Herstellungskosten vor, aber die Abschreibungen sind nicht mit IAS kompatibel – beispielsweise, wenn steuerliche Sonderabschreibungen oder die degressive Abschreibung[28] vorgenommen worden sind –, sind auf den Zeitpunkt der IAS-Eröffnungsbilanz nur die Abschreibungen zu korrigieren.
- Liegen die historischen Anschaffungs- und Herstellungskosten nicht vor, ist eine retrospektive Beurteilung der Sachanlagen gleichwohl *nicht* erforderlich. Stattdessen ist zum Zeitpunkt der IAS-Eröffnungsbilanz der fair value der Sachanlagen zu ermitteln. Dieser gilt dann als Ausgangswert fortgeführter Anschaffungs- und Herstellungskosten („*deemed cost*") und ist über die Nutzungsdauer abzuschreiben. Die fair values sind bei abnutzbaren beweglichen Sachanlagen, da regelmäßig Marktpreise fehlen, die fiktiv fortgeführten Wiederbeschaffungskosten und bei Grundstücken und Gebäuden i. d. R. gutachterlich berechnete Werte (s. Rz. 246 Tab. 8 *Fair value Vermutungen*, Ziff. 2 und 4).

1286 **Zu ED IFRS 1.14 a (ii) Vermögenswerte, Schulden, Goodwill aus Unternehmenszusammenschlüssen**

Eine erhebliche Erleichterung dürfte die Ausnahmeregelung im Hinblick auf die Darstellung vergangener Unternehmenszusammenschlüsse bringen, da in diesem Fall IAS 22 *nicht* retrospektiv anzuwenden ist.[29] Stattdessen gelten die im Rahmen der Erstkonsolidierung nach nationalem Recht (z. B. HGB) ermittelten Anschaffungskosten der Vermögensgegenstände und Schulden auch als Anschaffungswerte nach IFRS („*deemed cost*"), sofern für diese nach IFRS die Bewertung zu (fortgeführten) Anschaffungskosten vorgesehen

26 Zu den im Zuge des Unternehmenszusammenschlusses erworbenen Sachanlagen und anderen zu fortgeführten Anschaffungskosten zu bewertenden Vermögensgegenständen s. Rz. 1286.

27 Vgl. ED IFRS 1 Implementation Guidance, IG4.

28 Die degressive Abschreibung ist mit IAS nur dann kompatibel, wenn diese Methode die erwartete Nutzenabgabe reflektiert, s. Rz. 339.

29 Vgl. ED IFRS 1.20.

ist.[30] Betroffen hiervon sind etwa Sachanlagen, immaterielle Vermögensgegenstände des Anlagevermögens, aber auch der große Block der übrigen Verbindlichkeiten (die nicht erfolgswirksam zum fair value bilanziert werden).[31]

Zur Fortführung der entsprechenden Buchwerte nach dem Unternehmenszusammenschluss sind die Standards anzuwenden, die zum Zeitpunkt des Bilanzstichtages des ersten IFRS-Abschlusses gültig sind. Da nach HGB sowohl bei der Kapitalkonsolidierung nach der Buchwert- als auch nach der Neubewertungsmethode stille Reserven aufzudecken sind, werden beispielsweise die auf Konzernebene fortgeführten Buchwerte des Sachanlagevermögens i. d. R. den Anforderungen des IAS 16 entsprechen.[32]

Darüber hinaus wird der nach HGB *ausgewiesene* **Goodwill** zum Zeitpunkt der Erstellung der IAS-Eröffnungsbilanz als Fortführungswert nach IFRS übernommen. Anpassungen sind nur insoweit erforderlich, als im Zuge der Erstkonsolidierung immaterielle Vermögensgegenstände angesetzt worden sind, die die Aktivierungsvoraussetzungen für immaterielle Vermögenswerte nach IAS 38 nicht erfüllen; diese sind, ggf. unter Berücksichtigung latenter Steuern und Minderheitenanteile, mit ihrem aktuellen Buchwert zum Zeitpunkt der IAS-Eröffnungsbilanz wieder dem Goodwill zuzurechnen.[33] Sachverhalte, die zu einer solchen Anpassung führen, sind angesichts der gegenüber IAS engeren Aktivierungsmöglichkeiten immaterieller Vermögenswerte nach HGB kaum vorstellbar.

Sollte ein nach HGB aktivierter Goodwill insoweit übernommen werden, ist er für den Zeitpunkt der IAS-Eröffnungsbilanz zwingend einem **impairment-test** nach IAS 36 zu unterwerfen.[34] Andererseits besteht nach HGB auch die Möglichkeit, den Goodwill erfolgsneutral mit den Gewinnrücklagen zu verrechnen. In diesem Fall ist sein Fortführungswert zum Zeitpunkt der IAS-Eröffnungsbilanz „0", und ein impairment-test kann unterbleiben. Ein **negativer Goodwill** darf nicht ausgewiesen werden.[35]

Generell ist für die nach HGB angesetzten Vermögensgegenstände und Schulden aus dem Unternehmenszusammenschluss zum Zeitpunkt der IAS-Eröffnungsbilanz zu prüfen, ob sie die **Ansatzkriterien** der IFRS erfüllen. Ferner sind solche Vermögenswerte und Schulden, die *nicht* zu (fortgeführten) Anschaffungskosten zu bewerten sind, gem. den aktuellen Standards des Ersten IAS-Abschlusses (= Stichtag des Berichtsjahrs) zu bewerten. Betroffen hiervon dürfte vor allem der Bereich sonstiger Rückstellungen und z. T. Fi-

30 In ED IFRS 1.20a heißt es „if IFRSs *require* a cost-based measurement of those assets and liabilities at a later date", was u. E. missverständlich ist, da etwa für Sachanlagen auch die Neubewertungsmethode zulässig ist.

31 Vgl. ED IFRS 1 Implementation Guidance, IG 48.

32 Vgl. auch ED IFRS 1, Appendix B, B2, Example 1, Application of Requirements (e).

33 Vgl. ED IFRS 1.20 b (i).

34 Vgl. ED IFRS 1.20 b (ii).

35 Vgl. ED IFRS 1, Appendix B, B1(e). Damit berücksichtigt der Standardentwurf bereits eine im Project Business Combinations, Phase I, geplante Änderung.

nanzinstrumente sein. Auch ist umgekehrt zu prüfen, ob bislang nicht angesetzte Vermögenswerte und Schulden nunmehr anzusetzen sind. Allfällige Differenzen solcher Anpassungen sind nicht mit dem Goodwill, sondern – ggf. unter Berücksichtigung latenter Steuern – mit den Gewinnrücklagen zu verrechnen.[36]

Damit werden im Ergebnis die vor dem Zeitpunkt der IAS-Eröffnungsbilanz nach HGB abgebildeten Unternehmenszusammenschlüsse regelmäßig unverändert übernommen werden können.[37]

1287 **Zu ED IFRS 1.14 a (iii) Bewertung von Pensionsverpflichtungen und Planvermögen bei leistungsorientierten Pensionsplänen**

Pensionsverpflichtungen und ggf. Planvermögen aus leistungsorientierten Pensionsplänen sind ausschließlich zum Zeitpunkt der IAS-Eröffnungsbilanz nach IAS 19 zu bewerten. Die Übergangsvorschriften des IAS 19.155 b finden keine Anwendung. Da Vergleichsdaten zurückliegender Perioden nicht ermittelt zu werden brauchen, können auch keine versicherungsmathematischen Gewinne oder Verluste nach der 10 %-Regelung vorgetragen werden (s. hierzu Rz. 657 ff.).[38] Damit sind alle versicherungsmathematischen Gewinne und Verluste zu bilanzieren (ED IFRS 1.22).

Im Falle von unmittelbaren Pensionsverpflichtungen ohne ausgegliedertem Planvermögen ergibt sich die als Rückstellung zu passivierende Pensionsverpflichtung unmittelbar aus der Anwendung der projected unit credit Methode. Sollte ausgegliedertes Planvermögen nach den Kriterien des IAS 19 vorliegen (s. Rz. 651 ff.), so ist dieses zum fair value zu bewerten und von der Pensionsverpflichtung abzusetzen. Auftretende Anpassungen zum letzen HGB-Ansatz sind, ggf. unter Berücksichtigung latenter Steuern, mit den Gewinnrücklagen zu verrechnen.

Die zur Bewertung der Verpflichtung erforderlichen versicherungsmathematischen Annahmen (Fluktuation, Sterbetafel) können aus den entsprechenden, schon für das Bewertungsgutachten nach HGB erforderlichen Annahmen übernommen werden. Eine Anpassung ist erforderlich, soweit die projected unit credit Methode weitere Annahmen erfordert (z. B. Gehalts- und Rententrends).[39]

1288 **Zu ED IFRS 1.14 a (iv) Währungsdifferenzen aus der Umrechnung von Tochtergesellschaften zum Stichtagskurs**

Eine Neubestimmung kumulierter Währungsdifferenzen aus der Umrechnung von Tochtergesellschaften zum Stichtagskurs gem. IAS 21 ist nicht erforderlich. Sollten nach HGB solche Differenzen erfolgsneutral im Eigenka-

36 Vgl. ED IFRS 1.21.
37 Vgl. *Zeimes*, WPg 2002, 1001 (1004).
38 Vgl. ED IFRS 1.22.
39 Vgl. ED IFRS 1 Implementation Guidance IG16.

pital erfasst worden sein, kann der entsprechende Betrag für die IAS-Eröffnungsbilanz übernommen werden.[40]

bb) Vorbehaltlose Ausnahmen von retrospektiver Anwendung

Die Anwendung der zuvor (Rz. 1285–1288) erläuterten Bestimmungen steht 1289
für jeden Einzelfall unter dem Vorbehalt der **unverhältnismäßig hohen Kosten oder des Arbeitsaufwands**, die eine ansonsten erforderliche retrospektive Anwendung verursacht hätte. Es ist regelmäßig davon auszugehen, dass dieser Vorbehalt gegeben ist.

Ohne diesen (formalen) Vorbehalt sind innerhalb der Alternative II für die folgenden Sachverhalte zwingend die folgenden beschriebenen Regelungen anzuwenden:

Zu ED IFRS 1.14 b: Jüngst durchgeführte fair value Bewertungen 1290

Wurde bereits kurz vor dem Zeitpunkt der IAS-Eröffnungsbilanz das Sachanlagevermögen nach nationalem Recht zum fair value bewertet, dann sind diese Werte als fortgeführte Anschaffungskosten zu übernehmen. Dasselbe gilt für Neubewertungen auf der Grundlage bestimmter Preisindizes.[41]

Sollten für bestimmte Anlässe, beispielsweise ein Börsengang, vormals fair value Bewertungen vorgenommen worden sein, dann sind diese Werte – auch wenn sie sich nicht nur auf das Sachanlagevermögen beziehen – generell zu übernehmen.[42]

Zu ED IFRS 1.14 c: hedge accounting 1291

Die Anforderungen des hedge accounting sind **prospektiv** anzuwenden.[43] Im Einzelnen gilt:

Ein Unternehmen unterwirft zum Zeitpunkt der IAS-Eröffnungsbilanz Sicherungszusammenhänge dem hedge accounting, sofern diese bereits nach nationalem Recht als Sicherungszusammenhang bilanziert wurden und zum Zeitpunkt der IAS-Eröffnungsbilanz die entsprechenden Kriterien des IAS 39 erfüllt sind.[44] Es kommt aber nicht darauf an, dass die Dokumentationsvoraussetzungen und die Darlegung der Effektivität vor dem Umstellungszeitpunkt erfüllt waren oder nicht.[45]

Die Bilanzierung gem. hedge accounting kann jedoch für die Folgeperioden nur fortgeführt werden, sofern die Voraussetzungen des IAS 39.142 vorliegen. Die Vorschriften entsprechen jenen, die bei erstmaliger Anwendung

40 Vgl. ED IFRS 1.23.
41 Vgl. ED IFRS 1.17.
42 Vgl. ED IFRS 1.19.
43 Vgl. ED IFRS 1.24.
44 Vgl. ED IFRS 1 Appendix C, C2.
45 Vgl. ED 1 Appendix C, C3.

von IAS 39 (revised 2000) zu beachten sind; zur Erläuterung s. oben Rz. 1265.[46]

1292 Alle übrigen Finanzinstrumente sind in Übereinstimmung mit der Version des IAS 39 anzusetzen und zu bewerten, die zum Zeitpunkt des Stichtages des Berichtsjahres der erstmaligen Anwendung von IAS gültig ist. Da auch zu IAS 39 ein exposure draft vorliegt, der im Jahr 2003 verabschiedet werden soll und dann für Geschäftsjahre anzuwenden ist, die nach seiner Veröffentlichung beginnen (ED IAS 39.171), hängt es vom genauen Umstellungsdatum ab, ob IAS 39 (revised 2000) oder der „neue" IAS 39 anzuwenden ist.

Nicht von Belang dürfte dagegen die Tatsache sein, dass IAS 39 (revised 2000) ausschließlich prospektiv, während der „neue" IAS 39 retrospektiv anzuwenden ist,[47] denn bei erstmaliger Anwendung von IAS unter ED IFRS 1 sind, bis auf die genau umrissenen Ausnahmen, alle übrigen Sachverhalte nach jenen Standards zu beurteilen, die zum Zeitpunkt des Stichtages des Berichtsjahres anzuwenden sind, und zwar ohne Berücksichtigung ggf. in den Standards vorhandener Übergangsvorschriften. Das bedeutet insbesondere für den Bereich des Factoring oder bei Pensionsgeschäften (s. Rz. 572 ff.), die zeitlich vor dem Stichtag der IAS-Eröffnungsbilanz abgeschlossen worden sind und (nach HGB) zu einer *off-balance-sheet*-Darstellung geführt haben, dass diese Sachverhalte bei Umstellung auf IAS hinsichtlich Ansatz oder Nichtansatz entweder nach IAS 39 (revised 2000) oder – soweit einschlägig – nach dem „neuen" IAS 39 neu beurteilt werden müssen.

1293 Zu Fragen der Bewertung übriger Derivate, finanzieller Vermögenswerte, finanzieller Verbindlichkeiten und zur Steuerabgrenzung s. im Übrigen oben Rz. 1266. Die dort genannte Ausnahme bei der Klassifikation von held-to-maturity-Investments – die Einordnungsvoraussetzungen müssen nur zum Stichtag der IAS-Eröffnungsbilanz vorliegen – gilt auch bei der Umstellung nach ED IFRS 1.[48] Zur Bestimmung der fortgeführten Anschaffungskosten eines Vermögenswertes oder einer Verbindlichkeit (und damit implizit zur Bestimmung des Effektivzinses) sind die Verhältnisse zugrunde zu legen, die bei erstmaliger Erfüllung der Aktivierungs- oder Passivierungsvoraussetzungen nach IAS 39 zu beobachten waren (das ist regelmäßig der Einbuchungstag nach HGB). Davon ausgenommen sind solche zu (fortgeführten) Anschaffungskosten zu bewertende finanzielle Vermögenswerte und Schulden, die im Rahmen eines Unternehmenszusammenschlusses übernommen worden sind; hier gilt der letzte HGB-Ansatz als IAS-Eröffnungsbilanzwert (s. oben Rz. 1286).[49]

---

46 Vgl. IAS 39, Implementation Guidance, Q&A 172-5 und 172-8 sowie ED IFRS 1, Basis for Conclusions, BC58.

47 Zu Einzelheiten s. ED IAS 39.171-171C.

48 Vgl. ED IFRS 1 Implementation Guidance IG46(a).

49 Vgl. ED IFRS 1 Implementation Guidance IG47.

cc) Übrige Anpassungsmaßnahmen

Da außerhalb der vorbezeichneten Ausnahmen alle *übrigen* Sachverhalte nach den zum Bilanzstichtag des Berichtsjahrs der erstmaligen Anwendung von IAS gültigen Standards **retrospektiv** anzupassen sind – und zwar ohne Beachtung etwaiger Übergangsvorschriften in den Standards –, sind folgende mögliche Anpassungsmaßnahmen für die IAS-Eröffnungsbilanz in Betracht zu ziehen: 1294

- Prüfung der Voraussetzungen des Ansatzes *selbsterstellter immaterieller Vermögenswerte* des Anlagevermögens (s. Rz. 293 ff).[50] Zu immateriellen Vermögenswerten des Anlagevermögens, entstanden aus einem Unternehmenserwerb, s. Rz. 1286. Eine Anpassung der Buchwerte ist nicht erforderlich, wenn sie den Anforderungen des IAS 38 entsprechen.[51]
- Obwohl beim Sachanlagevermögen die fortgeführten Buchwerte aus Unternehmenszusammenschlüssen übernommen und im Übrigen ggf. beizulegende Zeitwerte anzusetzen sind, ist u. E. gleichwohl eine Prüfung im Hinblick auf das Vorliegen von *Entsorgungsverpflichtungen* (s. Rz. 329 ff.) erforderlich, die ggf. hinzuaktiviert werden müssen.
- Prüfung der *Leasingverträge* im Hinblick auf die Einordnung als Finanzierungs- oder Operating-Leasing (s. Rz. 355 ff.). Um im Rahmen der Umstellung auf IAS gewünschte Bilanzierungseffekte weiterhin zu erzielen, werden entsprechende Vertragsänderungen mit dem Leasinggeber ausdrücklich als neue Verträge gewertet.[52]
- Prüfung der *Grundstücke und Gebäude* im Hinblick auf ihre Klassifizierung als investment property (s. Rz. 378).
- Prüfung des Aktivierungsumfangs bei *fertigen und unfertigen Erzeugnissen*; retrograde Ermittlung des beizulegenden Wertes (s. Rz. 466 ff.).
- Sollten *Fertigungsaufträge* vorliegen, ist zu prüfen, ob die Anwendung der percentage of completion-Methode in Betracht kommt (s. Rz. 485 ff.).
- *Aufwandsrückstellungen* dürfen nicht übernommen werden, bei *übrigen Rückstellungen* sind Ansatz und Bewertung und insbesondere bei langfristigen Rückstellungen die Abzinsung zu prüfen (s. Rz. 716 ff.)

Für die IAS-Eröffnungsbilanz als auch für die Schlussbilanz des Vergleichsvorjahres sind nur die Erkenntnisse zu verwenden, die zu den jeweiligen Zeitpunkten vorlagen und auch für den HGB-Abschluss verwendet werden konnten, es sei denn, sie wären (nachträglich) als Fehler zu beurteilen. Für Schätzungen, die nach IAS zusätzlich erforderlich sind (beispielsweise Gehaltstrends bei Pensionsverpflichtungen), sollen die Annahmen herangezogen werden, die zum **Umstellungstag** vorlagen.[53] 1295

50 S. auch ED IFRS 1 Implementation Guidance IG36 ff.
51 Vgl. ED IFRS 1 Implementation Guidance IG41.
52 Vgl. ED IFRS 1 Implementation Guidance IG11 ff.
53 Vgl. ED IFRS 1.25 ff. sowie *Pape/Fladt* in FAZ v. 26.8.2002, 19.

3. Überleitungsrechnungen und Angaben

1296 Gem. ED IFRS 1.29 sind Vergleichsinformationen der Vorperiode entsprechend den Anforderungen des IAS 1 anzugeben. Außerdem sind jeweils Überleitungsrechnungen

- für das Eigenkapital sowohl zum Zeitpunkt der IAS-Eröffnungsbilanz als auch zum Bilanzstichtag des letztmaligen HGB-Abschlusses und
- für das Jahresergebnis der letzten Berichtsperiode nach HGB

zu veröffentlichen.[54]

1297 Sollte für die IAS-Eröffnungsbilanz das Sachanlagevermögen gem. Rz. 1285 zum fair value bewertet worden sein, so ist für jeden Bilanzposten die Differenz zwischen dem bisherigen Wertansatz nach nationalem Recht und dem fair value anzugeben; ferner ist *nur für diesen Fall* zu erklären, warum eine rückwirkende Anpassung zu unverhältnismäßig hohen Kosten oder Aufwand geführt hätte.[55]

IV. Beurteilung

1298 Die Ausnahmen von der retrospektiven Anwendung, wie sie nach ED IFRS 1 formuliert sind, werden in der Praxis zu einer **erheblichen Vereinfachung** der Umstellung auf IFRS gegenüber der alten Interpretation SIC-8 führen, soweit man sich bisher nicht auf die Position zurückgezogen hat, der Anpassungsbetrag früherer Perioden könne nicht verlässlich bestimmt werden. Im Vergleich aber zur retrospektiven Anpassung nach SIC-8 ist nicht zu verkennen, dass die Vergleichbarkeit von Abschlüssen, die nach ED IFRS 1 aufgestellt sind, mit solchen, die schon über einen längeren Zeitraum nach IAS/IFRS aufgestellt worden sind, leiden wird. Der Board hat sich gleichwohl zulasten der zwischenbetrieblichen Vergleichbarkeit und zugunsten des einfacheren und praktikableren Übergangs entschieden: Hinsichtlich des Framework-Grundsatzes der Vergleichbarkeit wurde gegenüber SIC-8 die Sichtweise geändert; im Vordergrund steht nun die Herstellung der Vergleichbarkeit der i. d. R. zwei präsentierten Geschäftsjahre des erstmaligen Anwenders sowie die Vergleichbarkeit der Abschlüsse erstmaliger Anwender untereinander.[56]

54 Vgl. ED IFRS 1.31.
55 Vgl. ED IFRS 1.35.
56 Vgl. ED IFRS 1, Basis for Conclusions, BC 16.

Literaturverzeichnis

Adler, Hans/Düring, Walther/Schmaltz, Kurt, Rechnungslegung und Prüfung der Unternehmen, 6. Aufl., Stuttgart (Loseblatt)

Alexander, David/Archer, Simon, Miller International Accounting Standards Guide, New York u. a. 2000

Alvarez, Manuel, Segmentberichterstattung nach DRS 3, DB 2002, 2057–2063

Alvarez, Manuel/Wotschofsky, Stefan, Zwischenberichterstattung nach Börsenrecht, IAS und US-GAAP, Bielefeld 2000

Alvarez, Manuel/Wotschofsky, Stefan/Miethig, Michaela, Leasingverhältnisse nach IAS 17: Zurechnung, Bilanzierung, Konsolidierung, WPg 2001, 933–947

Ammedick, Oliver/Strieder, Thomas, Zwischenberichterstattung börsennotierter Gesellschaften, München 2002

Andersen Grundsatzabteilung Financial Services Industry (Hrsg.), Rechnungslegung von Financial Instruments nach IAS 39, Eschborn 2001

Arbeitskreis Externe Unternehmensrechnung der Schmalenbach-Gesellschaft für Betriebswirtschaft, Die Zukunft der Rechnungslegung aus Sicht von Wissenschaft und Praxis – Fachprogramm des Arbeitskreises Externe Unternehmensrechnung im Rahmen des 54. Deutschen Betriebswirtschafter-Tags, DB 2001, 160 f.

Arbeitskreis „Finanzierung" der Schmalenbach-Gesellschaft – Deutsche Gesellschaft für Betriebswirtschaft e.V., Asset Backed Securities – ein neues Finanzierungsinstrument für deutsche Unternehmen?, ZfbF 1992, 495–530

d'Arcy, Anne/Grabensberger, Sonja, Die Qualität von Quartalsberichten am Neuen Markt, WPg 2001, 1468–1479

Assmann, Heinz-Dieter/Schneider, Uwe H. (Hrsg.), Wertpapierhandelsgesetz – Kommentar, 2. Aufl., Köln 1999

Baetge, Jörg/Apelt, Bernd, Bedeutung und Ermittlung der Grundsätze ordnungsmäßiger Buchführung (GoB), in v. Wysocki/Schulze-Osterloh/Hennrichs (Hrsg.), Handbuch des Jahresabschlusses in Einzeldarstellungen (HdJ), Abt. I/II

Baetge, Jörg/Beermann, Thomas, Die Neubewertung des Sachanlagevermögens nach International Accounting Standards (IAS), StuB 1999, 341–348

Baetge, Jörg/Kirsch, Hans-Jürgen/Thiele, Stefan, Konzernbilanzen, 6. Aufl., Düsseldorf 2002

Baetge, Jörg/Zülch, Henning, Fair Value-Accounting, BFuP 2001, 543–562

Baetge, Jörg u. a. (Hrsg.), Rechnungslegung nach International Accounting Standards (IAS): Kommentar auf der Grundlage des deutschen Bilanzrechts, 2. Aufl., Stuttgart 2002

Ballwieser, Wolfgang, Die Entwicklung der Theorie der Rechnungslegung in den USA, ZfbF-Sonderheft 32/1993, 107–138

Ballwieser, Wolfgang, Geschäftswert, in Busse von Colbe/Pellens (Hrsg.), Lexikon des Rechnungswesens, 4. Aufl., München/Wien 1998, S. 283–286

Ballwieser, Wolfgang, Informations-GoB – auch im Lichte von IAS und US-GAAP, KoR 2002, 115–121

Ballwieser, Wolfgang (Hrsg.), US-amerikanische Rechnungslegung, 4. Aufl., Stuttgart 2000

Ballwieser, Wolfgang u. a. (Hrsg.), Bilanzrecht und Kapitalmarkt, FS Moxter, Düsseldorf 1994

Beck'scher Bilanz-Kommentar, 4. Aufl., München 1999

Benecke, Birka, Internationale Rechnungslegung und Management Approach, Wiesbaden 2000

Bieker, Markus/Schmidt, Lars, Der Vorschlag der Europäischen Kommission zur Änderung der Bilanzrichtlinien, KoR 2002, 206–219

Biener, Herbert, Bedeutung und Chancen der IASC-Vorschriften als internationale Rechnungslegungsnorm, in Dörner, Dietrich u. a. (Hrsg.), IASC-Rechnungslegung, Düsseldorf 1995, S. 9–25

Bischof, Stefan, Erfassung der ausschüttungsbedingten Änderung des Körperschaftsteueraufwands nach Handelsrecht und nach International Accounting Standards im Licht der §§ 37 und 38 KStG, DB 2002, 1565–1569

Bitz, Michael/Schneeloch, Dieter/Wittstock, Wilfried, Der Jahresabschluss, 3. Aufl., München 2000

Black, Fischer/Scholes, Myron, The Pricing of Options and Corporate Liabilities, in The Journal of Political Economy 1973, S. 637–654.

Blaum, Ulf/Kessler, Harald, Das Ende der phasengleichen Vereinnahmung von Beteiligungserträgen in der Steuerbilanz?, StuB 2000, 1233–1246

Böcking, Hans-Joachim, Segmentberichterstattung – Ein Baustein zur Kontrolle und Transparenz im Unternehmensbereich!, in Dörner/Menold/Pfitzer (Hrsg.), Reform des Aktienrechts, der Rechnungslegung und Prüfung: KonTraG – KapAEG – EuroEG – StückAG, Stuttgart 1999, S. 505–538

Böcking, Hans-Joachim, IAS für Konzern- und Einzelabschluss!, WPg 2002, 925–928

Böcking, Hans-Joachim/Benecke, Birka, Der Entwurf des DRSC zur Segmentberichterstattung „E-DRS 3", WPg 1999, 839–845

Böcking, Hans-Joachim/Dietz, Stephanie/Kiefer, Marcus, Discontinuing Operations – Ein Vergleich der Behandlung einzustellender Geschäftsbereiche im Jahresabschluss nach IAS und US-GAAP, WPg 2001, 373–387

Böcking, Hans-Joachim/Orth, Christian, Offene Fragen und Systemwidrigkeiten bei den neuen Rechnungslegungs- und Prüfungsvorschriften des KonTraG und des KapAEG, DB 1998, 1873–1879

Brakensiek, Sonja, Bilanzneutrale Finanzierungsinstrumente in der internationalen und nationalen Rechnungslegung, Herne/Berlin 2001

Breker, Norbert/Gebhardt, Günther/Pape, Jochen, Das Fair-Value-Projekt für Finanzinstrumente – Stand der Erörterungen der Joint Working Group of Standard Setters im Juli 2000, WPg 2000, 729–744

Breker, Norbert/Naumann, Klaus-Peter/Tielmann, Sandra, Der Wirtschaftsprüfer als Begleiter der Internationalisierung der Rechnungslegung, WPg 1999, 140–154 (Teil I) und 185–195 (Teil II)

Brüggerhoff, Jürgen, Capital Asset Pricing Model (CAPM), in Busse von Colbe/ Pellens (Hrsg.), Lexikon des Rechnungswesens, 4. Aufl., München/ Wien 1998, S. 157–159

Buchholz, Rainer, IAS für mittelständische Unternehmen? – Vor- und Nachteile neuer Rechnungslegungsvorschriften in Deutschland, DStR 2002, 1280–1284

Busse von Colbe, Walther, Zur Umrechnung der Jahresabschlüsse ausländischer Konzernunternehmen für die Aufstellung von Konzernabschlüssen bei Wechselkursänderungen, in The Finnish Journal of Business Economics, 1972, S. 306–333

Busse von Colbe, Walther, Handelsrechtliche Bilanzierung von Optionsanleihen und Optionsentgelten aus betriebswirtschaftlicher Sicht, in Busse von Colbe u. a. (Hrsg.), Bilanzierung von Optionsanleihen im Handelsrecht, Heidelberg 1987

Busse von Colbe, Walther, Gefährdung des Kongruenz-Prinzips durch erfolgsneutrale Verrechnung von Aufwendungen im Konzernabschluss, in Adolf Moxter u. a. (Hrsg.), FS Forster, 1992, S. 125–138

Busse von Colbe, Walther, Die Entwicklung des Jahresabschlusses als Informationsinstrument, ZfbF-Sonderheft 32/1993, 11–29

Busse von Colbe, Walther, Entwicklungstendenzen und Internationalisierung der Rechnungslegung von Konzernen, in Odenthal u. a. (Hrsg.), Wirtschaftswissenschaft und Unternehmenspraxis – Tagungsband zum 1. Bochumer Ökonomen-Tag, Bochum 1998, S. 61–68

Busse von Colbe, Walther, Eigenkapitalveränderungsrechnung nach dem E-DRS 7, BB 2000, 2405–2407

Busse von Colbe, Walther, Ist die Bilanzierung des Firmenwerts nach dem Nonamortization-Impairment-Ansatz des SFAS-Entwurfs von 2001 mit § 292a HGB vereinbar?, DB 2001, 877–879

Busse von Colbe, Walther, Die deutsche Rechnungslegung vor einem Paradigmawechsel, ZfbF 2002, 159–172

Busse von Colbe, Walther, Vorschlag der EG-Kommission zur Anpassung der Bilanzrichtlinien an die IAS – Abschied von der Harmonisierung?, BB 2002, 1530–1536

Busse von Colbe, Walther, Kleine Reform der Konzernrechnungslegung durch das TransPuG – Ein weiterer Schritt zur Internationalisierung der Rechnungslegung, BB 2002, 1583–1588

Busse von Colbe, Walther/Ordelheide, Dieter, Konzernabschlüsse, 6. Aufl., Wiesbaden 1993

Busse von Colbe, Walther/Pellens, Bernhard (Hrsg.), Lexikon des Rechnungswesens, 4. Aufl., München/Wien 1998

Busse von Colbe, Walther/Reinhard, Herbert (Hrsg.), Zwischenberichterstattung nach neuem Recht für börsennotierte Unternehmen, Stuttgart 1989

Busse von Colbe, Walther; Seeberg, Thomas (Hrsg.), Vereinbarkeit internationaler Konzernrechnungslegung mit handelsrechtlichen Grundsätzen – Empfehlungen des Arbeitskreises „Externe Unternehmensrechnung" der Schmalenbach-Gesellschaft – Deutsche Gesellschaft für Betriebswirtschaft e.V., 2. Aufl., ZfbF-Sonderheft 43/1999

Cairns, David, Applying international accounting standards, 2. Aufl., London 1999

Castan, Edgar u. a., Beck'sches Handbuch der Rechnungslegung, München (Loseblatt)

Clemm, Hermann/Nonnenmacher, Rolf, Überlegungen zur Bilanzierung von Swapgeschäften, in Knobbe-Keuk/Klein/Moxter (Hrsg.), Handelsrecht und Steuerrecht, FS Döllerer, Düsseldorf 1988, S. 65–79

Coenenberg, Adolf G., Jahresabschluss und Jahresabschlussanalyse, 17. Aufl., Landsberg a.L. 2000

Deutsches Rechnungslegungs Standards Committee e.V. (Hrsg.), Deutsche Rechnungslegungs Standards (DRS), Stuttgart (Loseblatt)

Drukarczyk, Jochen, Finanzierung, 8. Aufl., Stuttgart 1999

Eisele, Wolfgang/Kratz, Norbert, Der Ausweis von Anteilen außenstehender Gesellschafter im mehrstufigen Konzern, ZfbF 1997, 291–310

Epstein, Barry J.; Mirza, Abbas Ali, IAS 2001 Interpretation and Application, New York 2001

Ernst, Christoph, Bilanzrecht: quo vadis?, WPg 2001, 1440–1445

Ernsting, Ingo/Keitz, Isabel von, Bilanzierung von Rückstellungen nach IAS 37, DB 1998, 2477–2484

Fédération des Experts Comptables Européens, How European Companies are Applying IAS 19 (revised) on Pension Accounting in the first Years of Application, o.O., 2001

Federmann, Rudolf, Bilanzierung nach Handelsrecht und Steuerrecht, 11. Aufl., Berlin 2000

Fey, Gerd/Mujkanovic, Robin, Segmentberichterstattung im internationalen Umfeld, DBW 1999, 261–275

Fischer, Thomas M./Vielmeyer, Uwe, Bilanzierung der Aufwendungen für die Erstellung von Internetauftritten nach US-GAAP, IAS und HGB, BB 2001, 1294–1301

Fischer, Thomas M./Wenzel, Julia, Wertaufholung nach handels-, steuerrechtlichen und internationalen Rechnungslegungsvorschriften, WPg 2001, 597–606

Förschle, Gerhart/Kroner, Matthias, International Accounting Standards: Offene Fragen zur künftigen Steuerabgrenzung, DB 1996, 1633–1639

Förschle, Gerhart/Kroner, Matthias/Heddäus, Birgit, Ungewisse Verpflichtungen nach IAS 37 im Vergleich zum HGB, WPg 1999, 41–54

Franke, Günter/Hax, Herbert, Finanzwirtschaft des Unternehmens und Kapitalmarkt, 4. Aufl., Berlin 1999

Fülbier, Rolf Uwe/Gassen, Joachim, Wider die Maßgeblichkeit der International Accounting Standards für die steuerliche Gewinnermittlung, DB 1999, 1511–1516

Fülbier, Rolf Uwe/Honold, Dirk/Klar, Alexander, Bilanzierung immaterieller Vermögenswerte, RIW 2000, 833–844

Gebhardt, Günther/Naumann, Thomas K., Grundzüge der Bilanzierung von Financial Instruments und von Absicherungszusammenhängen nach IAS 39, DB 1999, 1461–1469

Geiger, Thomas, IAS-Rechnungslegung als Grundlage der Besteuerung, StuB 2001, 914–918

Geiger, Thomas, Ansatzpunkte zur Prüfung der Segmentberichterstattung nach SFAS 131, IAS 14 und DRS 3, BB 2002, 1903–1909

Glaum, Martin/Förschle, Gerhart, Rechnungslegung für Finanzinstrumente und Risikomanagement – Ergebnisse einer empirischen Untersuchung, DB 2000, 1525–1534

Göth, Peter, Das Eigenkapital im Konzernabschluss. Bilanzielle Darstellung, Ergebnisverwendungsrechnung, Konsolidierungstechnik, Stuttgart 1997

Gohdes, Alfred E., IAS 19 – Endgültige Neufassung, Betriebliche Altersversorgung 1998, S. 166–170

Gosch, Dietmar, Einige Bemerkungen zur aktuellen bilanzsteuerrechtlichen Rechtsprechung des I. Senats des BFH, DStR 2002, 977–984

Großer, Christina, Sollen nach International Accounting Standards Abschlussaufwendungen aktiviert und eine Schwankungsrückstellung passiviert werden?, ZVersWiss 2000, 301–322

Hain, Thorsten, Restrukturierungsaufwendungen in der Rechnungslegung nach HGB, IAS und US-GAAP, Düsseldorf 2000

Haller, Axel, Die Grundlagen der externen Rechnungslegung in den USA, 4. Aufl., Stuttgart 1994

Haller, Axel, Segmentberichterstattung, in Haller/Raffournier/Walton (Hrsg.), Unternehmenspublizität im internationalen Wettbewerb, Stuttgart 2000, S. 755–805

Haller, Axel/Walton, Peter, Unternehmenspublizität im Spannungsfeld nationaler Prägung und internationaler Harmonisierung, in Haller/Raffournier/Walton (Hrsg.), Unternehmenspublizität im internationalen Wettbewerb, Stuttgart 2000, S. 3–72

Haller, Axel/Raffournier, Bernard/Walton, Peter (Hrsg.), Unternehmenspublizität im internationalen Wettbewerb, Stuttgart 2000

Hanft, Stephan/Kretschmer, Thomas, Negative Minderheitenanteile im Konzernabschluss nach HGB, US-GAAP und IAS, BB 2001, 2047–2049

Hassler, Rainer/Kerschbaumer, Helmut, Praxisleitfaden zur interantionalen Rechnungslegung, Wien 2001

Häusler, Harald/Holzer, Peter, Die moderne Kapitalflussrechnung und die internationale Konzernrechnungslegung, WPg 1989, 221–231

Havermann, Hans, Zur Bilanzierung von Beteiligungen an Kapitalgesellschaften in Einzel- und Konzernabschlüssen, WPg 1975, 233–242

Havermann, Hans, Internationale Entwicklungen in der Rechnungslegung, in Ballwieser, Wolfgang u. a. (Hrsg.), Bilanzrecht und Kapitalmarkt, FS Moxter, Düsseldorf 1994, S. 655–677

Havermann, Hans, Konzernrechnungslegung – quo vadis, WPg 2000, 121

Heintzen, Markus, Verfassungsrechtliche Anforderungen an das Rechnungslegungsrecht für börsennotierte Unternehmen, KoR 2001, 150–154

Helmrich, Herbert, Gesetzgeberische Grundsatzentscheidungen beim Bilanzrichtlinien-Gesetz, in Knobbe-Keuk, Brigitte/ Klein, Franz/ Moxter, Adolf (Hrsg.), Handelsrecht und Steuerrecht – FS Döllerer, Düsseldorf 1988, S. 219

Helmschrott, Harald, Zum Einfluss von SIC 12 und IAS 39 auf die Bestimmung des wirtschaftlichen Eigentums bei Leasingvermögen nach IAS 17, WPg 2000, 426–429

Helmschrott, Harald, Die Anwendung von IAS 40 (investment property) auf Immobilien-Leasingobjekte, DB 2001, 2457–2459

Herrmann/Heuer/Raupach, Einkommentsteuer- und Körperschaftsteuergesetz – Kommentar, Köln (Loseblatt)

Herzig, Norbert, Rückstellungen wegen öffentlich-rechtlicher Verpflichtungen, insbesondere Umweltschutz, DB 1990, 1341–1355

Herzig, Norbert, Internationalisierung der Rechnungslegung und steuerliche Gewinnermittlung, WPg 2000, 104–119

Herzig, Norbert, Gefahren der internationalen Rechnungslegung für den Mittelstand? – Problemfelder: Besteuerung und Gewinnausschüttung, in Coenenberg/Pohle (Hrsg.), Internationale Rechnungslegung, Kongress-Dokumentation 54. Deutscher Betriebswirtschafter-Tag 2000, Stuttgart 2001, S. 45–61

Herzig, Norbert/Dautzenberg, Norbert, Auswirkungen der Internationalisierung der Rechnungslegung auf die Steuerbilanz, BFuP 1998, 23–37

Heuser, Paul J., Publizität, in Busse von Colbe/Pellens (Hrsg.), Lexikon des Rechnungswesens, 4. Aufl., München/Wien 1998, S. 587–591

Heuser, Paul J./Theile, Carsten, in Centrale für GmbH (Hrsg.), GmbH-Handbuch, Band 2, Köln (Loseblatt), II. Teil

Höfer, Reinhold, Die Bewertung von Pensionsverpflichtungen nach internationalen Standards, in Küting, Karlheinz/Langenbucher, Günther (Hrsg.), Internationale Rechnungslegung, FS Weber, Stuttgart 1999, S. 107–121

Höfer, Reinhold/Oppermann, Dieter, Änderung des IAS 19 für den Bilanzausweis von Betriebsrenten, DB 2000, 1039–1040

Hoffmann, Wolf-Dieter/Lüdenbach, Norbert, Beschreiten wir bei der Internationalisierung der Rechnungslegung den Königsweg?, DStR 2002, 871–878

Holzer, Peter/Jung, Udo, Der Beitrag von zahlungsstromorientierten Kapitalflussrechnungen (Statement of cash flows) zur Beurteilung der Qualität des Jahresergebnisses, WPg 1990, 281–288

Hommel, Michael, Neue Goodwillbilanzierung – das FASB auf dem Weg zur entobjektivierten Bilanz?, BB 2001, 1943–1949

Hommelhoff, Peter, Konzeptionelle Grundfragen einer Bilanzrechtsreform, in Kleindiek, Detlef/Oehler, Wolfgang (Hrsg.), Die Zukunft des deutschen Bilanzrechts, Köln 2000, S. 141–159

Hopwood, Anthony G., Some reflections on ‚The harmonization of accounting within the EU', EAR 1994, 241–253

Hüffer, Uwe, Aktiengesetz, 4. Aufl., München 1999

IASC (Hrsg.), International Accounting Standards Explained, New York u. a., 2000

Institut der Wirtschaftsprüfer (Hrsg.), IDW Prüfungsstandards (IDW PS), IDW Stellungnahmen zur Rechnungslegung (IDW RS), IDW Standards (IDW S), IDW Prüfungs- und IDW-Rechnungslegungshinweise (IDW PH und IDW RH), Düsseldorf (Loseblatt)

Joint Working Group of Standards Setters, Draft Standard Financial Instruments and Similar Items, London 2000

Kaiser, Thomas, Berichtigung und Änderung des handelsrechtlichen Jahresabschlusses, Herne/Berlin 2000

Kämpfer, Georg, Zum Ansatz von Aufwandsrückstellungen nach § 249 Abs. 2 HGB, in Ballwieser, Wolfgang u. a. (Hrsg.), Bilanzrecht und Kapitalmarkt, FS Moxter, Düsseldorf 1994, S. 257–275

Keitz, Isabel von, Immaterielle Güter in der internationalen Rechnungslegung, Düsseldorf 1997

Kieso, Donald/Weygandt, Jerry/Warfield, Terry, Intermediate Accounting, 10. Aufl., New York 2001

Kleekämper, Heinz, Rechnungslegung aus Sicht des IASC, in Baetge, Jörg (Hrsg.), Die deutsche Rechnungslegung vor dem Hintergrund internationaler Entwicklungen, Düsseldorf 1994, S. 41–65

Kleindiek, Detlef/Oehler, Wolfgang (Hrsg.), Die Zukunft des deutschen Bilanzrechts im Zeichen internationaler Rechnungslegung und privater Standardsetzung, Köln 2000

Knobbe-Keuk, Brigitte, Bilanz- und Unternehmenssteuerrecht, 9. Aufl., Köln 1993

Knobbe-Keuk, Brigitte/Klein, Franz/Moxter, Adolf (Hrsg.), Handelsrecht und Steuerrecht, FS Döllerer, Düsseldorf 1988

KPMG Deutsche Treuhand-Gesellschaft (Hrsg.), International Accounting Standards, Stuttgart 1999

Krawitz, Norbert/Albrecht, Christian/Büttgen, Dagmar, Internationalisierung der deutschen Konzernrechnungslegung aus Sicht deutscher Mutterunternehmen – Ergebnisse einer empirischen Studie zur Anwendung und zur Folgeregelung von § 292a HGB, WPg 2000, 541

Kropp, Matthias/Klotzbach, Daniela, Der Exosure Draft zu IAS 39 „Financial Instruments" – Darstellung und kritische Würdigung der geplanten Änderungen des IAS 39, WPg 2002, 1010–1031

Krumnow, Jürgen, Das derivate Geschäft als Motor des Wandels für das Bankcontrolling, DBW 1995, 11–20

Küting, Karlheinz, Europäisches Bilanzrecht und Internationalisierung der Rechnungslegung, BB 1993, 30–38

Küting, Karlheinz/Göth, Peter, Minderheitenanteile im Konzernabschluss eines mehrstufigen Konzerns, WPg 1997, 305–320

Küting, Karlheinz/Harth, Hans-Jörg/Leinen, Markus, Fehlende Vergleichbarkeit von Jahresabschlüssen als Hindernis einer internationalen Jahresabschlussanalyse?, WPg 2001, 681–690

Küting, Karlheinz/Hellen, Heinz-Hermann/Brakensiek, Sonja, Die Bilanzierung von Leasinggeschäften nach IAS und US-GAAP, DStR 1999, 39–44

Küting, Karlheinz/Hütten, Christoph, Der befreiende Konzernlagebericht nach internationalen Vorschriften, WPg 1999, 12–19

Küting, Karlheinz/Langenbucher, Günther (Hrsg.), Internationale Rechnungslegung, FS Weber, Stuttgart 1999

Küting, Karlheinz/Müller, Wolfgang/Pilhofer, Jochen, ‚Reverse Acquisitions' als Anwendungsfall einer ‚Reverse Consolidation' bei der Erstellung von Konzernabschlüssen nach US-GAAP und IAS – ein Leitbild für die deutsche Rechnungslegung?, WPg 2000, 257–269

Küting, Karlheinz/Pilhofer, Jochen/Kirchhof, Jürgen, Die Bilanzierung von Software aus der Sicht des Herstellers nach US-GAAP und IAS, WPg 2002, 73–85

Küting, Karlheinz/Weber, Claus-Peter, Der Konzernabschluss, 6. Aufl., Stuttgart 2000

Küting, Karlheinz/Weber, Claus-Peter (Hrsg.), Handbuch der Rechnungslegung – Kommentar zur Bilanzierung und Prüfung –, Band I a, 4. Aufl., Stuttgart 1995

Küting, Karlheinz/Weber, Claus-Peter/Wirth, Johannes, Die neue Goodwillbilanzierung nach SFAS 142, KoR 2001, 185–198

Küting, Karlheinz/Zwirner, Christian, Bilanzierung und Bewertung bei Film- und Medienunternehmen des Neuen Marktes, Finanz Betrieb, Beilage 3/2001

Leffson, Ulrich, Transnationale Einflüsse auf das deutsche Bilanzrecht, in Gross, Gerhard (Hrsg.), Der Wirtschaftsprüfer im Schnittpunkt nationaler und internationaler Entwicklungen, FS v. Wysocki, Düsseldorf 1985, S. 1–16

Leffson, Ulrich, Die Grundsätze ordnungsmäßiger Buchführung, 7. Aufl., Düsseldorf 1987

Leffson, Ulrich, Grundsätze ordnungsmäßiger Buchführung, in Busse von Colbe/Pellens (Hrsg.), Lexikon des Rechnungswesens, 4. Aufl. 1998, S. 324–328
*Lenz, Carl Otto (Hrsg.),*EG-Vertrag Kommentar, 2. Aufl., Köln u. a., 1999
Leuschner, Carl-Friedrich, Gewinnrealisierung bei langfristiger Fertigung, in Förschle, Gerhart/Kaiser, Klaus/Moxter, Adolf (Hrsg.), Rechenschaftslegung im Wandel, FS Budde, München 1995, S. 377–396
Lewis, Richard/Pendrill, David, Advanced Financial Accounting, 6. Aufl., Essex 2000
Löcke, Jürgen, Erstmalige Aufstellung befreiender IAS-Konzernabschlüsse nach Interpretation SIC-8, DB 1998, 1777–1780
Loitz, Rüdiger/Rössel, Carsten, Die Diskontierung von latenten Steuern, DB 2002, 645–652
Ludewig, Rainer, Ein Appell – nicht nur an die Wirtschaftsprüfer, WPg 2002, 613–615
Lüdenbach, Norbert, International Accounting Standards, Freiburg i.Br. 2001
Lüdenbach, Norbert/Hoffmann, Wolf-Dieter, Enron und die Umkehrung der Kausalität bei der Rechnungslegung, DB 2002, 1169–1176

Marks, Peter, Entwicklungstendenzen beim Bestätigungsvermerk, WPg 1989, 121–128 (Teil 1) und 164–173 (Teil 2)
Marten, Kai-Uwe u. a., Rechnungslegung nach IAS – Nutzeneffekte aus Sicht von Eigenkapitalgebern, BB 2002, 2007–2012
Meek, Gary K., Vereinigte Staaten von Amerika, in Haller/Raffournier/Walton (Hrsg.), Unternehmenspublizität im internationalen Wettbewerb, Stuttgart 2000, S. 153–203
Mellwig, Winfried, Die bilanzielle Darstellung von Leasingverträgen nach den Grundsätzen des IASC – Derzeitige Regelung und Reformvorschläge, DB 1998, Beilage 12/98
Mellwig, Winfried/Weinstock, Marc, Die Zurechnung von mobilen Leasingobjekten nach deutschem Handelsrecht und den Vorschriften des IASC, DB 1996, 2345–2352
Moxter, Adolf, Das System der handelsrechtlichen Grundsätze ordnungsmäßiger Bilanzierung, in Gross, Gerhard (Hrsg.), Der Wirtschaftsprüfer im Schnittpunkt nationaler und internationaler Entwicklungen, FS v. Wysocki, Düsseldorf 1985, S. 17–28
Moxter, Adolf, Rückstellungskriterien im Streit, ZfbF 1995, 311–326
Moxter, Adolf, Bilanzrechtsprechung, 5. Aufl., Tübingen 1999
Moxter, Adolf, Rückstellungen nach IAS: Abweichungen vom geltenden deutschen Bilanzrecht, BB 1999, 519–527
Moxter, Adolf, Die Zukunft der Rechnungslegung? DB 2001, 605–607
Mujkanovic, Robin, Fair Value im Financial Statement nach International Accounting Standards, Stuttgart 2002
Mujkanovic, Robin/Hehn, Bettina, Währungsumrechnung im Konzern nach international Accounting Standards, WPg 1996, 605–616

Neu, Norbert/Neumann, Ralf/Neumayer, Jochen, Handbuch GmbH-Besteuerung, Köln 1999

Niehus, Rudolf J., Die 7. EG-Richtlinie und die „Pooling of interests"-Methode einer konsolidierten Rechnungslegung, WPg 1983, 437–446

Niehus, Rudolf J., „Related Party Transactions" – Anmerkungen zu einem (künftig auch für deutsche Unternehmen geltenden?) internationalen Bilanzierungsgrundsatz, in Forster u. a. (Hrsg.), Aktien- und Bilanzrecht, FS Kropff, Düsseldorf 1997, S. 533–553

Niehus, Rudolf J., Perspektiven der deutschen Rechnungslegung, in Kleindiek/ Oehler (Hrsg.), Die Zukunft des deutschen Bilanzrechts, Köln 2001, S. 13

Niehus, Rudolf J., Der EU-Vorschlag für eine „Modernisierung" der Bilanzrichtlinien, DB 2002, 1385–1390

Niehus, Rudolf J./Thyll, Alfred, Konzernabschluss nach U.S. GAAP, 2. Aufl., Stuttgart 2000

Odenthal, Christian u. a. (Hrsg.), Wirtschaftswissenschaft und Unternehmenspraxis – Tagungsband zum 1. Bochumer Ökonomen-Tag, Bochum 1998

Oestereicher, Andreas/Spengel, Christoph, Maßgeblichkeit der International Accounting Standards für die steuerliche Gewinnermittlung?, Baden-Baden 1999

Oestereicher, Andreas/Spengel, Christoph, Anwendung von IAS in der EU – Zukunft des Maßgeblichkeitsprinzips und Steuerbelastung, RIW 2001, 889–902

Ordelheide, Dieter, Wettbewerb der Rechnungslegungssysteme IAS, US-GAAP und HGB, in Börsig, Clemens/ Coenenberg, Adolf G. (Hrsg.), Controlling und Rechnungswesen im internationalen Wettbewerb, Stuttgart 1998, S. 15–53

Pape, Jochen/Bogajewskaja, Janina/Borchmann, Thomas, Der Standardentwurf des IASB zur Änderung von IAS 32 und IAS 39 – Darstellung und kritische Würdigung, KoR 2002, 219–234

Pape, Jochen/Breker, Norbert, Financial Instruments – Standard der Joint Working Group of Standard Setters, WPg 2001, 1458–1467

Pape, Jochen/Breker, Norbert, Financial Instruments – Joint Working Group – Aktueller Stand der Erörterungen im Oktober 1998, WPg 1999, 1–12

Paul, Stephan, Asset Backed Securities (ABS), DBW 1993, 848–850

Pawelzik, Kai Udo/Theile, Carsten, Eigenkapitalvernichtung im GmbH & Co. KG-Konzernabschluss?, DB 2000, 2385–2389

Peemöller, Volker H./Spanier, Günter/Weller, Heino, Internationalisierung der externen Rechnungslegung: Auswirkungen auf nicht kapitalmarktorientierte Unternehmen, BB 2002, 1799–1803

Pellens, Bernhard, Internationale Rechnungslegung, 4. Aufl., Stuttgart 2001

Pellens, Bernhard, Jahresabschluß (Funktionen), in Busse von Colbe/Pellens (Hrsg.), Lexikon des Rechnungswesens, 4. Aufl., München/Wien 1998, S. 367–370

Pellens, Bernhard/Sellhorn, Thorsten, Kapitalkonsolidierung nach der Fresh-Start-Methode, BB 1999, 2125–2132

Pellens, Bernhard/Sellhorn, Thorsten, Goodwill-Bilanzierung nach SFAS 141 und 142 für deutsche Unternehmen, DB 2001, 1681–1689

Petersen, Jochen, Rechnungslegung für Pensionsverpflichtungen nach HGB, US-GAAP und IAS, Düsseldorf 2002

Prahl, Reinhard/Naumann, Thomas K., Financial Instruments; Sonderdruck aus Wysocki, Klaus/Schulze-Osterloh, Joachim (Hrsg.), Handbuch des Jahresabschlusses (HdJ), Köln 2000

PriceWaterhouseCoopers (Hrsg.), Understanding IAS, 2. Aufl. 1998

Remme, Werner/Theile, Carsten, Die Auswirkungen von „KonTraG" und „KapAEG" auf die GmbH, GmbHR 1998, 909–915

Rößler, Norbert/Doetsch, Peter A./Heger, Heinz-Josef, Auslagerung von Pensionsverpflichtungen im Rahmen einer Bilanzierung gemäß SFAS bzw. IAS, BB 1999, 2498–2504

Rost, Peter, Der internationale Harmonisierungsprozess der Rechnungslegung, Frankfurt 1991

Ruhnke, Klaus/Schmidt, Martin/Seidel, Thorsten, Einbeziehungswahlrechte und -verbote im IAS-Konzernabschluss, DB 2001, 657–663

Scharpf, Paul, Rechnungslegung von Financial Instruments nach IAS 39, Stuttgart 2001

Scheffler, Eberhard, Internationale Rechnungslegung und deutsches Bilanzrecht, DStR 1999, 1285–1292

Schildbach, Thomas, Externe Rechnungslegung und Kongruenz – Ursache für die Unterlegenheit deutscher verglichen mit angelsächsischer Bilanzierung?, DB 1999, 1813–1820

Schildbach, Thomas, US-GAAP, München 2000

Schildbach, Thomas, Ansatz und Bewertung immaterieller Anlagewerte, in: Ballwieser, Wolfgang (Hrsg.), US-amerikanische Rechnungslegung, 4. Aufl., Stuttgart 2000, S. 99–113

Schildbach, Thomas, IAS als Rechnungslegungsstandards für alle, BFuP 2002, 263–278

Schindler, Joachim/Schurbohm, Anne/Böckem, Hanne, Praktische Fragestellungen der Rechnungslegung und Prüfung von Zwischenberichten, KoR 2002, 88–95

Schmalenbach, Eugen, Dynamische Bilanz, 4. Aufl. 1926

Schmidt, Fritz, Die organische Bilanz im Rahmen der Wirtschaft, Leipzig 1921 (Nachdruck Wiesbaden 1979)

Schmidt, Hartmut/Ketzel, Eberhard/Prigge, Stefan (Hrsg.), Moderne Konzepte für Finanzmärkte, Beschäftigung und Wirtschaftsverfassung – Gedenkschrift für Stützel, Tübingen 2000

Schmidt, Matthias, Die Folgebewertung des Sachanlagevermögens nach den International Accounting Standards, WPg 1998, 808–816

Schmidt, Matthias, Latente Steuern nach den US-GAAP in deutschen Konzernabschlüssen: Wesentliche Konsequenzen einer Steuerabgrenzung gemäß SFAS No. 109 statt nach § 274 und § 306 HGB, in Ballwieser (Hrsg.), US-amerikanische Rechnungslegung, 4. Aufl., Stuttgart 2000, S. 241–281

Schmittmann, Jens M., Rechtsfragen bei der Bilanzierung und Bewertung einer Domain nach HGB, IAS und US-GAAP, StuB 2002, 105–114

Schneider, Dieter, Bilanzen im Rechtssinne als Vorläufer dynamischer und „rein betriebswirtschaftlicher" Bilanzen, in Ballwieser, Wolfgang u. a. (Hrsg.), Bilanzrecht und Kapitalmarkt, FS Moxter, Düsseldorf 1994, S. 1149–1174

Schneider, Dieter, Betriebswirtschaftslehre Bd. 2: Rechnungswesen, München/Wien 1994

Schruff, Lothar, Rechnungslegung und Prüfung der AG und GmbH nach neuem Recht (4. EG-Richtlinie), Düsseldorf 1978

Schruff, Wienand/Rothenburger, Manuel, Zur Konsolidierung von Special Purpose Entities im Konzernabschluss nach US-GAAP, IAS und HGB, WPg 2002, 755–765

Schwab, Martin, Der Deutsche Rechnungslegungs-Standard Nr. 7 im Widerspruch zum geltenden deutschen Bilanzrecht, DB 2001, 880–882

Seicht, Gerhard (Hrsg.), Jahrbuch für Controlling und Rechnungswesen 2001, Wien 2001

Sellhorn, Thorsten, Ansätze zur bilanziellen Behandlung des Goodwill im Rahmen einer kapitalmarktorientierten Rechnungslegung, DB 2000, 885–892

Siegel, Theodor, Anpassungsrückstellungen aus der Sicht des I. Senats des BFH und aus Sicht der GoB – Erwiderung, mit Replik von Koths, DB 2002, 707–709

Siegel, Theodor, Unentziehbarkeit als zentrales Kriterium für den Ansatz von Rückstellungen, DStR 2002, 1192–1196

Stöhr, Jens-Peter, Betrieblicher Pensionsfonds in Form einer Treuhand findet Anerkennung als „funded pension plan" nach US-GAAP, DB 1998, 2233–2234

Streich, Daniel, Bilanzierung des Vorratsvermögens nach HGB und IAS, Albeck bei Ulm 2001

Streim, Hannes/Bieker, Marcus/Leippe, Britta, Anmerkungen zur theoretischen Fundierung der Rechnungslegung nach International Accounting Standards, in Schmidt/Ketzel/Prigge (Hrsg.), Moderne Konzepte für Finanzmärkte, Beschäftigung und Wirtschaftsverfassung – Gedenkschrift für Stützel, Tübingen 2000, S. 177–206

Streim, Hannes/Leippe, Britta, Neubewertung nach International Accounting Standards – Darstellung, Anwendungsprobleme und kritische Analyse, in Seicht, Gerhard (Hrsg.), Jahrbuch für Controlling und Rechnungswesen 2001, Wien 2001, S. 373–411

Strobl, Elisabeth, Matching Principle und deutsches Bilanzrecht, in Ballwieser u. a. (Hrsg.), Bilanzrecht und Kapitalmarkt, FS Moxter, Düsseldorf 1994, S. 407–432

Stützel, Wolfgang, Bemerkungen zur Bilanztheorie, ZfB 1967, 314–340

Telkamp, Heinz-Jürgen/Bruns, Carsten, Wertminderungen von Vermögenswerten nach IAS 36: Erfahrungen aus der Praxis, Finanz Betrieb, Beilage 1/2000, 24–31

Theile, Carsten, Zeitkongruente Aktivierung von Dividendenansprüchen und Realisationsprinzip, IStR 1996, 395–400

Theile, Carsten, Latente Steuern, in Busse von Colbe/Pellens (Hrsg.), Lexikon des Rechnungswesens, 4. Aufl., München/Wien 1998, S. 474–479

Theile, Carsten, Maßgeblichkeitsprinzip, europäisches und internationales Bilanzrecht: die Bilanzierung bei der GmbH und GmbH & Co. im Umbruch, GmbHR 1999, 1182–1189 (Teil I) und 1241–1248 (Teil II)

Theile, Carsten, Kapitalmarktorientierte Rechnungslegung auch für die GmbH zwingend?, GmbHR 2001, 892–898

Theile, Carsten, Neuerungen bei der GmbH durch das Transparenz- und Publizitätsgesetz – TransPuG, GmbHR 2002, 231–235

Theile, Carsten, Erstmalige Anwendung der International Accounting Standards: ED 1 liegt vor, DB 2002, 1790–1792

Wagenhofer, Alfred, International Accounting Standards, 3. Aufl., Wien/Frankfurt 2001

Wagner, Franz. W., Aufgabe der Maßgeblichkeit bei einer Internationalisierung der Rechnungslegung?, Eine Analyse der ökonomischen Wirkungen des Bilanzsteuerrechts, DB 1998, 2068–2077

Waldersee, Georg Graf, Bilanzierung von Finanzderivaten nach HGB, IAS und US-GAAP, in Küting/Langenbucher (Hrsg.), Internationale Rechnungslegung, FS Weber, Stuttgart 1999, S. 239–264

Walton, Peter, Großbritannien, in Haller/Raffournier/Walton (Hrsg.), Unternehmenspublizität im internationalen Wettbewerb, Stuttgart 2000, S. 205–255

Wiedmann, Harald, Fair Value in der internationalen Rechnungslegung, in Lanfermann (Hrsg.), Internationale Wirtschaftsprüfung, FS Havermann, Düsseldorf 1995, S. 779–811

Wiedmann, Harald, Bilanzrecht, München 1999

Wilkens, Sascha/Kamp, Andreas, Wetterderivate, DBW 2002, 116–119

Wirtz, Jean-Pierre/Fischer, Rolf, Der zeitliche und organisatorische Ablauf der Rechnungslegungsumstellung, in Auer, Kurt V. (Hrsg.), Die Umstellung der Rechnungslegung auf IAS/US-GAAP, Wien 1998

Wollmert, Peter, Übergang auf IAS – Plädoyer für eine rückwirkende Umbewertung mit erfolgsneutraler Verrechnung der Umbewertungseffekte, DB 1995, 990

Wollmert, Peter/Achleitner, Ann-Kristin, Konzeptionelle Grundlagen der IAS-Rechnungslegung, WPg 1997, 209–222 und 245–256

Wollmert, Peter/Oser, Peter, Befreiender internationaler Konzernabschluss (§ 292 a HGB), DB 2000, 729–735

WP-Handbuch 2000, Band I, 12. Aufl., Düsseldorf 2000

v. Wysocki, Klaus, Zur Abgrenzung und Offenlegung des Finanzmittelfonds in der Kapitalflussrechnung nach internationalen Grundsätzen und nach der Stellungnahme HFA 1/1995, in Lanfermann (Hrsg.), Internationale Wirtschaftsprüfung, FS Havermann, Düsseldorf 1995, S. 813–828
v. Wysocki, Klaus/Schulze-Osterloh, Joachim/Hennrichs, Joachim, Handbuch des Jahresabschlusses in Einzeldarstellungen (HdJ), Köln (Loseblatt)

Zabel, Martin, IAS zwingend für Konzern- und Einzelabschluss?, WPg 2002, 919–924
Zeimes, Markus, Zur erstmaligen Anwendung von International Financial Reporting Standards, WPg 2002, 1001–1009
Zimmermann, Jochen, Zur Qualität der US-GAAP, StuB 2002, 573–582
Zitzelsberger, Siegfried, Ist die 4. EG-Richtlinie noch zeitgemäß?, WPg 1998, 799–807

Stichwortverzeichnis

Die Zahlen verweisen auf die Randziffern.

Heuser/Theile, IAS-Handbuch Einzel- und Konzernabschluss

- Hinweise und Anregungen: ______________________________

- Auf Seite ____ Kap. ____ Rz. ____ Zeile ____ von oben/unten

muss es statt ______________________________

richtig heißen: ______________________________

Heuser/Theile, IAS-Handbuch Einzel- und Konzernabschluss

- Hinweise und Anregungen: ______________________________

- Auf Seite ____ Kap. ____ Rz. ____ Zeile ____ von oben/unten

muss es statt ______________________________

richtig heißen: ______________________________

Absender:

____

____

____

____

So können Sie uns auch erreichen:
lektorat@otto-schmidt.de

Wichtig: Bitte immer den Titel
des Werks angeben!

Antwortkarte

Verlag Dr. Otto Schmidt KG
– Lektorat –
Unter den Ulmen 96-98

50968 Köln

Absender:

____

____

____

____

So können Sie uns auch erreichen:
lektorat@otto-schmidt.de

Wichtig: Bitte immer den Titel
des Werks angeben!

Antwortkarte

Verlag Dr. Otto Schmidt KG
– Lektorat –
Unter den Ulmen 96-98

50968 Köln